JN492105

헌법재판법 강의

지은이

성중탁

제44회 사법시험 합격(사법연수원 34기 수료)
성균관대학교 대학원 법학박사
경북대학교 법학전문대학원 교수(공법 담당)

주요 경력
제44회 사법시험 합격(사법연수원 34기)
법무법인(유) 에이펙스 변호사
서울지방변호사회 인권위원회 부위원장
성균관대학교 겸임교수
미국 UC버클리 대학 로스쿨 방문학자
대구광역시 자치경찰위원회 위원
대한변호사협회 법제위원회 위원
중앙행정심판위원회 비상임 위원
중앙환경분쟁조정위원회 비상임 위원
한국의료분쟁조정중재원 조정위원
법제처 법령해석심의위원회 위원
국토교통부 중앙공동주택관리분쟁조정위원회 위원
대구광역시 인사소청심사위원회 위원
경상북도 인사소청심사위원회 위원
한국 공법학회, 헌법학회, 행정법학회, 비교공법학회, 토지공법학회, 유럽헌법학회, 입법학회, 행정판례연구회, 국가법학회, 지방자치법학회, 사이버안보법정책학회, 문화예술법학회 등 (상임)이사

경북대학교 학술총서 6

헌법재판법 강의

찍은 날 2023년 2월 10일 | **펴낸 날** 2023년 2월 23일
지은이 성중탁 | **펴낸이** 홍원화 | **펴낸 곳** 경북대학교출판부
출판등록 1973년 10월 10일 ㉔97호 | **주소** 대구광역시 북구 대학로 80
전화 053-950-3830 | **팩스** 053-953-4692
이메일 press@knu.ac.kr | **홈페이지** http://knupress.com
ISBN 978-89-7180-604-3 93360

정가는 뒤표지에 있습니다. 파본은 바꾸어 드립니다.

이 저서는 〈2022년 경북대학교 연구학술총서 집필 및 출간지원사업〉의 재원으로 출간되었습니다.

헌법재판법 강의

성 중 탁 지음

경북대학교출판부

머리말

지금 우리가 살고 있는 우리나라 대한민국은 국가의 모든 권력이 헌법의 구속을 받는 입헌주의 국가이다. 입헌주의 국가는 헌법의 최고규범성과 헌법의 우위를 본질로 한다. 이러한 헌법의 우위를 실현하는 제도적 장치가 바로 헌법재판이다. 헌법재판이란 헌법적 분쟁 내지 헌법적 침해를 헌법규범을 기준으로 해석하고 결정하여 헌법질서를 유지하고 수호하는 국가작용을 의미한다. 또한 헌법재판은 국민의 기본권을 공권력으로부터 보호하고, 정치를 헌법의 틀 안에서 작용하게 함으로써 자유롭고 정의로운 질서를 구현하는 수단이기도 하다. 이러한 헌법재판을 담당하고 있는 헌법재판소는 헌법을 심사기준으로 삼아 공권력 행사의 합헌성 여부를 통제함으로써 정치가 그 본래 목적인 국민의 기본권을 보호하고 자유 민주주의와 법치주의가 달성되도록 조정하고 통제하는 역할을 한다. 무엇보다 현대사회와 같은 복합적 위기가 수시로 반복되는 상황에서 헌법의 우위를 실현하고 헌법수호의 책무를 지니고 있는 헌법재판소는, 정치적 중립성과 독립성을 확고히 지키며, 헌법적 가치를 더욱 철저히 구현하여야 한다. 특히 오늘날의 사회적 갈등은 많은 경우 사회적·경제적 이익 및 그 배분과 관련이 있는 만큼 사회적, 정치적 분쟁과 갈등은 그 해결 시기를 놓치면 많은 사회적 비용 및 회복이 어려운 결과를 초래하게 된다. 그런 측면에서, 우리나라 헌법재판제도에 있어서도 사전예방적 (추상적) 규범통제의 도입도 적극 검토되어야 한다. 결국 다양한 갈등과 위험이 일상화된 21세기 현대사회에서, 헌법과 헌법재판소는 고귀한 자리에만 머물고 있어서는 아니 되는 것이다. 2021년 7월 2일 UN 산하 기구인 유엔무역개발회의가 우리나라를 공식적으로 선진국으로 인정한 만큼 헌법적 가치를 실현하고 국민 모두가 잘사는 자유롭고 정의로우며 평등한 세상의 구현을 위해 헌법재판은 그 역할을 다해 나가야 할 것이다. 이 책의 특징은, 책의 제목 그대로 저자가 그동안 10년 이상 헌법재판법 강의를 하면서 누적된 강의 주제별로 최대한 알기 쉽게 관련 이론을 설명하는 한편, 그에 대한 쉬운 이해를 돕기 위해 2022년 12월 현재 최신 판례와 헌법재판소법 개정내용을 반영하는 등 최대한 많은 주요 헌재 결정례와 대법원의 판례를 요약하여 정리하였다는 점이다. 이를 통해 변호사시험과 각종 공무원시험 등 수험서로서의 기능을 최대한 높이는 한편, 각종 헌법소송을 수행하는 일선 변호사들도 재판실무서로서 충분히 활용할 수 있도록 구성하였다. 무엇보다 이 책에는 헌법재판 기본이론뿐만 아니라 기본권과 통치구조 관련 헌법의 주요 법리들도 충실히 담아 헌법재판법을 처음 공부하는 이로 하여금 헌법과 헌법재판에 최대한 쉽게 다가갈 수 있도록 노력하였다. 끝으로, 아직은 여러모로 많이 부족한 저자가 이번 책을 출간하기까지 큰 도움을 준 경북대학교에도 진심 어린 감사의 마음을 전하며, 이 책을 보는 전국의 로스쿨 학생들과 수험생들에게 시험 합격의 영광이 꼭 함께하기를 기원한다.

2023년 계묘년 토끼해를 맞이하며

따뜻한 봄 햇살이 가득한 학교 연구실에서

성중탁 교수

제1장 헌법재판제도 개관

contents

헌법재판법 강의

contents

헌법재판법 강의

contents

헌법재판법 강의

contents

contents

contents

contents

헌법재판법 강의

제9장
정당해산 심판제도

contents

1

헌법재판제도 개관

제1장 | 헌법재판제도 개관

Ⅰ. 헌법재판의 의의와 기원

1. 의의

우리나라는 국가권력이 헌법의 구속을 받는 입헌주의(立憲主義) 국가이다. 입헌주의 국가는 헌법의 최고규범성, 즉 헌법의 우위를 본질적 내용으로 하는데 이러한 헌법의 우위를 실현하는 제도적 장치가 바로 헌법재판이다.[1] 헌법재판제도는 나라마다 다양한 형태를 취하고 있기 때문에 헌법재판의 보편적인 개념을 정의하기란 쉽지 않다.[2] 그에 따라 헌법재판의 개념이나 관할 및 내용 등에 대해서는 획일적으로 구획될 수 있는 것은 아니며 국가별로 조금씩 다른 모습을 보인다. 큰 맥락에서 헌법재판은, 미국형 사법심사와 유럽형 헌법재판이라는 대비되는 두 개의 중심축이 존재하며 이는 우리 헌정사에 나타난 헌법재판제도의 운영실태에도 그대로 나타난다.

일반적으로 헌법재판이라 함은 헌법규범의 내용이나 헌법문제에 대한 다툼이 발생한 경우에 이를 유권적으로 해결하는 헌법의 인식·실현작용을 말한다. 한편 협의의 헌법재판은 사법기관이 법률의 위헌여부를 심사하는 제도, 즉 위헌법률심사제를 의미한다.[3] 그에 비해 광의의 헌법재판은 위헌법률심사뿐만 아니라 명령규칙심사·정당해산심판·탄핵심판·권한쟁의심판·헌법소원심판·선거소송심판 등을 포함한다.[4] 이와 관련하여 우리 헌법 제111조 제1항은, 법원의 제청에 의한 법률의 위헌여부 심판, 탄핵심판, 정당해산심판, 국가기관 상호간, 국가기관과 지방자치단체 간 및 지방자치단체 상호간의 권한쟁의에 관한 심판, 법률이 정하는 헌법소원에 관한 심판을 헌법재판소의 관장 사항으로 규정하고 있다. 그중 권한쟁의심판의

---

1 "국가의 법질서는 헌법을 최고법규로 하여 그 가치질서에 의하여 지배되는 통일체를 형성하는 것이며 그러한 통일체 내에서 상위규범은 하위규범의 효력의 근거가 되는 동시에 해석근거가 된다."(헌재 1989. 7. 21. 89헌마38)

2 한수웅, 헌법학, 법문사, 2019, 1378면.

3 허영, 헌법소송법론, 박영사, 2021, 3면.

4 정주백, 헌법재판순명론, 충남대학교출판문화원(충남대학교출판부), 2021, 5면.

경우 피청구인이 “헌법과 법률에 의하여 부여받은 청구인의 권한”을 침해하였거나, 침해할 현저한 위험이 있는 경우에 심판을 청구할 수 있도록 규정[5]하고 있어서, 헌법상의 권한뿐만 아니라, 법률상의 권한에 관한 분쟁도 헌법재판소가 관할한다. 또한 탄핵심판의 경우 헌법뿐만 아니라 법률에 위반된 직무집행을 하였는지 여부도 심판의 대상으로 된다.[6, 7]

2. 기원

최초의 헌법재판은 1803년 미국 연방대법원(Supreme Court)의 Marbury v. Madison 사건이라 알려져 있으며,[8] 일반법원과 독립된 최초의 헌법재판소는 1920년 오스트리아에서 설립되었다고 알려져 있다. 우리나라의 경우 1988. 8. 5. 헌법재판소법이 법률 제4017호로 공포되어 1988. 9. 1.부터 시행되었다. 우리나라는 현행 헌법으로 개정되기까지 다양한 형태의 헌법재판제도를 채택한 바 있으나, 거의 활

5 헌재법 제61조 제2항.

6 헌재법 제48조.

7 헌재 2004. 5. 14. 2004헌나1[대통령 노무현 탄핵 사건]

8 Marbury v. Madison 사건의 개요는 다음과 같다. 1800년 말 대통령 선거에서 연방파인 현직 대통령 John Adams가 반연방파인 Thomas Jefferson에게 패배하였다. 1801. 3. 4. Jefferson의 임기가 시작되는데, Adams는 퇴임 전, 당시 국무장관이던 John Marshall로 하여금 Supreme Court의 Chief Justice를 겸직하게 하고, 自派 인사를 공직에 임명하였다. 치안판사로 William Marbury 등 42인을 임명하였다. 그런데, William Marbury 등에게 1801. 3. 3. 자정까지 임명장이 교부되지 않았다. 3. 4. 취임한 Thomas Jefferson 정부는 William Marbury 등에게 임명장을 전달하지 아니하였다. William Marbury 등은 Thomas Jefferson 정부의 국무장관인 James Madison을 상대로 직무집행명령영장(writ of mandamus)의 발급을 구하는 소송을 Supreme Court에 제기하였다. 전임 대통령인 Adams가 Chief Justice로 임명한, Adams가 Marbury 등에게 임명장을 발행할 당시의 국무장관인 John Marshall이 이 사건에 Chief Justice로서 관여하게 되었다. 이 사건에서 Supreme Court의 원심관할의 범위가 문제되었다. 당시 연방법원조직법 제13조는 공무원을 상대로 직무집행명령영장의 발부를 구하는 재판을 Supreme Court의 원심관할로 정하고 있었다. 이 조항이 헌법 제3절 제2조 제2문(“대사, 공사, 영사에 관한 사건 및 주가 당사자인 사건에서 대법원은 원심관할권을 가진다”)에 반하는가 하는 점이 쟁점이었다. Supreme Court는 연방 헌법 제3절 제2조 제2문을 한정적 열거로 이해하여, 연방법원조직법 제13조가 위헌으로서 무효라 논증하였다. 그래서, William Marbury의 청구는 각하되었다. 이 사건에서 만약 연방법원조직법 제13조의 위헌성을 문제삼지 않았다면, 또는 문제삼았더라도 위헌이 아니라고 판단하였으면, 직무집행영장을 발부할 것을 명령할 수밖에 없었을 것이고, Thomas Jefferson이 이행을 거부하면 Supreme Court로서는 매우 불편한 처지에 놓일 수밖에 없다. Supreme Court는 연방법원조직법 제13조를 위헌이라 선언함으로써 현직 대통령과의 충돌을 피했다. 보태어서 위헌심사권한을 확보하는 실리를 얻었다.

성화되지는 못한 상태로 지속되었다. 그렇기 때문에, 우리나라에서 헌법재판제도는 그 구체적인 쟁점이 거의 드러나지 아니하였고, 또한 드러났다 할지라도 피상적인 인식에 불과하였다. 그런 상황 속에 태동한 우리나라의 헌법재판은 30여 년의 짧은 역사가 전부지만, 이제 헌법재판은 우리가 사는 일상에서 매우 활성화되었고, 무엇보다 종래에는 고려의 여지가 없었던 대법원과의 구체적인 관할권과 기속력 인정 범위 등을 두고도 적나라하게 대립하고 있는 형국이다.[9]

한편 미국에서 채택된 헌법재판제도는 사법심사제(judicial review), 즉 법원에 의한 위헌법률심사제라 칭해진다. 이 제도는 구체적인 사건에서 법률의 위헌 여부가 재판의 전제가 되어야 함은 후술하는 독일과 오스트리아식의 구체적 규범통제와 동일하지만, 각급 법원이 본안사건과 분리함이 없이 본안에 대한 판단에 부수하여 당해 사건에 적용될 법률의 위헌 여부를 심판한다는 점에서 차이가 있다. 또 위헌 여부를 심판할 기관을 별도로 설치하지 않고 일반법원에서 담당한다.

그에 비해 유럽형의 헌법재판은 앞서 언급한 구체적 규범통제만이 아니라 추상적 규범통제나 헌법소원, 권한쟁의, 탄핵, 선거소송 등 다른 헌법재판사항도 다루도록 하고 있으며, 법률의 위헌 여부에 대해서는 일반법원에서 위헌심판의 제청권을 부여하고 있다. 또 헌법재판을 담당할 별도의 국가기관으로 헌법재판소를 설치하고 있다. 20세기 들어 세계 각국은 법률의 합헌성에 관해 사법적인 통제가 필요함을 공감하고 있다. 그렇지만, 사법권에 대한 불신, 법실증주의에 대한 집착 및 국가마다 고유하게 지닌 현실적인 이유로 인해 어떠한 통일적인 형태를 지니기보다는 각 국가마다 어느 정도 서로 다른 형태를 취하고 있음을 본다. 물론, 그 큰 흐름은 앞서 언급한 미국형 사법심사제와 유럽형 헌법재판제라 할 것이다.

헌법재판을 담당하는 기관의 유형은 크게 독립기관형 또는 집중형(유럽형의 헌법재판)과 사법형 또는 분산형(비집중형, 미국형 사법심사)으로 구분된다. 분산형 내지 비집중형은 미국 등의 경우와 같이 독립된 헌법재판소 등을 설치하지 아니하고 일반법원으로 하여금 헌법재판을 담당하도록 하는 형태를 의미한다. 그 외에도 일본

---

9 헌법재판소, 주요 국가별 헌법재판제도의 비교분석과 시사점, 헌법재판연구 21권, 헌법재판소, 2010, 10면.

과 스위스[10]가 이에 속한다. 집중형은 독일 등의 경우와 같이 독립된 헌법재판소 등을 설치하여 헌법재판에 관한 사항을 관장하도록 하는 것을 말한다. 이와 같은 형태를 처음 채택한 것은 1920년 오스트리아 연방헌법이었다.[11]

3. 우리나라 헌법재판소의 경우

우리나라의 경우 헌법재판소를 독립적으로 설치하여 헌법재판을 관장하고 있으므로 위 분류 중 독립기관형의 형태를 취하고 있다. 미국형 사법심사와 유럽형 헌법재판은 대략 소개한 바와 같이 위헌법률심사제를 똑같이 두고 있다고 할지라도, 관할기관·관할사항·절차·효력 등에서 결정적인 차이점을 지니고 있다. 그런데, 현행 헌법상 헌법재판 관련 사항을 살펴보면, 미국형 사법심사제와 유럽형 헌법재판제가 혼재되어 있는 모습이다. 위헌법률심판에 관해 규정한 헌법 제107조 제1항, 헌법재판소의 관장사항을 규정한 제111조 제1항 및 명령·규칙·처분의 위헌·위법심사제를 규정한 제107조 제2항을 견주어 보면, 그런 점이 또렷하다. 또한 실제로 대법원은 명령·규칙·처분의 위헌심사권을 근거로 제시하면서 재판소원의 도입을 반대하였거나 대법원도 헌법재판기관이며 최종적인 헌법해석권을 행사할 수 있음을 주장하기도 하였다. 이로 인해 현행 헌법을 해석함에 있어 헌법해석의 통일성을 확보해야 하는 과제가 등장하였음은 물론이고, 이와 관련해서 야기된 대법원과 헌법재판소의 다양한 갈등상황을 해소해야 하는 것이 당면과제가 되었다.

Ⅱ. 법적 성격

1. 쟁점

헌법재판소와 입법기관으로서 국회의 관계에서 헌법재판의 법적 성격이 무엇인

10 스위스의 경우 엄격하게 말하면, 혼합형이라고 할 수 있겠다. 연방헌법에 반하는 칸톤법에 대해서는 추상적 규범통제가 가능하지만, 연방법률에 대한 위헌 여부 다툼은 불가능하다. 단지 연방법률에 근거한 처분에 대한 다툼을 심판하는 과정에서 부수적으로 그 위헌 여부가 다투어질 따름이다. 후자가 사법심사제에 속하고, 전자는 유럽형 헌법재판에 속하는 셈이다.(남복현, 법률의 위헌결정의 효력에 관한 연구, 박사학위논문, 한양대학교 대학원, 1994, 200면 이하)

11 정주백, 전게서, 6면.

지 도출될 수 있다. 무엇보다 선거를 통해 민주적 정당성을 갖춘 의회가 제정한 법률을 민주적 정당성이 빈약한 헌법재판관이 무효로 할 수 있는가에 대해서는 오랜 논쟁이 있다. 현행 헌법은 입법권을 국회에 맡기고,[12] 국회에 의하여 제정 또는 개정된 법률이 헌법에 위배되는지 여부에 대한 판단은 헌법재판소에 맡기고 있음[13]에도 헌법재판의 법적 성격이 정확히 무엇이냐에 대한 의문이 계속되고 있는 것이다.[14]

2. 헌법재판과 민주주의의 관계

헌법재판은 민주주의와 갈등하는 구조로 작용하기도 한다. 헌법재판이 민주주의의 발전에 기여한다는 주장도 일리가 없는 것은 아니나 국회가 행한 민주주의적 결정작용인 법률을 부인하고 무효화하는 절차임은 명백하기 때문이다.

3. 헌법재판과 법원과의 관계

헌법재판소와 일반법원과의 관계에서도 헌법재판의 법적 성격이 무엇인지 도출될 수 있다. 헌법재판은 본질적으로 법원의 재판과 같은 사법작용일 수밖에 없기 때문에 헌법재판은 사법기관에 속함은 주지의 사실이다. 나아가 헌법의 개방성으로 인하여 헌법재판소가 일종의 법 창조적인 해석을 통해 헌법규범의 내용을 최종적으로 구체화하고 확정함으로써 국회, 행정부 등 정치적 헌법기관에 대한 활동범위와 한계를 제시하는 점에서 헌법재판의 정치적 성격도 주요한 특징이다. 그러나 헌법재판소의 최종 판단이 정치적 파급효과와 영향력을 가진다 하더라도 분쟁의 심사기준은 어디까지나 법규범으로서의 헌법이라는 점에서 법적 판단이며 본질적으로 사법기능에 해당한다고 할 것이다.[15]

---

12 헌법 제40조.

13 헌법 제111조 제1항 제1호.

14 이에 비하여 미국헌법의 경우에는, 헌법재판에 관한 명문의 근거가 없으므로, 민주적 정당성의 문제가 헌법재판의 허부에 관한 논쟁에서 중요한 이슈로 될 수 있다.

15 헌법재판의 법적 성격에 관하여는 학자들 간에 다양한 견해가 다음과 같이 대립하고 있다. ① 헌법규범에 대한 해석과 적용을 그 본질로 하는 전형적인 사법적 법인식작용이므로 이는 사법작용으로 보아야 한다는 견해, ② 헌법문제의 다툼은 그 본질상 '법률분쟁'이 아닌 '정치분쟁'이기 때문에 정치적 작용이라는 견해, ③ 헌법의 해석은 법률의 해석과 달리 헌법을 구체화하고 보충하는 기능을 가지고 있으므로 일종의 입법작용이

4. 법적 성격에 관한 학설

본질적으로 헌법재판은 헌법재판의 심판대상이 되는 국가기관의 공권력작용이 과연 정치적으로 타당한지, 합목적적인지 여부에 관하여 판단하는 것이 아니라 그 행위 및 결과에 있어서 헌법적 허용 여부, 즉 위헌 여부를 판단할 뿐이다. 즉, 헌법재판은 기본적으로 정치적 형성 작용이 아니라 사후적인 사법적 법인식 작용인 점에서 정치적 기관의 적극적 정치 형성 기능과는 현저한 차이가 있다.[16] 이와 관련하여, 헌법재판은 사법작용, 정치작용, 입법작용의 각 성질을 모두 가진다고 봄이 상당하다. 그런데 그중에서 헌법재판의 본질을 무엇으로 볼 것인지에 대하여는 아래와 같이 사법작용설, 정치작용설, 정치적 사법작용설, 입법작용설, 제4의 국가작용설 등 다양한 학설과 견해가 존재한다.[17]

먼저 ① **사법작용설**은, 헌법재판은 본질적으로 헌법과 법률에 따른 청구에 의하여 사법절차에 따라 진행되기 때문에, 비록 정치적 사건 등을 다룬다고 하더라도 정치적 헌법보장기관이 아닌 사법적 헌법보장(재판)기관이라고 봄이 상당하다고 본다. 사법작용설은 헌법해석과 일반법률의 해석을 동일시하는 것으로, 헌법이 일반법률과는 다른 구조적 특징과 차이점을 가지고 있는 점을 간과한다. 다음으로, ② **정치작용설**은 헌법재판에서 다루어지는 절대 다수의 분쟁은 법률분쟁이 아닌 정치적 분쟁이라고 할 것인바, 헌법재판소는 어디까지나 사법기관이 아니고 정치적 기관이고 그 심판은 정치심판이 본질이라는 것이다. C. Schmitt는 헌법재판을 "사법적 형태의 정치적 결단"이라고 하면서 진정한 헌법분쟁의 해결방법은 사법작용이 아니라 정치적 결단에 따른 정치적 작용이 될 수밖에 없다고 한다. 정치작용설은 헌법의 정치결단적 성격만을 강조한 나머지 헌법이 가지는 규범으로

라는 견해, ④ 입법·집행·사법의 모든 국가작용을 통제하는 기능을 가지므로 제4의 국가작용이라는 견해 등이다.(한수웅, 헌법학, 법문사, 2020, 1389면) 그러나 필자는 헌법재판은 비록 분쟁의 성격상 정치와 긴밀한 연관성을 가지고 있으나, 헌법적 분쟁을 심사하는 기준은 어디까지나 최고규범으로서의 헌법이며, 헌법재판의 결정은 공권력작용의 헌법적 허용 여부에 대한 법적 판단을 통하여 최종적인 구속력을 가지므로 본질적으로는 사법기능에 해당한다고 본다.

16 박한철, 한국정치와 헌법재판, 헌법논총 31집, 2020, 35-37면.

17 이동흡, 헌법소송법, 박영사, 2022, 6-7면; 김하열, 헌법소송법, 박영사, 2021, 15면; 성낙인 외 6, 헌법소송론, 법문사, 2021, 9-11면; 김유향, 기본강의헌법, 도서출판 윌비스, 2020, 1418면.

서의 본질적 특성을 완전히 도외시한다는점이 문제점으로 지적된다. 다음으로, ③ **정치적 사법작용설**은 헌법재판은 사법적 절차에 따라 행해지는 일종의 사법작용이라고는 할 수 있지만, 헌법재판이 정치형성적 기능을 수행한다는 점, 그 결정의 내용에 강제집행이 곤란하다는 점 등을 특성으로 하므로, 그 본질은 '정치적 사법작용'이라는 것이다. 즉, 헌법재판은 정치적 사건을 사법적 절차에 의하여 해결하는 정치적 사법작용이라고 본다. 그런데 정치적인 사법작용은 이미 전통적인 의미의 '사법작용'과는 그 성질이 다르기 때문에 이를 사법작용으로 표현하는 것은 타당하지 못하다는 비판이 있다. 다음으로, ④ **입법작용설**은 헌법재판이 기본적으로 법률에 대한 위헌결정을 통해 국회가 만든 법률의 효력을 상실시키기 때문에 국회가 행하는 '법률의 폐지'와 유사하고, 법률에 대한 한정위헌결정이 국회가 행하는 '법률의 개정'과 유사하며, 입법부작위에 대한 위헌결정이 입법을 강제하기 때문에 국회가 행하는 '법률의 제정'과 유사하다고 본다. 그러나, 헌법재판의 기능상 법률의 위헌 여부에 대한 재판에 있어 사실상 간접적인 입법작용으로서의 성질을 가질 뿐, 헌법재판이 곧 입법행위인 것은 아니라고 할 것이다. 마지막으로, ⑤ **제4의 국가작용설**은, 헌법재판은 국가의 통치권 행사가 언제나 헌법정신에 따라 행해질 수 있도록 입법·행정·사법 등의 국가작용을 통제하는 기능을 하기 때문에 헌법재판은 입법작용이나 행정작용, 사법작용도 아닌 제4의 국가작용이라는 것이다. 헌법재판에는 규범적인 합법성의 관점 이외에 정치적인 합목적성이 적절한 균형관계를 유지하면서 작용하여야 하므로 합법성만을 의미하는 전통적 사법작용으로 볼 수 없다고 본다.[18] 제4의 국가작용설은 그 실체가 분명하지 않다. 즉, 제4의 국가작용설은 독자적인 견해라기보다는 헌법재판소의 기능을 앞의 4가지 견해 중 어느 하나에 정서(整序)시키기 어렵고, 단지 복합적 기능을 가지고 있다고 보는 종합적 견해에 불과하다.

18 허영, 한국헌법론, 박영사, 2020, 11면.

Ⅲ. 헌법재판의 기능과 역할[19]

1. 쟁점

헌법재판은 다양한 헌법적 분쟁 사건에 대하여 헌법의 해석을 통하여 최종적인 가치 판단과 방향을 제시함으로써 분쟁을 종국적으로 해결하고 기본권을 보호하며 사회통합에 기여한다. 이처럼 헌법재판은 정치적 규범인 헌법을 심사기준으로 삼기 때문에 헌법재판소의 판단은 본질적으로 정치적 사법통제자로서의 지위와 역할 기능을 가진다.[20] 특히 헌법재판소는 그동안 국가 공동체의 명운과 시민의 권리실현을 위한 정책결정자로서[21] 일정한 방향을 제시하는 권능과 책무를 적극적으로 수행하고 있다.

2. 헌법재판의 주요 기능과 역할

헌법재판소는 구체적으로 ① 국회 내부에서 의사절차의 합법성 여부를 둘러싼 권한쟁의 또는 국회와 행정부 사이의 권한쟁의에 관하여 심판하면서 위헌적 법률의 효력을 무효화 또는 취소하거나, ② 국회의 탄핵소추에 의하여 고위공직자를 파면하고, ③ 정부의 소추에 따라 위헌정당을 해산하며, ④ 법원의 위헌법률심판제청에 따라, 또는 국민의 헌법소원에 따라 위헌적 법률을 무효화하거나 위헌적인 공권력 행사를 취소 또는 무효확인함으로써 정치에 필연적으로 관여하게 된다. 특히 정치적 쟁점을 둘러싼 권한쟁의심판, 정당해산심판과 탄핵심판은 그 성질상 정치적 영역에서 발생하는 분쟁을 사법심사를 통해 해결하는 제도이므로 그 실질적 작동 여부는 헌정질서의 유지와 국정의 안정적 운용이라는 측면에서 매우 중요하

19 이하, 이동흡, 전게서, 3-7면; 정종섭, 헌법소송법, 박영사, 2020, 6-8면; 김유향, 전게서, 1419-1421면.

20 허영 교수는 "헌법재판이 다른 유형의 재판작용과 달리 정치형성으로서의 특성을 가지고 있다."라고 하면서, 그 이유는 "헌법재판은 특히 헌법문제에 관한 다툼을 그 대상으로 하고 있고, 헌법문제에 관한 다툼은 바로 '정치규범으로서의 헌법'에 관한 다툼으로서 국가의 정치질서와 직결되기 때문이다."라고 주장한다.(허영, 전게서, 901면)

21 법원을 정책결정자로 볼 수 있는가에 대한 긍정적 평가는 Lawrence Baum, The Supreme Court, 8. Ed. 2004, 3면 이하; 우리나라에서 정책결정 주체로서의 헌법재판소의 역할에 대해서는 박종현, 헌법재판소의 전략적 헌법담론 - 헌법재판소 2008헌가25 결정과 2009헌라8 결정에서의 헌법적 논증에 대한 비판 -, 법과 사회 39권, 법과사회이론학회, 2012, 13면.

다. 이와 같이 헌법재판소는 첨예한 사회갈등의 국면에서 정치적·사회적 파장이 큰 사건들을 해결함으로써 분쟁을 종국적으로 종식시키고 정치적 평화 보장과 소수자 보호, 사회 안정에 기여하게 된다.

헌법보호 기능	헌법재판은 최고규범으로서의 헌법을 보호함으로써 헌법의 규범적 효력을 지켜서 헌정생활의 법적인 기초를 다지는 기능을 갖는다.
권력통제 기능	헌법재판은 통치권행사가 언제나 헌법질서와 조화될 수 있도록 감시하고 견제하는 권력통제 기능을 갖는다. 즉, 헌법재판제도는 행정국가화·정당국가화에 따른 권력집중·권력통합 현상 때문에 고전적·구조적 권력분립제도가 제대로 구실을 못하고 있는 상황[22]에서 새로운 권력통제의 장치로서 기능하고 있다.
기본권 보호 기능 (소수자 보호)	헌법재판은 결국 그 권력통제 기능을 통해서 통치권의 기본권 기속성과 통치권행사의 절차적 정당성을 확보함으로써 국민의 자유와 권리를 보호하는 기능을 갖는다.
정치적 평화보장 기능	헌법재판은 헌법질서를 이탈하여 걷잡을 수 없게 되는 정치세력들의 힘의 투쟁을 대신하여 헌법질서 내에서 평화적으로 헌법적 가치를 실현시키는 최후보루로 기능함으로써 국가가 위기에 봉착하거나 또는 저항권이 행사되기 전에 합헌적인 예방창구를 개설해주어 정치풍토를 순화시키는 촉매역할을 한다.
교육적 기능	국민과 국가기관은 헌법재판에 의하여 구체적으로 형성된 질서에 입각하여 의사결정과 행위결정을 하지 않을 수 없다. 따라서 헌법재판은 국민과 국가기관 모두에게 헌법적 가치에 입각하여 행위하도록 유도하는 교육적 기능도 갖는다.

Ⅳ. 헌법재판과 사법소극주의, 사법적극주의

1. 개념

(1) 전통적 견해

이 견해는 종래 헌법재판의 기능에 관한 전통적인 견해로, 사법적극주의를 "선(先)판례나 헌법·법률 자구의 문언적인 의미에 얽매이지 않고 판결을 통해 적극적으로 정책결정이나 정책선택을 감행하는 진보적인 사법부의 태도"라고 하고, 사법소극주의를 "선판례에 배치되는 판결을 자제할 뿐만 아니라 헌법이나 법규범을 문언적·사전적 의미에 따라 좁게 해석함으로써 판결을 통한 정책결정이나 정책선택을 회피하는 보수적인 사법부의 태도"라고 정의한다. 이에 따르면 사법적극주의는 사법진보주의로, 사법소극주의는 사법보수주의로 이해하게 된다.

22 이 경우 집권 여당의 국회의원 과반의석 확보 시 여당과 행정부처인 대통령과의 밀월관계로 인해 대통령에 대한 권력집중이 강화되어 상대적으로 입법부의 행정부 통제가 약화될 수 있다.

(2) 새로운 견해

이 견해는 종래의 견해가 가지는 이분법적 사고를 지양하고, 사법적극주의와 사법소극주의를 헌법재판 담당 기관 이외의 다른 국가기관과의 관계에서 설명하고자 하는 견해로, 사법적극주의는 "다른 국가기관의 의사나 결정에 곧잘 반대를 제기하여 다른 국가기관의 권력남용을 견제하기 위한 사법부의 태도"라고 하고, 사법소극주의를 "다른 국가기관의 의사나 결정에 개입하고 반대하기보다는 '사법부 자제'의 미명하에 심리 자체를 회피하거나 그들의 의사나 결정을 존중하고 이에 동조하는 판결을 내리는 사법부의 태도"라고 정의한다. 이 견해에 따르면 사법적극주의는 진보적이고, 사법소극주의는 보수적이라는 공식이 성립하지 아니하고, 사법적극주의라도 진보적인 행정부와 입법부하에서는 보수적이 될 수 있다고 본다.[23]

2. 이론적 근거

(1) 사법소극주의의 근거

국민의 선거를 통하여 구성되지 아니한 사법부가 국민의 대표기관인 의회가 제정한 법률을 무효로 한다는 것은 비민주적이고(사법부 구성의 비민주성), 정치적·경제적 중요 쟁점의 전문적 지식에 그다지 밝지 못한 사법부가 판결로 정책판단에 개입하는 것은 적절치 못하고(사법부의 비전문성), 사법부가 정치적 문제에 개입하게 되면 사법부의 정치화를 초래하게 되고 그 결과 사법부의 독립적 지위를 위협당할 수 있다(고전적 권력분립론). 이러한 논거 때문에 입법부와 집행부의 행위에 대해서는 합헌성을 강력히 추정하여야 한다(합헌성의 추정).

(2) 사법적극주의의 근거

사법심사는 원내 다수파의 횡포를 방지하는 역할을 수행하므로 사법부의 구성이 비민주적이라도 그 기능은 민주적이라 할 수 있고(사법심사의 민주성), 오늘날 정

23 성낙인, 헌법학, 법문사, 2022, 775-776면; 김해원, 헌법재판에서의 사법적극주의와 사법소극주의, 영남법학 32, 영남대학교 법학연구소, 2011, 99면.

당국가화 현상과 행정국가화 현상으로 인한 권력의 통합·집중은 헌법의 수호자로서 사법의 적극적 기능을 요구하고 있으며(기능적 권력통제론), 도덕적 원리가 존재하는 한 사법부의 판단은 결코 법관 자신의 선호에 의한 판단이 아니라 국가의 양심적 역할을 수행하고 국민의 일반의사를 대변한다고 할 수 있다(도덕적 원리의 대변).

3. 문제점

(1) 사법소극주의의 문제점

사법소극주의를 지나치게 강조할 경우 헌법이 부여한 권능이자 의무인 사법심사권을 포기하는 것이 되고, 정치적 중립성을 명분으로 한 심사 회피 내지 심사 거부는 어느 한쪽의 정치적 입장을 대변하거나 기정사실화하는 것이 되며, 오늘날 권력의 통합과 집중으로 인하여 여러 문제가 노출되는 상황에서 사법부에 요구되는 헌법질서의 수호와 국민의 기본권 보장의 역할을 스스로 포기하는 것이다.

(2) 사법적극주의의 문제점

사법적극주의를 지나치게 강조할 경우 사법부에 초입법부적, 초헌법적 권한을 부여하게 되고 이는 곧 권력분립이라는 헌법의 기본원리를 유린할 수도 있으며, 고도의 자유재량을 요하는 정치적 결단의 경우 합법성 판단뿐만 아니라 합목적성 판단이 요구됨에도 합목적성 판단이 무시될 수 있다.

4. 조화의 필요성

2000년대 이전까지 법학에서 주로 논의되던 주제는 사법심사의 한계로서 소위 '통치행위(political question, act of state)'의 인정 여부라든지, 또는 법해석과 판결에 있어 문언에 그치지 않은 적극적 법형성을 허용할 것인가라는 '사법적극주의(judicial activism)·사법소극주의(judicial restraint)'에 관한 논의였다. 그런데 2005년 이후로는 정치학 및 법철학에서의 논의를 통해 주된 관심사가 '정치의 사법화'로 넘어오는데, 그러한 전환점을 마련하게 된 계기는 2004년 탄핵심판사건 및 행정수도사건으로 인식된다.[24] 헌법재판소를 비롯한 사법부는 한편으로는 권력분립의 원리를 존중해야 한다는 소극적 측면과, 다른 한편으로는 헌법질서의 수호와 국민의 기본권 보장이라는 사명을 완수해야 하는 적극적 측면을 그때그때의 상황에 적합하도록 적절히 조화시켜나가야 할 것이다.[25]

V. 헌법재판의 한계

1. 실정법상 한계

우리 헌법이 헌법재판소의 관할사항으로 규정하고 있는 사항만을 헌법재판의 대상으로 삼을 수 있다. 따라서 헌법재판소가 재판권을 행사할 수 있는 사항은 위헌법률심판, 탄핵심판, 정당해산심판, 권한쟁의심판, 헌법소원심판 등 5가지에 한정된다.

2. 내재적 한계(권력분립상의 기능적 한계)

권력분립과 헌법재판이 제도화되고 민주주의가 실질적으로 정착되면서, 헌법재판은 권력분립의 원리를 근본적으로 부정하지 아니하는 테두리 안에서 이루어져야 한다는 데에 그 내재적 한계가 있다. 특히 헌법재판소는 국민의 대의기관이 행한 결정의 헌법적 타당성을 심사하며, 때로는 대통령 탄핵과 행정수도 이전과 같은 민감한 정치적 사안에 대하여 위헌 여부를 심판하여야 한다. 그런데 국회와 대통령이라는 대의기관은 국민주권 및 민주주의원리에 따라서 국민이 직접 위임한 권력을 행사하는 국민의 대표자라는 점에서, 이들이 다수결로 결정한 결정을 헌법재판소가 번복하는 경우, 민주주의원리와 모순되는 것은 아닌지 의문이 제기된다. 민주주의의 관점에서 볼 때, 국회나 대통령이 국민의 직접 위임(delegation)을 받아 정치적 책임(accountability)[26]을 져야 하는 대표자인 반면, 헌법재판소 재판관들은

---

24 이명웅, 정치와 사법(司法) - 이론적 고찰, 헌법실무연구 19권, 헌법실무연구회, 2019, 27면.

25 성낙인, 전게서, 775면; 김유향, 전게서 1462면.

26 대의기관의 '정치적 책임'은 국민의 수임자(agent)로서 위임자인 국민들이 보낸 신임(trust)을 유지하고자 노력할 정치적 의무와, 그러한 신임을 거슬렀을 때 (다음 선거에서) 책임을 지게 되는 통제 가능성을 의미한다.{Kaare Strom, "Delegation and Accountability in Parliamentary Democracies", 2000. 2. 16-19. University of Houston에서 개최된 세미나('Re-thinking Democracy in the New Millennium')의 발표문

단지 간접적 위임을 받은 국가기관으로서 국민들에게 아무런 정치적 책임을 지지 않는데, 왜 그 기관들의 결정을 번복할 수 있느냐 하는 문제가 제기된다. 헌법재판소의 사법심사는 기본적으로 민주주의에 부합하지 않는다는 것이다.[27] 즉, 헌법재판소는 다른 국가기관을 통제하는 경우에 다른 국가기관의 기능까지 행사해서는 안 된다. 헌법재판소 스스로가 입법자가 되거나 정부 대신에 정치적 결정을 내리거나 또는 스스로 일반법원을 대신하여 일반재판을 대신해서는 안 된다.[28]

3. 사법본질상의 한계

헌법재판소에 의한 사법심사는 구체적인 법적 분쟁이 발생하여(사건성), 그에 대한 쟁송이 제기되었을 때(수동성), 당사자들로부터 독립된 재판부가(독립성), 미리 정해진 절차에 따라 헌법을 적용하여(헌법기속성), 분쟁을 해결하고 헌법의 효력을 유지하려는 국가작용(분쟁해결 및 헌법수호)이다. 즉, 헌법재판도 사법작용의 일종이므로 사법작용의 본질상 헌법재판소가 사법권을 행사할 수 없는 경우가 있다. 따라서 헌법재판소가 심판하기 위해서는 심판의 청구가 있어야 하고, 구체적 사건성[29]·당사자적격[30]·소의 이익[31]·사건의 성숙성[32] 등의 요건을 갖추어야 한다.

(http://www.uh.edu/democracy/stromp.pdf.), 7-9면}

27 이러한 논의는 미국에서 연방대법원의 사법심사권의 정당성 및 범위를 둘러싸고 다양하게 전개되어 왔다(소위 'counter-majoritarian difficulty'). 대표적 논자는 Alexander Bickel로 그는 1962년 그의 저서에서 "근본적인 어려움은 사법심사가 우리의 시스템에서 다수결에 반하는 힘(counter-majoritarian force)이라는 것이다."라며 의문을 제기하고 있다.(이명웅, 민주주의와 헌법재판, 헌법논총 18집, 헌법재판소, 2007, 243면에서 재인용)

28 김종철, 정치의 사법화의 의의와 한계, 공법연구 33-1, 한국공법학회, 2005, 231면; 박은정, 정치의 사법화와 민주주의, 서울대학교 법학 51-1, 서울대학교 법학연구소, 2010, 3-4면.

29 구체적 사건을 전제로 함. 사전예방적 규범통제나 추상적 규범통제는 현재 원칙적으로 허용되지 않는다.

30 청구인적격으로서 자기관련성, 현재성, 직접성을 갖추어야 한다.

31 헌법소원에서의 '권리보호이익'과 행정소송에서의 '협의의 소의 이익' 개념은 서로 통하는(사실상 동일한) 개념이라고 볼 수 있다.(영업정지처분 3개월을 받았는데 소송 계속 중 정지기간이 만료된 경우 소의 이익은?)

32 현재성

VI. 헌법재판의 유형

1. 재판기관 기준에 따른 분류

(1) 사법심사형

헌법재판의 법적 성격을 사법작용으로 이해하는 입장에서는 헌법재판을 위한 기관을 따로 설치할 필요 없이 다른 재판과 마찬가지로 헌법재판도 일반법원에 맡기면 된다는 결론에 이르게 된다. 사법심사형에서는 헌법재판이 위헌법률심판에 국한되어 있고, 위헌심사도 구체적 규범통제에 한정되어 있다. 사법심사형은 법률의 위헌성을 인정하는 경우에도 당해 사건에 그 법률의 적용을 거부할 수 있을 뿐 그 효력을 전면적으로 상실하게 하지 않는 것이 특색이다. 미국의 연방대법원, 일본의 최고재판소가 그 예이다. 그중 미국의 위헌법률심사제는 헌법이 명문으로 규정하고 있지 아니하고 1803년의 Marbury v. Madison 사건을 계기로 판례에 의해 확립되었다. 특히 미국 연방대법원이 가지는 위헌법률심사는 재판의 전제로서 필요한 경우에만 인정되는 구체적 규범통제를 취하고 있고, 위헌판결의 효력은 당해 사건에 한해서만 당해 법률이 효력을 가지지 못하는 것으로 되는 개별적 효력만을 가진다. 그러나 미국의 경우에는 일반적인 '선례구속의 원칙'이 있기 때문에 전체적으로 보면 결과적으로 일반적 효력을 가지는 것과 거의 같은 것으로 되곤 한다.

(가) 미국

미국의 사법심사제는 세계 최초로 등장하였으며,[33] 유럽형 헌법재판제도가 다양한 형태의 헌법재판권을 단일기관이 행사하는 집중형인 데 반해, 미국 제도는 위헌법률심사권이 제도의 핵심이며, 법의 통일성을 확보하는 데 선례구속의 원칙이 중요한 역할을 하고 있다. 미국은 분권형 헌법재판국가로서 각급 법원이 모두 위헌법률심판권을 행사하게 된다. 헌법이나 법률에 의한 명문의 규정이 없이 판례

33 일반적으로 우리가 알고 있는 바는 1803년 Marbury 사건을 통해 헌법재판제도가 성립하였다는 것인데 사실 헌법재판제도의 기원은 동 사건을 계기로 표면화된 것일 뿐 그 이면에는 꾸준히 헌법재판제도의 당위성에 관한 논의가 있어 왔다.

를 통하여 최종적인 헌법재판권을 연방대법원이 보유하게 되었다. 미국의 헌법재판제도는 분권형이라는 특징 때문에 법의 통일성을 지키기 위해 소위 선례구속성의 원칙(stare decisis)이 채택되어 있다. 또한 미국 연방대법원의 판례는 헌법재판권(Constitutional Review) 혹은 위헌법률심사권(Judicial Review)이라는 말에서 알 수 있듯이 연방 헌법의 의미내용을 구체적으로 선언하는 중요한 역할을 담당해왔다. 이러한 연방대법원의 기능을 통하여 미국에서는 노예의 해방, 정치적 문제의 회피, 선거권의 의미, 언론의 자유, 종교의 자유, 인종적인 차별의 금지, 사생활권의 근본적인 권리(fundamental rights)로서의 고양 등과 관련한 수많은 헌법상의 쟁점들을 해결함으로써 정치, 경제 및 사회적 관점에서의 헌법의 의미를 명확히 하여 사회구성원의 통합을 도모하여 건강한 사회를 형성해 나가는 데 지대한 공헌을 한 바 있다.[34]

(나) 일본

일본은 미국과 같이 구체적 재판을 통하여 부수적으로 헌법적 판단을 할 수 있는 이른바 부수적 위헌심사제형 헌법재판제도를 취하고 있다. 부수적 위헌심사제형 헌법재판제도의 주요 특징은 구체적인 사건과 헌법판단이 분리되지 않고 함께 판단하게 된다는 것이다. 일본의 헌법소송은 사법재판소형의 부수적 위헌심사제에 있어서, 형사·민사·행정의 각 소송형태에서 구체적인 사건을 해결하기 위한 전제로서, "법령·명령·규칙·처분이 헌법에 적합한지 아닌지"의 헌법상의 쟁점(헌법문제)에 대하여 헌법판단이 내려진다.[35] 일본의 헌법재판에 대해서는 전반적인 사법소극주의 특성이 있다.[36] 이에 일본에서는 위헌심사제의 개선책으로 위와 같이 헌법재판소 설치 여부에 대하여 논의가 행해져 왔다.[37] 기타 개선책으로는 최고재판

---

34 헌법재판소, 전게 보고서, 222면.

35 新 正幸, 憲法訴訟論, 法律学の林, 2008, 653면.

36 사법소극주의의 원인으로는 ① 최고법원의 일반소송 업무 과중과 그에 따른 헌법재판업무 수행의 여력 부족, ② 미국형의 부수적 심사제로 인한 사법심사의 억제, ③ 깊숙이 자리 잡은 행정권 우위의 사상, ④ 엄격한 헌법개정절차로 인해 헌법사항으로의 수용상 어려움과 고도의 정치문제를 다룸에 따른 지나친 관심 집중에 대한 부담, ⑤ 최고법원 재판관들 임명과정에서 정치적 색채 반영 및 사법권의 독립을 담보하지 못하는 사법관료제 등이 제시된다.

37 재판소에 의한 사법심사는 기본적으로 한계점을 갖지 않을 수 없다. 헌법재판을 전담으로 하는 재판소가 아니

소에 헌법부를 설치하여 구체적 규범통제를 맡기는 구상과 특별고등재판소를 설치하여 상고심 기능을 맡기는 구상 등에 대한 논의가 행해졌다.[38]

(2) 독립기관형

일반적으로 헌법재판의 본질을 정치작용·입법작용 또는 제4의 국가작용이라고 이해하는 입장[39]에서는 헌법재판의 성격상 헌법재판을 일반법원이 아닌 독립기관에 맡긴다. 여기에는 일반법원으로부터 독립된 헌법법원을 설치하여 헌법재판을 담당하게 하는 헌법법원형과 법원이 아닌 기관으로 재판을 담당케 하는 특수기관형이 있다. 독일의 연방헌법재판소와 오스트리아의 연방헌법법원은 전자의 예이고, 프랑스의 헌법위원회는 후자의 예이다.

(가) 오스트리아

오스트리아는 1920년 연방헌법(Bundes-Verfassungsgesetz)을 제정하면서 같은 해 세계 최초로 헌법재판을 전담하는 헌법재판소를 설립하였다. 현행 오스트리아 헌법은 제8장 헌법과 행정의 보장(Garantien der Verfassung und Verwaltung) B. 헌법재판(Verfassungsgerichtsbarkeit) 제137조 내지 제148조에서 헌법재판에 관한 규정들을 두고 있다. 헌법재판에 관한 보다 자세한 규율은 헌법재판소법(Verfassungsgerichtshofgesetz)과 헌법재판소규칙(Geschäftsordnung des Verfassungsgerichtshofs)에 두고 있다. 제2차 세계대전 종전 직후인 1945년 헌법재판소는 다시 설립되어 1933년 이전에 보유하던 권한을 회복하였고, 1946년부터 활동을 재개하였다. 이후 헌법재판소 권한은 지속적으로 확장되었고, 헌법재판소 조직에 관한 규정들도 보완되었다. 특히 1964년 헌법 개정을 통해 헌법재판소는 조약의 합법성을 심사할 권한을 부여받았다. 1975년 헌법 개정을 통해 법률

기 때문에, 재판소에 의한 사법심사권은 위헌심사를 위하여 충분히 제도적으로 완비되어 있지 않은 권한이다.

38 参議院憲法調査会, 参議院憲法調査会調査報告書, 2005. 4, 407면.

39 허영, 전게서, 10면 이하.

과 명령에 대한 위헌심사 규정들이 수정되면서 그 위헌심사를 신청할 수 있는 당사자들이 이전보다 추가되었다. 또한 소수정당의 보호 차원에서 하원(Nationalrat) 의원의 1/3의 동의가 있으면 헌법재판소에 연방법률에 대한 위헌심사를 제청할 수 있게 하였다. 또한, 사인(私人)도 엄격하지만 헌법재판소에 법률·명령의 위헌심사를 직접 청구할 수 있게 되었고, 행정법원의 판결에 대해서는 행정재판소(Verwaltungsgerichtshof)에 상고할 수 있으며,[40] 헌법재판소에 제소할 수도 있게 되었다.[41] 나아가, 행정법원 판결에 대한 행정재판소에의 상고가 허용되면,[42] 헌법재판소에 헌법소원제기는 불가능하다.[43] 행정법원 역시 기본권을 보호할 책임이 있지만, 기본권과 관련된 특별 행정 문제에 있어서는 헌법재판소가 관할권을 행사하기 때문에 행정법원이 기본권 문제에 있어 갖는 통제는 제한적이다.[44] 나아가, 2015년 이후 일반 소송당사자가 위헌법률심판을 직접 제청할 수 있게 되었다. 즉, 1심 민·형사 재판의 소송당사자는 법원 판결에 불복하면서 당해 1심에서 적용된 법률규정의 위헌심사를 헌법재판소에 청구할 수 있게 되었다. 현재 1심 법원을 비롯한 모든 법원은 헌법재판소에 위헌법률심판을 제청할 권한을 갖는다.[45]

---

40 Der Verwaltungsgerichtshof erkennt über.
1. Revisionen gegen das Erkenntnis eines Verwaltungsgerichtes wegen Rechtswidrigkeit.

41 Artikel 144.
(1) Der Verfassungsgerichtshof erkennt über Beschwerden gegen das Erkenntnis eines Verwaltungsgerichtes, soweit der Beschwerdeführer durch das Erkenntnis in einem verfassungsgesetzlich gewährleisteten Recht oder wegen Anwendung einer gesetzwidrigenVerordnung, einer gesetzwidrigen Kundmachung über die Wiederverlautbarung eines Gesetzes (Staatsvertrages), eines verfassungswidrigen Gesetzes oder eines rechtswidrigen Staatsvertrages in seinen Rechten verletzt zu sein behauptet.

42 상고의 허용은 근본적으로 중요한 법률문제(Rechtsfrage vongrundsätzlicher Bedeutung)의 존재 여부이다. 즉, 행정법원의 판결이 행정재판소의 판례와 다를 경우, 행정재판소의 판례가 없을 경우, 또는 법률문제가 행정재판소의 판례와 일치하게 해결되지 않을 경우에 근본적으로 중요한 법률문제가 발생하였다고 본다. 상고의 허용이 충족되었을 경우 행정법원은 판결문에 상고의 허용을 기재하여야 한다. 이것을 정식 상고(ordentliche Revision)라고 한다.(이승희, 오스트리아 행정재판의 개혁과 난민재판, 세계헌법재판동향, 헌법재판연구원, 2014, 168-169면)

43 Soweit das Erkenntnis oder der Beschluss des Verwaltungsgerichtes die Zulässigkeit der Revision zum Inhalt hat, ist eine Beschwerde gemäß Abs. 1 unzulässig.

44 Arbeitgemeinschaft Österreichische Rechtsgeschichte, a.a.O., S. 329-330.

45 Artikel 139.
(1) Der Verfassungsgerichtshof erkennt über Gesetzwidrigkeit von Verordnungen.
1. auf Antrag eines Gerichtes.

한편, 현재 오스트리아 헌법재판소는 소장, 부소장, 12명의 재판관, 6명의 예비재판관으로 구성되어 있다. 이들 구성원 모두는 연방대통령이 임명하나, 사전에 여러 정부기관들이 추천권한을 행사한다. 소장, 부소장, 6명의 재판관과 3명의 예비재판관은 연방정부의 제청에 의해 임명된다. 이들은 모두 판사, 행정공무원(연방, 주 또는 자치단체), 또는 대학의 법학과 교수이어야 한다. 나머지 3명의 재판관과 2명의 예비재판관은 하원(Nationalrat)의 추천에 의해, 3명의 재판관과 1명의 예비재판관은 상원(Bundesrat)의 추천에 의해 임명된다. 모든 재판관은 법학을 전공한 자이어야 하고 관련 분야에서 최소한 10년 이상의 경력이 있어야 한다. 실제로 현재 재판관들은 판사(행정법원 또는 일반법원), 행정공무원, 대학 교수, 변호사 경력이 있는 자들로 구성되어 있다.[46]

(나) 독일

독일이 헌법재판제도를 도입하게 된 것은 시민들의 기본권을 효율적으로 보장하는 절차를 마련함은 물론이고, 국가권력을 헌법에 기속되도록 하기 위함이었다. 또한 독일 헌법재판제도는 독창적이고 성공적인 제도로 평가되고 있다. 독일의 헌법재판제도와 관련해서 헌법소원제도를 도입한 것은 가장 중요한 성과로 평가된다. 물론 초기에 헌법소원제도를 규범화하는 과정에서 정치적 이해관계의 대립으로 헌법차원의 제도화가 좌절하긴 하였지만, 나중에는 헌법개정이 아니면 폐지가 불가능하도록 헌법적 규범화가 이루어졌다. 현재 독일 연방헌법재판소는 상호 독립한 두 개의 전원재판부가 조직되어 있으며, 각 전원재판부는 8인의 재판관으로 구성된다. 이들 재판관은 법관의 자격을 가진 자 중에서 연방참의원과 연방의회가 각각 8명씩 선출하여 연방대통령이 임명한다. 제1전원재판부는 대체로 규범심사와 헌법소원을, 제2전원재판부는 기관쟁의와 연방쟁의를 관장한다. 엄격한 독립의

---

4. auf Antrag einer Person, die als Partei einer von einem ordentlichen Gericht in erster Instanz entschiedenen Rechtssache wegen Anwendung einer gesetzwidrigen Verordnung in ihren Rechten verletzt zu sein behauptet, aus Anlass eines gegen diese Entscheidung erhobenen Rechtsmittels.

46 Gerhart Holzinger/Benedikt Kommenda/Stefan Leo Frank, a.a.O., S. 363.

원칙에 따라 상이한 관할사항을 관장하고 있는 두 개의 전원재판부는 각 전원재판부마다 연방헌법재판소의 기능을 수행하고 있다. 따라서 어느 하나의 전원재판부의 재판결과에 대해서 다른 전원재판부가 다시 재판할 수 없을 뿐만 아니라, 연방헌법재판소 판례의 통일성 때문에 어느 하나의 전원재판부가 다른 전원재판부에서 행한 법률해석과 달리 법률을 해석하고자 하는 경우를 위해서 두 개의 전원재판부 전체에 의한 '합동재판'이 이루어지도록 되어 있다. 특히 독일 연방헌법재판소는 다양하고 풍부한 헌법재판 관할권을 가지고 있는바, 추상적 규범통제, 구체적 규범통제, 헌법소원심판, 기관쟁의심판, 정당해산심판, 선거재판, 탄핵심판, 기본권실효심판, 연방소송 등 연방헌법재판소법 제13조에서 나열하고 있는 목록이 그것이다. 여기서 사전적·예방적 규범통제는 조약의 '동의법'에 대해서만 예외적으로 판례에 의해 인정되고 있다.[47]

독일의 경우 주목할 점은 헌법소원제도가 도입된 이래 지난 1960년대부터 이른바 '법질서의 헌법화'의 경향이 두드러지게 나타났고, 기본권의 제3자효와 교차효과 등이 인정됨으로써 일반법원과 사법(私法)학계로부터 이른바 '기본권의 비대화' 내지 '과잉헌법화'라는 이름으로 강한 비판이 제기되었다. 이에 직면해서 지난 2001년도에는 독일국법학자협회 연차총회에서 '일반법원과 헌법재판소와의 관계'를 주제로 학술대회가 개최되기도 하였는데 헌법과 일반법률의 관계 설정, 헌법재판소와 일반법원 간의 바람직한 관계 설정 그리고 재판소원의 허용범위와 심사기준 등을 확립하려는 다양한 시도들이 행해졌다. 하지만, 모두를 만족시키는 명확한 심사기준의 확립은 쉽지 않다는 사실만 확인되었다. 그러나 다양한 비판들에도 불구하고, 비판받는 '과잉헌법화'가 '과소헌법화'보다는 낫다고 조심스럽게 매듭을 짓고 잠정적으로 논의가 종결되었다.[48]

---

47 이세주, 독일 연방헌법재판소의 헌법재판실무상의 시사점에 관한 고찰, 공법연구 47-1, 한국공법학회, 2013, 123면.

48 헌법재판소, 주요 국가별 헌법재판제도의 비교분석과 시사점, 헌법재판연구 21권, 헌법재판소, 2010, 287면.

(다) 프랑스

프랑스는 독일이나 오스트리아와는 달리 헌법재판작용에 있어 규범통제나 개인의 기본권 보장 영역보다는 국가의 조직·구성과 주권 행사의 헌법합치성 여부에 비중을 두었고, 그래서 선거쟁송이나 국가위기 시의 합헌성 수호를 중심으로 발전시켜 왔다. 프랑스 헌법재판소는 권한쟁의심판권·규범통제권·선거쟁송심판권·의견제출권 등을 행사한다. 권한쟁의심판은 의회와 행정부의 입법권의 범위와 관련한 영역으로 제한되어 있다. 프랑스에서는 선거쟁송의 비중이 높으며, 대통령선거와 상·하원 국회의원선거에 관한 쟁송뿐만 아니라 국민투표쟁송에 관한 심판권도 행사한다. 아울러 국가의 중요한 헌법적 문제와 관련하여 의견을 제출하거나 결정을 행하는 권한을 가지고 있다. 프랑스 헌법재판소는 법률과 국제협약에 대한 사전적인 규범통제권을 행사하고 있으며, 법률은 필수적 규범통제와 임의적 규범통제의 대상으로 구분하고 있으며, 국제협약은 임의적 통제대상이다. 헌법재판소의 결정은 모든 법원에 대하여도 기속력을 가지며, 따라서 최고행정법원과 최고법원도 기속된다. 이들 기관은 제도 시행 초기 헌법재판소의 판례에 기속되는 것에 관하여 상당한 거부반응을 보였던 것이 사실이다. 하지만, 현재에는 거부반응은 전혀 찾아볼 수 없으며, 이들 법원 모두 헌법재판소 결정의 기속력을 인정하고 있다.[49] 한편, 프랑스의 헌법재판소는 당연직 재판관과 선임직 재판관으로 구성된다. 당연직 재판관은 전직 대통령이었던 자가 당연히 취임하게 되어 있고, 선임직 재판관은 대통령, 상원의장, 하원의장이 3인씩을 선정한다.[50] 당연직 재판관은 전직 대통령이 당연히 맡는 것이므로 전직 대통령일 것이 자격요건이 되지만, 선임직 재판관에 있어서는 헌법이나 기타 법령에 아무런 규정이 없다. 이와 같이 재판관의 자격요건

---

49 헌법재판소, 전게 보고서, 290면.

50 프랑스 헌법재판소는 임명직 재판관 9인과 당연직 재판관으로 구성되며, 헌법재판소장은 대통령이 임명한다. 임명권자는 대통령·상원의장·하원의장이며, 각 임명권자는 3인의 재판관을 임명한다. 임명권을 세 개 국가기관에 분산시킨 이유는 헌법재판소의 권위를 보장하고 선택에서의 갈등을 최소화하기 위한 것이라고 한다. 헌법재판소 임무의 중요성과 권한을 고려해서 헌법재판관의 임기를 9년으로 하였고, 헌법재판소의 기능이 단절되지 않도록 헌법재판관을 매 3년마다 3명씩 교체하는 방법으로 재충원하고 있다. 나아가 재판관이 연임에 대한 기대를 차단하고 소신 있는 결정을 행할 수 있도록 단임제를 채택하고 있다. 그리고 전직 대통령은 당연직 재판관이 된다.

이 광범위하게 열려 있기 때문에 변호사, 법학교수, 외교관, 국회의원, 장관 출신이 다수 봉직하였고, 일반 법관에서 선임된 경우는 거의 없다.

2. 규범통제 시점 및 계기에 따른 분류[51]

(1) 규범통제의 시점에 의한 분류

일반적으로 헌법재판실무와 학계에서는 규범통제의 시점을 기준으로 사전예방적 규범통제로서의 헌법재판과 사후교정적 규범통제로서의 헌법재판을 구분한다.

(가) 사전적·예방적 규범통제

사전적·예방적 규범통제란 법률이 일단 시행된 후에 무효가 선언된다면 그에 수반되는 사회적 혼란이 클 것이기 때문에 법률을 공포·시행하기에 앞서 헌법재판기관이 개입하여 위헌적인 법률안의 입법화를 막는 규범통제절차를 말한다. 이러한 사전적·예방적 규범통제제도는 위헌적인 법률안의 입법화를 막는 장점을 가지고 있으나, 국가기관만이 위헌임을 주장할 수 있고, 국민은 위헌 여부를 주장할 수 없으며, 헌법재판기관이 구체적인 사례에 대한 자료를 구하기 어렵기 때문에 규범통제가 추상적이고 포괄적인 심사에 그칠 가능성이 크다.[52]

---

51 이론적 구분
- 심판의 주체에 따라: (정치기관형), 집중형(헌법재판소형), 분산형(일반법원형)
- 시기에 따라(규범정립을 기준으로): 사전적, 사후적
- 통제의 계기에 따라(구체적 사건 관련성 유무): 추상적, 구체적

52 결국 사전예방적 규범통제 제도는 이미 사전예방적 규범통제를 통해 위헌심사가 이루어진 법률에 관해서는 사후적 규범통제 제도가 동시에 규정되어 있지 않는 한 사후적 규범통제가 원칙적으로 불가능하다는 한계점과 사전 심사기간의 단기로 인해 부정확한 심사가 이루어질 우려 및 사전예방적 규범통제에서 의회에 너무 많은 권한을 주게 되어 권력분립 원칙에 위반될 소지가 한계점으로 지적되고 있다. 그럼에도 불구하고, 현행 헌법이 취하고 있는 사후적 구체적 규범통제는 갈등이 유발된 뒤에야 특정 사건 해결과정에서 해당 규범을 간접적으로 통제하는 것으로 충분히 사회적 악영향을 끼친 후 뒤늦게 이를 시정하는 형국이다. 그런 점에서 사전예방적 규범통제는 사회평화를 지키는 '예방백신'이라 할 것이다.(성중탁, 사전예방적 입법통제의 필요성, 법조신문, 2014. 10. 13. 기고문)

(나) 사후적·교정적 규범통제

사후적·교정적 규범통제란 법률이 공포·시행된 후에 헌법재판소 등 헌법재판기관이 개입하여 법률의 위헌 여부를 결정하는 규범통제절차를 말한다. 구체적 규범통제는 구체적인 재판에 적용되는 법률의 위헌 여부를 다투는 제도이므로 사후적 규범통제일 수밖에 없다. 반면, 추상적 규범통제는 독일, 오스트리아처럼 사후적 규범통제로 운영됨이 일반적이나, 프랑스처럼 사전적·예방적 형태로 운영될 수도 있다.

(2) 규범통제의 계기에 의한 분류

한편, 헌법재판실무와 학계에서는 규범통제의 계기를 기준으로 추상적 규범통제와 구체적 규범통제를 구분하기도 한다. 추상적 규범통제의 경우 절차의 개시가 일정한 헌법기관에 달려 있는 반면, 구체적 규범통제는 법원이 법적 분쟁에 대한 재판의 결과가 일정한 법률의 효력에 달려있다고 보는 경우에 개시된다. 구체적 규범통제의 경우 법원의 절차에서 규범의 효력 문제가 제기되면 법원은 일정한 규범의 효력에 계쟁사건의 결정이 달린 경우 그 규범이 유효한지를 선결문제로 심사하고, 위헌이라 여기면 계쟁사건의 절차를 정지하고 헌법재판소의 결정을 구한다. 헌법재판소는 규범의 효력문제를 판단하여 결정하고 이는 일반적 효력을 갖는다. 이어서 이 심사결과를 전제로 규범통제의 계기가 된 법적 분쟁에 대한 재판이 이루어진다. 그에 대해 추상적 규범통제는 구체적인 법적 분쟁에서 벗어나, 문제가 된 규범의 유무효에 관한 견해대립 내지 의문이 대두하는 경우, 심판청구권이 부여된 헌법기관의 청구가 그 계기가 된다. 절차의 대상은 심사할 규범 자체 내지 그 헌법합치성이지 청구권자의 개별 이익이 아니라고 본다.[53]

(가) 추상적 규범통제

독일·오스트리아의 경우 "주관적 이해관계를 가진 당사자가 존재하는 구체적 사건과 관련없이(즉, 사법절차에서 당사자가 직면한 법적 분쟁에 관한 구체적 사실인정을

53 김환학, 독일 연방헌법재판소의 추상적 규범통제, 비교헌법 연구보고서, 헌법재판소 헌법재판연구원, 2018, 41면.

하지 아니하고) 규범의 위헌 여부를 심사할 수 있는 추상적 규범통제가 존재한다. 추상적 규범통제란 구체적인 소송사건이 법원에 현재 제기된 경우도 아니고 그에 의하여 직접적인 기본권의 침해를 받은 바 없음에도 법령에 대한 위헌성이 의심되어 헌법재판소에 위헌심판이 제기된 경우에 이를 심판하는 절차를 말한다. 추상적 규범통제의 신청권을 어느 기관에게 줄 것인가 하는 문제는 나라마다 다르지만 법률제정에 관여하는 모든 헌법기관에게 그 신청권을 부여하는 것이 관례이다. 독일의 경우 독일기본법에 의하여 연방정부 및 주정부와 연방의회의 1/4 이상의 의원은 연방법이나 주법이 기본법에 적합한가에 관하여 연방헌법법원에 해석을 구할 수 있다.[54] 추상적 규범통제의 장점으로는 ① 분쟁이 발생하기 이전에 법률의 위헌성을 제거하는 것이므로 헌법재판소의 위헌판결에 따른 사회적 파장을 줄일 수 있고, ② 청구권자에 일정수의 의원을 포함시키게 되면 '소수자 보호'를 실현시킬 수 있고, ③ 여당과 야당 사이에 기능적 권력통제의 실현에 봉사하며, ④ 국가 스스로 위헌인 법률을 제거함으로써 국가의 권위를 제고·유지할 수 있다는 것이 있다.[55]

(나) 구체적 규범통제

구체적 규범통제는 일반 민사, 형사, 가사, 행정 사건 등 구체적인 실제 사건이 일반법원에 제소되었을 때 당해 법원(재판부)의 위헌법률심판 제청에 의하여 그 사건에 적용될 법령의 위헌 여부를 헌법재판기관이 판단하거나 헌법에 합치되도록 해석하는 등으로 법령의 합헌성을 통제하는 제도를 의미한다. 이러한 구체적 규범통제에는 일반법원형과 헌법법원형이 있는데, 일반법원형에서는 위헌이라고 판단한 법률을 당해 사건에 적용하지 않을 뿐 그 법률 자체를 폐지하는 효과를 낳지 않는다(개별적 효력의 부정). 이에 반하여 헌법법원형에서는 위헌으로 판정된 법률은 일

54 지금까지 독일 연방헌법재판소에서 이루어진 추상적 규범통제의 주요 결정례로 낙태죄(Schwangerschaftsabbruch), 병역거부 및 대체복무(Kriegsdienstverweigerung), 항공안전법(Luftsicherheitsgesetz), 선거법상 저지조항, 지방재정의 조정(Länderfinanzausgleich), 제2공영방송에 관한 주간협약(ZDF-Staatsvertrag)에 대한 재판을 들 수 있다.(김환학, 전게 보고서, 19면)

55 김환학, 전게 보고서, 18면.

반적 효력을 상실한다(일반적 효력의 부정). 1803년의 미국연방대심원의 Marbury v. Madison 사건이 이 제도의 효시로 간주되고 있다.

3. 우리나라의 경우

(1) 구체적 규범통제

현행 헌법은 제107조 제1항과 제111조 제1항 제1호에 의하여 헌법재판소에 위헌법률심판권을 부여하고 있다. 현행 헌법에 있어서 위헌법률심판은 사후교정적 위헌심사이며, 법률이 헌법에 위반되는 여부가 재판의 전제가 된 경우에 당해 사건을 심리하는 구체적 규범통제로서의 성격을 가진다. 그러나 위헌으로 결정된 법률 또는 법률조항은 일반적으로 효력을 상실하여 그 법률이 폐지된 것과 동일한 효과를 가져온다(헌재법 제47조). 우리나라는 제헌헌법 이래 줄곧 구체적 규범통제 제도를 채택해오고 있다. 헌법재판소는 헌법 제107조 제1항에 관련하여 당사자가 재판의 전제가 되지 아니한 법률의 위헌 여부에 대한 심판을 구하는 것은 추상적 규범통제를 청구하는 결과가 되어 허용할 수 없다고 판시하고 있으며(헌재 1997. 9. 25. 97헌가4 등), 학설상으로도 현행법상 각종 규범통제는 모두 넓은 의미의 구체적 규범통제에 해당하고 추상적 규범통제는 허용되지 않는다는 것이 지배적이다.[56] 그런데 제2공화국의 헌법재판소법은 구체적 규범통제와 추상적 규범통제 모두를 두고 있었다. 구체적 규범통제의 근거가 되는 헌법재판소법 제9조 제1항은 "법원에 계속 중인 사건에 관하여 법원 또는 당사자가 법률의 위헌 여부의 심사나 헌법에 관한 최종적 해석을 헌법재판소에 제청하였을 때에는 헌법재판소의 결정에 의하여 당해 사건에 대한 법원의 재판은 헌법재판소의 결정이 있을 때까지 정지할 수 있다"고 규정하고, 추상적 규범통제의 근거가 되는 같은 법 제10조 제2항에서 "법원에 사건이 계속됨이 없이 법률의 위헌 여부 또는 헌법에 관한 최종적 해석을 제청할 때에는 다음 사항을 기재하여야 한다"고 규정하였다.

56 김시철, 헌법재판소결정의 효력과 넓은 의미의 구체적 규범통제의 법적 성격, 헌법논총 18집, 헌법재판소, 2007, 5면.

(2) 헌법재판의 구체적 유형

현행 헌법재판소법에서 규정하고 있는 우리나라 헌법재판소가 취급하는 주요 사건별 헌법재판 유형은 다음과 같다.[57]

제청형 규범통제심판 (헌가 사건)	법률의 위헌성 여부가 재판의 전제가 된 때에 법원의 제청에 의하여 헌법재판소가 법률의 위헌 여부를 심판하는 규범통제심판(헌법재판소법 제41조)
소원형 규범통제심판 (헌마 사건)	입법권의 행사로 말미암아 기본권을 침해받은 자의 헌법소원에 의한 규범통제심판(헌법재판소법 제68조 제1항)
불복형 규범통제심판 (헌바 사건)	법원으로부터의 위헌법률심판의 제청신청에 대한 기각결정을 받은 자의 헌법소원에 의한 규범통제심판(헌법재판소법 제68조 제2항)
부수형 규범통제심판 (헌마 사건)	공권력의 행사 또는 불행사가 위헌인 법률 또는 법률조항에 기인한 것이라고 인정하는 경우에 그 인용결정에서 당해 법률 또는 법률조항이 위헌임을 선언하는 규범통제심판(헌법재판소법 제75조 제5항)
권한쟁의형 규범통제심판 (헌라 사건)	헌법재판소법 제61조에 의한 권한쟁의심판청구에 의하여 헌법배판소가 법률의 위헌여부를 심사하는 규범통제심판(견해대립 있음)

(3) 재판대상을 기준으로 한 분류[58]

(가) 위헌법률심판

위헌법률심판이라 함은 헌법재판기관이 의회가 만든 법률이 헌법에 위반되는지의 여부를 심사하고, 그 법률이 헌법에 위반되는 것으로 인정하는 경우에 그 효력을 상실하게 하거나 그 적용을 거부하는 제도를 말한다.

(나) 헌법소원심판

헌법소원심판이라 함은 헌법에 위반되는 공권력의 행사 또는 불행사로 말미암아 헌법상 보장된 기본권이 직접 그리고 현실적으로 침해당한 자가 헌법재판기관

57 김유향, 전게서, 1465-1466면.

58 김유향, 전게서, 1466-1467면; 남복현, 헌법재판소와 법원 간 갈등해결, 헌법학연구 27-1, 한국헌법학회, 2021, 500-501면.

에 당해 공권력의 위헌 여부의 심사를 청구하여 기본권을 구제받는 제도를 말한다. 헌법소원제도는 개인의 주관적 기본권을 보장하는 기본권 보장 기능과 위헌적인 공권력 행사를 통제함으로써 객관적 헌법질서를 수호하는 헌법 보장 기능을 수행한다. 현행 헌법 제111조 제1항 제5호는 헌법재판소는 "법률이 정하는 헌법소원에 관한 심판"을 관장한다고 함으로써 헌정사상 처음으로 헌법소원제도를 채택했다.

(다) 정당해산심판

정당해산심판은 정당의 목적이나 활동이 민주적 기본질서에 위배될 때에는 정부의 제소에 의해 헌법재판소가 위헌정당의 해산을 결정하는 것을 말한다(헌법 제8조 제4항, 제111조 제1항 제3호). 정당은 헌법재판소의 해산결정에 의해서 자동으로 해산된다. 위헌정당해산제도는 민주주의의 이름으로 민주주의 그 자체를 부정하고 파괴하는 민주주의의 적에 대해서까지 관용을 베풀 수 없다는 방어적 민주주의에 근거한다.

(라) 권한쟁의심판

권한쟁의심판이라 함은 국가기관 또는 지방자치단체 등 간에 권한의 존부나 범위에 관하여 적극적 또는 소극적 분쟁이 발생한 경우에 독립적 지위를 가진 제3의 기관이 그 권한의 존부·내용·범위 등을 명백히 함으로써 기관 간의 분쟁을 해결하는 제도를 말한다. 우리 현행 헌법은 "국가기관 상호 간, 국가기관과 지방자체단체 및 지방자치단체 상호 간의 권한쟁의에 관한 심판"을 헌법재판소로 하여금 관장하게 하고 있다(헌법 제111조 제1항 제4호).[59]

---

59 비고) 기관소송
헌법재판소법은 제61조에서 국가기관 상호 간, 국가기관과 지방자치단체 간 및 지방자치단체 상호 간에 권한의 존부 또는 범위에 관하여 다툼이 있을 때에는 당해 국가기관 또는 지방자치단체는 헌법재판소에 권한쟁의심판을 청구할 수 있으며, 이 심판청구는 피청구인의 처분 또는 부작위가 헌법 또는 법률에 의하여 부여받은 청구인의 권한을 침해하였거나 침해할 현저한 위험이 있는 때에 한하여 이를 할 수 있다고 규정하고, 제62조에서 권한쟁의심판의 종류를 다음과 같이 규정하고 있다. 즉, (i) 국가기관 상호 간의 권한쟁의심판, 즉 국회·정부·법원 및 중앙선거관리위원회 상호 간의 권한쟁의심판, (ii) 국가기관과 지방자치단체 간의 권한쟁의심판에는 ㉠ 정부와 특별시·직할시 또는 도 사이의 권한쟁의심판, ㉡ 정부와 시·군 또는 지방자치단체

(마) 탄핵심판

탄핵심판과 관련하여 현행 헌법은 대통령 기타 고위공무원이 헌법이나 법률에 위반하여 직무집행을 한 때에는 국회가 탄핵의 소추를 의결하고(헌법 제65조 제1항), 헌법재판소가 탄핵심판을 하는(헌법 제111조 제1항 제2호) 탄핵심판제도를 규정하고 있다.

(바) 선거소송심판

선거소송심판이라 함은 공직선거의 실시나 당선인의 결정의 위헌·위법 여부를 심사하여 그 유·무효 여부를 판정하는 제도를 말한다. 선거소송심판도 원래 헌법재판의 범주에 속하는 것이지만, 우리나라는 이를 대법원(대통령, 국회의원, 비례대표 시·도의원 선거, 시·도지사 선거의 경우)과 고등법원(지역구 시·도의원 선거, 자치구·시·군의원 선거의 경우)의 관할로 하고 있다.

인 구 사이의 권한쟁의심판, (iii) 지방자치단체인 상호 간의 권한쟁의심판에는 ㉠ 특별시·광역시 또는 도 상호 간의 권한쟁의심판, ㉡ 시·군 또는 자치구 상호 간의 권한쟁의심판, ㉢ 특별시·광역시 또는 도와 시·군 또는 자치구 간의 권한쟁의심판 등이다. 한편 권한쟁의가 교육법 제15조의 규정에 의한 교육·학예에 관한 지방자치단체의 사무에 관한 것인 때에는 교육위원회가 위 (ii) 및 (iii)의 당사자가 된다. 따라서 이 같은 헌법재판소의 권한쟁의심판에 해당하는 사항은 당연히 행정소송의 기관소송에서 제외된다. 기관소송의 실제 사례로는 ① 지자체 단체장의 지방의회의 의결에 대한 무효확인소송(지방자치법 제120조, 제192조, 지방교육자치에 관한 법률 제28조) ② 하급 지자체에 대한 상위 지자체와 행자부의 감독처분에 대한 하위 지자체의 이의소송(지방자치법 제188조 제2항 및 제189조 제3항)이 있으며, 이러한 기관소송은 법률이 정한 경우에 지방자치단체의 장 등 법률에서 정한 사람이 지방의회 등 법률에서 정한 자를 피고로 하여 대법원이나 고등법원에 제기할 수 있다.

2

우리나라 헌법재판의 역사와 위상

제2장 | 우리나라 헌법재판의 역사와 위상

Ⅰ. 우리나라 헌법재판의 연혁[60]

헌법재판은 헌법규범을 전제로 하므로 우리나라의 헌법재판 역사를 살펴보려면 우선 우리나라 헌법의 변천과정을 살펴볼 필요가 있다. 헌법을 국민의 자유와 권리의 보장과 권력분립을 주된 내용으로 하는 국가의 근본조직법으로 파악하는 입헌주의적 의미의 헌법 개념은 근대 이후의 역사적 산물이다. 우리나라에서 그러한 의미의 입헌주의 헌법이 성립된 시기에 관하여는 논란이 있으나 1885년 1월에 선포된 홍범(洪範)14조가 최초의 근대적 헌법이라고 할 수 있다. 이것은 갑오경장을 계기로 민주주의 정신을 반영한 조선의 국정개혁법이었다. 그 뒤 1899년에 공포된 대한국 국제(大韓國國制) 9개조는 국호를 조선에서 대한제국으로 개칭하고 국가형태로서 군주국을 천명한 흠정헌법적 성격을 가진 성문헌법이었다. 1919년 3·1운동 이후 상하이에 대한민국임시정부가 구성되고 헌법이 채택된 바 있었다. 대한민국임시정부의 헌법은 5차례나 개정되고 명칭도 대한민국임시 '헌법(憲法)' — '약헌(約憲)' — '헌장(憲章)'으로 변경되었으나 국민주권의 원리·의회주의·권력분립의 원리·기본권의 존중·법치주의·성문헌법성 등을 기본원리로 채택한 입헌주의적 헌법이었다. 그러나 홍범(洪範)14조, 상해임시정부헌법 등에는 헌법재판에 관한 인식이 결여되어 있었다. 헌법의 규범적 의미를 명백히 선언하여 헌법을 실현시켜 나가기 위한 헌법재판의 역사는 대한민국정부가 수립된 제헌헌법시대부터 시작되었다고 보는 것이 옳

60 김유향, 전게서, 1468면.

구분	위헌법률심판	탄핵심판	위헌정당해산	권한쟁의심판	헌법소원심판
제1공화국	헌법위원회	탄핵재판소	×	×	×
제2공화국	헌법재판소				×
제3공화국	대법원	탄핵심판위원회	대법원	×	×
제4공화국	헌법위원회			×	×
제5공화국	헌법위원회			×	×
현행 헌법	헌법재판소				

다. 제헌헌법 이후의 헌법재판사를 기술함에 있어서는 집권자의 교체 또는 헌정상황의 변화를 기준으로 제1공화국부터 제5공화국까지 공화국에 따라 나누어 서술하는 것이 일반적이다. 다만 제1공화국 직전의 미군정기(美軍政期)의 헌정 상황은 대한민국 건국의 배경을 이루는 시기였고 그 시기에 최초의 헌법재판이 행해진 바 있다.

시기	헌법재판기관	내용
제헌헌법	헌법위원회, 탄핵재판소	[관할] 헌법위원회는 그 권한이 위헌법률심사에만 확정되어 있었고(구체적 규범통제), 탄핵사건은 별도의 탄핵재판소에서 관장하였다. [구성] 헌법위원회는 부통령을 위원장으로 하고, 대법관 5인과 국회의원 5인의 위원들로 구성되었다. 헌법위원회의 위헌결정은 위원 2/3 이상의 찬성을 요한다.
제2공헌법 (1960)	헌법재판소	[관할] 헌법재판소는 ① 법률의 위헌심판, ② 헌법에 관한 최종적 해석, ③ 국가기관간의 권한쟁송, ④ 정당의 해산심판, ⑤ 탄핵재판, ⑥ 대통령·대법원장·대법관의 선거에 관한 소송 등을 관할하였다.(헌법소원심판은 X) [구성] 헌법재판소는 제1공화국의 헌법위원회와 달리 상설기구로 하였으며, 대통령·대법원·참의원이 각 3인씩 선임한 9인의 심판관으로 구성되었다.
제3공헌법 (1962)	대법원, 탄핵심판 위원회	[관할] 제3공화국은 법원에 위헌심사권을 주어 사법심사형을 채택하였다. 위헌법률심사, 정당해산심판, 선거소송 등은 대법원이, 탄핵심판은 탄핵심판위원회가 담당하고, 기관 간 권한쟁의심판제도는 두지 아니하였다. 그리고 "법률이 헌법에 위반되는 여부가 재판의 전제가 된 때에는 대법원은 이를 최종적으로 심사할 권한을 가진다"라고 하여 대법원뿐만 아니라 각급 법원도 위헌심사권을 가지고 있었다. [구성] 탄핵심판위원회는 대법원장을 위원장으로 하고 대법원 판사 3인과 국회의원 5인의 위원으로 구성하였다.
제4공헌법 (1972)	헌법위원회	[관할] 헌법위원회는 위헌법률심사, 탄핵심판, 정당해산심판을 관할하고 있었고, 법원은 위헌법률심사를 제청할 수 있을 뿐이다. [구성] 헌법위원회는 9인의 위원으로 구성하며 대통령이 임명하는데, 3인은 국회에서 선출하는 자를, 3인은 대법원이 지명하는 자를 임명하도록 되어 있었다.
제5공헌법 (1980)	헌법위원회	[관할] 제4공화국의 헌법위원회제도를 그대로 계승하였다. [구성] 제4공화국의 헌법위원회의 구성과 동일하다.

II. 헌법재판의 기능[61]

1. (최후의) 기본권 보호

헌법재판소는 국민의 기본권을 보장하는 최후의 마지막 헌법기관이라고 할

61 김유향, 전게서, 1469-1470면; 이동흡, 전게서, 3-5면.

수 있다. 헌법소원심판제도는 공권력의 행사 또는 불행사로 말미암아 헌법상 보장된 기본권이 침해된 경우 공권력의 행사·불행사에 대한 위헌선언을 통하여 국민의 기본권을 구제하는 제도이고, 위헌법률심판제도는 헌법에 위반되는 법률이 국민의 기본권을 침해하는 경우에 그 효력을 부인함으로써 기본권을 보장하는 제도이다. 헌법재판소는 이와 같이 헌법소원과 위헌법률심판을 통하여 기본권의 침해를 방지하거나 침해된 기본권을 구제하는 최후의 국가 기관이라고 할 수 있는 것이다.

2. 헌법질서 수호

헌법재판소는 헌법 제111조 제1항 제2호에 따라 대통령 등 고위공무원이 그 직무집행에 있어서 헌법이나 법률을 위배한 때에는 국회의 소추의결을 받아 탄핵심판을 통하여, 같은 항 제3호에 따라 정당의 목적이나 활동이 민주적 기본질서에 위배될 때에 정부의 청구를 받아 정당해산심판을 통하여, 같은 항 제4호에 따라 국가기관 상호 간, 국가기관과 지방자치단체 간 및 지방자치단체 상호 간에 권한의 존부 또는 범위에 관하여 다툼이 있을 때 국가기관 또는 지방자치단체의 청구를 받아 권한쟁의심판을 통하여 헌법질서를 수호하고 유지하는 최후의 역할을 담당한다.

3. 헌법적 분쟁 해결

현행 헌법 제111조 제1항 소정의 헌법재판소의 관장사항은 기본권 침해와 헌법질서 위배를 둘러싼 헌법분쟁이고, 이러한 분쟁을 헌법재판이라는 소송을 통하여 해결한다. 그렇다면 기본권 보장과 헌법수호의 임무를 효과적으로 수행하기 위하여서는 소송으로서 그 절차가 완비되어야 하고, 특히 헌법재판소 결정의 효력 및 그 집행력이 확보되어야 한다. 즉, 헌법재판이 실효성이 있는 헌법분쟁 해결수단이 되려면 그 결정의 효력이 국가기관 또는 지방자치단체를 기속해야 하는 것이다. 그래야만 헌법이 부여한 헌법재판소의 권한을 효과적으로 행사하여 국민의 기본권 보장과 헌법수호를 위해 제대로 그 역할을 다할 수 있기 때문이다.

4. 헌법의 최종 해석

우리 헌법이 헌법재판소에 부여한 각종 심판권은 헌법 또는 법률에 따른 국가기관 등의 권한행사를 대상으로 그 권한행사가 헌법이 보장하는 국민의 기본권을 침해하거나 헌법질서에 위배되는지 여부를 심판하는 것이다. 이러한 심판은 헌법해석을 필연적으로 전제로 하며, 그것도 사후적으로 분쟁상태에 도달하여 헌법에 대한 최종적, 종국적인 선언을 하는 것이다. 이런 의미에서 볼 때, 헌법재판소는 헌법의 최종 해석기관 역할도 담당하고 있다. 법원이 명령·규칙에 대한 위헌·위법심사권을 갖는다고 할지라도, 그 심사의 효력은 당해 사건에만 효력을 미치는 데 반하여 헌법재판소의 명령, 규칙, 처분에 대한 심판은 그 위헌결정으로 인하여 당해 명령, 규칙 자체의 효력을 상실(대세효)하므로 이러한 측면에서도 헌법재판소의 헌법해석은 최종적이라고 할 수 있다.

5. 권력 통제 및 국가와 사회 안정

나아가, 헌법재판소는 위헌법률심판, 위헌정당해산심판, 탄핵심판 등을 통하여 국가 공권력을 감시하고 통제함으로써 소수자 보호와 통치 권력의 합헌성을 담보하는 역할도 한다. 또한 헌법재판소는 헌법적 분쟁을 해결함으로써 그 분쟁을 헌법적 테두리 내로 수렴하는 역할을 담당한다. 그렇게 함으로써 극한적인 정쟁과 사회갈등 등을 규범조화적으로 순화시켜 국가와 사회를 안정시키는 역할을 담당한다.

Ⅲ. 헌법재판소와 다른 국가기관과의 관계

1. 국회와의 관계

(1) 의의

국민으로부터 소위 민주적 정당성을 부여받은 국회가 제정한 법률을 민주적 정당성이 빈약한 헌법재판관이 무효로 만들 수 있는가 하는 점에 대해서는 오래도록 논쟁이 있어 왔다. 그러나, 국민이 만든 현행 우리 헌법은 입법을 국회에 맡기고,[62]

---

62 헌법 제40조.

국회에서 제정 또는 개정된 법률이 헌법에 위배되는지 여부에 대한 판단은 헌법재판소에 맡겼음[63]을 주목해야 한다.[64] 헌법재판관이 민주적 정당성을 갖추지 못했다는 것은 문제의 본질이 아니다. 국회에 대한 헌법제정권력자의 불신은 헌법재판을 이해하는 데 필요한 중요한 요소이며, 국회의 다수결이 헌법제정권력자가 보호하고자 하는 헌법의 가치를 훼손할지도 모른다는 우려가 헌법재판제도를 낳은 것이다. 헌법재판은 '헌법적 가치'를 수호하는 것이 그 임무인바, 헌법을 해석하고 헌법이 정한 헌법적 가치가 무엇인가에 따라 재판을 한다. 따라서 논리 필연적으로 헌법재판관이 민주적 정당성을 갖추어야 하는 것은 아니다.[65]

한편, 헌법재판은 민주주의와 때론 갈등할 수 있다.[66] 이 경우에도 민주적 정당성이 문제될 수 있는바, 의회의 민주적 결정을 민주적 정당성이 부족한 헌재가 심사하는 것은 부당하다는 주장이 있을 수 있고, 이러한 지적은 어느 정도 타당하다. 그러나, 헌법재판은 국민의 의사를 준거로 하는 것이 아니라 '헌법'을 준거로 하는 것이라는 점을 받아들인다면, 헌법재판에 있어서 필요한 것은 국민의 의사를 이해하고 받아들이는 능력이 아니라, 헌법을 해석하고 분석하는 이성(理性)이라고 할 것이다. 현행 우리 헌법은 국회가 제정한 법률을 위헌으로 결정함에 있어서는 6명의 재

63 헌법 제111조 제1항 제1호.

64 이에 비하여 미국의 경우에는, 헌법재판에 관한 명문의 근거가 없으므로, 민주적 정당성의 문제가 헌법재판의 허부에 관한 논쟁에서 중요한 이슈로 될 수 있다.

65 국민의 의사와 헌법이 일치하지 않을 수 있다. 만약 일치한다면 헌재는 불필요하다. 헌법은 의회가 국민의 의사를 대표하도록 정하고 있다(헌법 제41조). 헌재는 국민의 의사를 대변하는 기관이 아니다. 헌재가, 헌법보다는 국민의 의사를 더 중요시하였다고 보이는 사건으로, [친일재산 귀속법 사건]과 [수도 이전 사건]을 들 수 있을 것이라고 본다. 전자에 대해서는 위헌이 아니라는 결정을 하였고, 후자에 대해서는 위헌결정을 하였다. 두 결정이 당시의 국민 여론과 부합할 수는 있으나, 헌법에 부합하였던 것으로 보이지는 않는다. 전자의 결정에 대한 평석으로는, 최호동·정주백, 진정소급입법 금지원칙의 예외, 법학연구 제24집 제1호, 충남대, 2013.

66 "민주적으로 선출된 파시스트 정권을 겪으면서 민주주의에 대한 새로운 위협을 인식하게 됐다. 민주적으로 정통성 있는 정권이라 할지라도 기본적 자유를 억압하게 해서는 안 된다는 것이다. 그래서 제2차 세계대전 이후 제정된 헌법들은 두 가지에 초점을 맞췄다. 첫째, 국가가 침해할 수 없는 개인의 기본권에 대한 명확한 천명. 둘째, 이 권리를 보호하기 위한 헌법재판기구의 창설. 헌법재판소는 민주주의의 과잉으로부터 민주주의를 보호하는 기관으로 여겨졌으며, 반다수결주의에 의거해 절차적 정당성을 지닌 선출 권력으로부터 민주주의의 내용적 가치를 지키기 위해 창설됐다. 반다수결주의 제도로서 헌법 재판은 소수파가 체제의 일부로 존속하도록 보장해주며, 체제의 정통성을 강화해주며, 민주주의 자체로부터 민주주의를 지킨다."(Tom Ginsburg, Judicial Review in New Democracies: Constitutional Courts in Asian Cases)

판관의 찬성이 있어야 한다고 함으로써,[67] 민주적 정당성을 지닌 국회 존중의 뜻을 명확히 하고 있다. 입법자는 헌법의 한계 내에서 정치적 결정을 통하여 국가공동체를 형성하고 유지하는 중심 역할을 한다. 이에 대하여 헌법재판소는 헌법에서 국회가 가진 입법형성권의 (헌법적) 한계를 도출해 제시한다. 즉, 입법자와 헌법재판소는 각각 입법작용과 헌법재판을 통한 헌법의 실현에 있어 입법자는 우선적 형성권을, 헌법재판소는 그 형성권의 한계에 대한 최종 심사권을 갖는 것이다.[68]

(2) 국회의 입법형성권의 존중과 통제

(가) 국회의 입법형성권의 존중

입법작용은 헌법을 실현시키는 국가작용으로서 우리 헌법은 입법권자에게 광범위한 입법 형성의 자유를 부여하고 있고, 입법권자는 그 형성재량의 영역 내에서 자유로운 활동을 보장받는다. 그런데 헌법재판소가 입법자에 대하여 마치 자신이 입법정책의 형성자처럼 광범위하게 심사한다면 헌법재판소는 스스로 입법자의 지위를 차지하고 국회의 고유기능을 침해하는 등 기능적 권력분립을 훼손하고 침해할 우려가 있다. 따라서 권력분립원칙보장 측면에서 규범통제권자인 헌법재판소도 입법권자가 제정한 법률을 가능한 한 존중할 필요가 있다. 더욱이 민주적 정당성이 취약한 헌법재판소가 민주적 정당성을 확보하고 있는 국회의 제정법률을 만연히 무효화시키는 것은 민주주의의 관점에서도 문제가 있다.

(나) 국회 입법형성권의 통제

오늘날 집권 여당으로 권력이 사실상 통합되는 현실에서 이에 대한 통제가 무엇보다 중요한바, 입법작용을 포함한 국가작용 전반에 대한 헌법재판소의 통제가 갈수록 중요한 의미를 갖게 되었다. 그리고 오늘날의 법치국가원리는 실질적 법치국가원리까지 포함하는 것으로 '법률의 우위'가 아닌 '헌법의 우위'로 나타나고 있으

67 헌법 제113조 제1항.
68 정주백, 전게서, 8면.

며, 입법자의 입법형성권은 당연히 헌법이 허락한 범위 내에서 행해져야 한다. 나아가 민주주의 원리에 따를 때에도 다수파에 의하여 소수의 권리와 이익이 침해되지 않도록 보호하지 않으면 안 되는바, 헌법재판소가 법률에 대한 위헌심사를 지나치게 완화(회피)하면 소수자 보호 측면에서 문제가 될 수 있다.

(3) 입법형성권의 존중의 예(★★★)

(가) 변형결정의 도입

법률이 법문의 범위 내에서 여러 가지로 해석될 수 있고 그 해석에 따라 때로는 위헌적인 결과를 때로는 합헌적인 결과를 가져온다면(합헌적 법률해석), 이 경우 헌법재판소는 위헌결정을 내리지 않고 단지 "법률을 어떠한 식으로 해석하는 한 헌법에 위반된다 또는 위반되지 않는다"는 한정합헌 또는 한정위헌결정을 내린다. 또한 법률의 위헌성에도 입법자에게 위헌적인 상태를 제거할 여러 가지의 가능성을 인정할 수 있는 경우에 헌법재판소는 위헌결정을 피하고 입법자로 하여금 법령개정을 통하여 스스로 위헌적인 상태를 제거하도록 헌법불합치결정을 하게 된다. 이러한 결정유형은 민주주의와 권력분립 원칙의 관점에서 입법자의 입법형성권에 대한 존중의 표현이다.

(나) 평등권(평등원칙)의 위헌심사기준으로서 '자의금지 원칙(합리성 심사)'

헌법재판소는 평등권 내지 평등원칙의 위헌 심사기준으로서 원칙적으로 자의금지 원칙을 적용한다. 평등원칙은 입법자에 대하여는 규범의 대상을 실질적으로 평등하게 규율할 것을 요구함으로써 자의금지 이상의 훨씬 많은 것을 의미하지만, 헌법재판소는 입법자의 결정에서 차별을 정당화할 수 있는 아무런 합리적인 이유를 찾아볼 수 없는 경우에만 평등원칙의 위반을 확인하게 된다.

(다) 인간다운 생활을 할 권리(사회적 기본권)에서의 위헌심사기준으로서 '최소보장 원칙'

헌법재판소는 "인간다운 생활을 할 권리에 관한 헌법규정이 … 헌법재판에 있어서는 다른 국가기관, 즉 입법부나 행정부가 국민으로 하여금 인간다운 생활을 영위하도록 하기 위하여 객관적으로 필요한 최소한의 조치를 취할 의무를 다하였는지를 기준으로 국가기관의 행위의 합헌성을 심사하여야 한다는 통제규범으로 작용하는 것이다"(1997. 5. 29. 94헌마33)고 하여 국회의 입법형성권의 존중 차원에서 최소보장원칙에 입각하여 인간다운 생활을 할 권리의 침해 여부를 판단한다.

(라) 국가의 (기본권) 보호 의무 위반심사기준으로서 '과소보호금지 원칙'

헌법재판소는 국가는 개인의 사적 영역을 침해해서는 안 될 뿐만 아니라 적극적으로 국민의 기본권을 타인의 침해로부터 보호할 의무가 있다고 설시하면서, 국가의 기본권 보호 의무의 위반 여부를 판단함에 있어서 권력분립의 관점에서 소위 과소보호금지의 원칙, 즉 '국가가 국민의 법익보호를 위하여 적어도 적절하고 효율적인 최소한의 보호조치를 취했는가'를 기준으로 심사하여야 한다고 판시하고 있다.

(마) 입법부작위 헌법소원에서의 '헌법상 입법의무'

헌법재판소는 입법부작위에 대한 헌법소원을 극히 한정적으로 인정하고 있다. 즉, 헌법에서 기본권 보장을 위하여 법령에 명시적인 입법위임을 하였음에도 입법자가 이를 이행하지 않을 때 그리고 헌법해석상 특정인에게 구체적인 기본권이 생겨 이를 보장하기 위한 국가의 행위의무 내지 보호의무가 발생하였음이 명백함에도 불구하고 입법자가 아무런 입법조치를 취하지 않은 경우에 한해 입법부작위 헌법소원을 인용함으로써 입법자의 형성권을 존중하고 있는 것이다.

(바) 제도 보장에서의 위헌심사기준으로서 '최소보장 원칙'

헌법재판소는 제도 보장은 기본권 보장의 경우와 달리 그 본질적 내용을 침해하지 아니하는 범위 안에서 입법자에게 제도의 구체적인 내용과 형태의 형성권을 폭넓게 인정한다는 의미에서 '최소 보장의 원칙'이 적용될 뿐이라고 한다.

2. 정부와의 관계

(1) 의의

헌법재판소와 국회의 관계에서는 국회의 입법형성권의 존중 및 통제를 어떻게 조화시킬 것인지가 중요시되는 반면, 헌법재판소와 정부와의 관계에서는 상대적으로 통제의 측면이 강조된다. 한국형 대통령제에서 대통령의 권한이 강력하고, 행정국가화 현상으로 정부가 실질적으로 입법기능까지 수행하고 있는 현실에서 이에 대한 통제가 중요시될 수밖에 없기 때문이다.

(2) 정부에 대한 헌법재판소의 통제(★★)

(가) 통치행위에 대한 통제

1993년 8월 헌법재판소는 금융실명제도를 도입하기 위하여 대통령이 내린 긴급재정경제명령에 대한 헌법소원심판 사건에서 대통령의 긴급재정경제명령도 고도의 정치적 판단을 요하는 이른바 통치행위에 속하지만 그러한 통치행위도 헌법재판소의 심판대상이 된다고 밝힘으로써 통치행위의 헌법소원대상성을 인정하였다(1996. 2. 29. 93헌마186). 이 결정은 헌법재판소에 의한 헌법의 적용과 해석으로부터 완전히 자유로운 국가의 공권력작용은 어떠한 영역에서도 인정될 수 없다는 것을 확인한 결정이었다. 이는 또한 공권력행위의 정치적 성격은 헌법재판소의 사법적 심사를 제한하는 적합한 기준이 될 수 없음을 시사하는 것이기도 하다.

헌재판례) 통치행위의 사법심사가능성(1996. 2. 29. 93헌마186)

통치행위란 고도의 정치적 결단에 의한 국가행위로서 사법적 심사의 대상으로 삼기에 적절하지 못한 행위라고 일반적으로 정의되고 있는바… 고도의 정치적 결단에 의한 행위로서 그 결단을 존중하여야 할 필요성이 있는 행위라는 의미에서 이른바 통치행위의 개념을 인정할 수 있고… 그러나 이른바 통치행위를 포함하여 모든 국가작용은 국민의 기본권적 가치를 실현하기 위한 수단이라는 한계를 반드시 지켜야 하는 것이고, 헌법재판소는 헌법의 수호와 국민의 기본권 보장을 사명으로 하는 국가기관이므로 비록 고도의 정치적 결단에 의하여 행해지는 국가작용이라고 할지라도 그것이 국민의 기본권 침해와 직접 관련되는 경우에는 당연히 헌법재판소의

심판대상이 될 수 있는 것이다.[69, 70]

(나) 행정입법에 대한 통제

헌법재판소는 행정부에서 제정한 시행령이나 시행규칙 등 법규명령이 별도의 집행행위를 기다리지 않고 직접 국민의 기본권을 침해하는 경우에는 모두 헌법소원의 대상이 될 수 있음을 인정하였다(직접적 통제). 이 결정은 구체적 소송에서 재판의 전제가 되지 못해 법원의 소송에 의한 구제가 불가능한 경우[71]에 권리구제의 공백을 메우기 위한 것뿐만 아니라 행정부에 대한 강력한 통제의 의지를 보여준 것이라고 할 수 있다. 또한 헌법재판소는 시행령이나 시행규칙 등에 구체화된 법률의 내용이 위헌적인 요소가 있는 경우 한정위헌(합헌)결정을 통하여 법률의 적용범위에서 배제함으로써 간접적으로 행정입법을 통제하기도 한다. 예를 들어 '정기간행물등록등에관한법률 제7조 제1항의 위헌심판사건'(1992. 6. 26. 90헌가23)에서 헌법재판소는 "해당 시설을 자기소유이어야 하는 것으로 해석하는 한 헌법에 위반된다"고 결정한 바 있다. 그런데 동법 제7조 제1항 제7호는 정간물의 등록요건으로 '대통령령으로 정하는 해당 시설을 갖추어야 한다'고 규정하고 있고, 시행령 제6조

69 동지; 헌재 2004. 4. 29. 2003헌마814 결정 등. ⇒ 그 이후의 결정인 수도이전 사건에서는 "우리 헌법은 선거권(헌법 제24조)과 같은 간접적인 참정권과 함께 직접적인 참정권으로서 국민투표권(헌법 제72조, 제130조)을 규정하고 있으므로 국민투표권은 헌법상 보장되는 기본권의 하나이다(헌재 2001. 6. 28. 2000헌마735). 그러므로 대통령의 의사결정이 국민의 국민투표권을 침해한다면, 가사 위 의사결정이 고도의 정치적 결단을 요하는 행위라고 하더라도 이는 국민의 기본권 침해와 직접 관련되는 것으로서 헌법재판소의 심판대상이 될 수 있고, 따라서 이 사건 법률의 위헌성이 대통령의 의사결정과 관련하여 문제되는 경우라도 헌법소원의 대상이 될 수 있다."(헌재 2004. 10. 21. 2004헌마554★)

70 다만, 부정한 예로는, "[대통령이 국군(일반사병)을 이라크에 파견하기로 한 결정]은 그 성격상 국방 및 외교에 관련된 고도의 정치적 결단을 요하는 문제로서, 헌법과 법률이 정한 절차를 지켜 이루어진 것임이 명백하므로, 대통령과 국회의 판단은 존중되어야 하고 우리 재판소가 사법적 기준만으로 이를 심판하는 것은 자제되어야 한다. 오랜 민주주의 전통을 가진 외국에서도 외교 및 국방에 관련된 것으로서 고도의 정치적 결단을 요하는 사안에 대하여는 줄곧 사법심사를 자제하고 있는 것도 바로 이러한 취지에서 나온 것이라 할 것이다. 이에 대하여는 설혹 사법적 심사의 회피로 자의적 결정이 방치될 수도 있다는 우려가 있을 수 있으나 그러한 대통령과 국회의 판단은 궁극적으로는 선거를 통해 국민에 의한 평가와 심판을 받게 될 것이다."(헌재 2004. 4. 29. 2003헌마814★)

71 현재, 시행령, 시행규칙 등 명령, 규칙, 조례에 대한 무효나 취소를 직접 다투는 항고소송은 허용되지 않음에 기인한다. 그 예외가 처분적 명령, 규칙, 조례에 대한 직접적 항고소송의 허용이다.

제3호는 해당 시설을 자기소유로 한정하였다. 이와 같이 헌법재판소는 한정위헌결정을 통해서 시행령으로 구체화된 법률의 내용을 법률의 적용범위에서 배제함으로써 결과적으로 시행령을 위헌으로 판단하는 결과를 가져오는 것이다.

(다) 구체적 행정처분에 대한 통제

헌법소원의 대상에서 재판이 제외되고, 한편으로 보충성의 원칙이 적용되는 결과 다수의 행정처분은 헌법소원으로 다투기 어렵게 되었다. 그러나 헌법재판소는 종래 행정소송의 대상이 되기에 부적합하거나 기타 헌법소원청구 이외에 달리 효과있는 구제방법이 없는 경우 등에는 보충성의 예외를 광범위하게 인정하여 행정부의 공권력 행사에 대한 헌법소원을 인정하고 있다.

헌재판례) 대통령 선거방송토론위원회의 결정 및 공표행위(1998. 8. 27. 97헌마372)
헌법소원의 대상이 되는 공권력은 입법·행정·사법 등의 모든 기관뿐만 아니라, 간접적인 국가행정, 예를 들어 공법상의 사단, 재단 등의 공법인, 국립대학교와 같은 영조물 등의 작용도 포함된다. 대통령선거방송위원회는 공직선거법 규정에 의해 설립되고 동법에 따른 법적 업무를 수행하는 공권력의 주체이므로, 이 사건 결정 및 공표행위는 헌법소원의 대상이 되는 공권력의 행사이다. 법률상 구제절차가 없는 경우에 해당하거나 사전에 구제절차를 거칠 것을 기대하기가 곤란한 경우에는 보충성의 요건을 충족한 것이다. 토론위원회의 결정이 행정쟁송의 대상인 처분인지 여부는 객관적으로 불확실하며, 처분에 해당한다고 하더라도 짧은 법정선거운동기간에 행정쟁송절차가 완료되어 구제될 가능성은 기대하기 어려우므로, 토론위원회의 결정을 다툼에 있어 행정쟁송을 거칠 것을 요구하는 것은 적절치 않다.

(라) 권한쟁의심판의 당사자

권한쟁의심판에 있어서 행정부는 심판의 당사자가 되기도 한다. 국가기관 상호간, 국가기관과 지방자치단체 간 사이의 권한쟁의심판을 통해 헌법재판소는 정부의 권한의 남용을 통제한다.

3. 법원과의 관계

(1) 의의

헌법재판소와 법원은 기본적으로 상호독립적 지위를 가진다. 독일 기본법이 헌법재판소를 다른 법원과 더불어 사법부의 한 조직으로 규정하고 있는 것과 달리 우리 헌법은 헌법재판소를 일반법원과는 다른 독립의 국가기관으로 규정하고 있기 때문이다. 따라서 헌법재판소는 헌법질서의 수호·기본권의 보장·국가권력에 대한 통제와 감시 등 헌법재판적 기능을 주로 행사하는 데 반하여, 법원은 구체적인 법적분쟁의 해결 등 비교적 순수한 사법기능을 주로 행사한다.[72]

한편, 헌법재판에 있어서 재판의 기준은 원칙적으로 헌법[73]이다. 어떤 국가작용이 헌법에 반하는지 여부가 헌법과 헌법재판소법이 정하는 절차에 따라 심사되는데 현재 헌법재판은 규범에 대한 통제가 주를 이룬다. 그 규범에는 법률, 시행령, 시행규칙, 조례 등이 포함된다. 법률이 헌법에 위반되어 그 효력을 상실하는 것은, 헌법이 상위법이기 때문이다.[74] 시행령, 시행규칙, 조례가 헌법에 위반되는 경우 그 효력이 없다는 것에 대해서는 이론이 없으나, 판단할 권한이 헌재에 있는가, 법원에 있는가에 대해서는 논란이 있다. 또한 위 규범 상호 간에는 효력의 상실이 문제되지 않는바, 일례로 헌법 제29조 제2항은 과거 그 규범의 내용이 법률에 규정되어 있을 때 위헌이라는 판단을 받은 바 있지만,[75] 현재는 헌법에 편입되었기 때문에 헌법에 위반되므로 위헌이라는 판단은 할 수 없게 되었다.[76]

---

72 성낙인, 전게서, 779면.

73 "우리나라는 성문헌법을 가진 나라로서 기본적으로 우리 헌법전(憲法典)이 헌법의 법원(法源)이 된다. 그러나 성문헌법이라고 하여도 그 속에 모든 헌법사항을 빠짐없이 완전히 규율하는 것은 불가능하고 또한 헌법은 국가의 기본법으로서 간결성과 함축성을 추구하기 때문에 형식적 헌법전에는 기재되지 아니한 사항이라도 이를 불문헌법(不文憲法) 내지 관습헌법으로 인정할 소지가 있다. 특히 헌법제정 당시 자명(自明)하거나 전제(前提)된 사항 및 보편적 헌법원리와 같은 것은 반드시 명문의 규정을 두지 아니하는 경우도 있다. 그렇다고 해서 헌법사항에 관하여 형성되는 관행 내지 관례가 전부 관습헌법이 되는 것은 아니고 강제력이 있는 헌법규범으로서 인정되려면 엄격한 요건들이 충족되어야만 하며, 이러한 요건이 충족된 관습만이 관습헌법으로서 성문의 헌법과 동일한 법적 효력을 가지는 것이다."(헌재 2004. 10. 21. 2004헌마554 등★)

74 "국가의 법질서는 헌법을 최고법규로 하여 그 가치질서에 의하여 지배되는 통일체를 형성하는 것이며 그러한 통일체 내에서 상위규범은 하위규범의 효력근거가 되는 동시에 해석근거가 되는 것이므로, 헌법은 법률에 대하여 형식적인 효력의 근거가 될 뿐만 아니라 내용적인 합치를 요구하고 있기 때문이다."(헌재 1989. 7. 21. 89헌마38)

75 대법원 1971. 6. 22. 선고 70다1010 전원합의체 판결.

76 "헌법은 前文과 각 개별조항이 서로 밀접한 관련을 맺으면서 하나의 통일된 가치 체계를 이루고 있는 것으로서, 헌법의 제 규정 가운데는 헌법의 근본가치를 보다 추상적으로 선언한 것도 있고, 이를 보다 구체적으로 표현한 것도 있으므로 이념적·논리적으로는 규범 상호 간의 우열을 인정할 수 있는 것이 사실이다. 그러나, 이때 인정되는 규범 상호 간의 우열은 추상적 가치규범의 구체화에 따른 것으로 헌법의 통일적 해석에 있어서는 유

법률 간에도 마찬가지다. 민법 제758조 제1항 단서의 공작물 소유자의 책임은 불법행위책임의 일반조항인 민법 제750조에 배치되지만, 그들은 서로 동위의 규범이므로 어떤 하나의 조항이 다른 조항의 효력을 부인하는 근거로 될 수 없다. 대개 일반법이라 불리는 법률이 그 일반법에 반하는 내용의 법률 제정을 금지하는 경우가 있으나, 이것은 큰 의미가 없는 것이다. 다른 예로 병역법 제3조 제2항은 "이 법에 의하지 아니하고는 병역의무에 대한 특례를 규정할 수 없다."라고 규정하고 있으나, 새로 제정된 신법이 그 해석에 있어서는 우선적이다. 헌법재판소도 "어떤 법률조항의 내용이 다른 법률조항의 내용과 서로 충돌된다 하여 원칙적으로 이들 법률조항이 헌법에 위반된다는 등 헌법문제가 발생되는 것은 아니고, 이들 법률조항들을 어떻게 조화롭게 해석할 것인가의 법률해석 문제가 생길 뿐이다."라고 판시한 바 있다.[77] 한편 법률에 위배되는 시행령, 시행규칙 등은 당해 사건에 적용될 수 없으며, 이를 판단할 수 있는 권한은 법원에 있다(헌법 제107조 제2항). 다른 한편, 법률이 대통령령의 제정을 명하였음에도 불구하고 이를 이행하지 아니한다면, 그 부작위 자체가 위법한 것으로 판단될 수 있고, 그 위법은 헌법재판소에 의하여 위헌이라 판단받을 수 있다.[78]

그런데 우리나라는 대법원에게도 명령·규칙심사권과 위헌법률심판제청권, 선거소송심판권을 부여함으로써 헌법재판기관을 헌법재판소와 대법원으로 이원화하고 있다. 이러한 헌법재판기관의 이원화로 인하여 헌법재판소와 대법원 간에 헌법해석·적용에 있어서 불일치가 발생할 소지가 있게 되었다.

(2) 법원과 헌법재판소의 관할이 문제되는 경우

(가) 법원의 기관소송과 헌법재판소의 권한쟁의심판

헌법재판소의 권한쟁의심판과 법원의 기관소송과의 관계에 대하여는 행정소송

용할 것이지만, 그것이 헌법의 어느 특정 규정이 다른 규정의 효력을 전면적으로 부인할 수 있을 정도의 개별적 헌법규정 상호 간에 효력상의 차등을 의미하는 것이라고는 볼 수 없다."(헌재 1995. 12. 28. 95헌바3★)

77 헌재 2005. 10. 27. 2003헌바50; 헌재 2009. 4. 30. 2007헌바73 등.

78 헌재 2004. 2. 26. 2001헌마718[군법무관 보수 사건].

법 제3조 제4호 단서에서 "헌법재판소법 제2조의 규정에 의하여 헌법재판소의 관장사항으로 되는 소송(권한쟁의심판)은 행정소송법상의 기관소송에서 제외된다"고 명문으로 규율되고 있다. 따라서 법원은 헌법재판소의 권한쟁의심판의 대상이 되는 사항에 대하여는 재판권을 행사할 수 없게 된다.

(나) 법원의 항고소송과 헌법재판소의 헌법소원

헌법재판소의 헌법소원심판절차는 공권력의 행사 또는 불행사로 인하여 기본권을 침해받은 자를 구제하는 절차이다. 따라서 헌법소원심판은 행정청의 위법한 처분, 그 밖에 공권력의 행사·불행사 등으로 인한 국민의 권리 또는 이익의 침해를 구제하는 행정소송법상의 소송절차와 마찰을 빚을 가능성이 있다. 이에 헌법재판소법은 제68조 제1항에서, 헌법소원심판을 청구할 때 다른 법률에 구제절차가 있는 경우에는 그 절차를 모두 거친 후가 아니면 청구할 수 없도록 규정(보충성원칙)하고 있을 뿐만 아니라 법원의 재판에 대한 헌법소원을 금지하고 있다. 따라서 헌법재판소는 행정소송법 기타 다른 법률에 의하여 구제되지 아니하는 사항에 대하여만 헌법소원심판권을 바로 행사하게 된다.

(다) 명령·규칙에 대한 위헌 심사

명령이나 규칙이 헌법소원의 대상이 되는지에 관하여 헌법재판소의 출범 초기에 대법원과 헌법재판소의 견해가 서로 대립하였는데, 이러한 대립은 대법원규칙인 법무사법 시행규칙에 대한 위헌심사권이 헌법재판소에 있는가를 가지고 논란이 되었다.[79]

---

79 중요한 점은, '명령규칙에 대한 위헌심사'는 현재 법원과 헌재 모두 하고 있다는 점이다. 일례로, 대법원 2021. 9. 9. 선고 2019두53464 전원합의체 판결에서, 대법원은 "법인세법 제60조 제9항과 소득세법 제70조 제6항(이하 '모법 조항'이라 한다)의 문언, 규정 체계 및 취지, 다른 규정과의 관계, 관련 법리를 종합하여 보면, 법인세법 시행령 제97조의3 제1항, 소득세법 시행령 제131조의3 제1항(이하 '각 시행령 조항'이라 한다)은 모법인 법인세법 제60조 제9항과 소득세법 제70조 제6항의 위임범위를 벗어나고, 세무사 등록을 한 변호사 또는 이들이 소속된 법무법인의 직업수행의 자유를 부당하게 침해하며 헌법상의 평등원칙에 위배되어 무효이다. 그 구체적인 이유는 다음과 같다. 위 각 시행령 조항은 모법 조항이 세무조정계산서 작성 주체로 규정한 세무사 등에게 세무조정 업무를 허용하는 것을 전제로, 모법 조항의 위임 취지에 따라 이들로 구성된

대법원(2018. 11. 29. 2016도14781[80]; 2021. 9. 9. 선고 2019두53464 전합 등)	헌법재판소(1990. 10. 15. 89헌마178 등)
- 헌법 제107조 제2항, 제111조 제1항 등은 법률의 위헌여부는 헌법재판소가, 명령·규칙의 위헌 여부는 법원이 각각 심사한다는 의미이다. - 제107조 제2항에서 '재판이 전제가 된 경우'의 의미는 일반적·추상적으로 심사할 것이 아니라 구체적 쟁송으로 재판의 대상이 된 경우에 한하여 명령·규칙의 위헌 여부를 심사한다는 구체적 규범통제의 원칙을 규정한 것일 뿐이다. - 명령·규칙이 국민의 권리를 직접 침해하는 경우는 그 자체가 행정소송의 대상이 되어 법원의 심사를 거쳐 대법원의 최종심사를 받을 수 있는 것이므로 헌법소원의 대상이 되지 않는다. - 법령의 해석·적용의 권한은 사법권의 본질적인 내용을 이루는 것이고, 법령이 헌법을 비롯한 상위규범과 조화되도록 해석하는 것은 법령의 해석·적용상 대원칙이므로, 합헌적 법률해석을 포함하는 법령의 해석·적용 권한은 대법원을 최고법원으로 하는 법원에 전속한다. - 헌법합치적 해석을 통한 법규의 공백 보충은 법관에 의한 법형성의 일환이다. 헌법 제107조 제2항에 따라 구체적 사건에 적용할 명령·규칙의 위헌·위법 여부에 대한 최종 심사권한을 가지는 대법원으로서는 해당 법규의 공백을 보충할 권한도 가진다. 이를 들어 행정입법에 관한 행정부 권한을 침해한다고 볼 수 없고 권력분립의 원칙에 어긋난다고 볼 수 없다.	- 헌법 제107조 제2항이 규정한 명령·규칙에 대한 대법원의 최종심사권이란 구체적인 소송사건에서 명령·규칙의 위헌여부가 재판의 전제가 되었을 경우 법률의 경우와는 달리 헌법재판소에 제청할 것 없이 대법원이 최종 심사할 수 있다는 의미이다. - 헌법 제111조 제1항 제1호에서 법률의 위헌여부심사권을 헌법재판소에 부여한 이상 통일적인 헌법해석과 규범통제를 위하여 공권력에 의한 기본권 침해를 이유로 하는 헌법소원심판청구사건에 있어서 법률의 하위법규인 명령·규칙의 위헌여부심사권이 헌법재판소의 관할에 속함은 당연한 것으로서 헌법 제107조 제2항의 규정이 이를 배제한 것이라고는 볼 수 없다. - 법률의 경우와 마찬가지로 명령·규칙 그 자체에 의하여 직접 기본권이 침해되었음을 이유로 하여 헌법소원심판을 청구하는 것은 위 헌법규정과는 상관없는 문제이며, 따라서 입법부·행정부·사법부에서 제정한 규칙이 별도의 집행행위를 기다리지 않고 직접 기본권을 침해하는 것인 때에는 모두 헌법소원의 대상이 된다.

조직으로서 정확한 세무조정계산서 작성에 필요한 전문성과 능력의 정도, 이에 필요한 전문가의 규모 등을 고려하여 '조정반'의 요건을 구체화할 것으로 예상할 수 있다. 이와 같은 모법 조항의 위임 목적 및 취지와 달리 모법 조항에서 세무조정 업무를 수행할 수 있는 주체로 규정된 자에 대하여 세무조정 업무수행 자체를 못하게 하거나 그 수행 범위를 제한하는 것은 모법 조항의 위임범위를 벗어난 것으로 보아야 한다. 모법 조항이 시행령에 '정확한 세무조정계산서 작성'을 확보할 수 있는 '세무사 등으로 구성된 조직'으로서의 조정반에 관한 요건을 정하도록 위임하였고, 세무사 자격을 가진 변호사는 세무조정 업무에 전문성과 능력이 인정되고 법무법인을 조정반으로 지정하더라도 부적격자의 세무조정 업무 관여로 인한 전문성의 저하가 문제 되지 않을 것임을 고려한다면, 시행령에서 모법 조항에 따라 세무조정 업무의 담당 주체로 규정된 전문 직역으로 구성된 조직 또는 단체 중 변호사로 구성된 법정 단체인 법무법인을 조정반 지정 대상에서 일률적으로 제외하여 결과적으로 법무법인의 구성원이거나 구성원 아닌 소속 변호사를 세무조정 업무에서 전면적으로 배제하는 내용이 규율될 것이라고는 예상할 수 없다. 따라서 위 각 시행령 조항은 모법 조항의 위임범위를 벗어난 것이다."라고 판시한 바 있다.

80 위 사건에서 대법원은, "구 계엄법 제15조에서 정하고 있는 '제13조의 규정에 의하여 취한 계엄사령관의 조치'는 유신헌법 제54조 제3항, 구 계엄법 제13조에서 계엄사령관에게 국민의 기본권 제한과 관련한 특별한 조치를 할 수 있는 권한을 부여한 데 따른 것으로서 구 계엄법 제13조, 제15조의 내용을 보충하는 기능을 하고 그와 결합하여 대외적으로 구속력이 있는 법규명령으로서 효력을 가진다. 그러므로 법원은 현행 헌법 제107조 제2항에 따라서 위와 같은 특별한 조치로서 이루어진 계엄포고 제1호에 대한 위헌·위법 여부를 심사할 권한을 가진다."라고 판시하였다.

(3) 헌법재판소와 대법원의 헌법해석·적용의 불일치

(가) 법원과 헌법재판소의 헌법해석의 불일치 가능성[81]

1) 명령·규칙의 위헌심사권

명령·규칙의 위헌 여부가 재판의 전제가 될 경우 대법원은 헌법 제107조 제2항에 따라 최종적인 심사권을 가진다. 그런데 헌법재판소는 명령·규칙이 직접 기본권을 침해할 경우에는 헌법소원을 제기할 수 있다고 하여 명령·규칙에 대한 직접적 통제를 행하고 있고, 뿐만 아니라 법률에 대한 한정위헌(합헌)결정을 통해 시행령의 일부 내용을 배제함으로써 간접적으로 명령·규칙을 통제하고 있다. 이와 같이 명령·규칙에 대한 위헌심사가 이원화됨으로써 양 기관 사이에 헌법해석이 달라질 수 있다.

2) 재판헌법소원의 금지

재판헌법소원이 원칙적으로 금지됨으로써 행정청의 처분에 대한 위헌심사를 법원이 최종적으로 행하게 되는데, 법원이 헌법재판소의 위헌결정과 다르게 헌법을 해석하여 행정청의 처분에 관한 위헌 여부를 판단하게 되면 법원과 헌법재판소의 헌법해석이 달라질 수 있게 된다. 또한 기본권의 대사인효에 따라 일반 사법분야에 대한 해석에 있어서도 법원은 최종적으로 헌법해석을 하게 된다. 그런데 법원이 기본권 합치적으로 사법조항을 해석하여야 하는데 그렇지 아니한 경우에는 이로 인해 법원과 헌법재판소의 헌법해석이 달라질 수 있다.

3) 변형결정의 기속력

헌법재판소법 제47조 제1항과 제75조 제1항은 위헌결정 및 헌법소원 인용결정에 대해서만 모든 국가기관 및 지방자치단체를 기속토록 하여 합헌결정이나 변형결정의 경우 법원에 대한 기속력이 문제되고, 만약 기속력이 없다고 한다면 헌법해석의 불일치 문제가 야기될 소지가 있다. 법원은 한정합헌, 한정위헌결정에 대해서는 초기에는 이를 수용하는 태도이었으나, 소득세법 제23조 등 위헌소원 사건에서

81 성낙인, 전게서, 780-782면; 김유향, 전게서, 1475면.

법률의 해석적용은 법원에 전속된 권한이므로 헌법재판소의 법률해석은 법원에 대하여 기속력을 갖지 못하는 단순한 견해표명에 불과하다고 판결하였던 것이다.

헌재판례) 재판에 대한 헌법소원 사건(1997. 12. 24. 96헌마172)

헌법재판소의 법률에 대한 위헌결정에는 단순위헌결정은 물론, 한정합헌, 한정위헌결정과 헌법불합치 결정도 포함되고 이들은 모두 당연히 기속력을 가진다. 즉, 헌법재판소는 법률의 위헌여부가 심판의 대상이 되었을 경우, 재판의 전제가 된 사건과의 관계에서 법률의 문언, 의미, 목적 등을 살펴 한편으로 보면 합헌으로, 다른 한편으로 보면 위헌으로 판단될 수 있는 등 다의적인 해석가능성이 있을 때 일반적인 해석작용이 용인되는 범위 내에서 종국적으로 어느 쪽이 가장 헌법에 합치되는가를 가려, 한정축소적 해석을 통하여 합헌적인 일정한 범위 내의 의미내용을 확정하여 이것이 그 법률의 본래적인 의미이며 그 의미 범위 내에 있어서는 합헌이라고 결정할 수도 있고, 또 하나의 방법으로는 위와 같은 합헌적인 한정축소 해석의 타당영역 밖에 있는 경우에까지 법률의 적용범위를 넓히는 것은 위헌이라는 취지로 법률의 문언 자체는 그대로 둔 채 위헌의 범위를 정하여 한정위헌의 결정을 선고할 수도 있다. 위 두 가지 방법은 서로 표리관계에 있는 것이어서 실제적으로는 차이가 있는 것이 아니다. 합헌적인 한정축소해석은 위헌적인 해석 가능성과 그에 따른 법적용을 소극적으로 배제한 것이고, 적용범위의 축소에 의한 한정적 위헌선언은 위헌적인 법적용 영역과 그에 상응하는 해석 가능성을 적극적으로 배제한다는 뜻에서 차이가 있을 뿐, 본질적으로는 다 같은 부분위헌결정이다.[82]

대법판례) 1996. 4. 9. 95누11405

헌법재판소의 결정이 그 주문에서 당해 법률이나 법률조항의 전부 또는 일부에 대하여 위헌결정을 선고함으로써 그 효력을 상실시켜 법률이나 법률조항이 폐지되는 것과 같은 결과를 가져온 것이 아니라 그에 대하여 특정의 해석기준을 제시하면서 그러한 해석에 한하여 위헌임을 선언하는, 이른바 한정위헌 결정의 경우에는 헌법재판소의 결정에 불구하고 법률이나 법률조항은 그 문언이 전혀 달라지지 않은 채 그냥 존속하고 있는 것이므로 이와 같이 법률이나 법률조항의 문언이 변경되지 아니한 이상 이러한 한정위헌 결정은 법률 또는 법률조항의 의미, 내용과 그 적용범위를 정하는 법률해석이라고 이해하지 않을 수 없다. 그런데 구체적 사건에 있어서 당해 법률 또는 법률조항의 의미·내용과 적용범위가 어떠한 것인지를 정하는 권한 곧 법령의 해석·적용 권한은 바로 사법권의 본질적 내용을 이루는 것으로서, 전적으로 대법원을 최고법원으로 하는 법원에 전속한다. 이러한 법리는 우리 헌법에 규정된 국가권력분립구조의 기본원리와 대법원을 최고법원으로 규정한

82 이 설시에 가장 잘 어울리는 주문은 다음의 것이다. "구 국민의료보험법(1999. 12. 31. 법률 제6093호로 개정된 국민건강보험법 부칙 제2조에 의하여 2000. 7. 1.로 폐지되기 전의 것) 제41조 제1항의 "범죄행위"에 고의와 중과실에 의한 범죄행위 이외에 경과실에 의한 범죄행위가 포함되는 것으로 해석하는 한 이는 헌법에 위반된다."(헌재 2003. 12. 18. 2002헌바1★)
[참고] 구 국민의료보험법 제41조(급여의 제한) ① 보험자는 보험급여를 받을 자가 자신의 범죄행위에 기인하거나 또는 고의로 사고를 발생시켰을 때에는 당해 보험급여를 하지 아니한다.

헌법의 정신으로부터 당연히 도출되는 이치로서, 만일 법원의 이러한 권한이 훼손된다면 이는 헌법 제101조는 물론이요, 어떤 국가기관으로부터도 간섭받지 않고 오직 헌법과 법률에 의하여 그 양심에 따라 독립하여 심판하도록 사법권 독립을 보장한 헌법 제103조에도 위반되는 결과를 초래한다. 그러므로 한정위헌 결정에 표현되어 있는 헌법재판소의 법률해석에 관한 견해는 법률의 의미·내용과 그 적용범위에 관한 헌법재판소의 견해를 일응 표명한 데 불과하여 이와 같이 법원에 전속되어 있는 법령의 해석·적용 권한에 대하여 어떠한 영향을 미치거나 기속력도 가질 수 없다.

4) 위헌심사형 헌법소원

법원이 위헌제청신청을 합헌이라고 보아 기각한 경우 당사자는 헌법재판소법 제68조 제2항의 위헌심사형 헌법소원심판을 청구할 수 있다. 그런데 이때 법원의 재판이 정지되지 않고 판결이 확정되고, 다른 한편 헌법재판소가 위헌결정을 하게 되면 양 기관 사이에 헌법해석·적용에 불일치가 발생할 수 있다. 그런데 이 경우에는 헌법재판소법 제75조 제7항에서 "재심을 청구할 수 있다"라고 하여 양 기관의 불일치로 인한 당사자의 불이익을 막는 절차를 두고 있다.

5) 법원의 기관소송(★★)

a) 지방자치단체의 장은 지방의회가 의결한 조례가 법령에 위반될 경우에는 재의를 요구할 수 있고 이 요구에 대하여 지방의회가 전과 같은 의결을 하면 지방자치단체의 장은 대법원에 조례무효확인 소등을 제기할 수 있다(지방자치법 제120조 제3항). 이러한 기관소송에서의 대법원의 판결과 달리 그 조례를 대상으로 한 헌법소원심판에서 헌법재판소가 위헌으로 결정할 경우에는 헌법해석·적용에 있어서 양 기관 사이의 불일치가 발생한다.

b) 지방자치법 제189조에 따르면 지방자치단체의 장이 법령의 규정에 의한 (기관)위임사무를 해태할 경우에 주무부장관이나 시·도지사는 이행명령을 할 수 있고 이행명령에 이의가 있을 때에는 지방자치단체의 장은 대법원에 소를 제기할 수 있다. 그런데 이행명령의 대상이 위임사무가 아니고 자치사무일 경우에는 이와

같은 이행명령은 지방자치단체의 권한을 침해한 것이어서 권한쟁의심판청구에서 헌법재판소가 침해를 인정할 것이고 그렇다면 법원과 헌법재판소의 판단이 달라질 수 있다.

c) 지방자치법 제188조는 지방자치단체의 자치사무에 관한 그 장의 명령이나 처분이 법령에 위반된다고 인정될 때에는 주무부장관이나 시·도지사는 이를 취소하거나 정지할 수 있고, 이 취소 또는 정지에 대하여 지방자치단체의 장이 이의가 있는 때에는 대법원에 소를 제기할 수 있다. 그런데 이러한 취소나 정지가 지방자치단체의 권한을 침해한 것이라 하여 권한쟁의심판을 청구할 수도 있는데, 여기서 법원과 헌법재판소의 판단이 달라질 수 있다.

(나) 헌법재판소와 법원의 통일적 헌법해석 확보방안

우리나라 사법기관의 양대 축인 (대)법원과 헌법재판소가 헌법해석·적용에 있어 서로 입장이 다르고 심지어 갈등하는 양상을 보이게 되면 이는 고스란히 국민의 기본권 보장에 대한 심각한 불안정성을 유발하며, 결국 국민과 나라 전체의 부담으로 귀결된다. 따라서 양 기관은 각기 상대방 기관의 헌법상의 역할과 기능을 존중하고 상호 협력할 필요가 있다. 이에, 양 기관 사이의 헌법해석의 불일치를 궁극적으로 해소할 수 있는 방안으로는 헌법개정의 방법과 법률개정의 방법이 있는데, 가장 확실한 방법으로는 헌법개정을 통해 법원의 명령·규칙심사권을 규정하고 있는 헌법 제107조 제2항을 삭제하여 최종적 헌법해석권을 헌법재판소로 일원화하는 방안이 있다.

그리고 그 차선책으로는 법률을 개정하는 방법으로, 첫째 법원의 재판에 대한 헌법소원을 인정하는 것이다. 법원이 헌법 제107조 제2항에 의해 헌법재판소와 다른 헌법해석을 하는 경우, 행정청의 처분에 대하여 위헌여부를 심사하는 경우, 사법에 관한 헌법해석을 하는 경우 등에 헌법재판소에 의해 법원의 헌법해석에 대한 통제가 가능하게 되는 것이다. 둘째, 변형결정의 기속력이 계속 문제가 된다면 위헌법률심판에 있어 위헌결정과 헌법소원의 인용결정에 대해서만 기속력을 인정할 것이 아니라 한정위헌, 한정합헌 등 변형결정을 포함하여 헌법재판소 결정 일반에 대하여 기속력을 인정하도록 헌법재판법을 개정할 필요가 있다.[83]

나아가, 법원의 기관소송과 헌법재판소의 권한쟁의심판이 충돌하는 경우에는 해석상 헌법재판소가 관할권을 가지고 있으므로 권한쟁의심판만이 가능하다고 볼 수 있다. 기관소송도 권한쟁의심판제도라고 볼 수 있는데, 권한쟁의심판제도는 헌법 제111조 제1항 제4호에서 헌법재판소에 독점적으로 관할권을 부여하고 있으며, 행정소송법 제3조 제4호 단서에서는 "헌법재판소법 제2조의 규정에 의하여 헌법재판소의 관장사항으로 되는 소송은 행정소송법상의 기관소송에서 제외된다"고 명문으로 규율하고 있기 때문이다.[84]

83 성중탁, 변형결정을 둘러싼 헌법재판소와 대법원의 갈등문제 해결방안, 법무연구 6권, 대한법무사협회, 2016, 30면 이하.

84 김유향, 전게서, 1476면.

3

헌법재판소의 구성과 조직

제3장 헌법재판소의 구성과 조직

헌법

제111조 ② 헌법재판소는 법관의 자격을 가진 9인의 재판관으로 구성하며, 재판관은 대통령이 임명한다.

③ 제2항의 재판관중 3인은 국회에서 선출하는 자를, 3인은 대법원장이 지명하는 자를 임명한다.

④ 헌법재판소의 장은 국회의 동의를 얻어 재판관 중에서 대통령이 임명한다.

제112조 ① 헌법재판소 재판관의 임기는 6년으로 하며, 법률이 정하는 바에 의하여 연임할 수 있다.

② 헌법재판소 재판관은 정당에 가입하거나 정치에 관여할 수 없다.

③ 헌법재판소 재판관은 탄핵 또는 금고 이상의 형의 선고에 의하지 아니하고는 파면되지 아니한다.

제113조 ③ 헌법재판소의 조직과 운영 기타 필요한 사항은 법률로 정한다.

헌법재판소법

제4조(재판관의 독립) 재판관은 헌법과 법률에 의하여 양심에 따라 독립하여 심판한다.

제7조(재판관의 임기) ① 재판관의 임기는 6년으로 하며, 연임할 수 있다.

② 재판관의 정년은 70세로 한다.

제10조의2(입법 의견의 제출) 헌법재판소장은 헌법재판소의 조직, 인사, 운영, 심판절차와 그 밖에 헌법재판소의 업무와 관련된 법률의 제정 또는 개정이 필요하다고 인정하는 경우에는 국회에 서면으로 그 의견을 제출할 수 있다.

제12조(헌법재판소장) ③ 헌법재판소장은 헌법재판소를 대표하고, 헌법재판소의 사무를 총괄하며, 소속 공무원을 지휘·감독한다.

④ 헌법재판소장이 궐위(闕位)되거나 부득이한 사유로 직무를 수행할 수 없을 때에는 다른 재판관이 헌법재판소규칙으로 정하는 순서에 따라 그 권한을 대행한다.

제16조(재판관회의) ① 재판관회의는 재판관 전원으로 구성하며, 헌법재판소장이 의장이 된다.

② 재판관회의는 재판관 2/3를 초과하는 인원의 출석과 출석인원 과반수의 찬성으로 의결한다.(2022. 1. 개정)

③ 의장은 의결에서 표결권을 가진다.

④ 다음 각 호의 사항은 재판관회의의 의결을 거쳐야 한다.

1. 헌법재판소규칙의 제정과 개정, 제10조의2에 따른 입법 의견의 제출에 관한 사항
2. 예산 요구, 예비금 지출과 결산에 관한 사항
3. 사무처장, 사무차장, 헌법재판연구원장, 헌법연구관 및 3급 이상 공무원의 임면(任免)에 관한 사항
4. 특히 중요하다고 인정되는 사항으로서 헌법재판소장이 재판관회의에 부치는 사항

Ⅰ. 헌법재판소 구성

헌법재판소는 법관의 자격을 가진 9인의 재판관으로 구성되며, 재판관은 대통령이 임명한다. 이 중 3인은 국회에서 선출[85]하는 자를, 3인은 대법원장이 지명하는 자를 임명한다. 헌법재판소의 장은 대통령이 국회의 동의를 얻어 재판관 중에서 임명한다.[86] 9인의 재판관 구성의 의미와 관련하여, 헌법재판소는 "헌법 제111조 제2항은 헌법재판소는 법관의 자격을 가진 9인의 재판관으로 구성한다고 규정하고 있다. 이는 단순히 9인의 재판관으로 헌법재판소를 구성한다는 의미가 아니라 다양한 가치관과 헌법관을 가진 9인의 재판관으로 구성된 합의체가 헌법재판을 담당함으로써, 헌법재판에서 헌법의 해석에 관한 다양한 견해가 제시되고 그 견해들 간의 경쟁 기능이 충분히 발휘될 수 있도록 하기 위한 것이다."라고 판시한 바 있다.[87]

헌법재판소를 대통령·국회·대법원장이 합동으로 구성하게 하는 것은 이 방식이 국회 정당 의석비율에 따른 국회 단독만의 선출보다 정치적 중립성을 유지하는데 이상적이라는 점에 근거한다. 그러나 이러한 구성방식이 민주적 정당성에 문제가 있고 정파적이라는 점을 들어 비판하는 견해도 있다. 특히 사법부의 몫인 3인의 재판관 지명은 대법원장이라는 독임기관(獨任機關)에서 행하게 하는 것이므로 헌법재판소의 위상에 맞지 않고(제2공화국의 헌법재판소법은 9인의 재판관을 대통령, 참의원, 대법원이 각각 3인씩 선임하게 하면서 대법원의 선임은 대법관회의에서의 선거로 하도록 규정하였다), 대통령이 집권 여당의 당수직을 겸하고 있으므로 국회에서 선출하는 3인의 재판관까지 모두 여당에 의해 결정되는 경우에는 결국 집권 여당이 6인을 모두

---

85 헌법 제111조 제3항은 재판관 중 3인은 국회에서 선출하는 자를 임명한다고 규정하고 있는바, 이는 국민의 대표기관인 피청구인으로 하여금 최고헌법기관인 헌법재판소의 구성에 관여하도록 함으로써 민주적 정당성을 부여함과 동시에 권력의 균형을 꾀하고자 하는 데에 그 근본적 의의가 있는 것이다.(헌재 2014. 4. 24. 2012헌마2)

86 대법관과 헌법재판소 재판관 구성 비교
헌법재판소의 재판관은 헌법 제111조 제2항에 9인으로 구성된다고 규정하고 있는데, 대법관의 수에 대해서는 헌법 제102조 제3항은 "대법원과 각급 법원의 조직은 법률로 정한다"고 하고, 법원조직법 제4조 제2항은 "대법관의 수는 대법원장을 포함하여 14인으로 한다"고 규정하고 있어, 헌법재판소의 재판관의 수는 법률개정으로 변경할 수 없으나, 대법관은 법률개정으로 그 수를 변경할 수 있다.

87 헌재 2014. 4. 24. 2012헌마2.

선정하는 결과가 될 뿐만 아니라 대법원장이 대통령에 의해 임명되기 때문에 대법원장에 의해 지명된 재판관마저 대통령에 의해 임명되는 3인의 재판관들과 연계될 가능성이 있다는 것이다.[88] 독일의 연방헌법재판소는 연방의회(연방하원)과 연방참의원(연방상원)이 각기 반수씩 헌법재판관을 선임하여 구성한다.

Ⅱ. 헌법재판소 조직

1. 헌법재판소장

헌법재판소장은 국회의 동의를 얻어 재판관 중에서 대통령이 임명한다. 헌법재판소장은 헌법재판소를 대표하고 헌법재판소의 사무를 통리하며, 소속공무원을 지휘·감독한다(헌재법 제12조 제3항). 헌법재판소장이 궐위되거나 사고로 인하여 직무를 수행할 수 없을 때에는 다른 재판관이 헌법재판소규칙이 정하는 순서에 따라 그 권한을 대행한다(동법 제12조 제4항).[89] 헌법재판소장의 대우와 보수는 대법원장의 예에 준한다(동법 제15조 제1항).

2. 헌법재판소 재판관

(1) 헌법재판관의 자격

헌법재판소의 재판관은 법관(변호사)의 자격을 가져야 하며(헌법 제111조 제2항),

88 이동흡, 전게서, 25면.

89 **주요 헌법기관 권한대행의 비교**

헌법재판소장	헌법재판소규칙이 정하는 순서에 의하여 그 권한을 대행한다(헌법재판소법 제12조 제4항). 헌법재판소장이 일시적인 사고로 인하여 직무를 수행할 수 없을 때에는 재판관 중 임명일자 순으로 그 권한을 대행하며, 궐위되거나 1월 이상 사고로 인하여 직무를 수행할 수 없을 때에는 재판관 중 재판관회의에서 재판관 7인 이상의 출석과 출석인원 과반수의 찬성으로 선출된 자가 그 권한을 대행한다(헌법재판소장의권한대행에관한규칙 제2조, 제3조).
대법원장	대법원장이 궐위되거나 부득이한 사유로 직무를 수행할 수 없을 때에는 선임대법관이 그 권한을 대행한다(법원조직법 제13조 제3항).
감사원장	원장이 사고로 인하여 직무를 수행할 수 없을 때에는 감사위원으로 최장기간 재직한 감사위원이 그 직무를 대행한다. 다만, 재직기간이 동일한 감사위원이 2인 이상인 때에는 연장자가 그 직무를 대행한다(감사원법 제4조 제3항).
중앙선관위원장	위원장이 사고가 있을 때에는 상임위원 또는 부위원장이 그 직무를 대행하며 위원장·상임위원·부위원장이 모두 사고가 있을 때에는 위원 중에서 임시위원장을 호선하여 위원장의 직무를 대행하게 한다(선거관리위원회법 제5조 제5항).

15년 이상 다음 각호의 1에 해당하는 직에 있었던 40세 이상인 자 중에서 임명한다. ① 판사·검사·변호사, ② 변호사의 자격이 있는 자로서 국가기관, 국공영기업체, 정부투자기관 기타 법인에서 법률에 관한 사무를 종사한 자, ③ 변호사의 자격이 있는 자로서 공인된 대학의 법률학 조교수 이상의 직에 있던 자 등이 그것이다(헌재법 제5조 제1항). 재판관의 대우와 보수는 대법관의 예에 준한다(동법 제15조 제1항). 그런데 헌법재판이 단순한 사인 간의 분쟁해결과는 달리 거시적인 헌법 정책적 견해를 제시하는 판단 작용이라는 점에서 헌법재판소 재판관의 자격을 법관자격자로 한정하고 있는 것에 대하여 문제가 제기되고 있다.[90]

(2) 재판관의 임기·연임·정년제

헌법재판소 재판관의 임기는 6년이고, 법률이 정하는 바에 의하여 연임할 수 있다(헌법 제112조 제1항). 헌법재판소법 제7조 제1항은 "재판관의 임기는 6년으로 하며, 연임할 수 있다"고 규정하고 있다. 재판관의 정년은 70세로 한다(헌재법 제7조 제2항). 그런데 헌법재판관의 연임제에 대해서는, 연임제보다는 단임제가 선출권자를 의식하지 않는 소식 있는 재판을 담보하는 데 더 긍정적이라는 견해가 있다.

(3) 헌법재판관의 신분과 직무

직무상 독립 (헌재법 제4조)	헌법재판소 재판관은 헌법과 법률 그리고 양심에 따라 독립하여 심판한다.
신분 보장 (헌법 제112조 제3항)	재판관은 탄핵 또는 금고 이상의 형의 선고에 의하지 아니하고는 파면되지 아니한다.
정치적 중립성 (헌법 제112조 제2항)	헌법재판소 재판관은 정당에 가입하거나 정치에 관여할 수 없다.
겸직 금지 (헌재법 제14조)	재판관은 각급 회의의 의원직·그 밖의 공무원직·법인과 단체의 고문·임원 등의 직을 겸하거나 영리를 목적으로 하는 사업을 영위할 수 없다.

90 정재황, 헌법재판요론, 박영사, 2022, 48면 이하.

3. 헌법재판관 회의[91]

헌법재판관 회의는 재판관 9인 전원으로 구성되며 헌법재판소장이 의장이 된다. 재판관회의는 **재판관 2/3를 초과하는 인원의 출석[92]과 출석인원 과반수의 찬성으**

91 **헌법재판소, 대법원, 감사원, 중앙선관위의 구성 비교**

	헌법재판소	대법원	감사원	중앙선거관리위원회
구성	•9인(재판관 9인을 대통령이 임명, 이 중 3인은 국회에서 선출한 자, 3인은 대법원장이 지명한 자를 임명) •헌법재판소장-국회의 동의를 얻어 대통령이 임명	•대법원장을 포함하여 14인(법원조직법 제4조 제2항) •대법원장-대통령이 국회의 동의를 얻어 임명 •대법관-대법원장의 제청으로 국회의 동의를 얻어 대통령이 임명	•원장을 포함한 5인 이상 11인 이하로 구성(헌법 제98조), 원장을 포함한 7인으로 구성(감사원법 제3조) •감사원장-국회의 동의+대통령 임명 •감사위원-감사원장의 제청으로 대통령이 임명	•9인(국회선출 3인, 대법원장지명 3인, 대통령임명 3인) - 9인 모두를 대통령이 임명하는 것이 아니라 3인만을 임명하는 점에 주의 •중앙선관위 위원장-위원 중에서 호선
임기	6년 (연임 가능)	6년 (대법원장은 중임 금지, 대법관은 연임 가능)	4년 (중임 가능)	6년
정년	헌법재판소장, 헌법재판관 70세	대법원장, 대법관 70세	감사원장 70세, 감사위원 65세	규정 없음
직무상 독립	재판관은 헌법과 법률 그리고 양심에 따라 독립하여 심판한다(헌재법 제4조).	법관은 헌법과 법률에 의하여 그 양심에 따라 독립하여 심판한다(헌법 제103조).	감사원은 대통령에 소속하되, 직무에 관하여는 독립의 지위를 가진다(감사원법 제2조 제1항).	규정 없음
신분 보장	재판관은 탄핵 또는 금고 이상의 형의 선고에 의하지 아니하고는 파면되지 아니한다(헌법 제112조 제3항).	법관은 탄핵 또는 금고 이상의 형의 선고에 의하지 아니하고는 파면되지 아니하며, 징계처분에 의하지 아니하고는 정직, 감봉, 기타 불리한 처분을 받지 아니한다(헌법 제106조 제1항).	탄핵결정이나 금고 이상의 형의 선고를 받을 때와 장기의 심신쇠약으로 직무를 수행할 수 없게 된 때를 제외하고는 신분보장(감사원법 제8조 제1항).	위원은 탄핵 또는 금고 이상의 형의 선고에 의하지 아니하고는 파면되지 아니한다(헌법 제114조 제5항).
정치적 중립	헌법재판소 재판관은 정당에 가입하거나 정치에 관여할 수 없다(헌법 제112조 제2항).	법관은 재직중 정치운동에 관여할 수 없다(법원조직법 제49조 제3호).	감사위원은 정당에 가입하거나 정치운동에 관여할 수 없다(감사원법 제10조).	위원은 정당에 가입하거나 정치에 관여할 수 없다(헌법 제114조 제4항).
규칙 제정권	헌법 제113조 제2항	헌법 제108조	감사원법 제52조	헌법 제114조 제6항

92 2022. 1. 개정 전 구법은 재판관회의를 개회하기 위한 의결정족수가 재판관 7명 이상의 출석으로 규정되어 있어 함께 임명된 다수의 재판관이 임기만료로 동일 시점에 교체되는 등 재판관의 공석으로 말미암아 재판관이 7명 미만이 되는 경우에는 재판소의 필수적 행정사무까지 마비되는 상황이 발생할 수 있는바, 재판관회의의 의결정족수를 재판관 전원의 3분의 2를 초과하는 인원의 출석으로 변경함으로써 헌법재판소 주요 행정기능의 안정성을 보장하고자 개정하게 되었다.

로 의결하며, 의장은 표결권을 가진다.[93] 그에 따라 재직 중인 재판관이 8명인 경우 6명 이상의 재판관이 참석하면 재판관회의가 유효하게 성립한다. 그러나 '출석인원 과반수 찬성'이 필요한 재판관회의의 의결정족수는 그대로이며, 법률의 위헌결정이나 헌법소원에 관한 인용결정을 할 때에는 헌법에 따라 재판관 6인 이상의 찬성이 있어야 한다. 한편, 재판관회의의 의결을 거쳐야 할 사항으로는 ① 헌법재판소규칙의 제정과 개정에 관한 사항, ② 헌법재판소장의 입법의견제출에 관한 사항, ③ 예산요구·예비금지출과 결산, ④ 사무처장·사무차장·헌법연구관 및 3급(부이사관) 이상 공무원의 임면에 관한 사항, ⑤ 특히 중요하다고 인정되는 사항으로서 헌법재판소장이 부의하는 사항 등이 있다(헌재법 제16조).

93 **주요 국가기관의 의결정족수 비교**

국무회의	구성원 과반수의 출석 + 출석구성원 3분의 2 이상의 찬성(★)
감사위원회의	재적 감사위원 과반수의 찬성
선거관리위원회	위원 과반수의 출석 + 출석위원 과반수의 찬성
헌법재판소 재판관회의	재판관 7인 이상의 출석 + 출석인원 과반수의 찬성
대법관 회의	대법관 전원의 3분의 2 이상의 출석 + 출석인원 과반수의 찬성

4

헌법재판의 일반심판절차

제4장 헌법재판의 일반심판절차

현행 헌법재판소법은 각각의 헌법재판 심판절차에서 일반적으로 적용되는 일반심판절차와 개별심판절차에서 적용되는 특별심판절차로 나누어 규정하고 있다. 특별심판절차는 다시 위헌법률심판절차, 탄핵심판절차, 정당해산심판절차, 권한쟁의심판절차, 헌법소원심판절차로 나누어진다. 여기서 먼저 살펴볼 것은 헌법재판의 일반적 심판절차이다. 심판절차에 관해서는 기본적으로 헌법재판소법 및 「헌법재판소 심판규칙」이 적용된다. 특별한 규정이 없는 경우 민사소송에 관한 법령이 준용되고,[94] 탄핵심판은 형사소송에 관한 법령, 권한쟁의심판 및 헌법소원의 경우 행정소송법이 같이 준용된다(헌재법 제40조 제1항). 준용되는 형사소송에 관한 법령, 행정소송법이 민사소송에 관한 법령보다 우선적으로 적용된다(헌재법 제40조 제2항).

심판절차 진행과정

- 심판의 청구(청구서 제출, 서면주의, 도달주의 – 헌재법 제26조 제1항, 증거서류 등 첨부)
- 접수(보정 권고, 헌재규칙 제5조 제2항)
- 사건번호, 사건명 부여(2005헌바12 → 잘못된 번호부여[95])
- 사건의 배당(주심재판관 선정, 컴퓨터에 의한 추첨)
- 보정 명령(보정할 수 있는 적법요건 미비의 경우 헌재법 제28조 제1항)
- 지정 재판부에 의한 사전심사(헌법소원심판사건 – 헌재법 제68조 제1항, 제2항의 경우만 해당) 나머지는 위헌법률심판이나 탄핵심판, 권한쟁의심판, 정당해산심판의 경우는 지정부를 거치지 아니하고 바로 전원재판부로 회부됨.[96]
- 사건의 심리(변론, 증거조사, 연구관의 연구조사 등), 필요적 변론(헌재법 제30조 제1항)[97]
- 평의(주심재판관의 요약발표, 평결, 주심 먼저, 후임재판관부터)

94 2014. 2. 27. 2014헌마7. 정당해산심판절차에 민사소송에 관한 법령을 준용할 수 있도록 규정한 헌법재판소법(2011. 4. 5. 법률 제10546호로 개정된 것) 제40조 제1항 전문 중 '정당해산심판의 절차'에 관한 부분('준용조항')이 헌법에 위반되지 않는다고 보아 심판청구를 기각하는 결정을 선고하였다.

95 헌재법 제68조 제1항의 소원 사건(헌마)임에도 헌바 사건 번호를 부여하였다. 접수 시 부여된 사건부호와 관계없이 헌법재판소법 제68조 제1항에 의한 헌법소원청구라고 보았다.

96 물론, 각하되지 않는다는 것은 아니다. 전원부에서도 각하될 수 있다.

97 탄핵, 정당해산, 권한쟁의.

- 결정문 작성 – 결정문의 주심 표시 현재는 하지 아니함.[98]
- 결정 선고 → "결정이 있는 날로부터"(헌재법 제47조 제2항)의 의미[99]

I. 재판부

1. 전원재판부와 지정재판부

헌법재판소법

제22조(재판부) ① 이 법에 특별한 규정이 있는 경우를 제외하고는 헌법재판소의 심판은 재판관 전원으로 구성되는 재판부에서 관장한다.

② 재판부의 재판장은 헌법재판소장이 된다.

제72조(사전심사) ① 헌법재판소장은 헌법재판소에 재판관 3명으로 구성되는 지정재판부를 두어 헌법소원심판의 사전심사를 담당하게 할 수 있다.

③ 지정재판부는 다음 각 호의 어느 하나에 해당되는 경우에는 지정재판부 재판관 전원의 일치된 의견에 의한 결정으로 헌법소원의 심판청구를 각하한다.

1. 다른 법률에 따른 구제절차가 있는 경우 그 절차를 모두 거치지 아니하거나 또는 법원의 재판에 대하여 헌법소원의 심판이 청구된 경우
2. 제69조의 청구기간이 지난 후 헌법소원심판이 청구된 경우
3. 제25조에 따른 대리인의 선임 없이 청구된 경우
4. 그 밖에 헌법소원심판의 청구가 부적법하고 그 흠결을 보정할 수 없는 경우

④ 지정재판부는 전원의 일치된 의견으로 제3항의 각하결정을 하지 아니하는 경우에는 결정으로 헌법소원을 재판부의 심판에 회부하여야 한다. 헌법소원심판의 청구 후 30일이 지날 때까지 각하결정이 없는 때에는 심판에 회부하는 결정(이하 "심판회부결정"이라 한다)이 있는 것으로 본다.

(1) 전원재판부

헌법재판소의 심판은 헌법재판소법에 특별한 규정이 있는 경우를 제외하고는 재판관 전원으로 구성되는 재판부에서 관장한다(헌재법 제22조 제1항). 이 전원재판

98 종전에는 결정문에 주심재판관이 표시되었으나, 현재는 표시하지 않는다.

99 실제로 2005헌마1198 자동차운전면허취소처분 취소, 2005헌마1231 재판취소 등 사건에서 문제되었다. 위 사건의 내용은, 헌법재판소가 2005. 11. 24. '자동차 등을 이용하여 범죄행위를 한 때' 운전면허를 당연취소하도록 규정한 구 도로교통법 제78조 제1항 제5호가 명확성의 원칙에 위반되고, 직업의 자유 등을 침해한다는 이유로 위헌결정(2004헌가28)을 하였는데, 대법원이 위 위헌결정일과 같은 날 위헌결정과 동시에 위 조항이 합헌임을 전제로 청구인의 운전면허취소처분 취소청구에 대한 상고기각 판결을 선고하자, 청구인이 위 대법원 판결 및 원처분(2003. 11. 23. 자동차운전면허취소처분)의 취소를 구한 것이고, 위 사건은 청구인의 심판청구취하(2007. 6. 26. 및 2007. 7. 18.)로 별도의 종료선언 없이 종결되었다.

부의 재판장은 헌법재판소장이 된다(동법 제22조 제2항).

(2) 지정재판부

헌법소원심판의 경우에는 사전심사를 위하여 재판관 3인으로 구성되는 지정재판부를 둘 수 있다(헌재법 제72조 제1항). 헌법재판소에 접수된 헌법소원심판사건은 헌재법 제68조 제1항에 의한 헌법소원과 동조 제2항에 의한 헌법소원을 불문하고 먼저 지정재판부의 사전심사를 거치게 되는데, 이러한 사전심사는 심판청구의 본안에 대한 판단이 아니라 단지 청구요건의 구비 여부만을 심사하는 것이다. 지정재판부가 전원의 일치된 의견으로 심판청구를 각하하지 아니하는 경우에는 결정으로 그 사건을 전원재판부에 회부하여야 하는데, 심판청구일로부터 30일이 경과할 때까지 각하결정이 없을 때에는 전원재판부에 회부하는 결정이 있는 것으로 본다(헌재법 제72조 제4항).

헌재판례) 지정재판부제도의 위헌 여부(2004. 4. 29. 2003헌마783)
헌법재판소법 제25조의 규정에 의한 대리인의 선임 없이 헌법소원이 청구된 경우 지정재판부가 재판관 전원의 일치된 의견에 의한 결정으로 헌법소원을 각하하도록 규정한 헌법재판소법 제72조 제3항 제3호가 청구인의 재판청구권을 침해하지 않는다고 판단하였다.

2. 재판관의 제척·기피·회피

헌법재판소법

제24조(제척·기피 및 회피) ① 재판관이 다음 각 호의 어느 하나에 해당하는 경우에는 그 직무집행에서 제척(除斥)된다.

1. 재판관이 당사자이거나 당사자의 배우자 또는 배우자였던 경우
2. 재판관과 당사자가 친족관계이거나 친족관계였던 경우
3. 재판관이 사건에 관하여 증언이나 감정(鑑定)을 하는 경우
4. 재판관이 사건에 관하여 당사자의 대리인이 되거나 되었던 경우
5. 그 밖에 재판관이 헌법재판소 외에서 직무상 또는 직업상의 이유로 사건에 관여한 경우

② 재판부는 직권 또는 당사자의 신청에 의하여 제척의 결정을 한다.

③ 재판관에게 공정한 심판을 기대하기 어려운 사정이 있는 경우 당사자는 기피(忌避)신청을

할 수 있다. 다만, 변론기일(辯論期日)에 출석하여 본안(本案)에 관한 진술을 한 때에는 그러하지 아니하다.

④ 당사자는 동일한 사건에 대하여 2명 이상의 재판관을 기피할 수 없다.

⑤ 재판관은 제1항 또는 제3항의 사유가 있는 경우에는 재판장의 허가를 받아 회피(回避)할 수 있다.

재판관이 헌법재판소법 제24조에 규정된 제척·기피·회피 등의 사유에 해당하는 경우에는 직무집행에서 배제된다.

헌재판례) 헌법재판관 2명 이상 기피 제한(2016. 11. 24. 2015헌마902)

심판대상 조항은 기피를 통해 특정 사건에서 공정한 심판을 기대하기 어려운 재판관을 직무집행에서 배제할 수 있도록 하면서도 심리정족수 부족으로 인하여 헌법재판소의 심판기능이 중단되는 사태를 방지하기 위한 것으로, 목적의 정당성과 수단의 적합성이 인정된다. 헌법재판은 일반재판과 달리 규범이나 국가작용에 대한 헌법적 판단이 주를 이루고, 재판관은 보다 엄격한 절차를 거쳐 임용되므로, 재판관이 특정 사건의 기초가 되는 상황과 관련하여 일정한 관계를 형성하고 있다 하더라도 그것이 헌법재판의 공정성이나 독립성에 영향을 줄 가능성은 일반재판에 비하여 상대적으로 낮다. 또한, 현행 헌법재판제도는 전원재판부의 재판관 결원을 보충할 수 있는 제도를 두고 있지 아니하여, 재판관의 결원은 곧 합헌 또는 기각의견이 확정되는 것과 같은 결과를 야기하게 되므로, 당사자가 1명의 재판관만 기피가 가능하도록 규정하고 있는 것은 청구인의 신청에 의하여 그 자체로 기피신청 당사자에게 불리한 재판결과를 초래하는 것을 최소화하기 위한 부득이한 조치이다. 한편, 기피제도 외에도 공정한 재판을 보장하기 위한 방법으로 **(보다 덜 제한적인 방법으로서)** 제척과 회피제도가 마련되어 있어, 이를 통해 재판의 공정성에 대한 우려를 불식시킬 수 있다. 결국 심판대상조항은 **침해의 최소성**에 반한다고 보기 어렵다. 또한, 심판대상조항으로 인하여 청구인이 실제로 공정한 재판을 받지 못할 우려에 비하여, 심리정족수 부족으로 인하여 헌법재판기능이 중단되는 사태를 방지함으로써 달성할 수 있는 공익은 매우 크다고 할 것이므로, 법익 사이의 균형을 상실하였다고 보기도 어렵다. 따라서 심판대상조항은 과잉금지원칙을 위반하여 청구인의 공정한 헌법재판을 받을 권리를 침해하지 아니한다.

Ⅱ. 심판의 청구

1. 심판청구의 의의

법률의 위헌법률심판에서는 법원의 심판제청이 있어야 하고, 그에 반해 헌법재판소법 제68조 제2항 위헌심사형헌법소원의 경우 당사자의 심판청구가 있어야 심판절차가 개시된다. 일반 헌법소원심판, 탄핵심판, 정당해산심판, 권한쟁의심판의 경우에도 심판절차가 개시되기 위해서는 당사자의 심판청구가 있어야 하는 것은 마찬가지이다. 이와 같이 헌법재판에서 심판청구는 청구권자가 헌법재판소에 대해 일정한 내용의 심판을 구하는 신청으로서, 이러한 심판청구가 있어야 비로소 헌법재판의 해당 절차가 개시된다.

헌법재판소법

제26조(심판청구의 방식) ① 헌법재판소에의 심판청구는 심판절차별로 정하여진 청구서를 헌법재판소에 제출함으로써 한다. 다만, 위헌법률심판에서는 법원의 제청서, 탄핵심판에서는 국회의 소추의결서(訴追議決書)의 정본(正本)으로 청구서를 갈음한다.

제76조(전자문서의 접수) ① 각종 심판절차의 당사자나 관계인은 청구서 또는 이 법에 따라 제출할 그 밖의 서면을 전자문서(컴퓨터 등 정보처리능력을 갖춘 장치에 의하여 전자적인 형태로 작성되어 송수신되거나 저장된 정보를 말한다. 이하 같다)화하고 이를 정보통신망을 이용하여 헌법재판소에서 지정·운영하는 전자정보처리조직(심판절차에 필요한 전자문서를 작성·제출·송달하는 데에 필요한 정보처리능력을 갖춘 전자적 장치를 말한다. 이하 같다)을 통하여 제출할 수 있다. ② 헌법재판소는 당사자나 관계인에게 송달하여야 할 결정서 등의 서류를 전자정보처리조직에 입력하여 등재한 다음 그 등재 사실을 헌법재판소규칙으로 정하는 바에 따라 전자적 방식으로 알려야 한다. ③ 제1항에 따른 전자정보처리조직을 이용한 서류 송달은 서면으로 한 것과 같은 효력을 가진다. ④ 제2항의 경우 송달받을 자가 등재된 전자문서를 헌법재판소규칙으로 정하는 바에 따라 확인한 때에 송달된 것으로 본다. 다만, 그 등재 사실을 통지한 날부터 1주 이내에 확인하지 아니하였을 때에는 등재 사실을 통지한 날부터 1주가 지난 날에 송달된 것으로 본다. <개정 2022. 2. 3.[100]> ⑤ 제1항에도 불구하고 전자정보처리조직의 장애로 인하여 전자적 송달이 불가능하거나 그 밖에 헌법재판소규칙으로 정하는 사유가 있는 경우에는 「민사소송법」에 따라 송달할 수 있다.

100 개정 전 구법은 전자송달 시 송달받을 자가 전자문서 등재 사실을 통지한 날부터 2주 이내에 확인하지 않은 경우 등재 사실을 통지한 날부터 2주가 지난 날에 송달된 것으로 간주하고 있는데, 헌법소원심판의 경우 30일이 지날 때까지 지정재판부의 각하결정이 없는 때에는 심판회부결정이 있는 것으로 간주되는바, 미비한 적법요건을 보완하라는 전자적 보정명령을 지정재판부의 사전심사기간 이내에 확인하지 않을 경우 오히려 적법요건을 갖추지 못한 심판청구가 심판회부로 간주될 가능성이 높아 헌법소원심판청구에 대한 지정재판부의 사전심사제도의 입법취지에 부합하지 않는 결과를 초래하고, 실무상 사전심사기간 내 전자적 보정명령 통지를 확인하였는지 파악하기 위해 행정력 낭비가 계속되고 있는 상황이라는 점을 고려하여 헌법재판의 전자적 송달 간주기간을 민사소송 등과 같이 1주로 단축함으로써 심판절차를 보다 원활하게 운영하려는 것임.

2. 심판청구의 취하[101](★)

(1) 청구취하의 의의

청구의 취하란 청구인이 헌법재판소에 대하여 한 심판청구의 전부 또는 일부를 철회하는 의사표시를 말하는 것으로, 청구인은 헌법재판소의 결정선고 시까지 청구를 취하할 수 있다.

(2) 청구취하의 효과

청구가 취하되면 처음부터 소송 계속이 없었던 것이 되어 원칙적으로 소송이 종료되고, 헌법재판소의 소송은 더 이상 진행할 수 없다. 그러나 청구의 취하가 있음에도 심판을 하여야 할 공익이 존재하는 경우에는 민사소송법상의 처분권주의를 적용하여 헌법재판소는 절차를 종료하여야 하는지 아니면 처분권주의를 배제하여 절차를 계속 진행할 수 있는지에 대해서는 견해가 갈린다.

(가) 학설[102]

먼저, ① 종료설은 심판청구가 취하되면 민사소송법이 정하는 소의 취하에 관한 규정이 준용되어 심판절차가 종료된다고 본다. 이러한 태도는 심판절차의 개시와 종료에 있어서 처분권주의를 관철하여, 심판절차가 청구인의 신청에 의하여 개시되는 이상 그 절차를 종료할 것인가 하는 문제도 청구인에게 주어져야 한다고 본다. 이에 대해 ② 예외적 비종료설은 심판청구가 취하된 경우 원칙적으로 심판절차가 종료되지만, 헌법질서의 수호와 유지를 위하여 중요한 의미를 가지는 경우에는 심판청구의 취하가 있더라도 심판절차는 종료되지 않는다고 본다. 즉, 심판절차의 개시는 신청주의에 따른 것이지만, 심판의 진행이나 종료에는 헌법질서의 수호나 유지 또는 공익적 필요 등과 같은 다른 법리가 작용할 수 있다는 것이다.

---

101 위 쟁점과 같이 학설이 대립하고, 관련 헌재 판례가 존재하는 경우 변시 공법사례형 분설형 등에서 쟁점으로 항상 출제 가능하므로 유념해서 기억할 필요가 있다.

102 헌법재판소, 헌법재판실무제요 제2개정판, 2015, 46-48면.

(나) 헌법재판소 판례

헌법재판소는 헌법소원심판 절차와 권한쟁의심판 절차에서 심판청구의 취하가 있는 경우 소의 취하에 관한 민사소송법이 준용되어 당해 헌법소송이 종료된다고 판시하였다. 또한, 헌법소원심판청구의 취하는 청구인이 제기한 심판청구를 철회하여 심판절차의 계속을 소멸시키는 청구인의 헌법재판소에 대한 소송행위이고 소송행위는 일반 사법상의 행위와는 달리 내심의 의사보다 그 표시를 기준으로 하여 그 효력 유무를 판정할 수밖에 없는 것인바(외관설), 청구인의 주장대로 청구인이 피청구인의 기망에 의하여 이 사건 헌법소원심판청구를 취하하였다고 가정하더라도 이를 무효라 할 수도 없고, 청구인이 이를 임의로 취소할 수도 없다고 일관되게 판시하고 있다(2005. 3. 31. 2004헌마911).

헌재판례) 헌법소원심판청구의 취하(2021. 6. 24. 2020헌마1572)
헌법재판소법 제40조 제1항 전단에 따라 소의 취하에 관한 민사소송법 제266조는 헌법소원심판 절차에 준용된다. 다만 위 조항은 '헌법재판의 성질에 반하지 아니하는 한도'에서만 보충적으로 민사소송에 관한 법령을 준용하도록 하는바, 법령에 대한 헌법소원심판절차에서는 청구인과 대립되는 상대방 당사자로서 피청구인이 존재하지 않으므로, 민사소송법 제266조 제2항, 제4항 내지 제6항의 적용이 배제되어, 청구인은 상대방 당사자의 동의 내지 동의간주 없이 청구를 취하할 수 있다. 헌법소원심판청구의 취하는 청구인이 제기한 심판청구를 철회하여 심판절차의 계속을 소멸시키는 청구인의 헌법재판소에 대한 소송행위이고, 소송행위의 특질상 소송절차의 명확성과 안정성을 기하기 위한 표시주의가 관철되어야 하는 것이므로 민법상의 법률행위에 관한 규정이 원칙적으로 적용되지 아니하고, 일단 청구취하의 효력이 발생한 뒤에는 원칙적으로 그 철회가 허용되지 아니한다.

3. 중복청구(제소)의 금지

헌법재판소에 심판이 계속되면 동일한 당사자는 계속된 사건과 동일한 심판청구를 다시 할 수 없는 제한을 받게 되는데 이를 중복제소금지라고 한다(헌재법 제40조, 민소법 제259조). 중복제소에 해당하는 심판청구는 부적법하므로 각하된다(2007. 6. 28. 2004헌마643; 2007. 6. 28. 2004헌마643[103]). 그러나 당사자가 동일하고

103 청구인들은 이미 2004. 8. 14. 공직선거법 제15조 제2항 제1호를 포함한 공직선거법 조항들의 위헌확인 여

심판의 대상인 법률조항이 동일하다고 하더라도 헌가사건, 헌마사건, 헌바사건 등 심판의 유형이 다르면 중복제소에 해당하지 아니한다(1994. 4. 28. 89헌마221).

4. 병합청구

헌법재판소는 헌법재판소법 제68조 제1항에 의한 청구와 헌법재판소법 제68조 제2항에 의한 청구를 함께 병합하여 심판하였을 뿐만 아니라(2003. 10. 30. 2001헌마700등), 하나의 헌법소원으로 헌법재판소법 제68조 제1항에 의한 청구와 헌법재판소법 제68조 제2항에 의한 청구를 함께 병합하여 제기할 수 있다고 하였다(2010. 3. 25. 2007헌마933).

Ⅲ. 심판당사자와 대표자·대리인

헌법재판소법

제25조(대표자·대리인) ① 각종 심판절차에서 정부가 당사자(참가인을 포함한다. 이하 같다)인 경우에는 법무부장관이 이를 대표한다.

② 각종 심판절차에서 당사자인 국가기관 또는 지방자치단체는 변호사 또는 변호사의 자격이 있는 소속 직원을 대리인으로 선임하여 심판을 수행하게 할 수 있다.

③ 각종 심판절차에서 당사자인 사인(私人)은 변호사를 대리인으로 선임하지 아니하면 심판청구를 하거나 심판 수행을 하지 못한다. 다만, 그가 변호사의 자격이 있는 경우에는 그러하지 아니하다.

1. 국가기관·지방자치단체가 당사자인 경우

각종 심판절차에서 ① 정부가 당사자인 경우에는 법무부장관이 정부를 대표하지

부를 다투는 헌법소원심판(2004헌마644)을 청구한 바 있음에도, 2005. 11. 16. 청구취지의 추가적 변경을 통하여 위 조항에 대한 위헌확인을 구하는 청구를 추가하고 있는바, 후자의 청구는 헌재법 제40조 제1항과 민사소송법 제259조에 따라 허용되지 아니하는 중복제소에 해당하므로 부적법하다. 한편, 위 사건에서 헌재는, "주민투표권은 헌법상의 열거되지 아니한 권리 등 그 명칭의 여하를 불문하고 헌법상의 기본권성이 부정된다는 것이 우리 재판소의 일관된 입장이라 할 것인데, 이 사건에서 그와 달리 보아야 할 아무런 근거를 발견할 수 없다. 그렇다면 이 사건 심판청구는 헌법재판소법 제68조 제1항의 헌법소원을 통해 그 침해 여부를 다툴 수 있는 기본권을 대상으로 하고 있는 것이 아니므로 그러한 한에서 이유 없다. 하지만 주민투표권이 헌법상 기본권이 아닌 법률상의 권리에 해당한다 하더라도 비교집단 상호 간에 차별이 존재할 경우에 헌법상의 평등권 심사까지 배제되는 것은 아니다."라고 판시하였다.

만, ② 당사자인 국가기관이나 지방자치단체는 변호사 또는 변호사의 자격이 있는 소속직원을 대리인으로 선임하여 심판을 수행하게 할 수 있다(헌재법 제25조 제2항).

2. 사인이 당사자인 경우 - 변호사강제주의

헌법재판의 심판절차에서 사인(私人)이 당사자인 경우에는 변호사를 대리인으로 선임하지 않으면 심판청구 또는 심판수행을 할 수 없다. 다만 그가 변호사의 자격이 있는 때에는 그러하지 아니하다(헌재법 제25조 제3항). 헌법재판소법 제68조 제1항이든, 제2항이든 헌법소원심판의 청구인이 사인(私人)이므로 변호사강제주의가 적용됨에 의문의 여지가 없다.[104] 나아가 탄핵심판과 정당해산심판에도 변호사강제주의가 적용될 것인지에 대해 견해 대립이 있는데, 이에 대해 헌법재판소는 "헌법재판소법 제25조 제3항에 의한 변호사강제주의의 규정은 여러 가지 헌법재판의 종류 가운데 사인이 당사자로 되는 심판청구인 탄핵심판청구와 헌법소원심판청구에 있어서 적용된다고 보아야 할 것"(1990. 9. 3. 89헌마120)이라고 판시한 바 있다. 한편, 헌법재판소는 '대통령 탄핵심판 사건'에서는 "탄핵소추절차는 국회와 대통령이라는 헌법기관 사이의 문제이고, 국회의 탄핵소추의결에 따라 사인으로서 대통령 개인의 기본권이 침해되는 것이 아니며 국가기관으로서 대통령의 권한행사가 정지될 뿐이다"(2005. 5. 14. 2004헌나1; 2017. 3. 10. 2016헌나1)라고 판시하였다. 이에 대해 학계에서는 탄핵심판절차는 고위공직자의 법적 책임을 추궁함으로써 헌법의 규범력을 확보하고자 하는 것이 목적이므로, 탄핵심판절차에서의 피청구인은 사인으로서의 지위가 아닌 공적 직무수행자로서의 지위를 가진다고 볼 수 있다. 따라서 탄핵심판절차에서는 변호사강제주의가 적용되지 않는다고 보는 것이 유력하다.[105]

104 심판절차의 당사자와 관련하여, ① 헌법소원: 헌법재판소법 제68조 제1항 헌법소원심판에서는 기본권 침해를 주장하는 사인(私人)이 청구인이 되고, 제68조 제2항 헌법소원심판에서는 위헌법률심판제청신청 기각결정을 받은 사인(私人)이 청구인이 된다. ② 위헌법률심판: 위헌법률심판은 법원이 제청하는 것이므로 사인이 당사자가 된다고 할 수 없다.

105 이동흡, 전게서, 68면.

헌재판례) 헌법소원 사건 결정서의 송달(2012. 11. 29. 2011헌마693)

헌법재판소법 제25조 제3항이 정하는 변호사강제주의 아래에서는 심판수행을 담당하는 변호사인 대리인에게 심판수행의 일환으로 결정서 정본을 송달하여 수령하도록 하는 것이 그 취지에 부합하고, 국선대리인이라고 하여 결정문 정본의 송달에 있어서 사선대리인과 달리 취급할 이유가 없으며, 헌법소원사건에서도 민사소송과 마찬가지로 변호사인 대리인이 선임되어 있는 경우에는 대리인에게 결정서 정본을 송달함으로써 그 송달의 효과가 당사자에게 미치게 되므로 당사자에게 따로 송달을 하여야 할 작위의무가 있다고 할 수 없으므로, 이 사건 심판청구는 공권력 불행사가 존재하지 않는 경우에 해당하여 부적법하다.

헌재판례) 변호사강제주의의 합헌성(2001. 9. 27. 2001헌마152; 2010. 3. 25. 2008헌마439)

헌법재판소법 제25조 제3항의 변호사강제주의는 법률지식이 불충분한 당사자의 기본권 침해에 대한 구제를 보장하고, 당사자를 설득하여 승소의 가망이 없는 헌법재판의 청구를 자제시키며, 헌법재판에서의 주장과 자료를 정리, 개발하고 객관화하는 기능을 수행함으로써, 재판소와 관계 당사자 모두가 시간, 노력, 비용을 절감하여 헌법재판의 질적 향상을 가져온다. 또한 위 조항에 의한 국민의 경제적 부담과 재판청구권을 혼자서는 행사할 수 없다는 제약은 개인의 사적 이익에 대한 제한임에 반하여, 변호사가 헌법재판에서 수행하는 기능들은 모두 국가와 사회의 공공복리에 기여하는 것이고, 양자를 비교할 때 변호사의 강제를 통하여 얻게 되는 공공의 복리는 그로 인하여 제한되는 개인의 사익에 비하여 훨씬 크다고 할 것이므로 위 조항은 청구인의 재판청구권을 침해하지 않는다. 위 조항은 전문적인 법률지식과 윤리적 소양을 갖춘 변호사에게 법률사무를 맡김으로써 법률사무에 대한 전문성, 공정성 및 신뢰성을 확보하여 일반 국민의 기본권을 보호하고 사회정의를 실현하려는 입법목적과, 국가기관과 국민에 미치는 영향력이 큰 헌법재판에 있어서는 법률전문가인 변호사에게 소송을 수행하게 함으로써 얻을 수 있는 공익이 현저히 크다는 점을 고려할 때, 변호사에게만 대리인 자격을 부여하는 것에는 합리적 이유가 있으므로 평등권 침해가 아니다.

3. 재판 유형별 당사자

(1) 위헌법률심판

위헌법률심판사건의 경우 법원만이 위헌법률심판제청의 주체로 될 수 있다. 다만, 제청법원이 당사자인가에 대해서는 분명치 아니한 면이 있다. 제청법원은 결정서를 송달받는다(법 제46조). 위헌법률심판제청을 신청하였던 당해 사건의 당사자라도 위헌법률심판의 당사자로 되는 것은 아니나, 제청서 등본을 송달받고(법 제27조 제2항), 의견서를 제출할 기회를 보장받는다(법 제44조). 국회가 피청구인인지도 분명치 아니하다. 국회가 법률을 제정하고도 그 정당성을 주장하지 아니하는 문제가 생길 수 있다. 대개 정부에서 정당성을 주장하나, 정부에서 위헌의견에 동조하는 경우도 있다.[106]

(2) 탄핵심판

청구인은 국회이고, 소추위원(국회 법제사법위원회 위원장)은 국회의 대표자(헌재법 제49조 제1항)로 된다. 탄핵소추대상자가 피청구인으로 됨에는 의문이 없다. 탄핵소추의 의결을 받은 자는 헌법재판소의 심판이 있을 때까지 그 권한 행사가 정지된다(법 제50조).[107]

탄핵심판 청구사건의 당사자 기재례[108]

청 구 인 국회
소추위원 국회 법제사법위원회 위원장
대리인 변호사 ○○○ 외 66인

피청구인 대통령 ○○○
대리인 변호사 ○○○ 외 9인

(3) 권한쟁의 심판

권한쟁의심판청구 사건의 경우 권한의 존부 또는 범위에 관하여 다툼이 있는 국가기관 또는 지방자치단체[109]가 청구인이고, 특정한 처분 또는 부작위로 청구인의

106 헌재 2005. 2. 3. 2001헌가9 결정[호주제 사건]의 경우, 여성부, 국가인권위원회는 위헌의견을, 법무부는 호주제를 폐지하는 민법 개정안을 국회에 제출하였다는 사실을 적시하였을 뿐, 위헌이 아니라는 주장을 한 바 없다.

107 다만, 국회법 제134조 제2항은 '소추의결서가 송달된 때'라 정하고 있다.

108 헌재 2004. 5. 14. 2004나1[노무현 대통령 탄핵 사건].

109 지자체의 장이 아님을 주의. "권한쟁의 심판청구는 헌법과 법률에 의하여 권한을 부여받은 자가 그 권한의 침해를 다투는 헌법소송이다. 이러한 권한쟁의심판을 청구할 수 있는 자에 대하여는 헌법과 헌법재판소법이 정하고 있는바, 헌법 제111조 제1항 제4호는 국가기관 상호 간, 국가기관과 지방자치단체 간 및 지방자치단체 상호 간의 권한쟁의심판에 관하여 정하고 있으며, 헌법재판소법 제62조 제1항 제3호는 지방자치단체 상호 간의 권한쟁의심판 종류로 가. 특별시·광역시 또는 도 상호 간의 권한쟁의심판, 나. 시·군 또는 자치구

권한을 침해하였거나 침해할 현저한 위험을 야기한 국가기관 또는 지방자치단체가 피청구인으로 된다. 지자체 상호 간의 권한쟁의에서 당사자는 지자체 자체이고, 각 지자체장이 대표한다.

(4) 정당해산심판

정당해산심판청구 사건의 경우 청구인은 정부[110]이고 피청구인은 정부에 의해 정당해산심판청구에 피소된 정당이다.

(5) 헌재법 제68조 제1항의 헌법소원(헌마)

권리구제형 헌법소원심판청구 사건에서 청구인은 공권력의 행사 또는 불행사로 인하여 헌법상 보장된 기본권을 침해[111]받은 자이다. 심판규칙 제68조 제1항[112] 제2호는 피청구인을 기재할 것을 규정하고 있다. 다만, 법령에 대한 헌법소원의 경우에는 그러하지 아니하다. 구체적인 공권력작용의 경우 그 처분청[113]을 기재하여야 한다.

상호 간의 권한쟁의심판, 다. 특별시·광역시 또는 도와 시·군 또는 자치구 간의 권한쟁의심판만을 정하고 있다. 따라서 지방자치단체의 장은 원칙적으로 권한쟁의 심판청구의 당사자가 될 수 없다."(헌재 2006. 8. 31. 2003헌라1)

110 헌재법 제55조.

111 '침해'와 '제한'은 매우 중요한 개념이다. 이를 구별해 쓰지 않으면 곤란하다. 기본권이 제한되었다는 것은, '기본권 침해 가능성'이 인정된다는 의미이다. 기본권이 '침해'되었으면 인용 결정을 하여야 하고, 기본권이 '제한'되었으면 '각하되지 아니한다'. 즉, 본안에 가서 침해 여부를 판단받을 수 있다. 기본권이 제한된 자가 헌법소원을 제기하면 적법하고, 본안판단을 받는다. 그렇지 아니하면, 즉 기본권이 제한되지 아니한 자가 헌법소원을 제기하면 각하 결정을 받는다. '기본권 침해 가능성'이 인정되지 아니하기 때문이다. 이와 같은 생각을 전제로 보면, 법문을 개정할 필요가 있다. 물론, 해석론, 즉 학리가 법문을 전제로 해야 하는 것 아닌가 하고 물으면 그 말도 타당한 바가 있다.

112 심판규칙 제68조(헌법소원심판청구서의 기재사항) ① 법 제68조 제1항에 따른 헌법소원심판의 청구서에는 다음 각 호의 사항을 기재하여야 한다.
1. 청구인 및 대리인의 표시 / 2. 피청구인(다만, 법령에 대한 헌법소원의 경우에는 그러하지 아니하다)
3. 침해된 권리 / 4. 침해의 원인이 되는 공권력의 행사 또는 불행사 / 5. 청구이유
6. 다른 법률에 따른 구제 절차의 경유에 관한 사항

113 헌재법 제75조 제2항 "제68조 제1항의 규정에 의한 헌법소원을 인용할 때에는 인용결정서의 주문에서 침해된 기본권과 침해의 원인이 된 공권력의 행사 또는 불행사를 특정하여야 한다."

(6) 헌재법 제68조 제2항의 헌법소원(헌바)

위헌심사형 헌법소원심판청구사건에서 청구인은 위헌법률심판제청 신청을 했던 신청인이다. 행정청이라도 위헌법률심판제청을 할 수 있고, 헌재법 제68조 제2항의 헌법소원심판의 청구인이 될 수 있다.[114] 재판의 전제가 된 당해 사건의 보조참가인도 청구인으로 될 수 있다.[115] 피청구인에 관하여는 위헌법률심판제청의 경우와 같다.

4. 헌법재판 참가제도

헌재법 제68조 제1항 헌법소원심판에서도 제3자의 심판참가가 허용된다.(다만, 헌재법 제41조 위헌법률심판과 제68조 제2항 위헌심사형 헌법소원의 경우 참가 불가[116]) 일

114 "헌법재판소법 제68조 제1항의 헌법소원은 기본권의 주체가 될 수 있는 자만이 청구인이 될 수 있고, 국가나 국가기관 또는 지방자치단체나 공법인은 기본권의 주체가 아니라 국민의 기본권을 보호 내지 실현해야 할 책임과 의무를 지니고 있는 지위에 있을 뿐이어서 그 청구인적격이 인정되지 아니한다(헌재 1998. 3. 26. 96헌마345). 그러나 헌법재판소법 제68조 제2항에 의한 헌법소원심판은 구체적 규범통제의 헌법소원으로서, 구체적인 사건에 관하여 법률의 위헌 여부가 재판의 전제로 되었을 경우에 헌법재판소법 제41조 제1항의 규정에 의한 법률의 위헌여부심판의 제청을 신청하였다가 기각당한 당사자가 그 법률의 위헌 여부를 심판받기 위하여 청구하는 것이어서 헌법재판소법 제68조 제1항에 규정된 헌법소원과는 그 심판청구의 요건과 대상이 다르다(헌재 1994. 4. 28. 89헌마221). 헌법재판소법 제68조 제2항은 기본권의 침해가 있을 것을 그 요건으로 하고 있지 않을 뿐만 아니라 청구인적격에 관하여도 '법률의 위헌여부심판의 제청신청이 법원에 의하여 기각된 때에는 그 신청을 한 당사자'라고만 규정하고 있는바, 위 '당사자'는 행정소송을 포함한 모든 재판의 당사자를 의미하는 것으로 새겨야 할 것이고, 행정소송의 피고인 행정청만 위 '당사자'에서 제외하여야 할 합리적인 이유도 없다. 행정청이 행정처분 단계에서 당해 처분의 근거가 되는 법률이 위헌이라고 판단하여 그 적용을 거부하는 것은 권력분립의 원칙상 허용될 수 없지만, 행정처분에 대한 소송절차에서는 행정처분의 적법성·정당성뿐만 아니라 그 근거 법률의 헌법적합성까지도 심판대상으로 되는 것이므로, 행정처분에 불복하는 당사자뿐만 아니라 행정처분의 주체인 행정청도 헌법의 최고규범력에 따른 구체적 규범통제를 위하여 근거 법률의 위헌 여부에 대한 심판의 제청을 신청할 수 있고 헌법재판소법 제68조 제2항의 헌법소원을 제기할 수 있다고 봄이 상당하다."(헌재 2008. 4. 24. 2004헌바44)

115 "청구인은 당해 사건의 당사자가 아니라 보조참가인이지만, 헌법재판소법 제40조에 의하여 준용되는 행정소송법 제17조 및 민사소송법 제76조에 따라 피참가인의 소송행위와 저촉되지 아니하는 한 일체의 소송행위를 할 수 있으므로 헌법재판소법 소정의 위헌법률심판제청신청 및 헌법소원의 '당사자'에 해당된다."(헌재 2003. 5. 15. 2001헌바98; 2008. 4. 24. 2004헌바44)

116 규범통제절차인 헌법재판소법 제41조 제1항에 의한 위헌법률심판 사건에서 민사소송과 유사한 대립당사자 개념을 상정하기 어려운 점 등에 비추어보면, 보조참가를 규정하고 있는 민사소송법 제71조는 위헌법률심판의 성질상 준용하기 어렵다. 그렇다면 이 사건 보조참가신청인의 보조참가 신청은 위헌법률심판의 성질에 반하여 준용되지 아니하는 민사소송법 제71조에 근거한 것으로서 허용되지 아니한다.(헌법재판소 2020. 3. 26. 2016헌가17, 2017헌가20, 2018헌바392병합)

반적으로 심판참가는 주로 법령소원에서 문제된다. 구체적 공권력 행사에 대한 헌법소원에서는 제3자가 이해관계를 갖는 경우가 드물기 때문이다.[117] 소송참가에 관하여는 민사소송법과 행정소송법의 규정 내용이 서로 다르다(민사소송법 §71 이하; 행정소송법 §16, §17). 민사소송법은 보조참가와 공동소송참가에 관하여 규정하고(§71; §83①), 행정소송법 "법원은 소송의 결과에 따라 권리 또는 이익의 침해를 받을 제3자가 있는 경우에는 당사자 또는 제3자의 신청 또는 직권에 의하여 결정으로써 그 제3자를 소송에 참가시킬 수 있다."라고 규정하고 있다(법 §16③). 그런데 행정소송법이 민사소송법령과 저촉될 때에는 행정소송법이 우선 적용되므로, 헌법소원의 심판참가에 민사소송법과 행정소송법 중 어떤 것을 준용할 것인지가 문제된다.

(1) 사인의 심판참가[118](★)

(가) 청구인과 같은 입장에 있는 제3자의 참가 – 민사소송법에 의한 참가

헌법소원심판에서 청구인과 같은 입장에 있는 제3자가 참가하는 경우는 행정소송법 제16조 제3항이 준용될 여지가 없다. 청구인과 법적 지위를 같이하는 제3자의 입장에서는 헌법소원이 인용되면 기본권의 구제를 받게 되고, 설령 헌법소원이 각하·기각되더라도 그로 인하여 권리 또는 이익의 침해를 받는 것이 아니기 때문이다. 따라서 이런 경우에는 민사소송법만이 준용된다.[119] 민사소송법에 의한 참가에는 보조참가와 공동소송참가가 있다.[120]

1) 보조참가

헌법소원심판의 결과에 이해관계가 있는 제3자는 청구인을 돕기 위하여 헌법소원심판에 참가할 수 있다(민사소송법 §71). 참가인은 모든 소송행위를 할 수 있으나, 참가인의 행위가 피참가인(청구인)의 행위에 어긋나는 경우에는 그 참가인의 소송

117 전게 헌법재판 실무제요, 35면.
118 전게 헌법재판 실무제요, 66면; 김하열, 전게서, 124-126면; 이동흡, 전게서, 64-65면.
119 헌재 2010.10.28. 2008헌마408.
120 이시윤, 신민사소송법, 박영사, 2021, 796면.

행위는 효력을 발생하지 않는다(민사소송법 §76②).

2) 공동심판참가

법령소원이 인용되면 청구인과 같은 법적 지위에 있는 제3자도 기본권의 구제를 받게 되는 결과가 되므로, 민사소송법 제83조 제1항("소송목적이 한쪽 당사자와 제3자에게 합일적으로 확정되어야 할 경우 그 제3자는 공동소송인으로 소송에 참가할 수 있다.")에 의해 공동심판참가를 할 수 있다. 공동심판참가를 한 경우 참가인과 피참가인은 서로 공동소송인의 지위에 서게 된다. 따라서 청구인과 공동심판참가인 중 한 사람이 한 소송행위는 모두의 이익을 위해서만 효력을 가진다(민사소송법 §67①). 이 경우 참가신청인은 공동청구인 자격으로 참가하는 것이므로, 청구인과 별도로 자신(참가신청인)의 청구기간을 준수하여야 한다. 다만 청구기간을 도과했더라도 보조참가의 요건을 갖추고 있는 경우에는 참가신청을 각하하지 않고 보조참가신청으로 취급한다는 것이 판례이다.[121]

(나) 청구인과 대립하는 제3자의 참가 – 행정소송법에 의한 참가

청구인과 대립하는 제3자가 참가하는 경우는 행정소송법이 준용될 수 있다. 즉, 헌법재판소는 심판의 결과에 따라 권리 또는 이익의 침해를 받을 제3자가 있는 경우에는 그 제3자를 소송에 참가시킬 수 있다. 제3자에 대한 심판참가의 재판은 결정으로써 하며, 심판참가결정은 당사자 또는 제3자의 신청에 의하거나 직권으로 한다(이상 행정소송법 §16①). 헌법재판소가 제3자의 심판참가결정을 할 때에는 미리 당사자 및 제3자의 의견을 들어야 한다(행정소송법 §16②). 심판에 참가한 제3자에 대하여는 민사소송법 제67조의 규정을 준용하므로(행정소송법 §16③), 참가인과 피참가인은 서로 공동소송인의 지위에 서게 된다. 따라서 참가인과 피참가인 중 한 사람의 소송행위는 모두의 이익을 위해서만 효력을 가진다(민사소송법 §67①). 한 사람의 소송행위가 다른 사람에게 불이익을 가져오는 경우에는 효력을 발생할 수 없

121 헌재 2010.10.28. 2008헌마408.

다. 그 결과 참가인은 피참가인의 행위에 어긋나는 행위도 할 수 있다. 한편 참가인과 피참가인 가운데 한 사람에 대한 상대방의 소송행위는 공동소송인 모두에게 효력이 미친다(같은 조 ②).

(2) 행정청의 심판참가

행정청이 헌법소원심판에 참가하는 경우에는 행정소송법 제17조가 준용된다. 헌법재판소가 다른 행정청을 헌법소원심판 절차에 참가시킬 필요가 있다고 인정할 때에는 그 행정청을 심판에 참가시킬 수 있다(행정소송법 §17①). 참가결정은 당사자 또는 당해 행정청의 신청 또는 직권에 의해서 한다. 헌법재판소는 행정청에 대한 참가결정을 하기 전에 당사자 및 당해 행정청의 의견을 들어야 한다(행정소송법 §17②). 심판에 참가한 행정청은 보조참가인으로서의 지위만을 가진다. 따라서 참가인은 심판에 관하여 공격·방어·이의 그 밖의 모든 소송행위(심판수행행위)를 할 수 있으나, 참가인의 소송행위가 피참가인의 소송행위에 어긋나는 경우 참가인의 소송행위는 효력이 없다(행정소송법 §17③; 민사소송법 §76①②).

Ⅳ. 심판의 대상

1. 신청주의의 원칙과 그 예외

원칙적으로 헌법재판소는 제청법원이나 헌법소원심판 청구인에 의하여 주장하는 범위 내에서 위헌여부를 심판하는 것이 원칙이다. 이러한 신청주의의 원칙은 사법작용에 일반적으로 적용되는 것이다. 따라서 위헌법률심판에서는 원칙적으로 제청법원에 의하여 위헌제청된 법률 또는 법률조항만을 심판의 대상으로 삼을 수 있고, 헌법소원심판에서 심판의 대상은 원칙적으로 청구인의 청구취지에 의해서 정해진다.[122] 다만, 우리 헌법재판소는 아래에서 보는 바와 같이 소용요건에 관한 직권주의를 적용하여 심판대상을 축소(제한)·확장·변경하는 등 신청주의의 다양한 예외를 인정하고 있다.

122 김유향, 전게서, 1489면.

2. 심판대상의 축소(제한)

일반 소송실무상 제청법원이나 헌법소원심판 청구인은 심판대상을 적절하게 제한하지 않고 당해 법률조항 전부 또는 심지어 법률 전부에 대하여 위헌심판제청이나 헌법소원심판청구를 하는 사례가 많다. 이 경우 헌법재판소는 직권으로 심판의 대상을 축소하고 그 축소한 대상에 대하여만 주문에서 판단하는 경우가 일반적이다.[123]

헌재판례) 구 먹는물관리법 제28조 제1항 위헌제청(1998. 12. 24. 98헌가1)
제청법원은 법 제28조 제1항 전부에 대하여 위헌제청을 하였으나, 이 조항은 먹는샘물제조업자와 먹는샘물수입판매업자에 관한 부분으로 나뉘는데, 제청신청인들은 모두 먹는샘물제조업자들이다. 따라서 이 사건 심판의 대상은 법 제28조 제1항 중 먹는샘물제조업자에 관한 부분(이하 "이 사건 법률조항"이라 한다)의 위헌여부이다.

3. 심판대상의 확장

(1) 헌법재판소법 제45조 단서의 적용에 의한 경우

헌법재판소법 제45조 단서는 "법률조항의 위헌결정으로 인하여 해당 법률 전부를 시행할 수 없다고 인정될 때에는 그 전부에 대하여 위헌의 결정을 할 수 있다"고 규정하고 있다. 따라서 헌재법 제45조 단서가 적용되어 심판대상이 된 법률조항이 위헌으로 결정되어 당해 법률 전부를 시행할 수 없다고 인정되는 경우에는 제청된 법률조항뿐만 아니라 법률 전부에 대하여 심판대상이 확장된다.[124]

헌재판례) 국가보위에관한특별조치법(1994. 6. 30. 92헌가18; 2015. 3. 26. 2014헌가5)
국가보위에관한특별조치법에 대하여는 헌법재판소가 결정이유에서 법률 전체에 대하여 위헌으로 판시하였는데, 이는 헌재법 제45조 단서를 적용한 것이 아니라 위 특조법 자체가 대통령에게 긴급명령, 긴급재정경제명령, 계엄선포권 이외에 헌법에 근거 없는 초헌법적 국가긴급권을 부여하고, 발동요건도 추상적이고 국회에 의한 사후 통제장치가 전무하다는 점에서 위헌으로 판시하였던 것이다. 다만, 이 판례의 주문에서는 개별규정인 특조법 제5조 제4항, 제9조 제1항에 관한 부분만 위헌으로 표시되었다.

123 이동흡, 전게서, 276-277면.
124 이동흡, 전게서, 281-282면.

(2) 동일 심사척도가 적용되는 경우

심판대상 법률조항 중 관련 재판에서 적용되지 않는 내용이 들어 있는 경우에도 제청법원이 단일 조문 전체를 위헌제청하고 그 조문 전체에 같은 심사척도가 적용될 심사대상인 경우에 그 조문 전체에 대하여 심판대상을 확장할 수 있다(2003. 6. 26. 2001헌가17).

헌재판례) 지방세법 제112조 제2항 전단 중 "고급저택" 부분 위헌제청(1999. 1. 28. 98헌가17)

지방세법(1994. 12. 22. 법률 제4794호로 개정되고, 1998. 12. 31. 법률 제5615호로 개정되기 전의 것) 제112조 제2항 전단 중 **'고급주택 부분'**과 동항 후단 중 **'고급주택에 관한 부분'**은 결국 "대통령령으로 정하는 고급주택"을 취득하거나 이를 구분하여 그 일부를 취득하는 경우에 통상의 취득세율의 100분의 750으로 중과세하도록 규정한 것인바, 고급주택이 무엇인지 하는 것은 취득세 중과세요건의 핵심적 내용을 이루는 **본질적이고도 중요한 사항**임에도 불구하고 그 기준과 범위를 구체적으로 확정하지도 않고, 그 최저기준을 (법률에) 설정하지도 않은 채 단순히 "대통령령으로 정하는 고급주택"이라고 불명확하고 포괄적으로 규정함으로써 실질적으로는 중과세 여부를 온전히 행정부의 재량과 자의에 맡긴 것일 뿐만 아니라, 입법목적, 지방세법의 체계나 다른 규정, 관련법규를 보더라도 고급주택의 기준과 범위를 예측해내기 어려우므로 이 조항은 조세법률주의, (의회유보원칙), 포괄위임입법금지원칙에 위배된다.

헌재판례) 보건복지부장관의 2002년도 최저생계비 고시[125](2004. 10. 28. 2002헌마328★★)

1. 적법요건 판단

가. 직접성

이 사건 고시는 보장법 제6조 제1항의 직접적인 위임에 따라 보건복지부장관이 최저생계비를 정한 것으로서 보장법과 결합하여 보장법상의 수급자에게 지급할 생계급여 액수를 결정한다는 점에서 직접 대외적 효력을 가지며**(법령보충적 행정규칙)**, 그 내용이 일의적이고 명백하여 보장법상 관할행정청의 수급자 선정 결정이 이루어지면 최저생계비에 따라 기계적으로 계산하는 과정을 거쳐 산정된 생계급여가 수급자에게 지급되는 기계적 내지 단순한 사실적 집행행위를 거칠 뿐이므로, 보장법상 생계급여 수급자인 청구인들에 대하여 그 자체에 의하여 직접적인 효력을 갖는다.

나. 자기관련성

청구인 이○열은 비록 장애인은 아니지만, 생활무능력자로서 장애인인 다른 청구인들과 함께 1가구를 형성하는 가구원의 자격으로 보장법상의 수급자로 선정되어 생계급여를 지급받고 있으므로,

125 보건복지부장관의 의견: 이 사건 고시는 그 자체로 국민에게 직접적인 효력을 미치는 것이 아니라 보건복지부장관의 현금급여기준 결정 및 수급자의 급여신청, 수급자 선정을 위한 소득·재산·부양의무자에 대한 조사, 수급자 선정, 급여 실시 등 일련의 집행행위를 매개로 하여 국민에게 효력을 미치는 것이므로, 이 사건 헌법소원심판청구는 기본권 침해의 직접성, 자기관련성, 현재성 요건을 흠결하여 부적법하다.

생계급여 결정의 기준이 되는 이 사건 고시와 법적으로 관련되어 있어 자기관련성을 갖추었다.
다. 보충성
이 사건 심판의 대상은 보건복지부장관 또는 그 산하 행정기관의 어떤 구체적인 처분 그 자체가 아니고, 보건복지부장관이 법령의 위임에 따라 정한 최저생계비 고시인데, 이러한 보건복지부장관의 고시에 대하여 처분성을 인정하여 행정소송법에 의한 행정소송 등 다른 권리구제절차를 허용할 수 있는지 여부가 객관적으로 불확실하므로, 이 사건은 보충성의 예외에 해당하는 것으로 보아 헌법소원대상성을 인정할 수 있다.
라. 권리보호이익
기본권의 침해를 받은 자가 그 구제를 받기 위한 헌법소원심판을 청구한 뒤 기본권 침해의 원인이 된 공권력의 행사가 취소되거나 새로운 공권력의 행사 등 사정변경으로 말미암아 기본권 침해행위가 배제되어 청구인이 더 이상 기본권을 침해받고 있지 아니하게 된 때에는 불분명한 헌법문제의 해명이나 침해반복의 위험 등을 이유로 한 심판의 이익이 있는 경우에는 예외적으로 권리보호의 이익이 있다고 할 것이다.
2. 본안판단
국가가 행하는 국민기초생활보장법상의 "생활능력 없는 장애인에 대한 최저생활보장을 위한 생계급여 지급"이 헌법이 요구하는 객관적인 최소한도의 내용을 실현하고 있는지의 여부는 국가가 인간다운 생활을 보장함에 필요한 최소한도의 조치를 취하였는가의 여부에 달려있다고 할 것인바, "인간다운 생활"이란 그 자체가 추상적이고 상대적인 개념으로서 그 나라의 문화의 발달, 역사적·사회적·경제적 여건에 따라 어느 정도는 달라질 수 있는 것이고, "최소한도의 조치" 역시 국민의 사회의식의 변화, 사회·경제적 상황의 변화에 따라 가변적인 것이므로, 국가가 인간다운 생활을 보장하기 위한 생계급여의 수준을 구체적으로 결정함에 있어서는 국민 전체의 소득수준과 생활수준, 국가의 재정규모와 정책, 국민 각 계층의 상충하는 갖가지 이해관계 등 복잡 다양한 요소를 함께 고려해야 하므로, 생활이 어려운 장애인의 최저생활보장의 구체적 수준을 결정하는 것은 입법부 또는 입법에 의하여 다시 위임을 받은 행정부 등 해당기관의 광범위한 재량에 맡겨져 있다고 보아야 한다. 그러므로 국가가 인간다운 생활을 보장하기 위한 헌법적 의무를 다하였는지의 여부가 사법적 심사의 대상이 된 경우에는, 국가가 최저생활보장에 관한 입법을 전혀 하지 아니하였다든가 그 내용이 현저히 불합리하여 헌법상 용인될 수 있는 재량의 범위를 명백히 일탈한 경우에 한하여 헌법에 위반된다.

(3) 체계적으로 밀접불가분인 경우(가장 폭넓게 사용되는 논거★)

헌법재판소는 재판의 전제성이 있는 부분과 체계적으로 밀접한 관련이 있는 부분에 대하여도 심판대상을 확장하고 있다. 즉, 위헌인 법률조항이 나머지 법률조항과 극히 밀접한 관계에 있어서 전체적·종합적으로 양자가 분리될 수 없는 일체를 형성하고 있기 때문에 위헌인 법률조항만을 위헌선언하게 되면 전체 규정의 의미와 정당성이 상실되는 때에는 심판대상이 확장된다.

헌재판례) 수권법률과 하위명령의 관계(2012. 8. 23. 2010헌마328)
이 사건 공무원연금법 제23조 제3항은 수권조항으로서 하위법령인 공무원연금법 시행령 제16조의2와 서로 불가분의 관계를 이루면서 전체적으로 하나의 규율 내용을 형성하고 있는 경우라고 할 수 있어, 수권조항과 시행령조항 모두에 대해 기본권 침해의 직접성을 인정할 수 있다 할 것이므로, 공무원연금법 제23조 제3항에 대한 심판청구는 직접성 요건을 충족한다.

헌재판례) 형법 제241조 제1항 간통죄 조항과 제2항 친고죄 조항의 관계(2015. 2. 26. 2009헌바17 등)
제청법원은 형법 제241조 제1항에 대하여만 헌법소원심판청구 또는 위헌법률심판제청을 하였다. 그러나 형법 제241조 제2항은 간통죄가 친고죄라는 사실 및 배우자가 간통을 종용하거나 유서한 때에는 고소할 수 없다는 규정이므로 형법 제241조 제1항과 불가분의 일체를 이루고 있다. 따라서 이 사건 심판대상은 형법(1953. 9. 18. 법률 제293호로 제정된 것) 제241조 전체가 헌법에 위반되는지 여부이다.

헌재판례) 시도의원 지역선거구구역표와 공선법 제22조 제1항의 관계(2007. 3. 29. 2005헌마985)
2005헌마985 사건 및 2006헌마11 사건의 청구인들은 공직선거법 제26조에 의한 이 사건 선거구구역표 중 각 해당 부분의 위헌확인을 구하고 있을 뿐 법 제22조 제1항을 별도의 심판대상으로 삼고 있지는 않다. 그러나 법 제22조 제1항은 시·도의회 의원정수를 정하고 있는 법률조항으로서 시·도의회의원 지역선거구 획정 및 그 결과물인 이 사건 선거구구역표의 전제가 되므로 이들은 체계적으로 밀접하게 연관되어 있다. 따라서 이 사건 선거구구역표 중 해당 부분뿐만 아니라 법 제22조 제1항도 함께 심판대상으로 삼아서 한꺼번에 그 위헌 여부를 판단하는 것이 법질서의 통일성과 소송경제의 측면에서 바람직하므로 이를 이 사건 심판대상에 포함시키기로 한다. 각 시·도에 해당하는 선거구구역표는 전체가 불가분의 일체를 이루는 것으로서 어느 한 부분에 위헌적인 요소가 있다면 각 시·도에 해당하는 선거구구역표 전체가 위헌의 하자를 띠는 것이라고 보아야 할 뿐만 아니라, 제소된 당해 선거구에 대하여만 인구과다를 이유로 위헌선언을 할 경우에는 헌법소원의 제소기간의 적용 때문에 제소된 당해 선거구보다 인구의 불균형이 더 심한 선거구의 선거구획정이 그대로 효력을 유지하게 되는 불공평한 결과를 초래할 수도 있으므로, 일부 선거구의 선거구획정에 위헌성이 있다면 각 시·도에 해당하는 선거구구역표 전부에 관하여 위헌선언을 하는 것이 타당하다 할 것이어서, 선거구구역표 중 경기도의회의원 지역선거구들 부분과 전라북도의회의원 지역선거구 부분 전체에 대하여 위헌선언을 하는 것이 상당하다.

(4) 개정법률 등 유사법률조항에 대한 확장의 문제

법원의 위헌제청은 개정 전 법률조항에 대하여 이루어졌지만 심판 계속 중 위헌제청 관련 개정법률 또는 다른 유사법률에도 마찬가지의 위헌성이 있는 경우 이에 대하여 헌법재판소가 심판대상을 확장할 수 있는지가 문제될 수 있다.

(가) 유사법률조항에 대한 확장 여부

먼저, 헌법재판소는 유사법률조항에 대한 심판대상 확장에는 아래 판례에서와 같이 부정적 입장이라고 볼 수 있다.[126]

헌재판례) 교육기본법 제8조 제1항 단서위헌제청(2001. 4. 26. 2000헌가1)
법률이 재판의 전제가 되는 요건을 갖추고 있는지의 여부는 제청법원의 견해를 존중하는 것이 원칙이나, 재판의 전제와 관련된 법률적 견해가 명백히 유지될 수 없는 것으로 보이면 헌법재판소가 직권으로 조사할 수 있다. 살피건대, 동법은 1997. 12. 13. 법률 제5437호로 제정되어 1998. 3. 1.부터 시행되었으며, 이로써 교육법은 폐지되었다. 그런데 제청신청인의 자녀는 1995. 3. 1.부터 1998. 2.경까지 중학교에 재학하면서 수업료를 납부하였다는 것인바, 제청신청인이 당해 사건에서 반환을 구하는 부당이득금의 원인이 된 것은 수업료 징수행위인데, 그 수업료 징수의 근거가 된 것은 이 사건 법률조항이 아니라 제청신청인의 자녀가 중학교에 재학중일 당시 시행되던 구 교육법 제8조의2이다. 따라서 이 사건 법률조항은 당해 사건 재판에 적용될 법률이 아니며, 그 위헌 여부는 당해 사건의 재판과 아무런 관련이 없으므로 재판의 전제성 요건을 흠결한 것임이 분명하다.

(나) 개정법률조항에 대한 확장 여부

그러나 헌법재판소는 구법 조항이 문제되었으나 새로 개정된 법률조항에서 문제가 된 구법의 내용이 동일하게 규정되어 있는 경우 개정법률조항에 대해 심판대상을 확장하고 있다.

헌재판례) 태아의 성별고지 금지(2008. 7. 31. 2004헌마1010 등)
2007. 4. 11. 국회는 위 의료법을 법률 제8366호로 전부 개정하였는바, 구 의료법 19조의2 제2항은 일부 문언의 변경에도 불구하고 그 실질적 내용에는 변함이 없이 개정 의료법 제20조 제2항으로 조문의 위치가 변경되어 현재에 이르고 있다. 따라서 현행 의료법 제20조 제2항은 그 위헌 여부에 관하여 구 의료법 제19조의2 제2항과 결론을 같이할 것이 명백하다 할 것이므로 현행 의료법 제20조 제2항도 이 사건 심판대상에 포함시키기로 한다(헌재 2007. 7. 26. 2003헌마377 참조).

126 이동흡, 전게서, 290면.

4. 심판대상의 변경

헌법재판소는 청구인들의 심판청구이유, 법원에서의 위헌여부심판제청신청사건의 경과, 당해 사건 재판과의 관련성 정도, 이해관계기관의 의견 등 여러 가지 사정을 종합하여 직권으로 심판의 대상을 변경할 수 있다.[127]

> **헌재판례) 도시계획법 제6조 위헌소원(1999. 10. 21. 97헌바26)**
>
> 청구인들이 다투고자 하는 것은, 도시계획시설결정으로 말미암아 발생하는 토지재산권의 제한에 대하여 법이 아무런 보상규정을 두고 있지 않다는 것이다. 따라서 청구인들의 재산권을 제한하는 규정이자 청구취지에 부합하는 심판대상은, 법 제6조가 아니라 도시계획이 시행되는 구역 내의 토지소유자들에게 시장이나 군수의 허가를 받지 아니하고는 원칙적으로 토지의 형질변경이나 건축 등을 금지하면서도 이러한 재산권 행사의 제한에 대하여 아무런 보상규정을 두고 있지 않은 법 제4조의 규정이라고 할 것이다.

V. 심 리

> **헌법재판소법**
>
> **제23조(심판정족수)** ① 재판부는 재판관 7명 이상의 출석으로 사건을 심리한다.
>
> **제30조(심리의 방식)** ① 탄핵의 심판, 정당해산의 심판 및 권한쟁의의 심판은 구두변론에 의한다.
>
> ② 위헌법률의 심판과 헌법소원에 관한 심판은 서면심리에 의한다. 다만, 재판부는 필요하다고 인정하는 경우에는 변론을 열어 당사자, 이해관계인, 그 밖의 참고인의 진술을 들을 수 있다.
>
> ③ 재판부가 변론을 열 때에는 기일을 정하여 당사자와 관계인을 소환하여야 한다.
>
> **제32조(자료제출 요구 등)** 재판부는 결정으로 다른 국가기관 또는 공공단체의 기관에 심판에 필요한 사실을 조회하거나, 기록의 송부나 자료의 제출을 요구할 수 있다. 다만, 재판·소추 또는 범죄수사가 진행 중인 사건의 기록에 대하여는 송부를 요구할 수 없다.
>
> **제33조(심판의 장소)** 심판의 변론과 종국결정의 선고는 심판정에서 한다. 다만, 헌법재판소장이 필요하다고 인정하는 경우에는 심판정 외의 장소에서 변론 또는 종국결정의 선고를 할 수 있다.
>
> **제34조(심판의 공개)** ① 심판의 변론과 결정의 선고는 공개한다. 다만, 서면심리와 평의(評議)는 공개하지 아니한다.
>
> **제37조(심판비용 등)** ① 헌법재판소의 심판비용은 국가부담으로 한다. 다만, 당사자의 신청에 의한 증거조사의 비용은 헌법재판소규칙으로 정하는 바에 따라 그 신청인에게 부담시킬 수 있다.
>
> **제38조(심판기간)** 헌법재판소는 심판사건을 접수한 날부터 180일 이내에 종국결정의 선고를 하

127 이동흡, 전게서, 291-292면.

여야 한다. 다만, 재판관의 궐위로 7명의 출석이 불가능한 경우에는 그 궐위된 기간은 심판기간에 산입하지 아니한다.

제39조(일사부재리) 헌법재판소는 이미 심판을 거친 동일한 사건에 대하여는 다시 심판할 수 없다.

1. 심리의 방식

전원재판부는 재판관 7인 이상의 출석으로 사건을 심리한다(헌재법 제23조 제1항). 헌재법 제30조에 의하면 탄핵심판·정당해산심판·권한쟁의심판은 구두변론에 의할 뿐 서면심리로 대체할 수 있는 예외는 없다. 그러나 위헌법률심판과 헌법소원심판은 서면심리를 원칙으로 하되, 재판부가 필요하다고 인정하는 경우에는 구두변론에 의할 수 있다. 위헌법률심판과 헌법소원심판은 그 사건이 많으므로 재판부의 업무부담을 고려하여 서면심리를 원칙으로 한 것으로 보인다. 헌법재판소는 사회적으로 중요한 위헌법률 심판사건과 헌법소원 심판사건에서도 직권으로 구술변론을 열기도 한다.

2. 심판기간

헌법재판소는 원칙적으로 심판사건을 접수한 날로부터 180일 이내에 종국결정의 선고를 하여야 한다. 다만 재판관의 궐위로 말미암아 7인의 출석이 불가능한 때에는, 그 궐위된 기간은 심판기간에 이를 산입하지 아니한다(헌재법 제38조). 그러나 위 심판기간 규정의 법적 성격에 관하여 헌법재판 실무상 강행규정으로 보지 않고, 훈시규정으로 취급하고 있다(2009. 7. 30. 2007헌마732). 살피건대, 적어도 입법자는 이 조항을 훈시규정이라 보지 아니하였다고 봄이 상당하다. 법은 재판관의 궐위가 있는 경우나 보정명령이 있는 경우에 심판기간이 어떻게 될 것인가에 관하여 상세히 규정을 하고 있다. 이것은 법 제38조가 훈시규정에 불과한 것이라 보지 아니한 자료가 된다.

3. 심판비용

헌법재판의 심판비용은 국가부담을 원칙으로 한다(헌재법 제37조 제1항). 따라서 청구서나 준비서면 등에 인지를 첩부하지 않는다. 다만 헌법재판소는 당사자의 신청에 의한 증거조사의 비용은 헌법재판소규칙이 정하는 바에 따라 신청인에게 부담시킬 수 있다(제37조 제1항 단서). 또한 헌법재판소는 헌법소원심판의 청구인에 대하여 헌법재판소규칙으로 정하는 공탁금의 납부를 명할 수 있다(제37조 제2항). 헌법소원의 심판청구를 각하하는 경우, 헌법소원의 심판청구를 기각하는 경우에 그 심판청구가 권리의 남용이라고 인정되는 경우에는 헌법재판소규칙으로 정하는 바에 따라 공탁금의 전부 또는 일부의 국고 귀속을 명할 수 있다(법 제37조 제3항). 이 공탁금 조항은 헌법소원의 남용에 대처하는 유효한 방법이라 할 것이나, 공탁금에 관한 헌법재판소규칙은 아직 제정되어 있지 아니하다. 헌재는 "국가가 부담하는 심판비용에는 재판수수료와 헌법재판소가 심판 등을 위하여 지출하는 비용인 재판비용만 포함되고, 변호사강제주의에 따른 변호사보수 등의 당사자비용은 포함되지 아니하고, 당사자비용을 제외한 심판비용을 국가가 모두 부담하는 헌법소원심판절차에서 청구인이 승소하였는지 아니면 패소하였는지를 구분하지 않고 승소자의 당사자비용을 그 상대방인 패소자에게 반드시 부담시켜야만 하는 민사소송법과 행정소송법의 소송비용에 관한 규정들을 준용하는 것은 헌법재판의 성질에 반한다."라고 판시하였다.[128]

4. 심판별 사건부호

- 헌가: 위헌법률심판사건
- 헌나: 탄핵심판사건
- 헌다: 정당해산심판사건
- 헌라: 권한쟁의심판사건
- 헌마: 헌재법 제68조 제1항에 의한 헌법소원심판사건(권리구제형 헌법소원)
- 헌바: 헌재법 제68조 제2항에 의한 헌법소원심판사건(위헌심사형 헌법소원)
- 헌사: 각종 신청사건(국선대리인선임신청, 가처분신청, 기피신청 등)
- 헌아: 각종 특별사건 등(재심 등)

128 헌재 2015. 5. 28. 2012헌사496.

5. 일사부재리 원칙(★)

헌법재판소는 이미 심판을 거친 동일한 사건에 대하여는 다시 심판할 수 없다(헌재법 제39조). 그런데 여기에서 '동일한 사건'이란 ① 동일 청구인이 ② 동일한 심판유형에서 ③ 동일 심판대상에 대하여 다투는 경우를 전제로 한다. 따라서 심판대상이 동일한 법률 조항이라 하더라도 심판유형이 다르거나(예컨대 하나는 헌재법 제68조 제1항 헌법소원심판사건이고, 다른 하나는 제41조 내지 제68조 2항 위헌법률심판사건인 경우), 청구인이 다른 경우에는 '동일한 사건'이 아니다. 또한 청구인과 심판유형, 심판대상이 동일하더라도 재판의 전제가 되는 당해 사건이 같지 않다면 일사부재리 원칙에 위배되지 않는다.[129]

헌재판례) 공직선거법 제56조 제1항 제2호 등 위헌확인(2021. 6. 24. 2018헌마1103)

청구인들은 제20대 국회의원선거를 앞두고 심판대상조항에 대하여 헌재법 제68조 제1항 법령헌법소원심판을 청구하여 기각 결정을 받은 바 있음에도, 새로 실시될 예정인 국회의원선거에 다시 후보자를 추천하거나 입후보할 예정이라는 이유로, 종전 결정 이후 불과 2년 만에 또다시 종전 사건과 당사자, 심판대상인 법령 조항, 헌법적 쟁점이 동일한 이 사건 심판청구를 하였다. 청구인들은 단지 새로 실시될 예정인 국회의원선거에 다시 후보자를 추천하거나 입후보할 예정이라는 이유를 들어 종전 사건과 동일한 법령 조항에 대하여 동일한 헌법적 쟁점으로 이 사건 헌법소원심판을 청구하였으므로, 이미 심판을 거친 동일한 사건에 대하여 다시 심판을 구한 경우에 해당한다. 따라서, 이 사건 심판청구는 헌법재판소법 제39조의 일사부재리원칙에 위배되어 부적법하다.

헌재판례) 청구기간 도과 이유로 각하결정 후 심판청구(2007. 10. 25. 2006헌마904)

어떠한 공권력 행사에 대하여 제기된 헌법소원심판청구가 청구기간 도과를 이유로 각하되었다고 하더라도, 헌법소원의 청구기간을 제한하고 있는 이 사건 심판대상법률 조항인 헌재법 69조 1항 법률조항이 위헌이라고 결정되면, 헌법소원에 대한 청구기간의 제한이 해소되어 청구인은 청구기간의 제한을 받음이 없이 당해 공권력 행사에 대한 헌법소원을 다시 제기할 수 있다고 할 것이며, 헌법재판소법 제39조의 일사부재리에 저촉된다고 볼 수도 없다. 따라서 공권력의 행사에 대하여 제기한 헌법소원심판청구가 청구기간 도과를 이유로 각하된 경우 그 청구인은 헌법소원심판의 청구기간을 제한하고 있는 법률조항에 대하여 헌법소원을 제기할 법률상의 이익이 있다.

---

129 전게 헌법재판실무제요, 358면; 이동흡, 전게서, 655~657면.

헌재판례) 청구기간 위헌확인 사건에서 청구기간 도과(2013. 2. 28. 2011헌마666)

이 사건 심판청구는 심판대상조항으로 인하여 기본권 침해의 사유가 발생하였음을 알게 된 날부터 90일이 지났음이 명백한 시점에 제기되었으므로 적법한 청구기간이 지난 후 제기된 것이다. 심판대상조항의 위헌확인을 구하는 헌법소원심판이 제기되었다는 이유만으로 그 조항의 효력이 자동적으로 정지된다거나 헌법재판소가 심판대상조항을 적용할 수 없게 되는 것은 아닐 뿐만 아니라 심판대상 조항에 대해서는 그동안 3차례에 걸쳐 합헌 결정이 있었다. 청구기간을 제한하고 있는 심판대상조항의 위헌확인을 구하고 있다는 이유만으로, 명백하게 청구기간이 지난 후에 제기된 헌법소원심판청구를 각하하지 않고 본안판단으로 나아가는 것은 허용될 수 없다.

헌재판례) 청구기간 도과를 이유로 각하된 사건에 대해 상고심에서 다시 위헌법률심판제청을 한 경우(2021. 6. 24. 2018헌마1103)

헌법재판소법 제68조 제2항은 법률의 위헌여부심판의 제청신청이 기각된 때에는 그 신청당사자는 헌법재판소에 헌법소원심판을 청구할 수 있으나, 이 경우 당사자는 당해 사건의 소송절차에서 동일한 사유를 이유로 다시 위헌법률심판 제청을 신청할 수 없다고 규정하고 있는바, 이때 당해 사건의 소송절차란 당해 사건의 상소심 소송절차를 포함한다(헌재 2007. 7. 26. 2006헌바40). 청구인은 항소심에서 제1심판대상조항에 대하여 위헌법률심판제청을 신청하였으나 위 신청은 2018. 8. 21. 기각되었다(서울고등법원 2018초기342). 이에 청구인은 2018. 9. 28. 위 조항에 대하여 헌법소원심판을 청구하였으나, 헌법재판소는 2018. 10. 11. 청구기간 도과를 이유로 각하결정을 하였다(2018헌바390). 그럼에도 청구인은 상고심에 이르러 다시 같은 주장을 하며 제1심판대상조항에 대하여 위헌법률심판제청신청을 하였고, 그 신청이 기각되자(대법원 2018초기975) 다시 이 사건 헌법소원심판을 청구하였다. 그렇다면 제1심판대상 조항에 대한 청구는 헌법재판소법 제68조 제2항 후문에 위배되어 부적법하다.

6. 주장책임과 입증책임

헌법재판에서도 일반 민사재판와 마찬가지로 주장책임과 입증책임이 적용이 되므로 헌법재판을 청구한 당사자인 청구인은 청구의 대상을 특정하고, 이유를 제시해야 한다(법 제43조 제3호, 제4호, 제71조 제1항). 위헌이라고 해석된다는 점을 뒷받침할 구체적인 '법률이 위헌이라고 해석되는 이유'가 전혀 기재되어 있지 않다면 부적법하다.[130] 한편, 헌법재판에 있어서 사실의 확정이 문제되는 경우는 그렇게 많지는 않다. 물론, 탄핵심판이나 권한쟁의심판에서는 사실이 다투어질 여지가 있으

130 헌재 2003. 12. 18. 2002헌바91; 헌재 2010. 2. 25. 2007헌바131 등.

나, 그 사례가 많지는 아니하다. 어쨌든, 청구인은 주장의 기초가 되는 구체적 사실에 대해서는 입증할 책임을 진다.[131]

헌재판례) 1992. 4. 14. 90헌마145

청구인은 1990. 8.말경 남부지청에 종결된 수사기록의 열람·복사신청을 구두로 하였으나 거부당하였다고 주장함에 대하여, 서울지방검찰청 남부지청장은 청구인으로부터 1990. 8.말경 남부지청에서 수사기록의 열람 및 복사신청에 관한 구두민원을 접수한 사실이 없다고 다투고 있는바, 당 재판소의 이 주장사실 입증촉구에 대하여 청구인 측은 그 입증자료를 제시하지 못하고 있으므로 결국 열람복사거부라는 공권력적인 처분이 있었음을 인정할 수 없고 그 존재를 전제로 한 심판청구는 더 나아가 판단할 여지도 없다.

7. 직권주의

헌법재판은 원칙적으로 직권심리주의를 취하므로 직권으로 심판대상 및 피청구인을 확정, 다른 쟁점도 판단 가능하며, 이는 헌법재판이 가지는 객관적 헌법질서의 수호유지를 위한 객관소송으로서의 성격에서 비롯된다. 한편, 헌법재판에서 신청주의 내지 처분권주가 적용되는지에 대해서는 논란이 있는데 탄핵심판, 정당해산심판의 경우(주관소송 vs. 객관소송) 및 헌법소원심판,[132] 권한쟁의심판[133]에 대해 청구의 취하를 인정한 예에서 일부 인정이 된다고 보는 것이 정론이다.

헌재판례) 1995. 12. 14. 95헌마221

헌법재판소법 제40조는 제1항에서 "헌법재판소의 심판절차에 관하여는 이 법에 특별한 규정이 있는 경우를 제외하고는 민사소송에 관한 법령의 규정을 준용한다. 이 경우 탄핵심판의 경우에는 형사소송에 관한 법령을, 권한쟁의심판 및 헌법소원심판의 경우에는 행정소송법을 함께 준용한다"고 규정하고, 제2항에서 "제1항 후단의 경우에 형사소송에 관한 법령 또는 행정소송법이 민사소송에 관한 법령과 저촉될 때에는 민사소송에 관한 법령은 준용하지 아니한다"고 규정하고 있는바, 헌법재판소법이나 행정소송법에 헌법소원심판청구의 취하와 이에 대한 피청구인의 동의나 그 효력에 관하여 특별한 규정이 없으므로, 소의 취하에 관한 민사소송법 제239조는 검사가 한 불기소처분

131 전게 헌법재판실무제요, 452면.
132 헌재 1995. 12. 14. 95헌마221 등.
133 헌재 2001. 5. 8. 2000헌라1.

의 취소를 구하는 헌법소원심판절차에 준용된다고 보아야 한다. 기록에 의하면 청구인들이 1995. 11. 29. 서면으로 이 사건 헌법소원심판청구를 모두 취하하였고, 이미 본안에 관한 답변서를 제출한 피청구인에게 취하의 서면이 그날 송달되었는바, 피청구인이 그날로부터 2주일 내에 이의를 하지 아니하였음이 분명하므로, 민사소송법 제239조에 따라 피청구인이 청구인들의 심판청구의 취하에 동의한 것으로 본다. 그렇다면 이 사건 헌법소원심판절차는 청구인들의 심판청구의 취하로 1995. 12. 14. 종료되었음이 명백하므로, 헌법재판소로서는 이 사건 헌법소원심판청구가 적법한 것인지 여부와 이유가 있는 것인지 여부에 대하여 판단할 수 없게 되었다.[134]

헌재판례) 2002. 8. 29. 2000헌가5

헌법재판소법 제41조에 의한 위헌법률심판절차와 법 제68조에 의한 헌법소원심판절차에서 심판대상인 법률의 위헌성을 판단하는 경우, 위헌제청신청인이나 청구인이 주장한 기본권의 침해 여부에 관한 심사에 한정하지 아니하고 모든 헌법적 관점에서 심판대상인 법률조항이 헌법에 부합하는가를 심사해야 한다.

8. 구두변론

헌법재판 중 국가기관의 법적 지위 등에 중대한 영향을 미치는 탄핵심판, 정당해산심판, 권한쟁의심판은 구두변론을 열어야 한다(법 제30조 제1항). 그 밖에 일반 국민이 청구인이며 헌법재판 사건의 절대 다수를 차지하는 위헌법률심판, 헌법소원심판에서는 서면심리가 원칙이며, 재판부가 사회적으로 파장이 큰 사건으로 필요하다고 인정하는 경우에만 구두변론을 실시한다.

9. 심판기간

헌법재판소는 심판사건을 접수한 날부터 180일 이내에 종국결정의 선고를 하여야 한다(법 제38조 본문). 다만, 재판관의 궐위로 7명의 출석이 불가능한 경우에는 그 궐위된 기간은 심판기간에 산입하지 아니하고(법 제38조 단서), 보정명령이 있을 경우 그 보정기간은 위 심판기간에 산입되지 아니한다(법 제28조 제4항). 이것은 지정재판부의 심리에 준용된다(법 제72조 제5항). 심판기간의 성격에 관하여, 헌재는 훈

134 이에 대하여, 객관소송의 측면을 강조하여 판단을 하여야 한다는 4인 재판관의 반대의견이 있다.

시규정이라 본다.[135] 생각건대, 적어도 입법자의 입법의도는 이 조항을 훈시규정이라 보지 아니하였다고 봄이 상당하다. 법은 재판관의 궐위가 있는 경우나 보정명령이 있는 경우에 심판기간이 어떻게 될 것인가에 관하여 상세히 규정을 하고 있는데 이것은 법 제38조가 훈시규정에 불과한 것이라 보지 아니한 주요 논거이다.

헌재판례) 2009. 7. 30. 2007헌마732[헌재법 제38조의 위헌 여부]

헌법재판이 국가작용 및 사회 전반에 미치는 파급효과 등의 중대성에 비추어 볼 때, 180일의 심판기간은 개별사건의 특수성 및 현실적인 제반여건을 불문하고 모든 사건에 있어서 공정하고 적정한 헌법재판을 하는 데 충분한 기간이라고는 볼 수 없고, 심판기간 경과 시의 제재 등 특별한 법률효과의 부여를 통하여 심판기간의 준수를 강제하는 규정을 두지 아니하므로, 위 조항은 훈시적 규정이다. 신속한 재판을 구현하는 심판기간은 구체적 사건의 개별적 특수성에 따라 달라질 수밖에 없는 것이므로, 종국결정을 하기까지의 심판기간의 일수를 획일적으로 한정하는 것이 신속한 재판을 받을 권리의 내용을 이룬다거나, 심판기간의 일수를 한정한 다음 이를 반드시 준수하도록 강제하는 것이 신속한 재판을 받을 권리의 실현을 위해 필수적인 제도라고 볼 수는 없다. 모든 헌법재판에 대하여 일정한 기간 내에 반드시 종국결정을 내리도록 일률적으로 강제하는 것은 오히려 공정하고 적정한 재판을 받을 권리를 침해할 수 있기 때문이다. 헌법재판의 심판기간을 180일로 하여 종국결정을 선고해야 할 지침을 제시한 것은 구체적 사건의 공정하고 적정한 재판에 필요한 기간을 넘어 부당하게 종국결정의 선고를 지연하는 것을 허용하는 취지는 아니다. 따라서 헌법 제27조 제3항이 보장하는 '신속한 재판'의 의미와 심판대상조항의 취지 및 효과 등을 종합하여 보면, 위 조항이 헌법상 '신속한 재판을 받을 권리'를 침해하는 것이라고는 볼 수 없다.

반대의견(재판관 조대현)

180일의 심판기간을 지키기 어렵고 제재규정이 없다는 이유로 이를 훈시규정이라고 해석하는 것은 문리해석의 한계를 넘으며, 헌법재판의 신속성을 도모하고자 하는 국회의 입법결정을 무시할 뿐만 아니라 '신속한 헌법재판을 받을 권리'를 보장하여야 하는 의무를 저버리게 될 우려가 있다. 개별사건의 특수성에 따른 심판기간의 장단을 고려하지 않고 일률적으로 강제하는 것은 헌법이 부여한 헌법재판권한을 지나치게 제약할 뿐만 아니라 헌법재판의 적정성을 저해하여 헌법재판을 받을 권리를 침해할 가능성이 있다. 위 조항은 헌법재판소가 헌법이 부여한 사명을 제대로 담당할 수 없을 정도로 헌법재판소의 심판권을 지나치게 제약하는 것이어서 헌법에 합치되지 아니한다고 선언하고, 사건 특성에 맞추어 신축적으로 신속한 재판을 도모할 수 있도록 개선하는 입법을 촉구함이 상당하다.

---

135 헌재 2009. 7. 30. 2007헌마732.

반대의견(재판관 김종대)
위 조항은 문언상 명백한 의무규정이다. 헌법재판에서 심판사건의 난이성·다양성·비정형성·복잡성 등에 비추어 180일의 심판기간 내에 모든 사건을 처리하라는 것은 헌법재판이 이루어지는 실정을 고려할 때 사실상 불가능한 것이다. 그런데도 불구하고, 심판대상 조항은 예외 없이 '심판기간준수'에 대해 기대 불가능한 것을 요구하고 있는 것이므로 심판대상조항은 현저하게 합리성을 결여했다고 할 것이다. 또한 충실한 문리적 해석에 입각하여 헌법재판소에게 심판기간준수의 의무를 관철시킨다면, 심판대상조항은 심판기간준수에 대한 법익만을 강조한 나머지, 공정한 재판을 받을 권리, 적법절차에 따른 적정한 재판을 받을 권리를 과도하게 침해하는 결과가 된다. 따라서 헌법재판에 계류되는 개개사건의 성격 내지 본질을 고려하지 않고 모든 사건의 처리기한을 일률적으로 180일로 강제하고 있는 위 조항은 위헌이다.

Ⅵ. 평 의

1. 의 의

헌법재판소에 청구된 사건을 평의에 회부하고자 하는 주심재판관은 관련 사건에 관한 평의요청서를 작성하고 그에 검토보고서를 첨부하여 각 재판관에게 배포한다. 평의에서는 먼저 주심재판관이 사건에 대한 검토내용을 요약하여 발표하고 평의를 진행한 후, 최종적으로 표결하는 '평결'을 하게 된다.[136]

2. 평의의 비공개원칙

헌법재판소법 제34조 제1항은 "심판의 변론과 결정의 선고는 공개한다. 다만, 서면심리와 평의는 공개하지 아니한다"고 하여 평의는 비공개로 한다.

3. 평의에서의 평결방식

(1) 쟁점별 평결방식과 주문별 평결방식

평결방식에는 "쟁점별 평결방식(순차표결방식)"과 "주문별 평결방식(동시표결방식)"이 있다. 쟁점별 평결방식이란 적법요건사항과 본안사항을 분리하여 순차적으로 별도로 평결하여 최종적 결정주문(예를 들어 적법의견 7인+각하의견 2인 / 인용의견

136 전게 헌법재판실무제요, 70면.

6인+기각의견 3인)을 내는 방식이고, 주문별 평결방식이란 결론에 초점을 맞추어 적법요건사항과 본안사항을 통합하여 일괄적으로 평결하여 최종적 결정주문(예를 들어 각하의견 2인+인용의견 6인+기각의견 1인)을 내는 방식을 말한다. 주문별 평결방식에서는 본안 전 요건을 갖추지 못하여 부적법 각하하여야 한다는 의견을 낸 재판관은 본안판단에 참여하지 아니한다.[137] 평결의 정확성 관점에서는 쟁점별 평결방식이 보다 합리적이라는 견해가 다수이다.[138]

(2) 헌법재판소의 판례

1994. 6. 30. 92헌바23결정에서 위헌의견을 낸 재판관 5인의 다수의견은 "대판관 5인이 재판의 전제성을 인정하였다면 이 사건 헌법소원은 일응 적법하다고 할 것이고, 이 사건 헌법소원이 적법한 이상 재판의 전제성을 부인하는 재판관 4인도 본안결정에 참여하는 것이 마땅하다"는 의견을 제시했는데, 이에 대하여 각하의견을 낸 4인의 소수의견은 "우리재판소는 발족 이래 오늘에 이르기까지 예외 없이 주문합의제를 취해왔으므로 유독 이 사건에서 주문합의제를 쟁점별 합의제로 변경하여야 한다는 이유를 이해할 수 없다"고 하였다. 이 사건에서는 쟁점별 평결방식을 취해야 한다는 의견이 다수이었으나, 소수의견이 각하의견만 내었을 뿐 본안에 대하여 아무런 의견을 표시하지 아니하여 결국 합헌으로 결정되기에 이르렀다. 이후 우리 헌법재판소는 주문별 평결방식을 채택하여 본안 전 요건을 갖추지 못하여 부적법 각하하여야 한다는 의견을 낸 재판관은 본안판단에는 참여하지 않고 있다.[139]

4. 여러 의견이 대립되는 경우의 주문결정

개별 헌법재판 사건에서 재판관 9인의 평의의 결과 의견이 예컨대 전부위헌 2인, 헌법불합치 2인, 한정합헌 2인, 합헌 3인 등으로 나누어진 경우에 그 주문은 어떤

137 전게 헌법재판실무제요, 71면.

138 김하열, 전게서, 211면; 허영, 전게서, 159면; 성낙인, 전게서, 122면.

139 이동흡, 전게서, 101면.

것이 되어야 하는지의 문제가 발생한다. 어느 견해도 그 자체로서는 주문정족수에 이르지 못하는 경우에 명문규정은 없지만, 헌법재판소법 제40조 제1항에 따라 법원조직법 제66조 제2항 '합의에 관한 규정'을 준용하여 신청인에게 가장 유리한 견해를 가진 수에 순차로, 그다음으로 유리한 견해를 가진 수를 더하여 과반수에 이르게 된 때의 견해를 그 합의체의 견해로 할 수 있을 것이다. 다만 위헌(헌법불합치·한정위헌·한정합헌 포함)결정 등은 재판관 6인에 이르러야 한다. 그러므로 위 예의 경우 신청인에게 가장 유리한 견해인 전부위헌의 견해를 가진 수(2인)에 순차로 유리한 견해의 수(헌법불합치 2인, 한정합헌 2인)을 더하여 '6인'에 이르게 된 때의 견해인 "한정합헌"의 견해에 따라 주문이 결정되어야 하는 결과가 된다.[140]

헌법재판소 주문결정(청구인에게 유리한 선고 효력이 센 것에서 약한 순서로)[141]

	의견분포	결정주문
1	단순합헌의견 3인, 한정합헌의견 5인, 전부위헌의견 1인(1992. 2. 25. 89헌가104)	한정합헌결정
2	단순위헌의견 5인, 헌법불합치의견 2인, 합헌의견 2인(1997. 7. 16. 95헌가6등)	헌법불합치결정
3	각하의견 3인, 기각의견 3인, 인용의견 3인(1997. 7. 16. 96헌라2)	기각결정
4	각하의견 4인, 인용의견 5인(2000. 2. 24. 97헌마13등)	기각결정
5	각하의견 4인, 위헌의견 5인(1994. 6. 30. 92헌바23)	합헌결정
6	한정위헌의견 5인, 헌법불합치의견 1인, 합헌의견 3인(2002. 8. 29. 2000헌가5)	한정위헌결정
7	단순위헌의견 1인, 일부위헌의견 1인, 적용중지 헌법불합치의견 2인, 잠정적용 헌법불합치의견 5인(2007. 5. 31. 2005헌마1139)	잠정적용 헌법불합치결정

140 김유향, 전게서, 1499면; 전게 헌법재판실무제요, 72면 이하.

141 판단방법

먼저, 각하할 수 있는가를 검토한다. 즉, 각하 의견을 제시한 재판관이 평의에 참가한 재판관의 과반수이면 각하 결정을 한다. 각하 결정을 위한 정족수에 이르지 못했으면 본안으로 나아가야 한다. 위헌법률심판, 탄핵심판, 정당해산심판, 헌법소원심판의 경우, 6명 이상의 찬성이 있으면 위헌 또는 인용 결정을 한다. 이에 미달하면 비위헌 또는 기각 결정을 한다. 권한쟁의의 경우에는 평의에 참석한 재판관의 과반수가 인용에 찬성하면 인용 결정. 다만, 92헌라2 결정의 경우, 어느 의견도 과반수가 안 되었다고 볼 여지도 있다. 판례는 기각 결정을 하였다. 인용 결정을 받기 위해서는 재판관 과반수의 찬성이 필요하다는 생각을 전제로 한 것이다.

5. 소수의견제도

(1) 소수의견제도의 의의

헌법재판소법 제36조 제3항은 "심판에 관여한 재판관은 결정서에 의견을 표시하여야 한다"고 규정하고 있는데, 여기서의 '의견'은 헌법재판소의 의견이 아닌 개별 재판관들의 의견을 말하는 것으로, 헌법재판소법은 소수의견제도를 인정하고 있다. 그리고 재판관들의 개별의견의 표시는 임의적인 것이 아니라 필요적이다.[142]

(2) 소수의견제도의 적용범위

2005. 7. 29. 개정 전 헌법재판소법에서는 "법률의 위헌심판, 권한쟁의심판 및 헌법소원심판에 관여한 재판관은 결정서에 의견을 표시하여야 한다"고 하여, 소수의견제도는 위헌법률심판, 권한쟁의심판, 헌법소원심판에만 국한하여 적용되었고, 헌법재판소도 마찬가지 입장이었다(2004. 5. 14. 2004헌나1). 그러나 그 후 개정법에 따라 지금은 모든 헌법재판에 있어서 소수의견을 표시하여야 한다.

(3) 헌법재판소의 의견의 유형

헌법재판소의 의견에는 법정의견·반대의견·보충의견, 다수의견·소수의견이 있다. '법정의견'은 주문과 그 주문을 뒷받침하고 있는 이유에 나타난 의견이고, '반대의견'이라 함은 헌법재판소의 의견이 취하는 주문과 이유에 대하여 반대하는 의견을 말하며, '보충의견'은 헌법재판소의 의견 또는 반대의견과 결론에서는 동일하나 이유나 논증에서 차이를 가지는 의견을 말한다.[143] 실제에서는 보충의견이라는 표현 이외에 '별개의견'이라는 표현을 사용하기도 하는데, 법정의견 또는 반대의견에 대해 결론에서는 같이하지만 이유에서 달리하는 경우에 사용하는 것으로 모두 보충의견에 해당한다. '다수의견'은 재판관의 다수가 취하는 의견인데, 다수의견이 항상 법정의견이 되는 것은 아니다. 예컨대 위헌의견이 5인이고, 합헌의견이 4인인

142 이동흡, 전게서, 845면.
143 김유향, 전게서, 1501면.

경우에는 소수의견인 합헌의견이 법정의견이 된다.[144]

Ⅶ. 결 정

1. 결정정족수

헌법재판소는 9인의 재판관으로 구성되는 전원재판부에서 재판관 7인 이상의 출석으로 사건을 심리하여 종국심리에 관여한 재판관의 과반수의 찬성으로 사건에 관한 결정을 한다. 그러나 법률의 위헌결정, 탄핵결정, 정당해산결정, 헌법소원의 인용결정, 그리고 종전에 헌법재판소가 판시한 헌법 또는 법률의 해석·적용에 관한 의견을 변경하는 경우에는 재판관 7인 이상이 출석하여 참석재판관 중 재판관 6인 이상[145]의 찬성이 있어야 한다(헌법 제113조 제1항, 헌재법 제23조 제2항). 따라서 심판청구요건의 판단(재판의 전제성이나 헌법소원의 적법요건 등)과 권한쟁의심판의 결정은 재판관 7인 이상이 참석하고 참석재판관 중 과반수의 찬성으로써 한다. 그 결과 권한쟁의 결정은 재판관 4인의 찬성으로도 가능하다.(헌재법 제23조 제1항, 제2항 본문)[146] 한편, 과거 5명 위헌의견의 경우 '…은 헌법에 위반된다고 선언할 수 없다'는 위헌불선언 주문을 표시한 경우도 있으나 현재는 합헌결정[147]을 하고 있

144 다수의견과 법정의견이 다를 수 있음을 유의해야 한다.(헌재 1996. 2. 16. 96헌가2; 1999. 7. 22. 98헌가3; 1999. 7. 22. 98헌가5)

145 평의에 참가한 재판관의 2/3 이상이 아님을 주의하여야 한다. 따라서 기피신청을 하는 것이 청구인에게 그리 유리하다고 볼 수 없다. 기피신청이 인용되면, 기피신청이 인용된 재판관이 청구인의 주장을 기각하는 쪽에 가담한 것과 같은 효과가 생긴다.

146 ① 권한쟁의심판청구를 인용함에 있어서는 과반수로 족하다. ② 법률의 제/개정행위가 권한쟁의 심판의 대상으로 될 수도 있다. "헌법재판소법 제61조 제2항에 따라 권한쟁의심판을 청구하려면, 피청구인의 처분 또는 부작위가 존재하여야 한다. 여기서의 처분은 입법행위와 같은 법률의 제정과 관련된 권한의 존부 및 행사상의 다툼, 행정처분은 물론 행정입법과 같은 모든 행정작용 그리고 법원의 재판 및 사법행정작용 등을 포함하는 넓은 의미의 공권력처분을 의미하는 것으로 보아야 할 것이다. 권한쟁의심판의 '처분'을 이와 같이 이해한다면, 이 사건의 경우와 같이 법률에 대한 권한쟁의심판도 허용된다고 봄이 일반적이다. 다만 권한쟁의심판과 위헌법률심판은 원칙적으로 구분되어야 한다는 점에서, 법률에 대한 권한쟁의심판은 '법률 그 자체'가 아니라, '법률의 제정행위'를 그 심판대상으로 해야 할 것이다."(헌재 2005. 12. 22. 2004헌라3, 헌재 2006. 5. 25. 2005헌라4) ③ 이 경우에도 과반수로 족한가 하는 문제가 있다.

147 '합헌결정'이라는 표현은 정확하다고 볼 수 없다는 견해가 있다. '합헌결정'이라는 말은 '위헌이 아니라는 결정' 또는 '비위헌결정'이라는 말로 대체될 필요가 있는 것이다. '합헌결정'이라는 말은, 논증의 구조를 이해하는 데 있어, 오해를 불러일으킨다. '위헌인지, 합헌인지'가 쟁송물이 아니다. '위헌인지 여부', 즉 위헌인지, 위헌이 아닌지가 쟁송물이다. 관행상 위헌이 아니라는 것을 지칭하는 데 합헌이라는 말을 사용하더라도, 그 의

다. 이때는 무엇이 법정의견으로 될 것인가 하는 문제가 발생하기도 한다.[148]

2. 가처분(★★)

(1) 가처분제도의 의의

헌법재판에서의 가처분은 본안결정의 실효성을 확보하기 위하여 잠정적으로 임시의 지위를 정하는 것을 주된 내용으로 하는 가구제(假救濟)제도이다. 이는 본안결정 이전에 회복하기 어려운 손해가 발생함으로써 본안결정이 내려지더라도 실효성을 갖지 못하게 되는 사태를 방지하는 데에 그 취지가 있다. 응급조치의 성격을 가지고 있고, 본안사건에 대해 종속적인 것이 특징이다. 특히 헌법소송에서의 가처분은 헌법질서의 보호라는 헌법재판의 객관적 기능을 고려하여 가처분을 한 공공의 필요성에 중점이 두어져야 한다. 일반소송절차 규정의 하나로 가처분을 규정하고 있는 독일연방헌법재판소법과 달리 우리 헌법재판소법은 정당해산심판(헌재법 제57조)과 권한쟁의심판(동법 제65조)에 대해서만 가처분에 관한 규정을 두고 있다.

(2) 가처분의 허용 여부

우리 헌법재판소법은 정당해산심판과 권한쟁의심판에 대해서만 가처분에 관한 규정을 두고 있는데, 기타 헌법소원심판, 탄핵심판, 위헌법률심판에도 가처분이 허용되는지가 문제된다.

미에 대해 이해할 필요가 있다. 헌재에서 하는 '위헌이 아니라는 결정'은 일응 헌법적으로 문제가 있음을 전제로 한다. 문제가 없으면 본안판단을 하지 아니하고 각하하였을 것이다. 문제가 있으나, 위헌이라고 할 정도의 문제가 있는 것은 아니라는 것이 '위헌이 아니다'라는 결정의 취지이다. 그런데, '합헌'이라는 표현은 헌법에 딱 맞다는 뜻이다. '합격'이라는 말을 생각해 보면 이해할 수 있다. 헌재는 주문에서는 합헌이라는 말을 사용하지 않는다. '헌법에 위반되지 아니한다'고 한다. 그러나, 관행적으로는 합헌이라는 말을 사용한다. 공보 등에서 그러하다. 다만, 최근 개정을 통해 헌재법이 '합헌'이라는 말을 사용하였다(헌재법 제47조 제3항 단서). 규범적으로 합헌이라는 말을 승인하였다는 데 의의가 있다.(정주백, 헌법재판론, 충남대학교 출판부, 2017, 15면)

148 헌재 2013. 6. 27. 2011헌바75 결정에서 5명 재판관은 주문을 뒷받침하는 4명 재판관의 의견을 법정의견이라고 하였다.

(가) 학설

이에 대해서는 정당해산심판과 권한쟁의심판만 가처분이 허용된다는 열거설과 다른 심판절차에도 가처분이 허용된다는 예시설이 대립한다. 열거설은 헌법재판소법 제57조와 제65조의 반대해석을 통하여 헌법재판소법의 개정이 없는 한 다른 헌법재판에 가처분이 허용되지 않는다고 말한다. 예시설은 다른 헌법재판에서 가처분에 관한 명시적 규정이 없는 것은 절차규정의 흠결이고 헌법재판소에는 헌법재판의 절차를 창설할 수 있는 힘이 있으므로 가처분이 허용된다고 말한다.[149]

(나) 검토

가처분은 국민의 효율적인 권리구제를 위한 것이고, 그것을 허용한다 해도 타인의 권리나 공익이 침해될 여지는 크지 않으며, 설사 그 침해 가능성이 크다 하더라도 이미 가처분결정이 해당사건과 관련되는 공익과 사익의 총체적인 이익형량을 통해 이루어지는 것이기 때문에 헌법소원 등 다른 헌법재판에 있어서 가처분을 금지할 정당한 이유를 찾아볼 수 없다. 또한 우리 헌법재판소법은 민사소송에 관한 법령의 일반적 준용규정을 두고 있고, 권한쟁의심판 및 헌법소원의 경우에는 행정소송법을 함께 준용한다고 규정하고 있다(제40조 제1항). 이러한 준용규정에 의하여 민사소송법상의 가처분규정이나 행정소송법상의 집행정지규정 등은 그 성질에 반하지 아니하는 한 헌법소송의 모든 가처분에 준용된다고 보아야 할 것이다. 따라서 예시설이 타당하다.[150]

(3) 개별심판절차에서의 가처분의 허용 여부

(가) 정당해산심판과 권한쟁의심판

헌법재판소법은 정당해산심판과 권한쟁의심판에서 가처분을 허용하는 규정을 제57조, 제65조에 두고 있다. 헌법재판소는 정당해산심판청구 사건에 당해 정당의

149 전게 헌법재판실무제요, 78면; 김하열, 전게서, 164면; 허영, 전게서, 183면; 성낙인, 전게서, 136면.
150 전게 헌법재판실무제요, 78면.

활동을 정지하는 가처분결정을 할 수 있고(제57조), 권한쟁의심판청구 사건에서 당해 처분의 효력을 정지하는 가처분결정을 할 수 있다(제65조). 이때의 가처분은 당사자의 신청뿐만 아니라 헌법재판소의 직권으로도 가능하다.[151]

헌재판례) 통합진보당 정당해산심판에서의 가처분(2014. 2. 27. 2014헌마7)

가처분조항은 정당해산심판이 갖는 헌법보호라는 측면에 비추어 그 필요성이 인정되므로 입법목적의 정당성 및 수단의 적절성이 인정된다. 또한 가처분결정이 인용되려면 인용요건이 충족되어야 하고, 그 인용범위도 종국결정의 실효성을 확보하고 헌법질서를 보호하기 위해 필요한 범위 내로 한정되며, 인용 시 종국결정 선고 시까지만 정당의 활동을 정지시키므로 기본권 제한 범위가 광범위하다고 볼 수 없다. 나아가 가처분과 동등하거나 유사한 효과가 있는 보다 덜 침해적인 사후적 수단이 존재한다고 볼 수도 없어 침해최소성 요건도 충족한다. 아울러 정당해산심판의 실효성 확보 및 헌법질서의 유지 및 수호라는 공익은 정당해산심판의 종국결정 시까지 잠정적으로 제한되는 정당활동의 자유에 비하여 결코 작다고 볼 수 없으므로 법익균형성 요건도 충족한다. 따라서 가처분조항은 정당활동의 자유를 침해한다고 볼 수 없다.

(나) 헌법재판소법 제68조 제1항의 헌법소원심판

법령에 대한 헌법소원심판에서는 법령의 효력을 정지시키는 가처분이 허용된다. 헌법재판소도 법률과 대통령령에 대한 헌법소원심판절차에서 "헌법재판소법 제68조 제1항 헌법소원심판절차에 있어서도 가처분의 필요성은 있을 수 있고, 달리 가처분을 허용하지 아니할 상당한 이유를 찾아볼 수 없으므로 위 헌법소원심판청구사건에서도 가처분이 허용된다고 할 것이다"고 판시한 바 있다(2000. 12. 8. 2000헌사471).

한편, 입법부작위 헌법소원사건에서 가처분을 한다면 헌법재판소가 스스로 법령을 잠정적으로 시행·적용한다는 것으로 이는 헌법재판소로 하여금 입법자로서 활동하도록 허용하는 것이 되어 권력분립정신에 어긋나게 된다. 따라서 입법부작위 헌법소원사건에서의 가처분은 성질상 허용될 수 없다.

151 이동흡, 전게서, 109면.

(다) 헌법재판소법 제68조 제2항의 헌법소원심판

헌법재판소법 제68조 제2항의 헌법소원에서의 재판의 정지를 구하는 가처분이 허용될 것인지에 대하여는 다음과 같이 견해가 서로 대립한다. 먼저, ① 부정설은 법원이 재판을 진행하여 재판이 확정된 경우에는 재심을 허용함으로써 당사자가 구제될 수 있으므로 재판의 정지를 구하는 가처분이 허용될 수 없다고 한다. 또한 현행 위헌심사형 헌법소원제도의 기본구조는 법률의 위헌여부에 관한 일차적인 재판권을 법원에 부여한 것이라고 할 것인데, 만약 위헌심사형 헌법소원심판사건에서 재판절차의 정지를 명하는 가처분을 인정한다면 현행 헌법 및 법률의 이와 같은 입법취지가 훼손된다고 한다. 이에 대해, ② 긍정설은 헌바사건에서 사후적으로 재심에 의한 구제를 받는다는 것과 사전적인 보전조치로서의 가처분을 구별하여야 한다고 주장한다. 즉, 재심에 의한 권리구제절차가 마련되어 있더라도 당사자의 권리구제가 불가능해져버리는 경우가 생길 수 있으므로(예컨대, 형 집행, 당선무효 등) 재판의 정지 또는 재판집행의 정지 등의 가처분이 고려될 수 있다는 것이다.[152] 이에 대해 헌법재판소는 헌재법 제68조 제2항의 헌법소원심판 사건에 있어서, 당해 사건의 소송절차를 일시 정지시켜 달라는 가처분신청을 기각한 바 있는바, 이로 미루어 보건대 판례는 부정설에 가까운 것으로 보인다.[153, 154]

(라) 위헌법률심판

1) 법률의 효력정지 가처분

법령헌법소원과 위헌법률심판은 위헌결정 결과 법률의 일반적 효력이 상실된다는 점에서 동일한 규범통제제도로서의 성격을 갖고 있다. 따라서 법령헌법소원에서 법령의 효력을 정지하는 가처분이 허용되듯이 위헌법률심판의 경우에도 법률의 효력을 정지시키는 가처분이 허용된다고 할 것이다.

152 김유향, 전게서, 1504면; 김하열, 전게서, 187면; 정종섭, 전게서, 215면; 허영, 전게서, 187면.

153 헌재 1993. 12. 20. 93헌사81.

154 재심을 청구할 수 있다는 것이 주요한 이유로 될 것이나, 재심으로써 구제되지 아니하는 경우도 있다. 재판이 확정되면 바로 법적 효과가 있는 경우, 당선무효 등이 그 예이다.

2) 재판정지 가처분

헌법재판소법 제42조 제1항에 따르면 위헌법률심판에서 법원이 위헌제청을 한 경우에는 법원의 재판이 정지되기 때문에 재판의 정지를 구하는 가처분은 필요성이 없다.

(마) 탄핵심판

1) 탄핵소추의결을 받은 자의 권한행사정지 가처분

헌법 제65조 제3항에서는 "탄핵소추의 의결을 받은 자는 탄핵심판이 있을 때까지 그 권한행사가 정지된다"고 규정하고 있다. 따라서 탄핵소추의결을 받은 자의 직무집행을 정지하기 위한 가처분은 인정할 여지도 없다고 할 것이다.

2) 탄핵소추의결의 효력정지 가처분

탄핵심판의 경우에도 탄핵소추의 의결을 받은 자가 탄핵소추의결의 효력을 정지시키는 가처분이 허용되는지가 문제된다. 우리 헌법에서 국회의 가중된 의결정족수에 의해 탄핵소추의 의결을 받은 고위 공직자의 권한행사를 정지시키고 있는 것은 권력구조에 관한 헌법적 결단의 하나라고 보지 않을 수 없다. 그러므로 이러한 헌법규정에 배치되는 결과를 가처분이라는 비교적 간이한 절차에 의해서 인정한다는 것은 받아들이기 어려우며, 그 결과 탄핵소추의결의 효력을 정지시키는 가처분은 허용되지 않는다고 할 것이다.[155]

(4) 가처분의 형식적 요건(적법요건)

(가) 신청권자

가처분은 당사자 등의 신청이 있으면 그에 기하여 발해진다. 따라서 이미 계속중이거나 장래 계속될 본안소송의 당사자 적격자는 가처분심판의 신청권자가 될 수 있다. 이때 신청권자에는 본안재판의 소송참가인은 포함되지만 심판절차에서

155 김하열, 전게서, 722면 이하.

의견진술권만을 가진 이해관계인은 포함되지 아니한다.[156]

(나) 본안심판과의 관계

1) 본안사건에 대한 관할

가처분의 신청이 적법하기 위해서는 우선 본안에 대해서 헌법재판소가 관할권을 가져야 한다. 가처분은 그 기능상 본안결정의 실효성을 확보하기 위한 것이기 때문이다.

2) 본안절차의 개시 여부

가처분은 본안심판이 헌법재판소에 계속 중일 때 신청할 수 있음이 원칙이지만 본안심판이 계속되기 전이라 하더라도 가까운 장래에 본안심판의 청구가 행해질 가능성이 있는 경우에도 신청할 수 있다.[157] 만일 본안심판 계속 중에만 가처분을 신청할 수 있다고 한다면 가처분제도의 실효성을 감소시킬 우려가 있기 때문이다.

3) 본안사건에 대한 청구의 적법 여부

가처분은 본안사건이 계속되기 이전에도 신청이 가능하기 때문에 가처분신청이 적법 여부를 판단함에 있어서는 원칙적으로 본안사건에 대한 심판청구의 적법 여부가 직접적으로 영향을 미치지는 않는다. 그러나 심판청구가 청구기간을 도과한 경우, 청구이유가 전혀 터무니없는 경우, 필요한 형식요건을 결한 것이 명백한 경우 등과 같이 본안사건에 대한 심판청구가 명백히 부적법한 경우에는 가처분신청도 부적법하다고 할 것이다. 헌법재판소는 "이 사건 본안심판청구가 부적법하거나 이유없음이 명백한 경우라고 볼 만한 다른 사정이 없으므로 가처분의 적법요건은 갖춘 것으로 인정된다"(2006. 2. 23. 2005헌사754)고 판시하였다.

---

156 이등흡, 전게서, 112면; 전게 헌법재판실무제요, 81면.
157 김하열, 전게서, 172면; 허영, 전게서, 189면.

4) 본안사건에서의 결정 내용

사실적 또는 법적 관점에서 본안판단을 미리 끌어내려 하거나 본안결정의 내용을 미리 선취하려는 가처분의 신청은 원칙적으로 부적합하다. 또한 가처분을 통해 본안결정 이상의 것을 얻을 수도 없다. 가처분은 임시의 권리보호를 구하는 것이지 종국적인 권리보호를 구하는 것이 아니기 때문이다.

(다) 직권에 의한 가처분

현행 헌법재판소법은 제57조 제65조에서 정당해산심판과 권한쟁의심판에서 청구인의 신청뿐만 아니라 헌법재판소의 직권에 의한 가처분을 인정하고 있는바, 헌법재판소법에 명시적 규정이 없는 경우에도 헌법재판소의 직권에 의한 가처분을 인정할 수 있을지가 문제된다. 이에 대해 학설은 ① 소송절차의 개시에서 요구되는 처분권주의에 반한다며 직권에 의한 가처분을 부정하는 견해(부정설)와 ② 헌법재판의 객관적 기능과 가처분제도의 취지에 비추어 헌법재판소법 제57조와 제65조를 유추하여 직권에 의한 가처분을 긍정하는 견해(긍정설)로 갈린다. 생각건대 가처분제도의 기능과 헌법재판이 지니고 있는 객관적 소송으로서의 성격을 고려하면 헌법재판소가 직권으로 가처분결정을 할 수 있다는 긍정설이 타당하다고 할 것이다.[158]

(라) 권리보호이익

가처분 신청인에게 가처분을 인정할 만한 권리보호의 요건이 갖추어져야 한다. 따라서 본안결정이 적시에 선고될 수 있는 경우나 본안사건이 아직 성숙되지 아니한 경우, 다른 방법으로 가처분의 목적을 달성할 수 있는 경우, 예컨대 일반법원에 대한 재판청구나 신청인 자신의 조치로 달성될 수 있는 경우 등은 권리보호의 이익이 없어 부적법하다.[159]

---

158 김유향, 전게서, 1505면.
159 전게 헌법재판실무제요, 82면; 허영, 전게서, 190면.

(마) 신청기간

가처분신청은 원칙적으로 특별한 기간제한은 없으며 본안심판의 청구가 허용되는 기간 내이거나 본안청구가 계속 중이면 신청이 가능하다. 본안심판에 대한 청구기간이 도과하여 본안심판을 청구할 수 없는 경우에는 가처분신청도 인정되지 않는다. 그러나 본안소송 자체가 아직 사건의 성숙성을 지니고 있지 않거나 본안심판이 종결되었거나 사안의 성질상 본안심판이 적시에 종결될 수 있거나 본안심판절차가 충분하게 진행되어 본안결정을 내릴 수 있는 정도에 이른 시점에서는 가처분신청은 할 수 없다.

(5) 가처분의 실체적 요건(★인용요건★)

(가) 회복하기 어려운 손해의 방지

헌법재판에서의 가처분신청이 인용되기 위해서는 우선 기존의 상태를 그대로 유지하는 경우 회복하기 어려운 손해가 발생하거나 또는 회복 가능하지만 중대한 손해가 발생할 우려가 있어야 한다.

(나) 긴급성

또한, 헌법재판에서 가처분신청이 인용되기 위해서는 기본의 법률관계나 공권력 행사의 효력 등을 긴급하게 정지시킬 필요가 있어야 한다. 가처분에서 요구되는 긴급성은 가처분으로 규율하고자 하는 현상의 발생이 시간적으로 매우 근접하여 가처분조치를 지체할 수 없음을 뜻한다. 따라서 본안결정이 적시에 선고될 수 있거나 다른 방법으로 가처분신청의 목적을 달성할 수 있는 경우에는 긴급성이 인정되지 않는다.

(다) 이익형량

나아가, 헌법재판소가 가처분 인용결정을 하기 위해서는, 가처분을 인용한 뒤 본안에서 청구가 기각되었을 때 발생하게 될 불이익과 가처분을 기각한 뒤 청구가 인용되었을 때 발생하게 될 불이익에 대한 비교형량을 하여 후자의 불이익이 전자의 불이익보다 커야 한다(이중가설이론[160]). 가처분결정은 어디까지나 잠정적이고 예외적인 조치이어서 이익형량에 있어 엄격하고 제한적으로 해석·적용하여야 하기 때문이다. 헌법재판소도 이와 마찬가지로 판시하고 있다(2000. 12. 8. 2000헌사471). 또한 헌법재판소는 "다만, 현재 시행되고 있는 법령의 효력을 정지시키는 것일 때에는 그 효력의 정지로 인하여 파급적으로 발생되는 효과가 클 수 있으므로 비록 일반적인 보전의 필요성이 인정된다고 하더라도 공공복리에 중대한 영향을 미칠 우려가 있을 때에는 인용되어서는 안될 것이다"라고 판시하고 있다(2002. 4. 25. 2002헌사129).

(라) 승소 가능성 여부

한편, 위와 같이 이익형량을 함에 있어서 본안청구의 승소 가능성이 있느냐의 여부는 원칙적으로 고려의 대상이 되지 아니한다. 가처분 절차가 추구하는 목적이 본안결정의 실효성 확보이지 본안에 대한 전심절차로서의 지위를 갖고자 하는 것이 아니기 때문이다. 그러나 본안심판의 승소 가능성은 고려의 대상이 되지 않는다고 하더라도 적어도 패소 가능성은 고려되지 않을 수 없다. 본안심판에 대한 종속성으로 인해 본안심판이 명백한 이유 없는 경우에는 가처분을 명할 수 없기 때문이다. 헌법재판소는 "본안심판이 부적법하거나 이유 없음이 명백하지 않고"라는 요건을 가처분 인용 요건으로 보기도 했다(2000. 12. 8. 2000헌사471; 2018. 4. 6. 2018헌사242 등).

(6) 결정의 유형

가처분의 신청이 형식적 요건을 갖추지 못하여 부적법한 것일 경우에는 '각하결정'을 한다. 그리고 가처분신청이 이유 있을 경우에는 '가처분결정'을 하고, 가처분신청이 이유 없을 경우에는 '기각결정'을 한다.[161]

160 이렇게 이해하면 쉽게 이해될 수 있다. 첫째, 본안이 인용되어야 하는데 가처분이 기각된다면, 청구 당사자에게 정당하지 아니한 불이익이 생긴다. 둘째, 본안이 기각되어야 하는데 가처분이 인용된다면, 피청구인인 공공기관이나 일반 대중[公衆]에게 정당하지 아니한 불이익이 생긴다. 전자가 후자보다 커야 한다. 이것이 비교형량의 문제이다.(전게 헌법재판실무제요, 83면)

161 전게 헌법재판실무제요, 87면; 이동흡, 전게서, 120면.

(7) 헌법재판소의 인용 사례

헌법재판소는 ① 「경기도지사의 도시계획입안과 지정·인가처분의 효력정지 가처분신청 사건」(1999. 3. 25. 98헌사98)과 ② 사법시험 1차 시험응시를 4회까지 제한하고 있는 「사법시험령 제4조 제3항에 대한 효력정지 가처분신청 사건」(2000. 12. 8. 2000헌사471), ③ 군행형법시행령의 적용을 받는 미결수용자들의 면허횟수를 매주 2회로 제한하는 「군행형법시행령 제43조 제2항에 대한 효력정지 가처분신청 사건」(2002. 4. 25. 2002헌사129), 그리고 ④ 재임용 탈락이 부당하다는 교원소청심사특별위원회의 결정에 대해 학교법인은 소송으로 다툴 수 없도록 규정한 「대학교원 기간임용 제탈락자 구제를 위한 특별법 제9조 제1항 효력정지 가처분신청 사건」(2006. 2. 23. 2005헌사754), ⑤ 「입국불허결정을 받은 외국인의 변호인접견신청 불허결정 효력정지 가처분신청 사건」(2014. 6. 25. 2014헌사592), ⑥ 법무부장관에게 변호사시험의 합격자가 결정되면 즉시 합격자의 성명을 공개하는 방법으로 공고하도록 하는 「변호사시험법 제11조 중 '명단을 공고' 가운데 성명 공개에 관한 부분 효력정지 가처분신청사건」을 각각 인용한 바 있다. 그러나 「국무총리서리 및 감사원장서리 임명행위의 효력정지 및 직무집행정지를 구하는 가처분신청」에 대하여는 이유 없다고 기각하였다(1998. 7. 14. 98헌사31, 1998. 7. 14. 98헌사43).

헌재판례) 경기도지사의 도시계획안 지정·인가처분의 효력정지가처분(1999. 3. 25. 98헌사98★)

이 사건 진입도로에 관한 피신청인 경기도지사의 **도시계획입안과 지정·인가**처분의 효력을 정지시키는 가처분결정을 하였다가 신청인 경기도 성남시장에게 불리한 종국결정을 하였을 경우, 처분의 상대방인 골프장 건설 사업자에게는 공사지연으로 인한 손해가 발생하고, 또 골프연습장을 이용하려는 잠재적 수요자의 불편이 예상된다는 점 외에 다른 불이익은 없는 반면, 가처분신청을 기각하였다가 **본안 경기도지사와 성남시장 간의 권한쟁의심판 청구사건(98헌라4)**에서 신청인 성남시장의 청구를 인용하는 종국결정을 하였을 경우, 피신청인 경기도지사의 직접처분에 따른 처분의 상대방의 공사진행으로 교통불편을 초래하고 공공용지를 훼손함과 동시에 이의 원상회복을 위한 비용이 소요되는 등의 불이익이 생기게 되므로, 종국결정이 기각되었을 경우의 불이익과 가처분신청을 기각한 뒤 결정이 인용되었을 경우의 불이익을 비교형량할 때 이 사건 가처분신청은 허용함이 상당하다.

헌재판례) 매주 2회 면회 제한 군행형법시행령 조항 효력정지가처분(2002. 4. 25. 2002헌사129)

피고인의 방어권 행사에 조력하고자 존재하는 것으로 군행형법시행령의 적용을 받는 미결수용자들의 면회의 권리를 행형법시행령의 적용을 받아 매일 1회 면회할 수 있는 피구속자와 **비교하여 합리적인 이유 없이 차별한다면(평등권 침해)**, 군행형법시행령의 적용을 받는 자들은 이로 인하여 인간으로서의 행복추구권이나 피고인으로서의 방어권 행사에 회복하기 어려운 손상을 입게 될 것이다. 위 규정에 대한 가처분신청이 인용된다면 군인의 신분이거나 군형법의 적용을 받는 미결수용자가 외부인과의 잦은 접촉을 통해 공소제기나 유지에 필요한 증거를 인멸하거나 국가방위와 관련된 중요한 국가기밀을 누설할 우려가 있을 수 있으나, 수용기관은 면회에 교도관을 참여시켜 감시를 철저히 하거나 필요한 경우에는 면회를 일시 불허함으로써 증거인멸이나 국가기밀누설을 방지할 수 있으므로, 이 사건 가처분을 인용한다 하여 공공복리에 중대한 영향을 미칠 우려는 없다.

헌재판례) '학교법인의 제소금지에 관한 대학교원기간임용제탈락자구제를위한특별법' 조항 효력정지가처분(2006. 2. 23. 2005헌사754)

이 사건 법 제9조 제1항(제소금지조항)의 경우, 그 효력이 그대로 유지되어 적용되면 교원소청심사특별위원회의 결정에 대하여 학교법인은 소송으로 다툴 수 없고, 이 사건 본안의 종국결정 전에 행정소송법상 제소기간이 도과되면 위 특별위원회의 결정이 그대로 확정되므로 학교법인으로서는 돌이킬 수 없는 손해를 입게 될 것으로 예상된다. 또한 행정소송법상 제소기간이 경과되기 전에 위 제소금지조항의 적용중지 여부가 임시적으로 결정되어야 하므로 긴급성의 요건도 충족된다고 할 것이다. 한편, 법령의 효력을 정지시키는 가처분은 비록 일반적인 보전의 필요성이 인정된다고 하더라도 행정소송법 제23조 제3항이 규정하는 바와 같이 공공복리에 중대한 영향을 미칠 우려가 있을 때에는 인용되어서는 안 될 것인바(헌재 2002. 4. 25. 2002헌사129), 위 제소금지조항에 대한 가처분을 인용한 뒤 종국결정에서 청구가 기각되었을 때 침해되는 주된 공익은 부당하게 재임용에서 탈락된 교원들이 입은 불이익이 장기간의 구제요구에도 불구하고 다시 이 사건의 본안심판청구에 대한 종국결정 시까지 기다려야 한다는 점이다. 그러나 위와 같은 공익이 공공복리에 중대한 영향을 미친다고 보기 어렵고, 또한 이를 제소금지조항에 대한 가처분을 기각한 뒤 종국결정에서 청구가 인용되었을 때 신청인이 입게 되는 손해나 권리침해와 비교형량해 볼 때 신청인이 입게 되는 불이익이 더 클 것으로 보인다.

헌재판례) 입국불허결정 외국인의 변호인접견신청불허결정 효력정지가처분(2014. 6. 25. 2014헌사592)

신청인이 피신청인 출입국관리소장을 상대로 제기한 인신보호법상 수용임시해제청구의 소는 인용되었고, 인신보호청구의 소 역시 항고심에서 인용된 후 재항고심에 계속 중이며, 난민인정심사 불회부결정취소의 소 역시 청구를 인용하는 제1심 판결이 선고되었으나, 두 사건 모두 상급심에서 청구가 기각될 가능성을 배제할 수 없다. **신청인이 위 소송 제기 후 5개월 이상 변호인을 접견하지 못하여 공정한 재판을 받을 권리가 심각한 제한을 받고 있는데,** 이러한 상황에서 피신청인의 재항고가 인용될 경우 신청인은 변호인 접견을 하지 못한 채 불복의 기회마저 상실하게 되므로 회복하기 어려운 중대한 손해를 입을 수 있다. 위 인신보호청구의 소는 재항고에 대한 결정이 머지 않아 날 것으로 보이므로 손해를 방지할 긴급한 필요 역시 인정되고, 이 사건 신청을 기각한 뒤 본안 청구가 인용될 경우 발생하게 될 불이익이 크므로 이 사건 신청을 인용함이 상당하다.

헌재판례) 변호사시험 합격자명단 공고 가처분신청(2018. 4. 6. 2018헌사242 등)

성명은 개인식별정보로서 개인정보의 하나이며, 그 성명 공개를 통하여 개인의 변호사시험 합격 여부를 일반에게 알리는 것이 개인정보자기결정권을 침해하는지, 그리고 신청인들이 주장하는 것과 같이 법학전문대학원 졸업예정자 또는 졸업자라는 한정된 집단만이 변호사시험에 응시하는 경우 합격자의 성명을 공고하면 곧 불합격자를 추정할 수 있게 되어 합격자 성명 공개가 불합격자의 인격권을 제한하는지 여부 등이 본안 심판에서 심리를 거쳐 판단될 필요가 있다. 국가가 변호사시험 합격자 명단을 공고하면 합격자의 성명이 알려지는 것은 물론, 특정 합격자의 합격한 시험 횟수가 공표되므로 그의 과거 응시 이력을 확인할 수 있게 되는 등 합격자에 대한 개인정보자기결정권 제한이 있을 수 있고, 불합격자의 경우에도 상대적으로 높은 합격률이 유지되고 있는 변호사시험 특성상, 그 불합격 사실은 그의 법학전문대학원 학업 성취도와 성실성, 법률지식 등 법률사무를 수행할 능력과 자질에 대한 불신으로 이어질 수 있으므로, 특정인의 불합격 사실을 추정할 수 있는 성명을 공개하는 방식의 합격자 공고는 불합격자에 대한 인격권 제한에 해당할 여지가 있다. 그런데 제7회 변호사시험 합격자 명단이 법무부 홈페이지 등을 통하여 일반에 일단 공개되면, 이는 법조 전문 일간지 기사, 인터넷상 게시물 등에 인용되어 널리 알려지게 되므로, 이를 다시 비공개로 돌리는 것은 불가능하고, 이로써 신청인들은 회복하기 어려운 중대한 손해를 입을 수 있다. 또한, 법무부장관은 제7회 변호사시험의 합격자를 2018. 4. 27.경에 발표할 것으로 예고하였는바, 위 예정일이 임박하였으므로 손해를 방지할 긴급한 필요도 인정된다. 가처분을 인용하더라도 법무부장관은 제3회부터 제6회 변호사시험의 예에 따라 합격자의 응시번호만을 공개하는 방법 등 성명을 공개하지 않는 다른 방법으로 합격자를 공고할 수 있고, 그 후 종국결정에서 청구가 기각된다면 그때 비로소 성명을 추가 공고하면 된다. 반면, 가처분을 기각한 뒤 청구가 인용되었을 때는 위에서 살펴본 것과 같이, 이미 합격자 명단이 법조 전문 일간지 기사, 인터넷상 게시물 등에 인용되어 널리 알려졌을 것이므로 이를 돌이킬 수 없어 신청인들에게 발생하는 불이익이 매우 클 수 있다. 따라서 가처분을 인용한 뒤 종국결정에서 청구가 기각되었을 때 발생하게 될 불이익보다 가처분을 기각한 뒤 청구가 인용되었을 때 발생하게 될 불이익이 더 크다.

가처분신청서

신 청 인　오○기 외 184인
　　　　　신청인들 대리인 변호사　○○○
본안사건　2000헌마262[162] 사법시험령 제4조 제3항 위헌확인

---

162 사법시험법 개정 이후인 2001. 4. 26. 권리보호이익이 더 이상 없어 각하되었다.

신청취지

"사법시험령 제4조 제3항 본문의 효력은 헌법재판소 2000헌마262 헌법소원심판청구 사건의 종국결정 선고 시까지 이를 정지한다."라는 결정을 구합니다.

신청이유

1. 본안사건의 개요
2. 가처분의 필요성

첨부서류

2000. 11. 21.

신청인들의 대리인 변호사 ○○○(인)

헌법재판소 귀중

헌법재판소
결 정

사 건 2000헌사471 사법시험령 제4조 제3항 효력정지 가처분신청
신 청 인 오○기 외 184인
신청인들 대리인 변호사 ○○○
본안사건 2000헌마262 사법시험령 제4조 제3항 위헌확인

주 문

사법시험령 제4조 제3항 본문의 효력은 헌법재판소 2000헌마262 헌법소원심판청구사건의 종국결정 선고 시까지 이를 정지한다.

이 유

1. 신청인들의 신청이유

신청인들은 1997년부터 2000년까지 사법시험 제1차시험에 4회 응시하여 내리 불합격한 자들로서, 제1차시험을 4회 응시한 자는 마지막 응시 이후 4년간 제1차시험에 다시 응시할 수 없도록 하는 사법시험령(1998. 12. 31. 대통령령 제16032호로 개정된 것) 제4조 제3항 본문 규정(이하 "이 사건 규정"이라 한다)에 의하여, 2001년부터 4년간 제1차시험에 응시할 수 없다. 이 사건 신청인들을 비롯한 사법시험 제1차시험에 응시하고자 하는 자들 1,286명은, 사법시험령 제4조 제3항에 의하여 사법시험에 응시할 수 없게 되어 판사·검사·변호사 등이 될 수 있는 길을 봉쇄당함으로써, 헌법상 보장되는 직업선택의 자유·공무담임권·행복추구권·평등권 등 기본권을 침해당하게 되었을 뿐

만 아니라, 위 사법시험령은 대통령령에 불과하여 반드시 법률에 의하여만 기본권을 제한할 수 있도록 한 헌법 제37조 제2항에도 위배된다고 주장하면서, 2000. 4. 18. 위 조항의 위헌확인을 구하는 헌법소원심판(2000헌마262)을 청구하는 한편, 그들 중 당장 2001년도 사법시험 제1차시험에서 이 사건 규정에 의한 응시자격의 제한을 받게 되는 이 사건 신청인들은 우선 그 자격제한을 피하고자, 2000. 11. 21. 이 사건 규정의 효력정지를 구하는 이 사건 가처분신청을 제기하였다.

2. 판 단

헌법재판소법은 정당해산심판과 권한쟁의심판에 관해서만 가처분에 관한 규정(같은 법 제57조 및 제65조)을 두고 있을 뿐, 다른 헌법재판절차에 있어서도 가처분이 허용되는가에 관하여는 명문의 규정을 두고 있지 않다. 그러나 위 두 심판절차 이외에 같은 법 제68조 제1항 헌법소원심판절차에 있어서도 가처분의 필요성은 있을 수 있고, 달리 가처분을 허용하지 아니할 상당한 이유를 찾아볼 수 없으므로 위 헌법소원심판청구사건에서도 가처분이 허용된다고 할 것이다. 그러므로 헌법재판소법 제40조 제1항에 따라 준용되는 행정소송법 제23조 제2항의 집행정지규정과 민사소송법 제714조의 가처분규정에 비추어 볼 때, 이와 같은 가처분결정은 헌법소원심판에서 다투어지는 '공권력 행사 또는 불행사'의 현상을 그대로 유지시킴으로 인하여 생길 회복하기 어려운 손해를 예방할 필요가 있어야 하고 그 효력을 정지시켜야 할 긴급한 필요가 있어야 한다는 것 등이 그 요건이 된다 할 것이므로, 본안심판이 부적법하거나 이유 없음이 명백하지 않는 한, 위와 같은 가처분의 요건을 갖춘 것으로 인정되고, 이에 덧붙여 가처분을 인용한 뒤 종국결정에서 청구가 기각되었을 때 발생하게 될 불이익과 가처분을 기각한 뒤 청구가 인용되었을 때 발생하게 될 불이익에 대한 비교형량을 하여 후자의 불이익이 전자의 불이익보다 크다면 가처분을 인용할 수 있는 것이다(헌재 1999. 3. 25. 98헌사98). 따라서 앞에서 본 요건들에 맞추어 이 사건 가처분을 인용할 수 있는지 여부를 살핀다. 우선 이 사건 본안심판사건은 헌법재판소의 사전심사를 거쳐 적법하게 계속 중이며, 한편 법무부는 이 사건 규정에 위헌소지가 있음을 시인하고 이를 폐지하는 것 등을 내용으로 하는 '사법시험법 및 동법 시행령 제정안'을 마련·제출함으로써 현재 그 법안이 국회에 계류 중인 점을 고려하면, 이 사건 본안심판청구가 부적법하거나 이유 없음이 명백한 경우라고 할 수는 없다. 또한 이 사건 규정의 효력이 그대로 유지되어 신청인들에 적용되면, 신청인들은 2001년부터 4년간 제1차시험에 응시할 수 없게 되므로 사법시험의 합격 가능성이 원천적으로 봉쇄되는 회복하기 어려운 손해를 입게 될 것임이 명백할 뿐만 아니라, 사법시험 제1차시험은 매년 초에 시행되어 그 적용의 시기도 매우 근접하였으므로 긴급성도 인정된다고 할 것이다. 이 사건 가처분신청을 기각하였다가 본안심판을 인용하는 경우 2001년도 사법시험 제1차시험은 그대로 시행되어 버리고 신청인들은 이에 응시하여 합격할 기회를 상실하는 돌이킬 수 없는 손해를 입게 된다.[163]

3. 결 론

그러므로 신청인들의 이 사건 가처분신청은 이유 있어 이를 인용하기로 하여 관여재판관 전원의 일치된 의견으로 주문과 같이 결정한다.

2000. 12. 8.[164]

163 가처분신청을 인용하였다가 본안에서 기각하는 경우에 생길 수 있는 불이익에 대한 언급이 없다.
164 2000. 11. 21. 이 사건 규정의 효력정지를 구하는 이 사건 가처분신청을 제기하였는데, 매우 신속한 결정이다.

3. 헌법재판소 결정의 효력

헌법 제107조 제1항은 "법률이 헌법에 위반되는 여부가 재판의 전제가 된 경우에는 법원은 헌법재판소에 제청하여 그 심판에 의하여 재판한다."라고 규정하고 있다. 이와 같이 ㉮ 유형 규범통제에서 헌법재판소가 선고하는 모든 유형의 결정(위헌결정뿐만 아니라 합헌결정도 포함됨)은 당해 사건에 관하여 그 심판을 행한 헌법재판소뿐만 아니라 담당 법원까지도 기속한다는 점은 헌법에 명시된 사항이다. 반면에, 당해 법적 분쟁에 관한 심사범위를 벗어나는 영역에 관하여 헌법재판소의 결정이 어떠한 효력을 발생하는지에 관해서는 헌법에 명시적인 규정이 없으므로 이 문제는 원칙적으로 입법사항에 해당한다. 헌법재판소의 결정은 헌법규범의 특성, 즉 개방성·불완전성·정치성·역사성 등으로 말미암아 재판의 형성적 성격이 상대적으로 강하게 나타난다. 그리고 객관적 법질서를 보호하는 헌법재판의 기능 때문에 다른 국가기관의 행위에는 인정되지 아니하는 특수한 효력으로서 모든 국가기관을 기속하는 기속력과 법규적 효력이 인정된다.[165]

(1) 확정력

(가) 의의

확정력이란 헌법재판소의 결정이 이미 있은 후에는 그 결정에 대해 다투거나 그 판단내용을 번복, 변경할 수 없다는 것을 말한다. 확정력은 법적 안정성을 확보하려는 것으로 법치주의원리에 그 근거를 두고 있다. 그리고 헌법재판소는 상위 심급이 더 이상 없고 헌법재판소의 결정에 대하여는 다른 재판기관에 소송을 제기하여 다툴 수 없을 뿐만 아니라 헌법재판소 제39조는 "헌법재판소는 이미 심판을 거친 동일한 사건에 대하여는 다시 심판할 수 없다"고 하여 일사부재리원칙을 규정하고 있어 헌법재판소 결정에 대하여 확정력을 인정하는 데에는 별다른 어려움이 없다고 할 것이다. 또한 헌재법 제40조 제1항은 헌법재판소의 심판절차에 대하여 민사소송에 관한 법령을 준용하도록 규정하고 있어 민사소송에서의 기판력 등의 확정

165 김유향, 전게서, 1510면.

력이 헌법재판소 결정에도 그대로 인정이 된다고 할 것이다.[166]

헌재판례) 일사부재리와 확정력(1994. 12. 29. 92헌아2)
청구인은 이 사건 심판청구서에서 "89헌마132호 각 결정에 대한 재심청구서", "재심원·피고" 및 "재심취지" 등의 용어를 사용하고 있으나, 청구인의 청구이유의 요지는 위 89헌마132 결정에 사실오인이나 법리오해가 있으니, 결정에 대한 불복규정인 민사소송법 제409조 및 제416조에 의하여 이를 취소하고 다시 심판하여 달라는 것이므로, 이 사건 심판청구는 청구인이 사용한 용어에 관계없이 그 실질에서는 위 89헌마132 결정에 대한 단순한 불복소원에 불과하다. 헌법재판소가 각종의 심판절차를 거쳐 선고한 결정은 그 선고와 동시에 곧바로 형식적으로 확정된다고 할 것이므로 취소될 수 없고, 이에 대하여는 헌법소원의 형식에 의하여도 그 취소나 변경을 구하는 심판청구를 제기할 수 없는바, 이 사건 심판청구는 불복이 허용될 수 없는 위 89헌마132 결정에 대한 심판청구로서 부적법하다.

따라서, 이미 헌법재판소가 판단한 사건에 대해서는 다시 헌법소송을 제기하거나 헌법재판소 결정에 대해 불복을 하는 헌법소송을 제기하게 되면 이는 헌법소송의 요건을 갖추지 못한 것으로서 부적법 각하될 것이다(2005. 12. 22. 2005헌마330).

(나) 내용

1) 불가변력(자기구속력) → **당해 심판에서의 재판소 자신에 대한 효력 문제**

자기구속력이란 일반소송법 이론상 판결이 일단 선고되어 성립되면 판결을 한 법원 자신도 이에 구속되며, 스스로 판결을 철회하거나 변경할 수 없는 효력으로 자기기속력 혹은 단순히 기속력(Bindungswirkung), 불가변력 또는 철회금지력(Unwideruflichkeit), 취소금지력(Aufhebungsverbot), 내부절차적 기속력(Innerprozessuale Bindung)이라고도 한다.[167] 헌법재판소 결정에도 이와 같은 효력이 인정되는 점에 대하여는 헌법재판소법에서 이에 대하여 명시적 언급은 없지만 학설 및 판례상 대체로 승인되고 있다.[168] 헌법재판소로서는 헌법재판소에서 결정

166 이동흡, 전게서, 122면; 이시윤, 신민사집행법, 박영사, 2020, 69면.
167 이성환, 정당해산심판제도의 관한 연구, 헌법재판연구 15권, 헌법재판소, 2004, 58면.
168 전게 헌법재판실무제요, 52면; 정종섭, 전게서, 142-144면. 헌법재판소 판례도 "헌법재판소가 이미 행한 결

이 일단 선고가 되면 동일한 심판사건에서 자신이 내린 결정을 더 이상 취소하거나 변경할 수 없다. 헌법재판소는 재판기관으로서 자기가 결정한 것에 의해 스스로 구속되는 불가변력 내지 자기구속력을 지니기 때문이다. 한편 재심은 동일한 심판 절차가 아니므로 재심을 인정한다고 해서 자기구속력을 해치는 것은 아니라고 할 것이다.

2) 불가쟁력(형식적 확정력) → 당해 심판에서의 청구 당사자에 대한 효력 문제

형식적 확정력이라 함은 일반 소송법이론에 의하면 재판이 통상의 불복신청에 의하여 더 이상 다툴 수 없게 된 상태의 것을 형식적 확정이라고 하고 확정재판의 이러한 불가쟁적 효력을 형식적 확정력이라 한다. 형식적 확정력으로 인하여 소송절차는 확정적으로 종결되고 그 의사표시적 내용도 확정된다. 형식적 확정력은 헌법상 법치주의 원칙에 의하여 인정되는 것이고 헌법재판소법 제39조의 일사부재리원칙으로부터 유추하여 인정할 수 있다고 할 수 있으므로 헌법재판소의 모든 결정에 당연히 인정된다.[169] 헌법재판소의 결정에 대해서는 더 이상 상급심이 없기 때문에 당사자는 그 결정에 불복하여 다툴 수 없다. 이를 불가쟁력이라고 한다. 헌법재판소는 지정재판부에 의한 결정에 대해서도 불복하여 다시 심판을 청구할 수 없다. 그런데 헌법재판에서 재심이 인정되는 경우에는 그 범위에서 형식적 확정력이 배제된다.

3) 기판력(실질적 확정력) → 후행 심판에서의 재판소 자신과 청구 당사자에 대한 효력 문제

일반적으로 법원이 한 종국판결에 대하여 당사자의 불복상소로도 취소할 수 없게 된 상태를 판결이 형식적으로 확정되었다고 하고, 형식적으로 확정된 판결에 부

정에 대해서는 자기기속력 때문에 이를 취소·변경할 수 없다 할 것이며, 이는 법적 안정성을 위하여 불가피한 일이라 할 것이다."라고 하여 자기구속력을 자기기속력이라 하여 인정하고 있다.(헌재 1989. 7. 24, 89헌마141; 1993. 2. 19, 93헌마32 등)

169 이성환, 전게 보고서, 60면.

여되는 효력을 실질적 확정력(Materielle Rechtskraft res judicatia) 또는 기판력이라고 한다. 즉, 기판력은 확정판결의 주문에 포함된 법률적 판단의 내용은 이후 그 소송당사자의 관계를 규율하는 새로운 기준이 되는 것이므로 동일한 사항이 소송상 문제가 되었을 때 당사자는 이에 저촉되는 주장을 할 수 없고(불가쟁), 법원도 이에 저촉되는 판단을 할 수 없는(불가변) 효력을 말한다.[170] 헌법재판소 결정의 기판력은 헌법상 법치국가원리에서 바로 도출되는 것이기 때문에, 별도의 법률규정이 존재하지 않는다고 하더라도 기판력을 인정해야 한다는 것이 통설의 입장이다.[171]

다만 헌법재판법 제39조는 "헌법재판소는 이미 심판을 거친 동일한 사건에 대하여는 다시 심판할 수 없다."라고 규정하고 있는데, '일사부재리'가 기판력의 핵심요소 중 하나라는 점에 비추어 볼 때 이는 기판력에 관한 실정법적 근거가 될 수 있고, 우리 입법자는 기판력에 관한 일반이론 중에서[172] 헌법재판소 결정에 대해서는 '반복금지설'의 입장을 취한다는 정책적 선택을 한 것으로 파악할 수 있다.[173] 이와 같이 기판력은 재판에 형식적 확정력이 발생하면 심판당사자는 후소(後訴)에서 반복하여 다툴 수 없고, 헌법재판소도 확정재판의 판단내용에 구속된다. 따라서 이미 헌법재판소의 결정이 있었던 동일한 대상에 대해 또다시 헌법재판의 심판청구를 할 수 없고, 헌법재판소도 앞서 행한 결정에서 이루어진 판단과 다른 내용의 판단을 할 수 없다. 일정한 법적 분쟁에 관하여 사법기관의 판단에 기판력이 발생하면, 재판기관의 경우 동일한 분쟁에 관한 새로운 후속재판 절차에서[174] 기판력이 있는 판단내용에 모순·저촉되는 새로운 판단을 하는 것이 금지되고(모순금지: Widersprunchverbot), 당사자의 경우 동일한 사건에 관한 다른 후속재판 절차

170 확정된 결정이 당사자와 후행 심판을 구속하는 효력을 말한다. 이에 비하여 불가변력과 형식적 확정력은 당해 심판 그 자체에 대한 효력을 말한다.

171 김시철, 전게 논문, 57면.

172 민사소송법상 기판력의 본질에 대한 학설 대립에 대해서는 민일영 외, 주석 신민사소송법(III), 한국사법행정학회, 2018. 308-310면.

173 법 제39조에 의하면 선행재판의 결정유형에 관계없이 동일한 사안에 관하여 후속사건에서 다시 심리하는 것이 부적법하다고 보아야 하기 때문이다.(최희수, 규범통제결정의 기판력, 헌법논총 14집, 헌법재판소, 2003, 549면)

174 동일한 재판절차에서 재판기관이 다른 사법적 판단을 할 수 없는 것은 (기판력이 아니라) 기속력의 효과이다.

에서[175] 이미 기판력이 발생한 판단내용을 다시 다투는 것이 금지된다(반복금지: Wiederholungsverbot).[176]

헌재판례) 2007. 6. 28. 2004헌마643

헌법재판소법 제40조 제1항에 의하면 민사소송법이 헌법소원심판에 준용되는 것이므로 중복제소를 금지하고 있는 민사소송법 제259조가 헌법소원심판에도 준용된다고 할 것이고(1994. 4. 28. 89헌마221), 따라서 이미 우리 재판소에 헌법소원심판이 계속 중인 사건에 대하여는 당사자는 다시 동일한 헌법소원심판을 청구할 수 없다고 해석하여야 한다(2006. 3. 7. 2006헌마213). 그런데 이 사건의 청구인들은 이미 2004. 8. 14. 공직선거법 제15조 제2항 제1호를 포함한 공직선거법 조항들의 위헌확인 여부를 다투는 헌법소원심판(2004헌마644)을 청구한 바 있고, 2005. 11. 16. 접수된 청구취지의 추가적 변경을 통하여 다시 같은 조항에 대한 위헌확인을 구하는 청구를 추가하였다. 그렇다면 2005. 11. 16. 접수된 후자의 청구는 헌법재판소법 제40조 제1항과 민사소송법 제259조에 따라 허용되지 아니하는 중복제소에 해당한다. 따라서 공직선거법 제15조 제2항 제1호에 대한 이 사건 심판청구는 부적법하다.

(2) 기속력 → 헌법재판의 특수한 효력으로서 국가기관, 지자체 등 제3자에 대한 효력 문제

(가) 의의 및 근거

헌법재판의 특이한 효력이자 중요한 효력에 해당하는 기속력이란 국가기관과 지방자치단체 등이 헌법재판소의 결정의 취지를 존중하고 이에 반하는 행위를 하여서는 안 되는 것을 말한다. 기속력은 동일한 행위의 반복을 금지할 뿐만 아니라 나아가 모든 국가기관 및 지방자치단체들로 하여금 미래(Zukunft)에는 헌법재판소의 구체적인 결정내용을 해산청구인인 정부뿐만 아니라 다른 국가기관에 대하여 존중할 것을 요구한다. 그러므로 미래의 유사사건(Parallelfälle)의 경우에도 기속력이 미치는 것이다.

헌법재판 결정의 기판력이 헌법재판소와 당사자에게 미치는 것이라면, 기속력은 모든 국가기관과 지방자치단체에 미치는 효력이다. 기속력에 의해 국가기관 등은

175 동일한 재판절차에서 당사자가 더 이상 다툴 수 없는 것은 (기판력이 아니라) 형식적 확정력의 효과이다.
176 김시철, 전게 논문, 62면.

헌법재판소의 결정을 준수하고 결정에 저촉되는 행위를 해서는 안 된다. 우선 국가기관 등은 헌법재판소가 내린 결정을 실현시켜야 한다. 일반법원의 판결은 집행기관(집행법원 등)이 판결의 내용을 실현시키지만, 헌법재판에는 이러한 직접적 집행기관이 없다. 설사 집행기관이 있다고 가정하더라도 헌법재판소의 결정은 그 내용상 직접강제, 대체집행 등 일반적인 집행은 상정하기 어렵다. 또한 헌법재판소도 자신의 결정을 스스로 실현시킬 수는 없다. 따라서 국가기관 등이 헌법재판소 결정을 실현해야 한다. 또한 국가기관은 헌법재판소가 내린 결정에 저촉되는 행위를 해서는 안 된다. 즉, 헌법재판소가 특정 법률에 대해 위헌결정을 내린 경우, 모든 국가기관은 더 이상 그 법률을 적용해서는 안 되고, 동일한 법률을 다시 제정해서는 안 된다.

현행 헌법재판소법은 제47조 제1항, 제67조 제1항, 제75조 제1항, 제6항의 규정을 통하여 법률의 위헌결정, 권한쟁의심판결정, 헌법소원심판에서의 인용결정, 위헌심사형 헌법소원에 대하여 기속력을 명시하고 있다. 확정력은 원칙적으로 당사자 사이에만 미치는 데 반하여 기속력은 모든 국가기관을 구속한다는 점에서 헌법재판의 기속력은 일반법원의 재판에서는 통상적으로 볼 수 없는 헌법소송상의 특이한 효력이다.[177]

(나) 내용

헌법재판소 결정의 기속력은 모든 국가기관이 헌법재판소의 당해 구체적인 결정에 따라야 한다는 것과 그들이 장래에 어떠한 처분을 행할 때 헌법재판소의 결정을 따르거나 존중할 것을 요구하는 힘을 의미한다(결정준수의무). 뿐만 아니라 기속력은 모든 국가기관이 헌법재판소의 결정에서 문제가 된 심판대상뿐만 아니라 동일한 사정에서 동일한 이유에 근거한 동일 내용의 공권력 행사 또는 불행사를 금지한다(반복금지의무).(헌재법 제66조 제2항, 제75조 제4항)

177 이동흡, 전게서, 122면.

헌재판례) 2010. 12. 28. 2008헌바89 [반복입법 여부에 관한 판단 방법]

청구인들은, 이 사건 기부금지 조항이 1999. 11. 25. 헌법재판소의 95헌마154 결정으로 위헌선언된 구 '정치자금에 관한 법률' 제12조 제5호의 반복입법으로서 위 위헌결정의 기속력에 저촉된다고 주장하는바, 이 사건 기부금지 조항이 노동단체를 포함하는 모든 단체의 정치자금 기부금지 규정에 관한 탈법행위 방지 규정이라는 점에 비추어 보면, 내용상으로는 위헌결정된 법률조항의 내용을 일부분 전제하고 있는 것으로 보일 수 있다. 그러나 위헌결정된 법률조항의 반복입법에 해당하는지 여부는 단지 위헌결정된 법률조항의 내용이 일부라도 내포되어 있는지 여부에 의하여 판단할 것이 아니라, 입법목적이나 입법동기, 입법 당시의 시대적 배경 및 관련조항들의 체계 등을 종합하여 실질적 동일성이 있는지 여부에 따라 판단하여야 할 것이다. 살피건대, 이 사건 기부금지 조항은 ① 직접적인 규율영역이 단체의 행위가 아닌 자연인의 행위라는 점에서 종전에 위헌결정된 법률조항과 문언적으로 구별되고, ② 그 전제가 되는 법률조항을 살피더라도, 구 정치자금법 제12조 제1항은 노동단체 이외의 단체의 정치자금 기부까지도 포괄하는 것이라는 점에서 종전에 위헌결정된 법률조항과 전적으로 동일한 경우에 해당하지 않으며, ③ 종전에 위헌결정된 법률조항이 연혁적으로 노동단체의 정치활동을 금지하기 위한 여러 법률들의 규제조치의 일환을 이루고 있었던 것으로서, 다른 법률에 의한 노동단체의 정치활동 금지가 해제된 이후에도 여전히 남아서 다른 단체와 차별적으로 노동단체의 정치자금 기부를 금지하는 것이었던 반면, 이 사건 기부금지 조항이 전제하고 있는 단체의 정치자금 기부금지 규정(구 정치자금법 제12조 제1항)에는 노동단체에 대한 차별적 규제의 의도가 전혀 존재하지 않는다는 점에서 종전의 위헌결정된 법률조항과 실질적으로 동일하거나 본질적으로 유사한 것으로 보기 어렵다. 따라서 이 사건 기부금지 조항이 위 95헌마154 결정에 의하여 위헌선언된 법률조항의 반복입법에 해당한다고 볼 수 없고, 반복입법에 해당하지 않는다고 판단하는 이상 입법자인 국회에 대하여도 헌법재판소의 위헌결정의 기속력이 미치는지 여부 및 결정주문뿐만 아니라 결정이유에까지 기속력을 인정할지 여부 등에 대하여 더 나아가 살펴볼 필요 없이 이 사건 기부금지조항이 위 95헌마154 결정으로 위헌선언된 구 '정치자금에 관한 법률' 제12조 제5호의 반복입법으로서 위 위헌결정의 기속력에 저촉된다는 주장은 이유 없다 할 것이다.

따라서 법률에 대한 위헌결정의 경우 행정기관은 그 위헌선언된 법률을 적용하여 행정작용을 해서는 안 되며, 법원도 그 법률을 적용하여 재판을 해서는 안 된다. 한편 국회가 위헌선언된 법률과 같은 내용의 법률을 다시 제정할 수 있는지에 대해서는 견해가 대립한다. 그리고 헌법불합치결정을 한 경우 국회는 법률을 합헌적으로 개정할 의무를 부담하고, 그 적용을 중지하는 헌법불합치결정일 때에는 법원과 기타 국가기관 등은 그 개정 시까지 심판대상의 법률을 적용하여 재판이나 행정작용을 해서는 안 된다. 권한쟁의심판결정의 경우 헌법재판소가 인정한 그 권한을 여전히 피청구인이 행사해서는 아니됨은 물론이고 다른 국가기관, 지방자치단체가 행사해서도 안 된다. 헌법소원심판의 인용결정이 있은 경우 그 인용결정의 대상이 된 공권력작용을 다시 행하여서는 안 되고, 그 인용결정의 대상이 부작위인 경우에는 작위로 나아가야 하는 처분의무가 주어진다. 그런데 헌재법 제47조 제1항에는 위헌결정에 대해서만 기속력을 규정하고 있는바, 과연 한정합헌 또는 한정위헌결정·헌법불합치결정 등의 변형결정과 단순합헌결정 등에도 기속력이 인정되는가에 관하여는 논란이 있다.[178]

(다) 범위

1) 주관적 범위

기속력은 주관적인 측면에서는 기판력의 효력을 확장한 것이라고 할 수 있다. 기속력에 관한 헌법재판소 규정(법 제47조 제1항, 제67조 제1항, 제75조 제1항, 제6항)에 따르면 모든 국가기관, 지방자치단체는 절차에 참여하였는지 여부와 관계없이 헌법재판 결정의 기속력에 구속된다. 국가기관에는 일반법원도 포함된다.[179] 한편 기속력에는 대세적 효력이 인정되지 않기 때문에 일반 사인에게는 기속력이 미치지 않는다. 당사자인 일반 사인에게는 기판력은 미치지만 기속력은 미치지 않는다. 한편 헌법재판소 자신이 기속력에 구속되는지 여부에 대해서는 긍정하는 견해도 있지만, 부정하는 견해가 지배적이다.[180] 헌법재판소는 기판력에 구속되므로 기속력이 미치는지 여부에 관한 논의는 실익이 크지 않을 것이다. 일반적인 민사재판이 당사자 및 그 승계인에 대해서만 그 효력을 미치는 것으로 보고 있는 것은 기판력의 주관적 범위에 관한 민사소송법 제218조와 같은 일반법률에 관한 법률규정의 해석에서 비롯된 것이다.[181] 기속력이 미치는 주관적 범위에 관하여 위헌결정의

178 전상현, 위헌법률심사의 본질과 한정위헌, 헌법학연구, 헌법학회, 2013, 88면 이하.

179 이동흡, 전게서, 137면.

180 정호경, 헌법재판소 결정의 효력 - 기속력의 주관적·객관적 범위를 중심으로 -, 헌법논총 26집, 헌법재판소, 2015, 359면.

181 민사소송법 제205조, 법원조직법 제8조는 각급 법원의 재판이 당해 사건에 대하여 기속력을 가질 수 있는 근거가 될 수 있는데, 다만 이러한 법률규정이 없더라도 사법기관의 재판이 당해 사건에 대하여 기속력 등을 발생하는 것은 법치국가원리에서 직접 도출되는 것이므로, 이는 오히려 헌법적 차원의 문제라고 봄이 상당하다.

경우는 "법원 기타 국가기관 및 지방자치단체"로, 권한쟁의심판 결정과 헌법소원의 인용결정의 경우는 "모든 국가기관과 지방자치단체"로 규정하고 있는데, 후자의 두 경우에는 법원이 빠져있으나 '모든 국가기관'에 법원이 당연히 포함되어 있다고 볼 것이다. 그런데 위헌결정이 국회의 입법권을 기속하는지, 즉 국회가 그 위헌선언된 법률과 같은 내용의 법률을 다시 제정할 수 있는지에 대해서는 견해가 대립한다.

a) 학설[182]

먼저, ① 기속설은 입법기관인 국회도 당연히 헌법재판소 위헌결정의 기속력을 적용받는다고 하고, 그에 따라 국회는 헌재가 위헌으로 결정한 것과 동일한 내용의 법률을 다시 제정할 수 없다고 한다. 기속설은 입법권도 헌법재판소의 결정에 구속되어야 헌법질서의 통일성을 유지하고 법적 안정성을 확보할 수 있으며, 헌법재판소법 제47조 제1항의 '기타 국가기관'에는 국회도 포함된다는 것을 근거로 한다. 다음으로, ② 비기속설은 헌법재판소가 위헌결정을 하더라도 국민의 대표자로서 민주적 정당성을 가진 국회의 입법권을 기속하지 못한다고 한다. 따라서 헌법재판소가 어떤 법률에 대해 위헌으로 결정한 경우에 국회는 동일한 내용이나 유사한 내용의 법률을 제정할 수 있다. 비기속설은 민주적 정당성이 약한 헌법재판소의 판단에도 오류가 있을 수 있기 때문에 국회가 재입법을 통해 그러한 오류를 수정할 수 있어야 한다고 말한다. 다음으로, ③ 절충설(제한적 기속설)은 기속설과 비기속설을 절충한 것으로 입법자에게도 원칙적으로 위헌결정의 기속력이 미치지만, 정당한 특별한 사유가 있는 경우에는 기속력이 미치지 않는다는 입장이다. 여기서의 '정당화 사유'란 헌법재판소의 헌법적 판단의 토대를 이루는 사실적 또는 법적인 관계나 위헌판단의 기초가 되는 견해의 근본적 변화 등에 기인하는 특별한 정당화 사유를 요구한다.

182 전게 헌법재판실무제요, 103면.

b) 헌법재판소 판례

헌법재판소는 입법자인 국회에게 기속력이 미치는지에 대해서 명시적인 판단을 하지 아니한 채 유보하고 있다.

헌재판례) 국회에 대한 위헌결정의 기속력(2010. 12. 28. 2008헌바89; 2008. 10. 30. 2006헌마1098)
헌법재판소법 제47조 제1항은 "법률의 위헌결정은 법원 기타 국가기관 및 지방자치단체를 기속한다."고 규정하고, 같은 법 제75조 제1항은 "헌법소원의 인용결정은 모든 국가기관과 지방자치단체를 기속한다."고 규정함으로써 헌법재판소가 내린 법률의 위헌결정 및 헌법소원의 인용결정의 효력을 담보하기 위해서 기속력을 부여하고 있는바, 이와 관련하여 입법자인 국회에게 기속력이 미치는지 여부, 나아가 결정주문뿐 아니라 결정이유에까지 기속력을 인정할지 여부 등이 문제될 수 있는데, 이에 대하여는 헌법재판소의 헌법재판권 내지 사법권의 범위와 한계, 국회의 입법권의 범위와 한계 등을 고려하여 신중하게 접근할 필요가 있을 것이다. 이 사건 기부금지 조항이 위 95헌마154 결정에 의하여 위헌선언된 법률조항의 반복입법에 해당한다고 볼 수 없고, 반복입법에 해당하지 않는다고 판단하는 이상 입법자인 국회에 대하여도 헌법재판소의 위헌결정의 기속력이 미치는지 여부 및 결정주문뿐만 아니라 결정이유에까지 기속력을 인정할지 여부 등에 대하여 더 나아가 살펴볼 필요 없이 이 사건 기부금지조항이 위 95헌마154 결정으로 위헌선언된 구 '정치자금에 관한 법률' 제12조 제5호의 반복입법으로서 위헌결정의 기속력에 저촉된다는 주장은 이유 없다.

헌재판례) 2012. 12. 27. 2012헌바60 [반복입법인 경우 바로 위헌 인지 여부]
헌법재판소법은 위헌결정된 법률 또는 법률조항은 원칙적으로 그 결정이 있는 날로부터 효력을 상실하도록 규정하고 있다(제47조 제2항, 제75조 제6항). 이에 따라 법률 또는 법률조항에 대한 위헌결정은 일반적 기속력과 대세적·법규적 효력을 가진다. 즉, 법규범에 대한 헌법재판소의 위헌결정은 소송당사자나 국가기관 이외의 일반 사인에게도 그 효력이 미치고, 종전 위헌결정의 기초가 된 사실관계 등의 근본적인 변화에 따른 특별한 정당화 사유가 있어 반복입법이 이루어지는 경우가 아닌 한, 일반 국민은 헌법재판소가 위헌으로 선언한 법규범이 적용되지 않는 것을 수인해야 하고, 위헌으로 선언한 법규범에 더 이상 구속을 받지 않게 된다. 이러한 효력은 법원에서의 구체적·개별적 소송사건에서 확정된 판결이 그 기속력이나 확정력에 있어서 원칙적으로 소송당사자에게만 한정하여 효력이 미치는 것과 다른 것이다.

검토	위에서 반복입법인지 여부에 관하여 규범적으로 판단하여야 한다고 하였고, 입법자에게 기속력이 미치는지 여부에 대해서는 판단하지 아니하였다. 그런데 이 사건에서는 마치 기속력이 미침을 전제로, 다시 정당한 사유가 있으면 위헌은 아니라는 취지의 판시를 한 것으로 보인다.

c) 검토

위 견해 중 먼저 비기속설은 '법원 기타 국가기관'을 기속한다는 헌법재판소의 명문에 위반될 뿐만 아니라, 기속력이 목적으로 하는 법적 안정성을 심각하게 깨뜨릴 수 있고, 헌법재판소의 최종적 위헌심사권에도 부합하지 않는다는 점에서 찬성하기 어렵다. 또한 헌법재판소의 판단에 오류가 있는 경우, 헌법재판소가 당해 결정을 스스로 취소·변경할 수 없고, 입법자도 헌법재판소의 오류를 바로잡을 기회가 없다면 법발전의 고착화를 가져올 우려가 있으므로, 기속설도 채택하기 어렵다. 결국 최후의 헌법수호기관으로서의 헌법재판소의 권위와 법적 안정성, 그리고 국회의 광범위한 입법형성권이 동시에 존중될 수 있는 절충적 견해인 제한적 기속설이 가장 타당하다고 생각된다.[183]

2) 객관적 범위

한편, 기판력과 마찬가지로 기속력도 결정주문에 미친다는 것에는 이론의 여지가 없다. 반면 소수의견에는 기속력이 미치지 않는다는 것에도 이론이 없다. 또한 반복입법이 문제되는데 위헌결정된 법률조항이 반복입법에 해당하는지 여부는 단지 위헌결정된 법률조항의 내용이 일부라도 내포되어 있는지 여부에 의하여 판단할 것이 아니라, 입법목적이나 입법동기, 입법 당시의 시대적 배경 및 관련조항들의 체계 등을 종합하여 실질적 동일성이 있는지 여부에 따라 판단하여야 할 것이다(2010. 12. 28. 2008헌바89). 헌법재판소법 제40조에 의하면, 기판력의 객관적·주관적 범위에 관한 민사소송법 제216조, 제218조 등에 관한 법리가 헌법재판소의 모든 결정에 원칙적으로 준용된다고 할 수 있다.[184]

한편, 기속력이 결정주문에만 미치는가 아니면 결정의 중요한 이유에도 미치는가 하는 것이 문제되는데, 결정의 주문에 미치는 것에는 별다른 이견이 없다. 그러

183 김유향, 전게서, 1514면.
184 김지형, 헌법재판소결정의 기판력–특히 독일에서의 논의를 중심으로, 헌법논총 3집, 헌법재판소, 1992, 277면.

나 결정의 중요 이유에도 미치는지에 대해서는 긍정설과 부정설이 있다.[185]

a) 학설[186]

먼저, ① 부정설은 헌법재판 결정의 기속력은 결정문의 주문에만 미친다고 본다. 기속력을 주문 이외의 범위로 확장하는 것은 헌법재판의 한계를 일탈하고 권력분립을 침해하는 것이고, 특히 결정의 중요한 이유에 대하여 기속력을 인정한다고 하더라도, 그 범위를 헌법재판소가 결정하는 것도 아니고, 중요한 것과 중요하지 않은 것을 구분하는 경계의 설정이 분명하지 아니하여 오히려 법적 안정성에 혼란을 가져올 뿐이라고 주장한다.[187] 다음으로, ② 긍정설은 헌법재판 결정의 기속력은 당해 결정주문과 그 주문을 도출하는 데 중요한 뒷받침이 된 이유에도 미친다고 본다. 즉, 기속력은 구체적으로 "결정주문과 중요한 결정 이유에서 나타나는 헌법해석의 원칙"을 포괄하여 기속력을 발휘한다. 이에 국가기관 및 지방자치단체는 헌법재판소의 주문뿐만 아니라 주문을 이유 있게 하는 헌법적 기본법리도 행위의 준칙으로 삼아야 하고, 결정의 중요 이유에도 기속력을 인정하여야 유사사건이나 후속사건에 있어서도 분쟁의 반복을 방지하는 효율적이라고 본다. 다만, 그 경우에도 기속력은 헌법의 해석을 통하여 획득한 헌법재판소의 법해석에 대한 추상적인 것이 아니고 구체적 소송물과 관련된 동질의 경우에만 미치게 되므로 긍정설에서도 방론(放論)은 기속력을 가지지 않는다고 본다.[188]

b) 헌법재판소 판례

헌법재판소는 결정 이유에까지 기속력이 미치는지에 대해서는 판단을 유보하고

185 기판력은 주문에만 미친다는 것이 통설적 견해이지만, 기판력이 판결 주문에만 미치고 판결 이유에 미치지 않도록 한 취지는 기속력이 결정 이유에까지 미치는지 여부와는 직접적인 관계가 없다. 왜냐하면 기판력은 기본적으로 소송당사자와 법원을 구속하는 효력이지만, 기속력은 모든 국가기관과 지방자치단체를 구속하는 효력이기 때문이다.

186 김유향, 전게서 1514면; 최희수, 헌법재판소 결정의 중요 이유의 기속력에 관한 연구, 공법연구 33집 1호, 한국공법학회, 2004, 549면; 허완중, 헌법재판소결정의 기속력, 헌법판례연구 13권, 헌법재판소, 2012, 356면.

187 정종섭, 전게서, 154면.

188 이성환, 전게 보고서, 251면; 남복현, 전게 박사학위논문, 185면 이하.

있다. 다만 결정 이유에까지 기속력이 인정되려면 해당 결정 이유에 대한 재판관 6인 이상의 찬성이 있어야 한다고 보고 있다(2008. 10. 30. 2006헌마1098).[189]

c) 검토

생각건대 결정의 중요한 이유에까지 기속력이 미친다고 하게 되면 중요한 것과 중요하지 않은 것을 구분하는 경계의 설정이 분명하지 아니하여 오히려 법적 안정성에 혼란을 가져올 수 있다. 따라서 원칙적으로 부정설이 타당하다. 다만 유사사건이나 후속사건에 있어서 분쟁의 반복을 방지하기 위해서는, 위헌결정의 정족수인 재판관 6인 이상의 찬성이 있는 결정 이유가 결정주문의 의미 파악을 위하여 필요한 범위 내에서는 구속력을 가진다고 할 것이다.[190]

3) **구법에 대한 위헌결정의 기속력**

대법원은, 헌법재판소가 위헌으로 결정한 법조항이 위헌결정 이전에 이미 개정되었으나 용어만 바뀌었을 뿐 내용의 동일성이 유지된다면 구법에 대한 위헌결정의 효력은 개정법에도 미친다고 판시하였다(2014. 8. 28. 2014도5433[191]). 이에 대해서는 대법원이 해석으로 법률의 효력을 소멸시키는 것이므로 헌법재판소의 위헌

189 [3차 안마사 사건]에서 종전 위헌결정의 기속력에 반하지 않는다고 함. 그 논거로, 이유에 대해 기속력이 미치더라도 6인 이상이 찬성한 경우만 미친다는 것임.(2006. 5. 25. 2003헌마715) 위헌의견을 낸 재판관 7인 중, ① 기본권 제한에 관한 사항을 법률에 규정하지 않고 하위법규인 '안마사에 관한 규칙'으로 정한 것이 법률유보원칙에 위배되는지 여부에 대하여 재판관 2인이, ② 시각장애인에 대하여만 안마사자격을 인정하는 것이 과잉금지원칙에 위반하여 비시각장애인의 직업선택의 자유를 침해하는 것인지 여부에 대하여 재판관 2인이, ③ 위 ①, ② 모두에 대하여 재판관 3인이 각각 위헌의견을 제시. → 법률에 규정한 후, 다시 소원(헌재 2008. 10. 30. 2006헌마1098) 위헌결정의 기속력에 반하는가가 문제된다.

190 김유향, 전게서, 1514면.

191 개정 특가법조항을 비롯한 「특정범죄 가중처벌 등에 관한 법률」 조항들은 구 특가법조항을 포함한 구 「특정범죄 가중처벌 등에 관한 법률」 조항들의 한글화, 어려운 법률 용어의 순화, 한글맞춤법 등 어문 규범의 준수 및 정확하고 자연스러운 법 문장의 구성 등의 방식으로 그 자구만이 형식적으로 변경된 데 불과하여 개정 전후 법률조항들 자체의 의미내용에 아무런 변동이 없고, 개정 특가법조항이 해당 법률의 다른 조항이나 관련 다른 법률과의 체계적 해석에서도 구 특가법조항과 다른 의미로 해석될 여지가 없어 양자의 동일성이 그대로 유지되고 있다고 보이므로 이 사건 위헌결정의 주문에 개정 특가법조항이 표시되어 있지 아니하더라도 그 위헌결정의 효력은 개정 특가법조항의 해당 부분에 대하여도 미친다.

결정권한을 침해한 것이라는 견해도 있는데, 헌법재판소가 위헌결정의 주문에 표시하지 않은 법률조항에 대하여 위헌의 의심이 있는 경우, 우리 헌법은 대법원이 해석으로 위 법률의 효력을 소멸시킬 수 있는 권한을 부여한 것이 아니라 헌법재판소에 위헌제청할 수 있는 권한만을 부여했기 때문이라고 주장한다(제107조 제1항). 생각건대, 신속한 국민의 권리구제 측면에서 위 대법원 판시 태도가 정당한 측면이 분명 있으므로 쉽게 단정하기는 어렵다고 할 것이다.

(라) 기속력의 특별한 문제로서 반복입법 문제

입법기관이 헌법재판소가 위헌으로 결정한 법률과 같거나 비슷한 내용의 법률을 다시 입법하는 것이 허용되거나 금지되는지 여부가 문제된다. 이는 기판력이 아니라 기속력의 주관적 범위 및 객관적 범위와 관계되는 문제이다.[192] 기속력이 중요 이유에도 미친다고 하는 견해에 의하면, 중요 이유는 당해 사건을 떠나 추후에도 일반적으로 구속력을 가지므로 원칙적으로 반복입법은 허용되지 않는다고 할 것이다.[193, 194] 이 경우에도 기속력의 주관적 범위가 문제될 수 있다. 즉, 기속력이 중요 이유에도 미치더라도, 주관적 범위에서 입법기관은 그 특성상 기속력에 의해 구속되지 않는다는 주장이 있을 수 있기 때문이다. 우리 헌법재판소는 이 문제에 대해 정면으로 판시한 바 없다.[195] 독일 연방헌법재판소는 연방헌법재판소법 제31조가 입법기관에 대해 예외규정을 두고 있지 않으므로, 헌법재판소의 위헌결정은 연방의 모든 헌법기관을 동일한 내용의 법률을 다시 제정하지 못한다는 입장이었

192 입법기관은 당해 사건의 당사자도 아니고, 다시 제정된 법은 위헌으로 결정된 법과 달라서 소송물이 다르다.(김지형, 전게 논문, 291면, 300면)

193 김하열, 전게서, 207면.

194 기속력의 객관적 범위를 주문에 한정하는 견해에 의하면, 위헌결정 후 입법기관이 새로운 절차를 거쳐 다시 법률을 제정하였다면 내용이 동일하더라도 별개의 법률이므로 기속력이 미치지 않는다고 볼 수 있을 것이다. 그러나 기속력이 미치는 객관적 범위를 주문의 판단 대상으로서 소송물이 된 사실관계, 즉 행정판례에서 말하는 처분사유의 추가·변경의 한계로서의 기본적 사실관계의 동일성을 기준으로 본다면, 기속력의 객관적 범위를 주문에 한정한다고 하더라도 기본적 사실관계의 동일성이 인정되는 범위 내의 사실을 대상으로 하는 반복입법은 기속력에 저촉된다고 볼 여지가 있다.

195 이에 대한 독일 연방헌법재판소의 입장과 학설에 대해서는 정연주, 안마사 결정의 재검토 위헌결정 – 기속력의 주관적, 객관적 범위의 문제를 중심으로 –, 홍익법학, 홍익대학교 법학연구소, 2009, 322면 이하.

다.[196] 하지만 연방헌법재판소 제1재판부는 그 후 견해를 변경하여 반복입법이 허용되지만 동일한 내용의 입법을 하려면 '특별한 근거'가 필요하다고 하여 입장을 완화하였다. 여기서 '특별한 근거'란 헌법재판소의 판단에 기준이 되었던, 사실적·법적 관계나 그에 관한 견해의 본질적 변경이 있을 때 인정된다고 한다.[197] 국내의 학설은 대체로 입법자는 형식적으로는 헌법재판소 결정에 기속되지 않지만, 특별한 정당화 사유가 존재할 때에만 반복입법을 할 수 있다고 한다.[198] 생각건대 입법자가 헌법재판소 결정에 기속되지 않는 이유로 위헌결정과 반복입법에 있어서 정치적 부담의 균형 문제를 추가하고자 한다. 위헌결정 이후에 의회가 동일한 내용의 입법을 제정하기 위해서는 상당한 정치적 부담을 감수해야 한다. 의회가 그러한 정치적 부담을 감수하고 동일한 내용의 입법을 제정하였다면, 헌법재판소는 그 법률이 기속력에 반한다는 이유로 위헌 무효화할 것이 아니라, 그 법률의 내용이 헌법에 위반된다는 실체적 이유로 다시 위헌판단을 하는 것이 정치적 부담을 균등하게 지는 것이며, 이것이 권력분립의 정신에도 부합한다.

(3) 법규적 효력(대세효)[199]

(가) 의의 및 근거

헌법재판소 결정의 법규적 효력은 헌법재판소에서 법규범을 심판대상으로 하는 경우에 인정되는 특수한 효력이다. 법규적 효력은 법규범에 대한 헌법재판소의 위

196 BVerfGE 1, 14(37); 69, 112(115). 입법권은 집행권 및 사법권과는 달리 헌법질서에만 기속될 뿐 헌법 하위의 법질서에는 기속되지 않으며, 입법자는 새로운 입법을 통하여 헌법재판소와 다른 헌법해석에 관한 견해를 표명할 수 있고, 변동하는 사회적 요청에 부합하는 법질서를 창설할 수 있어야 한다는 것이 그 이유이다.(정호경, 전게 논문, 363-364면)

197 BVerfGE 96, 260(263); 102, 127(141f.).

198 정연주, 전게 논문, 328면; 정종섭, 전게서, 360면 이하; 김하열, 전게서, 208면 등. 입법자가 동일한 내용의 규범을 반복적으로 제정하는 것은 특별한 이유를 필요로 한다고 본다. 입법자가 헌법재판소의 헌법해석으로부터 벗어나기 위해서는, 충분히 설득력 있고 납득할 만한 이유가 존재해야 한다. 무엇보다도 이러한 이유에 해당하는 것은 헌법적 판단에서 중요한 사실적·법적 관계의 근본적인 변화 및 법적 견해의 본질적 변화이다.(한수웅, 전게서, 1365면)

199 **기판력(당사자) ⇒ 기속력(국가기관) ⇒ 법규적 효력(일반 사인: 법규적 효력은 일반 사인이 위헌으로 결정된 법률에 대해 더 이상 구속을 받지 아니하는 효력을 의미한다.)**

헌결정이 일반적 구속력을 가지고 일반 사인에게도 그 효력을 미치는 것을 의미한다(**대세적 효력**). 이러한 법규적 효력을 명문에서 직접 언급한 헌법규정이나 헌법재판소법의 규정은 없으나, 헌재법 제47조 제2항은 "위헌으로 결정된 법률 또는 법률의 조항은 그 결정이 있는 날로부터 효력을 상실한다."고 규정하고 있어 이를 법규적 효력의 근거로 볼 수 있다고 할 것이다. 위헌결정으로 법률의 효력이 '상실'된다는 것은 법률을 폐지하는 효과를 가져오기 때문이다.[200]

(나) 내용

법규적 효력은 법규범에 대한 헌법재판소의 위헌결정에 대하여 소송당사자를 수범인으로 하는 기판력의 주관적 범위뿐만 아니라 국가기관을 수범인으로 하는 기속력의 주관적 범위를 능가하여 일반 사인에게도 그 효력이 미치는 일반적 구속성을 가진다(대세적 효력). 따라서 국가기관과 마찬가지로 일반국민은 헌법재판소가 위헌으로 선언한 법규범에 더 이상 구속을 받지 않는다.

헌재판례) 2012. 12. 27. 2012헌바60

가. 구 '교통사고처리특례법' 제4조 제1항에 대한 **종전의 일부위헌 결정의 존재**
헌법재판소는 2009. 2. 26. 선고된 2005헌마764, 2008헌마118병합 결정에서 구 '교통사고처리특례법'(2003. 5. 29. 법률 제6891호로 개정된 것) 제4조 제1항 본문 중 업무상 과실 또는 중대한 과실로 인한 교통사고로 말미암아 피해자로 하여금 중상해에 이르게 한 경우에 공소를 제기할 수 없도록 규정한 부분은 헌법에 위반된다는 결정을 하였는바, 그 요지는 다음과 같다.『교통사고 피해자가 중상해를 입은 경우 사고발생 경위, 피해자의 특이성(노약자 등)과 사고발생에 관련된 피해자의 과실 유무 및 정도 등을 살펴 가해자에 대하여 정식 기소 이외에도 약식기소 또는 기소유예 등 다양한 처분이 가능하고, 정식 기소된 경우에는 피해자가 재판절차진술권을 행사할 수 있게 하여야 함에도, 심판대상조항에서 가해차량이 종합보험 등에 가입하였다는 이유로 '교통사고처리 특례법' 제3조 제2항 단서조항에 해당하지 않는 한 무조건 면책되도록 한 것은 기본권 침해의 최소성에 위반된다. 나아가 교통사고의 신속한 처리 또는 전과자의 양산 방지라는 공익을 위하여 피해자의 사익을 현저히 경시하여 법익 균형성에도 위반된다. 따라서 심판대상조항은 과잉금지원칙에 위반하여 업무상 과실 또는 중대한 과실에 의한 교통사고로 중상해를 입은 피해자의 재판절차진술권을 침해한 것이다. 한편 '교통사고처리 특례법' 제3조 제2항 단서조항에 해당하지 않는 교통사고

200 이동흡, 전게서, 140면.

로 인하여 중상해를 입은 피해자는, 우연하게도 단서조항에 해당하는 교통사고를 당한 중상해 피해자가 재판절차진술권을 행사하게 되는 것과 비교할 때 합리적인 이유 없이 차별취급을 당하게 된다. 또한 교통사고로 인하여 중상해를 입은 결과 식물인간이 되거나 평생 심각한 불구 또는 난치의 질병을 안고 살아가야 하는 피해자의 경우 그 결과의 불법성이 사망사고보다 결코 작다고 단정할 수 없으므로, 교통사고로 인하여 피해자가 사망한 경우와 달리 중상해를 입은 경우 가해 운전자를 기소하지 않음으로써 **그 피해자의 재판절차진술권을 제한**하는 것 또한 합리적인 이유가 없는 차별취급이다. 따라서 심판대상조항은 위 단서조항에 해당하지 아니하는 교통사고로 중상해를 입은 피해자들의 평등권도 침해한다.』

나. 종전 결정으로 인한 심판대상 조항의 축소

헌법재판소가 위헌으로 결정한 법률 또는 법률의 조항은 그 결정이 있는 날로부터 효력을 상실하는바(헌법재판소법 제47조 제2항, 제75조 제6항), 구 '교통사고처리 특례법' 제4조 제1항은 헌법재판소의 일부위헌 결정이 있었던 2009. 2. 26.로부터 2010. 1. 25. 법률 제9941호로 개정되기 전까지 "본문 중 업무상 과실 또는 중대한 과실로 인한 교통사고로 말미암아 피해자로 하여금 중상해에 이르게 한 경우에 공소를 제기할 수 없도록 규정한 부분"을 제외한 나머지 부분에 한하여 법률로서 유효한 효력을 가진다. 즉, 심판대상조항은 종전 위헌결정 이후 그 적용범위가 축소되어, 업무상 과실 또는 중대한 과실로 인한 교통사고로 말미암아 피해자로 하여금 중상해에 미치지 아니하는 정도의 상해에 이르게 한 경우에 한하여 적용된다.

다. 이 사건 심판청구의 성격과 재판의 전제성

심판대상조항은 교통사고를 내어 피해자로 하여금 중상해에 미치지 아니하는 상해에 이르게 한 경우 공소를 제기할 수 없도록 하는 것이므로 심판대상조항이 위헌으로 판단된다고 하더라도, 종전 위헌결정이 있은 후 교통사고를 내어 피해자로 하여금 중상해에 이르게 하였다는 범죄사실로 유죄판결을 선고받은 청구인에게는 아무런 영향이 없다고 보아 심판대상조항의 재판의 전제성을 부인할 수도 있다. 그러나 청구인이 이 사건 심판청구에 이른 진정한 의도는, 헌법재판소가 종전 결정을 번복하여 심판대상조항에 존재하는 입법적 결함을 인정하도록 함으로써 **당해 형사사건에서 청구인에 대하여 공소권이 없다는 판결을 선고받기 위한 것**이라고 볼 수 있다. 이러한 측면에서, 위헌결정의 직접적인 효력으로서 심판대상조항 자체의 효력이 상실되는 것만으로는 청구인에 대하여 공소권이 없다는 판결이 선고될 수 없다는 이유로 심판대상조항의 재판의 전제성이 없다고 한다면 이 사건 심판청구가 지니는 진정한 의미를 외면하는 것이 되고 만다. 따라서 이 사건 심판청구는 종전 결정으로 발생한 입법의 흠결을 보충하기 위한 부진정입법부작위를 다투는 청구로 이해하고 판단하기로 한다. 한편, 부진정입법부작위의 위헌 확인 청구와 재판의 전제성과 관련하여, 헌법재판소법 제68조 제2항에 의한 헌법소원은 '법률'의 위헌성을 적극적으로 다투는 제도이므로 '법률의 부존재', 즉 진정입법부작위를 다투는 것은 그 자체로 허용되지 아니하나(헌재 2000. 1. 27. 98헌바12, 공보 42, 136, 140 참조), 다만 법률이 불완전·불충분하게 규정되었음을 근거로 법률 자체의 위헌성을 다투는 취지, 즉 부진정입법부작위를 다투는 것으로 이해될 경우에는 그 법률이 당해 사건의 재판의 전제가 된다는 것을 요건으로 허용될 수 있다. 한편 심판대상 법률조항의 적용에서 배제된 자가 부진정입법부작위를 다투는 경우, 심판대상 법률조항에 대한 위헌결정만으로는 당해 사건 재판의 결과에 영향이 없다고 하더라도, 위헌 또는 헌법불합치 결정의 취지에 따라 당해 법률조항이 개정되는 때에는 당해 사건의 결과에 영향을 미칠 가능성이 있으므로 재판의 전제성이 인정될 수 있다.
라. 종전 결정의 효력과 이 사건 심판청구
이 사건 심판청구가 부진정입법부작위를 다투는 청구로서 재판의 전제성을 지니고 있다고 하더라도, 이 사건에서 청구인이 입법의 결함이라 주장하고 있는 실질을 살펴보면, 헌법재판소의 2005헌마764, 2008헌마118병합 결정에서 위헌으로 결정되어 효력을 상실한 법률조항 부분과 일치하고, 이에 따라 청구인의 주장은 위 결정을 번복하여 합헌선언을 할 것을 구하는 것과 다름이 없다. 헌법재판소법은 위헌으로 결정된 법률 또는 법률조항은 원칙적으로 그 결정이 있는 날로부터 효력을 상실하도록 규정하고 있다(제47조 제2항, 제75조 제6항). 이에 따라 법률 또는 법률조항에 대한 위헌결정은 일반적 기속력과 대세적·법규적 효력을 가진다. 즉, 법규범에 대한 헌법재판소의 위헌결정은 소송당사자나 국가기관 이외의 일반 사인에게도 그 효력이 미치고, 종전 위헌결정의 기초가 된 사실관계 등의 근본적인 변화에 따른 특별한 정당화 사유가 있어 반복입법이 이루어지는 경우가 아닌 한, 일반 국민은 헌법재판소가 위헌으로 선언한 법규범이 적용되지 않는 것을 수인해야 하고, 위헌으로 선언한 법규범에 더 이상 구속을 받지 않게 된다. 이러한 효력은 법원에서의 구체적·개별적 소송사건에서 확정된 판결이 그 기속력이나 확정력에 있어서 원칙적으로 소송당사자에게만 한정하여 그 효력이 미치는 것과 크게 다른 것이다. 한편 법률에 대한 헌법재판소의 위헌결정에 대한 불복이 허용된다면, 종전에 헌법재판소의 위헌결정으로 효력이 상실된 법률 또는 법률조항에 대하여 새로이 합헌결정이 선고되어 그 효력이 되살아날 수 있게 되고, 이러한 결과는 그 문제된 법률 또는 법률조항과 관련되는 모든 국민의 법률관계에 이루 말할 수 없는 커다란 혼란을 초래하거나 그 법적 생활에 대한 불안을 가져오게 할 수도 있다(헌재 1992. 6. 26. 90헌아1). 그렇다면 종전 결정에서 이미 위헌선언되어 효력이 상실된 법률조항 부분이 입법의 결함에 해당한다고 주장하는 이 사건 헌법소원심판청구는 종전의 위헌결정에 대한 불복이거나, 위헌으로 선언된 규범의 유효를 주장하는 것이어서 법률조항에 대한 위헌결정의 법규적 효력에 반하여 허용될 수 없다.

(4) 집행력

현행 헌법재판소법은 헌법재판의 결정이 가지는 집행력에 대해서는 일반적으로 규정하고 있지는 아니하다. 정당해산심판에 있어서만 헌법재판소법 제60조에서 "정당의 해산을 명하는 헌법재판소의 결정은 중앙선거관리위원회가 정당법의 규정에 의하여 이를 집행한다"고 집행력에 대하여 규정하고 있다.

4. 재심의 허용 여부[201] (★★)

(1) 재심의 개념

재심이라 함은 확정된 종국판결에 재심사유에 해당하는 중대한 사유가 있는 경

201 이동흡, 전게서, 141면 이하.

우에 그 판결의 취소와 이미 종결되었던 사건의 재심판을 구하는 비상의 불복신청 방법이다. 판결이 확정되면 기판력이 생기고 법적 안정성이 확보된다. 그러나 판결에 중대한 절차상의 하자·판결기초에 잘못이 있는 경우에도 법적 안정성이라는 일반적 정의에 집착하면, 재판의 적정과 위신을 지킬 수 없을 뿐더러 당사자의 권리구제라는 구체적 정의에도 반한다. 그리하여 법적 안정성과 구체적 정의의 상반하는 요청을 조화시키기 위해 마련된 것이 재심제도이다.

(2) 헌법재판소 결정에 대한 재심 허용 여부

헌법재판소법은 헌법재판소의 결정에 대한 재심의 허용 여부에 관하여 별도의 명문규정을 두고 있지 아니하여 헌법재판소의 결정에 대하여도 재심이 허용되는지가 문제된다.

(가) 학설 및 판례

헌법재판소 결정에 대한 재심의 허용 여부에 대해서는 '개별적 허용설'과 '일반적 허용설'이 대립하는데, ① 개별적 허용설은 재심의 허용 여부는 헌법재판의 각종 심판절차의 종류에 따라 개별적으로 판단하여야 한다고 주장하고, ② 일반적 허용설은 심판절차의 성질이 반하지 않는 한 민사소송법의 재심에 관한 규정이 준용되어야 한다고 주장한다. 헌법재판소는 "헌법재판은 그 심판의 종류에 따라 그 절차의 내용과 결정의 효과가 한결같지 아니하기 때문에 재심의 허용 여부 내지 허용 정도는 심판절차의 종류에 따라 개별적으로 판단되어야 한다"(1995. 1. 20. 93헌아1)고 하여 개별적 허용설의 입장을 취하고 있다.

(나) 검토

재심의 허용 여부는 법적 안정성과 구체적 타당성의 비교형량을 통해 심판절차의 종류에 따라서 개별적으로 판단하여야 한다는 측면에서 볼 때, 개별적 허용설이 타당하다고 할 것이다.

(3) 개별심판 절차에서의 재심 허용 여부

(가) 위헌법률심판

위헌법률심판에서 법률에 대한 위헌결정은 당해 사건에만 적용되지 않는 것이 아니라 법률 자체의 효력을 상실시키는 일반적 효력을 갖는다. 따라서 헌법재판소의 결정에 대하여 재심이 허용된다면, 종전에 위헌결정으로 효력이 상실된 법률에 대해 새로이 합헌결정이 선고되어 그 효력이 되살아날 수 있으며, 그 결과 그 문제된 법률과 관련되는 모든 국민의 법률관계에서 이루 말할 수 없는 혼란을 초래하거나 법적 불안정을 가져올 수 있다. 결국 재심을 허용하지 아니함으로써 얻을 수 있는 법적 안정성의 이익이 재심을 허용함으로써 얻을 수 있는 구체적 타당성의 이익보다 훨씬 크다고 할 것이므로, 위헌법률심판에서는 재심을 허용하지 않는 것이 타당하다고 할 것이다.[202] 또한 위헌법률심판절차에서 제청신청인은 사건의 당사자라고 할 수 없으므로 위헌법률심판사건에서 행하여진 결정에 대하여 재심을 청구할 수 있는 지위 내지 적격을 갖지 못한다(2004. 9. 23. 2003헌아51).

(나) 헌법재판소법 제68조 제2항 헌법소원

헌법재판소법 제68조 제2항의 헌법소원에 있어서 인용결정은 위헌법률심판과 마찬가지로 이른바 일반적 기속력과 대세적·법규적 효력을 가진다. 따라서 이 경우에도 위헌법률심판의 경우와 마찬가지로 법적 안정성의 이익이 구체적 타당성의 이익보다 훨씬 크다고 할 것이므로, 재심이 허용되지 않는다. 헌법재판소도 "위헌법률심판을 구하는 헌법소원에 대한 헌법재판소의 결정에는 재심에 의한 불복방법이 그 성질상 허용될 수 없다"고 판시하였다(1992. 6. 26. 90헌아1).

(다) 헌법재판소법 제68조 제1항 헌법소원

1) 법령헌법소원

헌법재판소법 제68조 제1항의 헌법소원 중 법령에 대한 헌법소원은 일종의 규범

---

202 전게 헌법재판실무제요, 105면.

통제제도로서, 그 결정의 효력이 당사자에게만 미치는 데 그치지 않고, 위헌법률심판과 마찬가지로 이른바 일반적 기속력과 대세적·법규적 효력을 가진다. 그렇다면 위헌법률심판이나 헌법재판소법 제68조 제2항의 헌법소원과 마찬가지로 재심이 허용되지 않는다고 할 것이다.

헌재판례) 법령헌법소원에서의 재심(2002. 9. 19. 2002헌아5)

헌법재판소는 "제68조 제1항에 의한 헌법소원 중 '행정작용에 속하는 공권력작용을 대상으로 하는 권리구제형 헌법소원'의 경우 그 결정의 효력이 원칙적으로 당사자에게만 미치기 때문에 법령에 대한 헌법소원과는 달리 일반법원의 재판과 같이 민사소송법의 재심에 관한 규정을 준용하여 재심을 허용함이 상당하다"고 판시한 바 있다(헌재 2001. 9. 27. 2001헌아3). 그런데 헌법재판소법 제68조 제1항 헌법소원 중 법령 헌법소원은 그 결정의 효력이 당사자에게만 미치는 데 그치지 아니한다는 점에서 행정작용에 속하는 공권력작용을 대상으로 하는 권리구제형 헌법소원의 경우와 구별된다. 즉, 이 경우 헌법재판소의 인용(위헌)결정은 위헌법률심판의 경우와 마찬가지로 이른바 일반적 기속력과 대세적·법규적 효력을 가지는 것이므로, 동법 제68조 제1항에 의한 법령에 대한 헌법소원은 그 효력 면에서 동법 제68조 제2항의 헌법소원과 유사한 성질을 지니고 있다. 따라서 그 결정에 대한 재심절차의 허용 여부를 공권력의 작용을 대상으로 하는 권리구제형 헌법소원절차와 같이 보는 것은 타당하다고 할 수 없다. 헌법재판소는 헌법재판소법 제68조 제2항의 헌법소원에 관한 헌법재판소의 결정에 대한 재심의 허용 여부에 관하여 그 인용결정이 갖는 일반적 기속력과 대세적·법규적 효력을 근거로 하여 사안의 성질상 재심을 허용할 수 없는 경우라고 판시한 바 있다(1995. 1. 20. 헌재 93헌아1). 청구인이 재심청구대상으로 삼고 있는 원결정의 심판의 대상은 구 수용자규칙 제3조 제21호 중 '서신'에 관한 부분, 제4조 제1항 제2호, 제7조 제3항 단서로서, 이들 규정은 행형법 제45조 제1항, 제46조 제1항 제5호, 같은 조 제4항 등의 위임에 의한 법무부령의 규정이다. 따라서 이들 규정에 대한 원결정은 그 성격상 헌재법 제68조 제1항 법령 헌법소원 심판청구에 관한 결정이다. 그렇다면, 동법 제68조 제1항에 의한 헌법소원 중 법령에 대한 헌법소원은 동법 제68조 제2항에 의한 경우와 동일한 근거로써 재심을 허용함이 상당하지 아니하다 할 것이고, 따라서 허용될 수 없는 헌법재판소법 제68조 제1항에 의한 법령에 대한 헌법소원의 결정을 재심청구의 대상으로 삼고 있는 청구인의 이 사건 재심청구는 부적법하다.

2) 구체적 공권력작용에 대한 헌법소원

헌법재판소법 제68조 제1항에 의한 헌법소원 중 특정인에 대한 교도관의 이발강제, 검사의 기소유예처분 등 구체적 공권력작용에 대한 헌법소원은 그 결정의 효력이 원칙적으로 그 당사자에게만 미치기 때문에 법적 안정성을 크게 해치는 바가 없으므로 개인의 권리구제의 측면에서 재심을 허용함이 타당하다고 할 것이다. 헌법재판소도 "헌법재판소법 제68조 제1항에 의한 헌법소원 중 행정작용에 속하는 공권력작용을 대상으로 하는 심판절차에서는, 그 결정의 효력이 원칙적으로 당사자에게만 미치기 때문에 법령에 대한 헌법소원과는 달리 일반법원의 재판과 같이 민사소송법의 재심에 관한 규정을 준용하여 재심을 허용함이 상당하다"고 판시하였다(1995. 1. 20. 93헌아1; 2001. 9. 27. 2001헌아3).

(라) 탄핵심판, 정당해산심판, 권한쟁의심판

탄핵심판, 정당해산심판, 권한쟁의심판에서 헌법재판소의 인용결정의 효력은 당해 피청구인에 대해서만 미치기 때문에, 이 경우에는 재심을 허용함으로써 얻을 수 있는 구체적 타당성의 이익이 재심을 허용하지 아니함으로써 얻을 수 있는 법적 안정성의 이익보다 크다고 할 것이다. 따라서 탄핵심판, 정당해산심판, 권한쟁의심판의 경우에는 재심을 허용하는 것이 타당하다고 보인다.

헌재판례) 통합진보당 해산결정에 대한 재심청구(2016. 5. 26. 2015헌아20)

정당해산심판은 원칙적으로 해당 정당에게만 그 효력이 미치며, 정당해산결정은 대체정당이나 유사정당의 설립까지 금지하는 효력을 가지므로 오류가 드러난 결정을 바로잡지 못한다면 장래 세대의 정치적 의사결정에까지 부당한 제약을 초래할 수 있다. 따라서 정당해산심판절차에서는 재심을 허용하지 아니함으로써 얻을 수 있는 법적 안정성의 이익보다 재심을 허용함으로써 얻을 수 있는 구체적 타당성의 이익이 더 크므로 재심을 허용하여야 한다. 한편, 이 재심절차에서는 원칙적으로 민사소송법의 재심에 관한 규정이 준용된다. 재심대상결정의 심판대상은 재심청구인의 목적이나 활동이 민주적 기본질서에 위배되는지, 재심청구인에 대한 정당해산결정을 선고할 것인지, 정당해산결정을 할 경우 그 소속 국회의원에 대하여 의원직 상실을 선고할 것인지 여부이다. 내란음모 등 형사사건에서 내란음모 혐의에 대한 유·무죄 여부는 재심대상결정의 심판대상이 아니었고 논리적 선결문제도 아니다. 따라서 이○기 등에 대한 내란음모 등 형사사건에서 대법원이 지하혁명조직의 존재와 내란음모죄의 성립을 모두 부정하였다 해도, 재심대상결정에 민사소송법 제451조 제1항 제8호의 재심사유가 있다고 할 수 없다. 재심대상결정에서 소속 국회의원의 의원직을 상실시킨 것이 위법하다거나 재심대상결정 중 경정 대상이 아닌 내용을 경정한 것이 위법하다는 주장은, 재심대상결정이 사실을 잘못 인정하였거나 법리를 오해한 위법이 있다는 것에 불과하므로 민사소송법 제451조 제1항의 어느 재심사유에도 해당하지 않는다.

(4) 재심사유

(가) 재판부 구성의 위법

헌법재판소의 구성에서 위법한 점이 있으면 재심이 허용된다. 헌법재판소는 "헌법재판소의 결정에 대한 재심은 재판부의 구성이 위법한 경우 등 절차상 중대하고도 명백한 위법이 있어서 재심을 허용하지 아니하면 현저히 정의에 반하는 경우에 … 허용된다"고 판시하고 있다(1995. 1. 20. 93헌아1).

(나) 판단유탈

판단유탈의 재심사유 인정 여부에 대해 헌법재판소는 종래 부정설을 취해오다 판례를 변경하여 민사소송법을 준용하여 '판단유탈'에 대하여도 재심사유로 인정하고 있다(2001. 9. 27. 2001헌아3).

헌재판례) 판단유탈의 재심사유 인정(2001. 9. 27. 2001헌아3)

헌법소원심판절차에서 직권주의가 적용되고 있는 것은 사실이지만, 직권주의가 적용된다는 의미는 당사자가 주장하지 아니한 적법요건 및 기본권 침해 여부에 관하여도 직권으로 판단할 수 있다는 것이지 당사자가 주장한 사항에 대하여 판단하지 않아도 된다는 의미는 아닐 뿐만 아니라, 직권주의가 적용된다고 하여 당사자의 주장에 대한 판단유탈이 원천적으로 방지되는 것도 아니므로 헌법소원심판절차에 직권주의가 적용된다고 하더라도 이는 "판단유탈"을 재심사유에서 배제할 만한 합당한 이유가 되지 못한다. 특히 민사소송법 제422조 제1항 제9호 소정의 "판단유탈"의 재심사유는 모든 판단유탈을 그 사유로 함에 있지 아니하고 판결에 영향을 미칠 중요한 사항에 대한 판단유탈만을 그 사유로 하고 있으므로 더욱 그러하다. 만약 이러한 "판단유탈"이 재심사유로 허용되지 않는다고 본다면 중대한 사항에 대한 판단을 유탈함으로써 결정에 영향을 미쳤다고 하더라도 이 잘못은 영원히 시정할 길이 없게 된다. 더욱이 헌법재판소법 제71조 제1항 제4호의 규정에 따르면 같은 법 제68조 제1항의 규정에 의한 헌법소원의 심판청구서에는 반드시 청구이유를 기재하도록 되어 있는데, 그 취지는 청구인의 청구이유에 대하여 유탈함이 없이 판단할 것을 요구함에 있다. 이와 같은 점들을 고려할 때, 공권력의 작용에 대한 권리구제형 헌법소원심판절차에 있어서 '헌법재판소의 결정에 영향을 미칠 중대한 사항에 관하여 판단을 유탈한 때'를 재심사유로 허용하는 것이 헌법재판의 성질에 반한다고 볼 수는 없다. 또한 공권력의 작용을 대상으로 하는 권리구제형 헌법소원의 경우에는 법령에 대한 헌법소원과는 달리 사실의 판단이나 그에 대한 법령의 적용을 바탕으로 하여 헌법해석을 하게 되는 것이고, 사전구제절차를 거친다 하여 헌법재판시의 판단유탈을 예방할 수 있는 것도 아니므로 헌법의 해석을 주된 임무로 하고 있는 헌법재판의 특성이나 사전구제절차를 거친 뒤에야 비로소 헌법소원을 제기할 수 있다고 하는 사정도 "판단유탈"을 재심사유에서 배제할 합당한 이유가 되지 못한다고 하겠다. 결국 민사소송법 제422조 제1항 제9호 소정의 "판단유탈"을 재심사유로 허용하는 것은 공권력의 작용을 대상으로 하는 권리구제형 헌법소원의 성질에 반한다고 할 수 없으므로 민사소송법 제422조 제1항 제9호를 준용하여 "판단유탈"도 재심사유로 허용되어야 한다. 따라서 종전에 이와 견해를 달리하여 헌법재판소법 제68조 제1항에 의한 헌법소원 중 행정작용에 속하는 공권력작용을 대상으로 한 권리구제형 헌법소원에 있어서 민사소송법 제422조 제1항 제9호 소정의 판단유탈은 재심사유가 되지 아니한다는 취지로 판시한 우리 재판소의 의견(헌재 1995. 1. 20. 93헌아1; 1998. 3. 26. 98헌아2)은 이를 변경하기로 한다.

(다) 판단유탈에 준하는 경우

한편, 직접적인 판단유탈은 아니지만 판단유탈에 준하는 사유에 대해 헌법재판소는 잘못 기재된 사실조회회보에 기하여 적법한 사전구제절차를 경유하지 아니하여 부적법하다는 이유로 각하한 결정에 대해, 처음에는 재판부 구성의 위법과 같은 절차상 중대하고도 명백한 위법이 아니라고 하여 재심사유에 해당되지 않는다고 하였다(2000. 6. 29. 99헌아18). 그러나 그 후 이 경우에도 민사소송법상의 '판결에 영향을 미칠 중요한 사항에 관하여 판단을 누락한 때'에 준하는 재심사유에 해당한다고 판시하고 있다(2003. 9. 25. 2002헌아42; 2007. 10. 4. 2006헌아53).

헌재판례) 불기소처분(재심)(2003. 9. 25. 2002헌아42)

청구인은 위 불기소처분에 대하여 검찰청법에 따라 항고 및 재항고를 경료함으로써 적법하게 사전구제절차를 거쳐 그 취소를 구하는 헌법소원 심판청구를 제기하였다고 할 것인바, 잘못 기재된 사실조회회보에 기해 청구인의 심판청구를 적법한 사전구제절차를 경유하지 아니하여 부적법 각하한 이 사건 재심대상 결정은 적법하게 제기된 위 심판청구의 본안에 들어가 판단을 하였어야 했음에도 불구하고 이를 판단하지 아니하였으므로 헌법재판소법 제40조 제1항에 의하여 준용되는 민사소송법 제451조 제1항 제9호의 '판결에 영향을 미칠 중요한 사항에 관하여 판단을 누락한 때'에 준하는 재심사유가 있다고 볼 것이다(대법원 2001. 8. 20. 2001준재다442; 2002. 9. 30. 2002재다555; 2002. 11. 11. 2002재다753)."

헌재판례) 청구기간의 계산 잘못(2007. 10. 4. 2006헌아53)

대법원 2003. 7. 11. 99다24218 판결 "원심 인정 사실에 의하면, 원고는 이 사건 헌법소원심판청구를 적법한 청구기간 내인 1994. 11. 4. 제기하였는데 헌법재판소 재판관이 그 청구서 접수일을 같은 달 14.로 오인하여 청구기간이 도과하였음을 이유로 이를 각하하는 결정을 하여 법률의 규정을 따르지 아니한 잘못을 하였음을 알 수 있는바, ① 위의 잘못은 전적으로 재판관의 판단 재량에 맡겨져 있는 헌법의 해석이나 법령·사실 등의 인식과 평가의 영역에 속한 것이 아니고 헌법소원심판 제기일의 확인이라는 비재량적 절차상의 과오라는 점, ② 통상의 주의만으로도 착오를 일으킬 여지가 없음에도 원고의 헌법소원 제기일자를 엉뚱한 날짜로 인정한 점, ③ 헌법재판소의 결정에 대하여는 불복의 방법이 없는 점(이른바, 권리구제형 헌법소원심판에서의 판단누락에 대하여 재심을 청구할 수 있다는 취지의 헌법재판소 2001. 9. 27. 선고 2001헌아3 결정 이후에는 헌법소원심판청구인이 적법한 기간 내에 심판청구를 제기하였음에도 기간 도과 후의 심판청구라 하여 각하한 경우에 이는 결정에 영향을 미칠 중요사항에 관하여 판단을 누락한 것으로서 헌법재판소법 제40조 제1항에 의하여 준용되는 민사소송법 제451조 제1항 제9호 소정의 재심사유에 해당할 여지가 있지만, 위 2001헌아3 결정이 있기 이전에는 위와 같은 잘못된 결정에 대하여 재심으로도 불복할 길이 없었다) 등에 비추어 보면, 위와 같은 잘못은 법이 헌법재판소 재판관의 직무수행상 준수할 것을 요구하고 있는 기준을 현저하게 위반한 경우에 해당하여 국가배상책임을 인정하는 것이 상당하다고 하지 않을 수 없다."

(5) 재심절차

(가) 재심청구인

헌법재판의 종국결정 당사자인 청구인과 피청구인이 재심을 청구할 수 있음은 당연하다. 그런데 헌법재판의 객관소송적 성격을 강조하여 종국결정의 당사자가 아닌 제3자도 재심을 청구할 수 있는지가 문제되는바, 구체적 타당성의 이익보다 법적 안정성의 이익이 더 크므로 특별히 재심의 요건을 완화하면서까지 이를 인정해야 할 이유가 없다고 할 것이다. 헌법재판소도 부정적 입장이다(2004. 9. 23. 2003헌아61).

(나) 재심의 기간

한편 헌법재판에 대한 재심의 기간과 관련하여 헌법재판의 성질에 반하지 않는 범위에서 민사소송법이 준용되므로, 헌법재판에서의 재심기간에도 민사소송법의 규정이 준용된다고 봄이 상당하다. 따라서 재심청구는 당사자가 결정이 확정된 후에 재심의 사유를 안 날로부터 30일 내에 제기하여야 하고, 결정이 확정된 후 5년을 경과한 때에는 재심을 청구하지 못한다(민사소송법 제456조 제1항, 제3항).

헌재판례) 판단누락을 이유로 하는 재심청구의 제기기간(2012. 4. 24. 2010헌아208) – 헌재 결정문 정본을 송달받은 날로부터 30일 이내

헌법재판소의 결정에 대하여 판단누락이 있음을 이유로 하는 재심사유의 존재는 재심대상결정서를 읽어 봄으로써 알 수 있는 것이므로, 특별한 사정이 없는 한 헌법소원심판 청구인의 대리인은 결정서의 정본을 송달받은 당시에 그 결정에 판단누락이 있는지의 여부를 알았다고 할 것이다. 따라서, 헌법재판소의 결정에 대하여 판단누락이 있음을 이유로 하는 재심제기기간은 청구인의 대리인이 결정서의 정본을 송달받은 날부터 기산하여 30일 이내이다.

Ⅷ. 다른 법령의 준용

헌법재판소법

제40조(준용규정) ① 헌법재판소의 심판절차에 관하여는 이 법에 특별한 규정이 있는 경우를 제외하고는 헌법재판의 성질에 반하지 아니하는 한도에서 민사소송에 관한 법령을 준용한다. 이 경우 탄핵심판의 경우에는 형사소송에 관한 법령을 준용하고, 권한쟁의심판 및 헌법소원심판의 경우에는 「행정소송법」을 함께 준용한다.

② 제1항 후단의 경우에 형사소송에 관한 법령 또는 「행정소송법」이 민사소송에 관한 법령에 저촉될 때에는 민사소송에 관한 법령은 준용하지 아니한다.

제47조(위헌결정의 효력) ④ 제3항의 경우에 위헌으로 결정된 법률 또는 법률의 조항에 근거한 유죄의 확정판결에 대하여는 재심을 청구할 수 있다.

⑤ 제4항의 재심에 대하여는 「형사소송법」을 준용한다.

제75조(인용결정) ⑦ 제68조제2항에 따른 헌법소원이 인용된 경우에 해당 헌법소원과 관련된 소송사건이 이미 확정된 때에는 당사자는 재심을 청구할 수 있다.

⑧ 제7항에 따른 재심에서 형사사건에 대하여는 「형사소송법」을 준용하고, 그 외의 사건에 대하여는 「민사소송법」을 준용한다.

탄핵심판	민사소송에 관한 법령 + 형사소송에 관한 법령 → (충돌) 형사소송에 관한 법령 준용 우선
권한쟁의심판, 헌법소원심판	민사소송에 관한 법령 + 행정소송법 → (충돌) 행정소송법 준용
정당해산심판, 위헌법률심판	민사소송에 관한 법령
형벌조항의 위헌결정 시 재심청구	형사소송법
위헌소원의 인용결정 시 재심청구	형사사건 → 형사소송법, 그 외의 사건 → 민사소송법

헌재판례) 권한쟁의심판청구의 취하(2001. 6. 28. 2000헌라1) – 처분권 주의

헌법재판소법 제40조 제1항은 "헌법재판소의 심판절차에 관하여는 이 법에 특별한 규정이 있는 경우를 제외하고는 민사소송에 관한 법령의 규정을 준용한다. 이 경우 탄핵심판의 경우에는 형사소송에 관한 법령을, 권한쟁의심판 및 헌법소원심판의 경우에는 행정소송법을 함께 준용한다"고 규정하고, 같은 조 제2항은 "제1항 후단의 경우에 형사소송에 관한 법령 또는 행정소송법이 민사소송에 관한 법령과 저촉될 때에는 민사소송에 관한 법령은 준용하지 아니한다"고 규정하고 있다. 그런데 헌법재판소법이나 행정소송법에 권한쟁의심판청구의 취하와 이에 대한 피청구인의 동의나 그 효력에 관하여 특별한 규정이 없으므로, 소의 취하에 관한 민사소송법 제239조는 이 사건과 같은 권한쟁의심판절차에 준용된다고 보아야 한다. 비록 권한쟁의심판이 개인의 주관적 권리구제를 목적으로 삼는 것이 아니라 헌법적 가치질서를 보호하는 객관적 기능을 수행하는 것이고, 특히 국회의원의 법률안에 대한 심의·표결권의 침해 여부가 다투어진 이 사건 권한쟁의심판의 경우에는 국회의원의 객관적 권한을 보호함으로써 헌법적 가치질서를 수호·유지하기 위한 쟁송으로서 공익적 성격이 강하다고는 할 것이다. 그러나 법률안에 대한 심의·표결권의 행사 여부가 국회의원 스스로의 판단에 맡겨져 있는 사항일 뿐만 아니라, 그러한 심의·표결권이 침해당한 경우에 권한쟁의심판을 청구할 것인지 여부도 국회의원의 판단에 맡겨져 있어서 심판청구의 자유가 인정되고 있는 만큼, 권한쟁의심판의 공익적 성격만을 이유로 이미 제기한 심판청구를 스스로의 의사에 기하여 자유롭게 철회할 수 있는 심판청구의 취하를 배제하는 것은 타당하지 않다.

헌재판례) 헌법소원심판에서의 공동심판참가(2008. 2. 28. 2005헌마872등★★)

현재 타인이 제기한 헌법소원심판에 제3자가 자기의 이익을 옹호하기 위하여 관여하는 경우, 헌법재판소법에는 공동심판참가나 보조참가 등에 관한 규정이 없으므로 민사소송법과 행정소송법 중 관련규정의 준용을 검토해야 한다. 그런데 행정소송법상 제3자의 소송참가(제16조)는 소송의 결과에 따라 권리 또는 이익의 침해를 받을 제3자가 관련 행정소송에 참가하는 것이다. 법령에 의하여 헌법상 보장된 기본권이 침해되었음을 이유로 헌법소원이 청구된 경우, 기존의 청구인과 법적 지위를 같이 하는 제3자의 입장에서는 헌법소원이 인용되면 기본권의 구제를 받게 되고, 설령 헌법소원이 각하·기각되더라도 그로 인하여 권리 또는 이익의 침해를 받는 것은 아니다. 그러므로 **현재 계속 중인 헌법소원심판에 청구인과 법적 지위를 같이하는 제3자가 자기의 이익을 옹호하기 위하여[203] 관여하는 경우 행정소송법은 준용될 여지가 없고, 민사소송법만이 준용**된다. 따라서 법령에 대한 헌법소원심판에서 그 목적이 청구인과 제3자에게 합일적으로 확정되어야 할 경우, 그 제3자는 공동 청구인으로서 심판에 참가할 수 있다 할 것이다(헌법재판소법 제40조 제1항, 민사소송법 제83조 제1항). 다만 공동심판참가인은 별도의 헌법소원을 제기하는 대신에 계속 중인 심판

203 청구인과 대립하는 제3자의 참가: 행정소송법에 의한 참가
청구인과 대립하는 제3자가 참가하는 경우는 행정소송법이 준용될 수 있다. 즉, 헌법재판소는 심판의 결과에 따라 권리 또는 이익의 침해를 받을 제3자가 있는 경우에는 그 제3자를 소송에 참가시킬 수 있다. 제3자에 대한 심판참가의 재판은 결정으로써 하며, 심판참가결정은 당사자 또는 제3자의 신청에 의하거나 직권으로 한다(이상 행정소송법 §16 ①). 헌법재판소가 제3자의 심판참가결정을 할 때에는 미리 당사자 및 제3자의 의견을 들어야 한다(행정소송법 §16 ②). 심판에 참가한 제3자에 대하여는 민사소송법 제67조의 규정을 준용하므로(행정소송법 §16 ③), 참가인과 피참가인은 서로 공동소송인의 지위에 서게 된다. 따라서 참가인과 피참가인 중 한 사람의 소송행위는 모두의 이익을 위해서만 효력을 가진다(민사소송법 §67①). 한 사람의 소송행위가 다른 사람에게 불이익을 가져오는 경우에는 효력을 발생할 수 없다. 그 결과 참가인은 피참가인의 행위에 어긋나는 행위도 할 수 있다. 한편 참가인과 피참가인 가운데 한 사람에 대한 상대방의 소송행위는 공동소송인 모두에게 효력이 미친다(같은 조 ②).

에 공동 청구인으로서 참가하는 것이므로 그 참가신청은 헌법소원 청구기간 내에 이루어져야 한다. 법령에 대한 헌법소원심판은 법령의 시행과 동시에 기본권의 침해를 받게 되는 경우에는 그 법령이 시행된 사실을 안 날로부터 90일 이내에, 그 법령이 시행된 날로부터 1년 이내에 청구하여야 한다. 2005. 5. 31. 개정되어 2005. 7. 1.부터 시행되고 있는 이 사건 심판대상조항은 그 시행과 동시에 기존 퇴직연금 수급권자들의 기본권을 제한하게 되므로, 이에 대한 헌법소원심판 청구기간의 기산점은 2005. 7. 1.이다.

헌재판례) 정당해산심판절차에서 민사소송법령의 준용(2014. 2. 27. 2014헌마7)

형사재판 등에서 유죄 증거자료로 채택된 증거자료 등을 정당해산심판 청구사건에서 유효한 증거자료로 채택하여 사용할 수 있도록 한 민사소송법상 제356조의 준용은 청구인의 공정한 재판을 받을 권리를 침해한다고 볼 수 없다.

○ 민사소송법 제356조(공문서의 진정의 추정)

① 문서의 작성방식과 취지에 의하여 공무원이 직무상 작성한 것으로 인정한 때에는 이를 진정한 공문서로 추정한다.

② 공문서가 진정한지 의심스러운 때에는 법원은 직권으로 해당 공공기관에 조회할 수 있다.

③ 외국의 공공기관이 작성한 것으로 인정한 문서에는 제1항 및 제2항의 규정을 준용한다.

헌 법 재 판 법 강 의

5

위헌법률심판제도

Ⅰ. 위헌법률심판의 개념과 특성

1. 위헌법률심판의 개념

헌법재판제도의 주요 심판작용 중 하나인 위헌법률심판이라 함은 헌법재판기관이 국회가 의결한 법률이 헌법에 위반되는지 여부를 심사하고, 그 법률이 헌법에 위반되는 것으로 인정하는 경우에, 그 법률을 적용하지 않거나 그 효력을 상실하게 하는 제도를 말한다. 이는 국회 입법작용에 대한 통제로 헌법재판소의 가장 중요한 기능에 속한다. 오늘날 법치국가원리는 실질적 법치국가원리까지 포함하는 것으로 '법률의 우위'가 아닌 '헌법의 우위'로 나타나고 있으며, 입법자의 입법형성권도 헌법의 범위 내에서 행하여져야 하며, 민주주의원리에 따를 때에도 다수에 의하여 소수의 권리와 이익이 침해되지 않도록 보호하지 않으면 안 된다. 나아가 헌법재판소가 법률에 대한 위헌심사를 지나치게 완화하면 소수자의 기본권 보장을 소홀히 하는 문제가 발생한다.

2. 위헌법률심판의 특성 - 사후적·구체적 규범통제

현행 헌법상 위헌법률심판은 법률이 헌법에 위반되는지 여부가 재판의 전제가 된 경우에 당해 사건을 심리하는 법원의 제청에 따라 헌법재판소가 그 법률의 위헌 여부를 심판하는 구체적 규범통제이며, 법률이 시행에 들어간 이후에 위헌심사가 이루어지는 사후적 규범통제이다. 그리고 위헌으로 결정된 법률 또는 법률조항은 일반적으로 효력을 상실하여 그 법률이 폐지된 것과 동일한 효과를 가져온다.[204]

---

204 이동흡, 전게서, 154면.

Ⅱ. 위헌법률심판의 요건

헌법재판소가 법률 또는 법률조항에 대한 위헌여부의 심판을 하려면 ① 심판대상이 법률(또는 법률조항)이어야 하고, ② 재판의 전제성을 갖추어야 하며, ③ 법원의 제청이 있어야 한다.

위헌법률심판[205]제청[206]신청[207]서

사건 2XXX구합2678
원고 주식회사 하나로마트
피고 대구광역시 수성구청장

신청취지

"부설주차장법 제19조 제1항, 제2항이 헌법에 위반되는지 여부에 관한 심판을 제청한다.[208]"라는 결정[209]을 구합니다.[210]

신청이유

1. 관련규정
2. 재판의 전제성
   - 내용
   - 적용
3. 신청대상 법률조항의 위헌성

가. 문제되는 기본권 및 위헌심사기준
   - 직업의 자유, 평등권
   - 기본권 경합

나. 헌법유보
   검열금지/허가제금지/영장주의 등

다. 헌법 제37조 제2항

205 헌재가 할 일이다.
206 당해 법원이 할 일이다.
207 당사자가 할 일이다.
208 법원이 이 사건 신청을 전부 인용하는 경우의 주문에 해당한다. 신청대상 법률조항에 대하여 위헌법률심판을 제청하는 "결정"의 주문.
209 재판의 형식이 "결정"이다. 헌재법 제41조 제1항, "결정으로".
210 또는, "부설주차장법 제19조 제1항, 제2항의 위헌 여부에 관한 심판을 제청한다."라는 결정을 구합니다.

(1) 법률유보원칙("법률로써"[211])

- 명확성 원칙/의회유보원칙/포괄위임금지원칙 위반 등

(2) 과잉금지원칙("필요한 경우에 한하여")

- 목적의 정당성
- 방법의 적절성(수단의 적합성)
- 침해의 최소성
- 법익의 균형성

(3) "본질적인 내용" 침해금지

라. 평등권(평등원칙)

마. 적법절차원칙 위반 등

기타

4. 결론

그러므로, 신청취지와 같은 결정을 해 주시기를 바랍니다.

2XXX. 7. 12.

위 원고의 소송대리인
법무법인 경북로
담당변호사 ○○○

대구지방법원 제2행정부 귀중

1. 제청권자 - 법원

(1) '법원'의 개념

법원은 문제되는 법률조항이 담당법관 스스로의 법적 견해에 의하여 단순한 의심을 넘어선 합리적인 위헌의 의심이 있으면 위헌여부심판을 제청한다.[212] 위헌에 대한 확신을 가질 필요는 없다. 이 점은 독일의 경우와 다르다. 법원은 위에서 본 바대로, 당사자의 제청신청을 받아 제청을 할 수도 있고, 직권으로 제청할 수도 있다(법 제41조 제1항). 제청신청인의 권리에 어떠한 영향이 있는지 여부는 헌법소원심판사건이 아닌 위헌법률심판사건에 있어서 그 제청결정의 적법 여부를 가리는 데

211 헌법 제37조 제2항.

212 헌재 1993. 12. 23. 93헌가2. "헌법 제107조 제1항과 헌법재판소법 제41조(위헌여부심판의 제청), 제43조(제청서의 기재사항) 등의 각 규정의 취지는, 법원은 문제되는 법률조항이 담당법관 스스로의 법적 견해에 의하여 단순한 의심을 넘어선 합리적인 위헌의 의심이 있으면 위헌여부심판을 제청하라는 취지이다."

무관하다.[213] **'법원'만이** 직권[214] 또는 당사자의 신청에 의해서 법률의 위헌 여부에 대하여 헌법재판소에 위헌제청할 수 있다. 그런데 제청권자인 '법원'의 개념과 관련하여 몇 가지 문제가 제기된다. 먼저 일반 민형사, 행정, 가사소송을 담당하는 수소법원은 물론이고 파산과 경매를 관할하는 집행법원도 제청권한이 있으며, 공탁, 신탁, 혼인신고수리, 법인 설립인허가, 청산 등 비송사건 담당법관의 경우에도 재판사건과 마찬가지로 제청권이 있다고 보아야 할 것이다. 그러나 헌법 제107조 제3항과 행정심판법 등에 근거를 두고 설치되어 행정심판을 담당하는 각종 행정심판기관은 원칙적으로 행정부처 소속이라고 할 것이므로 제청권을 갖는 법원이라 할 수 없다. 그렇지만 우리 헌법상 특별법원으로 예외적으로 인정된 군사법원에는 제청권이 있다. 한편, 제청권자로서 법원은 재판권을 행사하는 재판기관으로서의 법원을 의미하므로, 단독판사 관할사건에 있어서는 담당 법관 개인이 여기의 '법원'에 해당하고, 합의부 관할사건의 경우에는 합의부가 원칙적으로 여기의 '법원'에 해당한다.[215]

(2) 제청의 요건

(가) 재판의 전제와 위헌에 대한 합리적 의심

법원은 법률의 위헌여부가 당해 소송의 재판의 전제가 되고 또 합리적 위헌의 의심이 있는 때에 위헌제청하여야 한다. 헌법재판소는 법률의 위헌성에 대한 의심

---

213 헌재 1990. 6. 25. 89헌가98 등. "우선 위 특별조치법 제7조의 3의 위헌여부는 제청신청인의 권리와는 무관하므로 위헌주장의 적격이 없어 이 사건 제청결정이 부적법하다는 취지의 본안 전의 주장에 관하여 보건대, 헌법재판소에 판단을 구하여 제청한 법률조문의 위헌여부가 현재 제청법원이 심리중인 당해 사건의 재판결과 즉 재판 결론인 주문에 어떠한 영향을 준다면 그것으로서 재판의 전제성이 성립되어 제청결정은 적법한 것으로 취급될 수 있는 것이고 제청신청인의 권리에 어떠한 영향이 있는가 여부는 헌법소원심판사건이 아닌 위헌법률심판사건에 있어서 그 제청결정의 적법여부를 가리는데 무관한 문제라 할 것이므로 위 본안 전의 주장은 더 나아가 살필 필요 없이 그 이유 없다고 하겠다."

214 헌재 2022. 2. 24. 2020헌가12 사건에서 제청법원은 직권면직 처분 취소 판결에 따라 당해 사건 원고인 김○○이 구하는 급여 청구의 허용 여부를 결정하기에 앞서, 2020. 8. 24. 국가를 상대로 한 당사자소송에는 가집행선고를 할 수 없도록 규정하고 있는 행정소송법 제43조에 대하여 직권으로 위헌법률심판을 제청하였다. 위 사건에서 헌재는 국가를 상대로 하는 당사자소송의 경우에는 가집행선고를 할 수 없다고 규정한 행정소송법 제43조가 평등원칙에 위배된다고 결정하였다.

215 김유향, 전게서, 1524면.

의 정도에 관하여 "헌법 제107조 제1항과 헌법재판소법 제41조, 제43조 등의 각 규정의 취지는, 법원은 문제되는 법률조항이 담당법관 스스로의 법적 견해에 의하여 단순한 의심을 넘어선 합리적인 위헌의 의심이 있으면 위헌여부심판을 제청하라는 취지이지 … 합리적으로 의심의 여지가 없을 만큼 명백한 경우에 위헌심판제청을 할 수 있다는 의미는 아니다"(1993. 12. 23. 93헌가2)라고 판시하여 '단순한 의심'과 독일연방헌법재판소의 판례가 요구하는 위헌에 대한 '확신' 사이의 중간적인 입장을 취하고 있다.

(나) 법원의 합헌판단권(합헌결정권) 인정 여부[216]

1) 법원의 합헌판단권의 의미(쟁점)

법원이 위헌법률심판제청을 하지 않기로 판단하는 경우, 즉 법원의 제청신청기각결정권을 법원에 합헌판단권을 부여한 것으로 볼 수 있는지가 문제된다. 그런데 여기서의 '법원의 합헌판단권'이라는 의미는 제4공화국의 헌법위원회법, 제5공화국 헌법에서 규정하는 법원의 전심권이나 대법원의 불송부결정에 의한 헌법소원이 가능하므로 법원의 합헌판단권은 최종적 의미가 아니고 일차적 판단권을 의미한다. 즉, 법원이 법률의 위헌 여부를 일차적으로 판단하여 위헌으로 판단(의심)되는 경우에 한하여 헌법재판소에 제청할 수 있는지가 문제되는 것이다.[217]

2) 학설[218]

먼저, ① 부정설은 현행 헌법이 구 헌법상의 '법률이 헌법에 위반되는 것으로 인정할 때'라는 문구를 삭제하고 위헌심판제청에 관한 대법원의 실질적 심사권을 삭제한 점 등을 근거로 법원의 합헌판단권을 인정하지 않는다. 즉, 제5공화국 헌법 제108조 제1항은 "법률이 헌법에 위반되는 여부가 재판의 전제가 된 경우에 법원

216 제3회 변시 공법사례 기출.
217 이동흡, 전게서, 161면.
218 김유향, 전게서, 1525면.

은 법률이 헌법에 위반되는 것으로 인정할 때에는 헌법위원회에 제청하여 그 결정에 의하여 재판한다"고 규정하고 있었는데, 현행 헌법 제107조 제1항은 위 조항에서 '법률이 헌법에 위반되는 것으로 인정할 때'라는 문구를 삭제하였기 때문에 재판의 전제성만 인정되면 합헌이라고 생각되더라도 헌법재판소에 위헌제청해야 한다는 것이다. 다음으로, ② 긍정설은 사건에 적용할 법률의 해석은 법원의 고유권한이라는 점, 헌법재판소법 제43조 제4호가 위헌심판제청을 할 때 위헌이라고 해석되는 이유를 기재하도록 규정하고 있는 점, 헌법재판소법 제68조 제2항의 "제41조 제1항의 규정에 의한 법률의 위헌여부심판의 제청신청이 기각된 때에는 그 신청을 한 당사자는 헌법재판소에 헌법소원심판을 청구할 수 있다"는 규정에서 '각하된 때'라고 하지 않고 '기각된 때'라고 한 것은 법원이 형식적 심사뿐만 아니라 실질적 심사까지 한다는 점 등을 근거로 법원의 합헌판단권을 인정한다.

3) 헌법재판소의 판례

이에 관하여 헌법재판소는 명시적인 입장을 밝히고 있지는 않고, 단지 헌재법 제68조 제2항이 법원의 합헌판단권의 근거가 될 수 없다고 판시하고 있다(1993. 7. 29. 90헌바35).

4) 검토

법원은 구체적인 사건에 적용할 법규범에 대한 독자적 해석권을 고유권한으로 하고 있고, 일반법원은 실정법상 당사자의 제청신청을 기각하여 일차적인 합헌판단을 할 수 있고, 헌법재판소법 제43조 제4호가 법원의 위헌심판제청서에 위헌이라고 해석되는 이유를 기재하도록 하고 있으므로 긍정설이 타당하다.[219]

(3) 제청의 절차

(가) 당사자의 신청과 법원 직권에 의한 제청

219 김하열, 전게서, 298면; 정종섭, 전게서, 287면; 허영, 전게서, 209면.

1) 당사자의 신청에 의한 제청

법률이 헌법에 위반되는지 여부가 재판의 전제가 된 경우에, 당사자는 법원에 대하여 위헌법률심판을 제청해 줄 것을 신청할 수 있다(법 제41조 제1항). 당사자에는 (일반적으로 피고에 해당하는) 행정관청도 포함된다.[220] 당해 소송의 당사자는 당해 법원에 대하여 위헌제청의 신청을 할 수 있을 뿐이며, 직접 헌법재판소에 위헌심판을 청구할 수는 없다. 한편, 대법원은 한정위헌을 구하는 심판제청은 허용되지 않는다고 보았다.(대법원 2018. 3. 20. 2017즈기10)

대법판례) 2018. 3. 20. 2017즈기10

헌법재판소 한정위헌결정의 경우에는 헌법재판소의 결정에 불구하고 법률이나 법률조항은 그 문언이 전혀 달라지지 않은 채 효력을 상실하지 않고 존속하게 되므로, 이러한 한정위헌결정은 유효하게 존속하는 법률이나 법률조항의 의미·내용과 그 적용 범위에 관한 해석기준을 제시하는 법률해석이라고 할 수 있다. 헌법재판소법 제41조 제1항에 따른 법률의 위헌여부심판제청은 법원이 국회가 제정한 '법률'이 위헌인지 여부의 심판을 헌법재판소에 제청하는 것이지 그 법률의 의미를 풀이한 '법률해석'이 위헌인지 여부의 심판을 제청하는 것이 아니다. 따라서 한정위헌을 구하는 심판제청은 허용될 수 없다(대법원 2001. 4. 27. 선고 95재다14 판결, 대법원 2013. 3. 28. 선고 2012재두299).

헌재판례) 2008. 4. 24. 2004헌바44

헌법재판소법 제68조 제2항에 의한 헌법소원심판은 **구체적 규범통제의 헌법소원(위헌법률심판)**으로서, 구체적인 사건에 관하여 법률의 위헌 여부가 재판의 전제로 되었을 경우에 헌법재판소법 제41조 제1항의 규정에 의한 법률의 위헌여부심판의 제청을 신청하였다가 기각당한 당사자가 그 법률의 위헌 여부를 심판받기 위하여 청구하는 것이어서 헌법재판소법 제68조 제1항에 규정된 헌법소원과는 그 심판청구의 요건과 대상이 다르다(헌재 1994. 4. 28. 89헌마221). 헌법재판소법 제68조 제2항은 기본권의 침해가 있을 것을 그 요건으로 하고 있지 않을 뿐만 아니라 청구인적격에 관하여도 '법률의 위헌여부심판의 제청신청이 법원에 의하여 기각된 때에는 그 신청을 한 당사자'라고만 규정하고 있는바, 위 '당사자'는 행정소송을 포함한 모든 재판의 당사자를 의미하는 것으로 새겨야 할 것이고, 행정소송의 피고인 행정청만 위 '당사자'에서 제외하여야 할 합리적인 이유도 없다. 행정청이 행정처분 단계에서 당해 처분의 근거가 되는 법률

220 다만, 위헌법률심판청구와 달리 "헌법재판소법 제68조 제1항 헌법소원은 기본권의 주체가 될 수 있는 자만이 청구인이 될 수 있고, 국가나 국가기관 또는 지방자치단체나 공법인은 기본권의 주체가 아니라 국민의 기본권을 보호 내지 실현해야 할 책임과 의무를 지니고 있는 지위에 있을 뿐이어서 그 청구인적격이 인정되지 아니한다(헌재 1998. 3. 26. 96헌마345)."라는 점에 대해서는 주의할 것.

이 위헌이라고 판단하여 그 적용을 거부하는 것은 권력분립의 원칙상 허용될 수 없지만, 행정처분에 대한 소송절차에서는 행정처분의 적법성·정당성뿐만 아니라 그 근거 법률의 헌법적합성까지도 심판대상으로 되는 것이므로, 행정처분에 불복하는 당사자뿐만 아니라 행정처분의 주체인 행정청도 헌법의 최고규범력에 따른 구체적 규범통제를 위하여 근거 법률의 위헌 여부에 대한 심판의 제청을 신청할 수 있고 헌법재판소법 제68조 제2항의 헌법소원을 제기할 수 있다고 봄이 상당하다.[221]

한편, 당해 사건의 직접적인 당사자가 아닌 보조참가인도 위헌법률심판제청신청을 할 수 있다는 것이 헌법재판소 판례와 통설의 견해이다.

헌재판례) 2008. 4. 24. 2004헌바44

청구인은 당해 사건의 당사자가 아니라 보조참가인이지만, 헌법재판소법 제40조에 의하여 준용되는 행정소송법 제17조 및 민사소송법 제76조에 따라 피참가인의 소송행위와 저촉되지 아니하는 한 일체의 소송행위를 할 수 있으므로 헌법재판소법 소정의 위헌법률심판제청신청 및 헌법소원의 '당사자'에 해당된다(헌재 2003. 5. 15. 2001헌바98).

a) 제청신청사건의 우선 처리

법원으로서는 소송당사자의 위헌법률심판제청신청이 있는 경우 법원은 제청신청사건부터 먼저 처리하여야 한다. 예컨대 구속적부심사절차나 영장발부절차에 있어서 해당 절차에 관한 규정에 대해 위헌여부심판의 제청신청이 있는 경우 제청신청에 대해 먼저 처리하지 않고 먼저 구속적부심사신청을 기각하거나 영장을 발부하고 그다음 제청신청을 기각하면 구속적부심사절차나 영장발부절차는 종료되어 더 이상 재판의 전제성을 판단함에 있어 필요한 재판 자체가 존재하지 않게 된다.[222] 헌법재판소는 구속적부심사 계속 중 군사법원법이 정하는 구속과 구속적부심사에 관한 조항에 대하여 위헌여부심판의 제청을 신청한 사건에서 구속적부심사청구를 먼저 기각하고 그다음 제청신청을 기각하여 신청인이 헌재법 제68조 제

221 헌재 2008. 5. 29. 2006헌바5[우체국예금 사건]의 경우도 마찬가지다. 서울시가 청구인이다.

222 김유향, 전게서, 1526면.

2항의 헌법소원심판을 청구한 경우 "위헌여부심판의 제청에 대하여는 결정을 하지 아니한 채 먼저 구속적부심사청구를 기각한 다음 제청신청을 기각하여 사건을 부당하게 처리하였을 뿐만 아니라 … 헌법소원심판청구 당시 일단 구속적부심사청구가 기각되었다고 하더라도 재판의 전제성은 있다고 보아야 할 것이다"(1995. 2. 23. 92헌바18)고 판시하였다.

b) 헌재법 제68조 제2항 후문의 적용범위

헌법재판소법 제68조 제2항 후문은, 제청신청이 기각당한 경우 "그 당사자는 당해 사건의 소송절차에서 동일한 사유를 이유로 다시 위헌여부심판의 제청을 신청할 수 없다"고 규정하고 있다. 그런데 여기의 '당해 사건의 소송절차'라 하는 것이 동일한 심급만을 의미하는 것인지, 상급 심급까지 포함하는지가 문제된다. 이와 관련하여, 대법원은 "헌법재판소법 제68조 제2항에 의하여 재차 위헌여부심판의 제청신청이 제한되는 "당해 사건의 소송절차"라 함은 동일한 심급의 소송절차뿐만 아니라 상소심에서의 소송절차를 포함하는 것이라고 할 것이므로, 일단 법률의 위헌여부심판의 제청신청이 기각되어 헌법소원심판이 청구된 이상 당사자로서는 상소심에서도 다시 동일한 사유로 위헌여부심판의 제청신청을 할 수 없다"고 판시하여 상소심까지 포함하는 것으로 보고 있다.[223] 이는 헌법재판소도 마찬가지의 입장이다.[224] 특히 헌재는 "파기환송전 항소심에서 위헌법률심판제청신청을 하였다가 기각되었음에도 위헌소원심판청구를 하지 않다가 파기환송 후 항소심에서 다시 동일한 사유를 이유로 위헌법률심판제청신청을 제기하는 것은 파기환송 전의 항소심에서 승소판결을 받았다는 사정이 있다고 하더라도 부적법하다"고 판시한 바 있다.[225]

223 대법원 1996. 5. 14. 95부13 결정.
224 헌재 2007. 7. 26. 2006헌바40 결정.
225 헌재 2013. 6. 27. 2011헌바247 결정.

헌재판례) 위헌제청신청 기각 후 상소심에서의 재신청 금지(2007. 7. 26. 2006헌바40)

헌법재판소법 제68조 제2항은 법률의 위헌여부심판의 제청신청이 기각된 때에는 그 신청을 한 당사자는 헌법재판소에 헌법소원심판을 청구할 수 있으나 다만 이 경우 그 당사자는 당해 사건의 소송절차에서 동일한 사유를 이유로 다시 위헌여부심판의 제청을 신청할 수 없다고 규정하고 있는바, 이때 당해 사건의 소송절차란 당해 사건의 상소심 소송절차를 포함한다 할 것이다. 기록에 의하면, 청구인들은 의정부지방법원 2005라146 사건의 진행 중에 그 재판의 전제가 되는 민사집행법 제130조 제3항은 매각허가결정에 대한 항고보증공탁금을 합리적 산정요건에 따라 달리 산정하지 않고, 매각대금이 고액인 경우까지 그 비율에 차등을 둠이 없이 일률적으로 매각대금의 10분의 1에 해당하는 금액을 보증공탁하도록 요구하고 있으므로 청구인들의 재판청구권 등을 침해한다고 주장하면서 위 법원에 위헌법률심판제청신청(의정부지방법원 2005카기909 위헌심판제청)을 하여 2005. 12. 1. 그 신청이 기각되었는데도 이에 대하여 헌법소원심판을 청구하지 아니하고 있다가 다시 그 재항고심 소송절차에서 대법원에 같은 이유를 들어 위 법조항이 위헌이라고 주장하면서 위헌법률심판제청신청(대법원 2006카기7 위헌법률심판제청)을 하였고 2006. 3. 29. 그 신청이 기각되자, 이 사건 헌법소원심판청구를 하였음이 인정된다. 그렇다면 이 사건 헌법소원심판청구는 헌법재판소법 제68조 제2항 후문의 규정에 위배된 것으로서 부적법하다고 할 것이다.

헌재판례) 파기환송 후 위헌제청 재신청 부적법 각하(2013. 6. 27. 2010헌바247)

헌법재판소법 제68조 제2항 후문은 당사자가 당해 사건의 소송절차에서 동일한 사유를 이유로 다시 위헌법률심판을 제청신청할 수 없다고 규정하고 있다. 여기서 당해 사건의 소송절차란 당해 사건의 상소심 소송절차는 물론 대법원에 의해 파기환송되기 전후의 소송절차를 모두 포함한다. 당해 사건 재판에서 청구인이 승소판결을 받아 그 판결이 확정된 경우 청구인은 재심을 청구할 법률상 이익이 없고, 심판대상조항에 대하여 위헌결정이 선고되더라도 당해 사건 재판의 결론이나 주문에 영향을 미칠 수 없으므로 그 심판청구는 재판의 전제성이 인정되지 아니하나, 당해 사건에 관한 재판에서 승소판결을 받았다고 하더라도 그 판결이 확정되지 아니한 이상 상소절차에서 그 주문이 달라질 수 있으므로, 파기환송 전 항소심에서 승소판결을 받았다는 사정만으로는 법률조항의 위헌 여부에 관한 재판의 전제성이 부정된다고 할 수 없다.

c) 헌재법 제68조 제2항의 심판청구

당사자의 위헌제청신청을 기각하는 결정에 대하여 당사자는 항고할 수 없으며, 다만 헌재법 제68조 제2항에 의한 “위헌소원”을 헌법재판소에 청구할 수 있을 따름이다.

2) 법원의 직권에 의한 신청

법률 또는 법률조항이 헌법에 위반되는지 여부가 재판의 전제가 된 때에는 당해 사건을 담당하는 법원은 직권으로 헌법재판소에 제청할 수 있다.

(나) 제청서

법원의 제청은 서면에 의한 제청서로 해야 하는데, 제청서에는 제청법원의 표시, 사건 및 당사자의 표시, 위헌이라고 해석되는 법률 또는 법률의 조항, 위헌이라고 해석되는 이유,[226] 그 밖에 필요한 사항을 기재하여야 한다(헌재법 제43조). 이와 관련하여, 헌법재판소는 서면에 의한 명시적인 위헌제청신청이 없이 한 위헌제청신청에 대해 각하결정을 내린 바 있다(2011. 3. 31. 2008헌마738).

서울중앙지방법원

결정[227]

사　건: 2XXX초기34[228]

신청인: 주식회사 하나로마트

대표이사 이○○

대리인 법무법인 경북로

담당변호사 ○○○

당해 사건: 서울중앙지방법원 2XXX구합2678[229]

주문

부설주차장법 제19조 제1항, 제2항에 대한 위헌법률심판을 제청한다.

이유

1. 사건의 개요[230]

---

226 제청법원은 제청결정에서 단지 위헌의 의심을 진술하는 것만으로는 부족하고, 당해 법률이 위헌이라는 합리적인 의심을 헌법재판소에 설득력 있게 논증하여야 한다. 그렇지 않으면 위헌제청은 부적법 각하될 수 있다.(전게 헌법재판실무제요, 122면.)

227 재판의 형식(판결/결정/명령) 중 결정에 해당한다.

228 신청사건 번호. 위의 제청신청서에는 당연히 기재되지 아니한다. 신청이 있고 난 뒤 법원에서 부여한다.

229 정지되는 사건(헌재법 제42조).

230 신청서에는 기재할 필요가 없다. 왜냐하면, 본안이 이미 계속되어 있기 때문이다. 그러나, 법원이 위헌법률심판제청을 할때에는 사안의 개요를 설명할 필요가 있다. 헌재에는 오로지 이 제청결정서만 송부되기 때문이다.

2. 관련규정
3. 제청대상 법률조항의 위헌성
4. 결론

2XXX. 8. 14.

재판장 판사 김○○

(4) 제청의 효과

법원의 위헌법률심판제청은 헌법재판소의 위헌 여부의 결정이 있을 때까지 당해 사건의 **재판을 정지시키는 효력**이 있다(법 제42조 제1항 본문). 그 이유는 법원이 법률이 위헌이라는 점에 대하여 의심을 가지고 있으면서, 그 법률을 적용하여 재판을 할 수는 없기 때문이다. 재판정지기간은 「형사소송법」 제92조 제1항·제2항 및 「군사법원법」 제132조 제1항·제2항의 구속기간과 「민사소송법」 제199조의 판결 선고기간에 산입하지 아니한다(법 제42조 제2항).[231] 다만, 법원이 긴급하다고 인정하는 경우에는 종국재판 외의 소송절차를 진행할 수 있다(법 제42조 제1항 단서). 정지되는 기간은 제청 결정을 한 때로부터, 헌법재판소의 위헌 여부 결정서 정본이 제청법원에 송달된 때까지이다(위헌법률심판제청사건의 처리에 관한 예규 제9조의 2). 다만 법원이 긴급하다고 인정하는 경우에는 '종국 재판 외'의 소송절차를 진행할 수 있다(헌재법 제42조 제1항). 그러나 법원에 대한 제청신청이 기각되어 헌재법 제68조 제2항에 의한 위헌심사형 헌법소원심판을 청구하는 경우에는 재판이 정지되지 아니하여 당해 소송사건이 확정될 수 있다. 이와 같이 법원의 제청이 있으면 제청법원에 계속된 당해 소송사건의 재판이 정지되는데, 이러한 재판의 정지효력은 당해 소송사건의 재판에 대해서만 개별적으로 발생하기 때문에 동일한 법률의 위헌여부심판을 제청하지 아니한 법원에는 미치지 않는다. 따라서 제청된 법률과 동일한 법률이 재판의 전제가 되어 있는 다른 법원이 재판을 정지하기 위해서는 별도로

231 구속된 피고인의 경우 불이익을 입을 가능성이 있다. 그래서, 심판규칙은 위헌법률심판제청서에 피고인의 구속 여부를 기재하도록 정하고 있다.(심판규칙 제54조 제1호)

위헌여부심판을 제청하여야 한다.[232]

(5) 제청의 철회

법원이 헌법재판소에 일단 위헌법률심판을 제청하게 되면 제청 결정 그 자체가 가지는 자기구속력 때문에 법원은 자신이 한 제청을 원칙적으로 철회할 수 없다. 따라서 당사자가 제청신청을 취소한 경우에도 법원은 제청을 철회할 수 없다. 그러나 당해 사건의 전제가 된 법률의 개정 또는 폐지로 인하여 제청요건이 존재하지 않는 경우, 형사재판에서 공소가 취소된 경우, 민사재판과 형사재판에서 당해 사건의 소취하나 공소취소로 인하여 제청법원에서 당해 사건이 종료된 경우 법원은 예외적으로 이미 행한 제청을 철회할 수 있다고 할 것이다.[233]

2. 위헌법률심판의 대상

(1) 법률

(가) 형식적 의미의 법률(★)

원칙적으로 국회가 입법절차에 의거한 의결을 거쳐 제정된 이른바 "형식적 의미의 법률"이 법원의 위헌제청의 대상이 될 수 있는 법률에 해당한다. 여기서 말하는 법률은 대한민국의 국회가 제정한 법률을 말한다.

(나) 유효한 법률

1) 공포 후 시행되기 전 폐지된 법률

위헌법률심판은 헌법에 위반되는 법률의 효력을 상실시키는 것이므로 위헌법률심판 제도의 속성상 위헌법률심판대상인 법률은 과거에 시행되었거나 현재에 시행 중이어야 하므로 제청 당시에 공포는 되었으나 시행되지 않은 법률은 제외된다. 헌법 제53조 제7항에 의하면 법률은 특별한 규정이 없는 한 공포한 날로부터 20일을 경과함으로써 효력이 발생한다.

---

232 이동흡, 전게서, 160면.
233 이동흡, 전게서, 168면.

헌재판례) 노동조합 및 노동관계조정법 등 위헌제청(1997. 9. 25. 97 헌가4)

가. 법률의 위헌여부심판의 제청대상 법률은 특별한 사정이 없는 한 현재 시행 중이거나 과거에 시행되었던 것이어야 하기 때문에, 제청 당시에 공포는 되었으나 시행되지 않았고 이 결정 당시에는 이미 폐지되어 효력이 상실된 법률은 위헌여부심판의 대상법률에서 제외되는 것으로 해석함이 상당하고, 더욱이 이 사건 개정법률은 당해 사건 재판에 적용되는 법률이 아닐 뿐만 아니라, 피신청인들이 쟁의행위를 하게 된 계기가 된 것에 불과한 것으로, 동 개정법의 위헌 여부는 다른 내용의 재판을 하게 되는 관계에 있지도 않다.

나. 저항권은 국가권력에 의하여 헌법의 기본원리에 대한 중대한 침해가 행하여지고 그 침해가 헌법의 존재 자체를 부인하는 것으로서 다른 합법적인 구제수단으로는 목적을 달성할 수 없을 때에 국민이 자기의 권리·자유를 지키기 위하여 실력으로 저항하는 권리이므로, 국회법 소정의 협의 없는 개의시간의 변경과 회의일시를 통지하지 아니한 입법과정의 하자는 저항권 행사의 대상이 되지 아니한다.

2) 시행은 되었으나 폐지된 법률

나아가, 위헌법률심판제청의 대상이 될 수 있는 법률은 또한 헌법재판소의 위헌심판 시에 "유효한 법률"이어야 함이 원칙이다. 따라서 폐지된 법률에 대한 위헌심판제청은 원칙적으로 부적법하다.[234] 그러나 폐지된 법률이라 하더라도 당해 소송사건에 적용될 수 있어 재판의 전제가 되는 경우에는 예외적으로 위헌제청의 대상이 될 수 있다.

헌재판례) 폐지된 법률이 재판의 전제가 된 경우(2021. 1. 28. 2018헌바88; 1994. 6. 30. 92 헌가18)

폐지된 법률인 특별조치법 제5조 제4항이 위헌심판의 대상이 될 수 있는지 여부와 관련하여, 폐지된 법률도 그 위헌 여부가 관련 소송사건의 재판의 전제가 되어 있다면 당연히 헌법재판소의 위헌심판의 대상이 된다. 제청신청인은 특별조치법 제5조 제4항 및 특별조치령 제29조에 의하여 수용당한 원래의 자기소유 토지에 관하여 특별조치법 제5조 제4항이 위헌임을 이유로 하여 대한민국을 상대로 소유권이전등기말소청구소송을 제기한 것이므로 특별조치법 제5조 제4항의 위헌 여부는 위 소송 재판에서의 승패 여부의 전제가 된다. 왜냐하면 상위법인 특별조치법 제5조 제4항의 위헌 여부는 하위법인 특별조치령의 위헌 여부 및 효력 유무의 전제가 되고 특별조치법 제5조 제4항에 대하여 위헌결정이 되면 자동적으로 이 위헌법률조항에 근거한 특별조

234 이동흡, 전게서, 175면.

치령도 위헌무효가 되고 아울러 위헌무효인 특별조치령에 근거한 수용처분도 위헌무효가 될 수 있기 때문이다(위헌 법령에 기한 행정처분의 무효 여부는 당해 사건을 재판하는 법원이 위헌성의 정도 등에 따라 판단할 사항이다). 따라서 특별조치법 제5조 제4항은 당연히 심판 대상이 되어야 한다.

관련 헌재판례) 1996. 4. 25. 92바47	
사안	- 청구인이 이천군에서 축산업협동조합 설립신청을 하였으나 1989. 12. 14. 장관이 거부처분 - 1992. 5. 16. 대법원에 상고를 한 후 제청 신청, 기각되어 헌재법 제68조 제2항 헌법소원심판 - 1994. 12. 22. 법률 제4821호로 축협법이 개정되어 이 사건 심판대상조항이 삭제되었으며 위 개정법률은 공포 후 6개월이 경과한 1995. 6. 23.부터 시행
심판대상	축산업협동조합법(1994. 12. 22. 법률 제4821호로 개정되기 전의 것) 제99조 ② 組合의 區域 내에는 같은 業種의 組合을 2個 이상 設立할 수 없다.
판단	농림수산부장관의 조합설립인가거부처분의 위법·부당 여부는 특별한 사정이 없는 한 위 처분 시의 법규에 비추어 판단하여야 할 것이고, 위 처분 당시 유효한 법률조항이었던 이 사건 심판대상조항에 대해 재판의 전제성이 인정됨.

3) 위헌결정이 있었던 법률

헌법재판소가 특정 법률을 이미 위헌으로 선언한 경우에는 그 법률은 폐지된 효과가 발생하므로 그 법률에 대한 위헌제청은 부적법하다고 할 것이다. 헌법재판소도 "헌법재판소가 구 지방세법 제31조 제2항 제3호 본문 중 '으로부터 1년'이라는 부분은 헌법에 위반된다고 이미 판시하였으므로 이 부분에 대한 위헌법률심판제청은 부적법하다"(1994. 8. 31. 91헌가1)고 판시하고 있다. 그러나 헌법재판소는 이미 합헌 또는 한정위헌(한정합헌)으로 선언된 법률에 대해서는 사정변경의 가능성이 있으므로 위헌제청을 적법한 것으로 보고 있다. 예를 들면 헌법재판소는 형법 제241조의 간통죄에 관하여 1990. 9. 10. 89헌마82 결정으로 이미 합헌선언을 하였음에도 불구하고 다시 합헌결정을 하였고(1993. 3. 11. 90헌가70; 2001. 10. 25. 2000헌바60; 2008. 10. 30. 2007헌가17), 그 후 최종 위헌결정을 선고하였다(2015. 2. 26. 2009헌바17 등). 그리고 구 상속세법 제7조의2 제1항 중 "용도가 객관적으로 명백하지 아니한 것 중 대통령령이 정하는 경우"를 추정규정으로 보지 아니하고 간주규정으로 해석하는 것은 헌법에 위반된다는 한정위헌 결정(1995. 9. 28. 94헌바23)을 하였음에도 불구하고 다시 한정위헌결정을 한 바 있다(2003. 12. 18. 2002헌바99).

(2) 입법과정

국회의 입법행위의 '결과'인 법률의 내용 이외에 입법행위의 '과정'도 위헌법률심판의 대상이 되는지가 문제가 된다.

(가) 헌법이 규정한 입법절차 규정 위반

헌법에서 법률의 제·개정 절차에 관한 규정을 두고 있는 경우에 국회는 반드시 이 규정에 따라 입법을 해야 하므로, 국회가 이러한 헌법상의 명시적인 절차규정을 위반하여 입법을 하면 위헌이 된다. 따라서 헌법에 명시적으로 입법절차를 정하고 있는 경우에 입법과정의 하자는 위헌법률심판의 대상이 된다. 위와 같이 입법절차상 하자란 입법절차에서 발생하는 헌법 혹은 법률의 위반행위를 일컫고, 입법절차상 하자가 있는 법률이란 그러한 절차적 위반이 존재하는 입법과정 속에서 입법된 법률을 의미한다.[235] 헌법이 추구하는 권력분립원칙 및 그에 따라 보장되는 국회자율권의 취지를 고려할 때, 입법절차상 하자 문제에 대해서는 헌법재판소에 의한 사법적 심사가 적절하지 않다는 견해도 있다.[236] 그러나 입법절차상 하자에[237] 대

235 이황희, 수사권 제한 입법에 대한 검사의 권한쟁의심판청구의 적법성, 공법학연구, 한국비교공법학회, 2022, 12, 78면 이하.

236 권영성, 헌법학원론, 법문사, 2008, 933-934면(그러나 이 견해도 절차상 하자가 중대하고 명백할 때에는 헌법재판소에 의한 심사의 대상이 될 수 있다고 봄).

237 헌법재판소는 입법절차상 하자 문제를 입법절차에서의 적법절차원리 준수 문제로 접근하기도 한다(헌재 2001. 2. 22. 99헌마613; 헌재 2018. 1. 25. 2016헌바315 등). 이와 관련하여, 입법절차 문제는 결국 의회민주주의의 절차적 정당성에 관한 것인데, 이미 헌법과 국회법 등으로 구체화되어 있으며 의회민주주의원리로부터도 중요한 절차적 원리를 도출할 수 있으므로, 적법절차원리의 독자적 의미는 크지 않다는 평가가 있다. 김하열, 입법절차의 하자를 다투는 헌법소원, 고려법학 제55호, 2009, 119면.

한 헌법적 통제는 가능하고 또 필요하다는 것이 학설의 일반적 입장이다.[238] 이 입장에서는 위헌법률심판과 헌법소원심판, 권한쟁의심판이 그러한 통제수단이 될 수 있다고 본다.[239] 위헌법률심판은 법률의 위헌 여부를 심사하는 절차인데, 여기서 말하는 '위헌'에는 실체적 위헌뿐만 아니라 절차적 위헌도 포함된다. 법률은 상위규범인 헌법에 위반되어서는 안 되는데, 이러한 요청은 내용적 측면이나 절차적 측면 모두에서 타당하기 때문이다. 법률은 내용면에서나 형식면에서나 공히 헌법에 부합할 때에만 정당한 법률로서 인정될 수 있다. 이러한 심사는 위헌법률심판의 적법요건을 충족해야 가능하므로, 해당 법률은 구체적 소송사건에서 재판의 전제성을 갖추어야 한다.

참고로 헌법소원심판과[240] 권한쟁의심판에서도 입법절차상 하자 여부를 심사할 수 있다. 특히 권한쟁의심판은 그동안 헌법재판소가 입법절차상 하자 문제를 심사해 온 대표적인 심판절차였다. 헌법재판소는 헌법재판소법상 '국가기관'의 종류를 예시적인 것으로 해석하여 국회의원이나 국회의장 같은 국회구성원들도 권한쟁의심판의 당사자능력을 가질 수 있다고 봄으로써 국회 내부에서 발생하는 절차상 하자에 대한 심사가능성을 확보할 수 있었다. 입법절차상 하자는 입법과정에서 일정한 역할을 수행하도록 예정되어 있으나 그것을 방해받은 국회구성원의 권한을 침해할 수 있다는 논리다. 그러나 두 심판에서도 이러한 심사가능성은 적법요건을 충족한 경우에만 가능한데, 두 심판의 적법요건은 위헌법률심판보다 까다롭기 때문에 심사가능성은 그만큼 제약된다. 법률이 헌법에 위반되는지 여부라는 포괄

238 허영, 앞의 책, 403면; 정종섭, 앞의 책(주 6), 247면 이하, 588면, 679면; 정재황, 헌법재판론, 박영사, 2020, 342-343면; 김하열, 앞의 책(주 6), 320면, 462면; 이효원, 헌법재판강의, 박영사, 2022, 230-231면; 허완중, 헌법소송법, 박영사, 2019, 442면.

239 이에 관해서는 김주환, 앞의 논문, 265면 이하; 이종훈, 법률의 입법절차상 하자를 다투는 헌법소송 방안, 인권과정의 제478호, 대한변협, 2018, 12면 이하.

240 우리 법제도상 헌법소원심판은 헌법재판소법 제68조 제1항과 제2항을 통해 두 유형으로 규율된다. 다만, 헌법재판소법 제68조 제2항에 의한 헌법소원심판은 개인이 청구하는 소송이기는 하지만 그 본질적으로는 위헌법률심판의 속성을 갖는다고 이해되므로("헌법재판소법 제68조 제2항 소정의 헌법소원은 그 본질이 헌법소원이라기보다는 위헌법률심판", 헌재 1997. 7. 16. 96헌바36 등), 본고에서 말하는 헌법소원심판은 헌법재판소법 제68조 제1항에 의한 것을 가리킨다.

적인 쟁점을 모든 헌법적 관점에서 심사하는 위헌법률심판과는 달리,[241] 헌법소원심판이나 권한쟁의심판에서는 기본권 혹은 권한침해 여부라는 한정된 쟁점을 청구인의 관점으로만 심사할 수 있을 뿐이다. 따라서 이 두 심판에서 입법절차에 대한 통제는 청구인의 기본권 혹은 권한의 침해 여부라는 쟁점과의 연관성 속에서 조건적으로만 수행될 수 있다. 일반적으로 두 심판의 심사는 기본권 혹은 권한의 실체적 내용에 대한 제한의 존재를 확인하는 작업(제한의 존재 확인 단계)과 그 제한이 헌법적으로 정당화되는지를 검토하는 작업(제한의 정당성 검토 단계)으로 구성된다. 이 작업은 단계적인 것이므로, 전자의 확인이 이루어지지 못하면 후자의 검토로 넘어갈 수 없다. 청구인의 기본권이나 권한에 대한 제한 자체가 인정되지 않는다면, 단지 입법절차상 하자가 존재한다는 이유만으로 헌법소원심판이나 권한쟁의심판을 청구할 수는 없다는 뜻이다.[242] 제한되는 기본권이나 권한의 존재 없이 단순히 입법절차상 하자를 주장하는 것은, 청구인의 주관적 권리 혹은 주관적으로 의제된 권한의[243] 침해 문제를 해결하기 위한 현행 헌법소원심판과 권한쟁의심판의 취지에 부합하지 않는다.

이 문제와 관련하여 헌법재판소도 같은 입장에 있다고 보인다. 재판소는 위헌법률심판과 헌법소원심판, 권한쟁의심판에서 입법의 절차적 문제를 다툴 수 있다고 보되,[244] 다만 이를 위해서는 재판의 전제성(위헌법률심판)이나 기본권의 실체적 내

241 위헌법률심판에서는 제청법원이나 제청신청인이 주장하는 문제만이 아니라 심판대상인 법률의 법적 효과를 고려하여 모든 헌법적인 문제를 심사할 수 있으므로 해당 심판에 직접 관계하지 않는 사람의 기본권이 침해되는지도 심사할 수 있다(헌재 1996. 12. 26. 96헌가18).

242 입법절차상 하자를 다투는 헌법소원심판과 관련하여 이러한 심사구도를 설명하는 문헌으로 김하열, 입법절차의 하자를 다투는 헌법소원, 고려법학 제55호, 2009, 114면 이하.

243 권한쟁의심판은 객관적 권한질서의 보호를 위한 것이지만, 우리 법제는 이를 권한이 침해되었음을 주장하는 청구인과 권한을 침해했다고 지목된 피청구인 간의 대립적인 소송구조 방식으로 처리함으로써 주관적 쟁송으로서의 외양을 부과하고 있다. 권한쟁의심판에서 말하는 권한은 "소송을 위해 주관적인 것으로 의제된 권한"인 셈이다(헌법재판소(편), 앞의 책, 398면). 또한 주관적 쟁송성은 객관적 권한질서를 유지하기 위한 법적 수단으로 이해된다(헌재 2010. 12. 28. 2009헌라2). 권한쟁의심판의 객관적 성격은 허영, 전게서, 314-316면; 정종섭, 전게서, 506-507면; 박경철, 입법절차의 하자를 이유로 하는 권한침해확인결정의 심판대상과 기속력의 내용, 공법학연구 제13권 제2호, 한국비교공법학회, 2012, 240면 이하.

244 독일 연방헌법재판소의 입장도 다르지 않다(BVerfGE 17, 306, 313; 44, 308, 313 등). 프랑스 헌법위원회의 입법절차상 하자 심사에 대해서는 전학선, 프랑스에 있어서의 입법절차에 대한 위헌심사, 공법연구 제27집 제3호, 1999.

용에 대한 제한의 존재(헌법소원심판) 등이 먼저 갖추어져 있어야 한다고 했다. 관련 판시는 아래와 같다. 청구인들은 이 사건 법률의 실체적 내용으로 인하여 현재, 직접적으로 기본권을 침해받은 경우에 헌법소원심판을 청구하거나 이 사건 법률이 구체적 소송사건에서 재판의 전제가 된 경우에 위헌여부심판의 제청신청을 하여 그 심판절차에서 입법절차에 하자가 있음을 이유로 이 사건 법률이 위헌임을 주장하는 것은 별론으로 하고 단순히 입법절차의 하자로 인하여 기본권을 현재, 직접적으로 침해받았다고 주장하여 헌법소원심판을 청구할 수는 없다고 할 것이다.[245] 이는 헌법소원심판 사건에서 설시된 것인데, 이처럼 입법절차의 하자를 심사하려면 그 전에 기본권의 실체적 내용에 대한 제한이 먼저 존재해야 한다는 법리는 권한쟁의심판에서도 다르지 않을 것이다.

(나) 입법과정의 경미한 하자

입법을 함에 있어서 안건에 대해 충분한 토론이 없었거나, 소수파 국회의원에게 충분한 발언기회가 제공되지 않았거나, 표결이 합리적 조건에서 행해지지 않은 경우 등에도 이를 위헌이라고 하여 위헌심사할 수 있는지에 대해서는 학설이 대립한다. ① 긍정설은 입법자에게 최적의 입법을 해야 할 헌법상 의무가 있으므로 입법과정에 대해서 헌법재판소가 위헌여부를 심사할 수 있다고 하고, ② 부정설은 입법자가 최적의 입법을 해야 할 의무는 헌법에서 도출되지 않으므로, 실질적 입법과정은 헌법재판소의 심사대상이 아니라고 한다. 생각건대 권력분립원칙과 국회의 입법형성의 자유에 비추어 볼 때(헌법과 법률이 정한 명시적인 절차규정을 준수하였다면), 입법과정의 세세한 내용을 헌법재판소가 모두 심사하는 것은 헌법재판의 기능에 합치하지 않는다고 할 것이므로 부정설이 타당하다.[246, 247]

245 헌재 1998. 8. 27. 97헌마8 등. 재판소는 위 결정에서 다음과 같은 설시도 하였다. "이와 같은 입법절차의 하자를 둘러싼 분쟁은 본질적으로 국회의장이 국회의원의 권한을 침해한 것인가 그렇지 않은가에 관한 다툼으로서 이 사건 법률의 심의·표결에 참여하지 못한 국회의원이 국회의장을 상대로 권한쟁의에 관한 심판을 청구하여 해결하여야 할 사항이라고 할 것이다."

246 김유향, 전게서, 1529면.

247 권한쟁의심판은 가능하다고 할 것이다.

(3) 법률의 해석(한정위헌 청구의 적법 여부★)

(가) 종래 헌법재판소의 태도 – 원칙적 금지·예외적 허용

'…하는 것으로 해석하는 한 위헌'이라는 판단을 구하는 청구를 한정위헌 청구라 한다. 이러한 한정위헌 청구에 대해 종래 헌법재판소는 위헌법률심판의 대상은 '법률(조항)'이므로 법률의 해석·적용에 대한 한정합헌 또는 한정위헌의 판단을 구하는 청구는 적절하지 않다고 보았다. 즉, "헌법재판소법 제68조 제2항이 '법률의 위헌여부심판의 제정신청이 기각된 때에는'이라고 규정하고 있어 일반적으로 법률조항 자체의 위헌판단을 구하는 것이 아니라 법률조항을 '…하는 것으로 해석하는 한 위헌'이라는 판단을 구하는 청구는 헌법재판소법 제68조 제2항에 의한 청구로 적절치 아니하다"고 판시하였다(1995. 7. 21. 92헌바40).[248] 그러나 헌법재판소는 "청구인이 형식상 법률조항의 해석을 다투는 것이지만 실질적으로 법률조항 자체를 다투는 것으로 볼 수 있는 경우에는 예외적으로 적법한 청구"로 보았다. 즉, ① 법률의 해석·적용에 관한 심판청구를 법률조항 자체의 불명확성을 다투는 것으로 볼 수 있거나, ② 소위 "법원의 해석에 의하여 구체화된 심판대상 규정의 위헌성" 문제가 있는 것으로 볼 만큼 일정한 사례군이 상당 기간에 걸쳐 형성·집적된 경우, ③ 위 두 가지 경우에 해당되지는 않지만 한정위헌의 판단을 구하는 청구가 법률조항 자체에 대한 다툼으로 볼 수 있는 경우의 3가지로 나누어 볼 수 있다.[249]

(나) 변경된 헌법재판소의 태도 – 원칙적 허용·예외적 금지

그런데 헌법재판소는 2012년 판례를 변경하여 한정위헌청구를 원칙적으로 적법한 것으로 보았다(2012. 12. 27. 2011헌바117). 다만 헌법재판소는 위 결정에서 "재판소원을 금지하는 헌법재판소법 제68조 제1항의 취지에 비추어 단순히 법률조항의

---

248 앞서 본 바와 같이, 대법원은 "헌법재판소법 제41조 제1항에 따른 법률의 위헌여부심판제청은 법원이 국회가 제정한 '법률'이 위헌인지 여부의 심판을 헌법재판소에 제청하는 것이지 그 법률의 의미를 풀이한 '법률해석'이 위헌인지 여부의 심판을 제청하는 것이 아니다. 따라서 한정위헌을 구하는 심판제청은 허용될 수 없다."라고 본다.(대법원 2001. 4. 27. 선고 95재다14; 대법원 2013. 3. 28. 선고 2012재두299)

249 정재황, 헌법재판요론, 박영사, 2022, 155면 이하.

포섭이나 적용의 문제를 다투거나, 단지 재판결과를 다투는 경우 등에는 여전히 허용될 수 없다."라고 판시하였다.

헌재판례) 2012. 12. 27. 2011헌바117 [한정위헌 청구의 적법성](★★)	
변경 판례	**형법 제129조 제1항 중 "공무원"에 구 '제주특별자치도 설치 및 국제자유도시 조성을 위한 특별법' 제299조 제2항의 제주특별자치도 통합영향평가심의위원회 심의위원 중 위촉위원이 포함되는 것으로 해석하는 것이 죄형법정주의원칙에 위배되는지 여부**(적극)와 관련하여, 법률의 의미는 결국 개별, 구체화된 법률해석에 의해 확인될 것이므로 이는 동전의 양면과 같아 법률과 법률의 해석을 구분할 수는 없고, 결국 재판의 전제가 된 법률에 대한 규범통제는 결국 해석에 의해 구체화된 법률의 의미와 내용에 대한 헌법적 통제로서 헌법재판소의 고유권한이다. 헌법합치적 법률해석의 원칙상 한정적으로 위헌성이 있는 부분에 대한 한정위헌결정은 입법권에 대한 자제와 존중으로서 당연하면서도 불가피한 결론이고, 이러한 한정위헌결정을 구하는 한정위헌청구 또한 인정되는 것이 합당하다. 다만, 재판소원을 금지하는 헌법재판소법 제68조 제1항의 취지에 비추어 개별, 구체적 사건에서의 단순히 법률조항의 포섭이나 적용의 문제를 다투거나, 의미 있는 헌법문제에 대한 주장없이 단지 재판결과를 다투는 경우 등에는 여전히 허용될 수 없다.
종전 판례	헌재법 제68조 제2항에 의한 헌법소원에 있어서는 법률이 헌법에 위반되는지 여부가 당해 사건의 재판의 전제로 되어야 하고, 여기서 '법률이 헌법에 위반되는지 여부'는 '법률' 자체의 경우를 말하며 '법률의 해석'의 경우를 제외한다.[250] 법률조항 자체의 위헌판단을 구하는 것이 아니라, '……라고 해석하는 한 위헌'이라는 심판청구는 부적법하지만, 단순히 법률조항의 해석을 다투는 것이 아니라, 법률조항 자체의 위헌성을 다투는 경우로 이해되는 경우에는 적법하다.[251] → 그러한 경우로는 다음과 같은 경우를 들 수 있다. ① 법률조항(법규정) 자체의 불명확성을 다투는 것으로 보는 경우, ② 소위 심판대상규정에 대한 일정한 해석이 상당 기간에 걸쳐 형성, 집적되어 법원의 해석에 의하여 구체화된 심판대상규정이 위헌성을 지닌 경우, ③ 위 두 가지 경우에 해당되지는 않지만 한정위헌의 판단을 구하는 청구가 법률조항 자체에 대한 다툼으로 볼 수 있는 경우

생각건대, 위 헌법재판소의 판시와 같이 법률의 의미는 결국 개별·구체화된 법률해석에 의해 확인될 것이므로 이는 동전의 양면과 같아 법률과 법률의 해석을 구분할 수는 없고, 법률에 대한 규범통제는 결국 해석에 의해 구체화된 법률의 의미와 내용에 대한 헌법적 통제로서 헌법재판소의 고유권한이라 할 수 있으므로 원

250 헌재 1999. 3. 25. 98헌바2; 헌재 2001. 9. 27. 2000헌바20 등.
251 헌재 1997. 2. 20. 95헌바27; 헌재 1995. 7. 21. 92헌바40.

칙적으로 긍정함이 타당하다.[252]

헌재판례) 수용으로 인한 영업손실의 보상 조항(2013. 12. 26. 2011헌바162) – 각하

이 사건 토지보상조항이 '부동산 가격공시 및 감정평가에 관한 법률'에 의한 공시지가를 기준으로 토지수용으로 인한 손실보상액을 산정하되, 개발이익을 배제하고 공시기준일부터 재결 시까지의 시점보정을 인근 토지의 가격변동률과 생산자물가상승률에 의하도록 한 것은 공시기준일의 표준지의 객관적 가치를 정당하게 반영하는 것이고 표준지의 선정과 시점 보정의 방법이 적정하므로, 이 사건 토지보상조항은 헌법 제23조 제3항이 규정한 정당보상의 원칙에 위배되지 않는다. 청구인은 이 사건 영업손실 보상조항이 수용으로 인해 사업시행지구 밖에서의 영업을 사업시행지역 안으로 이전·재개하지 못함으로써 발생한 손해를 보상의 대상에 포함하지 않는 것으로 해석하는 것은 청구인의 재산권을 침해하는 것이라고 주장하나, 이는 실제로는 법원의 재판결과를 다투는 것에 불과하여 헌법소원심판의 대상이 될 수 없다.

헌재판례) 설계자문위원회 위원 조항(2015. 4. 30. 2014헌바32 등) – 각하

청구인은 심판조항의 '설계자문위원회의 위원'에 ○○공단 이사장이 위촉한 설계심의분과위원회 위원이 포함된다고 해석하는 한 죄형법정주의에 위배된다고 다투고 있다. 이같이 청구인들은 심판대상조항 자체에 대한 위헌주장은 아니한 채 각 당해 사건 법원이 설계심의분과위원회 위원인 청구인들을 '설계자문위원회의 위원'으로 인정한 것이 잘못되었다는 취지로만 주장하고 있는바, 이는 한정위헌심판청구의 형식을 취하고 있으면서 실제로는 개별적·구체적 사건에서의 법률조항의 단순한 포섭·적용에 관한 문제를 다투거나 법원의 재판결과를 다투는 것에 불과하여 현행의 규범통제제도에 어긋나는 것으로 허용될 수 없다.

헌재판례) 국가보안법상 반국가단체 조항(2015. 4. 30. 2012헌바95 등) – 각하

반국가단체 조항의 반국가단체에 북한이 포함된다고 해석하는 것이 헌법에 위반된다는 취지의 주장은 사실인정 내지 법률조항의 포섭·적용, 법원의 법률해석이나 재판결과를 다투는 것에 불과하여 현행의 규범통제제도에 어긋나므로, 반국가단체 조항에 대한 심판청구는 부적법하다.

(4) 입법부작위

한편, 국회의 입법부작위는 위헌법률심판절차의 목적이자 입법자인 국회가 의결하여 제정한 법규범이 헌법에 부합하는지 여부를 심사하는 것이기 때문에 위헌제청의 대상이 될 수 없다. 그러나 헌법재판소는 '부진정입법부작위'의 경우에는

252 이동흡, 전게서, 179면; 손인혁, 한정위헌청구의 허용 여부를 둘러싼 법률해석권한의 배분, 연세법학 21호, 연세대 법학연구소, 2013, 98면 이하.

입법부작위로 다툴 것이 아니라, 불완전한 법률조항 자체를 대상으로 위헌제청하여야 한다고 보고 있다(2004. 1. 29. 2002헌바36).

헌재판례) 1996. 3. 28. 93헌바27[253]	
사안	- 민사소송법 제431조 재판상 화해에 대한 준재심사유로(확정판결에 대한) 재심사유를 준용 - "화해의 합의가 없는 경우"가 규정되어 있지 아니함 - 청구인 준재심을 신청하고 위 규정에 대한 위헌 주장
판단	이 사건 법률조항이 "화해의 합의가 없는 경우"와 같이 중대한 하자를 재심사유에서 제외하여 불완전, 불충분하게 규정함으로써(이른바 부진정 입법부작위) 청구인의 헌법상 보장된 기본권을 침해한 것으로 판단하는 경우에는 당해 사건의 재판의 주문이나 이유가 달라질 것이므로 이 사건 법률조항의 위헌 여부는 당해 사건에 있어서 그 재판의 전제가 된다.

(5) 긴급명령·긴급재정경제명령

긴급명령·긴급재정경제명령 등은 법률과 동일한 효력을 가지므로(헌법 제76조 제1항, 제2항) 일차적으로 위헌심판의 대상이 된다고 볼 수 있다. 그러나 이러한 국가긴급권 행사는 통치행위에 해당하는 것으로서, 통치행위에 대해서 사법적 심사를 할 수 있는지가 추가적으로 검토되어야 한다. 참고로, 통치행위에 대한 사법심사가능성과 관련하여, 우리 헌법재판소는 "비록 고도의 정치적 결단에 의하여 행해지는 국가작용이라고 할지라도 그것이 국민의 기본권 침해와 직접 관련되는 경우에는 당연히 헌법재판소의 심판대상이 될 수 있다"(1996. 2. 29. 93헌마186)라고 하여 사법심사할 수 있음을 인정하고 있다. 한편, 대법원 판례는 '유신헌법에 근거한 긴급조치'는 국회의 입법권 행사라는 실질을 전혀 가지지 못한 것으로서, 헌법재판소의 위헌심판대상이 되는 '법률'에 해당한다고 할 수 없고, 긴급조치의 위헌 여부에

253 민사소송법 제206조(화해, 포기, 인낙조서의 효력) 화해, 청구의 포기 또는 인낙을 조서에 기재한 때에는 그 조서는 확정판결과 동일한 효력이 있다. ⇒ 현행 민사소송법 제220조
제431조(준재심) 제206조의 조서 또는 즉시항고로 불복을 신청할 수 있는 결정이나 명령이 확정한 경우에 제422조 제1항에 기재한 사유가 있는 때에는 확정판결에 대한 제422조 내지 제430조의 규정에 준하여 재심을 제기할 수 있다. ⇒ 현행 민사소송법 제461조

대한 심사권은 최종적으로 대법원에 속한다고 판시한 바 있다.

헌재판례) 2013. 3. 21. 2010헌바132

일정한 규범이 위헌법률심판 또는 헌법재판소법 제68조 제2항에 의한 헌법소원심판의 대상이 되는 '법률'인지 여부는 그 제정 형식이나 명칭이 아니라 그 규범의 효력을 기준으로 판단하여야 한다. 따라서 헌법이 법률과 동일한 효력을 가진다고 규정한 긴급재정경제명령(제76조 제1항) 및 긴급명령(제76조 제2항)은 물론, 헌법상 형식적 의미의 법률은 아니지만 국내법과 동일한 효력이 인정되는 '헌법에 의하여 체결·공포된 조약과 일반적으로 승인된 국제법규'(제6조)의 위헌 여부의 심사권한도 헌법재판소에 전속된다고 보아야 한다. 유신헌법 제53조는 긴급조치의 효력에 관하여 명시적으로 규정하고 있지 않다. 그러나 긴급조치는 유신헌법 제53조에 근거한 것으로서 그에 정해진 요건과 한계를 준수해야 한다는 점에서 이를 헌법과 동일한 효력을 갖는 것으로 보기는 어렵다. 한편 이 사건 긴급조치들은 표현의 자유 등 기본권을 제한하고, 형벌로 처벌하는 규정을 두고 있으며, 영장주의나 법원의 권한에 대한 특별한 규정 등을 두고 있다. 유신헌법이 규정하고 있던 적법절차의 원칙(제10조 제1항), 영장주의(제10조 제3항), 죄형법정주의(제11조 제1항), 기본권 제한에 관한 법률유보원칙(제32조 제2항) 등을 배제하거나 제한하고, 표현의 자유 등 국민의 기본권을 직접적으로 제한하는 내용이 포함된 이 사건 긴급조치들의 효력을 법률보다 하위에 있는 것이라고 보기도 어렵다. 결국 이 사건 긴급조치들은 최소한 법률과 동일한 효력을 가지는 것으로 보아야 하고, 따라서 그 위헌 여부 심사권한도 헌법재판소에 전속한다.

비교 대법판례) 2010. 12. 16. 2010도5986(전원합의체 판결)

헌법 제107조 제1항, 제111조 제1항 제1호의 규정에 의하면, 헌법재판소에 의한 위헌심사의 대상이 되는 '법률'이란 '국회의 의결을 거친 이른바 형식적 의미의 법률'을 의미하고, 위헌심사의 대상이 되는 규범이 형식적 의미의 법률이 아닌 때에는 그와 동일한 효력을 갖는 데에 국회의 승인이나 동의를 요하는 등 국회의 입법권 행사라고 평가할 수 있는 실질을 갖춘 것이어야 한다. 구 대한민국헌법(1980. 10. 27. 헌법 제9호로 전부 개정되기 전의 것, 이하 '유신헌법'이라 한다) 제53조 제3항은 대통령이 긴급조치를 한 때에는 지체 없이 국회에 통고하여야 한다고 규정하고 있을 뿐, 사전적으로는 물론이거니와 사후적으로도 긴급조치가 그 효력을 발생 또는 유지하는 데 국회의 동의 내지 승인 등을 얻도록 하는 규정을 두고 있지 아니하고, 실제로 국회에서 긴급조치를 승인하는 등의 조치가 취하여진 바도 없다. 따라서 유신헌법에 근거한 긴급조치는 국회의 입법권 행사라는 실질을 전혀 가지지 못한 것으로서, 헌법재판소의 위헌심판대상이 되는 '법률'에 해당한다고 할 수 없고, 긴급조치의 위헌 여부에 대한 심사권은 최종적으로 대법원에 속한다.

(6) 조약

조약도 위헌심판의 대상이 되는지에 대하여는 부정설과 긍정설이 갈리고 있다.

다수설은 ① 헌법은 조약보다 상위규범이고, ② 사법부는 헌법을 준수할 의무가 있어 위헌조약은 적용할 수 없으므로, 조약도 위헌심사의 대상으로 삼을 수 있다고 한다. 따라서 조약이 법률과 동일한 효력을 가지는 경우에는 헌법재판소가 위헌 여부를 심사할 수 있고, 명령과 동일한 효력을 가지는 경우에는 법원이 위헌·위법 여부를 심사할 수 있다. 우리 헌법재판소도 "헌법재판소법 제68조 제2항은 심판대상을 '법률'로 규정하고 있으나, 여기서의 '법률'에는 '조약'이 포함된다고 볼 것이다. 헌법재판소는 국내법과 같은 효력을 가지는 조약이 헌법재판소의 위헌법률심판 대상이 된다고 전제하여 그에 관한 본안판단을 한 바 있다"고 판시하고 있다(2001. 9. 27. 2000헌바20).

(7) 관습법

관습법은 사회의 거듭된 관행으로 생성된 사회생활규범이 사회의 법적 확신과 인식에 따라 법적 규범으로 승인되고 강행되기에 이르러 법원(法源)으로 기능하게 된 것이다. 따라서 관습법은 비록 형식적 의미의 법률은 아니지만 실질적으로는 법률과 같은 효력을 가지므로 위헌법률심판의 대상이 된다. 헌법재판소도 "법률과 같은 효력을 가지는 이 사건 관습법도 당연히 헌법소원심판의 대상이 되고, 단지 형식적인 의미의 법률이 아니라는 이유로 그 예외가 될 수는 없다"(2013. 2. 28. 2009헌바129)고 판시하였다. 반면 대법원은 "민사에 관한 관습법은 법원에 의하여 발견되고 성문의 법률에 반하지 아니하는 경우에 한하여 보충적인 법원(法源)이 되는 것에 불과하여(민법 제1조) 관습법이 헌법에 위반되는 경우 법원이 그 관습법의 효력을 부인할 수 있으므로, 결국 관습법은 헌법재판소의 위헌법률심판의 대상이 아니라 할 것이다"라는 입장이다(대법 2009. 5. 28. 2007카기134).

헌재판례) 관습법의 헌법소원 대상적격(2013. 2. 28. 2009헌바129)

관습법은 사회의 거듭된 관행으로 생성된 사회생활규범이 사회의 법적 확신과 인식에 따라 법적 규범으로 승인되고 강행되기에 이르러 법원(法源)으로 기능하게 된 것이다. 법원(法院)은 여러 차례 위와 같은 분재청구권에 관한 관습이 우리 사회에서 관습법으로 성립하여 존재하고 있음을 확인하고(대법원 2007. 1. 25. 2005다26284 등) 상속 등에 관한 재판규범으로 적용하여 왔다. 그런데 이 사건 관습법은 민법 시행 이전에 상속을 규율하는 법률이 없는 상황에서 재산상속에 관하여 적용된 규범으로서 비록 형식적 의미의 법률은 아니지만 실질적으로는 법률과 같은 효력을 갖는다. 헌법 제111조 제1항 제1호, 제5호 및 헌법재판소법 제41조 제1항, 제68조 제2항에 의하면 위헌심판의 대상을 '법률'이라고 규정하고 있는데, 여기서 '법률'이라고 함은 국회의 의결을 거친 이른바 형식적 의미의 법률뿐만 아니라 법률과 동일한 효력을 갖는 조약 등도 포함된다(헌재 2001. 9. 27. 2000헌바20). 이처럼 법률과 동일한 효력을 갖는 조약 등을 위헌심판의 대상으로 삼음으로써 헌법을 최고규범으로 하는 법질서의 통일성과 법적 안정성을 확보할 수 있을 뿐만 아니라, 합헌적인 법률에 의한 재판을 가능하게 하여 궁극적으로는 국민의 기본권 보장에 기여할 수 있게 된다. 그렇다면 법률과 같은 효력을 가지는 이 사건 관습법도 당연히 헌법소원심판의 대상이 되고, 단지 형식적인 의미의 법률이 아니라는 이유로 그 예외가 될 수는 없다.

(8) 개별 헌법규정(★)

우리 헌법재판소는 개별 헌법규정은 다음과 같은 이유로 위헌법률심판의 대상이 될 수 없다고 판시하였다(1996. 6. 13. 94헌바20). ① 헌법규범 상호 간 효력상의 우열을 인정할 수 없고, ② 더욱이 헌법개정의 한계에 관한 규정을 두지 아니하고, 헌법의 개정을 법률의 개정과는 달리 국민투표에 의하여 이를 확정하도록 규정하고 있으며, ③ 위헌심사의 대상이 되는 '법률'이라 함은 국회의 의결을 거쳐 제정된 이른바 형식적 의미의 법률을 의미한다. 그러나 헌법규범 간에 위계질서가 있고 하위의 헌법규정이 상위의 헌법규정이나 헌법원리에 위배될 가능성이 있으며 또한 헌법개정의 한계를 인정하는 이상 헌법개정의 한계를 넘어 개정된 헌법규정에 대한 위헌심사를 인정하는 것이 논리적으로 철저하다 할 수 있다.

헌재판례) 헌법 제29조 제2항 등 위헌소원(1996. 6. 13. 94헌바20)

헌법 제111조 제1항 제1호 , 제5호 및 헌법재판소법 제41조 제1항, 제68조 제2항은 위헌심사의 대상이 되는 규범을 '법률'로 명시하고 있으며, 여기서 "법률"이라 함은 국회의 의결을 거쳐 제정된 이른바 형식적 의미의 법률을 의미한다. 따라서 위와 같은 형식적 의미의 법률과 동일한 효력을 갖는 조약 등이 위헌심사의 대상에 포함되는 것은 별론으로 하고 헌법의 개별규정 자체가 위헌심사의 대상이 될 수 없음은 위 각 규정의 문언에 의하여 명백하다. 이에 대하여 청구인들은 위 헌법조항 부분은 국민이 헌법상의 기본권으로 향유하는 국가배상청구권을 행사할 수 없는 자를 법률에 의하여 정할 수 있도록 규정하고 있으므로 이는 헌법 제11조, 제23조 제1항, 제29조 제1항, 제37조 제2항으로 표현되는 헌법정신 내지는 헌법핵에 위반되어 무효라고 주장한다. 살피건대, 헌법은 전문과 단순한 개별조항의 상호관련성이 없는 집합에 지나지 않는 것이 아니고 하나의 통일된 가치체계를 이루고 있으며 헌법의 제 규정 가운데는 헌법의 근본가치를 보다 추상적으로 선언한 것도 있고 이를 보다 구체적으로 표현한 것도 있으므로, **이념적·논리적으로는 헌법규범 상호 간의 가치의 우열을 인정할 수 있을 것**이다. 그러나 이때 인정되는 헌법규범 상호 간의 우열은 추상적 가치규범의 구체화에 따른 것으로서 헌법의 통일적 해석을 위하여 유용한 정도를 넘어 헌법의 어느 특정 규정이 다른 규정의 효력을 전면 부인할 수 있는 정도의 **효력상의 차등을 의미하는 것이라고는 볼 수 없다**. 더욱이 헌법개정의 한계에 관한 규정을 두지 아니하고 헌법의 개정을 법률의 개정과는 달리 국민투표에 의하여 이를 확정하도록 규정하고 있는(헌법 제130조 제2항) 현행의 우리 헌법상으로는 과연 어떤 규정이 헌법핵 내지는 헌법제정규범으로서 상위규범이고 어떤 규정이 단순한 헌법개정규범으로서 하위규범인지를 구별하는 것이 가능하지 아니하며, 달리 헌법의 각 개별 규정 사이에 그 효력상의 차이를 인정하여야 할 아무런 근거도 찾을 수 없다. 나아가 헌법은 그 전체로서 주권자인 국민의 결단 내지 국민적 합의의 결과라고 보아야 할 것으로, 헌법의 개별 규정을 헌법재판소법 제68조 제1항 소정의 공권력 행사의 결과라고 볼 수도 없다.

(9) 명령·규칙·조례 등(★)

명령·규칙은 위헌제청의 대상이 되지 않는다(헌법 제107조 제2항). 헌법재판소도 명령·규칙의 위헌 여부는 "법원 스스로 이를 판단할 수 있는 것이므로, 이 사건 위헌여부심판제청 중 국민연금법시행령 제54조 제1항에 대한 부분은 법률이 아닌 대통령령에 대한 것으로 부적법하다"(1996. 10. 4. 96헌가6)고 판시하고 있다. 다만 법률과 시행령·규칙 등이 결합하여 전체로서 하나의 완결된 법적 효력을 발휘할 경우에는 법률의 위임에 의한 시행령·규칙 등 하위 법규가 부수적으로 법률의 내용을 판단하는 자료가 될 수 있을 것이다. 한편 '조례'는 위헌제청의 대상이 되지 않으며, 그것이 헌법에 위반되는지 여부는 법원이 스스로 판단할 수 있다. 헌법재판소는 "헌법재판소법 제68조 제2항에 의한 헌법소원심판의 대상은 당해 사건의 재판의 전제가 되는 '법률'인 것이므로 지방자치단체의 조례는 그 대상이 될 수 없다"(1998. 10. 15. 96헌바77)고 판시하였다.

3. 재판의 전제성

(1) '재판'의 의미

헌재법 제41조 제1항에서 말하는 '재판'이라 함은 원칙적으로 모든 재판을 의미하고, 여기의 '재판'에 해당하는지의 여부는 재판의 형식이나 절차의 형태에 따라 정해지는 것이 아니라 실질적으로 법원의 사법권의 행사에 해당하는가에 따라 결정된다. ① 판결·결정·명령과 동 형식의 재판, ② 심리절차·판결절차·집행절차, ③ 소송절차·비송절차, ④ 준비절차·본안절차, ⑤ 종국판결·중간판결, ⑥ 전부판결·일부판결·잔부판결 등 형식이나 절차의 형태에 불문하고 법원의 판단행위는 여기에 해당한다. 헌법재판소는 증거채부결정(1996. 12. 26. 94헌바1), 인지첩부를 명하는 보정명령(1994. 2. 24. 91헌가3), 구속영장발부에 관한 재판(1993. 3. 11. 90헌가70), 체포·구속적부심사청구에 관한 재판(1995. 2. 23. 92헌바18), 보석허가결정(1993. 12. 23. 93헌가2), 구속기간갱신결정(2001. 6. 28. 99헌가14) 등에 대해서 재판의 전제성의 '재판'에 해당한다고 판시하였다. 또한 헌법재판소는 법원이 앞으로 진행될 소송절차와 관련한 중요한 문제점을 선행결정하여야 하는 경우도 '재판'에 해당한다고 보았다(1994. 2. 24. 91헌가3). 그러나 재판장의 녹음불허가에 대한 이의신청은 '재판'에 해당되지 않는다고 하였다(2011. 6. 30. 2008헌바81).

그리고 긴급을 요하는 재판이 여기의 '재판'에 포함되는지가 문제되는데, 부정설이 다수설이다. 법원의 제청이 있으면 법원의 재판이 정지되므로 가처분이나 가압류 등의 절차와 같이 급박한 이유가 있어 행해지는 경우에는 제청을 인정하는 것이 적합하지 않을 수 있기 때문이다.[254]

한편, 재심사건의 경우 재심사건에는 '재심의 청구에 대한 심판'과 '본안사건에 대한 재심심판'이 있다. 그러므로, '재심의 청구에 대한 심판'에 적용되는 법률조항 또는 재심의 사유가 있는 경우에 '본안사건에 대한 재심심판'에 적용된다.[255]

---

254 김유향, 전게서, 1535면.
255 정재황, 전게서, 박영사, 2022, 47면.

헌재판례) 헌재 1993. 11. 25. 92헌바39
원 판결에 적용된 법률조항이 헌법에 위반된다고 재심을 청구한 사건에서 그 주장하는 사유가 형사소송법 제420조가 정한 재심사유의 그 어느 것에도 해당되지 아니한다는 이유로 재심 청구가 기각된 경우에는 그 법률조항은 당해 재심사건에 적용할 법률조항이라 볼 수 없으므로 그 재판의 전제성이 없고 따라서 부적법하다고 할 것이다.
⇒ 일단 재심 개시 사유가 있어서 재심이 개시된 이후에 적용될 법률조항에 대해, 재심 사유가 없다는 이유로 기각된 경우라면, 재판이 전제성이 인정되지 않는다는 것.

헌법재판소 2021. 6. 24. 선고 2019헌바5 전원재판부 결정 [도로교통법 제156조 제1호 등 위헌소원]
헌법재판소법 제68조 제2항에 의한 헌법소원에 있어서는 법률이 헌법에 위반되는지 여부가 재판의 전제가 되어야 하는바, 그 법률이 당해 소송사건에 적용되는 것이어야 하고 그 위헌 여부에 따라 재판의 주문이 달라지거나 재판의 내용과 효력에 관한 법률적 의미가 달라져야 한다(1998. 2. 27. 97헌가10 등). 통고처분조항은 청구인에 대한 형사재판에 적용되는 조항이 아니므로 그 위헌 여부가 당해 사건 재판의 전제가 되지 아니한다. 따라서 이 사건 통고처분 조항에 대한 심판청구는 부적법하다.

(2) 재판의 '전제성'

(가) '전제성'의 의미(★★★)

재판의 '전제성'이라 함은, 첫째 구체적인 사건이 법원에 계속 중이어야 하고, 둘째 위헌 여부가 문제되는 법률이 당해 소송사건의 재판과 관련하여 적용되는 것이어야 하며, 셋째 그 법률이 헌법에 위반되는지의 여부에 따라 당해 사건을 담당한 법원이 다른 내용의 재판을 하게 되는 경우를 말한다. 여기서 '다른 내용의 내판을 하게 되는 경우'라 함은 원칙적으로 법원이 심리 중인 당해 사건의 재판 결론이나 주문에 어떤 영향을 주는 경우뿐만 아니라 문제된 법률의 위헌 여부가 비록 재판의 주문 자체에는 아무런 영향을 주지 않는다고 하더라도 재판의 결론을 이끌어 내는 이유를 달리하는 데 관련되어 있거나 또는 재판의 내용과 효력에 관한 법률적 의미가 달라지는 경우도 포함된다고 할 것이다(1993. 12. 23. 93헌가2). 그리고 "재판의 전제성 문제는 법률의 위헌 여부에 따라 당해 사건의 법원이 다른 내용의 재판을 하게 되는지 여부에 관한 것으로서 위헌결정의 결과 남게 되는 법적 상태에 또 다른 위헌성이 발생할 가능성까지 감안하여 그 구비 여부를 판단할 것은 아니다."(2006. 2. 23. 2005헌가7 등)

(나) 구체적인 사건이 법원에 계속 중이어야 할 것

1) 헌법재판소 결정 시까지 계속 중

위헌법률심판청구사건의 경우 위헌제청결정 당시는 물론이고 헌법재판소의 결정 시까지 구체적 사건이 법원에 계속 중이어야 한다. 따라서 위헌제청 이후 당해 사건이 소취하(취하간주)된 경우에는 원칙적으로 재판의 전제성이 부인된다. 다만 이 경우에도 헌법적 해명의 중요성이 있거나 침해의 반복 가능성이 있는 경우에는 예외적으로 본안심판을 할 수 있다. 그리고 헌재법 제68조 제2항의 위헌심사형 헌법소원의 경우에는 재판이 정지되지 않아 당해 소송사건이 확정될 수 있으므로 위헌제청신청 시에 계속 중이면 된다.[256]

2) 적법하게 계속 중

또한 당해 사건이 법원에 원칙적으로 '적법'하게 계속되어 있을 것을 요한다. 그러므로 당해 사건이 부적법한 것이어서 법률의 위헌 여부를 따져 볼 필요조차 없이 각하를 면할 수 없는 것일 때에는 재판의 전제성을 흠결한 것으로 각하하여야 한다.[257]

헌재판례) 적법하게 계속 중(2004. 10. 28. 99헌바91★★)
당해 소송이 제1심과 항소심에서 소송요건이 결여되었다는 이유로 각하되었지만 상고심에서 그 각하판결이 유지될지 불분명한 경우에도 헌법재판소법 제68조 제2항의 헌법소원에 있어서 재판의 전제성이 인정될 수 있다.

256 헌법재판소법 제68조 제2항에 따른 헌법소원심판청구가 적법하기 위해서는 법률이 헌법에 위반되는지 여부가 재판의 전제가 되어야 하고, 이와 같은 재판의 전제성을 충족하기 위해서는 우선 청구인이 법원에 위헌법률심판제청신청을 할 당시 구체적인 사건이 법원에 계속되어 있어야 하므로, 위헌법률심판제청신청 당시 구체적 사건이 이미 종료되어 법원에 계속되어 있지 아니하였다면 재판의 전제성이 있다고 볼 수 없다.(헌재 2008. 8. 26. 2008헌바82, 공보 제143호, 1216 등 참조)

257 전게 헌법재판실무제요, 134면.

헌재판례) 제소기간 도과, 행정심판전치주의 위반, 처분성 부정 등 행정처분에 대한 취소소송 자체가 부적법한 경우 재판의 전제성 불인정(2005. 3. 31. 2003헌바113★★)

법원에서 당해 소송사건에 적용되는 재판규범 중 위헌제청신청대상이 아닌 관련 법률에서 규정한 소송요건을 구비하지 못하였기 때문에 부적법하다는 이유로 소각하 판결을 선고하고 그 판결이 확정되거나, 소각하 판결이 확정되지 않았더라도 당해 소송사건이 부적법하여 각하될 수밖에 없는 경우에는 당해 소송사건에 관한 재판의 전제성 요건이 흠결되어 부적법하다. 그런데 이 사건 청구의 당해 소송 중 행정처분에 대한 취소청구 부분은 제소기간이 경과하였거나(1999. 2. 6. 부과처분) 적법한 전심절차를 거치지 않았기 때문에(2000. 1. 29. 징수처분) 부적법하여 각하를 면할 수 없으므로, 이 부분에 대한 헌법소원은 재판의 전제성 요건을 흠결하여 부적법하다.

헌재판례) 공무원의 당연퇴직과 재판의 전제성(2003. 10. 30. 2002헌가24★)

초등학교 교감 갑이 특가법 위반죄로 형이 확정된 후 당연퇴직통보를 받은 후 당연퇴직조항의 위헌성을 주장하며 재임용신청을 하였으나 교육감은 이를 거부하자 갑이 임용신청거부처분취소소송을 구하는 행정소송을 제기하면서 위헌법률심판제청신청을 한 사안에서, 국가공무원법상 당연퇴직은 법에 정한 결격사유가 있을 때 법률상 당연히 퇴직하는 것이지 공무원관계를 소멸시키기 위한 별도의 행정처분을 요하는 것이 아니며, 당연퇴직의 인사발령은 법률상 당연히 발생하는 퇴직사유를 공적으로 확인하여 알려주는 이른바 관념의 통지(사실행위)에 불과하다. 그렇다면, 과거에 이미 법률상 당연한 효과로서 당연퇴직 당한 제청신청인이 자신을 복직 또는 재임용시켜 줄 것을 요구하는 신청에 대하여 그와 같은 조치가 불가능하다는 통지를 보낸 이 사건 거부행위는 당연퇴직의 효과가 법률상 계속하여 존재하는 사실을 알려주는 일종의 안내에 불과한 것이므로 제청신청인의 실체상의 권리관계에 직접적인 변동을 일으키는 것(법률행위)으로 해석되기는 어렵다. 또한 이 사건 법률조항에 대하여 헌법재판소가 위헌결정을 선고함으로써 위 법률조항이 비록 규범으로서의 효력을 잃게 된다고 하더라도 제청신청인과 같이 당연퇴직된 이후 오랜 시간이 흘러 징계시효기간까지도 경과한 경우에 당연퇴직의 내용과 상반되는 처분을 해줄 것을 구하는 조리상의 신청권을 인정할 수 없다. 따라서 당해 사건은 이 사건 제청법원이 이 사건 법률조항이 헌법에 위반되는지의 여부와 관계없이 각하를 하여야 할 사건이라고 할 것이므로 이 사건 법률조항의 재판의 전제성은 인정될 수 없다.[258]

헌재판례) 경찰공무원의 당연퇴직과 재판의 전제성(2004. 9. 23. 2004헌가12★★)

공무원 관계법의 당연퇴직은 결격사유가 있을 때 법률상 당연히 퇴직하는 것이지 공무원관계를 소멸시키기 위한 별도의 행정처분을 요하는 것이 아니며, 당연퇴직의 인사발령은 법률상 당연히 발생하는 퇴직사유를 공적으로 확인하여 알려주는 이른바 관념의 통지에 불과할 뿐, 공무원의 신분을 상실시키는 새로운 형성적 행위가 아니므로 행정소송의 대상이 되는 독립한 행정처분이라

258 사안의 경우 임용신청거부처분취소소송을 제기할 것이 아니라 당사자소송으로서 교육공무원(교감) 지위확인소송을 제기하였어야 할 것이다.

고 할 수 없다(대법원 1995. 11. 14. 선고 95누2036 판결). 당사자소송은 "행정청의 처분 등을 원인으로 하는 법률관계에 관한 소송, 그 밖에 공법상의 법률관계에 관한 소송으로서, 그 법률관계의 일방 당사자를 피고로 하는 소송"(행정소송법 제3조 제2호)을 말한다. 항고소송은 행정청의 공권력 행사를 직접 소송물로 하여 행정청을 피고로 하는 데 비하여, 당사자소송은 행정청의 처분을 원인으로 하는 법률관계 기타 공법상의 법률관계에 관한 대등한 당사자 사이의 법률상의 분쟁을 해결하기 위한 소송이다. **공무원, 지방의회의원, 국공립학교 학생 등이 정년 또는 당연퇴직 사유에 해당하는지 여부에 관한 다툼이 있는 경우와 같이 처분이 게재되어 있지 아니한 때에는 당사자소송으로서 지위확인의 소를 제기할 수 있다**. 따라서 경찰공무원인 제청신청인이 당연퇴직의 정당성에 의문을 품고 자신이 경찰공무원에 있는지 여부를 확인하여 달라는 이 사건 당해 소송은 당사자소송에 해당한다. 한편, 당사자소송에 관하여는 법령에 특별히 제소기간을 제한하고 있지 않는 한 제소기간의 제한을 받지 않으나 제소기간이 정하여져 있는 때에는 그 기간은 불변기간인데(행정소송법 제41조), 구법에는 이 사건 법률조항에 대한 제소기간이 규정되어 있지 않다. 이 사건 법률조항에 의하여 당연퇴직된 제청신청인이 당연퇴직에 관한 헌법소원 심판 청구기간 도과 후 행정소송법상 제소기간의 제한이 없는 당사자소송을 제기하여 이 사건 제청에 이르렀다. 살피건대 제청신청인이 제기한 이 사건 당사자소송은 제소기간의 제한이 없고 달리 절차상의 하자를 발견할 수 없으므로 제청법원은 당해 사건의 본안에 관하여 판단할 수밖에 없는데, 제청법원이 당해 사건 본안을 판단함에 있어서 이 사건 법률조항의 위헌 여부에 따라 당해 사건의 재판의 결론이나 주문, 더 나아가 최소한 재판의 결론을 이끌어 내는 이유를 달리하게 될 것은 명백하다. 그렇다면 제청법원이 이 사건 법률조항의 위헌 여부에 관계 없이 위 당사자소송을 각하하여야 할 법률상 하자를 달리 발견할 수 없으므로 이 사건 제청에 대하여는 재판의 전제성을 인정할 수 있다. 이는, 행정소송법이 당해 사건과 같은 공무원지위확인을 구하는 당사자소송에 대하여 제소기간을 정하고 있지 않고 당사자소송 변론 중에 위헌법률심판제청이 적법하게 이루어진 이상, 헌법소원 심판 청구제도 또는 행정소송법상 항고소송이 각각 별도의 청구 및 제소기간을 규정하고 있다고 하여 달라질 수 있는 것이 아니다.

헌재판례) 2001. 11. 6. 2001헌바77

직권으로 살피건대, 본건은 헌법재판소법 제68조 제2항에 의한 헌법소원으로서 그 청구는 제청신청된 법률의 위헌 여부가 당해 사건의 재판의 전제가 된 경우이어야 하고 재판의 전제성이 인정되기 위하여는 당해 사건이 법원에 원칙적으로 적법하게 계속되어 있을 것을 요하므로, 당해 사건이 부적법한 것이어서 법률의 위헌 여부를 따져 볼 필요조차 없이 각하를 면할 수 없는 것일 때에는 재판이 전제성이 흠결되어 헌법재판소법 제68조 제2항에 의한 헌법소원심판을 청구할 수 없게 된다.

헌재판례) 1992. 8. 19. 92헌바36

청구인은 전국구의석의 배분과 당선인 결정에 관하여 규정하고 있는 국회의원선거법 제133조 제1항이 "국회는 국민의 보통·평등·직접·비밀선거에 의하여 선출된 국회의원으로 구성한다."라고 규정한 헌법 제41조 제1항에 위배된다는 주장 아래 중앙선거관리위원회 위원장을 피고로 하여 대법원에 전국구의원당선무효확인소송을 제기하고(대법원 92수174) 그 소송에서 국회의원 선거법 제133조 제1항에 대한 위헌여부심판의 제청신청을 하였으나 부적법한 제청신청이라는 이유로 대법원이 1992. 7. 22. 이를 각하하자 청구인은 헌법재판소법 제68조 제2항에 의하여 1992. 8. 3. 이 사건 헌법소원심판을 청구하였음을 알 수 있다.

헌법재판소법 제68조 제2항에 의한 헌법소원심판의 청구는 같은 법 제41조 제1항의 규정에 의한 적법한 위헌여부심판의 제청신청을 법원이 각하 또는 기각하였을 경우에만 제기할 수 있는 것이고 위헌여부심판의 제청신청이 적법한 것이 되려면 제청신청된 법률의 위헌 여부가 법원에 제기된 당해 사건의 재판의 전제가 된 때라야 하므로 만약 당해 사건이 부적법한 것이어서 법률의 위헌 여부를 따져 볼 필요조차 없이 각하를 면할 수 없는 것일 때에는 위헌여부심판의 제청신청은 적법요건인 "재판의 전제성"을 흠결한 것으로서 각하될 수밖에 없고 이러한 경우에는 헌법재판소법 제68조 제2항에 의한 헌법소원심판을 청구할 수 없는 것이다. 청구인이 국회의원선거법 제133조 제1항[259]에 관하여 위헌여부심판의 제청신청을 한 당해 사건(대법원 92수174)인 전국구의원당선무효확인소송은 같은 법 제146조 제1항의 당선소송[260]이고 위 법률조항에 의하면 이러한 소송은, 당선에 이의가 있는 정당 또는 후보자만이 제기할 수 있게 되어 있으며 여기서 "후보자"란 당해 선거구에서 낙선한 후보자를 말하는 것이므로 전국구 후보자가 아니었던 것이 명백한 청구인은 전국구의원당선소송을 제기할 자격이 없는 사람이다.

헌재판례) 2002. 4. 23. 2002헌바34

당연퇴직의 무효확인을 구하는 부분에 대하여는, 위 당연퇴직의 인사발령은 법률상 당연히 발생하는 퇴직사유를 공적으로 확인하여 알려주는 이른바 관념의 통지(사실행위)에 불과하고 공무원관계를 소멸시키는 별도의 새로운 형성적 행위(법률행위)가 아니므로 행정소송의 대상이 되는 독립한 행정처분이라고 볼 수 없어 행정소송의 대상이 될 수 없는바, 따라서 당해 사건이 각하될 것이 명백하여 그 재판의 전제성을 인정할 수 없다.

259 국회의원선거법 제133조(전국구의석의 배분과 당선인결정) ① 중앙선거관리위원회는 지역구 총선거에서 5석 이상의 의석을 차지한 각 정당의 지역구 의석비율에 따라 전국구의석을 배분한다. 다만, 지역구총선거에서 의석을 얻지 못하였거나 5석 미만을 차지한 정당으로서 그 득표수가 유효투표 총수의 100분의 3 이상인 정당이 있는 때에는 그 정당에 대하여 우선 1석씩을 배분한다.

260 공직선거법 제223조(당선소송) ① 대통령선거 및 국회의원선거에 있어서 당선의 효력에 이의가 있는 정당(候補者를 추천한 政黨에 한한다) 또는 후보자는 당선인결정일부터 30일 이내에 제52조 제1항·제3항 또는 제192조 제1항부터 제3항까지의 사유에 해당함을 이유로 하는 때에는 당선인을, 제187조(大統領當選人의 決定·公告·통지) 제1항·제2항, 제188조(地域區國會議員當選人의 決定·公告·통지) 제1항 내지 제4항, 제189조(比例代表國會議員議席의 배분과 當選人의 決定·公告·통지) 또는 제194조(당선인의 재결정과 비례대표국회의원의석 및 비례대표지방의회의원의석의 재배분) 제4항의 규정에 의한 결정의 위법을 이유로 하는 때에는 대통령선거에 있어서는 그 당선인을 결정한 중앙선거관리위원회위원장 또는 국회의장을, 국회의원선거에 있어서는 당해 선거구선거관리위원회위원장을 각각 피고로 하여 대법원에 소를 제기할 수 있다.

(다) 당해 소송사건의 재판에 적용되는 것일 것

1) 간접적용되는 법률(★)

당해 재판에 적용되는 법률이란 반드시 직접 적용되는 법률만을 의미하는 것은 아니다. 즉, 직접 작용되지는 않더라도 그 위헌 여부에 따라 당해 사건의 재판에 직접 적용되는 법률조항의 위헌 여부가 결정되거나, 당해 재판의 결과가 좌우되는 경우, 당해 사건의 재판에 직접 적용되는 규범의 의미가 달라짐으로써 재판에 영향을 미치는 경우 등과 같이 **양 규범 사이에 내적 관련이 있는 경우**에는 간접적용되는 법률규정에 대하여도 재판의 전제성을 인정할 수 있다(2010. 6. 24. 2008헌바169 등). 헌법재판소는 재판에 직접 적용되는 시행령의 위헌 여부가 위임규정(수권법률)의 위헌 여부에 달려있는 경우에 위임규정을 심판대상으로 삼는 경우도 여기에 포함시켰다(1994. 6. 30. 92헌가18).

헌재판례) 긴급조치 제2호의 재판의 전제성(2013. 3. 21. 2010헌바132)

2010헌바70 사건의 당해 사건 법원은 2009. 12. 31. 형사소송법 제420조 제7호의 재심사유에 해당한다고 보아 재심개시결정을 하였으므로 위 사건의 당해 사건에서 청구인에 대한 처벌 근거 조항인 긴급조치 제1호는 '본안사건에 대한 심판'의 절차에 있는 당해 사건에서 일응 재판의 전제성을 인정할 수 있다. 그런데 대법원이 위 당해 사건에서 긴급조치 제1호 위반의 점에 대하여 무죄판결을 선고하였으므로, 이 경우에도 과연 재판의 전제성이 인정되는지 여부가 문제된다. 헌법재판소법 제68조 제2항에 의한 헌법소원심판 청구인이 당해 사건인 형사사건에서 무죄의 확정판결을 받은 때에는 처벌조항의 위헌확인을 구하는 헌법소원이 인용되더라도 재심을 청구할 수 없고, 청구인에 대한 무죄판결은 종국적으로 다툴 수 없게 되므로 법률의 위헌 여부에 따라 당해 사건 재판의 주문이 달라지거나 재판의 내용과 효력에 관한 법률적 의미가 달라지는 경우에 해당한다고 볼 수 없으므로, 원칙적으로 더 이상 재판의 전제성이 인정되지 아니한다. 다만, 긴급조치의 위헌 여부를 심사할 권한은 본래 헌법재판소의 전속적 관할 사항인 점, 법률과 같은 효력이 있는 규범인 긴급조치의 위헌 여부에 대한 헌법적 해명의 필요성이 있는 점, 당해 사건의 대법판결은 대세적 효력이 없는 데 비하여 형벌조항에 대한 헌법재판소의 위헌결정은 대세적 기속력을 가지고 유죄 확정판결에 대한 재심사유가 되는 점, 유신헌법 당시 긴급조치 위반으로 처벌을 받게 된 사람은 재판절차에서 긴급조치의 위헌성을 다툴 수조차 없는 규범적 장애가 있었던 점 등에 비추어 볼 때, 예외적으로 헌법질서의 수호·유지 및 관련 당사자의 권리구제를 위하여 재판의 전제성을 인정함이 상당하다. 나아가, 긴급조치 제2호는 대통령의 긴급조치를 위반한 자를 심판하기 위하여 설치하는 비상군법회의의 조직법으로 긴급조치 제2호에 따라 법원이 아닌 비상군법회의가 청구인에게 긴급조치 위반의 혐의로 유죄판결을 선고할 수 있었으므로, 비록 긴급조치 제2호가 처벌의 직접적인 근거 조항은 아니더라도 그것이 위헌이라면 청구인에 대한 유죄판결은 결국 재판권이 없는 기관에 의한 것이 되므로 긴급조치 제2호도 당해 사건에서 재판의 전제성이 인정된다.

헌재판례) 공무원연금법 제61조의2 위헌소원(2003. 6. 26. 2001헌바54)

퇴직공무원이 공무원연금법상의 퇴직수당이 근로기준법상의 퇴직금보다 적다는 이유로 근로기준법상의 퇴직금의 지급을 구한 당해 사건에서 퇴직수당을 규정한 공무원연금법 제61조의2가 당해 사건의 재판의 전제가 되는 법조항인지 여부가 문제된 사안에서, 헌법재판소법 제68조 제2항의 규정에 의한 헌법소원심판청구는 법률이 헌법에 위반되는 여부가 재판의 전제가 된 때에 소송사건의 당사자가 같은 법 제41조 제1항에 의한 위헌여부심판의 제청신청을 하였음에도 불구하고 법원이 이를 배척한 경우 법원의 제청에 갈음하여 당사자가 직접 헌법재판소에 헌법소원의 형태로 그 법률의 위헌 여부의 심판을 구하는 것이므로 그 심판의 대상은 재판의 전제가 되는 법률이지 대통령령이나 규칙은 그 대상이 될 수 없다. 공무원에 대하여는 일반근로자들을 규율하는 근로기준법과는 전혀 다른 별개의 독립한 법체계를 지닌 공무원연금법을 적용하게 되므로 이 사건 법률조항에 대한 위헌결정 또는 헌법불합치결정이 있다 하여 당해 사건에서 퇴직금에 관한 근로기준법 조항이 곧바로 적용된다고 볼 수는 없으며, 퇴직수당의 지급처분을 다툴 수 있는 행정소송이라는 보다 직접적이고 적합한 권리구제절차가 있었음에도 이러한 권리구제수단을 선택하지 않고 우회적인 방법으로 헌법소원을 제기한 경우까지 재판의 전제성을 인정하게 된다면 행정소송의 제소기간을 도외시하는 결과를 낳게 될 뿐 아니라 재판의 전제성이 널리 인정되어 구체적 규범통제라는 위헌법률심사의 본질에도 어긋나게 된다.

헌재판례) 2015. 12. 23. 2015헌가27

사안	당해 사건 피고인 김○순은 피해자가 운전하는 택시를 타고 가다가 오른손으로 피해자의 가슴 부위를 2~3회 만져 강제추행하였다는 혐의로 약식기소되었고, 전주지방법원은 2014. 9. 29. 공판절차에 회부하였다. 피고인은 제1회 공판기일에 공소사실을 모두 자백하였고, 증거조사를 거친 후 변론이 종결되었다. 제청법원은 '성폭력범죄의 처벌 등에 관한 특례법' 제42조 제1항 중 '제2조 제1항 제3호 가운데 형법 제298조(강제추행)의 범죄로 유죄판결이 확정된 자는 신상정보 등록대상자가 된다.'는 부분이 재판의 전제가 되고 헌법에 위반된다고 의심할 상당한 이유가 있다며 2015. 7. 31. 직권으로 위 조항에 대하여 위헌법률심판을 제청하였다.
심판대상	성폭력범죄의 처벌 등에 관한 특례법(2012. 12. 18. 법률 제11556호로 전부개정된 것) 제42조(신상정보 등록대상자) ① 제2조 제1항 제3호·제4호, 같은 조 제2항(제1항 제3호·제4호에 한정한다), 제3조부터 제15조까지의 범죄 및 「아동·청소년의 성보호에 관한 법률」 제2조 제2호의 범죄(이하 "등록대상 성범죄"라 한다)로 유죄판결이 확정된 자 또는 같은 법 제49조 제1항 제4호에 따라 공개명령이 확정된 자는 신상정보 등록대상자(이하 "등록대상자"라 한다)가 된다. 다만, 「아동·청소년의 성보호에 관한 법률」 제11조 제5항의 범죄로 벌금형을 선고받은 자는 제외한다.

위헌심판 제청이유	심판대상조항에 따르면 피고인에 대하여 유죄판결이 확정되는 경우 피고인은 당연히 신상정보 등록대상자가 되어 신상정보 제출의무를 부담한다. 따라서 법원이 선고하는 유죄판결에는 실질적으로 신상정보 등록대상자로서 신상정보 제출의무를 부과하는 효력이 있다. 심판대상조항의 위헌 여부에 따라 신상정보 등록 대상자가 되는지 여부, 신상정보 제출의무를 부담하는지 여부가 달라지므로, 재판의 결론인 판결의 주문이 달라지지는 않는다 하더라도 유죄판결의 실질적 효력에 차이가 있어 위헌법률심판제청 적법요건으로서 재판의 전제성이 있다.
판단	법률에 대한 위헌법률심판제청이 적법하기 위해서는 문제된 법률의 위헌 여부가 당해 사건 재판의 전제가 되어야 한다. 여기서 재판의 전제가 된다는 것은 그 법률이 당해 사건에 적용되는 것이어야 하고, 그 법률의 위헌 여부에 따라 재판의 주문이 달라지거나 재판의 내용과 효력에 관한 법률적 의미가 달라지는 경우를 말한다(헌재 2012. 7. 26. 2011헌가40). 심판대상조항은 성폭력 특례법상 일정한 성폭력범죄로 유죄판결이 확정된 자를 신상정보 등록대상자로 정하고 있다. 즉, 심판대상조항은 당해 사건 재판의 결론 및 그 확정 여부에 의하여 비로소 적용되는 것일 뿐, 유죄판결이 확정되기 전 단계인 당해 사건 재판에서 적용된다고 볼 수 없다. 성폭력 특례법에 의하면 법원은 신상정보 등록대상자가 된 자에게 등록대상자라는 사실과 신상정보 제출의무가 있음을 알려주어야 하고(성폭력 특례법 제42조 제2항), 성폭력 특례법상 그 방법이 특정되어 있지 아니하여 실무상 고지의 방법으로 당해 사건 판결 이유 가운데 신상정보 제출의무를 기재하는 경우가 있으나, 그 기재는 판결문의 필수적 기재사항도 아니고, 당해 사건 재판의 내용과 효력에 영향을 미치는 법률적 의미가 있는 것도 아니다. 심판대상조항은 당해 사건 재판에 적용되지 아니하고, 그 위헌 여부에 따라 당해 사건 재판의 주문이나 내용, 효력에 관한 법률적 의미가 달라진다고 볼 수 없으므로, 재판의 전제성이 인정되지 아니한다(헌재 2013. 9. 26. 2012헌바109).

헌재판례) 1996. 10. 31 93헌바14	
사안	청구인들이 노동부장관의 허가를 받지 않고 유료직업소개사업을 하였다는 이유로 직업안정및고용촉진에관한법률 제30조, 제10조 제1항 위반으로 기소됨 → 그 사건 계속 중 위 법률 제10조 제1항, 제2항에 대하여 위헌제청을 신청하였으나 기각되자 제68조 제2항 헌법소원심판청구 → 제10조 제2항의 재판의 전제성
심판 대상	직업안정및고용촉진에관한법률 제10조(유료직업소개사업) ① 유료직업소개사업을 하고자 하는 자는 노동부장관의 허가를 받아야 한다. ② 제1항의 규정에 의한 허가의 종류, 요건, 대상 기타 허가에 관하여 필요한 사항은 대통령령으로 정한다.
판단	청구인들은 제10조 제1항이 헌법에 위반된다는 중요한 이유로서 제10조 제2항에서 허가요건을 법률로 규정하지 않고 대통령령에 위임을 하고 있는 것이 위임입법의 한계를 벗어나 위헌이라고 주장하고 있으므로 이 사건에서 제10조 제1항의 위헌 여부는 제10조 제2항의 위헌 여부와 불가분적인 관계에 있다고 할 것이므로 제10조 제2항도 재판의 전제성이 있다.

2) 재판에의 적용 여부가 불확실한 경우

한편, 헌법재판소는 당해 사건의 재판에의 적용 여부가 불확실하지만 법원이 적용가능성을 전제로 위헌제청을 하였다면 재판의 전제성이 인정된다고 본다.

헌재판례) 청소년이용음란물 사건(2002. 4. 25. 2001헌가27)
청소년성보호에관한법률 제2조 제3호 및 제8조 제1항의 '청소년이용음란물'이 실제인물인 청소년이 등장하는 음란물을 의미하고 단지 만화로 청소년을 음란하게 묘사한 당해 사건의 공소사실을 규율할 수 없다고 본다면 위 각 규정은 당해 사건에 적용될 수 없어 일응 재판의 전제성을 부인하여야 할 것으로 보이나, 아직 법원에 의하여 그 해석이 확립된 바 없어 당해 형사사건에의 적용 여부가 불명인 상태에서 검사가 그 적용을 주장하며 공소장에 적용법조로 적시하였고, 법원도 적용가능성을 전제로 재판의 전제성을 긍정하여 죄형법정주의 위반 등의 문제점을 지적하면서 위헌법률심판제청을 하여 온 이상, 헌법재판소로서는 그 법령을 해석하여 이에 대한 판단을 하여야 하고 법원은 그 판단을 전제로 당해 사건을 재판하게 되는 것이므로, 위 각 규정은 그 해석에 의하여 당해 형사사건에의 적용 여부가 결정된다는 측면에서 재판의 전제성을 인정하여야 한다.

3) 재심청구와 재판의 전제성(★)

심판대상조항이 '재심청구 자체의 적법 여부에 대한 재판'에 적용되는 법률조항이 아니라 '본안사건에 대한 재판'에 적용될 법률조항이라면 '재심청구가 적법하고', '재심의 사유가 인정되는 경우에' 한하여 재판의 전제성이 인정될 수 있다. 그러나 재심사유가 없음에도 법원의 재심개시결정이 확정됨으로써 어떤 법률조항이 재판의 전제가 된 경우에는 재판의 전제성 요건이 충족되었다고 할 것이다.[261]

헌재판례) 당해 사건이 법원 일반 재심사건인 경우 재판의 전제성(2007. 12. 27. 2006헌바73)
당해 사건이 재심사건인 경우, 심판대상조항이 민사소송법과 형사소송법상의 **'재심청구 자체의 적법 여부에 대한 재판'에 적용되는 법률조항이 아니라 '본안사건에 대한 재판'에 적용될 법률조항이라면** '재심청구가 적법하고' '재심의 사유가 인정되는 경우에' 한하여 재판의 전제성이 인정될 수 있다. 심판대상조항이 '본안사건에 대한 재판'에 적용될 법률조항인 경우 당해 사건의 재심청구가 부적법하거나 재심사유가 인정되지 않으면 본안판단에 나아갈 수가 없고, 이 경우 심판대상조항은 본안재판에 적용될 수 없으므로 그 위헌 여부가 당해 사건 재판의 주문을 달라지게 하거나 재판의 내용이나 효력에 관한 법률적 의미가 달라지게 하는 데 아무런 영향을 미치지 못하기 때문이다.

261 전게 헌법재판실무제요, 157면; 이동흡, 전게서, 239면.

헌재판례) 재심개시결정 없이 행해진 위헌제청의 경우 재판 전제성 불인정(2016. 3. 31. 2015헌가36)

형사소송법 제420조, 헌법재판소법 제47조 제4항 등에 의하면 재심은 반드시 법률에서 정한 일정한 사유가 있는 경우에만 청구할 수 있고, 재심의 청구를 받은 법원은 재심의 심판에 들어가기 전에 먼저 재심의 청구가 이유 있는지 여부를 가려 이를 기각하거나 재심개시의 결정을 하여야 하며, 재심개시의 결정이 확정된 뒤에 비로소 법원은 재심대상인 사건에 대하여 그 심급에 따라 다시 심판을 하게 된다. 그러므로 **확정된 유죄판결에서 처벌의 근거가 된 법률조항은 재심의 개시 여부를 결정하는 재판에서는 재판의 전제성이 인정되지 않고, 재심의 개시 결정 이후의 '본안사건에 대한 심판'에 있어서만 재판의 전제성이 인정된다.** 이 사건 제청법원은 당해 사건인 재심사건에서 재심개시결정을 하지 아니한 채 심판대상조항에 대해 위헌제청을 하였으므로, 이 사건 위헌법률심판제청은 재판의 전제성이 인정되지 아니하여 부적법하다. **다만, 피고인이 재심대상사건의 재판절차에서 그 처벌조항의 위헌성을 다툴 수 없는 규범적 장애가 있는 특수한 상황이었다면 예외적으로 재판의 전제성이 인정되나**, 이 사건의 경우에는 그러한 특수한 사정이 인정되지 아니한다.

헌재판례) 재심개시결정이 확정된 경우의 재판의 전제성(2000. 1. 27. 98헌가9; 2018. 3. 29. 2016헌바99 등)

제청신청인 김○길은 주식회사 동방의 대표이사로서, 관할관청의 허가없이 위 회사 소유 근린생활시설 건물을 사무실로 용도변경한 행위로 회사와 같이 공소제기되어 건축법 위반으로 벌금형이 확정되었다. 그 후 헌법재판소는 개정된 건축법(이하 "신 건축법") 제78조 제1항 등 위헌소원사건(헌재 94헌바22)에서 신 건축법 제78조 제1항 중 제14조의 규정에 의한 제8조 제1항 부분은 백지위임으로서 헌법에 위반된다는 결정을 하였다. 그러자 위 김○길과 위 회사는 건축물의 무단 용도변경행위의 처벌에 관한 건축법의 개정 전후의 조문내용에 차이가 없으므로 구 건축법의 조항도 위헌이 된다는 이유로 재심청구를 하였고, 서울지방법원은 재심개시결정(97재고단9)을 하였다. 그 후 위 법원에서 재심공판절차를 진행하는 과정에서 위 김○길과 회사는 구 건축법 제54조 제1항 중 제48조 규정에 의한 제5조 제1항 부분에 대한 위헌 여부 심판의 제청신청을 하였고, 법원은 이를 받아들여 헌법재판소에 위헌여부의 심판을 제청하였다. 이에 대해 헌재는, 재심개시결정이 확정되면 법원으로서는 비록 재심사유가 없었다 하더라도 그 사건에 대해 다시 심판하여야 하며 이후 재심개시결정의 효력은 상소심에서도 이를 다툴 수 없다. 따라서 이 사건 법률조항의 위헌여부가 재심 재판의 전제가 된 이상 법원의 위헌심판제청은 적법하다.

4) 당해 소송사건에 적용할 법률이 아니어서 재판전제성이 부인된 사례

a) 민사재판 중 형사법의 위헌여부나 행정처분의 근거조항의 재판 전제성 결여

예컨대, 형사처벌로 재산을 몰수당한 자가 몰수재산에 대하여 소유권이전등기말소청구의 소를 제기한 사건에서 위 형사처벌의 근거 법률조항은 재판의 전제성

이 인정되지 않는다. 또한 당연무효가 아닌 행정처분에 의하여 재산을 국고귀속(몰수) 당한 자가 국고귀속된 재산에 대하여 소유권이전등기말소청구의 소를 제기한 사건에서 위 (몰수)행정처분의 근거 법률조항은 재판의 전제성이 인정되지 않는다.

헌재판례) 승소판결 확정과 재심의 이익(2013. 6. 27. 2010헌바247)

헌법재판소법 제68조 제2항 후문은 당사자가 당해 사건의 소송절차에서 동일한 사유를 이유로 다시 위헌법률심판을 제청신청할 수 없다고 규정하고 있다. 여기서 당해 사건의 소송절차란 당해 사건의 상소심 소송절차는 물론 대법원에 의해 파기환송되기 전후의 소송절차를 모두 포함한다. 당해 사건 재판에서 청구인이 승소판결을 받아 그 판결이 확정된 경우 청구인은 재심을 청구할 법률상 이익이 없고, 심판대상조항에 대하여 위헌결정이 선고되더라도 당해 사건 재판의 결론이나 주문에 영향을 미칠 수 없으므로 그 심판청구는 재판의 전제성이 인정되지 아니하나, 당해 사건에 관한 재판에서 승소판결을 받았다고 하더라도 그 판결이 확정되지 아니한 이상 상소절차에서 그 주문이 달라질 수 있으므로, 파기환송 전 항소심에서 승소판결을 받았다는 사정만으로는 법률조항의 위헌 여부에 관한 재판의 전제성이 부정된다고 할 수 없다.

헌재판례) 위헌결정과 공정력 선결문제(2010. 2. 25. 2009헌바239)

2009헌바239 사건의 청구인은 당해 사건에서 서울 강남구청장이 2007. 10. 2.에 한 기반시설부담금 부과처분에 따라 납부한 기반시설부담금 상당액을 부당이득으로 반환청구하고 있다. 당해 소송사건의 재판에 직접 적용되는 법률은 민법 제741조라고 할 것이나, 당해 사건의 재판에 직접 적용되지는 않더라도 그 위헌 여부에 따라 당해 사건의 재판에 직접 적용되는 법률조항의 위헌 여부가 결정되거나 당해 사건 재판의 결과가 좌우되는 경우 등과 같이 양 규범 사이에 내적 관련이 있는 경우에는 간접 적용되는 법률규정에 대하여도 재판의 전제성을 인정할 수 있다. 법 제3조, 제10조는 서울 강남구청장의 위 기반시설부담금 부과처분의 근거법률이므로, 당해 사건에 직접 적용되는 법률인 민법 제741조와 내적 관련이 있다고 할 것이다. 따라서 재판 계속 중일 것, 당해 사건 재판에 적용할 법률일 것의 요건은 충족하고 있다. 행정처분이 위법하더라도 하자가 중대하고 명백하여 당연무효라고 보아야 할 사유가 있는 경우를 제외하고는 그 하자를 이유로 무단히 그 효과를 부정하지 못한다. 행정처분의 하자가 취소사유에 불과한 때에는 취소되지 않는 한 그 행정처분이 계속 유효하다고 할 것이므로 민사소송절차에서 부당이득반환청구를 심리하는 법원이 행정처분의 효력을 부인하고 행정처분에 따라 부과·징수한 조세나 부담금 등의 금원을 법률상 원인 없는 이득이라고 판단할 수 없다. 행정청이 행정처분을 한 후에 헌법재판소가 그 근거법률을 위헌으로 결정한 경우에도, 결과적으로 그 행정처분은 법률의 근거가 없이 행하여진 것과 마찬가지가 되어 하자 있는 것이 되기는 하지만, 일반적으로 법률이 헌법에 위반된다는 사정이 헌법재판소의 위헌결정이 있기 전에는 객관적으로 명백한 것이라고 할 수는 없으므로 특별한 사정이 없는 한 이러한 하자는 행정처분의 취소사유에 해당할 뿐 당연무효사유는 아니다. 따라서 법 제3조, 제10조에 대하여 위헌결정이 선고된다 하더라도, 이는 특별한 사정이 없는 한 서울 강남구청장의 위 기반시설부담금 부과처분을 당연무효로 하는 사유가 아니고 다만 취소할 수 있는 사유에 해당한다고 보아야 할 것인데, 위 기반시설부담금 부과처분의 취소소송을 제기할 수 있는 기간은 이미 도과되어 더 이상 이를 다툴 수 없다.[262] 그렇다면 청구인 김○경이 심판청구한 2009헌바239 사건의 당해 사건 법원은 법 제3조, 제10조에 대하여 위헌결정이 선고되더라도 기반시설부담금 부과처분의 효력을 부인하고 이미 납부된 기반시설부담금 상당액을 법률상 원인 없는 이득이라고 판단할 수 없으므로, 2009헌바239 사건의 당해 사건은 법 제3조, 제10조의 위헌 여부에 따라 주문이 달라지거나 재판의 내용과 효력에 관한 법률적 의미가 달라지는 경우에 해당한다고 할 수 없다.[263] 따라서 청구인 김○경의 심판청구 중 구 '기반시설부담금에 관한 법률' 제3조, 제10조 부분은 재판의 전제성 요건을 갖추지 못하여 부적법하다.

헌재판례) 반국가행위자의처벌에관한특별조치법 제5조 등 위헌소원(1993. 7. 29. 92헌바34)

헌법재판소가 한 형벌에 관한 법률 또는 법률조항에 대한 위헌결정은 비록 소급하여 그 효력을 상실하지만, 그 법률 또는 법률조항에 근거한 유죄의 확정판결에 대하여는 재심을 청구할 수 있을 뿐이어서 확정판결에 적용된 법률조항에 대한 위헌결정이 있다고 하더라도 바로 유죄의 확정판결이 당연무효로 되는 것은 아니기 때문에 그 법률조항의 위헌 여부는 그 확정판결상의 몰수형이 무효라는 이유로 몰수된 재산의 반환을 구하는 민사재판의 전제가 되지 않는다.

헌재판례) 친일반민족행위자재산의국가귀속에관한특별법 부칙 등 위헌소원(2013. 7. 25. 2012헌가1)

행정처분이 아무리 위법하다고 하더라도 당연무효라고 보아야 할 사유가 있는 경우를 제외하고는 아무도 그 하자를 이유로 무단히 그 효과를 부정하지 못한다. 행정청이 어떤 법률관계나 사실관계에 대하여 특정 법률의 규정을 적용하여 행정처분을 한 경우, 행정처분의 대상이 되지 아니하는 다른 법률관계나 사실관계에 대하여 이를 처분의 대상이 되는 것으로 오인할 만한 객관적인 사정이 있는 경우로서 그것이 처분대상이 되는지의 여부가 그 사실관계를 정확히 조사하여야 비로소 밝혀질 수 있는 때에는 비록 이를 오인한 하자가 중대하다고 할지라도 외관상 명백하다고 할 수 없는 것이다(대법원 2007. 3. 16. 선고 2006다83802 판결 참조). 또한 행정처분의 하자가 단지 취소할 수 있는 정도에 불과한 때에는 별개의 행정소송 등의 절차에 의하여 그 행정처분이 취소되지 않는 이상 해당 민사소송에서 선결문제가 된 행정처분의 효력이 부인될 수는 없다(**공정력과 선결문제**: 대법원 2010.

---

262 "조세의 과오납이 부당이득이 되기 위하여는 납세 또는 조세의 징수가 실체법적으로나 절차법적으로 전혀 법률상의 근거가 없거나 과세처분의 하자가 중대하고 명백하여 당연무효이어야 하고, 과세처분의 하자가 단지 취소할 수 있는 정도에 불과할 때에는 과세관청이 이를 스스로 취소하거나 항고소송절차에 의하여 취소되지 않는 한 그로 인한 조세의 납부가 부당이득이 된다고 할 수 없다."(대법원 1994. 11. 11. 선고 94다28000 판결, 대법원 1987. 7. 7. 선고 87다카54 판결)

263 선결문제를 민사법원이 판단할 수 있는가 하는 문제 아닌가? 만약 선행 처분이 무효라면, 민사법원이 무효를 선언하고 부당이득반환청구를 인용할 수 있으나, 취소할 수 있는 하자에 불과한 경우에는, 민사 법원이 이를 판단할 수 없는 것이다. 다만 만약 행정법원에서 별개의 소가 제기되어 취소되었다면 민사 부당이득반환청구도 인용될 수 있을 것이다.

4. 8. 선고 2009다90092 판결). 위와 같은 사정에 비추어 볼 때 어떤 사람이 친일반민족행위자에 해당하는지 여부는 사실관계를 정확히 조사하여야 비로소 밝혀질 수 있는 것으로서 재산조사위원회의 2009. 5. 22. 이○승에 대한 친일반민족행위자 결정이 사실 오인에 의한 것이라고 하더라도 이를 당연무효라고 하기는 어렵고, 위 결정을 대상으로 하는 취소소송의 제소기간이 이미 도과하여 위 결정이 취소될 여지도 없는 이상, 위 결정의 하자를 소급적으로 치유하고자 하는 이 사건 부칙조항이 존재하지 아니한다고 하더라도 제청법원은 위 결정의 효력을 부인할 수 없다. 이와 같은 점을 종합하면, 이 사건 부칙조항이 당해 사건 재판에 곧바로 적용된다고 보기 어렵고, 이 사건 부칙조항의 위헌 여부에 따라 당해 사건 재판의 주문이 달라지거나 재판의 내용과 효력에 관한 법률적 의미가 달라진다고 할 수도 없다. 그렇다면 이 사건 부칙조항의 위헌 여부가 당해 사건 재판의 전제가 된다고 할 수 없으므로 부칙조항에 대한 위헌법률심판 제청은 부적법하다.

헌재판례) 민사사건에서의 형사처벌 조항에 대한 재판의 전제성 불인정(2011. 3. 31. 2009헌바286)	
사건 개요	청구인은 의정부지방변호사회 소속 변호사로, 법률사건의 수임에 관하여 소개·알선 또는 유인의 대가로 금품을 제공하거나 제공하기로 약속하는 등 변호사법 위반으로, 2005. 3. 10. 벌금 3천만 원의 판결을 선고받고 그 무렵 확정되었다. 이에 청구인은 자신을 기소한 검사가 권한을 남용하여 위법한 수사를 하였다며, 검사와 국가를 상대로 손해배상 청구소송을 제기하였으나 2008. 10. 8. 기각되고, 이에 항소를 제기한 후(서울고등법원 2008나105678) 유죄판결의 근거가 된 변호사법 조항에 대하여 위헌제청신청을 하였으나, 2009. 9. 18. 이 모두 기각되자, 2009. 10. 27. 이 사건 헌법소원심판을 청구하였다.
심판 대상	**구 변호사법 제109조(벌칙)** 다음 각 호의 1에 해당하는 자는 7년 이하의 징역 또는 5천만 원 이하의 벌금에 처하거나 이를 병과할 수 있다. 2. 제33조 또는 제34조의 규정에 위반한 자 **구 변호사법 제34조(변호사 아닌 자와의 동업금지 등)** ② 변호사 또는 그 사무직원은 법률사건 또는 법률사무의 수임에 관하여 소개·알선 또는 유인의 대가로 금품·향응 기타 이익을 제공하거나 이를 약속하여서는 아니 된다.
판단	당해 사건은 수사검사의 불법행위를 이유로 검사와 국가에 대하여 손해배상을 청구하는 것이므로, 그러한 손해배상의무의 존부는 이 사건 법률조항이 헌법에 위반되는지 여부와는 관계없이 당해 사건에서의 사실인정에 달린 문제로서, 이 사건 법률조항은 당해 사건에 적용될 법률이 아니고, 이 사건 법률조항이 헌법에 위반되는지 여부는 당해 사건의 재판에 문제가 되지 않거나 당해 사건과 관계가 없는 것이다. 다만, 청구인의 주장 가운데 검사가 명확성원칙에 반하는 이 사건 법률조항을 적용하여 기소함으로써 불법행위를 저질렀다는 취지로 선해할 수 있는 부분에 한해서는 이 사건 법률조항이 당해 소송의 재판에 적용되는 것으로 볼 여지가 있다. 그러나, 법률이 헌법에 위반되는지 여부는 헌법재판소의 위헌결정이 있기 전까지는 객관적으로 명백한 것이라 할

수 없어, 이를 심사할 권한이 없는 공무원으로서는 그 법률을 적용할 수밖에 없고, 따라서 법률에 근거한 행정처분이 사후에 그 처분의 근거가 되는 법률이 헌법에 위반된다고 선언되어 결과적으로 위법하게 집행된 처분이 된다 할지라도, 이에 이르는 과정에 있어 공무원에게 고의 또는 과실이 있다고 단정할 수 없는 것이므로, 그 법률이 헌법에 위반되는지 여부는 공무원의 손해배상책임이 성립할지 여부에 아무런 영향을 미치지 못한다. 결국, 이 사건 법률조항은 당해 사건에 직접 적용되지 않거나, 적용된다 하더라도 법원이 다른 내용의 재판을 하게 되는 경우에 해당하지 아니하므로, 이 사건 심판청구는 재판의 전제성이 인정되지 아니하여 부적법하다.

b) 선행재판에 적용될 법조문의 위헌 여부의 재판의 전제성 결여

위헌법률심판제청의 직접적 계기가 된 당해 소송사건의 관련 선행재판에 적용될 법조문의 위헌여부는 당해 위헌 법률심판제청이 제기된 소송사건에서의 재판의 전제성이 인정되지 않는다고 본다.[264]

헌재판례) 반국가행위자의처벌에관한특별조치법 제5조 등 위헌소원(1993. 7. 29. 90헌바35)

재판의 전제성을 판단하는 기준이 되는 당해 소송사건에 해당하는 것은 서울형사지방법원 90초1918 상소권회복청구사건뿐이다. 그 선행사건이라고 할 수 있는 같은 법원 82고단1049 특조법위반 피고(형사) 사건은 이미 1982. 3. 17. 판결이 선고되어 같은 해 3. 31. 확정되었고, 위헌제청신청 당시 위 법원에 계속 중인 사건이 아니었으므로, 그 위헌제청신청과 관련되는 당해 소송사건이라고 볼 수 없다. 그렇다면 청구인이 위헌제청신청을 한 특조법조항 중 그 당해 소송사건인 위 상소권회복청구사건의 재판에 적용할 법률조항이 되는 것은, 상소에 대한 특례를 정한 제11조의 규정 전부와 상소권회복청구에 관한 형사소송법 규정의 적용을 배제한 제13조 제1항 중 "제345조 내지 제348조" 부분이라고 보아야 할 것이다. 그 나머지 조항들은 궐석재판의 청구 및 재산의 압류(제5조), 궐석재판의 절차(제7조), 재산 몰수형의 병과(제8조), 판결문의 방식 및 공시(제9조), 몰수판결의 효력(제10조) 및 형사소송법 규정의 적용배제(제13조의 나머지 부분)에 관한 것으로서, 위 82고단1049 특조법 위반 피고사건의 재판에 적용할 법률조항은 될지 몰라도, 위 90초1918 상소권회복청구사건 재판에 적용할 법률조항은 되지 못한다. 따라서 그 법률조항들은 이른바 재판의 전제성 요건을 갖추지 못한 것이므로, 그 부분에 관한 심판청구는 부적법하다.

c) 법 개정으로 인한 재판 전제성 상실

위헌심판 중 심판대상 조항이 개정된 결과 개정된 법률조항이 당해 사건에 적

264 김유향, 전게서, 1541면.

용되는 경우에는 구법조항은 더 이상 재판의 전제성이 인정되지 않는다(2010. 9. 2. 2009헌가9 등).

d) 동일한 내용의 신법조항의 위헌 여부의 재판 전제성 결여

신법조항이 당해 사건에 적용되는 구법조항과 동일한 내용이라면 신법조항은 재판의 전제성이 인정되지 않는다. 다만 헌법재판소는 재판의 전제성과 상관없이 직권으로「위헌결정의 실효성을 담보하고, 법질서의 정합성과 소송경제를 도모하기 위하여」신법조항에 대해서도 심판대상을 확장하여 위헌선언을 하기도 한다(2008. 7. 31. 2007헌가4).

e) 공소장의 법률조항과 법원판결에 적용된 법률조항의 불일치(★★)

공소장에 적시되지 않은 법률조항이라 하더라도 법원이 공소장변경 없이 실제 적용한 법률조항은 재판의 전제성이 인정되는 반면, 비록 공소장에 적시된 법률조항이라 하더라도 법원이 적용하지 않은 법률조항은 재판의 전제성이 부인된다(1997. 1. 16. 89헌마240; 2002. 4. 25. 2001헌가27).

헌재판례) 적용하지 아니한 조항의 재판의 전제성(1997. 1. 16. 89헌마240)

당해 소송사건에 있어서 청구인들이 국가보위입법회의법 위반으로 기소된 것도 아니고, 법원에서 동법을 적용한 바도 없으며, 어떤 법률이 국가보위입법회의에서 제정 또는 개정되었다는 이유만으로 그 제정 또는 개정절차에 위헌적 하자가 있다고 다툴 수 없으므로, 동법의 위헌 여부는 당해 소송사건인 국가보안법위반사건의 재판의 전제가 된다고 할 수 없다. 문제는 공소장의 "적용법조"란에 적시된 법률조항과 법원의 판결에서 적용된 법률조항이 일치하지 않는 경우인데, 이 경우에는 **비록 공소장에 적시된 법률조항이라 하더라도 구체적 소송사건에서 법원이 적용하지 아니한 법률조항은 결국 재판의 전제성이 인정되지 않는다**. 왜냐하면 헌법재판소에서 그러한 법률조항에 대하여 위헌결정을 한다고 하더라도 특별한 사정이 없는 한 그로 인하여 당해 소송사건의 재판의 주문이 달라지지 않을 뿐만 아니라 재판의 내용과 효력에 관한 법률적 의미가 달라지지 않기 때문이다. 그렇다면 청구인에 대한 공소장에 적시된 구법 제4조 제1항 제2호, 형법 제98조 제1항(즉, 구법 제4조 제1항 제2호 전단 부분)은 재판의 전제성이 없는 반면, 법원이 판결에서 적용한 구법 제5조 제1항 중 제4조 제1항 제2호 중단(즉, "국가기밀을 탐지·수집·누설·전달·중개하거나"라는 부분)에 관한 부분 및 구법 제6조 제1항은 재판의 전제성이 인정된다 할 것이다.

f) 잠정적용 헌법불합치결정을 받은 조항과 후행처분

헌법재판소에 의해 잠정적용 헌법불합치결정을 받은 법률조항에 따라 선행처분과 후행처분이 내려진 경우, 후행처분을 다투는 소송에서 헌법불합치결정에 따라 개정된 법률조항은 당해 소송에서 재판의 전제성이 인정되지 아니한다(2013. 8. 29. 2010헌바241).

헌재판례) 잠정적용 헌법불합치결정을 받은 조항에 근거한 후행처분(2013. 8. 29. 2010헌바241)
구 공무원연금법 제64조 제1항 제1호에 대하여 헌법재판소가 헌법불합치결정(2005헌바33)을 하면서, 2008. 12. 31.까지 잠정적용을 명하였는데, 청구인에 대한 1차 공무원 퇴직연금 환수처분은 위 조항에 근거하여 잠정적용기간 내인 2008. 9. 12.에 이루어졌으므로 법률상 근거가 있는 처분이다. 그리고 청구인에 대한 2차 압류처분은 위와 같이 유효한 환수처분을 선행처분으로 한 것이므로, 2차 압류처분의 무효확인을 구하는 당해 소송에서는 2009. 1. 1.부터 시행되는 개정된 공무원연금법 제64조 제1항 제1호가 적용될 여지가 없다. 따라서 개정된 공무원연금법 제64조 제1항 제1호는 당해 사건의 재판에 적용되지 아니하므로, 재판의 전제성이 인정되지 아니한다.

(라) 다른 내용의 재판을 하게 되는 경우일 것

법원이 '다른 내용의' 재판을 하게 되는 경우라 함은 원칙적으로 제청법원이 심리 중인 당해 사건의 재판의 결론이나 주문에 어떠한 영향을 줄 뿐만 아니라, 문제된 법률의 위헌 여부가 비록 재판의 주문 자체에는 아무런 영향을 주지 않는다고 하더라도 재판의 결론을 이끌어내는 이유를 달리하는 데 관련되어 있거나 또는 재판의 내용이나 효력에 관한 법률적 의미가 전혀 달라지는 경우도 포함된다.

1) 법원이 심리 중인 당해 사건의 재판의 결론이나 주문에 어떤 영향을 주는 경우

헌법재판소는 이 요건은 '법률이 위헌일 때는 합헌일 때와 다른 판단을 할 수밖에 없는 경우, 즉 판결의 주문이 달라질 경우'에 충족된다고 판시하고 있다. 수혜적 법률에 대하여 평등원칙위반을 이유로 위헌심판을 제기한 경우에는 헌법불합치결정 선고의 가능성이 있으므로 재판의 전제성이 인정된다. 그러나 확정된 종국판결이 있은 후에 동일 사항에 대하여 다시 후소가 제기된 경우에는 전소의 기판력 때문에 재판의 전제성이 인정되지 않는다. 또한 당해 소송에서 청구인의 승소판결이 확정된 경우 추가적인 권리구제의 필요성이 없는 경우에 해당하여 원칙적으로 전제성이 인정되지 않는다.[265]

a) 재판의 전제성이 인정된 사례

헌재판례) 구 국가유공자예우등에관한법률 제70조 등 위헌소원(1999. 12. 23. 98헌바33)

청구인의 위헌제청신청에 대하여 법원은 이 사건 심판대상조항 중 고용촉진법 제34조 제2항에 관하여 재판의 전제성이 없다는 이유로 각하결정을 하였으나, 법률이 재판의 전제가 되는 요건을 갖추고 있는지의 여부는 법원의 견해를 존중하는 것이 원칙이나, 재판의 전제와 관련된 법률적 견해가 유지될 수 없는 것으로 보이면 헌법재판소가 직권으로 조사할 수도 있는 것이다. 법원은 위헌제청신청 기각결정이유에서 고용촉진법 제34조 제2항이 위헌이 된다 하여 그 고용비율을 높여야 하는 것은 아니므로 재판의 전제성이 없다고 하였다. 그러나 만일 위 법률조항이 평등의 원칙 등에 위배된다면 그에 관하여 헌법불합치결정이 선고될 가능성이 있고, 이에 따라 청구인에게 유리한 내용으로 법률이 개정되어 적용됨으로써 이 사건 당해 사건의 결론이 달라질 수 있다. 따라서 위 법률조항의 위헌 여부에 따라 이 사건 당해 사건의 결과에 영향을 미칠 수 있으므로 위 법률조항은 이 사건 당해 사건 재판의 전제가 된다.

헌재판례) 최종 확정되지 아니한 1, 2심 승소판결(2013. 6. 27. 2011헌바247)

헌법재판소법 제68조 제2항 후문은 당사자가 당해 사건의 소송절차에서 동일한 사유를 이유로 다시 위헌법률심판을 제청신청할 수 없다고 규정하고 있다. 여기서 당해 사건의 소송절차란 당해 사건의 상소심 소송절차는 물론 대법원에 의해 파기환송되기 전후의 소송절차를 모두 포함한다. 당해 사건 재판에서 청구인이 승소판결을 받아 그 판결이 확정된 경우 청구인은 재심을 청구할 법률상 이익이 없고, 심판대상조항에 대하여 위헌결정이 선고되더라도 당해 사건 재판의 결론이나 주문에 영향을 미칠 수 없으므로 그 심판청구는 재판의 전제성이 인정되지 아니하나, 파기환송 전 항소심에서 승소판결을 받았다고 하더라도 그 판결이 확정되지 아니한 이상 상소절차에서 그 주문이 달라질 수 있으므로, 심판대상조항의 위헌 여부에 관한 재판의 전제성이 인정된다.

헌재판례) 2021. 4. 29. 2017헌가25 [전기사업법 제16조 제1항 위헌제청]

심판대상조항을 '전기요금약관'이 효력을 갖게 되는 근거 조항으로 보고, 심판조항이 위헌일 경우 한국전력공사가 전기요금약관을 근거로 제청신청인에게 전기요금을 징수할 수 없게 된다고 본, 제청법원의 법률 해석이 명백히 유지될 수 없다고 단정하기 어렵고, 심판조항이 위헌이라면 전기요금약관 중 전기요금의 산정기준이나 요금체계 등에 관한 부분은 전기판매사업자가 일방적으로 작성하는 약관으로는 정할 수 없는 것이어서 무효라는 판단이 가능하므로, 심판조항은

265 이동흡, 전게서, 243면.

재판의 전제성 요건을 충족한다.
전기가 국민의 생존과 직결되어 있어 전기의 사용이 일상생활을 정상적으로 영위하는 데에 필수불가결한 요소라 하더라도, 전기요금은 전기판매사업자가 전기사용자와 체결한 전기공급계약에 따라 전기를 공급하고 그에 대한 대가로 전기사용자에게 부과되는 것으로서, 조세 내지 부담금과는 구분[266]된다. 즉, 한국전력공사가 전기사용자에게 전기요금을 부과하는 것이 국민의 재산권에 제한을 가하는 행정작용에 해당한다고 볼 수 없다. 전기요금의 결정에는 전기를 공급하기 위하여 실제 소요된 비용과 투입된 자산에 대한 적정 보수, 전기사업의 기업성과 공익성을 조화시킬 수 있

---

266 비교판례: 한국방송공사법 제35조 등 위헌소원[헌재 1999. 5. 27. 98헌바70]
먼저, 수신료의 법적 성질과 관련하여, 이 법에 의해 부과·징수되는 수신료는 조세도 아니고 서비스의 대가로서 지불하는 수수료도 아니다. 수신료는 공영방송사업이라는 특정한 공익사업의 소요경비를 충당하기 위한 것으로서 일반 재정수입을 목적으로 하는 조세와 다르다. 또, 텔레비전방송을 수신하기 위하여 수상기를 소지한 자에게만 부과되어 공영방송의 시청가능성이 있는 이해관계인에게만 부과된다는 점에서도 일반 국민·주민을 대상으로 하는 조세와 차이가 있다. 그리고 '공사의 텔레비전방송을 수신하는 자'가 아니라 '텔레비전방송을 수신하기 위하여 수상기를 소지한 자'가 부과대상이므로 실제 방송시청 여부와 관계없이 부과된다는 점, 그 금액이 공사의 텔레비전방송의 수신정도와 관계없이 정액으로 정해져 있는 점 등을 감안할 때 이를 공사의 서비스에 대한 대가나 수익자부담금으로 보기도 어렵다. 따라서 수신료는 공영방송사업이라는 특정한 공익사업의 경비조달에 충당하기 위하여 수상기를 소지한 특정 집단에 대하여 부과되는 특별부담금에 해당한다. 이러한 특별부담금은, 부담금 부과를 통하여 수행하고자 하는 특정한 사회적·경제적 과제에 대하여 조세외적 부담을 지울 만큼 특별하고 긴밀한 관계가 있는 특정 집단에 국한하여 부과되어야 하고, 이와 같이 부과·징수된 부담금은 그 특정과제의 수행을 위하여 별도로 관리·지출되어야 하며 국가의 일반적 재정수입에 포함시켜 일반적 국가과제를 수행하는 데 사용되어서는 아니된다(헌재 1998. 12. 24. 98헌가11).
다음으로, 포괄위임금지원칙 위반여부와 관련하여, 이 법 제35조 본문은 수신료 납부의무자의 범위에 관하여 '텔레비전방송을 수신하기 위하여 텔레비전수상기를 소지한 자는 …… 텔레비전방송 수신료를 납부하여야 한다'라고 규정하고 있는바, 이는 누구라도 수신료 납부의무자의 범위를 잘 알 수 있는 명확한 규정이다. 다만, 같은 조 단서는 등록면제 또는 수신료가 감면되는 수상기의 범위에 관하여 아무런 조건 없이 단순히 대통령령이 정하도록 하고 있으나, 등록면제 또는 수신료감면에 관한 규정은 국민에게 이익을 부여하는 수익적 규정에 해당하는 것이어서 이에 대하여 요구되는 위임입법의 구체성·명확성의 정도는 상대적으로 완화될 수 있는 것이고, 또한 수신료 납부의무자의 범위가 '텔레비전방송을 수신하기 위하여' 수상기를 소지한 자로 되어 있으며, 수신료의 징수목적이 공사의 경비충당에 있다는 점을 감안하면 대통령령에서 정할 수신료감면 대상자의 범위는 텔레비전방송의 수신이 상당한 기간 동안 불가능하거나 곤란하다고 볼 만한 객관적 사유가 있는 수상기의 소지자, 공사의 경비충당에 지장이 없는 범위 안에서 사회정책적으로 수신료를 감면하여 줄 필요가 있는 수상기 소지자 등으로 그 범위가 정하여질 것임을 예측할 수 있다. 따라서 이 법 제35조는 헌법 제75조에 규정된 포괄위임금지의 원칙에 위반되지 아니한다.
다음으로, 의회유보원칙 위반 여부와 관련하여, 오늘날 법률유보원칙은 단순히 행정작용이 법률에 근거를 두기만 하면 충분한 것이 아니라, 국가공동체와 그 구성원에게 기본적이고도 중요한 의미를 갖는 영역, 특히 국민의 기본권 실현과 관련된 영역에 있어서는 국민의 대표자인 입법자가 그 본질적 사항에 대해서 스스로 결정하여야 한다는 요구까지 내포하고 있다(의회유보원칙). 그런데 텔레비전방송 수신료는 대다수 국민의 재산권 보장의 측면이나 한국방송공사에게 보장된 방송자유의 측면에서 국민의 기본권 실현에 관련된 영역에 속하고, 수신료 금액의 결정은 납부의무자의 범위 등과 함께 수신료에 관한 본질적인 중요한 사항이므로 국회가 스스로 행하여야 하는 사항에 속하는 것임에도 불구하고 한국방송공사법 제36조 제1항에서 국회의 결정이나 관여를 배제한 채 한국방송공사로 하여금 수신료 금액을 결정해서 문화관광부장관의 승인을 얻도록 한 것은 법률유보원칙에 위반된다.

는 유인들, 산업구조나 경제상황 등이 종합적으로 고려되어야 하는바, 전기요금의 산정이나 부과에 필요한 세부적인 기준을 정하는 것은 전문적이고 정책적인 판단을 요할 뿐 아니라 기술의 발전이나 환경의 변화에 즉각적으로 대응할 필요가 있다. 전기요금의 결정에 관한 내용을 반드시 입법자가 스스로 규율해야 하는 부분이라고 보기 어려우므로, 심판대상조항은 의회유보원칙에 위반되지 아니한다. 전기요금약관에 대한 인가의 구체적인 기준은 전문적·정책적 판단이 가능한 행정부가 수시로 변화하는 상황에 탄력적으로 대응할 수 있도록 하위 법령에 위임할 필요성이 인정되고, 관련 규정을 종합하면 하위 법령에서는 전기의 보편적 공급과 전기사용자의 보호, 물가의 안정이라는 공익을 고려하여 전기요금의 산정 원칙이나 산정 방법 등을 정할 것이라고 충분히 예측할 수 있다. 따라서 심판조항은 포괄위임금지원칙에 위반되지 아니한다.

b) 재판의 전제성이 부정된 사례

헌재판례) 부진정입법부작위의 위헌확인청구(2003. 12. 18. 2002헌바14; 2012. 12. 27. 2012헌바60)

헌법재판소법 제47조 제2항과 제75조 제6항은 위헌으로 결정된 법률 또는 법률조항은 원칙적으로 그 결정이 있는 날로부터 효력을 상실하도록 규정하고 있는바, 법규범에 대한 헌법재판소의 위헌결정은 소송당사자나 국가기관 이외의 일반 사인에게도 그 효력이 미치고, 일반 국민은 헌법재판소가 위헌으로 선언한 법규범이 적용되지 않는 것을 수인해야 한다. 헌법재판소에 의하여 이미 위헌 선언되어 효력이 상실된 법률조항 부분이 입법의 결함에 해당한다고 주장하는 이 사건 헌법소원 심판청구는 종전의 위헌결정에 대한 불복이거나, 위헌으로 선언된 규범의 유효를 주장하는 것이어서 법률조항에 대한 위헌결정의 법규적 효력에 반하여 허용될 수 없으므로 부적법하다.

헌재판례) 항고소송에서 민사상 손해배상 사건 근거법률에 대한 위헌청구(2002. 3. 28. 2000헌바90)

당해 사건이 여권발부가 지연된 데 대한 민사손해배상 소송에서, 여권발부 거부(거부처분 취소소송)의 근거 규정의 위헌성을 다툴만한 재판의 전제성은 인정되기 어렵다.

헌재판례) 상고기각 확정 후 상고기각 사유가 된 관습법에 대한 위헌소원(2013. 2. 28. 2009헌바129)

이 사건 관습법은 민법 시행 이전에 상속을 규율하는 법률이 없는 상황에서 재산상속에 관하여 적용된 규범으로서 비록 형식적 의미의 법률은 아니지만 실질적으로는 법률과 같은 효력을 갖는 것이므로 위헌법률심판의 대상이 된다. 그런데, 당해 사건에서 대법원은, 이 사건 관습법이 여성에게 분재청구권의 존재를 인정하지 아니한다는 사정은 소멸시효의 진행을 막는 법률상의 장애가 아니라는 전제 아래, 청구인들이 분재청구권을 가진다고 하더라도 소 제기 이전에 이미 소멸시효가 완성되었다고 판단하여 청구인들의 상고를 기각하였다.(확정) 그렇다면 당해 사건에서 문제되는 소멸시효의 완성 여부에 관하여 더 이상 다툴 수 없게 되었으므로, 이 사건 관습법이 헌법에 위반되는지 여부는 당해 사건에서 재판의 전제가 되지 아니한다.

헌재판례) 2021. 2. 25. 2013헌가13, 2017헌가6병합 전원재판부 결정 [향토예비군설치법 제15조 제9항 제1호 위헌제청]

대법원은 진정한 양심에 따른 예비군 훈련 거부는 심판대상조항의 '정당한 사유'에 해당한다고 판단하였다. 그렇다면 진지한 양심의 결정에 따라 예비군 훈련을 거부하는 사람에 대한 처벌 문제는 심판대상조항의 위헌 여부가 아니라 법원의 구체적 판단에 달린 문제로 남게 되었다. 제청법원들은 제청신청인들이 진정한 양심에 따른 예비군 훈련 거부자에 해당하는지 여부를 심리하고 이를 바탕으로 정당한 사유의 존부를 가려 유·무죄 판결을 하면 되므로, 이 사건 위헌법률심판제청은 '심판대상조항이 헌법에 위반되는지 여부에 따라 당해 사건을 담당하는 법원이 다른 내용의 재판을 하게 되는 경우'에 해당한다고 볼 수 없어 재판의 전제성 요건을 충족하지 못하여 부적법하다.

헌재판례) 사형, 무기, 유기, 벌금 등 형의 경중에 관한 형법 제50조 제2항 위헌소원(2011. 2. 15. 2011헌바20) – 당해 사건 피고인의 유무죄와 직접적인 관련성이 인정되지 아니하여 재판의 전제성이 인정되지 아니함.

헌재판례) 승소 확정된 당사자의 재심청구(2000. 7. 20. 99헌바61) – 당해 소송에서 승소한 당사자인 청구인은 재심을 청구할 수 없고, 당해 사건에서 청구인에게 유리한 판결이 확정된 마당에 이 법률조항에 대하여 위헌결정을 한다 하더라도 당해 사건 재판의 결론이나 주문에 영향을 미치는 것도 아니므로, 재판의 전제성이 부정됨.

2) 재판의 결론을 이끌어 내는 이유를 달리하는 데 관련된 경우

독일연방헌법재판소는 원칙적으로 재판의 전제성을 ① 주문에 영향을 미치는 경우에 인정하고, 예외적으로 ② '재판의 결론을 이끌어내는 이유를 달리하는 데 관련되어 있고 또한 ③ 재판의 내용과 효력에 관한 법률적 의미가 달라지는 경우'에도 그 요건이 충족된다고 하여 우리 헌법재판소가 선택적으로(or 요건) 제시한 요건을 중첩적인 요건(and 요건)으로 파악하고 있다. 이처럼 독일연방헌법재판소보다 재판의 전제성을 넓게 이해하고 있는 이유 중의 하나는 우리 법이 독일과는 달리 원칙적으로 재판에 대한 헌법소원을 인정하지 않기 때문인 것으로 보인다.

3) 재판이유를 달리함으로써 재판의 내용이나 효력에 관한 법률적 의미가 달라지는 경우

헌법재판소는 '재판의 내용과 효력' 양자에 관한 법률적 의미가 달라지는 경우

뿐만 아니라 '재판의 내용이나 효력' 중에 어느 하나라도 그에 관한 법률적 의미가 달라지는 경우에도 재판의 전제성이 있는 것으로 보고 있다. 그러나 재판의 내용이나 효력을 형성함에 관련된 것이 아니라 별도의 구성요건에 의해서 형성된 법률적 효과를 규정한 법률조항의 경우에는 재판의 전제성이 인정되지 않는다.

헌재판례) 형사소송법 제331조 단서 규정에 대한 위헌심판(1992. 12. 24. 92헌가8)	
심판 대상	이 사건 심판의 대상은 형사소송법(1954. 9. 23. 제정, 법률 제341호) 제331조 "무죄, 면소, 형의 면제, 형의 선고유예, 형의 집행유예, 공소기각 또는 벌금이나 과료를 과하는 판결이 선고된 때에는 구속영장은 효력을 잃는다. 단, 검사로부터 사형, 무기 또는 10년 이상의 징역이나 금고의 형에 해당한다는 취지의 의견진술이 있는 사건에 대하여는 예외로 한다."의 규정 중 단서의 규정이 헌법에 위반되는지 여부이다.
위헌심판 제청이유	제청법원이 검사로부터 "사형, 무기 또는 10년 이상의 징역이나 금고의 형에 해당한다는 취지의 의견진술"(뒤에서는 "10년 이상의 형의 구형"이라고만 한다)이 있는 관련사건의 피고인들에 대한 판결을 함에 있어서, 이 사건 심판의 대상인 형사소송법(뒤에서는 "법"이라고 한다) 제331조 단서의 규정이 합헌이라고 한다면 피고인들에 대하여 "무죄, 면소, 형의 면제, 형의 선고유예, 형의 집행유예, 공소기각 또는 벌금이나 과료를 과하는 판결"(뒤에서는 "무죄 등의 판결"이라고만 한다)을 선고하게 되는 경우에도 구속영장의 효력이 상실되는 것이 아니라는 예외규정이 적용되어 구속영장의 효력을 상실시키는 효과가 있는 종국재판으로서의 무죄 등의 판결을 할 수 없으나, 이와는 달리 위 규정이 위헌이라고 한다면 법 제331조 본문 규정의 적용을 받아 구속영장의 효력을 상실시키는 효과가 있는 종국재판으로서 무죄 등의 판결을 할 수 있게 된다. 이와 같이 해당 법률규정의 위헌 여부에 따라 비록 판결주문의 형식적 내용이 달라지는 것은 아니라 하더라도 그 판결의 실질적 효력에 차이가 있게 되는 것이므로, 이 법 제331조 단서 규정의 위헌 여부는 제청법원이 관련사건에 대한 재판을 함에 있어 재판의 전제가 되어 위헌법률심판제청의 적법요건으로서 재판의 전제성이 있다.
판단	이 법 제331조 단서는 "단, 검사로부터 사형, 무기 또는 10년 이상의 징역이나 금고의 형에 해당한다는 취지의 의견진술이 있는 사건에 대하여는 예외로 한다."라고 본문에 대한 예외규정을 두어 법원의 무죄 등의 판결선고에도 불구하고 구속영장의 효력이 상실되지 않는 예외를 설정함으로써 구속취소의 법적 효과를 배제하는 또 다른 이중적 특별규정을 두고 있다. 이러한 경우 법 제331조 단서규정의 위헌 여부에 따라 형사판결의 주문 성립과 내용 자체가 직접 달라지는 것은 아니지만 만약 위 규정이 위헌으로 법적 효력이 상실된다면 이 법 제331조 본문의 규정이 적용되어 제청법원이 무죄 등의 판결을 선고하게 될 경우에 그 판결 선고와 동시에 구속영장의 효력을 상실

시키는 재판의 효력을 가지게 되며, 이와 달리 이 단서 규정이 합헌으로 선언되면 검사로부터 피고인들에 대하여 징역 장기 10년의 구형이 있는 위 피고사건에 있어서 당해 사건을 담당하는 법원의 판결만으로는 구속영장의 효력을 상실시키는 효력을 갖지 못하게 되는 결과로 인하여 그 재판의 효력과 관련하여 전혀 다른 효과를 가져오는 재판이 될 것이다. 따라서 법 제331조 단서규정의 위헌 여부는 제청법원이 검사로부터 장기 10년의 징역형 등에 해당한다는 취지의 의견진술이 있느냐 없느냐 여하에 따라 관련사건의 그 재판주문을 결정하고 기판력의 내용을 형성하는 그 자체에 직접 영향을 주는 것은 아니라 할지라도 그 재판의 밀접 불가결한 실질적 효력이 달라지는 구속영장의 효력에 관계되는 것이어서 재판의 내용이나 효력 중에 어느 하나라도 그에 관한 법률적 의미가 전혀 달라지는 경우에 해당하는 것이므로 재판의 전제성이 있다.

헌재판례) 산림조합 조합장선거(2003. 5. 15. 2002헌바93)

이 사건 산림조합법 제133조는 형사처벌을 받은 경우 당연퇴직을 규정하고 있는바, 위 법률조항은 이 사건 당해 형사사건의 재판에 적용되는 것도 아니고, 위 법률조항이 헌법에 위반되는지의 여부에 따라 당해 형사사건을 담당한 법원이 다른 내용의 재판을 하게 되는 경우에 해당하지도 아니한다. 왜냐하면 위 법률조항은 당해 형사사건의 결론이나 주문에 영향을 미치는 것이 아니라 당해 소송사건의 결론이나 주문에 의해 비로소 그 적용 여부가 결정되는 것이고, 재판의 내용과 효력을 형성함에 관련된 것이 아니라 별도의 구성요건(당선인이 당해 선거에 있어서 산림조합법 제132조에 규정된 죄를 범하여 징역형 또는 100만 원 이상의 벌금형의 선고를 받은 때라는)에 의해서 형성되는 법률적 효과를 규정한 것이기 때문이다. 그렇다면 이 사건 헌법소원 심판청구는 재판의 전제성을 결여한 것으로서 부적법하다.

헌재판례) 성범죄자신상정보 등록조항(2015. 12. 23. 2015헌가27; 2016. 12. 29. 2016헌바153)

심판대상조항은 일정한 성폭력 범죄로 유죄판결이 확정된 자를 신상정보 등록대상자로 정하고 있고, 당해 사건은 신상정보등록의 요건인 성폭력 범죄에 대한 형사재판절차이다. 따라서 심판대상조항은 그 이전단계인 당해 형사사건에 적용되는 법률이라고 할 수 없다.

(3) 재판의 전제성 요건 심사

법률이 재판의 전제가 되는 요건을 갖추고 있는지 여부는 제청법원의 견해를 존중하는 것이 원칙이다. 왜냐하면 헌법재판소가 이 전제성 요건을 지나치게 엄격히 해석하여 법원의 위헌제청을 기각한다면, 법원은 위헌의 의심이 가는 법률도 위헌심판제청을 하지 아니하고 스스로 재판할 가능성도 배제할 수 없기 때문이다.[267]

---

267 이동흡, 전게서, 243면.

뿐만 아니라 헌법재판소가 형식적 요건인 재판의 전제성에 관하여 지나치게 치중한다면 결과적으로 본안사건의 종국적 해결에 커다란 지연요인이 될 것이기 때문이다. 그러나 헌법재판소는 재판의 전제성에 관한 제청법원의 법률적 견해가 명백히 유지될 수 없을 때에는 이를 직권으로 조사할 수 있으며 그 결과 전제성이 없다고 판단되면 그 제청을 부적법 각하할 수 있고(1997. 9. 25. 97헌가4), 반대로 법원이 재판의 전제성이 없다고 위헌제청신청을 기각하였더라도 위헌심사형 헌법소원에서 재판의 전제성을 인정할 수 있다(1999. 12. 23. 98헌바33).

헌재판례) 2021. 1. 28. 2019헌가24, 2019헌바404병합

치료감호에 대한 재판과 피고사건에 대한 재판은 별개의 재판이지만, 양자는 서로 긴밀하게 연관되어 있으므로, 피고사건을 선고할 때 치료감호 사건에 대하여도 고려를 할 수밖에 없다. 따라서 이 사건 법률조항들은 당해 사건에서 재판의 전제성이 인정된다.
피고인 스스로 치료감호를 청구할 수 있는 권리나, 법원으로부터 직권으로 치료감호를 선고받을 수 있는 권리는 헌법상 재판청구권의 보호범위에 포함되지 않는다. 공익의 대표자로서 준사법기관적 성격을 가지고 있는 검사에게만 치료감호 청구권한을 부여한 것은, 본질적으로 자유박탈적이고 침익적 처분인 치료감호와 관련하여 재판의 적정성 및 합리성을 기하기 위한 것이므로 적법절차원칙에 반하지 않는다. 이 사건 법률조항들은 재판청구권을 침해하거나 적법절차원칙에 반한다고 보기 어렵다. '정신건강증진 및 정신질환자 복지서비스 지원에 관한 법률', '형의 집행 및 수용자의 처우에 관한 법률'에 있는 다른 제도들을 통하여 국민의 정신건강을 유지하는 데에 필요한 국가적 급부와 배려가 이루어지고 있으므로, 치료감호 대상자의 치료감호 청구권이나 법원의 직권에 의한 치료감호를 인정하지 않는다 하더라도 국민의 보건에 관한 국가의 보호의무에 반한다고 보기 어렵다.

(4) 제청 후의 사정변경과 재판의 전제성

당해 소송의 당사자가 소취하 등으로 당해 소송절차를 종료시키거나 소의 이익이 소멸되어 당해 소송이 각하될 수밖에 없는 경우에는 재판의 전제성을 요건으로 하는 구체적 규범통제의 본질상 위헌법률심판절차는 무의미해지므로, 헌법재판소는 위헌제청에 대해서 부적법 각하결정하여야 한다. 다만 헌법재판소는 재판의 전제성이 제청 이후의 사정변경으로 소멸한 경우에도 예외적으로 객관적인 헌법질서의 수호·유지를 위하여 심판의 필요성이 인정되는 경우에는 그 위헌제청의 적법성을 인정할 수 있다고 보고 있다. 즉, 헌법재판소는 "심리기간 중 사태진행으로 소의 이익이 소멸되었더라도 헌법재판소로서는 제청 당시 전제성이 인정되는 한 예외적으로 객관적인 헌법질서의 수호·유지를 위하여 그 위헌 여부에 대한 판단을 할 수 있다"고 판시하고 있는 것이다(2000. 7. 20. 99헌가7). 다만 이 경우에 심판청구가 적법하려면 위헌법률심판 제청 당시 재판의 전제성을 갖춘 경우이어야 한다.[268]

헌재판례) 재심청구와 재판의 전제성(2013. 7. 25. 2012헌바63)

헌법재판소법 제68조 제2항에 의한 헌법소원에 있어 재판의 전제성은 심판청구 시뿐만 아니라 심판 시에도 갖추어져야 함이 원칙이다. 이 사건 법률조항은 이 사건 도서반입신청거부처분의 직접적인 근거규정인 법 시행규칙 제207조의 위임규정으로서, 이 사건 심판청구 당시에는 위 조항이 위헌으로 결정되어 청구인이 재심을 청구할 경우 당해 사건 판결의 주문이 달라질 여지가 있어 재판의 전제성이 인정되었다. 그런데 기록에 의하면 청구인이 이 사건 심판청구 이후인 2013. 1. 11. 의정부지방법원에서 마약류관리에관한법률위반(향정)죄로 징역형을 선고받고(2012노2151) 위 판결 선고일까지의 미결구금일수 산입으로 같은 날 형기가 종료되어 구속취소된 사실이 인정되므로, 이 사건 법률조항이 위헌으로 결정되어 청구인이 재심을 청구하더라도 당해 사건에서 이 사건 도서반입신청거부처분의 취소를 구할 소의 이익을 결여하게 되었고, 이 사건 법률조항은 더 이상 재판의 전제가 되지 아니하게 되었다. 그러나 헌법재판소는 재판의 전제성이 없는 경우에도[269] 헌법적 해명이 긴요히 필요하거나 당해 조항으로 인한 기본권 침해가 반복될 우려가 있는 경우에는 헌법질서의 수호자로서의 사명을 다하기 위하여 예외적으로 본안판단에 나아갈 수 있는바, 이 사건 법률조항에 의한 '마약류사범에 대한 다른 처우' 문제는 모든 마약류사범인 수용자들에게 이해관계가 있고, 이로 인한 기본권의 침해가 반복될 위험성이 있음에도 아직까지 이에 대한 헌법적 해명이 없었다. 따라서 이 사건 법률조항의 위헌 여부는 더 이상 재판의 전제가 되지 아니하나, 이에 대한 헌법적 해명의 필요성을 인정하여 본안판단에 나아가기로 한다.

헌재판례) 사정변경과 재판의 전제성(2006. 11. 30. 2005헌바55)

헌법재판소법 제68조 제2항에 의한 헌법소원에 있어서는 법률이 헌법에 위반되는지 여부가 당해 사건의 재판의 전제로 되어야 하고, 이 경우 재판의 전제가 된다고 하려면 그 법률이 당해 사건 재판에서 적용되는 법률이어야 하고 그 법률의 위헌 여부에 따라 재판의 주문이 달라지거나 재판의 내용과 효력에 관한 법률적 의미가 달라져야 한다. 한편, 법률에 근거하여 행정처분을 한 후에 헌법재판소가 그 행정처분의 근거가 된 법률을 위헌으로 결정하였다면 결과적으로 행정처분은 법률의 근거가 없이 행하여진 것과 마찬가지가 되어 하자가 있는 것이 된다고 할 것이나, 하자 있는

268 전게 헌법재판실무제요, 162면; 이동흡, 전게서, 249면.
269 다만, 제청 당시에는 재판의 전제성이 인정되어야 한다는 판례로는, 헌재 2012. 6. 27. 2011헌가36.

행정처분이 당연무효가 되기 위해서는 그 하자가 중대할 뿐만 아니라 명백한 것이어야 하는데, 일반적으로 법률이 헌법에 위반된다는 사정이 헌법재판소의 위헌결정이 있기 전에는 객관적으로 명백한 것이라고 할 수는 없으므로 특별한 사정이 없는 한 이러한 하자는 당연무효사유는 아니고 단지 행정처분의 취소사유에 해당할 뿐이다(대법원 96다52359 판결; 98두5583 판결; 2001두3181 판결). 그런데 청구인들은 2001. 10. 9.과 2002. 7. 10. 및 2002. 7. 12.에 이루어진 이 사건 각 처분에 대한 쟁송기간이 경과된 뒤에 그에 대한 무효확인소송을 제기하였다. 이와 같이 쟁송기간이 경과된 뒤에는 행정처분의 근거법규가 위헌임을 이유로 무효확인소송 등을 제기하더라도 행정처분의 효력에는 영향이 없음이 원칙이라 할 것이므로(헌재 1994. 6. 30. 92헌바23), 이미 쟁송기간이 경과되어 불가쟁력이 발생한 이 사건 각 처분의 근거법률인 이 사건 법률조항의 위헌 여부에 따라 당해 사건 재판의 주문이 달라지거나 재판의 내용과 효력에 관한 법률적 의미가 달라진다고 볼 수 없다. 그렇다면 이 법률조항의 위헌 여부는 당해 사건의 재판의 전제로 되지 아니한다.[270]

헌재판례) 긴급조치위반 피해 사건에서 무죄확정판결과 재판의 전제성 예외적 긍정(2013. 3. 21. 2010헌바132)

헌재판례) 법무사 업무정지처분 기간만료와 재판의 전제성 예외적 긍정(2003. 6. 26. 2002헌바3)

헌재판례) 추징금 미납자에 대한 출국금지기간 만료와 재판의 전제성 예외적 긍정(2004. 10. 28. 2003헌가18)

Ⅲ. 위헌법률심판의 심사기준

1. 위헌심사의 기준

위헌법률심판절차는 법률(법률조항)이 헌법에 위반되는지 여부가 문제되는 객관소송으로서 헌법의 모든 규정이 법률의 합헌성 심사의 기준이 될 수 있다. 즉, 당해 소송의 당사자들에게 주관적 공권으로서의 기본권을 보장하는 헌법규정에 그 심사기준이 국한되지 아니한다. 그리고 여기서 말하는 '헌법'은 헌법전(憲法典)에 포함된 개별 규정들만을 의미하는 것이 아니라 개별 규정들의 근저에 있는 헌법의 일반 원칙·원리들이나 근본적 결단을 포함하는 개념이다. 그 밖에 헌법관습법도 위헌심판절차의 심사기준이 될 수 있다.[271] 이와 같은 심사기준은 헌재법 제68

270 헌재 2006. 11. 30. 2005헌바55.

271 다만, 헌법보다 하위 법규에 있고, 헌법에 의해 비로소 국내법 질서에 수용되는 조약이나 국제법규는 심사기준이 될 수 없다.(이동흡, 전게서, 271-273면; 김하열, 전게서, 322면.)

조 제2항의 헌법소원의 경우에도 마찬가지이다. 헌법재판소도 "일반적으로 헌법상 명문규정뿐만 아니라 각 명문규정들에 대한 종합적 검토 및 구체적인 논증 등을 통하여 도출될 수 있는 헌법원칙의 경우도 위헌법률심판의 심사기준이 될 수 있다"(2003. 12. 18. 2002헌마593)고 판시했다.

헌재판례) 헌법적 해명의 필요성과 재판의 전제성(2001. 4. 26. 98헌바79)	
사안	청구인 무기징역으로 복역 중 형집행정지로 출소 → 법무부장관의 2년의 보안관찰처분 → 2년 후인 1997년 보안관찰처분 2년의 기간갱신처분 → 기간갱신처분의 취소소송 및 효력정지가처분신청 → 소송계속 중 보안관찰에 대해서는 가처분에 관한 규정을 준용하지 못하도록 한 보안관찰법 제24조에 대하여 위헌제청신청 → 기각결정을 받고 1998. 9. 10. 헌법소원심판청구 → 2001년 결정 시 2년 도과 * 헌법소원이 인용되더라도 가처분사건에 영향을 미칠 수 없음.
심판대상	보안관찰법 제24조(행정소송법의 준용) 제23조의 소송에 관하여 이 법에 규정한 것을 제외하고는 행정소송법을 준용한다. 다만 가처분에 관한 규정은 준용하지 아니한다.
판단	결정 시에 2년의 처분기간이 만료, 헌법소원이 인용된다 하더라도 당해 가처분신청사건에 영향을 미칠 수 없다. 그러나, 헌법적 해명의 필요성 및 반복가능성이 있으면 예외적으로 객관적 헌법질서의 수호·유지의 필요성을 인정하여 본안판단 가능(객관소송의 성질)

헌재판례) 위헌심사기준으로서 헌법의 기본원리(1996. 4. 25. 92헌바47)
헌법의 기본원리는 헌법의 이념적 기초인 동시에 헌법을 지배하는 지도원리로서 입법이나 정책결정의 방향을 제시하며 공무원을 비롯한 모든 국민·국가기관이 헌법을 존중하고 수호하도록 하는 지침이 되며, 구체적 기본권을 도출하는 근거로 될 수는 없으나 기본권의 해석 및 기본권 제한 입법의 합헌성 심사에 있어 해석기준의 하나로서 작용한다. 그러므로 이 사건 심판대상조항의 위헌여부를 심사함에 있어서도 우리 헌법의 기본원리를 그 기준으로 삼아야 할 것이다.

2. 위헌심사기준에 관한 직권주의

우리나라 헌법재판소는 위헌법률심판절차에 있어서 규범의 위헌성을 제청법원이나 제청신청인이 주장하는 법적 관점에서뿐만 아니라 심판대상규범의 법적 효과를 고려하여 모든 헌법적인 관점에서 심사한다. 법원의 위헌제청을 통하여 제한되는 것은 오로지 심판의 대상인 법률조항이지 위헌심사의 기준이 아니다.[272] 헌법재판소도 "헌법재판소법 제41조에 의한 위헌법률심판절차와 같은 법 제68조에 의한 헌법소원심판 절차에서 심판대상인 법률의 위헌성을 판단하는 경우, 위헌제청신청인이나 청구인이 주장한 기본권의 침해 여부에 관한 심사에 한정하지 아니하고 모든 헌법적 관점에서 심판대상인 법률조항이 헌법에 부합하는가를 심사해야 한다"고 판시하고 있다(2002. 8. 29. 2000헌가5 등)

Ⅳ. 위헌법률심판 결정의 유형

일반적으로 위헌법률심판에서 내려지는 종국결정의 기본 유형으로는 소송법적 결정으로서 각하결정이 있고, 본안에 관한 결정, 즉 실체법적 결정의 유형으로는 합헌결정과 위헌결정 및 이른바 변형결정(한정합헌결정, 한정위헌결정, 헌법불합치결정)이 있다. 위헌결정과 변형결정에는 재판관 6인 이상의 찬성을 요한다. 변형결정도 본질적으로는 전부위헌 또는 부분위헌에 해당하기 때문이다.[273]

1. 각하결정

먼저, 헌법재판소는 당해 위헌법률심판청구가 헌법재판법이 규정한 적법요건을 갖추지 못하여 부적법한 것이면 각하결정을 한다. 따라서 심판의 대상성, 재판의 전제성 등이 결여되면 헌법재판소는 "이 사건 심판제청을 각하한다"라는 문언의 주문으로 결정한다. 그러나 헌법재판소에 헌법재판소법 제68조 제2항 사건이 계속 중에 헌법재판소가 다른 사건에서 위헌으로 결정하여 효력을 이미 상실한 법률이 당해 심판의 대상으로 되어 있는 경우에는 각하결정을 할 것이 아니라, 심판대상인 법률조항에 대해 재차 위헌임을 확인하는 결정을 한다(1999. 6. 24. 96헌바67). 병합사건으로 처리하여야 할 사안에서 탈루(분리)된 경우도 마찬가지이다.

---

272 이동흡, 전게서, 274면.
273 김유향, 전게서, 1550면.

헌재판례) 구 조세감면규제법 제56조의2 제1항 등 위헌소원(2012. 7. 26. 2009헌바35★)

이 사건 부칙조항도 법인세의 과세요건을 설정하는 근거조항이므로 조세법률주의원칙상 법률조항의 문구에 충실하도록 엄격한 해석이 요구된다. 따라서 별도의 경과규정을 둔 바 없는 이상 이 사건 부칙조항은 이 사건 전부개정법이 시행된 1994. 1. 1.로 실효되었다고 보아야 할 것인바, 이와 달리, 이 사건 전부개정법의 시행에도 불구하고 이 사건 부칙조항이 실효되지 않은 것으로 해석하는 것은 헌법상의 권력분립원칙과 조세법률주의원칙에 위배된다. 그런데 헌법재판소법 제68조 제2항에 의한 헌법소원심판청구를 한 이 사건 법률조항은 이 사건 심판계속 중 이미 헌법재판소가 2012. 5. 31. 2009헌바123, 126병합 사건에서 한정위헌결정을 선고한 바가 있으므로, 이 사건 법률조항에 대하여는 같은 취지로 위헌임을 확인하는 결정을 한다.

2. 위헌불선언결정

위헌불선언결정은 재판관 5인이 위헌의견을 제시하고 4인이 합헌의견을 제시한 경우에 우리 헌법재판소가 채택한 바 있는 독특한 결정형식이었다. 헌법재판소는 위헌결정에 찬성하는 재판관이 과반수이면서도 위헌결정 정족수 6인에 미달하기 때문에 위헌결정을 선고할 수 없어, 부득이 "… 헌법에 위반된다고 선언할 수 없다"라는 주문을 선고함으로써 단순합헌결정과 구별하려고 하였는데, 이러한 형태의 주문은 단순합헌결정과 실질적으로 차이가 없다. 따라서 위헌불선언결정은 결과적으로 합헌결정의 일종으로서, 1996년 5·18민주화운동등에관한특별법 제2조에 대한 위헌심판결정에서부터 단순합헌의 문언으로 선고하기 시작하여 이제는 위헌불선언결정의 형식을 택하지 아니하고 단순합헌결정의 형식을 택하고 있다.[274]

3. 합헌결정

헌법재판소가 법률의 위헌 여부를 심리한 결과 위헌의견이 6인을 넘기지 못해 합헌이라고 판단하는 경우에 "법률은 헌법에 위반되지 아니한다"는 주문의 합헌결정을 한다. 그리고 어떤 법률조항에 대하여 대법원이 이미 헌법재판소의 견해와 동일한 취지로 위헌적 부분의 적용을 배제하는 합헌적 해석을 하고 있는 경우, 헌법재판소는 그 법률조항에 대하여 합헌결정을 선고한 바 있다(2002. 11. 28. 98헌바101 등).

274 김유향, 전게서, 1551면.

헌재판례) 지방공무원법 제29조의3 위헌소원(2002. 11. 28. 98헌바101, 99헌바8병합

지방공무원법 제29조의3은 "지방자치단체의 장은 다른 지방자치단체의 장의 동의를 얻어 그 소속 공무원을 전입할 수 있다"라고만 규정하고 있어, 이러한 전입에 있어 지방공무원 본인의 동의가 필요한지에 관하여 다툼의 여지없이 명백한 것은 아니나, 위 법률조항을, 해당 지방공무원의 동의 없이도 지방자치단체의 장 사이의 동의만으로 지방공무원에 대한 전출 및 전입명령이 가능하다고 풀이하는 것은 헌법적으로 용인되지 아니하며, 헌법 제7조에 규정된 공무원의 신분보장 및 헌법 제15조에서 보장하는 직업선택의 자유의 의미와 효력에 비추어 볼 때 위 법률조항은 해당 지방공무원의 동의가 있을 것을 당연한 전제로 하여 그 공무원이 소속된 지방자치단체의 장의 동의를 얻어서만 그 공무원을 전입할 수 있음을 규정하고 있는 것으로 해석하는 것이 타당하고, 대법원은 이에 관하여, '지방자치단체의 장이 소속 공무원을 전출하는 것은 임명권자를 달리하는 지방자치단체로의 이동인 점에 비추어 반드시 당해 공무원 본인의 동의를 전제로 하는 것'이라고 해석하고 있는데(2001. 12. 28. 98두19704), 이는 지방공무원 본인의 동의라는 요건이 이 사건 법률조항에 의한 전출·전입의 당연한 전제임을 잘 보여주고 있다. 이렇게 본다면 인사교류를 통한 행정의 능률성이라는 입법목적도 적절히 달성할 수 있을 뿐만 아니라 지방공무원의 신분보장이라는 헌법적 요청도 충족할 수 있게 된다. 따라서 위 법률조항은 헌법에 위반되지 아니한다.

4. 위헌결정

헌법재판소가 법률의 위헌 여부를 심리한 결과 6인 이상의 재판관이 위헌이라고 판단하는 경우에 "… 법률은 헌법에 위반된다"라는 주문의 위헌결정을 한다. 위헌결정에는 법률(조항) 전체에 대한 위헌선언 이외에 그 일부에 대한 위헌선언도 포함된다(양적 일부위헌). 일부위헌의 대상은 독립된 법조문일 수 있고, 법조문 중 특정의 항일 수도 있으며, 일정한 문장 혹은 그 일부분일 수 있다. 헌법재판소가 위헌결정하게 되면 당해 법률(조항)의 전부 또는 일부는 효력을 상실하여 폐지되는 효과를 가져온다. 그러나 법조문은 그대로 둔 채 그 법조문의 적용례에 대해서만 위헌을 선언하는 이른바 질적 일부위헌결정은 변형결정의 일종이다.

일부위헌결정한 예

헌재판례) 주식회사의 외부감사에 관한 법률 제20조 제1항의 제2호(2004. 1. 29. 2002헌가20 등)

[주문] **구 주식회사의 외부감사에관한법률 제20조 제1항 제2호 중 '감사보고서에 기재하여야 할 사항을 기재하지 아니하거나' 부분은 헌법에 위반되고, '감사보고서에 허위의 기재를 한 때' 부분은 헌법에 위반되지 아니한다.**

심판대상의 특정과 결정주문 예시(변시 공법기록형 헌법재판 청구취지 기재례)

1. 헌재 2003. 10. 30. 2002헌마684 [당연퇴직 사건]
- 구 국가공무원법 제69조 중 제33조 제1항 제5호 부분(2002. 12. 18. 법률 제6788호로 개정되기 전의 것)은 헌법에 위반된다.
2. 헌재 2009. 11. 26. 2008헌바58 [혼빙간 사건]
- 형법 제304조(1953. 9. 18. 법률 제293호로 제정되고, 1995. 12. 29. 법률 제5057호로 개정된 것)[275] 중 "혼인을 빙자하여 음행의 상습 없는 부녀를 기망하여 간음한 자" 부분은 헌법에 위반된다.
3. 헌재 1991. 4. 1. 89헌마160 [사죄광고 사건]
-민법 제764조(1958. 2. 22. 법률 제471호)의 "명예회복에 적당한 처분"에 사죄광고를 포함시키는 것은 헌법에 위반된다.
4. GS 칼텍스 사건
- 구 조세감면규제법(1993. 12. 31. 법률 제4666호로 전부 개정된 것)의 시행에도 불구하고 구 조세감면규제법(1990. 12. 31. 법률 제4285호) 부칙 제23조가 실효되지 않은 것으로 해석하는 것은 헌법에 위반된다.(한정위헌결정)
6. 헌재 2012. 11. 29. 2011헌마786
- 법원조직법(2011. 7. 18. 법률 제10861호) 부칙 제1조 단서 중 제42조 제2항에 관한 부분 및 제2조는 2011. 7. 18. 당시 사법연수생의 신분을 가지고 있었던 자가 사법연수원을 수료하는 해의 판사 임용에 지원하는 경우에 적용되는 한 헌법에 위반된다.(한정위헌결정)

5. 변형결정

(1) 변형결정의 의의

변형결정이란 본안에 관한 결정 중에서 헌법재판소법이 명시적으로 예정한 합헌, 또는 위헌결정 이외의 다른 모든 형식의 헌법재판소 결정을 의미한다. 변형결정의 유형으로는 헌법불합치결정, 한정합헌결정 또는 한정위헌결정, 입법촉구결정 등이 있다.[276]

(2) 변형결정의 인정 여부

(가) 학설[277]

275 벌금 부분이 1995년에 개정되었다. 2년 이하의 징역 또는 2만 5천 환 이하의 벌금 → 2년 이하의 징역 또는 500만 원 이하의 벌금. 엄밀히는 1995년 개정법만을 심판대상으로 하여야 할 것이다.

276 이동흡, 전게서, 312면.

277 이동흡, 전게서, 312면.

먼저, ① 부정설은 첫째, 헌재법 제45조가 '위헌여부만'을 결정토록 하고 있고, 둘째, 헌재법 제47조 제2항에 따라 그 결정이 있는 날로부터 즉시 효력을 상실하는 것이지 법률의 명시적 규정 없이 그 효력상실시기를 정할 수 없다는 것을 이유로 든다. 이에 반해 ② 긍정설은 첫째, 헌재법 제45조의 의미는 변형결정을 불허하는 규정이라기보다 헌법재판소가 법률의 위헌 여부만을 심사하는 것이지 위헌제청된 전제사건에 관하여 사실적·법률적 판단을 내려 그 당부를 심판하는 것은 아니라는 것이고, 둘째, 위헌법률의 효력상실 여부 또는 그 시기도 입법형성권의 존중, 법률의 공백으로 인한 국가적 혼란을 방지하기 위해서는 헌법재판소가 재량으로 정할 수 있다고 주장한다.

(나) 헌법재판소의 판례

헌법재판소는 "위헌이냐 합헌이냐의 결정 외에 한정합헌 또는 헌법불합치 등 중간영역의 주문형식은 헌법을 최고규범으로 하는 통일적인 법질서의 형성을 위하여서 필요할 뿐 아니라 입법부가 제정한 법률을 위헌이라고 하여 전면폐기하기보다는 그 효력을 가급적 유지하는 것(합헌적 법률해석)이 권력분립의 정신에 합치하고, 민주주의적 입법기능을 최대한 존중하는 것이라 할 것이며, 그것은 국민의 대표기관으로서 입법형성권을 가지는 국회의 정직성·성실성·전문성에 대한 예우이고 배려라고 할 것이다"라고 판시하여 변형결정을 인정하고 있다(1991. 3. 11. 91헌마21).

(3) 변형결정의 유형

(가) 한정위헌(합헌)결정

1) 개념

한정합헌결정이란 심판의 대상이 된 법률(조항)의 형식적인 문언 자체에 대하여 위헌결정을 하는 것이 아니고 그 문언의 내용이 다의적으로 해석가능한 경우이어서 그 질적인 축소해석으로 한정하여 해석·적용하는 한 합헌적인 법률이 된다는 변형주문의 결정을 말한다. 또한 한정위헌결정은 법률에 대한 위헌성심사의 결과로서 법률조항이 특정의 영역에서 적용되거나 또는 특정한 내용으로 해석되는 한 위헌이라는 변형주문의 결정이다(질적일부 위헌결정).

2) 한정합헌결정과 한정위헌결정의 관계

한정합헌결정과 한정위헌결정의 관계에 대하여는 이를 표리관계로 보고 실질적으로 동일하다고 보는 견해와 서로 다른 결정유형으로 보는 견해가 대립한다.[278]

a) 학설

먼저, ① 동일설은 한정합헌결정과 한정위헌결정을 실질적으로 동일하다고 보는 견해로 '양 결정유형이 서로 표리관계에 있는 것이어서 실제적으로는 차이가 있는 것이 아니므로 한정위헌결정과 한정합헌결정은 주문의 형식 자체는 명백히 구별되나 주문선택에 있어서 구체적으로 어떤 형식을 취할 것인지는 사안에 따라 결정할 문제'라고 한다. 이에 대하여 양 결정을 별개의 결정유형으로 보는 ② 별개설은 '한정합헌결정의 경우에는 합헌으로 해석되는 부분의 나머지 부분이 위헌으로 해석되는 부분이지만, 한정위헌결정의 경우에는 위헌으로 해석되는 부분의 나머지 부분이 위헌이 아니라는 것일 뿐 합헌으로 해석된다고 확정되지 않는다'고 본다. 따라서 이 견해에 따르면 이후에 헌법재판소가 나머지 부분에 대하여 위헌으로 해석되는 의미를 발견한 경우에는 위헌으로 해석되는 그 부분을 또 제거할 수 있다고 한다.

b) 헌법재판소의 판례

헌법재판소는 "두 가지 방법은 서로 표리관계에 있는 것이어서 실제적으로는 차이가 있는 것이 아니다. 합헌적인 한정축소해석은 위헌적인 해석 가능성과 그에 따른 법적용을 소극적으로 배제한 것이고, 적용범위의 축소에 의한 한정적 위헌선언은 위헌적인 법적용 영역과 그에 상응하는 해석 가능성을 적극적으로 배제한다는 뜻에서 차이가 있을 뿐, 본질적으로는 다 같은 부분위헌결정이다"(1997. 12. 24. 96

---

278 한수웅, 헌법학, 법문사, 2019, 1445-1446면; 허영, 전게서, 251면; 정종섭, 전게서, 357면.

헌마172)라고 하여 한정합헌결정과 한정위헌결정을 실질적으로 동일한 결정유형으로 파악하고 있다.

3) 법원의 합헌적 법률해석과 헌법재판소의 결정

어떤 법률조항에 대하여 대법원이 이미 헌법재판소의 견해와 동일한 취지로 위헌적 부분의 적용을 배제하는 합헌적 해석을 한 바가 있고, 그러한 해석이 비교적 오랜 기간 동안에 걸쳐 형성된 대법원의 확립된 판례이고, 다른 국가기관 및 지방자치단체 등도 대법원의 해석에 따라 그 법률조항을 이해하고 있다면, 헌법재판소는 한정위헌결정을 선고할 필요 없이 합헌결정을 내리면 된다. 그 법률조항의 위헌적인 부분이 실질적으로 이미 배제되었다고 볼 수 있기 때문이다. 그런데 대법원의 단 한두 차례의 합헌적 해석이 있는 경우에도 합헌결정을 내릴 수 있는지에 관하여, 헌법재판소는 한정위헌결정을 내리기도 하고(2002. 7. 18. 2000헌바57), 합헌결정을 내리기도 하는(2002. 11. 28. 98헌바101) 등 일관성 없는 태도를 보이고 있다.

(나) 헌법불합치결정

1) 헌법불합치결정의 의의

'헌법불합치결정'이란 비록 위헌성이 인정되는 법률이라 하더라도 위헌결정을 하는 경우 입법자의 형성권을 침해할 우려가 있거나 또는 법적 공백이나 혼란을 초래할 우려가 있는 등 특별한 헌법적 사유가 있을 때에는 예외적으로 위헌결정을 피하고 심판대상 규범의 위헌성만을 확인하는 결정유형을 말한다.[279]

2) 헌법불합치결정이 인정되는 경우[280]

a) 평등원칙에 반하는 혜택 배제

여러 집단 중 일부의 집단에 대하여만 사회적 부조나 혜택을 부여하고 나머지

---

279 이동흡, 전게서, 319면.
280 전게 헌법재판실무제요, 199면.

집단에 대하여는 그 부조나 혜택을 배제하고 있는 법률이 있고, 그러한 구분이 합리적인 이유 없이 자의적으로 이루어져 헌법상 평등의 원칙을 위반하였을 때, 그 법률을 단순위헌이라고 선언하여 무효화시키면 그 일부의 집단에 대한 혜택마저 빼앗아 결국 누구도 혜택을 받지 못하는 결과가 초래될 수 있다. 종전까지 일부 집단에 대하여 이루어지고 있는 혜택이 헌법상 허용될 수 없는 것이 아닌 한, 나머지 집단에 대한 혜택의 배제가 위헌이라 하더라도, 그 법률을 무효라고 선언하는 대신 헌법불합치결정을 통해 단지 평등원칙의 위반, 즉 헌법 위반만을 확인하게 된다.[281]

헌재판례) 지방의회의원에 대한 종전 직장 퇴직연금의 지급을 일률적으로 정지하는 구 공무원연금법 조항에 관한 위헌소원 사건(2022. 1. 27. 2019헌바161)

이 사건 구법 조항은 악화된 연금재정을 개선하여 공무원연금제도의 건실한 유지·존속을 도모하고 연금과 보수의 이중수혜를 방지하기 위한 것으로 입법목적의 정당성과 수단의 적합성이 인정된다. 퇴직공무원의 적정한 생계보장이라는 공무원연금제도의 취지에 비추어, 연금 지급을 정지하기 위해서는 '연금을 대체할 만한 소득'이 전제되어야 한다. 지방의회의원이 받는 의정비 중 의정활동비는 의정활동 경비 보전을 위한 것이므로, 연금을 대체할 만한 소득이 있는지 여부는 월정수당을 기준으로 판단하여야 한다. 퇴직연금수급자인 지방의회의원 중 약 4분의 3에 해당하는 의원이 퇴직연금보다 적은 액수의 월정수당을 받고, 2020년 기준 월정수당이 정지된 연금월액보다 100만 원 이상 적은 지방의회의원도 상당수 있다. 월정수당은 지방자치단체에 따라 편차가 크고 안정성이 낮다. 구법 조항과 같이 소득수준을 고려하지 않으면 재취업 유인을 제공하지 못하여 정책목적 달성에 실패할 가능성도 크다. 다른 나라의 경우 연금과 보수 중 일부를 감액하는 방식으로 선출직에 취임하여 보수를 받는 것이 생활보장에 더 유리하도록 제도를 설계하고 있다. 따라서 기본권을 덜 제한하면서 입법목적을 달성할 수 있는 다양한 방법이 있으므로 구법 조항은 침해최소성 요건을 충족하지 못하고, 법익의 균형성도 충족하지 못하여 과잉금지원칙에 위배되어 청구인들의 재산권을 침해하므로 헌법에 위반된다. 다만, 구법 조항의 위헌성은 연금지급정지제도 자체에 있다기보다는 선출직 공무원으로서 받게 되는 보수가 연금에 미치지 못하는 경우에도 연금 전액의 지급을 정지하는 것에 있고, 위헌성 제거 방식에 대하여는 입법자에게 재량이 있다. 따라서 구법 조항에 대해서는 적용을 중지하는 헌법불합치결정을 한다. 현행법 조항은 구법조항과 같은 문제가 있어 법질서의 정합성과 소송경제를 고려하여 함께 위헌을 선언할 필요가 있다. 그러나 이 사건 현행법 조항에 대하여 단순위헌결정을 하여 효력을 상실시킬 경우 법적 공백으로 선출직 공무원에 대한 연금정지의 근거규정이 사라지게 되는 불합리한 결과가 발생하므로 헌법불합치 결정을 선고

281 김하열, 전게서, 367면.

하되 개선입법이 이루어질 때까지 계속적용을 명한다. 입법자는 가능한 빠른 시일 내에 늦어도 2023. 6. 30.까지 개선입법을 이행하여야 한다.(헌법불합치결정 - 구법조항 적용중지, 현행법조항 계속적용)

헌재판례) 국적법 부칙 사건(2000. 8. 31. 97헌가12)

국적법 개정 당시 10세 미만과 10세 이후 자를 구별하여 국적 부여 여부를 결정한 것은 불합리한 차별에 해당한다.(잠정적용 헌법불합치)

헌재판례) 재외동포법 사건(2001. 11. 29. 99헌마494)

전 세계에 흩어져 있는 재외동포들에 대한 한국 정부의 수혜적 조치와 관련하여 위 조치에 대해 러시아와 중국 거주 재외동포를 제외한 것은 불합리한 차별에 해당한다.

헌재판례) 고엽제 사건(2001. 6. 28. 99헌마516)

환자의 사망 전후로 언제 고엽제 피해구제 등록신청을 하였는지 여부에 따라 고엽제 피해구제 대상자 해당 여부를 결정하는 것은 불합리한 차별에 해당한다.

헌재판례) 국세공무원 퇴직자 세무사자격 자동부여 중단 사건(2001. 9. 27. 2000헌마152)

이 사건 세무자자격 자동부여에 관한 부칙조항은 청구인들의 신뢰이익을 침해하고 나아가 평등의 원칙에 위반된 것으로서 헌법에 위반된다. 다만 이 사건의 경우 단순 위헌결정을 선고하거나 그 적용중지를 명하는 헌법불합치결정을 선고할 경우 당초 이 사건 부칙조항에 의하여 세무사자격을 취득할 수 있는 자들마저도 그 근거규정의 실효 또는 적용중지로 당장 세무사자격을 취득할 수 없게 되어 법치국가적으로 용인하기 어려운 법적 공백이 초래된다. 그러므로 이 사건 부칙조항에 대하여 헌법불합치를 선고하되, 입법자에게 이 결정에 따라 조속한 시일 내에 헌법에 합치하는 내용으로 이를 개정하도록 하고, 아울러 그 개정 시까지 이를 계속 적용함이 상당하다. 입법자가 이 사건 부칙조항을 개정하는 경우에는 개정법의 시행 이전에 이미 국세관서에서 5급 이상의 공무원으로서 재직하고 있어서 통산 근무기간의 요건만 충족하면 세무사자격이 부여될 수 있었던 자들에 대하여는 세무사자격이 부여될 수 있도록 함으로써 그들의 신뢰이익을 보호하는 입법적 배려를 하여야 한다.

그러나 수혜적 법률이 평등원칙에 위반되는 경우에 단순 위헌 선언하더라도 수혜의 근거가 사라지지 않는 경우에는 단순위헌결정을 선고한다(2011. 6. 30. 2008헌바715).

b) 입법자의 입법형성권 존중

법률의 위헌 부분과 합헌 부분이 공존하고 있으나, 그 경계가 불분명하여 헌법재판소가 위헌결정으로는 적절하게 구분하여 대처하기가 어렵고, 다른 한편으로는 권력분립의 원칙과 민주주의원칙의 관점에서 입법자에게 위헌적인 상태를 제거할 수 있는 여러 가지 가능성을 인정할 수 있는 경우에는, 비록 법률에 위헌의 요소가 있더라도 위헌결정이 아닌 헌법불합치결정을 하는 것이 바람직하다고 할 것이다. 헌법재판소도 "법률이 평등원칙에 위반된 경우가 헌법재판소의 불합치결정을 정당화하는 대표적인 사유라고 할 수 있다. 반면에, 자유권을 침해하는 법률이 위헌이라고 생각되면 무효선언을 통하여 자유권에 대한 침해를 제거함으로써 합헌성이 회복될 수 있고, 이 경우에는 평등원칙 위반의 경우와는 달리 헌법재판소가 결정을 내리는 과정에서 고려해야 할 입법자의 형성권은 존재하지 않음이 원칙이다. 그러나 그 경우에도 법률의 합헌 부분과 위헌 부분의 경계가 불분명하여 헌법재판소의 단순위헌결정으로 적절히 구분하여 대처하기가 어렵고, 다른 한편으로는 권력분립의 원칙과 민주주의원칙의 관점에서 입법자에게 위헌적인 상태를 제거할 수 있는 여러 가지 가능성을 인정할 수 있는 경우에는, 자유권의 침해에도 불구하고 예외적으로 입법자의 형성권이 헌법불합치결정을 정당화하는 근거가 될 수 있다"고 판시하고 있다(2002. 5. 30. 2000헌마81).

헌재판례) 1997. 3. 27. 95헌가14	
심판대상	민법 제847조(친생부인의 소) ① 부인의 소는 자 또는 그 친권자인 모를 상대로 하여 그 출생을 안 날로부터 1년 내에 제기하여야 한다.[282]
판시	단순위헌선언을 한다면 친생부인의 소의 제척기간[283]의 제한이 일시적으로 전혀 없게 됨. 출생 후 상당 기간이 경과되어 이미 번복할 수 없는 것으로 받아들여지고 있는 부자관계도 개정입법이 행하여지기까지는 언제든지 다시 재론하는 법적 혼란을 초래할 우려 불합치상태를 제거하기 위한 여러 가지 가능한 방법 중 어느 것을 선택할 것인가는 입법권자의 재량 → 헌법불합치, 적용중지

282 현행 민법 제847조(친생부인의 소) ① 친생부인의 소는 부(夫) 또는 처(妻)가 다른 일방 또는 자를 상대로 하여 그 사유가 있음을 안 날부터 2년 내에 이를 제기하여야 한다.

283 제척기간(除斥期間)이란 법률이 규정하는 권리의 존속기간, 즉 권리를 재판상 행사하여야 하는 기간을 말한다. 제척기간에 있어서는 소멸시효와 같이 기간의 중단이 있을 수 없다고 할 것이고, 권리의 소멸은 소급효가

검토	자유권을 침해하는 위헌적 법률에서 합헌 부분과 위헌 부분의 경계가 불분명하고 위헌적인 상태를 제거할 수 있는 여러 가지 가능성을 인정할 수 있는 경우에도 입법형성권을 존중하여 헌법불합치결정을 한다.

헌재판례) 2003. 2. 27. 2000헌바26	
심판 대상	대학교육기관의 교원은 당해 학교법인의 정관이 정하는 바에 따라 기간을 정하여 임면할 수 있다고 규정한 구 사립학교법 제53조의2 제3항
이유	객관적 기준의 재임용 거부사유와 재임용에서 탈락하게 되는 교원이 자신의 입장을 진술할 수 있는 기회 그리고 재임용 거부를 사전에 통지하는 규정 등이 없으며, 재임용이 거부되었을 경우 사후에 그에 대해 다툴 수 있는 제도적 장치를 전혀 마련하지 않고 있는 이 사건 조항은, 현대사회에서 대학교육이 갖는 중요 기능과 그 교육을 담당하고 있는 대학교원의 신분의 부당한 박탈에 대한 최소한의 보호 요청에 비추어 헌법 제31조 제6항 교원지위법정주의에 위반된다.
주문	구 사립학교법 제53조의2 제3항(1990. 4. 7. 법률 제4226호로 개정되고, 1997. 1. 13. 법률 제5274호로 개정되기 전의 것)은 헌법에 합치하지 아니한다.
결정 이유	이 사건 법률조항의 위헌성은 기간임용제 그 자체에 있는 것이 아니라 재임용 거부사유 및 그 사전구제절차, 그리고 부당한 재임용 거부에 대하여 다툴 수 있는 사후의 구제절차에 관하여 아무런 규정을 하지 아니함으로써 재임용을 거부당한 교원이 구제를 받을 수 있는 길을 완전히 차단한 데 있다. 그런데 이 사건 법률조항에 대하여 단순위헌을 선언하는 경우에는 기간임용제 자체까지도 위헌으로 선언하는 결과를 초래하게 되므로, 단순위헌결정 대신 헌법불합치결정을 하는 것이다. 입법자는 되도록 빠른 시일 내에 이 사건 법률조항 소정의 기간임용제에 의하여 임용되었다가 그 임용기간이 만료되는 대학교원이 재임용 거부되는 경우에 그 사전절차 및 그에 대해 다툴 수 있는 구제절차규정을 마련하여 이 사건 법률조항의 위헌적 상태를 제거하여야 할 것이다.
참고	대법원 2004. 4. 22. 2000두7735 전원합의체 판결(김○○ 교수 사건) "임용기간이 만료된 국·공립대 교원은 재임용 여부에 관해 합리적인 기준에 의한 공정한 심사를 요구할 법규상 또는 조리상 신청권을 가지고 따라서 임용권자가 재임용을 거부하는 취지로 한 임용기간만료 통지는 대학교원의 법률관계에 영향을 주는 것으로서 행정소송의 대상이 되는 처분에 해당한다."라고 판결하면서, 임용권자가 인사위원회의 심의결정에 따라 교원을 재임용하지 않기로 결정하고 이를 통지하더라도 이를 행정소송의 대상이 되는 행정처분이 아니라고 판시한 종전의 대법원 1997. 6. 27. 96누4305 판결을 변경하였다.

없다. 제척기간이 도과하였는지 여부는 소위 직권조사사항으로서 이에 대한 당사자의 주장이 없더라도 법원이 당연히 직권으로 조사하여 재판에 고려하여야 한다. 원칙적으로 조문에 "시효로 인하여"라고 규정되어 있는 것은 소멸시효기간이고 그렇지 않은 것은 제척기간이라고 할 것이다.

헌재판례) 양도소득세 회피 사건(2003. 7. 24. 2000헌바28)

가. 양도소득에 대한 소득세를 부당하게 감소시키기 위하여 대통령령에서 정하는 특수관계자에게 자산을 증여한 후 그 자산을 증여받은 자가 그 증여일부터 2년 내에 다시 이를 타인에게 양도한 경우에는 증여자가 그 자산을 직접 양도한 것으로 보는 소득세법 제101조 제2항 중 "부당하게" 부분과 "특수관계자"부분이 조세법률주의에 반하는지 여부(소극)
나. 증여자, 수증자, 양수자 사이의 다단계 거래를 조세법적으로 규율함에 있어, 그 적용요건을 갖출 경우 증여자와 양수자 사이의 양도행위의 존재를 의제하여 증여자에게 양도소득세 납부의무를 발생하게 하는 이 사건 법률조항이 증여자의 재산권을 침해한 것인지 여부(소극)
다. 위와 같은 의제의 효과를 수증자에게도 미치도록 함으로써 수증자의 증여세액 등을 환급하도록 하는 등의 규율이 전혀 없는 이 사건 법률조항이 수증자의 재산권을 침해한 것인지 여부(적극)
라. 단순위헌결정을 할 경우 헌법재판소가 의도하지 않은 불평등한 상태가 초래될 우려가 있고, 이 사건 법률조항의 위헌성을 제거하고 합헌적으로 조정하는 데에는 입법자의 여러 가지 선택 가능성이 있다는 이유 등으로 헌법불합치결정을 한 사안

헌재판례) 개발제한구역지정 사건(1998. 12. 24. 89헌마214 등 – 적용중지 헌법불합치 결정 / 재산권제한 관련 분리이론[284] 도입 판례)

개발제한구역 지정으로 인하여 토지를 종래의 목적으로도 사용할 수 없거나 또는 더 이상 법적으로 허용된 토지이용의 방법이 없기 때문에 실질적으로 토지의 사용·수익의 길이 없는 경우에는 토지소유자가 수인해야 하는 사회적 제약의 한계를 넘는 것으로 보아야 한다.

c) 위헌결정으로 인한 법적 공백상태의 방지

위헌적인 법률조항을 잠정적으로 적용하는 위헌적인 상태가 위헌결정으로 말미

284 헌법 제23조 제1항은 재산권의 존속보장, 제2항은 재산권의 사회적 제약, 제3항은 재산권의 제한과 그에 대한 손실보상을 규정하고 있다. 제2항의 사회적 제약은 보상없이 수인해야 하고 제3항의 손실보상이 이루어지기 위해서는 특별한 희생이 발생하여야 하므로 양자의 구별은 중요한 의미를 지닌다. 재산권 제한의 두가지 유형인 사회적 제약과 공용침해를 재산권 제한의 정도의 차이로 볼 것인가 아니면 완전히 별개인 독립된 제도로 볼 것인가가 경계이론과 분리이론이다. 헌재 입장인 분리이론은 재산권의 사회적제약(내용, 한계규정)과 공용침해를 헌법상 독립된 제도로 보고 재산권 제한의 효과(경미한 제약에 불과한지 특별한 희생이 발생하는 효과인지를 말함 - 경계이론)가 아닌 입법의 형식과 목적에 따라 사회적 제약과 공용침해를 구분한다. 분리이론은 독일 연방헌법재판소의 자갈채취 판결에서 대두된 이론이며 재산권의 가치보장(금전보상)보다 원재산 그대로의 존속보장을 중요시 한다. 분리이론하에서는 양자에 대한 위헌심사기준도 달리 적용하고 있는데, 재산권의 내용 및 한계규정에 대하여 "토지재산권 등에 관한 입법에 있어서 입법자에게 넓은 입법재량이 인정된다고 할지라도, 재산권의 사회적 기속성에 기한 제한 역시 다른 기본권에 대한 제한 입법과 마찬가지로 비례원칙을 준수하여야 하고 재산권의 본질적 내용인 사적 이용권과 원칙적인 처분권을 부인하여서는 아니 되며"라고 판시하여 비례원칙과 본질적 내용침해금지조항을 적용하고 있으며, "재산권에 대한 제약이 비례원칙에 반하여 과잉된 것이라면 그 제약은 재산권자가 수인하여야 하는 사회

암아 발생하는 법이 없어 규율 없는 합헌적인 상태보다 오히려 헌법적으로 더욱 바람직하다고 판단되는 경우에, 헌법재판소는 법적 안정성의 관점에서 법치국가적으로 용인하기 어려운 법적 공백과 그로 인한 혼란을 방지하기 위하여 헌법불합치결정을 한다(1999. 10. 21. 97헌바26). 이때에는 잠정적용 헌법불합치결정을 한다.

헌재판례) 2005. 2. 3. 2001헌가9	
심판 대상	민법 제778조(호주의 정의) 일가의 계통을 계승한 자, 분가한 자 또는 기타 사유로 인하여 일가를 창립하거나 부흥한 자는 호주가 된다. 제781조(자의 입적, 성과 본) ① 자는 부의 성과 본을 따르고 부가에 입적한다. 다만, 부가 외국인인 때에는 모의 성과 본을 따를 수 있고 모가에 입적한다. 제826조(부부 간의 의무) ③ 처는 부의 가에 입적한다. 그러나 처가 친가의 호주 또는 호주승계인인 때에는 부가 처의 가에 입적할 수 있다.
판단	호주제의 골격을 이루는 심판대상조항들이 위헌으로 되면 호주제는 존속하기 어려움. 그 결과 호주를 기준으로 가별로 편제토록 되어 있는 현행 호적법이 그대로 시행되기 어려워 신분관계를 공시·증명하는 공적 기록에 중대한 공백이 발생함. → 헌법불합치, 잠정적용

헌재판례) 2007. 6. 28. 2004헌마644	
심판 대상	제37조(명부작성) ① 선거를 실시하는 때에는 그때마다 …… 현재로 그 관할구역 안에 주민등록이 되어 있는 선거권자를 투표구별로 조사하여 선거인명부작성기준일부터 5일 이내에 선거인명부를 작성하여야 한다.
판단	즉시 효력을 상실하면 다가올 제17대 대통령 선거와 제18대 국회의원 선거 등을 제대로 실시할 수 없게 되는 법적 혼란 상태를 초래하고, 또한 재외국민에 대해 원칙적으로 선거권을 부여하는 것이 헌법적 요청이라 하더라도 …… 충분히 검토하고 준비할 시간이 필요함. → 헌법불합치, 잠정적용

적 제약의 한계를 넘는 것이며, 따라서 입법자가 재산권을 비례원칙에 부합하게 합헌적으로 제한하기 위해서는 수인의 한계를 넘어 가혹한 부담이 발생하는 예외적인 경우에 이를 완화하는 보상규정을 두어야 한다."라고 판시하고 있다.(헌재 2005. 9. 29. 2002헌바84; 헌재 2006. 7. 27. 2003헌바18.) 이와 달리 공용수용에 있어서는 그것이 합헌적인 것이 되기 위하여 "국민의 재산권을 그 의사에 반하여 강제적으로라도 취득해야 할 공익적 필요성이 있을 것, 수용과 그에 대한 보상을 모두 법률에 의할 것, 정당한 보상을 지급할 것"을 요구하고 있는데, 수용이 '공공필요'를 충족하는지 여부를 우선적으로 심사하고, 필요한 경우 과잉금지원칙(비례원칙) 위반 여부도 추가로 심사하고 있으며, 정당한 보상과 관련하여 그것이 완전한 보상을 충족하고 있는지 등을 통하여 판단하고 있다.(헌재 2009. 9. 24. 2007헌바114; 헌재 2010. 3. 25. 2008헌바102.)

헌재판례) 도시계획시설지정 사건(1999. 10. 21. 97헌바26)

도시계획을 시행하기 위해서는 계획구역 내의 토지소유자에게 행위제한을 부과하는 법규정이 반드시 필요한데, 헌법재판소가 위헌결정을 통하여 당장 법률의 효력을 소멸시킨다면, 토지재산권의 행사를 제한하는 근거규범이 존재하지 않게 됨으로써 도시계획이라는 중요한 지방자치단체행정의 수행이 수권규범의 결여로 말미암아 불가능하게 된다. 도시계획은 국가와 지방자치단체의 중요한 행정으로서 잠시도 중단되어서는 안되기 때문에, 이 사건 법률조항을 입법개선 시까지 잠정적으로 적용하는 것이 바람직하다.

헌재판례) 외국에서 받은 형의 임의적 감면(2015. 5. 28. 2013헌바129)

헌재판례) 혼인관계 종료 300일 내 친생추정(2015. 4. 30. 2013헌마623)

3) 이미 헌법합치적 개정법률이 있는 경우

헌법재판소는 심판대상인 법률 또는 법률조항이 위헌이지만 헌법재판소의 결정 당시에 이미 합헌적으로 개정된 경우에는 구법조항에 대하여 개정법률을 적용케 하는 헌법불합치결정을 한 바 있다.

헌재판례) 합헌적인 개정법률이 있음에도 구법조항에 대한 헌법불합치결정(1995. 11. 30. 91헌바1 등)

단순위헌결정을 선고하여 당장 그 효력을 상실시킬 경우에는 기준시가에 의한 양도소득세를 부과할 수 없게 됨은 물론, 이 법률 조항의 위임에 근거한 소득세법시행령 제115조를 인용하고 있는 구 법인세법시행령 제124조의2 제8항 등도 이를 시행할 수 없게 되는 등 법적 공백 상태를 야기하게 되고 이에 따라 조세수입을 감소시키고 국가재정에 상당한 영향을 줌과 아울러 이미 이 조항에 따른 양도소득세를 납부한 납세의무자들과 사이에 형평에 어긋나는 결과를 초래하는 데다가, 이 사건 위임조항의 위헌성은 국회에서 법률로 제정하지 아니한 단지 입법형식의 잘못에 기인하는 것으로서 이를 한시적으로 계속 적용한다고 하더라도 그것이 반드시 구체적 타당성을 크게 해쳐 정의와 형평 등 헌법적 이념에 심히 배치되는 것이라고는 생각되지 아니하고, 더욱이 이 사건의 경우에는 1994. 12. 22. 법률 제4803호로 헌법에 합치하는 내용의 개정입법이 이미 행하여져 위헌조항이 합헌적으로 개정되어 시행되고 있으므로 당 재판소는 단순위헌결정을 하지 아니하고 이 사건 위임조항을 적용하여 행한 양도소득세 부과처분 중 확정되지 아니한 모든 사건과 앞으로 행할 양도소득세 부과처분 모두에 대하여 위 개정법률을 적용할 것을 내용으로 하는 헌법불합치결정을 하기로 한다.

4) 동일한 내용의 신법조항이 있는 경우

헌법재판소는 심리 계속 중 법이 개정된 사건에서 심판대상이 된 구법조항과 동일한 내용의 신법조항을 직권으로 심판대상에 포함시키고 함께 헌법불합치결정을 한 바 있다. 이 경우 구법조항에 대하여는 당해 사건의 권리구제를 위하여 적용중지결정을 하면서, 신법조항에 대하여는 법적 공백을 방지하기 위하여 잠정적용결정을 하였다(2008. 7. 31. 2007헌가4; 2010. 7. 29. 2009헌가28; 2011. 11. 24. 2009헌바146)

헌재판례) 심판대상의 확장과 헌법불합치결정의 필요성(2008. 7. 31. 2004헌마1010)
국회는 2007. 4. 11. 법률 제8366호로 의료법을 전부 개정하여 위 19조의2 제2항을 제20조 제2항에서 규정하고 있는데, 그 내용에는 변함이 없으므로 이 규정 역시 의료인의 직업수행의 자유와 태아 부모의 태아성별 정보에 대한 접근을 방해받지 않을 권리를 침해하므로 헌법에 위반된다. 그런데 위와 같은 이 사건 심판대상 규정들에 대해 단순위헌결정을 할 경우 태아의 성별 고지 금지에 대한 근거 규정이 사라져 법적 공백상태가 발생하게 될 것이므로 헌법불합치결정을 한다. 그리고 의료법 제20조 제2항은 입법자가 2009. 12. 31.을 기한으로 새 입법을 마련할 때까지 잠정적용하며, 구 의료법 제19조의2 제2항은 이미 개정되어 효력을 상실하고 있지만, 2005헌바90 당해 사건과 관련하여서는 여전히 그 효력을 유지하고 있다고 할 것이므로 당해 사건과 관련하여 그 적용을 중지하고, 국회가 의료법 규정을 개정하면 그 개정법률을 적용하여야 한다.

5) 입법개선촉구와 효력상실시기

헌법불합치결정을 하는 때에는 통상 입법자에게 주문에서 정하는 시한까지 해당 법률조항의 위헌인 상태를 제거할 것을 촉구하는 입법개선촉구의 결정을 함께 한다. 그리고 위헌인 법률의 효력이 유지되는 시한을 정하여 그 시한을 경과하면 효력이 상실되는 것을 선고하지 않고 단순히 헌법에 합치하지 않는다는 것만 선언하는 것은 헌법재판으로서의 기능과 실효성을 불확실하게 한다. 효력상실 시기를 구체적으로 정함이 없이 단지 '합리적인 시점 이내에' 새로운 입법을 할 것을 명한다면 '합리적인 시점'이 언제까지인지 관하여 해석이 분분할 수 있다.

입법개선촉구의 주문 예

헌재판례) 국회의원선거법 제33조, 제34조의 위헌심판(1989. 9. 8. 88헌가6)
[결정주문] 1. 국회의원선거법 제33조 및 제34조는 헌법에 합치되지 않는다. 2. 위 법률조항은 1991년 5월 말을 시한으로 입법자가 개정할 때까지 그 효력을 지속한다.

위와 같이 헌법불합치결정을 하면서 효력을 유지하는 기한을 정한 경우에 그 기한을 경과하면 법률은 효력을 상실한다. 따라서 입법자는 그 기한 내에 입법을 개선하여야 하고, 그 기한 내에 입법자가 법률을 개정하지 아니하고 입법개선의 기한이 경과하면 심판대상인 법률의 효력상실에 따른 법질서의 공백상태가 발생한다.

헌재판례) 헌재 1995. 7. 27. 93헌바1
당 재판소가 주문으로 단순위헌선언 또는 개정입법촉구 등을 선고하지 아니하고, 헌법불합치라는 변형결정주문을 선택하여 위헌적 요소가 있는 조항들을 합헌적으로 개정 혹은 폐지하는 임무를 입법자의 형성재량에 맡긴 이상 그 당연한 논리적 결과로, 위 결정의 효력이 소급적으로 미치게 되는 소위 "당해 사건" 또는 "병행사건"에 관하여는 위 결정 이후 입법자에 의하여 개정된 법률조항이 적용되어야 할 것인바, 이는 헌법불합치결정이 의도하는 효력의 본질적인 부분의 하나이기도 하다. 왜냐하면 헌법불합치결정은 그 결정에 따라 구법 조항들 중 무효로 될 부분의 구체적인 범위의 획정을 입법자의 형성의 자유에 맡겨 두는 결과, 입법자가 당재판소의 결정취지에 맞추어 해당 조항을 개정할 때에야 비로소 그 결정에 의하여 무효로 될 부분을 구체적으로 확정할 수 있는 것이므로, 소위 "당해 사건" 등에 관하여는 구법 조항 중 위헌 부분이 제거된 것으로 보아야 할 개정법률조항들을 적용할 수밖에 없기 때문이다.

대법판례) 2002. 4. 2. 선고 99다3358
어떠한 법률조항에 대하여 헌법재판소가 헌법불합치결정을 하여 입법자에게 그 법률조항을 합헌적으로 개정 또는 폐지하는 임무를 입법자의 형성 재량에 맡긴 이상 그 개선입법의 소급적용 여부와 소급적용의 범위는 원칙적으로 입법자의 재량에 달린 것이기는 하지만, 헌법재판소가 1998. 8. 27. 96헌가22 등 사건에서 2002. 1. 14. 법률 제6591호로 개정되기 전 민법 제1026조 제2호에 대하여 한 헌법불합치결정의 취지나 위헌심판에서의 구체적 규범통제의 실효성 보장이라는 측면을 고려할 때 적어도 위 헌법불합치결정을 하게 된 당해 사건 및 위 헌법불합치결정 당시에 개정 전 민법 제1026조 제2호의 위헌 여부가 쟁점이 되어 법원에 계속 중인 사건에 대하여는 위 헌법불합치결정의 소급효가 미친다고 하여야 할 것이므로 비록 개정 민법 부칙 제3항의 경과조치의 적용범위에 이들 사건이 포함되어 있지 않더라도 이들 사건에 관하여는 종전의 법률조항을 그대로 적

용할 수는 없고, 위헌성이 제거된 개정 민법의 규정이 적용되는 것으로 보아야 할 것이다.

대법판례) 2012. 10. 11. 선고 2012도7455

헌법재판소는 2010. 12. 28. 통신비밀보호법 제6조 제7항 단서 중 전기통신에 관한 '통신제한조치기간의 연장'에 관한 부분이 통신제한조치의 총연장기간이나 총연장횟수를 제한하지 아니하고 계속해서 통신제한조치가 연장될 수 있도록 한 것은 통신의 비밀을 침해한다는 이유로 헌법에 합치하지 아니한다고 선언하면서, 이 사건 법률조항은 입법자가 2011. 12. 31.을 시한으로 개정할 때까지 계속 적용한다고 결정하였다. 이 헌법불합치결정에 비추어 보면, 헌법재판소가 이 사건 법률조항이 위헌임에도 불구하고 굳이 그 잠정적용을 명하는 내용의 헌법불합치결정을 한 것은 다음과 같은 취지다. 즉, 단순위헌결정을 하는 경우 그 결정의 효력이 당해 사건 등에 광범위하게 미치는 결과 이미 이 사건 법률조항에 근거하여 받은 통신제한조치의 연장허가나 그에 따른 증거취득의 효력이 전면적으로 재검토되어야 함은 물론 수사목적상 필요한 정당한 통신제한조치의 연장허가도 가능하지 아니하게 되는 등 법적 공백이나 혼란을 초래할 우려가 있으므로 이를 피하기 위하여 이 사건 법률조항의 위헌성이 제거된 개선입법이 이루어지기까지는 이 사건 법률조항을 그대로 잠정적용한다는 것이다. 그렇다면 이 사건 법률조항의 위헌성이 제거된 개선입법이 이루어지지 아니한 채 위 개정시한이 도과함으로써 이 사건 법률조항의 효력이 상실되었다고 하더라도 그 효과는 장래에 향하여만 미칠 뿐이며 그 이전에 이 사건 법률조항에 따라 이루어진 통신제한조치기간 연장의 적법성이나 효력에는 영향을 미치지 아니한다고 볼 것이고, 이른바 당해 사건이라고 하여 달리 취급하여야 할 이유는 없다(대법원 2009. 1. 15. 선고 2008두15596 판결). 원심이 같은 취지에서 이 사건 헌법불합치결정에 따른 개정시한 안에 개선입법이 이루어지지 않았다고 하더라도 이 사건 법률조항의 효력상실은 당해 사건인 이 사건에 미치지 않는다고 보아 이 사건 법률조항에 따라 통신제한조치기간 연장허가를 받아 취득한 증거들의 증거능력을 인정한 조치는 정당하고, 거기에 헌법불합치결정의 기속력에 관한 법리오해의 위법이 없다.

V. 위헌법률심판 결정의 효력

1. 기속력

기속력이란 국가기관과 지방자치단체 등이 헌법재판소의 결정의 취지를 존중하고 이에 위배되는 행위를 하여서는 안 된다는 것을 말한다. 그런데 헌재법 제47조 제1항은 "법률의 위헌결정은 법원 기타 국가기관 및 지방자치단체를 기속한다"라고 하여 위헌결정에 대해서만 기속력을 규정하고 있는바, 과연 한정합헌 또는 한정위헌결정·헌법불합치결정 등의 변형결정과 단순합헌결정 등에도 기속력이 인정되는지가 문제된다.

(1) 합헌결정의 기속력의 인정 여부

(가) 학설[285]

먼저, ① 긍정설은 헌재법 제47조 제1항의 문언상으로는 위헌결정만 기속력을 가지는 것처럼 표현되어 있으나, 이는 예시적인 규정에 불과하므로 한정적으로 해석하여서는 안 된다는 점, 합헌결정에 대하여 기속력을 부여하지 않을 경우 동일한 법적 사안에 대하여 반복적인 위헌심판이 제기될 것이고, 그렇게 되면 헌법재판소로서는 반복된 재판을 거듭하여야 하는 문제점이 발생한다는 점을 근거로 제시하고 있다. ② 부정설은 합헌결정이 당해 법률의 합헌성을 확인하는 것으로 위헌법률의 적용을 배제하여 국민의 기본권을 보장하고자 하는 위헌결정과는 차이가 있다는 점을 전제로 한다. 또한 헌재법 제47조 제1항이 '위헌결정'이라고 표현하고 있음에도 불구하고 합헌결정에도 기속력을 인정하려 함은 위 헌재법의 문언을 너무 확장하여 해석하는 것이고, 합헌인 법률이 상황의 변화에 따라 위헌으로 변경될 수 있기 때문에 합헌결정이 있는 법률에 대해서 다시 위헌 여부를 다툴 수 있기 위해서는 기속력이 인정되어서는 안 된다고 본다.

(나) 헌법재판소의 판례

헌법재판소는 이미 합헌으로 선언된 법률에 대한 위헌제청을 적법한 것으로 봄으로써 합헌결정에 대한 기속력을 인정하지 않는다. 예를 들면 형법 제241조의 간통죄에 관하여 이미 합헌선언을 하였음에도 불구하고 이후 3번에 걸쳐 다시 합헌결정하였고(1993. 3. 11. 90헌가70; 2001. 10. 25. 2000헌바60; 2008. 10. 30. 2007헌가17), 그 후 위헌결정을 선고하였다(2015. 2. 26. 2009헌바17 등).

뿐만 아니라 헌법재판소는 합헌결정된 법률조항에 대하여 판례를 변경하여 위헌결정 또는 헌법불합치결정한 예도 있다. ① 기초의회의원선거에서 정당표방을 금지하는 공직선거및선거부정방지법 제84조에 대하여 합헌결정을 하였다가 판례를 변경하여 위헌결정하였고(1999. 11. 25. 99헌바28; 2003. 1. 30. 2001헌가4), ② 사립

---

285 이동흡, 전게서, 295면 이하.

대학 교수의 기간임용제를 규정하고 있는 사립학교법 제53조의2 제3항에 대하여도 판례를 변경하여 헌법불합치결정을 하였던 것이다(1998. 7. 16. 96헌바33 등; 2003. 2. 27. 2000헌바26). 또한 헌법재판소는 ③ 금고 이상의 형의 선고유예 판결이 확정된 공무원을 당연퇴직하게 하는 지방공무원법 제31조 제5호에 대해서도 판례를 변경하여 위헌으로 결정하였고(1990. 6. 25. 89헌마220; 2002. 8. 29. 2001헌마788 등), ④ 학교법인으로 하여금 교원징계재심위원회의 재심결정에 대해 소송을 제기하지 못하도록 하는 교원지위향상을 위한 특별법 제10조 제3항에 대해서도 판례를 변경하여 위헌결정하였다(1998. 7. 16. 95헌바19 등; 2006. 2. 23. 2005헌가7 등). ⑤ 국가유공자의 가족에 대해 공무원채용시험에서 가산점을 부여하는 국가유공자 등 예우 및 지원에 관한 법률 제31조 제1항 등에 대해서는 판례를 변경하여 헌법불합치결정하였다(2001. 2. 22. 2000헌마25; 2006. 2. 23. 2004헌마675). ⑥ 재외국민의 선거권을 제한하는 공직선거 제37조 제1항 등에 대해서 헌법불합치 결정으로 판례를 변경하였고(2007. 6. 28. 2004헌마644), ⑦ 공직선거법 제86조 제1항 제2호의 '공무원이 선거운동의 기획에 참여하거나 그 기획의 실시에 관여하는 행위'에 대해서 판례를 변경하여 한정위헌결정을 하였으며(2008. 5. 29. 2006헌마1096), ⑧ 지방자치단체의 장이 금고 이상의 형을 선고받고 그 형이 확정되지 아니한 경우 부단체장이 그 권한을 대행하도록 규정한 구 지방자치법 제111조 제1항 제3호에 대해서 헌법불합치결정으로 판례를 변경하였고(2010. 9. 2. 2010헌마418), ⑨ 수형자의 선거권을 제한하는 공직선거법 제18조 제1항 제2호에 대해서는 판례를 변경하여 헌법불합치결정을 하였다(2014. 1. 28. 2012헌마409). 또한 ⑩ 형법 제241조 간통죄에 대한 5차 결정에서 성적 자기결정권 및 사생활의 비밀과 자유를 침해한다고 위헌으로 판례를 변경하였다(2015. 2. 26. 2009헌바17 등).

(다) 기속력 부인의 의미

합헌결정에 기속력이 인정되지 않는다면 어떤 법률에 대해서 헌법재판소의 합헌결정이 있어도 법원은 다시 위헌여부심판을 제청할 수 있고, 국회는 합헌으로 결정된 법률을 폐지하거나 개정할 수 있고, 국가기관이나 지방자치단체는 해당 법률의 위헌여부심판제청을 신청할 수 있다. 그러나 당해 제청법원은 이미 합헌으로 결정된 법률에 대해 위헌이라고 할 수 없을 뿐 아니라 동일 심급에서 다시 제청할 수 없다. 이것은 합헌결정의 기속력 때문이 아니라 구체적 규범통제의 성질과 일사부재리의 효력 때문이다. 구체적 규범통제의 본질상 법원이 제청을 하는 것은 헌법재판소의 판단에 따라 재판을 하겠다는 의사표시이기 때문에 헌법재판소의 합헌판단이 있었음에도 제청법원이 당해 절차에서 다시 제청을 하게 되면 이미 심판을 거친 동일한 사건에 대해 다시 심판하는 것이 되어 헌법재판소법 제39조의 일사부재리의 원칙에 저촉된다.

(2) 위헌결정의 기속력의 범위

법률이나 법률조항에 대해 헌법재판소가 한 위헌결정은 법원 기타 국가기관 및 지방자치단체를 기속한다(헌재법 제47조 제1항). 따라서 기속력이 미치는 대상은 '법원 기타 국가기관 및 지방자치단체'이다.

(가) 행정기관(★)

행정기관에 기속력이 미치기 때문에 행정기관이 앞서 위헌으로 선고된 법률을 적용하여 처분 등을 하면 그 행위는 처음부터 법적 효과를 발생하지 못하여 무효가 된다. 따라서 기속력에 위반되는 행정기관의 처분 등에 대해서는 무효확인소송을 제기하거나, 다른 소송절차에서 당해 행정처분의 당연무효를 주장할 수 있다(2002. 11. 22. 2002다46102; 2012. 2. 16. 2010두10907). 그리고 만약 행정처분이 먼저 내려진 후에 그 처분의 근거 법률조항에 대하여 위헌결정이 내려졌다면 그 행정처분의 추가 집행력은 배제될 수 있다(2002. 8. 23. 2002두4372).

대법판례) 위헌결정의 기속력에 반한 체납처분(2012. 2. 16. 2010두10907★)
과세처분 이후 조세 부과의 근거가 되었던 법률규정에 대하여 위헌결정이 내려진 경우, 그 조세채

권의 구체적 집행을 위한 후행 체납처분이 당연무효인지 여부(적극)[286]

갑 주식회사의 체납국세에 관하여, 과세관청이 구 국세기본법 제39조 제1항 제2호 (다)목에 따라 을에게 과세처분을 하였는데, 이후 위 규정에 대해 헌법재판소의 위헌결정이 있었으나 과세관청이 조세채권의 집행을 위해 을의 예금채권에 압류처분을 한 사안에서, 압류처분이 당연무효라고 본 원심판단의 결론이 정당하다고 한 사례로서, 조세 부과의 근거가 되었던 법률규정이 위헌으로 선언된 경우, 비록 그에 기한 과세처분이 위헌결정 전에 이루어졌고, 과세처분에 대한 제소기간이 이미 경과하여 조세채권이 확정되었으며, 조세채권의 집행을 위한 체납처분의 근거규정 자체에 대하여는 따로 위헌결정이 내려진 바 없다고 하더라도, 위와 같은 위헌결정 이후에 조세채권의 집행을 위한 새로운 체납처분에 착수하거나 이를 속행하는 것은 더 이상 허용되지 않고, 나아가 이러한 위헌결정의 효력에 위배하여 이루어진 체납처분은 그 사유만으로 하자가 중대하고 객관적으로 명백하여 당연무효라고 보아야 한다.

대법판례) 위헌결정의 기속력에 반한 공매처분(2002. 11. 22. 2002다46102★★)

구 택지소유상한에관한법률 전부에 대한 **위헌결정 이전에 택지초과소유부담금 부과처분과 압류처분 및 이에 기한 압류등기가 이루어지고 각 처분이 확정된 경우, 그 위헌결정 이후에 진행된 공매처분**[287]은 당연무효인지 여부(적극) 및 그 공매처분에 기한 소유권이전등기의 효력(무효)

1999. 4. 29. 위 택지소유상한에관한법률 전부에 대한 위헌결정으로 위 제30조 규정 역시 그 날로부터 효력을 상실하게 되었고, 위 규정 이외에는 체납 택지초과소유부담금을 강제로 징수할 수 있는 다른 법률적 근거가 없으므로, 위 위헌결정 이전에 이미 택지초과소유부담금 부과처분과 압류처분 및 이에 기한 압류등기가 이루어지고 각 처분이 확정되었다고 하여도, 위헌결정 이후에는 별도의 행정처분인 공매처분 등 후속 체납처분 절차를 진행할 수 없고, 만일 그와 같은 절차를 진행하였다면 그로 인한 공매처분은 법률의 근거 없이 이루어진 것으로서 그 하자가 중대하고도 명백하여 당연무효라고 할 것이며, 그 공매처분에 기하여 이루어진 소유권이전등기 역시 원인무효의 등기라고 할 것이다.

대법판례) 위헌법률에 기한 행정처분의 집행력배제(2002. 8. 23. 2002두4372★)

구 택지소유상한에관한법률에 대한 위헌결정 이전에 부담금 등에 대한 수납 및 징수가 완료된 경우에는 법적 안정성의 측면에서 부득이 과거의 상태를 그대로 유지시켜 그 반환청구를 허용할 수 없다고 하더라도, / 위헌결정 이후에는 국민의 권리구제의 측면에서 위헌법률의 적용상태를 그대로 방치하거나 위헌법률의 종국적인 실현을 위한 국가의 추가적인 집행행위를 용납하여서는 아니되므로, 위헌결정 이전에 이미 부담금 부과처분과 그 징수를 위한 압류처분이 확정되었다고 하더라도, **위헌결정 이후에는 부담금 등의 납부의무가 없음을 알면서도 압류해제거부로 인한**

286 조세부과처분의 경우 근거 법령은 세법이고, 압류 등 집행처분의 근거 법령은 국세징수법으로 근거 법령이 서로 다르며, 해당 사안에서 위헌결정이 내려진 것은 세법인 사안.

287 부담금부과처분, 압류처분, 공매처분 등 각 처분의 근거법률 모두가 택상법인데 위 택상법 전체가 위헌결정된 사안.

사실상의 손해를 피하기 위하여 부득이 부담금 등을 납부하게 된 경우 등 그 납부가 자기의 자유로운 의사에 반하여 이루어진 것으로 볼 수 있는 사정이 있는 때에는 납부자가 그 반환청구권을 상실하지 않는다.

(나) 법원

법원에도 위헌결정의 기속력이 미친다. 그런데 법원이 위헌으로 선언된 법률을 적용하여 한 재판은 당연무효가 되는 것이 아니라, 당사자는 항소 또는 상고로 다툴 수 있고, 확정된 사건의 경우에는 재판에 대한 헌법소원심판을 청구할 수 있다. 헌법재판소도 "법원이 헌법재판소가 위헌으로 결정하여 그 효력을 전부 또는 일부를 상실하거나 위헌으로 확인된 법률을 적용함으로써 국민의 기본권을 침해한 경우에는 재판에 대한 헌법소원심판을 청구할 수 있다"라고 판시하고 있다(1997. 12. 24. 96헌마172 등).

(다) 국회

앞에서 본 바와 같이 위헌결정이 국회의 입법권을 기속하는지에 대해서는 견해가 대립한다. 생각건대 입법자에게도 원칙적으로 위헌결정의 기속력이 미치지만, 정당한 특별한 사유가 있는 경우에는 기속력이 미치지 않는다는 제한적 긍정설이 타당할 것이다. 여기서의 '정당화 사유'란 헌법재판소의 헌법적 판단의 토대를 이루는 사실적 또는 법적인 관계나 위헌판단의 기초가 되는 견해의 근본적 변화에 기인하는 특별한 정당화 사유를 요구한다. 헌법재판소는 "입법자인 국회에게 기속력이 미치는지 여부, 나아가 결정주문뿐 아니라 결정이유에까지 기속력을 인정할지 여부 등이 문제될 수 있는데, 이에 대하여는 헌법재판소의 헌법재판권 내지 사법권의 범위와 한계, 국회의 입법권의 범위와 한계 등을 고려하여 신중하게 접근할 필요가 있을 것이다"고 하여 판단을 유보하고 있다(2008. 10. 30. 2006헌마1098).

(라) 헌법재판소

헌법재판소는 헌재법 제23조 제2항 제2호에 의하여 판례를 변경할 수 있는 권한을 가지므로 헌법재판소는 자신의 결정에 기속되지 않는다고 본다.

(3) 헌법불합치결정의 기속력

(가) 기속력의 인정 여부

헌법불합치결정은 불합치결정의 대상이 된 법률 등에 대하여 그 효력의 상실시기만을 일정 기간 뒤로 연기할 뿐 위헌성을 확인하였다는 점에서 위헌결정의 한 유형으로 볼 수 있다. 따라서 위헌결정에 속하는 헌법불합치결정에는 헌재법 제47조 제1항의 기속력이 부여된다 할 것이다. 헌법재판소는 "변형결정의 하나인 헌법불합치결정의 경우에도 개정입법시한까지 심판의 대상인 법률조항은 법률문언의 변화 없이 계속 존속하나, 헌법재판소에 의한 위헌성확인의 효력은 그 기속력을 가지는 것이다"(1997. 12. 24. 96헌마172 등)고 판시하고 있고, 대법원도 "헌법재판소의 헌법불합치결정은 헌법재판소법 제45조 본문 및 같은 법 제47조 제1항 소정의 위헌결정임에 틀림없고, 이는 다만 같은 법 제47조 제2항 본문의 예외로써 위헌결정으로 인한 법률조항의 효력상실시기만을 일정 기간 뒤로 미루고 있음에 지나지 아니한다"(1991. 6. 11. 90다5450)고 판시함으로써 위헌결정과 동일한 기속력을 인정하고 있다.

(나) 기속력의 내용

A. 입법자에 대한 효과 - 입법자의 입법개선의무

헌법불합치결정은 위헌상태의 제거에 대한 최종적인 결정을 입법자에게 미루고 있는 것이므로 입법자는 위헌적 상태를 조속한 시일 내에 제거해야 할 입법개선의무를 부담한다. 그리고 입법자가 불합치 결정된 법률을 헌법합치적으로 개선할 때까지 당해 법률은 소멸하지 않고 형식적으로 존속하게 된다. 법률이 형식적으로 존속한다는 것은 법률의 효력이 상실되지 않은 채 그 입법적 외관은 존재하지만 그 실질적 내용은 적용할 수 없는 상태가 됨을 의미한다. 단순위헌결정으로 법률의 효력이 상실되면 법원은 이에 기초하여 절차를 진행하지만, 헌법불합치결정의 결과 법률이 형식적으로 존속하여 적용할 수 없는 상태가 되면 법원은 더 이상 절차를 진행하지 못하게 된다.

B. 법적용자에 대한 효과 – 위헌법률의 원칙적 적용금지와 예외적 잠정적용

위헌법률은 형식적으로 존속하지만 위헌결정에서처럼 원칙적으로 법률의 적용이 금지되고, 당해 사건 및 법원과 행정관청에 계류 중인 모든 유사사건의 절차가 정지된다. 그러므로 헌법재판소가 불합치결정을 내리면 일반법원은 구체적 규범통제절차에서 위헌제청 이후 제청법원이 위치하는 상황과 유사한 상황에 놓이게 된다. 이는 헌법불합치결정이 본질적으로 위헌결정의 한 유형이기 때문이다. 그 후 입법부가 법률을 개정 또는 폐지하면 절차가 속행되고 개정법률이 적용된다.[288] 단, 예외적으로 법률의 공백으로 인한 혼란을 막기 위해서 헌법불합치결정을 하는 경우에는 위헌법률이 잠정적으로 적용된다. 또한 수혜적 법률이 특정한 인적 범위를 수혜의 대상에서 배제한 것이 평등권을 침해하여 위헌이 되는 경우에도 잠정적용을 하는 것이 바람직하다고 할 것이다. 예컨대 갑 집단에게 혜택을 주는 그 자체가 위헌이 아니고 갑과 본질적으로 차이가 없는 을 집단에게 혜택을 주지 않는 것이 평등권을 침해하여 위헌이라면 법률의 잠정적용을 명하여 갑 집단에게 주는 혜택을 계속 유지할 필요가 있기 때문이다.

헌재판례) 2009. 9. 24. 2008헌가25	
주문	'집회 및 시위에 관한 법률'(2007. 5. 11. 법률 제8424호로 전부 개정된 것) 제10조 중 "옥외집회" 부분 및 제23조 제1호 중 "제10조 본문의 옥외집회" 부분은 헌법에 합치되지 아니한다. 위 조항들은 2010. 6. 30.을 시한으로 입법자가 개정할 때까지 계속 적용된다.
경과	법률을 개정 안 함.
관련 대법판례) 2011. 6. 23. 2008도7562 전원합의체 판결	
헌법재판소의 헌법불합치결정은 헌법과 헌법재판소법이 규정하고 있지 않은 변형된 형태이지만	

288 성중탁, 잠정적용 헌법불합치결정 효력, 판례연구 제35집, 서울지방변호사회, 2021, 100면 이하.

법률조항에 대한 위헌결정에 해당하고, 집회 및 시위에 관한 법률(2007. 5. 11. 법률 제8424호로 전부 개정된 것, 이하 '집시법'이라 한다) 제23조 제1호는 집회 주최자가 집시법 제10조 본문을 위반할 것을 구성요건으로 삼고 있어 집시법 제10조 본문은 집시법 제23조 제1호와 결합하여 형벌에 관한 법률조항을 이루게 되므로, 집시법의 위 조항들(이하 '이 사건 법률조항'이라 한다)에 대하여 선고된 헌법불합치결정(헌법재판소 2009. 9. 24. 선고 2008헌가25 전원재판부 결정, 이하 '이 사건 헌법불합치결정'이라 한다)은 형벌에 관한 법률조항에 대한 위헌결정이다. 그리고 헌법재판소법 제47조 제2항 단서는 형벌에 관한 법률조항에 대하여 위헌결정이 선고된 경우 그 조항이 소급하여 효력을 상실한다고 규정하고 있으므로, 형벌에 관한 법률조항이 소급하여 효력을 상실한 경우에 당해 조항을 적용하여 공소가 제기된 피고사건은 범죄로 되지 아니한 때에 해당하고, 법원은 이에 대하여 **형사소송법 제325조 전단에 따라 무죄를 선고하여야 한다**. 또한 헌법 제111조 제1항과 헌법재판소법 제45조 본문에 의하면 헌법재판소는 법률 또는 법률조항의 위헌 여부만을 심판·결정할 수 있으므로, 형벌에 관한 법률조항이 위헌으로 결정된 이상 그 조항은 헌법재판소법 제47조 제2항 단서에 정해진 대로 효력이 상실된다. 그러므로 헌법재판소가 이 사건 헌법불합치결정의 주문에서 이 사건 법률조항이 개정될 때까지 계속 적용되고, 이유 중 결론에서 개정시한까지 개선입법이 이루어지지 않는 경우 그다음 날부터 효력을 상실하도록 하였더라도, 이 사건 헌법불합치결정을 위헌결정으로 보는 이상 이와 달리 해석할 여지가 없다.

(4) 한정위헌(합헌) 결정의 기속력(★★)

(가) 기속력의 인정 여부[289]

1) 대법원 판례(1996. 4. 9. 95누11405; 2013. 3. 28. 2012재두299 등)

① 이른바 한정위헌결정의 경우에는 법률이나 법률조항은 그 문언이 전혀 달라지지 않은 채 그냥 존속하고 있는 것이므로 이러한 한정위헌결정은 법률 또는 법률조항의 의미·내용과 그 적용범위를 정하는 법률해석이라고 이해하지 않을 수 없다. ② 그런데 법령의 해석·적용 권한은 바로 사법권의 본질적 내용을 이루는 것으로서, 전적으로 대법원을 최고법원으로 하는 법원에 전속한다. 헌법재판소는 헌법 제111조 제1항 제1호에 의하여 국회가 제정한 '법률'이 위헌인지를 심판할 제한적인 권한을 부여받았을 뿐, 이를 넘어서 헌법의 규범력을 확보한다는 명목으로 법원의 법률해석이나 판결 등에 관여하여 다른 해석 기준을 제시할 수 없다. 이와 달리 보는 것은 헌법재판소의 관장사항으로 열거한 사항에 해당하지 않는 한 사법권은 포

289 이동흡, 전게서, 347-348면.

괄적으로 법원에 속하도록 결단하여 규정한 헌법에 위반된다. ③ 그러므로 한정위헌 결정에 표현되어 있는 헌법재판소의 법률해석에 관한 견해는 법률의 의미·내용과 그 적용범위에 관한 헌법재판소의 견해를 일응 표명한 데 불과하여 이와 같인 법원에 전속되어 있는 법령의 해석·적용권한에 대하여 어떠한 영향을 미치거나 기속력도 가질 수 없다.

2) **헌법재판소 판례**(1997. 12. 24. 96헌마172 등)

① 법률에 대한 위헌심사는 당연히 당해 법률 또는 법률조항에 대한 해석이 전제되는 것이고, ② 헌법재판소의 한정위헌결정은 결코 법률의 해석에 대한 헌법재판소의 단순한 견해가 아니라, 헌법에 정한 권한에 속하는 법률에 대한 위헌심사의 한 유형이다. ③ 만일, 대법원의 견해와 같이 한정위헌결정을 법원의 고유권한인 법률해석권에 대한 침해로 파악하여 헌법재판소의 결정유형에서 배제해야 한다면, 헌법재판소는 앞으로 헌법합치적으로 해석하여 존속시킬 수 있는 많은 법률을 모두 무효로 선언해야 하고, 이로써 합헌적 법률해석방법을 통하여 실현하려는 입법자의 입법형성권에 대한 존중과 헌법재판소의 사법적 자제를 포기하는 것이 된다. ④ 또한 헌법재판소의 변형결정의 일종인 헌법불합치결정의 경우에도 개정입법 시까지 심판의 대상인 법률조항은 법률문언의 변화 없이 계속 존속하나, 법률의 위헌성을 확인한 불합치결정은 당연히 기속력을 갖는 것이므로 헌법재판소결정의 효과로서의 법률문언의 변화와 헌법재판소결정의 기속력은 상관관계가 있는 것이 아니다.

대법원의 논리 – 대법판례) 1996. 4. 9. 선고 95누11405

이 사건에서 검토대상이 된 위 결정과 같이, 그 주문에서 당해 법률이나 법률조항의 전부 또는 일부에 대하여 위헌결정을 선고함으로써 그 효력을 상실시켜 법률이나 법률조항이 폐지되는 것과 같은 결과를 가져온 것이 아니라 그에 대하여 특정의 해석기준을 제시하면서 그러한 해석에 한하여 위헌임을 선언하는, 이른바 한정위헌 결정의 경우에는 헌법재판소의 결정에 불구하고 법률이나 법률조항은 그 문언이 전혀 달라지지 않은 채 그냥 존속하고 있는 것이므로 이와 같이 법률이나 법률조항의 문언이 변경되지 아니한 이상 이러한 한정위헌 결정은 법률 또는 법률조항의 의미, 내용과 그 적용범위를 정하는 법률해석이라고 이해하지 않을 수 없다. 그런데 헌법 제101조는 사법권은 법관으로 구성된 법원에 속하고(제1항), 법원은 최고법원인 대법원과 각급법원으로 조직된다(제2항)라고 규정하고 있으며, 여기서의 사법권이란 구체적인 법률적 분쟁이 발생한 경우에 당사자로부터의 소 제기 기타의 신청에 의하여 당해 분쟁사건에 적용될 법의 구체적 내용이 어떠한 것인지를 판단하고 선언함으로써 법질서를 유지하는 작용을 가리키는 것인바, 특정 법률 또는 법률조항의 전부나 그 일부가 소멸되지 아니하거나 문언이 변경되지 않은 채 존속하고 있는 이상, 구체적 사건에 있어서 당해 법률 또는 법률조항의 의미·내용과 적용범위가 어떠한 것인지를 정하는 권한 곧 법령의 해석·적용 권한은 바로 사법권의 본질적 내용을 이루는 것으로서, 전적으로 대법원을 최고법원으로 하는 법원에 전속하는 것이다. 이러한 법리는 우리 헌법에 규정된 국가권력분립구조의 기본원리와 대법원을 최고법원으로 규정한 헌법의 정신으로부터 당연히 도출되는 이치로서, 만일 법원의 이러한 권한이 훼손된다면 이는 위에서 본 헌법 제101조는 물론이요, 어떤 국가기관으로부터도 간섭받지 않고 오직 헌법과 법률에 의하여 그 양심에 따라 독립하여 심판하도록 사법권 독립을 보장한 헌법 제103조에도 위반되는 결과를 초래하는 것이다. 그러므로 한정위헌결정에 표현되어 있는 헌법재판소의 법률해석에 관한 견해는 법률의 의미·내용과 그 적용범위에 관한 헌법재판소의 견해를 일응 표명한 데 불과하여 이와 같이 법원에 전속되어 있는 법령의 해석·적용 권한에 대하여 어떠한 영향을 미치거나 기속력도 가질 수 없다고 하지 않을 수 없다.

헌재의 논리 – 헌재판례) 1997. 12. 24. 96헌마172 등

헌법재판소의 법률에 대한 위헌결정에는 단순위헌결정은 물론, 한정합헌, 한정위헌결정과 헌법불합치결정도 포함되고 이들은 모두 당연히 기속력을 가진다. 구체적 사건에서 법률을 해석·적용할 권한은 법원의 권한이나, 법률에 대한 위헌심사는 당연히 당해 법률조항에 대한 해석을 전제로 하는 것으로서 헌재의 한정위헌결정은 단순히 법률을 구체적인 사실관계에 적용함에 있어서 그 법률조항의 의미와 내용을 밝히는 것이 아니라, 법률의 일부에 대하여 위헌이라 선언하는 것이다.(大는 小를 포함한다.)

참고: 한정위헌결정의 기속력을 인정하는 것으로 판시한 대법판례) 2014. 7. 10. 선고 2011도1602

관련 헌법재판소 결정[290]은 그 주문의 표현 형식(한정위헌)에도 불구하고 집시법의 위 각 조항의 '시위'에 관한 부분 중 '해가 진 후부터 같은 날 24시까지' 부분이 헌법에 위반된다는 일부 위헌의 취지라고 보아야 하므로, 헌법재판소법 제47조에서 정한 위헌결정으로서의 효력을 갖는다. 그리고 집시법 제23조는 집시법 제10조 본문의 야간 시위 부분을 공통의 처벌근거로 삼고 있고 다만 야간 시위를 주최한 자(제1호)인지 단순참가자(제3호)인지에 따라 법정형을 달리하고 있는바, 위 헌법재판소 결정은 비록 집시법 제23조 중 제3호에 규정된 참가자에 대한 것이기는 하지만 집시법 제10조 본문의 야간 시위 중 위 시간대의 부분에 대하여 위헌결정을 한 것이므로, 야간시위 금지 위반으로 기소된 주최자에 대하여도 위 위헌결정의 효력이 미친다.

290 헌재 2014. 3. 27. 2010헌가2 주문. "집회 및 시위에 관한 법률(2007. 5. 11. 법률 제8424호로 전부 개정된 것, 이하 '집시법'이라고 한다) 제10조 본문 중 '시위'에 관한 부분 및 제23조 제3호 중 '제10조 본문' 가운데 '시위'에 관한 부분은 각 '해가 진 후부터 같은 날 24시까지의 시위'에 적용하는 한 헌법에 위반된다."

3) 검토

① 법원이 법률해석권을 가지나 그 해석의 내용이 헌법에 위반되는지 여부는 헌법재판소가 판단하는 것이므로 법원의 법률해석권은 제한된 법률해석권이다. ② 그리고 입법자가 입법을 함에 있어서는 동일한 내용을 하나의 법률조항으로 할 수도 있고 수 개의 법률조항으로 할 수도 있다. 그런데 하나의 법률조항에 대한 한정위헌결정은 수개의 법률조항에 있어서는 부분위헌이 될 것이다. 따라서 한정위헌결정은 본질적으로 부분위헌에 해당한다. ③ 또한 한정위헌결정의 기속력을 인정하지 아니할 경우 헌법재판소는 합헌결정 또는 단순위헌결정을 할 것이다. 위헌적인 부분이 있음에도 헌법재판소가 합헌결정을 한다면 이는 헌법을 수호하고 국민의 기본권을 보호해야 하는 헌법재판소의 책무를 포기하는 것이 되고, 합헌적인 부분이 있음에도 단순위헌결정을 하게 되면 국회의 입법형성권을 침해하여 권력분립의 원칙에 반하게 된다. 따라서 이러한 관점에서 본다면 한정위헌결정의 기속력을 부정하는 대법원의 태도에 대하여는 타당성을 인정할 수 없다.[291]

한정위헌결정의 기속력이 문제되었던 대표적 사건

① 실질거래가격 양도소득세 사건(1995. 11. 30. 94헌바40 등) - 이 사건에서 대법원이 한정위헌결정의 기속력을 부인한 실질적 이유는, 양도소득세의 계산에 있어서 원칙적으로 기준시가에 의하되, 대통령이 정하는 경우에는 실지거래가액에 의하도록 규정하고 있는 소득세법 제23조 제4항과 제45조 제1항 제1호의 위임규정에 대한 해석의 차이에서 비롯된다. 헌법재판소는 위 위임규정을 "실질거래가액에 의한 세액이 기준시가에 의한 세액을 초과하지 않는 범위 내에서 실지거래가액에 의하여 양도차익을 산정할 경우를 대통령령으로 정하도록 위임한 취지로 보아야 한다"고 해석하고 있다. 따라서 헌재는 실지거래가액에 의한 세액이 기준시가에 의한 세액을 초과하는 경우까지를 포함하여 대통령령에 위임한 것으로 해석하는 한 위헌이라고 결정하였던 것이다. 이와 달리 대법원은 위 위임규정을 "실지거래가액이 객관적으로 쉽게 확인되는데도 이에 의한 양도차익보다 고액의 기준시가에 따라 의제된 양도차익을 부담하게 되는 것을 방지하고, 투기거래나 위법거래로 인하여 시가가 단기에 급등한 지역에 있어서는 오히려 기준시가가 현실의 시가를 제대로 반영하지 못하게 되어 투기거래자나 위법거래자의 막대한 양도차익에 대하여 실질에 부합하는 과세를 할 수 없게 되는 불합리를 방지하기 위해서 둔 규정"이라고 해석하고 있다. 따라서 이러한 대법원의 입장

291 이동흡, 전게서, 347면.

에 따르면 실질거래가액이 기준시가보다 높은 경우에도 그것이 투기거래나 위법거래인 경우에는 당연히 실질거래가액에 따라 양도소득세를 부과하게 된다.

② **국가배상법상 구상권 사건(1994. 12. 29. 93헌바21)** - 헌법재판소는 군인 등의 국가이중배상금지규정은 피해자인 군인 등과 국가 상호 간에만 효력(상대적 효력)을 미치는 것을 전제로 국가배상법 제2조 제1항 단서에 대하여 "공동불법행위자인 군인의 부담부분에 관하여 국가에 대하여 구상권을 행사하는 것을 허용하지 아니한다고 해석하는 한 헌법에 위반된다"고 하여 공동불법행위자인 일반국민의 구상권을 인정하는 내용의 한정위헌결정을 하였다. 그러나 대법원은 군인 등의 국가이중배상금지규정은 절대적 효력을 갖는 것으로서, 공동불법행위자인 일반국민의 국가에 대한 구상권을 인정하지 않는 입장이었다. 이에 대법원은 헌법재판소의 한정위헌결정의 기속력을 부인하였던 것이다.

③ **GS칼텍스, KSS해운 사건(헌재 2022. 7. 21. 2013헌마497[292]★★)** - 청구인은 2005. 5. 17. 피청구인이 2004. 1. 16. 청구인에 대하여 한 1990 사업연도 법인세 9,076,951,760원의 부과처분 중 970,958,020원을 초과하는 부분 및 방위세 2,478,610,640원의 부과처분 중 413,101,770원을 초과하는 부분 및 1998년 귀속 자산재평가세 164,522,600원의 부과처분의 취소를 구하는 소를 제기하였으나 기각되었고(서울행정법원 2005. 11. 24. 선고 2005구합15083 판결), 이후 제기한 항소도 기각되었으나 청구인이 더 이상 상고하지 않아 2009. 6. 19. 위 패소판결이 확정되었다(서울고등법원 2009. 5. 22. 선고 2005누30183 판결). 청구인은 위 항소심 계속 중 위와 같이 그 취소를 구하는 부과처분의 근거가 된다고 본 구 조세감면규제법 부칙 제23조에 대하여 위헌법률심판제청신청을 하였으나 2009. 5. 22. 각하되자(같은 날 항소도 기각되어 6. 19. 판결이 확정되었다), 위 조항에 대하여 헌법재판소법 제68조 제2항에 의한 헌법소원심판을 청구하였는데, 이에 대하여 헌법재판소는 2012. 5. 31. "구 조세감면규제법의 시행에도 불구하고 구 조세감면규제법 부칙 제23조가 실효

---

292 사건의 발단은 30여 년을 거슬러 올라간 1990년 재평가세법의 개정이다. 특례 조항을 두어 법인이 상장할 것을 조건으로 붙여 법인이 자산을 재평가하면 재평가차익에 대한 법인세 대신 낮은 세율의 재평가세만 부담하면 되도록 한 것이다. 기업의 상장 촉진을 위한다는 취지이다. 그렇지만 조세감면의 조건으로 받아들인 기업에 상장은 그리 용이한 것이 아니다. 의사결정 당시는 문제없어 보였지만 막상 상장 절차를 이행하려다 보면 그때의 주식시장 상황이나 경제 여건에 따라 차질이 생기는 것은 불가피하다. 그 까닭에 업계의 호소 혹은 당국의 자발적 방침으로 상장유예 기간이 여러 차례 연장되었다. 그러다 2003년 하반기 당국은 돌연 그 연장을 불허하였다. 그 바람에 이듬해 여러 법인이 법인세를 무더기로 추징당하게 되었다. 이번의 GS칼텍스, KSS해운을 비롯해 삼성생명, 교보생명 등 다수의 기업이 거액의 추징처분에 대하여 불복에 나섰다. 그중 삼성생명과 교보생명은 우여곡절 끝에 상장하지 못한 데 정당한 사유가 있다고 인정받아 대법원에서 최종 구제되었다. 이때 대법원은 법문에 정당사유가 있는 경우에는 면책한다는 문구가 없었음에도 드물게 전향적인 판단을 하였다. 상호회사인 보험회사의 특성상 제기된 계약자 보호 문제가 해소되지 않아 당국이 보험회사 상장기준을 마련하지 못했다는 것이 정당사유의 근거가 되었다. 2013년의 일이다. 그러나 GS칼텍스 등은 이러한 정당사유를 인정받지 못했고 그 대신 과세 근거 조항의 효력 여부가 법리적 쟁점이 되었다. 구 조세감면규제법이 전문개정되면서 미상장 시 법인세를 추징하는 것을 그대로 유지하도록 한 개정 부칙 제23조가 그것이다. 대법원은 전문개정 시 개정 전 법령의 효력에 관한 종전의 태도와는 달리 위 부칙조항을 유효하다고 판단한 반면, 헌법재판소는 기존 법령은 이미 실효되어 부칙은 무효라고 판단한 것이 다툼의 핵심이다. 헌법재판소는 과세당국의 부과근거가 된 부칙 제23조에 대하여 이를 실효되지 않은 것으로 해석하는 것은 위헌이라는 이른바 한정위헌결정을 하였다.

되지 않은 것으로 해석하는 것은 헌법에 위반된다."라는 한정위헌결정을 하였다(헌재 2012. 5. 31. 2009헌바123 등, 이하 '이 사건 한정위헌결정'이라 한다). 청구인은 이 사건 한정위헌결정 이후 헌법재판소법 제75조 제7항에 따라 그 전에 이미 확정된 서울고등법원 2005누30183 판결에 대하여 재심을 청구하였으나, 법원은 이 사건 한정위헌결정은 헌법재판소가 법률조항의 해석·적용을 한 것이지 법률조항 자체가 헌법에 위반되는지 여부를 판단한 것이 아니므로 헌법재판소법 제75조 제7항이 규정한 '헌법소원이 인용된 경우'에 해당하지 않아 재심사유가 될 수 없다는 이유 등으로 이를 기각하였고(서울고등법원 2013. 5. 9. 선고 2012재누103 판결), 이에 대한 상고도 심리불속행으로 기각하였다(대법원 2013. 9. 12. 2013두10601 판결). 이에 청구인은 2013. 7. 15. 재심기각판결인 서울고등법원 2012재누103 판결 및 재심대상판결인 서울고등법원 2005누30183 판결, 그리고 피청구인이 한 1990 사업연도 법인세 9,076,951,760원의 부과처분 중 970,958,020원을 초과하는 부분 및 방위세 2,478,610,640원의 부과처분 중 413,101,770원을 초과하는 부분 및 1998년 귀속 자산재평가세 164,522,600원의 부과처분의 각 취소를 구하는 헌법소원심판을 청구하였다. 이후 청구인은 2013. 11. 25. 재심상고기각판결인 대법원 2013. 9. 12. 2013두10601 판결에 대한 취소를 구하는 심판청구를 추가하였다. 이에 대해 헌재는, 이 사건 재심기각판결 및 이 사건 재심상고기각판결은 '법률에 대한 위헌결정의 기속력에 반하는 재판'으로 이에 대한 헌법소원은 허용되고 헌법상 보장된 청구인의 재판청구권을 침해하였으므로, 법 제75조 제3항에 따라 모두 취소되어야 한다고 판시한 반면, **이 사건 재심대상판결은 그 재판에 적용된 법률조항인 이 사건 부칙조항에 대하여 이 사건 한정위헌결정이 선고되기 전에 이루어진 재판이다**. 헌법과 법률에 의하여 법률의 위헌 여부를 심사하는 헌법재판절차를 통상의 사법절차와 분리하여 제도화하고 있는 우리나라에서 헌법재판소가 위헌을 선언하기 전까지 모든 법률은 합헌으로 추정되므로, 법원으로서도 위헌의 의심이 있는 경우 헌법재판소에 해당 법률에 대한 위헌제청을 하여 그 적용을 일시 유보할 수는 있더라도, 그 법률의 적용을 거부할 수는 없다. 이에 위헌결정이 있기 전에 그 법률을 법원이 적용하는 것은 제도적으로 정당성이 보장된다. 따라서 아직 헌법재판소에 의하여 위헌으로 선언된 바가 없는 법률이 적용된 재판을 그 뒤에 위헌결정이 선고되었다는 이유로 위법한 공권력의 행사라고 하여 헌법소원심판의 대상으로 삼을 수는 없고(헌재 2001. 2. 22. 99헌마461), 그에 대한 구제 및 기판력의 제거는 재심절차에 의해 가능하다. 법 제75조 제7항이 "제68조 제2항에 따른 헌법소원이 인용된 경우에 해당 헌법소원과 관련된 소송사건이 이미 확정된 때에는 당사자는 재심을 청구할 수 있다."라고 정하고, 법 제47조 제3항이 형벌에 관한 법률조항에 대한 위헌결정의 소급효를 인정하고 있음에도 같은 조 제4항에서 위헌으로 결정된 법률조항에 근거한 유죄의 확정판결에 대하여 법원에 재심절차를 통해 구제받을 수 있도록 정하고 있는 것도 위와 같은 이유 때문이다. 그렇다면 이 사건 재심대상판결은 '법률에 대한 위헌결정의 기속력에 반하는 재판'에 해당하지 아니하여 예외적으로 헌법소원의 대상이 되지 아니하므로, 이에 대한 심판청구는 부적법하다. 나아가, 이 사건 과세처분을 심판의 대상으로 삼았던 법원의 재판은 이 사건 재심대상판결이고, 이 판결이 예외적으로 헌법소원의 대상이 되어 취소된다면 이 사건 과세처분도 함께 취소될 여지가 있으나, 이 사건 재심대상판결은 앞서 본 바와 같이 예외적으로 헌법소원의 대상이 되는 법원의 재판에 해당하지 아니하고, 헌법재판소가 이 사건 재심대상판결을 취소하지 않으면서 이 사건 과세처분을 취소

하는 것은 이 사건 재심대상판결의 기판력과 충돌하게 되므로 허용되지 아니한다.[293]

(나) 기속력의 내용

한정위헌결정을 한 경우 헌법재판소가 위헌이라고 해석한 부분은 해당법률조항의 전체 내용 또는 의미에 있어서 효력이 상실된다. 비록 해당 법률조항이 외형상 그대로 존재하면서 통용되지만, 헌법재판소가 위헌이라고 해석한 부분에 대해서는 위헌결정과 동일한 기속력이 발생하여 법적용기관은 그 위헌이라고 해석한 부분을 적용해서는 안 되는 것이다. 그러나 합헌이라고 해석한 부분에 대해서는 기속력이 발생하지 않기 때문에 법원은 합헌이라고 해석한 부분에 대해서는 다시 위헌제청할 수 있게 된다. 그런데 한정위헌결정 또는 한정합헌결정이 내려진 법률조항에 대해서 다시 위헌심사가 제기된 경우, 헌법재판소가 어떠한 결정을 내려야 하는지가 문제된다. 헌법재판소는 종전 결정과 동일하게 한정위헌결정 또는 한정합헌결정을 내리기도 하였고, 기각(합헌)결정을 내리기도 하였다(2003. 12. 18. 2002헌바99; 2003. 3. 27. 2001헌마116 등).

293 이번 사건에서 다른 점은 대법원 판결이 취소되었을 뿐 원과세처분은 취소되지 않은 것이다. 1995년 사건과는 달리 이 사건의 심판대상은 재심청구를 받아들이지 않는 대법원 판결일 뿐이어서 헌법재판소가 처분을 취소할 근거가 없다는 이유였다(재판관 7인 다수의견). 오로지 재판관 2인만이 원과세처분을 취소하여야 한다는 소수의견을 냈다. 이 사건에서 헌법재판소가 원과세처분을 취소하였더라면 앞서 본 전례가 있으므로 어쨌든 해결될 수 있는 방안을 찾을 수 있었을 것이다. 이번 헌법재판소 결정은 판결취소만으로는 권리구제가 되지 않을 현실을 애써 외면하고 납세자에게 립서비스만 한 셈이 되었다. 그것도 헌법소원이 제기된 지 무려 9년 만에 낸 응답이다. 도식적 법리가 헌법의 가치와 책무에 우선할 수 없다. 헌법재판소가 헌법수호의 마지막 보루라는 본래의 사명을 저버린 것이다. 나무만 보고 숲을 보지 못한 것이다. 아쉽다. 헌법재판소는 지난 7월 21일 GS칼텍스, KSS해운 등이 2013년 제기한 법인세 부과처분 헌법소원 사건에서 당사자의 재심청구를 기각한 대법원 판결을 취소했다. 헌법소원이 제기된 지 9년 만이다. 이미 언론에서 크게 다룬 사건이지만 문제점만 부각했을 뿐 원고들이 앞으로 어떻게 구제받을 수 있는지는 누구도 명쾌한 답을 제시하지 못했다. 대법원은 이미 원고패소로 확정된 사건이라는 입장이고, 헌법재판소는 대법원 판결이 잘못되어 취소하였으니 재심절차를 통해 다시 구제받으라는 상반된 결론이다. 그러면 세금을 매긴 국세청은 정작 어느 쪽을 따라야 할까? 세법조항 신설 30년, 소송제기 18년이 지나도 아직 안개 속에 있는 이번 세금 분쟁은 우리의 조세입법과 집행, 구제절차의 난맥상을 보여주는 상징적인 사건이다. 그 해결을 기약도 없는 헌법이나 헌법재판소법 개정에나 미루고 더 이상 방치해서는 안 된다.(소순무, 18년이 지나서야 원점으로 돌아온 조세소송, 이제는 끝내야, 법률신문, 2022. 8. 4. 기고문)

2. 위헌결정의 소급효

헌법재판소법

제47조(위헌결정의 효력) ① 법률의 위헌결정은 법원과 그 밖의 국가기관 및 지방자치단체를 기속(羈束)한다.

② 위헌으로 결정된 법률 또는 법률의 조항은 그 결정이 있는 날부터 효력을 상실한다.

③ 제2항에도 불구하고 형벌에 관한 법률 또는 법률의 조항은 소급하여 그 효력을 상실한다. 다만, 해당 법률 또는 법률의 조항에 대하여 종전에 합헌으로 결정한 사건이 있는 경우에는 그 결정이 있는 날의 다음 날로 소급하여 효력을 상실한다.

④ 제3항의 경우에 위헌으로 결정된 법률 또는 법률의 조항에 근거한 유죄의 확정판결에 대하여는 재심을 청구할 수 있다.

⑤ 제4항의 재심에 대하여는 「형사소송법」을 준용한다.

헌재법 제47조 제2항은 "위헌으로 결정된 법률 또는 법률조항은 그 결정이 있는 날로부터 효력을 상실한다", 제3항은 "형벌에 관한 법률 또는 법률의 조항은 소급하여 그 효력을 상실한다"고 규정하고 있다. 위 규정을 문자 그대로 해석한다면 형벌에 관한 법률규정을 제외하고는 위헌결정에 소급효가 전혀 없게 되어 구체적 규범통제의 계기가 된 당해 사건의 당사자조차 권리구제를 받지 못하게 되고, 나아가 당해 사건에서 헌법재판소의 규범통제의 전제조건인 재판의 전제성 요건까지 갖추지 못한 것이 되고 마는 결과가 된다.[294]

위헌결정의 효력발생시기

장래효	장래효란 위헌결정의 효력이 위헌결정시점에서 발생함을 뜻한다. 헌재법 제47조는 위헌결정의 장래효가 원칙임을 선언하고 있고, 예외적으로 형벌조항에 관한 위헌결정은 소급효가 인정된다고 하고 있다.
소급효	소급효란 위헌결정의 효력이 위헌사유가 발생한 시점부터 발생함을 뜻한다. 헌재법 제47조에 따라 위헌결정된 형벌조항은 소급효가 인정된다.
미래효	미래효란 미래의 일정시점부터 위헌결정의 효력이 발생함을 뜻한다.

294 이동흡, 전게서, 302면.

(1) 위헌결정의 소급효에 관한 각국의 입법례

헌법재판소법 제47조 제2항은 결정이 있는 날[295]로부터 효력이 상실한다고 규정하고 있다. 이론상 당연무효설[296]과 폐지무효설[297]로 나누어 볼 수 있는데, 우리 법제는 폐지무효설을 기반으로 하고 있다.[298]

(가) 당연무효설의 입법례

이는 위헌결정에 소급효를 원칙적으로 인정하면서 이를 부분적으로 제한하는 경우이다. 당연무효설에 따르면 위헌법률은 처음부터 당연히 무효가 되기 때문에 헌법재판소가 법률을 위헌결정하였을 경우 위헌결정된 법률은 소급적으로 처음부터 당연히 무효가 된다. 이러한 점에서 헌법재판소의 결정은 단지 선언적·확인적 효력을 가지는 데 불과하다. 독일연방헌법재판소법이 원칙적으로 따르는 입장이다.

295 실제로 2005헌마1198 자동차운전면허취소처분 취소, 2005헌마1231 재판취소 등 사건에서 문제되었다. 위 사건의 내용은, 헌법재판소가 2005. 11. 24. '자동차 등을 이용하여 범죄행위를 한 때' 운전면허를 당연취소하도록 규정한 구 도로교통법 제78조 제1항 제5호가 명확성의 원칙에 위반되고, 직업의 자유 등을 침해한다는 이유로 위헌결정(2004헌가28)을 하였는데, 대법원이 위 위헌결정일과 같은 날 위헌결정과 동시에 위 조항이 합헌임을 전제로 청구인의 운전면허취소처분 취소청구에 대한 상고기각 판결을 선고(2005두8061)하자, 청구인이 위 대법원 판결 및 원처분(2003. 11. 23. 자동차운전면허취소처분)의 취소를 구한 것이고, 위 사건은 청구인의 심판청구취하(2007. 6. 26. 및 2007. 7. 18.)로 별도의 종료선언 없이 종결되었다.

296 헌재의 위헌결정은 무효인 것을 사후에 확인하는 의미.
독일 연방헌재법 제78조와 제79조는 위헌결정의 효력에 대하여 규정하고 있다. 제78조는 "연방헌법재판소는 연방법이 기본법과, 또는 주법이 기본법이나 그 밖의 연방법과 합치하지 아니한다는 확신에 이른 경우에는 그 법률을 무효라고 선언한다. 동일한 법률의 그 밖의 규정이 같은 이유로 기본법 또는 그 외의 연방법에 합치하지 아니하는 경우 연방헌법재판소는 마찬가지로 당해 규정의 무효를 선언할 수 있다."라고 규정하고 있다. 제79조는 제1항은 "기본법과 합치하지 아니한다거나 제78조에 의하여 무효라고 선언된 규범 또는 헌법재판소에 의하여 기본법과 합치하지 아니하는 것으로 선언된 규범의 해석에 근거하여 확정된 형사판결에 대하여는 형사소송법의 규정에 의한 재심이 허용된다.", 제2항은 "그 밖에 제95조 제2항이나 특별한 법률규정이 있는 경우를 제외하고는 제78조에 따라 무효로 선언된 규범에 근거한 더 이상 다툴 수 없는 결정은 영향을 받지 아니한다. 그러한 결정에 근거한 집행은 허용되지 아니한다. 민사소송법의 규정에 따라 강제집행을 하여야 하는 경우 민사소송법 제767조가 준용된다. 부당이득을 원인으로 하는 청구권은 인정되지 아니한다."라고 규정하고 있다.

297 헌재의 위헌결정은 단순한 확인이 아니고, 형성적 행위.

298 이동흡, 전게서, 300면.

(나) 폐지무효설의 입법례

이는 위헌결정에 장래효를 원칙적으로 하면서 부분적으로 소급효를 인정하는 경우이다. 폐지무효설에 따르면 헌법재판소가 법률에 관해 위헌으로 결정함으로써 위헌법률은 비로소 무효가 된다. 헌법에 위반되는 법률도 일단 권위 있는 판단이 있을 때까지 유효하면 사실상 법질서의 일부를 구성한다는 것이다. 이러한 측면에서 위헌인 법률은 헌법재판소의 결정이 있어야만 비로소 폐지될 수 있기 때문에 헌법재판소의 결정은 창설적 효력을 가지게 된다. 오스트리아헌법이 원칙적으로 따르는 입장이고, 우리의 입법례도 위헌결정에 원칙적으로 장래효를 인정하면서 부분적으로 소급효를 인정하는 폐지무효설의 입장에 속한다고 할 것이다.[299]

(다) 선택적 무효설의 입법례

이는 소급효를 인정할 것인가 장래효를 인정할 것인가를 사건별로 정하는 경우이다. 미국은 연방대법원의 위헌판결의 시적 효력범위에 관하여는 연방헌법이나 법률에 명문의 규정이 없고 판례로 이를 규율하고 있는데, "연방헌법은 소급효를 금지하지도 요구하지도 않는다"라는 대원칙 아래 위헌판결의 시적 효력범위 문제를 헌법문제로 보지 않고, 구체적인 사건마다 법적 안정성과 개인의 권리구제 등 제반이익을 비교형량하여 연방대법원이 위헌판결에 소급효를 줄 것인가를 결정할 수 있는 정책판단의 문제로 보고 있다.

(2) 위헌결정의 소급효의 인정 여부

(가) 학설[300]

먼저, ① **원칙적 장래효·예외적 소급효설**은 위헌결정의 효력에 관하여 장래효주의를 취하느냐, 소급효주의를 취하느냐는 헌법적으로 만약 헌법이 공백이면 입법적으로 선택가능한 문제인데, 우리나라의 입법자는 비형벌법규에 대하여는

299 전게 헌법재판실무제요, 182면.
300 이동흡, 전게서, 304-305면.

장래효주의를 취하는 입법을 하였음이 명백하고, 다만 '법적 안정성 내지 신뢰보호의 원칙'보다 '구체적 타당성 내지 정의, 형평'이 더 크면 예외적으로 소급효를 인정할 수 있다고 한다. 다음으로, ② **원칙적 소급효·예외적 장래효설**은 위헌인 법률은 당연무효이므로 위헌상태가 발생한 시점에 소급하여 법률상 당연히 그 효력을 가지지 않는다고 한다. 이 견해에 따르면 위헌결정의 원칙적 장래효를 규정하고 있는 헌재법 제47조 제2항은 위헌이거나, 위헌이 아니더라도 형벌법규의 소급효 규정은 당연규정이 되고, 비형벌법규의 장래효 규정은 법적 안정성을 위한 예외규정으로 해석한다.

(나) 헌법재판소의 판례

헌법재판소는 형벌법규를 제외한 법률 또는 법률조항에 대한 위헌결정의 장래효를 규정한 헌재법 제47조 제2항에 대하여 예외적으로만 소급효를 인정하는 한 합헌이라고 결정한 바 있다(1993. 5. 13. 92헌가10 등). "위헌결정에 소급효를 인정할 것인지의 여부는 실질적 정의와 법적 안정성 중 어느 것을 중시할 것인가에 대한 입법정책의 문제이지 위헌 여부의 문제는 아니다. 형벌법규가 위헌으로 결정된 경우에는 그 처벌의 효력을 지속시켜야 할 법적 안정성의 요구가 없는 반면, 그 이외의 법규의 경우에는 법적 안정성의 요구가 절실하다고 보아 소급효를 제한하는 것이므로 위헌이라 할 수 없다. 따라서 소급효를 제한함으로써 구체적 타당성이나 평등의 원칙이 완벽하게 실현되지 않는다고 하더라도 헌법상 법치주의의 원칙의 파생인 법적 안정성 내지 신뢰보호의 원칙에 의하여 정당화된다 할 것이고, 특단의 사정이 없는 한 이로써 헌법이 침해되는 것은 아니다. 헌재법 제47조 제2항이 형벌법규 이외의 법률에 대해서는 소급효를 인정하지 않는다고 언제나 소급효를 부인하면 현저히 부정의, 불합리한 경우가 생길 수 있으므로 일정한 경우 해석으로 소급효를 인정하여야 한다고 할 것이고 그렇게 본다면 헌재법 제47조 제2항이 위헌이라 할 수는 없다."(헌재 2021. 12. 23. 2019헌바384)

(3) 예외적 소급효의 인정 범위(★★)

(가) 헌법재판소의 판례

1) 소급효의 인정 범위

헌법재판소는 위와 같이 형벌법규를 제외한 법률 또는 법률조항에 대한 위헌결정의 장래효만을 인정한 헌법재판소법 제47조 제2항이 위헌이 아님을 확인하면서 비형벌법규에 대한 위헌결정의 소급효가 예외적으로 인정될 수 있는 경우를 다음과 같이 분류하였다(1993. 5. 13. 92헌가10 등). ① 헌법재판소에 법률의 위헌결정을 위한 계기를 부여한 **당해 사건**, ② 위헌결정이 있기 전에 이와 **동종**의 위헌 여부에 관하여 헌법재판소에 위헌제청을 하였거나 법원에 위헌제청신청을 한 사건과 따로 위헌제청신청을 아니하였지만 당해 법률 또는 법률조항이 재판의 전제가 되어 법원에 계속 중인 **병행사건**, ③ 위헌결정 이후 제소한 **일반사건 중**에서 당사자의 권리구제를 위한 구체적 타당성의 요청이 현저한 반면에 소급효를 인정하여도 법적 안정성을 침해할 우려가 없는 사건 등이다. ④ 그리고 헌법재판소의 판례에 비추어볼 때 위헌결정 당시 헌재법 제68조 제2항에 의한 헌법소원심판을 청구한 사건도 병행사건으로 소급효가 미친다고 볼 수 있다.

2) 소급효의 제한(★)

그렇다면 ① 위헌결정 당시 법원의 판결이 이미 확정된 사건, ② 위헌결정 이후 제소한 일반사건 중 소급효를 인정할 경우 법적 안정성을 침해할 우려가 있는 사건 등에는 소급효가 미치지 아니한다.

헌재판례) 병행사건에 대한 소급효 인정 여부(2013. 6. 27. 2010헌마535)

구체적 사안이 병행사건에 해당하는지 여부는 구체적 사실관계를 기초로 법원이 판단할 사항이고, 일반사건에 대하여 예외적으로 위헌결정의 소급효를 인정할 것인지 여부에 관한 법원의 판단도 헌법재판소가 그에 대하여 미리 밝힌 바 없는 한 최대한 존중되어야 한다. 그렇다면 위헌결정 이후 추가로 청구한 부분이 병행사건에 해당하지 않고, 일반사건에 해당하나 예외적 소급효를 인정할 수 없다는 이 사건 법원의 판단이 헌법재판소가 위헌으로 결정한 법률을 적용함으로써 국민의 기본권을 침해한 것으로 예외적으로 헌법소원의 대상이 되는 판결에 해당하다고 볼 수 없다.

대법판례) 확정판결에 대한 위헌결정의 소급효 제한(2003. 7. 11. 2003다19572)

특별한 사정이 없는 한 형벌에 관한 것이 아닌 법률이나 법률조항에 대한 위헌결정은 확정판결의 효력에 영향을 미치지 아니한다고 할 것이므로 채권자의 채무자에 대한 승소확정판결에서 지급을 명한 원리금액에 구 소송촉진등에관한특례법 제3조 제1항 본문 등에 따른 연 2할 5푼의 비율에 의한 지연손해금이 포함되어 있는데 위 구 소촉법의 규정에 대하여는 그 후에 헌법재판소의 위헌결정이 선고됨으로써 위 구 소촉법 규정이 위헌임이 확인되었다고 하더라도, 그로 인하여 위 승소확정판결의 효력이 달라지는 것은 아니며 법원이 위 승소확정판결에서 지급을 명한 것과 다른 금액을 채권자의 채권액으로 인정할 수 있는 것도 아니다.

헌재판례) 병행사건에 대한 소급효 인정 여부(2013. 6. 27. 2010헌마535)

구체적 사안이 병행사건에 해당하는지 여부는 구체적 사실관계를 기초로 법원이 판단할 사항이고, 일반사건에 대하여 예외적으로 위헌결정의 소급효를 인정할 것인지 여부에 관한 법원의 판단도 헌법재판소가 그에 대하여 미리 밝힌 바 없는 한 최대한 존중되어야 한다. 그렇다면 위헌결정 이후 추가로 청구한 부분이 병행사건에 해당하지 않고, 일반사건에 해당하나 예외적 소급효를 인정할 수 없다는 이 사건 법원의 판단이 헌법재판소가 위헌으로 결정한 법률을 적용함으로써 국민의 기본권을 침해한 것으로 예외적으로 헌법소원의 대상이 되는 판결에 해당하다고 볼 수 없다.

(나) 대법원의 판례

1) 소급효의 인정 범위

대법원은 원칙적으로 위헌결정 당시 법원에 계속 중이던 일반 사건에까지 전면적 소급효를 인정하는 것을 원칙으로 한다. 즉, 헌법재판소는 위헌결정 이후 제소된 사건에 대하여 "소급효의 부인이 오히려 정의와 형평 등 헌법적 이념에 심히 배치되는 때에 한해 소급효를 인정해야 한다"고 보고 있으나, 대법원은 위헌결정 이후 제소된 일반 사건에 대해서도 소급효가 미친다고 판시한 바 있다. 대법원은 "헌법재판소의 위헌결정의 효력은 ① 위헌제청을 한 당해 사건, ② 위헌결정이 있기 전에 이와 동종(동일 심판 대상 법률조항)의 위헌 여부에 관하여 헌법재판소에 위헌여부심판제청을 하였거나 법원에 위헌여부심판제청신청을 한 경우의 당해 사건, 따로 위헌제청신청은 아니하였지만 당해 법률 또는 법률의 조항이 재판의 전제가 되어 법원에 계속 중인 사건뿐만 아니라(병행사건) ③ 위헌결정 이후에 위와 같은 이유로 제청된 일반사건에도 미친다고 봄이 타당하다"(1993. 1. 15. 92다12377)고 판시하였다.

대법판례) 병행사건에 대한 위헌결정의 소급효(2022. 4. 14. 2021도14530, 2021전도143 병합 판결)

헌법재판소는 2021. 12. 23. 성폭력처벌법 제30조 제6항 중 19세 미만 성폭력범죄 피해자의 진술을 촬영한 영상물의 증거능력을 규정한 부분(이하 '위헌 법률 조항')에 대해 위헌결정을 하였는데, 위 위헌결정의 효력은 결정 당시 법원에 계속 중이던 (병행)사건에도 미치므로 위헌 법률 조항은 위 영상물과 속기록의 증거능력을 인정하는 근거가 될 수 없고, 한편 피고인의 범행은 아동·청소년의 성보호에 관한 법률 제26조 제1항의 아동·청소년 대상 성범죄에 해당하므로 같은 법 제26조 제6항에 따라 영상물의 증거능력이 인정될 여지가 있으나, 청소년성보호법 제26조 제6항 중 위헌 법률 조항과 동일한 내용을 규정한 부분은 위헌결정의 심판대상이 되지 않았지만 위헌 법률 조항에 대한 위헌결정 이유와 마찬가지로 과잉금지 원칙에 위반될 수 있으므로, 청소년성보호법 제26조 제6항의 위헌 여부 또는 그 적용에 따른 위헌적 결과를 피하기 위하여 갑을 증인으로 소환하여 진술을 듣고 피고인에게 반대신문권을 행사할 기회를 부여할 필요가 있는지 여부 등에 관하여 심리·판단하였어야 한다는 이유로, 이와 같은 심리에 이르지 않은 채 위 영상물과 속기록을 유죄의 증거로 삼은 원심판결에 법리오해 또는 심리미진의 잘못이 있다.

대법판례) 일반사건에 대한 위헌결정의 소급효(1994. 10. 25. 93다42740)

헌법재판소의 위헌결정의 효력은 위헌제청을 한 당해 사건, 위헌결정이 있기 전에 이와 동종의 위헌 여부에 관하여 헌법재판소에 위헌여부심판제청을 하였거나 법원에 위헌여부심판제청신청을 한 경우의 당해 사건과 따로 위헌제청신청은 아니하였지만 당해 법률 또는 법률의 조항이 재판의 전제가 되어 법원에 계속 중인 사건뿐만 아니라 위헌결정 이후에 위와 같은 이유로 제소된 일반사건에도 미친다고 할 것이나, 그 미치는 범위가 무한정일 수는 없고 법원이 위헌으로 결정된 법률 또는 법률의 조항을 적용하지는 않더라도 다른 법리에 의하여 그 소급효를 제한하는 것까지 부정되는 것은 아니라 할 것이며, 법적 안정성의 유지나 당사자의 신뢰보호를 위하여 불가피한 경우에 위헌결정의 소급효를 제한하는 것은 오히려 법치주의의 원칙상 요청되는 바이다.(→ 기판력 / 확정력)

2) 소급효의 제한

그러나 대법원은 기판력에 저촉되는 경우, 행정처분의 확정력이 발생한 경우(제소기간 도과), 법적 안정성의 유지나 신뢰보호가 불가피한 경우 등에 위헌결정의 소급효가 미치는 범위를 제한하고 있다.

대법판례) 기판력에 저촉되는 경우(1993. 4. 27. 92누9777[301])

상속세법 제29조의4 제2항에 의하면 배우자 또는 직계존비속 간의 부담부증여는 수증자가 증여자의 채무를 인수한 경우에도 당해 채무액은 증여재산에서 공제하지 아니하도록 규정이 문제된 사안에서, 이 사건 과세처분의 무효확인소송을 제기하기 전에 원고는 이미 피고를 상대로 원고가 그의 어머니로부터 인수한 채무를 과세가액에서 공제하지 아니하였음을 들어 그 과세처분의 취소소송을 제기하였으나 원심은 1989. 1. 27. 위 과세처분은 상속세법 제29조의4 제2항에 따른 것으로서 적법하다고 판단하여 원고의 청구를 기각하였고 그해 4. 25. 위 판결에 대한 원고의 상고가 기각되어 그대로 확정된 바 있는데 원고가 그 후인 같은 해 5. 13. 이 사건 과세처분의 무효확인소송을 제기한 것임이 명백하므로, 원고가 앞서 제기한 이 사건 과세처분의 취소소송에서 원고의 청구가 기각된 확정판결의 기판력은 같은 원고가 또다시 그 과세처분의 무효확인을 구하는 이 사건 소송에도 미친다. 따라서 원심으로서는 이 사건 과세처분의 무효확인청구가 기판력에 저촉된다는 당사자의 주장이 없더라도 직권으로 이를 심리판단하여 기각하여야 할 것이고 이와 같은 경우에는 그 과세처분의 근거가 된 상속세법 제29조의4 제2항이 위헌인지의 여부는 이 사건 재판의 전제가 될 수도 없는 것이므로 위 조항에 대한 원고의 위헌제청신청이 있더라도 이를 기각하고 이 사건 재판이 기판력에 저촉됨을 들어 원고 청구를 기각하였어야 한다.

대법판례) 행정처분의 확정력이 발생한 경우(1994. 10. 28. 92누9463)

한국광반도체주식회사는 1989. 5. 17. 한국외환은행으로부터 대출을 받음에 있어 그 담보로서 이 사건 기계류를 양도담보로 제공하였는데, 피고가 1990. 4. 3. 위 회사에 대한 부가가치세, 법인세 및 방위세의 징수를 위하여 개정 전 국세기본법 제42조 제1항의 규정에 근거하여 이 사건 기계류를 압류한 사실을 적법하게 확정하고, 위 한국외환은행에 대하여 위 회사의 채무를 변제하고 위 기계류에 대한 권리를 이전받은 원고가, 위 국세의 납부기한으로부터 1년 전에 담보의 목적이 된 양도담보재산에 대하여만 압류할 수 없다는 취지의 위 조항 단서('1년 전'이라는 부분)는 위헌이므로 위 압류처분이 무효라고 주장하였다. 이에 대해, 대법원은 법률에 근거하여 행정처분이 발하여진 후에 헌법재판소가 그 행정처분의 근거가 된 법률을 위헌으로 결정하였다면 결과적으로 행정처분은 법률의 근거가 없이 행하여진 것과 마찬가지가 되어 하자가 있는 것이 되나, 하자 있는 행정처분이 당연무효가 되기 위하여는 그 하자가 중대할 뿐만 아니라 명백한 것이어야 하는데, 일반적으로 법률이 헌법에 위반된다는 사정이 헌법재판소의 위헌결정이 있기 전에는 객관적으로 명백한 것이라고 할 수는 없으므로 헌법재판소의 위헌결정 전에 행정처분의 근거되는 당해 법률이 헌법에 위반된다는 사유는 특별한 사정이 없는 한 그 행정처분의 취소소송의 전제가 될 수 있을 뿐 당연무효사유는 아니라고 봄이 상당하다. 위헌인 법률에 근거한 행정처분이 당연무효인지 여부는 위헌결정의 소급효와는 별개의 문제로서, 위헌결정의 소급효가 인정된다고 하여 위헌인 법률에 근거한 행정처분이 당연무효가 된다고 할 수 없고, 오히려 이미 취소소송의 제기기간을 경과하여 확정력이 발생한 행정처분에는 위헌결정의 소급효가 미치지 않는다고 보아야 한다. 어느 행정처분에 대하여

301 전게 헌법재판실무제요, 188면 및 헌법재판연구원, 주석 헌법재판소법, 2015, 618면(정문식 집필부분)은 모두 이 판례를 기판력에 의해 소급효가 차단된 경우로 들고 있으나, 일반사건에 관한 판례는 아닌 것으로 보인다.

그 행정처분의 근거가 된 법률이 위헌이라는 이유로 무효확인청구의 소가 제기된 경우에는 다른 특별한 사정이 없는 한 법원으로서는 그 법률이 위헌인지 여부에 대하여 판단할 필요 없이 무효확인청구를 기각하여야 한다.

대법판례) 법적 안정성의 유지와 신뢰보호의 요청이 현저하게 우월한 경우 소급효 제한(2005. 11. 10. 선고 2005두5628 판결)

이 사건 위헌결정이 이 사건 법률조항이 위헌이라고 한 취지는 공무원이 저지른 범죄의 종류나 내용을 가리지 않고 금고 이상의 형의 선고유예를 받게 되면 공무원에서 당연히 퇴직하는 것으로 규정되어 과잉금지의 원칙에 위반된다는 것이었는데, 원고는 직무와 관련하여 사문서변조·동행사죄로 징역 6월의 선고유예판결을 받고 당연퇴직한 점, 원고가 당연퇴직될 당시 국가공무원법, 경찰공무원법, 군인사법 등 다수의 공무원 관련 법령이 금고 또는 자격정지 이상의 형의 선고유예를 받은 경우 구 지방공무원법 제61조, 제31조 제5호와 같은 내용의 당연퇴직규정을 두고 있어 금고 또는 자격정지 이상의 형의 선고유예를 받는 등 당연퇴직사유가 있으면 공무원의 신분이 상실(당연퇴직)된다고 일반적으로 받아들여졌는데, 새삼 위헌결정의 소급효를 인정하여 이미 발생한 당연퇴직의 효력을 소멸시키고 공무원의 신분을 회복하게 하여 그 근무기간을 경력과 호봉의 산정에 있어 재직기간으로 산입하게 되면 공무원 조직에 상당한 혼란을 주게 될 뿐 아니라 공무원연금에 상당한 재정적 부담을 주게 되어 결국에는 국가 또는 지방자치단체의 사무의 적정한 행사 및 조직의 안정은 물론 재정에도 악영향을 미칠 것으로 보이는 점, 특별채용된 모든 당연퇴직공무원에 대하여 일률적으로 경력 및 호봉을 불산입하도록 규정한 특례법 제7조 제5항 본문이 '선고유예'를 받은 경우를 달리 취급하지 않음으로써 당연퇴직사유의 경중을 고려하지 않고 그 사유발생 이후의 사실상의 근무경력을 기준으로 하여 퇴직보상금의 지급액, 특별채용 시 반영할 호봉을 정하였다고 하더라도 그 기준이 지나치게 불합리하거나 자의적이어서 청구인의 평등권을 침해한 것이라고 할 수 없는 점 등을 종합하여 보면, 이 사건 위헌결정 이후 제소된 일반사건인 이 사건에 대하여 위헌결정의 소급효를 인정할 경우 그로 인하여 보호되는 원고의 권리구제라는 구체적 타당성 등의 요청에 비하여 종래의 법령에 의하여 형성된 공무원의 신분관계에 관한 법적 안정성과 신뢰보호의 요청이 현저하게 우월하므로 이 사건 위헌결정의 소급효는 제한되어 이 사건에는 미치지 아니한다.

대법판례) 과세처분의 근거규정에 대한 위헌결정 이후에 행해진 압류처분의 효력(당연무효) (2012. 2. 16. 2010두10907 전원합의체 판결)

하자 있는 행정처분이 당연무효가 되기 위해서는 그 하자가 법규의 중요한 부분을 위반한 중대한 것으로서 객관적으로 명백한 것이어야 하며, 하자가 중대하고 명백한지 여부를 판별함에 있어서는 그 법규의 목적, 의미, 기능 등을 목적론적으로 고찰함과 동시에 구체적 사안 자체의 특수성에 관하여도 합리적으로 고찰함을 요한다(대법원 1995. 7. 11. 선고 94누4615 전원합의체 판결, 대법원 2006. 3. 16. 선고 2006두330 전원합의체 판결). 한편 구 헌법재판소법 제47조 제1항은 "법률의 위헌결정은 법원 기타 국가기관 및 지방자치단체를 기속한다."고 규정하고 있는데, 이러한 위헌결정의 기속력과 헌법을 최고규범으로 하는 법질서의 체계적 요청에 비추어 국가기관 및 지방자치단체는 위헌으로 선언된 법률규정에 근거하여 새로운 행정처분을 할 수 없음은 물론이고, 위헌결정 전에 이미 형성된 법률관계에 기한 후속처분이라도 그것이 새로운 위헌적 법률관계를 생성·확대하는 경우라면 이를 허용할 수 없다고 봄이 타당하다. 따라서 조세 부과의 근거가 되었던 법률규정이 위헌으로 선언된 경우, 비록 그에 기한 과세처분이 위헌결정 전에 이루어졌고, 그 과세처분에 대한 제소기간이 이미 경과하여 조세채권이 확정되었으며, 그 조세채권의 집행을 위한 체납처분의 근거규정 자체에 대하여는 따로 위헌결정이 내려진 바 없다고 하더라도, 위와 같은 위헌결정 이후에 조세채권의 집행을 위한 새로운 체납처분에 착수하거나 이를 속행하는 것은 더 이상 허용되지 않고, 나아가 이러한 위헌결정의 효력에 위배하여 이루어진 체납처분은 그 사유만으로 하자가 중대하고 객관적으로 명백하여 당연무효라고 보아야 한다.

대법판례) 이미 납부완료한 국세에 대해 위헌결정을 계기로 부당이득반환청구를 구한 사안에서 헌재는 위헌결정 이전에 국가가 교부받은 대금에 대해 반환청구하는 것은 법적 안정성의 유지나 신뢰보호가 불가피한 경우에 해당하여 위헌결정의 소급효가 제한된다고 판시(1994. 10. 25. 93다42740)

대법판례) 금고이상 형 선고 시 당연퇴직 조항에 근거하여 이미 당연퇴직한 공무원에 대해서까지 소급하여 구제하는 것은 국가 공무원 신분관계와 공무원연금제도 등에 대한 법적 안정성의 유지나 신뢰보호가 불가피한 경우에 해당하여 부당함.(2005. 11. 10. 2005두5628)

(다) 헌법재판소와 대법원의 입장의 차이

한편, 위와 같은 위헌결정의 소급효 문제에 관하여 대법원과 헌법재판소는 그 입장에 미묘한 차이가 있다. 대법원은 일단 당해 사건과 병행사건뿐만 아니라 위헌결정 이후에 이를 이유로 제소된 일반사건에 대해서까지 위헌결정의 소급효가 원칙적으로 미친다고 보면서 다만 예외적으로 기판력, 행정처분의 확정력, 법적 안정성 등의 법리에 따라 위헌결정의 소급효를 제한하는 입장을 취하고 있고, 반면 헌법재판소는 위헌결정의 소급효가 당해 사건 및 병행사건에 대하여만 원칙적으로 미칠 수 있다고 보면서 일반사건의 경우 예외적으로 소급효를 인정하여도 법적 안정성, 신뢰이익을 해칠 우려가 적고 소급효를 부인하는 것이 오히려 정의와 형평 등에 반하는 경우에 한하여 소급효를 인정하는 입장을 취하고 있다. 정리하면 대법원과 헌법재판소는 위헌결정의 소급효가 미치는 범위와 관련하여 당해 사건 및 병행사건에 대하여는 견해를 같이하나 일반사건에 대하여는 견해를 달리하고 있는 것이다. 이러한 입장의 차이는 구체적으로는 주장·입증책임에서 차이가 발생한다. 대법원의 입장에 따를 때, 소급효를 부인하는 측에서는 위헌결정의 소급효를 인정하지 아니하여야 할 사유를 주장, 입증할 책임이 있게 되나, 헌법재판소의 입장에 따르면 소급효를 주장하는 측에서 소급효가 예외적으로 인정되어야 할 사유가 있음을 주장, 입증할 책임이 있게 된다.[302]

(4) 형벌조항에 대한 위헌결정의 소급효

(가) 원칙적 소급효

형벌에 관한 법률 또는 법률조항이 위헌으로 선언되는 경우에 그 결정은 헌재법 제47조 제3항에 의하여 원칙적으로 소급효를 갖는다. 따라서 위헌결정 이전에 공소가 제기되어 법원에 계속 중인 사건에서는 면소판결을 할 것이 아니라 무죄를 선고하여야 하고(1992. 5. 8. 91도2825), 법원의 판결 후 확정되기 이전에 헌법재판소의 위헌결정이 있으면 판결에 영향을 미친 헌법·법률의 위반이 있는 때에 해당하여 항소와 상고의 이유가 된다(형사소송법 제361조의5 제383조). 그리고 유죄판결이 확정된 때에는 재심을 청구할 수 있다(헌재법 제47조 제4항). 이 경우 재심을 청구할 수 있다고 하는 것은 확정판결이 근거로 한 법률이 위헌으로 결정되어 효력을 상실하더라도 확정판결의 기판력에는 영향을 미치지 못하기 때문이다.

대법판례) 형사사건에 대한 위헌결정의 효과(2010. 12. 16. 2010도5986)
재심이 개시된 사건에서 범죄사실에 대하여 적용하여야 할 법령은 재심판결 당시의 법령이므로, 법원은 재심대상판결 당시의 법령이 변경된 경우에는 그 범죄사실에 대하여 재심판결 당시의 법령을 적용하여야 하고, 폐지된 경우에는 형사소송법 제326조 제4호를 적용하여 그 범죄사실에 대하여 면소를 선고하는 것이 원칙이다. 그러나 법원은, 형벌에 관한 법령이 헌법재판소의 위헌결정으로 인하여 소급하여 그 효력을 상실하였거나 법원에서 위헌·무효로 선언된 경우, 당해 법령을 적용하여 공소가 제기된 피고사건에 대하여 같은 법 제325조에 따라 무죄를 선고하여야 한다. 나아가 형벌에 관한 법령이 재심판결 당시 폐지되었다 하더라도 그 '폐지'가 당초부터 헌법에 위배되어 효력이 없는 법령에 대한 것이었다면 같은 법 제325조 전단이 규정하는 '범죄로 되지 아니한 때'의 무죄사유에 해당하는 것이지, 같은 법 제326조 제4호의 면소사유에 해당한다고 할 수 없다. 따라서 면소판결에 대하여 무죄판결인 실체판결이 선고되어야 한다고 주장하면서 상고할 수 없는 것이 원칙

302 이동흡, 전게서, 310면.

이지만, 위와 같은 경우에는 이와 달리 면소를 할 수 없고 피고인에게 무죄의 선고를 하여야 하므로 면소를 선고한 판결에 대하여 상고가 가능하다.

대법판례) 대법원 2016. 11. 10. 2015모1475 결정 [재심기각결정에 대한 재항고]

헌법재판소법 제47조 제4항에 따라 재심을 청구할 수 있는 '위헌으로 결정된 법률 또는 법률의 조항에 근거한 유죄의 확정판결'이란 헌법재판소의 위헌결정으로 인하여 같은 조 제3항의 규정에 의하여 소급하여 효력을 상실하는 법률 또는 법률의 조항을 적용한 유죄의 확정판결을 의미한다. 따라서 위헌으로 결정된 법률 또는 법률의 조항이 같은 조 제3항 단서에 의하여 종전의 합헌결정이 있는 날의 다음 날로 소급하여 효력을 상실하는 경우 합헌결정이 있는 날의 다음 날 이후에 유죄판결이 선고되어 확정되었다면, 비록 범죄행위가 그 이전에 행하여졌더라도 그 판결은 위헌결정으로 인하여 소급하여 효력을 상실한 법률 또는 법률의 조항을 적용한 것으로서 '위헌으로 결정된 법률 또는 법률의 조항에 근거한 유죄의 확정판결'에 해당하므로 이에 대하여 재심을 청구할 수 있다.

헌재판례) 기소유예처분 근거조항의 위헌결정의 효과(2010. 7. 29. 2009헌마205; 2015. 3. 26. 2014헌마1089)

정신보건법 제58조는 개인 영업주가 사용인 등의 위반행위에 관하여 선임·감독상의 주의의무를 다하여 아무런 잘못이 없는 경우까지 영업주에게 형벌을 부과하게 하므로, 헌법상 법치국가원리 및 죄형법정주의로부터 도출되는 책임주의원칙에 위반되는 것으로서 헌법에 위반되고, 이에 근거한 피청구인의 기소유예처분은 청구인의 평등권과 행복추구권을 침해하였다.

유의할 점은 헌재법 제47조 제3항의 규정이 법원에 의하여 이미 선언된 유죄판결을 그 자체로 무효로 만든다거나 유죄확정판결의 집행을 정지시킨다거나 또는 진행 중인 형의 집행을 금지시키는 것은 아니고, 다만 유죄판결을 받은 자가 재심청구를 통하여 유죄의 확정판결을 다툴 수 있을 뿐이라는 것이다(1993. 7. 29. 92헌바34). 그리고 이미 형의 집행이 종료된 이후에도 재심청구를 제기할 수 있다. 이는 유죄판결을 무효화하는 것은 아니다. 형사소송법 제420조의 재심사유 외에 헌법재판소법이 정한 재심사유이다(헌재법 제75조 제7항). 한편, 기소되어 재판 중인 경우라면 법원이 무죄를 선고하거나,[303, 304] 또는 검사가 공소를 취소한다.[305] 또한 수

303 형사소송법 제325조(무죄의 판결) 피고사건이 범죄로 되지 아니하거나 범죄사실의 증명이 없는 때에는 판결로써 무죄를 선고하여야 한다.

304 면소 사유에 해당하지 아니한다. 형사소송법 제326조 제4호 '범죄후의 법령개폐로 형이 폐지되었을 때'에 해당하지 아니한다.

305 형사소송법 제255조(공소의 취소) ① 공소는 제1심판결의 선고 전까지 취소할 수 있다.

사 중의 경우 '죄가 안 됨'의 불기소 처분을 한다.

(나) 소급효의 제한

1) **합헌결정이 있는 경우**

그런데 2014. 5. 20. 헌재법 개정으로 해당 법률 또는 법률의 조항에 대하여 종전에 합헌으로 결정한 사건이 있는 경우에는 **그 결정이 있는 날의 다음 날로 소급하여 효력을 상실**하도록 소급효를 일부 제한하였다(제47조 제3항 단서). 이는 위헌인 형벌법규에 대하여 일률적으로 해당 조항의 제정 시점까지 소급효를 인정할 경우, 헌법재판소가 기존에 합헌결정을 하였다가 시대 상황, 국민 법감정 등 사정변경으로 위헌결정을 한 경우에도 종전의 합헌결정에 관계없이 해당 조항이 제정시점까지 소급하여 효력을 상실하는 문제가 있는바, 헌법재판소가 형벌법규에 대하여 위헌결정을 한 경우에 소급하여 그 효력이 상실되도록 하면서도, 헌법재판소가 이미 합헌으로 결정하였던 경우에는 그 합헌결정 이후에 한하여 소급효가 미치도록 하여 종래의 합헌결정 이전의 확정판결에 대한 무분별한 재심청구를 방지하고 합헌결정에 실린 당대의 법감정과 시대상황에 대한 고려를 존중하려는 취지이다(2016. 4. 28. 2015헌바216).[306]

헌재판례) 합헌결정이 있는 경우 위헌결정의 효과(2015. 4. 30. 2013헌마873★)
피청구인은 청구인이 배우자 있는 자와 상간하였다는 혐의로 기소유예처분 하였으나, 그 후 이 사건 기소유예처분의 근거가 된 형법 제241조에 대하여 헌법재판소의 위헌결정이 있었고(헌재 2015. 2. 26. 2009헌바17 등), 그로 인하여 위 조항은 헌법재판소법 제47조 제3항에 따라 헌법재판소가 위 조항에 대해서 마지막으로 **합헌결정(2007헌가17 등)을 한 날인 2008. 10. 30.의 다음 날인 2008. 10. 31.로 소급하여 그 효력을 상실**하였다. 따라서 이 사건 기소유예처분은 근거되는 법률조항이 헌법재판소의 위헌결정으로 소급하여 그 효력을 상실함으로써 청구인의 행위가 범죄를 구성하지 않게 되었음에도, 그 혐의가 인정됨을 전제로 한 처분의 효력을 지속하고 있으므로 그로 말미암아 청구인의 평등권과 행복추구권이 침해되었다.

306 이동흡, 전게서, 308면.

헌재판례) 헌재법 제47조 제3항 단서의 '합헌 결정이 있은 다음 날'의 의미(2016. 11. 10. 2015모1475★)

헌법재판소법 제47조는 제2항에서 "위헌으로 결정된 법률 또는 법률의 조항은 그 결정이 있는 날부터 효력을 상실한다."라고 규정하면서, 제3항에서 "제2항에도 불구하고 형벌에 관한 법률 또는 법률의 조항은 소급하여 그 효력을 상실한다. 다만, 해당 법률 또는 법률의 조항에 대하여 종전에 합헌으로 결정한 사건이 있는 경우에는 그 결정이 있는 날의 다음 날로 소급하여 효력을 상실한다."라고 규정하고, 제4항에서 "제3항의 경우에 위헌으로 결정된 법률 또는 법률의 조항에 근거한 유죄의 확정판결에 대하여는 재심을 청구할 수 있다."라고 규정하고 있다. 헌법재판소법 제47조 제4항에 따라 재심을 청구할 수 있는 '위헌으로 결정된 법률 또는 법률의 조항에 근거한 유죄확정판결'이란 헌법재판소의 위헌결정으로 인하여 같은 조 제3항의 규정에 의하여 소급하여 효력을 상실하는 법률 또는 법률의 조항을 **적용한 유죄의 확정판결을 의미한다**. 따라서 위헌으로 결정된 법률 또는 법률의 조항이 같은 조 제3항 단서에 의하여 종전의 합헌결정이 있는 날의 다음 날로 소급하여 효력을 상실하는 경우 **그 합헌결정이 있는 날의 다음 날 이후에 유죄 판결이 선고되어 확정되었다면, 비록 범죄행위가 그 이전에 행하여졌다 하더라도** 그 판결은 위헌결정으로 인하여 소급하여 효력을 상실한 법률 또는 법률의 조항을 적용한 것으로서 '위헌으로 결정된 법률 또는 법률의 조항에 근거한 유죄의 확정판결'에 해당하므로 이에 대하여 재심을 청구할 수 있다.

대법판례) 대법원 2019. 12. 24. 선고 2019도15167 판결 [간통]

피고인이 간통죄로 유죄의 확정판결을 받은 후 헌법재판소가 구 형법(2016. 1. 6. 법률 제13719호로 개정되기 전의 것) 제241조에 대하여 2008. 10. 30. 합헌결정(이하 '종전 합헌결정')을 하였다가 2015. 2. 26. 위헌결정을 하게 되자 재심을 청구하였는데, 제1심이 재심개시결정을 한 후 심급에 따라 다시 심리하여 면소판결을 선고하고, 원심이 피고인의 항소를 기각하자, 구 형법 제241조에 대한 위 위헌결정의 효력이 공소사실에 미쳐 무죄가 선고되어야 한다는 취지로 상고한 사안에서, 구 헌법재판소법(2014. 5. 20. 법률 제12597호로 개정되기 전의 것) 제47조 제2항 단서는 위헌으로 결정된 형벌에 관한 법률 또는 법률의 조항은 소급하여 그 효력을 상실한다고 정하면서 소급효를 제한하지 않았으나, 위와 같이 개정된 헌법재판소법 제47조 제3항 단서는 형벌에 관한 해당 법률 또는 법률의 조항에 대하여 종전에 합헌으로 결정한 사건이 있는 경우에는 그 결정이 있는 날의 다음 날로 소급하여 효력을 상실한다고 정하여 소급효를 제한하고 있고, 한편 형사소송법 제326조 제4호는 '범죄 후의 법령개폐로 형이 폐지되었을 때'를 면소판결을 선고하여야 하는 경우로 정하고 있으므로, 종전 합헌결정일 이전의 범죄행위에 대하여 재심개시결정이 확정되었는데 그 범죄행위에 적용될 법률 또는 법률의 조항이 위헌결정으로 헌법재판소법 제47조 제3항 단서에 의하여 종전 합헌결정일의 다음 날로 소급하여 효력을 상실하였다면 범죄행위 당시 유효한 법률 또는 법률의 조항이 그 이후 폐지된 경우와 마찬가지이므로 법원은 형사소송법 제326조 제4호에 해당하는 것으로 보아 면소판결을 선고하여야 하는 점에 비추어 보면, 공소사실 기재 범행일이 종전 합헌결정일 이전이고, 구 형법 제241조가 위 위헌결정으로 인하여 종전 합헌결정일의 다음 날인 2008. 10. 31.로 소급하여 효력을 상실하므로 공소사실을 심판하는 제1심은 형사소송법 제326조 제4호에 따라 면소판결을 선고하여야 한다는 이유로, 공소사실에 대하여 면소판결을 선고한 제1심 및 이를 유지한 원심의 조치가 타당하다.

2) 형사절차법에서의 위헌결정의 소급효

지금까지 헌법재판소는 "헌법재판소법 제47조 제2항 단서(현 제3항)의 소급효가 인정되는 형벌에 관한 법률 또는 법률의 조항의 범위는 실체적인 형벌법규에 한정하여야 하고 형사소송절차에 관한 절차법적인 법률인 경우에는 원칙적으로 동 조항 단서(현 제3항)가 적용되지 않는다"고 판시하고 있다(1992. 12. 24. 92헌가8). 따라서 유죄판결이 확정된 사건에 대하여는 형사소송법 등 절차법 위헌을 이유로는 재심을 청구할 수 없다. 학설도 대체로 형벌에 관한 실체법 조항에 대해 위헌결정이 있을 때만 재심사유가 되고 형사절차법에 관한 규정에 대하여는 위헌결정이 내려져도 소급효가 인정되지 않는다는 견해를 취하고 있다. 다만, 사회보호법상의 보호감호에 관하여 위헌결정이 내려진 후 종전의 규정에 대한 보호감호처분이 확정된 당사자에 대하여는 형벌에 관한 실체법규정으로 보아 재심이 허용되었다(1991. 7. 26. 91재감도58).

3) 불처벌 특례조항에 대한 위헌결정 소급효의 제한

헌법재판소는 형벌에 관한 조항이라도 '위헌결정의 소급효를 인정할 경우 형사처벌을 받지 않았던 자들에게 형사상의 불이익이 미치게 되는 경우'에는 소급효를 인정할 수 없다는 취지로 판시하고 있다(1997. 1. 16. 90헌마110).

(5) 위헌법률에 근거한 행정처분의 효력[307] (★★)

(가) 학설[308]

먼저, ① 당연무효설은 법률이 위헌이라는 함은 그 법률에 기한 행정처분의 효력을 당연무효로 할 만큼 중대하며, 구체적 규범통제의 실효성 확보를 위하여도 법률에 대한 위헌결정이 있으면 그 법률에 근거한 행정처분의 효력을 다투어 위헌결정의 계기를 부여한 사건에서는 권리구제를 해주어야 하므로, 법률에 대한 위헌결

307 성중탁, 선행과세처분의 근거 법률이 위헌선고된 경우, 과세채권의 집행을 위한 체납처분의 효력, 저스티스, 한국법학원, 2013. 6, 245-249면.

308 이동흡, 전게서, 311면.

정이 있으면 그 법률에 근거한 행정처분을 당연무효로 보아야 한다는 것이다. 다음으로, ② 취소사유설은, 행정처분의 근거법률에 대한 위헌결정이 있더라도 그 흠이 명백한 경우에 해당하지 않을 뿐만 아니라, 위헌결정이 '확정된 행정처분'에 영향을 주어서는 법적 안정성을 크게 해치게 된다는 점을 근거로 이는 당해 처분의 취소사유에 불과하다고 한다.

(나) 판례

1) **대법원의 판례**

대법원은 "법률에 근거하여 행정처분이 발하여진 후에 헌법재판소가 그 행정처분의 근거가 된 법률을 위헌으로 결정하였다면 결과적으로 행정처분은 법률의 근거가 없이 행하여진 것과 마찬가지가 되어 하자가 있는 것이 되나, 하자 있는 행정처분이 당연무효가 되기 위해서는 그 하자가 중대할 뿐만 아니라 명백한 것이어야 하는데, 일반적으로 법률이 헌법에 위반된다는 사정이 헌법재판소의 위헌결정이 있기 전에는 객관적으로 명백한 것이라고 할 수는 없으므로 헌법재판소의 위헌결정 전에 행정처분의 근거 되는 당해 법률이 헌법에 위반된다는 사유는 특별한 사정이 없는 한 그 행정처분의 취소소송의 전제가 될 수 있을 뿐 당연무효사유는 아니라고 봄이 상당하다"(1994. 10. 28. 92누9463)라고 판시하고 있다. 그런데 위헌결정 이후에는 국민의 권리구제의 측면에서 위헌법률의 적용상태를 그대로 방치하거나 위헌법률의 종국적인 집행을 위한 국가의 추가적인 행위를 용납하여서는 아니 된다(2002. 8. 23. 2002두4372). 따라서 위헌결정 전에 이미 형성된 법률관계에 기한 후속처분이라도 그것이 새로운 위헌적 법률관계를 생성·확대하는 경우라면 이를 허용할 수 없고, 이를 당연무효로 보아야 한다(2012. 2. 16. 2010두10907).

2) **헌법재판소의 판례**

a) 행정처분의 효력

헌법재판소는 "법률이 헌법에 위반된다는 사정은 헌법재판소의 위헌결정이 있기 전에는 객관적으로 명백한 것이라고 할 수는 없으므로 특별한 사정이 없는 한 그러한 하자는 행정처분의 취소사유에 해당할 뿐 당연무효사유는 아니다"라고 판단하여 원칙적으로 취소사유에 해당한다고 보고 있다(2001. 9. 27. 2001헌바38; 2005. 3. 31. 2003헌바113; 2014. 1. 28. 2011헌바38). 다만, "행정처분 자체의 효력이 쟁송기간 경과 후에도 존속 중인 경우, 특히 그 처분이 위헌법률에 근거하여 내려진 것이고 그 행정처분의 목적달성을 위하여서는 후행 행정처분이 필요한데 후행 행정처분은 아직 이루어지지 않은 경우와 같이 그 행정처분을 무효로 하더라도 법적 안정성을 크게 해치지 않는 반면에 그 하자가 중대하여 그 구제가 필요한 경우"에 대하여서는 당연무효사유로 보아야 한다고 판시하고 있다(1994. 6. 30. 92헌바23). 즉, 헌법재판소는 원칙적으로 취소사유에 해당한다고 보는 점에서는 대법원과 동일하나 어느 경우가 예외적인 무효사유에 해당하는지에 관해서는 달리 보고 있다고 할 것이다.

b) 재판의 전제성

위헌인 법률에 근거한 행정처분을 당연무효로 보아 재판의 전제성을 인정할 수 있는지 여부가 문제된다. 헌법재판소는 이와 관련하여, "제소기간이 경과한 뒤에는 행정처분의 근거 법률이 위헌임을 이유로 무효확인소송 등을 제기하더라도 행정처분의 효력에는 영향이 없으며, 그 하자가 당연무효사유가 아닌 한 후행처분에 승계되는 것도 아니다. 따라서 처분의 근거가 된 법률조항의 위헌 여부에 따라 당해 사건 재판의 주문이 달라지거나 재판의 내용과 효력에 관한 법률적 의미가 달라지는 경우로 볼 수 없으므로 재판의 전제성이 인정되지 아니한다"라고 판단하였다(2014. 3. 27. 2011헌바232; 2014. 6. 26. 2012헌바389). 한편, 헌법재판소는 "그 무효 여부는 당해 사건을 재판하는 법원이 판단할 사항이지 헌법재판소에서 결정할 사항은 아니다"(1998. 4. 30. 95헌마93 등)라고 하여 취소사유에 해당하든 무효사유에 해당하든 그것은 법원이 판단할 사항이라고 한다. 따라서 행정처분에 대한 무효확인소송에서 법원이 근거 법률조항에 대하여 신청 또는 직권으로 위헌제청을 한 경우에는 헌법재판소는 무효사유인 취소사유인지 여부를 판단하지 아니하고 근거

법률조항의 위헌 여부에 대하여만 판단한다. 그리고 헌재에 의해 위헌으로 결정된 법률에 근거한 행정처분에 대한 무효확인소송에서 법원이 이를 취소사유로 보고 기각판결을 하더라도 이에 대한 재판헌법소원은 인정되지 아니한다.

또한, 헌법재판소는 도시계획시설사업의 사업시행자지정고시처분의 하자가 그 실시계획인가고시처분에 승계되는지에 관한 명시적 대법원 판례가 없는 상황에서 하자승계가 부정됨을 근거로 실시계획인가고시처분의 효력을 다투는 취소의 소에서 사업시행자지정고시처분 근거법률의 재판 전제성을 부정하였다(헌재 2010. 12. 28. 2009헌바429). 즉, 하자 승계 이론을 전제로 형식적 측면에서 해당 법률조항은 해당 사건에 직접 적용되는 법률이 아니고, 그 위헌 여부에 따라 직접 적용되는 법률의 위헌 여부가 결정된다고도 할 수 없어서 원칙적으로 재판의 전제성이 인정되지 아니한다고 하였다. 하지만 사업시행자지정처분으로는 피수용자의 재산권이 제약되지 않아 피수용자는 사업시행자지정처분을 다툴 원고적격이 없다.[309] 따라서 피수용자는 사업시행자지정처분의 효력을 다툴 수 없다. 그러나 실시계획인가를 통해서 사업인정이 의제되면 사업시행자에게 수용권이 부여된다. 피수용자는 이러한 사업시행자의 수용권 행사로 말미암아 자기 재산권이 제약된다. 그런데 헌법재판소 결정을 따르면 이른바 사인에 의한 수용이 문제 되는 상황에서 피수용자는 선행 행정처분인 사업시행자지정고시처분의 하자는 원고적격이 없어서 이에 대한 취소의 소를 제기할 수 없고, 후행 행정처분인 실시계획인가고시처분을 다투면서 선행 행정처분인 사업시행자지정고시처분의 근거법률이 위헌인지는 재판의 전제성이 없어서 다툴 수 없게 되는 불합리한 결과가 발생한다. 따라서 이러한 때에는 후행 행정처분을 다투면서 피수용자가 청구한 헌법소원심판에서 헌법재판소는 재판의 전제성을 인정하여 당사자에게 권리구제 가능성을 열어주어야 한다.[310] 참고로, 헌법재판소는 구 사회간접자본시설에 대한 민간투자법 제9조 위헌소원 사건에서 민간투자사업이 문제되었을 때 후행 행정처분인 실시계획승인처분을 다투

309 대법원 2009. 4. 23. 선고 2008두242 판결.

310 허완중, 위헌법률에 근거한 행정처분의 효력, 헌법재판연구원, 2016, 70면.

는 것을 해당 사건으로 하여 사업시행자지정처분의 근거조항에 대해서 제기한 헌법재판소법 제68조 제2항에 따른 헌법소원에서 재판의 전제성이 인정됨을 근거로 본안판단을 한 바 있다(헌재 2009. 10. 29. 2007헌바63).

헌재판례) 재판헌법소원(2001. 2. 22. 99헌마605)

이 사건 판결이 예외적으로 헌법소원심판의 대상으로 되는 '헌법재판소가 위헌으로 결정한 법령을 적용함으로써 국민의 기본권을 침해한 재판'에 해당하는지의 여부에 관하여 보면, 헌법재판소가 위헌이라고 결정한 법령에 근거한 행정처분의 무효 여부는 당해 사건을 재판하는 법원이 위헌성의 정도에 따라 판단할 사항이라고 하는 것이 헌법재판소의 판례이고, 대법원 판결에서 설시하였듯이, "행정청이 법률에 근거하여 행정처분을 한 후에 헌법재판소가 그 법률을 위헌으로 결정하였다면 그 행정처분은 결과적으로 법률의 근거가 없이 행하여진 것과 마찬가지가 되어 하자가 있다고 할 것이나, 하자 있는 행정처분이 당연무효로 되기 위하여는 그 하자가 중대할 뿐만 아니라 명백한 것"이어야 하는데, 법률이 헌법에 위반된다는 사정은 헌법재판소의 위헌결정이 있기 전에는 항상 객관적으로 명백한 것이라고 말할 수는 없으므로, 결과적으로 그 하자의 중대성과 명백성을 판단하여 무효사유인지 아니면 단지 취소사유에 불과한지를 결정하여야 한다. 만일 위와 같은 행정처분이 언제나 무효라고 한다면, 이는 위헌결정의 소급효를 인정하는 결과와 마찬가지가 된다는 점에서 타당치 않다. 따라서 어떠한 법령에 대하여 위헌결정이 된 이후 그에 근거하여 행하여진 행정처분에 대하여 법원이 이를 무효로 보지 않는 재판을 하였다면, 이는 '헌법재판소가 위헌으로 결정한 법령을 적용함으로써 국민의 기본권을 침해한 재판'에 해당하여 예외적으로 헌법소원심판의 대상이 되는 것과는 달리, 법령의 위헌결정 이전에 그에 근거하여 행하여진 행정처분에 대하여 위헌결정 이후에 행하여진 재판에서 이를 무효라고 보지 않았다고 하더라도, 그 재판은 헌법재판소가 위헌으로 결정한 법령을 적용함으로써 국민의 기본권을 침해한 경우라고는 할 수 없다.

헌재판례) 위헌법률에 근거한 행정처분의 효력과 재판의 전제성 1(2004. 6. 24. 2003헌바30)

쟁송기간이 경과한 후 처분의 근거법률의 위헌 여부를 다투는 경우 재판의 전제성 인정 여부(소극) 행정처분의 근거가 된 법률이 헌법재판소에서 위헌으로 선고된다고 하더라도 원칙적으로 그 전에 이미 집행이 종료된 행정처분이 당연무효가 되는 것은 아니므로 행정처분에 대한 쟁송기간 내에 그 취소를 구하는 소를 제기한 경우는 별론으로 하고 쟁송기간이 경과한 후에는 행정처분의 근거법률이 위헌임을 이유로 무효확인소송 등을 제기하더라도 행정처분의 효력에는 영향이 없다. 그러므로 행정처분에 대한 쟁송기간이 경과된 후에 그 행정처분의 근거가 된 법률의 위헌 여부에 대한 심판을 구한 경우에는 당해 사건을 담당하는 법원이 그 법률에 대한 위헌결정이 있는 경우 다른 내용의 재판을 할 예외적인 사정이 있는지 여부에 대하여 내린 판단에 따라 재판의 전제성 유무가 달라지게 된다고 할 것인데, 그 법률에 대한 위헌결정이 행정처분의 효력에 영향을 미칠 여지가 없는 경우에는 그 법률의 위헌 여부에 따라 당해 사건에 대한 재판의 주문이 달라지거나 재판의 내용과 효력에 관한 법률적 의미가 달라질 수 없는 것이므로 재판의 전제성을 인정할 수 없게 된다.

헌재판례) 위헌법률에 근거한 행정처분의 효력과 재판의 전제성 2(2014. 3. 27. 2011헌바232)

행정처분의 근거법률이 헌법에 위반된다는 사정은 헌법재판소의 위헌결정이 있기 전에는 객관적으로 명백한 것이라고 할 수는 없으므로, 특별한 사정이 없는 한 그러한 하자는 행정처분의 취소사유에 해당할 뿐 당연무효사유는 아니다. 제소기간이 경과한 뒤에는 행정처분의 근거 법률이 위헌임을 이유로 무효확인소송 등을 제기하더라도 행정처분의 효력에는 영향이 없으며, 그 하자가 당연무효사유가 아닌 한 후행처분에 승계되는 것이 아니다. 따라서 처분의 근거가 된 법률조항의 위헌 여부에 따라 당해 사건 재판의 주문이 달라지거나 재판의 내용과 효력에 관한 법률적 의미가 달라지는 경우로 볼 수 없으므로 재판의 전제성이 인정되지 아니한다. 도시개발사업 시행과정에서, '구역 지정 및 개발계획 수립 단계'와 '실시계획 수립 단계' 이후의 '토지수용 단계'에서 비로소 적용되는 법률조항은, 그 전 단계인 '구역 지정 및 개발계획 수립 단계'와 '실시계획 수립 단계'에서 이루어진 고시와 처분의 무효확인 또는 취소를 구하고 있는 당해 사건에는 적용될 여지가 없으므로, 재판의 전제성이 인정되지 아니한다.

(6) 헌법불합치결정의 소급효

(가) 적용중지 헌법불합치결정의 경우

헌법불합치결정은 입법자의 최종결정을 통해서 비로소 불합치결정의 실질적 내용과 효력을 갖게 되므로, 불합치결정의 소급효력은 당연히 입법자의 최종결정(법률의 개정이나 폐지)의 소급효력을 의미하고, 따라서 당해 사건과 병행사건은 입법자의 최종결정인 신법의 적용을 소급하여 받는다는 것을 의미한다. 그런데 개정법률에서 소급적용한다는 경과규정이 없는 경우에 구법을 적용해야 하는지, 아니면 신법을 적용해야 하는지가 문제된다.

1) 학설[311]

먼저, ① 신법적용설은 경과규정과 상관없이 소급효가 인정되므로 신법을 적용해야 한다는 입장이다. 소급효를 인정하지 않게 되면 위헌법률심판의 경우 재판의 전제성이 없게 되고, 헌법소원심판의 경우 권리보호이익이 없게 되기 때문이다. 즉,

---

311 이동흡, 전게서, 336면.

헌법불합치결정의 소급효는 헌법불합치결정의 본질적인 부분이라고 본다. 다음으로, ② 구법적용설은 경과규정이 없으면 구법을 적용해야 한다는 입장이다. 개정법률의 소급적용이 법적 안정성과 국가예산 및 재정경제상의 특수성 등 사실상의 어려움 때문에 제한되어야 할 필요가 있는 예외적인 경우에는 신법의 소급적용을 제한할 수 있기 때문이다. 즉, 헌법불합치결정의 소급효는 헌법불합치결정의 원칙적인 효력이지 본질적인 부분은 아니라고 본다.

2) 헌법재판소의 판례

헌법재판소는 토지초과이득세법에 대하여 적용중지 헌법불합치결정을 한 바 있고(1994. 7. 29. 92헌바49 등), 이 결정 이후 국회는 토지초과이득세법을 개정하였다. 그런데 개정법률 부칙 제2조는 "이 법은 이법 시행 후 발생하는 토지초과이득에 대하여 적용한다."라고 규정하여 당해 사건 등에서 신법 적용의 근거를 마련하지 아니하여 문제가 되었다. 이에 대하여 헌법재판소는 헌법불합치결정의 효력이 소급적으로 미치게 되는 당해 사건 또는 병행사건에 대하여는 위 결정 이후 입법자에 의하여 개정된 법률조항이 적용되어야 한다고 판시하였다(1995. 7. 27. 93헌바1 등).

> **헌재판례) 다른 사건에서 헌법불합치결정 전의 위헌제청신청·위 헌법불합치결정 후의 위헌제청 (2006. 6. 29. 2004헌가3)**
>
> 헌법재판소가 2003. 12. 18. 2002헌바14 등 사건에서 이 사건 법률조항에 대하여 헌법불합치결정을 선고한 바 있고 그 취지를 반영하여 2005. 1. 27. 개선입법이 이루어진 바 있는데, 제청신청인이 헌법불합치결정 전인 2003. 7. 15. 이미 위헌법률심판제청신청을 한 당해 사건에서 제청법원이 헌법불합치결정 후인 2004. 1. 15. 동일한 법률조항인 이 사건 법률조항에 대하여 위헌제청결정을 한 경우, 위 헌법불합치결정의 소급효는 헌법불합치결정 당시에 이 사건 법률조항의 위헌 여부가 쟁점이 되어 법원에 계속 중인 당해 사건에도 미친다고 할 것이므로, 종전의 법률조항인 이 사건 법률조항이 당해 사건에 그대로 적용될 수는 없고, 위헌성이 제거된 현행 사립학교법 규정이 적용되어야 한다. 따라서 제청법원의 심판제청은 심판의 대상이 된 법률조항이 재판의 전제성을 잃게 됨으로써 결국 심판제청의 이익이 없다.

헌재판례) 헌법불합치결정의 소급효와 권리보호이익(2011. 8. 30. 2008헌마343)

헌법불합치결정 당시 헌법재판소에 계속 중인 이 사건 법률조항에 대한 청구 부분은 이 사건 법률조항의 위헌 여부가 쟁점이 되어 '헌법재판소에 계속 중인 사건'으로서 위 헌법불합치결정의 소급효가 미친다고 할 것이어서, 위 헌법불합치결정에 따른 개선입법이 시행된 2010. 1. 1.부터는 이 사건 법률조항은 효력을 상실하고 개선입법만이 청구인에게 적용된다. 따라서 이 사건(구)법률조항에 의한 기본권 침해는 더 이상 존재하지 않게 되므로 청구인에게 권리보호이익이 없어 부적법하다. 군인연금법 시행령 제70조 제1호는 이 사건 법률조항의 위임에 따른 것으로서 2010. 1. 1.부터 이 사건 법률조항이 효력을 상실하여 위 시행령조항 역시 청구인에게 적용되지 않게 되었다. 따라서 이 사건 시행령조항의 위헌 여부를 심판할 권리보호이익이 없으므로 이 사건 시행령조항에 대한 청구 부분은 부적법하다.

3) 대법원의 판례

대법원도 개정법에 소급적용의 경과규정이 없더라도 당해 사건(민사, 행정 사건 등 불문) 및 법원에 계속 중인 병행사건에는 헌법불합치결정의 소급효가 미치기 때문에 개정법률조항을 적용해야 한다고 판시하고 있다(2002. 4. 2. 99다3358; 2011. 9. 29. 2008두18885; 2010. 6. 24. 2006다61499). 그러나 대법원은 형사사건에서는 헌법불합치결정에 따라 개정된 법조항을 소급 적용하여 피고인을 처벌하는 것은 죄형법정주의에 위배되므로 단순위헌결정과 마찬가지로 당해 사건 피고인에 대하여 무죄를 선고해야 한다는 입장이다(2009. 1. 15. 2004도7111).

(나) 잠정적용 헌법불합치결정의 경우

잠정적용(계속적용) 헌법불합치결정을 한 경우에 당해 사건에 있어서도 구법이 적용되는 것인지, 아니면 구법을 위헌으로 보아 구법을 적용하지 않은 상태에서 판결해야 하는 것인지, 아니면 판결을 하지 아니하고 이후 법률이 개정될 때까지 기다려 개정법률을 적용해야 하는 것인지가 문제된다.

1) 학설[312]

먼저, ① 구법 적용 긍정설은 법적 공백으로 인한 혼란방지를 위하여 구법을 잠

312 한수웅, 전게서, 1443면; 이동흡, 전게서, 337면.

정적용하는 것이므로 당해 사건에서도 구법을 적용해야 한다고 본다. 다음으로, ② 구법 적용 부정설은 구법을 적용하게 되면 재판의 전제성과 권리보호이익이 인정되지 아니하여 심판청구가 부적법하게 되는 문제가 발생하므로 구법을 적용할 수 없다고 본다. 그런데 이 견해는 위헌결정처럼 구법을 적용해서는 안 된다는 입장과 개정법률을 적용해야 한다는 입장으로 갈린다.

2) 헌법재판소의 판례

헌법재판소는 잠정적용을 명하는 법률조항은 당해 사건에 계속 적용된다는 입장이다. "이 사건 법률조항의 적용을 그대로 유지하는 것이 위헌결정으로 말미암아 발생하는 법적 공백의 합헌적인 상태보다 오히려 여러 가지 충격과 혼란을 방지하는 등 헌법적으로 더욱 바람직하다고 판단되고, 비록 이로 인하여 청구인들이 위헌법률의 적용금지를 통한 권리구제의 목적은 달성할 수 없게 되지만, 헌법소원의 기능은 권리구제라는 주관적 측면 이외에 헌법질서의 유지라는 객관적 측면도 있다는 점에서 이를 반드시 불합리한 결과라고는 할 수 없을 뿐만 아니라, 이 사건 법률조항의 계속 적용을 명한다고 하여 위헌판단의 의미 및 효력이 없어지게 되는 것은 아니라고 할 것이므로, 결국 입법자가 위 헌법합치적 개정법률이 시행되기 이전에 적용되는 이 사건 법률조항을 대체할 합헌적 법률을 입법할 때까지 일정 기간 동안 위헌적인 법규정을 존속케 하고 또한 잠정적으로 적용하게 할 필요가 있는 것이다"(2001. 6. 28. 99헌바54). 또한 헌법재판소는 "심판대상 법률조항이 헌법에 불합치함을 선언하면서도, 합헌적인 개정법률이 시행될 때까지는 이를 잠정적으로 그대로 계속 적용할 것을 명함과 동시에, 헌법불합치 선언이 당해 사건 등에 미칠 효과로 인한 법률적 혼란과 충격을 막기 위하여 이 사건 위헌여부심판제청의 당해 사건을 포함한 모든 특허 및 의장쟁송사건에 대하여 위 심판대상 법률조항의 적용을 명한다"라고 판시한 바 있다(1995. 9. 28. 92헌가11 등).

헌재판례) 잠정적용 헌법불합치결정의 효력과 법률의 적용(2013. 9. 26. 2012헌마806)

위헌으로 판단한 법률의 적용을 중지하는 헌법불합치결정을 하는 경우, 위헌적 법률은 효력을 상실하여 법질서에서 소멸하는 것이 아니라 형식적으로 존속하게 되나 원칙적으로 위헌적 법률의 적용이 금지되고, 헌법심판의 계기를 부여한 당해 사건은 물론 심판대상 법률이 적용되어 법원에 계속 중인 모든 사건의 재판절차가 정지된다. 이는 입법자가 위헌법률을 합헌적인 상태로 개정할 때까지 법원의 판단이 보류되어야 하며 법원이 개정된 법률에 의하여 판단을 함으로써 사건의 당사자가 개정 법률의 결과에 따른 혜택을 받을 수 있는 기회를 그때까지 열어 놓아야 한다는 것을 뜻한다. 그러나 헌법재판소가 헌법불합치결정을 하면서 예외적으로 위헌으로 판단한 법률을 계속 적용할 것을 명하는 경우가 있다. 헌법재판소는 위헌결정을 통하여 위헌법률을 법질서에서 제거하는 것이 법적 공백이나 혼란을 초래할 우려가 있는 경우, 즉 위헌법률을 잠정적으로 적용하는 위헌적인 상태가 오히려 위헌결정으로 인하여 초래되는 법적 공백 또는 혼란이라는 합헌적인 상태보다 예외적으로 헌법적으로 더욱 바람직하다고 판단되는 경우에, 법적 안정성의 관점에서 법치국가적으로 용인하기 어려운 법적 공백과 그로 인한 혼란을 방지하기 위하여 입법자가 합헌적인 방향으로 법률을 개선할 때까지 일정 기간 동안 위헌법률을 잠정적으로 적용할 것을 명할 수 있고, 이와 같이 헌법불합치결정을 하면서 계속 적용을 명하는 경우 모든 국가기관은 그에 기속되고, 법원은 이러한 예외적인 경우에 위헌법률을 계속 적용하여 재판을 할 수 있다. 이 사건의 경우 헌법재판소는 도시계획시설사업의 대상이 되는 기반시설의 한 종류를 정한 이 사건 체육시설조항에 대하여, 만약 헌법재판소가 이 사건 체육시설조항에 대해 위헌결정을 선고한다면 헌법재판소가 결정을 선고한 때부터 위 조항은 그 효력을 상실하게 되어 국민의 건강 증진과 여가 선용을 위해 도시계획시설사업에 꼭 포함되어야 할 체육시설까지 그 대상에서 제외되는 법적 공백과 혼란이 예상된다는 이유로, 헌법불합치결정을 하면서 "2012. 12. 31.을 시한으로 입법자가 개정할 때까지 계속 적용한다."고 명하였다. 이 사건 판결들은 이 사건 불합치결정 당시 이 사건 불합치결정의 대상과 동일한 이 사건 체육시설조항의 위헌 여부가 재판의 전제가 되어 법원에 그 위헌여부심판의 제청신청이 되어 있었던 사건에 대한 판결들이나, 모두 이 사건 불합치결정 이후 그리고 헌법재판소가 정한 개정 시한인 2012. 12. 31. 이전에 선고되었고, 이 사건 불합치결정에 따라 이 사건 체육시설조항을 적용하여 재판한 것이므로 헌법재판소 결정의 기속력에 반하는 재판이라고 할 수 없다.

3) 대법원의 판례

국회의원총선거에 출마한 자가 기탁금이 과다하고 정당추천후보자와 무소속후보자를 차별한다 하여 국고귀속된 기탁금에 대한 부당이득반환청구의 소를 제기하면서 위헌법률심판을 제청신청하고 법원이 이를 받아들여 제청하였는데, 헌법재판소는 이에 대하여 잠정적용 헌법불합치결정을 하고(1989. 9. 8. 88헌가6), 대법원은 헌법불합치결정이 본질적으로 위헌결정과 같은 것이기 때문에 헌법불합치결정된 법률조항은 그 적용이 배제된다고 판시하면서 국고에 귀속된 기탁금 전액의 반환을 인정하였다(1991. 6. 11. 90다5450). 그러나 그 후 대법원은 헌법불합치결정의 취지 및 당해 사건의 구체적 사건 등을 고려하여 구법의 적용 여부를 개별적으로 달리 판단하고 있다. 즉, 법적 혼란을 이유로 헌법불합치결정을 한 경우에는 당해 사건이나 병행사건의 경우에도 구법(헌법불합치된 법률)이 적용된다고[313] 보고 있으나(2009. 1. 15. 2008두15596; 2009. 5. 14. 2008두18045; 2012. 10. 11. 2012도7455), 수혜적 법률이 평등원칙에 위배되어 헌법불합치결정을 한 경우에는 당해 사건에 개정된 신법률을 적용하고 있다(2011. 9. 29. 2008두18885).

그런데, 잠정적용 헌법불합치결정에는 '잠정적용을 명한 부분'과 '적용중지를 명한 부분'이 혼재되어 있는 경우가 있다. 그러한 경우, 잠정적용 헌법불합치결정에 따라 계속 해당 법률이 적용되다가 개정시한을 도과하였고, '적용중지를 명한 부분'에 해당하는 경우에도, 위와 같이 일률적으로 헌법불합치결정을 받은 법률조항의 적용을 받는 것인지(즉, 소급효가 배제되고 장래효만 적용되는 것인지)에 대해서는 의문이 있었는데, 최근 대법원에서 그에 관한 판결을 선고한 바 있다.

대법판례) 잠정적용 헌법불합치결정의 효력과 법률의 적용(대법원 2020. 1. 30. 선고 2018두49154)

가. 사실관계

세무사법 제3조는 '제5조의 세무사 자격시험에 합격한 자(제1호)'와 '변호사의 자격이 있는 자(제3호)'를 세무사의 자격이 있다고 정하고 있었고, 세무사법 제6조 제1항은 '제5조의 세무사 자격시험에 합격하여 세무사 자격이 있는 자가 세무대리를 시작하려면 기획재정부에 비치하는 세무사등록부에 대통령령으로 정하는 사항을 등록하여야 한다.'고 정하고 있었으며, 세무사법(2009. 1. 30. 법률 제9348호로 개정된 것) 제20조 제1항은 '제6조에 따른 등록을 한 자가 아니면 세무대리를 할 수 없다. 다만 변호사법 제3조에 따라 변호사의 직무로서 행하는 경우와 제20조의2 제1항에 따라 등록한 경우에는 그러하지 아니하다.'고 정함으로써, 세무사 자격시험에 합격한 자만 세무사등록부에 등록을 할 수 있고, 등록을 한 자가 아니면 세무대리를 할 수 없었는바, 세무사 자격 보유 변호사로 하여금 '세무사로서'는 세무대리를 일체 수행할 수 없도록 하고 있었다. 세무사 자격을 보유하고 있

313 즉, 비형벌조항에 관한 잠정적용 헌법불합치결정이 선고되었으나 개정시한까지 해당 조항이 개정되지 아니한 경우, 해당 조항의 효력은 개정시한을 도과한 시점부터 장래에 향하여 상실될 뿐이고, 헌법불합치결정을 받은 당해 사건에 관하여도 소급하여 효력을 상실한다고 볼 수는 없으므로, 효력을 상실한 조항이 당해 사건에 여전히 적용된다는 것이다.

는 변호사인 원고는 서울지방국세청장에게 세무대리업무등록 갱신을 신청하였는데, 서울지방국세청장은 위 세무사법 규정들에 따라 원고의 신청을 반려하는 처분을 하였다. 원고는 서울지방국세청장의 위 반려처분에 대한 취소를 구하는 소송계속 중 원심법원에 위 세무사법 규정들에 대한 위헌법률심판제청신청을 하였고, 원심법원은 이를 받아들여 위헌법률심판제청을 하였는데, 헌법재판소는 2018. 4. 26. 위 세무사법 규정들이 세무사 자격 보유 변호사의 직업선택의 자유를 침해한다고 판단하여, 2019. 12. 31.을 개정시한으로 하여 잠정적용 헌법불합치결정을 하였다. 그러나 국회는 2019. 12. 31.까지 위 세무사법 규정들을 개정하지 아니하였다.

나. 판결 요지

'비형벌조항에 대한 적용중지 헌법불합치결정이 선고되었으나 위헌성이 제거된 개선입법이 이루어지지 않은 채 개정시한이 지난 때에는 헌법불합치결정 시점과 법률조항의 효력이 상실되는 시점 사이에 아무런 규율도 존재하지 않는 법적 공백을 방지할 필요가 있으므로, 그 법률조항은 헌법불합치결정이 있었던 때로 소급하여 효력을 상실한다. 비형벌조항에 대해 잠정적용 헌법불합치결정이 선고된 경우라도 해당 법률조항의 잠정적용을 명한 부분의 효력이 미치는 사안이 아니라 적용중지 상태에 있는 부분의 효력이 미치는 사안이라면 그 법률조항 중 적용중지 상태에 있는 부분은 헌법불합치결정이 있었던 때로 소급하여 효력을 상실한다고 보아야 한다.'는 판단을 전제로, '이 사건 헌법불합치결정에서 이 사건 법률조항의 계속 적용을 명한 부분의 효력은 일반 세무사의 세무사등록을 계속 허용하는 근거규정이라는 점에 미친다. 이와 달리 이 사건 법률조항 가운데 세무사 자격 보유 변호사의 세무대리를 전면적, 일률적으로 금지한 부분은 여전히 그 적용이 중지된다고 보아야 한다. 이 사건 법률조항 가운데 세무사 자격 보유 변호사의 세무대리를 전면적, 일률적으로 금지한 부분은 헌법불합치결정이 있었던 때로 소급하여 효력을 상실하였으므로 이 사건 헌법불합치결정을 하게 된 당해 사건인 이 사건에 대해서는 이 사건 법률조항이 그대로 적용될 수 없다. 따라서 이 사건에 이 사건 법률조항이 적용됨을 전제로 원고의 세무대리업무등록 갱신 신청을 반려한 피고의 이 사건 처분은 위법하다.'

앞서 본 것과 같이, 잠정적용 헌법불합치결정은 어느 법률조항에 위헌성이 있는 부분과 합헌성이 있는 부분이 혼재되어 있는 관계로, 해당 법률조항의 적용을 일률적으로 중지시킬 경우 합헌성이 있는 부분의 적용마저 중지될 우려가 있어, 법적 안정성의 차원에서 개정시한까지 해당 법률의 효력을 유지시키고자 하는 헌법재판소의 결정이다. 그렇다면, 잠정적용 헌법불합치결정을 받은 어느 법률조항에서 위헌성이 있는 부분은 '적용중지 상태에 있는 부분'에 해당한다고 볼 수 있을 것이고, 합헌성이 있는 부분은 '잠정적용을 명한 부분'에 해당한다고 볼 수 있을 것인바, 위 대법원의 판결은 잠정적용 헌법불합치결정을 받은 법률조항에서 '적용중지 상태에 있는 부분'을 '잠정적용을 명한 부분'과 분리하여, 개정시한 도과의 효과를 구별하여 판단하였다는 점에서 의의가 있다.[314] 그리고, 잠정적용 헌법불합치결정을 받은 법률조항 중 '적용중지 상태에 있는 부분'이 개정시한을 도과하여 소급하여 효력을 상실한다고 하더라도, 비형벌조항의 경우 형벌조항과 마찬가지로 법률의 제정 시(또는 최후의 합헌결정 다음 날)로 소급하여 효력을 상실하는 것이 아니라, '헌법불합치결정 시'로 소급하여 효력을 상실하는 것일 뿐이므로, 비형벌조항에 관하여 헌법재판소의 잠정적용 헌법불합치결정 이전에 '잠정적용중지 상태에 있는 부분[315]'을 근거로 어떠한 처분을 받은 경우 등에는 그 효력을 부정하기 어렵다는 점도 유의하여야 할 것이다.

대법판례) 공립중등학교 교사 임용후보자 선정 경쟁시험 불합격처분(2009. 1. 15. 2008두15596)
헌법재판소의 헌법불합치결정에 따라 개정된 국가유공자 등 예우 및 지원에 관한 법률 제31조 제1항, 제2항 등의 적용 시기인 2007. 7. 1. 전에 실시한 공립 중등학교 교사 임용후보자 선정 경쟁시험에서, 위 법률 등의 개정 전 규정에 따른 가산점 제도를 적용하여 한 불합격처분은 적법하다.

대법판례) 헌법불합치결정 전에 이루어진 통신제한조치의 적법성(2012. 10 .11. 2012도7455)
통신비밀보호법 제6조 제7항 단서 중 전기통신에 관한 '통신제한조치기간의 연장' 부분에 대한 헌법재판소 헌법불합치결정의 취지 및 위헌성이 제거된 개선입법이 이루어지지 아니한 채 헌법불합치결정에서 정한 개정시한을 넘겨 위 규정이 효력을 잃은 경우, 그 이전에 위 규정에 따라 이루어진 통신제한조치기간 연장의 적법성이나 효력이 영향을 받는지 여부(소극) 단순위헌결정을 하는 경우 그 결정의 효력이 당해 사건 등에 광범위하게 미치는 결과 이미 이 사건 법률조항에 근거하여 받은 통신제한조치의 연장허가나 그에 따른 증거취득의 효력이 전면적으로 재검토되어야 함은 물론 수사목적상 필요한 정당한 통신제한조치의 연장허가도 가능하지 아니하게 되는 등 법적 공백이나 혼란을 초래할 우려가 있으므로 이를 피하기 위하여 이 사건 법률조항의 위헌성이 제거된 개선입법이 이루어지기까지는 이 사건 법률조항을 그대로 잠정적용한다는 것이다. 그렇다면 이 사건 법률조항의 위헌성이 제거된 개선입법이 이루어지지 아니한 채 위 개정시한이 도과함으로써 이 사건 법률조항의 효력이 상실되었다고 하더라도 그 효과는 장래에 향하여만 미칠 뿐이며 그 이전에 이 사건 법률조항에 따라 이루어진 통신제한조치기간 연장의 적법성이나 효력에는 영향을 미치지 아니한다고 볼 것이고, 이른바 당해 사건이라고 하여 달리 취급하여야 할 이유는 없다.

314 성중탁, 잠정적용 헌법불합치결정 효력, 판례연구 제35집, 서울지방변호사회, 2021, 110면 이하.
315 헌법불합치결정 선고 이전까지는 유효한 법률에 해당한다.

대법판례) 상이연금지급 거부처분(2011. 9. 29. 2008두18885)

입법자가 구 군인연금법 제23조 제1항에 대한 헌법불합치결정에 따라 2011. 5. 19. 법률 제10649호로 군인연금법을 개정하면서 부칙에 위헌성이 제거된 개정 조항의 소급 적용에 관한 경과규정을 두지 않은 경우, 개정 조항의 소급 적용 여부와 그 범위
해병대 부사관으로 복무하다가 만기 전역한 후 외상후성 정신장애가 발생한 갑이 관할관청에 상이연금 지급청구를 하였으나 구 군인연금법(2011. 5. 19. 법률 제10649호로 개정되기 전의 것) 제23조 제1항에서 정한 '공무상 질병 또는 부상으로 인하여 폐질상태로 되어 퇴직한 때'에 해당하지 않는다는 이유로 거부되자 법원에 거부처분 취소를 구하는 소송을 제기하는 한편 취소소송 계속 중 위 조항에 대한 위헌확인을 구하는 헌법소원을 제기하여 헌법불합치결정을 받은 사안에서, 이는 '당해 사건'으로서 헌법불합치결정의 소급효가 미치는 경우에 해당하므로, 비록 현행 군인연금법 부칙(2011. 5. 19.)에 그 소급 적용에 관한 경과규정이 없더라도 법 개정을 통해 위헌성이 제거된 현행 개정 군인연금법의 상이연금 관련 규정이 적용되어야 한다.

한편, 대법원은 형벌에 관한 법률조항에 대하여(일반 적용중지) 헌법불합치결정이 선고된 경우 그 조항이 소급하여 효력을 상실하므로, 당해 조항을 적용하여 공소가 제기된 피고사건은 범죄로 되지 아니한 때에 해당하고, 법원은 이에 대하여 형사소송법 **제325조 전단에 따라 무죄를 선고**하여야 한다고 보고 있다. 나아가 대법원은 헌법재판소가 위 법률조항에 대해 헌법불합치결정을 선고하면서 개정시한을 정하여 입법개선을 촉구하였는데도 위 시한까지 법률 개정이 이루어지지 않은 사안에서, "위 법률조항은 소급하여 효력을 상실하므로 이를 적용하여 공소가 제기된 위 피고사건에 대하여 형사소송법 제325조 전단에 따라 무죄를 선고하여야 한다"고 판시하고 있다(2011. 6. 23. 2008도 7562; 2011. 8. 25. 2008도10960). 이러한 대법원 판결 태도는 위헌결정의 장래효를 규정한 일반 법률조항과 달리 형벌조항에 대해서는 원칙적으로 소급효를 인정하고 있는 것에 기인한 것으로 보인다. 그러나 잠정적용 헌법불합치결정은 개선입법이 이루어지지 않은 경우 처음부터 단순위헌결정이 있었던 것과 동일한 상태로 돌아가는 것이 아니라 개선입법 시한이 만료된 다음날부터 법률조항의 효력이 상실되도록 한 취지로 보아야 한다.[316] 따라서 이 경우 '범죄 후 법령 개폐로 형이 폐지되었을 때'에 해당한다고 볼 수 있으므로, 형

316 이동흡, 전게서, 338면; 허영, 전게서, 267면.

사소송법 제326조 제4호에 따라 면소를 선고함이 타당할 것이다.[317]

대법판례) 입법개선촉구와 형벌조항의 효력상실(대법원 2020. 5. 28. 선고 2017도8610; 2011. 6. 23. 2008도7562)

헌법재판소는 2018. 6. 28. "집회 및 시위에 관한 법률 제11조 제3호, 제23조 제1호 중 제11조 제3호에 관한 부분, 제24조 제5호 중 제20조 제2항 가운데 '제11조 제3호를 위반한 집회 또는 시위'에 관한 부분은 헌법에 합치되지 아니한다.", "위 법률조항들은 2019. 12. 31.을 시한으로 개정될 때까지 계속 적용한다."라는 헌법불합치결정을 선고하였고(2015헌가28, 2016헌가5 전원재판부 결정), 국회는 2019. 12. 31.까지 위 법률조항을 개정하지 않았다. 헌법재판소의 헌법불합치결정은 헌법과 헌법재판소법이 규정하고 있지 않은 변형된 형태이지만 법률조항에 대한 위헌결정에 해당한다. 집시법 제23조 제1호는 집시법 제11조를 위반할 것을 구성요건으로 규정하고 있고, 집시법 제24조 제5호는 집시법 제20조 제2항, 제1항과 결합하여 집시법 제11조를 구성요건으로 삼고 있다. 결국 집시법 제11조 제3호는 집시법 제23조 제1호 또는 집시법 제24조 제5호와 결합하여 형벌에 관한 법률조항을 이루게 되므로, 위 헌법불합치결정은 형벌에 관한 법률조항에 대한 위헌결정이라 할 것이다. 그리고 헌법재판소법 제47조 제3항 본문에 따라 형벌에 관한 법률조항에 대하여 위헌결정이 선고된 경우 그 조항은 소급하여 효력을 상실하므로, 법원은 해당 조항이 적용되어 공소가 제기된 피고사건에 대하여 형사소송법 제325조 전단에 따라 무죄를 선고하여야 한다.

대법판례) 형벌조항의 효력상실 기간 중 행위(2017. 4. 13. 2016도20490)

피고인이 지역구국회의원 선거에 예비후보자로 등록한 갑의 선거운동과 관련하여 당해 선거구민들에게 선물을 제공하는 방법으로 갑을 위하여 기부행위를 하였다고 하여 공직선거법 위반으로 기소된 사안에서, 헌법재판소가 2014. 10. 30. "공직선거법 제25조 제2항 [별표 1] 국회의원지역선거구구역표는 헌법에 합치되지 아니하고, 위 국회의원지역선거구구역표는 2015. 12. 31.을 시한으로 입법자가 개정할 때까지 계속 적용된다."라는 결정을 선고하였으나(헌법재판소 2014. 10. 30. 선고 2012헌마190), 국회가 2015. 12. 31.까지 새로운 국회의원지역선거구구역표를 확정하지 아니하여 위 국회의원지역선거구구역표는 2016. 1. 1.부터 효력을 상실하였고, 국회는 2016. 3. 3.에서야 법률 제14073호로 공직선거법을 개정하여 새로운 국회의원지역선거구구역표를 확정하였으므로, 구 공직선거법(2016. 3. 3. 법률 제14073호로 개정되기 전의 것, 이하 같다) 제25조 제2항 [별표 1] 국회의원지역선거구구역표가 효력을 상실한 기간에 피고인이 지역구국회의원 선거에 관하여 한 물품 제공행위는 구 공직선거법상의 기부행위에 해당하지 않는다고 본 원심판단이 정당하다.

317 동지; 김유향, 전게서, 1533면.

6

헌법소원심판제도

I. 헌법소원심판의 개념·기능·종류

1. 헌법소원심판의 개념

헌법소원심판제도라 함은 국가나 지자체 등 공공기관의 공권력 행사 또는 불행사로 말미암아 헌법상 보장된 기본권이 직접 그리고 현실적으로 침해당한 자가 헌법재판소에 당해 공권력의 위헌 여부에 관한 심사를 청구하여 침해된 자신의 기본권을 구제받는 제도를 말한다.[318]

2. 헌법소원심판의 이중적 기능

헌법소원제도는 원칙적으로 개인의 주관적 기본권을 보장하는 기본권 보장 기능을 주된 기능으로 하면서도, 위헌적인 공권력 행사를 통제함으로써 객관적 헌법질서를 수호하는 헌법 보장 기능도 덩달아 수행한다. 이를 헌법소원제도의 이중적 기능이라 한다.[319]

헌법소원의 객관적 기능 예시

인용결정의 기속력 확장	헌법재판소법 제75조 제1항은 "헌법소원의 인용결정은 모든 국가기관과 지방자치단체를 기속한다"고 하여 헌법소원의 인용결정의 구속력을 헌법소원심판 청구인이나 기타 절차 참가자에 국한시키지 아니하고 일반적으로 확대하여, 일반법원의 결정에 인정되는 기판력의 주관적 범위를 넘어서서 구속력을 인정하고 있다.
부수적 규범 통제	헌법재판소법 제75조 제5항은 "공권력의 행사 또는 불행사가 위헌인 법률 또는 법률의 조항에 기인한 것이라고 인정될 때에는 인용결정에서 당해 법률 도는 법률의 조항이 위헌임을 선고할 수 있다"고 하여 청구인이 본래 다투지 않았던 근거법령까지 위헌성을 판단할 수 있다고 규정하고 있는데, 이것 역시 헌법소원제도 객관적 헌법질서의 유지·형성을 위한 제도로 기능함을 시사하고 있다.

318 이동흡, 전게서, 349면.
319 곽원석 외, 주석 헌법재판소법, 헌법재판소 헌법연구원, 2015, 962-963면.

심판대상의 확장	헌법재판소법 제75조 제6항에 의해서 준용되는 제45조 단서는 "법률조항의 위헌결정으로 인하여 당해 법률 전부를 시행할 수 없다고 인정될 때에는 그 전부에 대하여 위헌의 결정을 할 수 있다"고 하여, 청구인의 기본권을 침해하지 아니하는 다른 법률조항에 대해서까지 헌법재판소가 직권으로 위헌선언을 할 수 있다는 것은 헌법소원제도의 객관적 기능의 관점에서만 설명할 수 있다.
심판비용의 국고부담	헌법재판소법 제37조 제1항에서 헌법소원심판절차의 심판비용을 국고에서 부담하는 것을 원칙으로 하는 것도 헌법소원제도의 객관적 기능으로 설명할 수 있다.
심사기준의 확장	헌법재판소는 "헌법소원심판이 청구되면 헌법재판소로서는 청구인의 주장에만 판단을 한정할 것이 아니라 가능한 모든 범위에서 헌법상의 기본권 침해의 유무를 직권으로 심사하여야 한다"고 하여, 청구인과 직접 관련없는 기본권 침해 여부나 나아가 객관적 헌법규범의 위반 여부를 심사할 수 있다고 판시하는 것도 헌법소원제도의 객관적 기능의 측면에서 이해될 수 있다.
권리보호 이익 요건의 완화	헌법재판소는 공권력 행사에 의한 기본권 침해가 종료하여 권리보호이익이 없는 경우에도, "침해행위가 앞으로도 반복될 위험이 있거나 당해 분쟁의 해결이 헌법질서의 수호·유지를 위하여 긴요한 사항이어서 헌법적으로 그 해명이 중대한 의미를 지니고 있는 경우에는 심판청구의 이익을 인정하여 이미 종료한 침해행위가 위헌이었음을 선언적 의미에서 확인할 필요가 있는 것이다"고 판시하고 있다.

3. 헌법소원심판의 종류

(1) 권리구제형 헌법소원(헌재법 제68조 제1항의 헌법소원)

권리구제형 헌법소원이라 함은 공권력의 행사 또는 불행사로 말미암아 헌법상 보장된 기본권을 침해당한 자가 청구하는 헌법소원을 말한다(헌재법 제68조 제1항). 이것이 본래적 의미의 헌법소원이다.

(2) 위헌심사형 헌법소원(헌재법 제68조 제2항의 헌법소원)

위헌심사형 헌법소원이라 함은 위헌법률심판의 제청신청을 한 당사자가 청구하는 헌법소원을 말한다(헌재법 제68조 제2항). 위헌심사형 헌법소원은 세계에서 그 유례를 찾기 힘든 독특한 헌법재판절차이다. 이 유형의 헌법소원은 국민의 위헌법률심판제청신청이 기각된 경우 법원의 기각결정에 대해 재판소원을 제기할 수 없기 때문에 국민이 직접 법률에 대한 헌법소원을 제기할 수 있도록 하기 위한 것이다. 따라서 위헌심사형 헌법소원은 실질적으로 위헌법률심판이라고 할 것이다. 헌법재판소도 "위헌제청신청기각결정에 대한 헌법소원심판은 실질상 헌법소원심판이라기보다는 위헌법률심판이라 할 것이므로 폐지된 법률이라고 할지라도 그 위헌 여부가 재판의 전제가 된다면 심판청구의 이익이 인정된다고 할 것이다"(1996. 4. 25. 92헌바47)고 판시하고 있다.[320]

Ⅱ. 위헌심사형 헌법소원

헌재법 제68조 제2항 위헌심사형 헌법소원심판청구서

청구인: 주식회사 파라다이스마트
대표이사 ○○○
대리인 법무법인 경북로
담당변호사 ○○○
당해사건: 대구지방법원 2XXX구합2678

청구취지[321]

"부설주차장법 제19조 제1항, 제2항은 헌법에 위반된다."라는 결정을 구합니다.

청구이유

1. 청구에 이르게 된 경위[322]

2. 관련규정

3. 적법요건
가. 대상성 - 법률
나. 재판의 전제성
- 내용
- 사안의 적용

320 참고로, 오스트리아는 2013년 헌법 개정을 통하여 우리 헌법재판소법 제68조 제2항에 의한 헌법소원과 유사한 제도인 법률소원을 도입하였다.(오스트리아 헌법 제140조 제1항 제1호 제d목)

321 신청취지 vs. 청구취지

322 위헌법률심판제청신청 사건에서는 그리 중요하지 아니할 수 있음. 본안사건이 진행 중인 법원에 신청을 하기 때문이다. 그러나 헌법소원 사건에서는, 헌법소원심판청구서가 헌재로서는 최초로 받아보는 서면이므로, 헌법소원에 이르게 된 경위를 상세히 설명할 필요가 있다.

다. 청구기간[323]

라. 변호사대리[324]

4. 청구대상 법률조항의 위헌성

가. 문제되는 기본권 및 심사기준

- 직업의 자유, 재산권, 프라이버시권, 행복추구권, 일반적 행동의 자유, 평등권
- 기본권 경합: 밀접 관련 기본권(직업의 자유)

나. "법률로써"[325](법치주의)

(1) 명확성의 원칙

(2) 의회유보원칙

(3) 포괄위임금지원칙

다. 과잉금지원칙("필요한 경우에 한하여")

- 목적의 정당성
- 방법의 적절성
- 침해의 최소성
- 법익의 균형성

라. "본질적인 내용" 침해금지

마. 평등권 내지 평등원칙

바. 기타 적법절차원칙, 영장주의, 기본권보호의무, 제도보장 위반 등

5. 결론

첨부서류[326]

1. 위헌법률심판제청신청서 사본 1통
2. 위헌제청신청기각결정문 사본 1통

---

323 위헌법률심판제청신청사건에서는 문제로 안 됨. 본안이 재판 계속 중이면 언제라도 제기할 수 있기 때문이다.

324 위헌법률심판제청신청사건에서는 문제로 안 됨. 변호사강제주의는 헌법재판소를 상대로 하는 재판에 대해서만 적용된다.

325 헌법 제37조 제2항.

326 심판규칙 제69조(헌법소원심판청구서의 첨부서류) ① 헌법소원심판의 청구서에는 대리인의 선임을 증명하는 서류를 붙여야 한다. 다만, 심판청구와 동시에 국선대리인 선임신청을 하는 경우에는 그러하지 아니하다.
② 법 제68조 제2항에 따른 헌법소원심판의 청구서를 제출할 때에는 다음 각 호의 서류도 함께 제출하여야 한다.
1. 위헌법률심판제청신청서 사본
2. 위헌법률심판제청신청 기각결정서 사본
3. 위헌법률심판제청신청 기각결정서 송달증명원
4. 당해 사건의 재판서를 송달받은 경우에는 그 재판서 사본

3. 판결문 사본[327]
4. 송달증명원 1통[328]
5. 소송위임장 1통[329]

2XXX. XX. XX.
청구인의 대리인
법무법인 경북로
담당변호사 ○○○

헌법재판소 귀중

1. 위헌심사형 헌법소원의 요건

위헌심사형 헌법소원은 실질적으로 위헌법률심판이라 할 것이므로, 권리구제형 헌법소원과 달리 그 심판청구의 적법성은 청구인의 소의 이익 유무에 따라 판단하는 것이 아니라, 심판대상이 된 법률이 당해 소송에서 재판의 전제성을 가지는가의 여부에 의하여 판단한다.[330] 따라서 ① 심판대상은 법률 또는 법률조항이고, ② 위헌여부심판의 제청신청이 법원에 의하여 '기각'된 때이어야 하며, ③ 재판의 전제성이 인정되어야 한다. 그리고 ④ 위헌제청신청기각결정을 통지받은 날로부터 30일 이내에 청구해야 하고, ⑤ 변호사강제주의가 적용되며, 국선대리인 선임을 신청할 수 있다.

(1) 헌법소원의 대상 - 법률

헌재법 제68조 제2항에 의한 헌법소원심판청구의 대상으로서의 법률은 형식적 의미의 법률 및 그와 동일한 효력을 가진 조약과 긴급명령·긴급재정경제명령이다. 따라서 행정입법에 해당하는 대통령령(시행령)과 시행규칙은 심판대상이 아니다.

---

327 이것은 필수적인 것이 아님. 제청신청 기각결정은 종국재판 전에 있을 수 있기 때문이다. 위 심판규칙에도 '재판서를 송달받은 경우'에 제출하도록 요구하고 있다.

328 청구기간을 준수했는가에 대한 소명.

329 헌재법 제25조 제2항, 제71조 제3항, 심판규칙 제69조 제1항. 변호사강제주의의 문제.

330 전게 헌법재판실무제요, 215면.

이와 관련하여 헌재는 국가유공자예우등에관한법률 시행령 제17조 제1항 규정을 대상으로 한 제68조 제2항에 의한 헌법소원심판청구는 부적법하고(1992. 10. 31. 92헌바42), 대법원규칙인 민사소송규칙에 대한 제68조 제2항의 헌법소원심판청구도 부적법하다고 판시한 바 있다(2001. 2. 22. 99헌바87 등).

그리고 법률은 이미 공포된 것이어야 하고 원칙적으로 위헌심판 시를 기준으로 효력을 가지는 법률이어야 한다. 다만 폐지된 법률이라도 청구인들의 침해된 법익을 보호하기 위하여 그 위헌 여부가 가려져야 할 필요가 있는 경우에는 대상이 될 수 있다. 헌법재판소는 "민법의 제정 및 시행으로 이미 폐지된 관습법도 헌법재판소법 제68조 제2항에 의한 헌법소원심판의 대상이 된다"고 판시하였다(2016. 4. 28. 2013헌바396). 헌법재판소법 제68조 제2항의 규정에 따른 헌법소원은 '법률'의 위헌성을 적극적으로 다투는 제도이므로 '법률의 부존재', 즉 (진정)입법부작위를 다투는 것은 그 자체로 허용되지 아니한다(2000. 1. 27. 98헌바12).

(2) 위헌제청신청 기각결정

위헌심사형 헌법소원은 위헌여부심판의 제청신청을 하여 그 신청이 기각된 때에만 청구할 수 있으므로 청구인이 위헌여부심판의 제청신청을 하지 않았고 따라서 법원의 기각결정도 없었던 부분에 대한 심판청구는 부적법하다(1997. 11. 27. 96헌바12). 그리고 헌재법 제68조 제2항은 위헌여부심판의 제청신청이 '기각'된 때에 헌법소원심판을 청구할 수 있다고 규정하고 있으나, 법원이 기각결정을 해야 함에도 불구하고 재판의 전제성이 없다는 이유로 각하결정이라는 재판형식으로 배척한 경우에도 제68조 제2항에 의한 헌법소원심판청구는 허용된다(1989. 12. 18. 89헌마32 등).

그런데 위헌제청신청을 하지 않았고 그 결과 법원의 기각결정도 없었던 부분에 대해서 청구인은 위헌심사형 헌법소원을 청구할 수 없지만, "예외적으로 위헌제청신청을 기각 또는 각하한 법원이 위 조항을 실질적으로 판단하였거나 위 조항이 명시적으로 위헌제청신청을 한 조항과 **필연적 연관관계를 맺고 있어서 법원이 위 조항을 묵시적으로나마 위헌제청신청으로 판단하였을 경우**에는 헌법재판소법 제68

조 제2항의 헌법소원으로서 적법한 것이다"(2005. 2. 24. 2004헌바24). 그리고 헌법재판소는 직권으로 기각결정이 없었던 부분도 심판대상으로 포함시킬 수 있다(2001. 1. 18. 2000헌바29).

헌재판례) 2016. 3. 31. 2013헌바372

헌법재판소법 제68조 제2항에 의한 헌법소원은 법원에 법률에 대한 위헌여부심판의 제청신청을 하여 그 신청이 각하 또는 기각된 때에만 청구할 수 있는 것이므로, 법원의 위헌제청신청기각결정의 대상이 되지 아니한 규정에 대하여 헌법소원심판청구를 추가한 경우 그 부분에 대한 심판청구는 헌법재판소법 제68조 제2항에 의한 헌법소원심판의 대상이 되지 아니하여 부적법하다(헌재 2001. 9. 27. 2000헌바13 참조). 그러나 **당사자가 위헌법률심판제청신청의 대상으로 삼지 않았고 또한 법원이 기각 또는 각하결정의 대상으로도 삼지 않았음이 명백한 법률조항이라 하더라도**, 예외적으로 위헌제청신청을 기각 또는 각하한 법원이 당해 조항을 실질적으로 판단하였거나 당해 조항이 명시적으로 **위헌제청신청을 한 조항과 필연적 연관관계**를 맺고 있어서 법원이 위 조항을 묵시적으로 판단한 것으로 볼 수 있는 경우에는 이러한 법률조항에 대한 심판청구도 적법하다(헌재 2001. 2. 22. 99헌바93). 청구인들은 개정 전 상증세법 제41조의5 제1항에 대한 위헌여부심판의 제청신청을 하지 아니하였고, 이에 대한 법원의 각하 또는 기각결정도 없었다. 그러나 개정 전·후 상증세법 제41조의5 제1항은 합병일로부터 소급하는 주식 등의 증여 또는 취득 기간의 장단 및 증여세 완전포괄주의 도입에 따른 법적 성격만이 다를 뿐이어서, 청구인들이 합병상장이익에 대한 증여과세제도 자체를 다투고 있는 이 사건에서 양 조항은 서로 판단이 공통되는데, 당해 법원은 개정 후 상증세법 제41조의5 제1항에 대한 판단에서 개정 전 상증세법 제41조의5 제1항을 실질적으로 판단하였다고 보인다. 따라서 개정 전 상증세법 제41조의5 제1항에 대한 심판청구는 적법하다.

(3) 재판의 전제성

헌재법 제68조 제2항에 따른 헌법소원에 있어서도 일반법원에 계속된 구체적 사건에 적용할 법률이 헌법에 위반되는지 여부가 재판의 전제로 되어 있어야 한다. 주의할 것은 헌재법 제68조 제2항에 따른 헌법소원의 경우에는 당해 소송사건이 **헌법소원의 제기로 정지되지 않기** 때문에 헌법소원심판의 종국결정 이전에 당해 소송사건이 확정되어 종료되는 경우가 있을 수 있으나 이때에도 재판의 전제성은 위헌제청사건과는 달리 인정된다. 따라서 재판의 전제성 중 '당해 사건이 법원에 계속 중'이어야 하는 요건은 위헌제청신청 시에만 충족되면 족한다(2008. 8. 26.

2008헌바82). 다만 당해 소송사건이 소의 취하로 말미암아 종료된 경우에는 원칙적으로 재판의 전제성은 인정되지 않는다.

헌재판례) 항소취하로 패소확정된 경우 재판의 전제성 – 재심가능성 있어 인정(2015. 10. 21. 2014헌바170[331])

제1심인 당해 사건에서 헌법재판소법 제68조 제2항의 헌법소원을 제기한 청구인들이 당해 사건의 항소심에서 항소를 취하하여 원고 패소의 원심판결이 확정된 경우, 당해 사건에 적용되는 법률이 위헌으로 결정되면 확정된 원심판결에 대하여 재심청구를 함으로써 원심판결의 주문이 달라질 수 있으므로 재판의 전제성이 인정된다.

헌재판례) 소취하로 사건 종료된 경우 재판의 전제성 – 부정(2010. 5. 27. 2008헌바110)

헌법재판소법 제68조 제2항에 의한 헌법소원심판청구가 적법하기 위하여는 법원에 계속된 구체적 사건에 적용할 법률의 위헌 여부가 재판의 전제가 되어야 한다. 여기에서 법률의 위헌 여부가 재판의 전제가 된다고 함은, 첫째, 그 법률이나 법률조항이 당해 소송사건의 재판에 적용되는 것이어야 하고, 둘째, 그 법률이나 법률조항의 위헌 여부에 따라 당해 사건 재판의 주문이 달라지거나 재판의 내용과 효력에 관한 법률적 의미가 달라지는 경우를 말한다. 그런데 청구인 허○은 이 사건 헌법소원심판을 청구한 후 제50회 사법시험에 합격하자 2009. 1. 7. 당해 사건의 항소심에서 소를 취하하여 당해 사건이 종결되었다. 이와 같이 당해 사건이 청구인의 소취하에 의해 종결된 이상, 이 사건

331 위 사건에서는 재산권 제한의 위헌심사와 관련하여, 다음과 같이 본안판단하여 주목되었다. 즉, 공익적 목적으로 설정된 특정 지역 내에서 일정한 행위를 제한하는 조항(이하 '행위제한조항'이라 한다)이 재산권을 침해하는지가 문제되는 경우 비례원칙이 심사기준이 되지만, 행위제한에 대한 보상으로서 토지 등의 매수를 규정한 조항(이하 '매수조항'이라 한다)만이 심판대상이 되어 그 위헌성을 다투는 이 사건의 경우에는 '행위제한조항이 재산권의 사회적 제약의 한계를 넘는 과도한 부담을 초래하고 있는가', '만약 그렇다면 매수조항을 비롯한 보상규정이 이러한 과도한 부담을 완화하여 재산권의 사회적 제약을 합헌적으로 조정하고 있는가'라는 두 단계의 심사를 거치는 것이 타당하다. 습지보호지역으로 지정되면 그 지역 내에서는 광물의 채굴이 금지되는데, 이로써 광업권자는 때에 따라 사회적 수인한도를 넘는 가혹한 부담을 받을 수도 있다. 그러나 미채굴 광물에 대하여 갖는 권리가 일반 재산권만큼 보호가치가 확고한 것은 아니고, 광물 채굴 절차의 진행 정도에 따라 광업권의 재산적 가치가 낮거나 거의 없을 수 있어, 광물의 채굴 금지로 인하여 광업권자에게 항상 사회적 제약의 한계를 넘는 과도한 부담이 부과된다고 볼 수는 없다. 심판대상조항이 행정청에 재량을 부여하면서 매수 요건에 관하여 '습지보호지역등의 생태계를 보전하기 위하여 필요한 지역 등에서'라고만 규정하여 그 요건에 대하여 구체적으로 정하지 않고 있더라도, 과도한 재산권의 부담을 완화·조정하는 역할을 하는 매수조항의 경우 반드시 법률로써 구체적인 보상의 요건을 규정하여야 하는 것은 아니고 법률에 보상의 근거를 두고 있으면 족한 점, 실제로 매수청구제도를 운용함에 있어서 행정기관은 광업권의 재산권 제한의 정도가 비교적 높을 수 있다는 점을 충분히 고려하여 매수 여부를 결정하여야 하고 법원도 이 점을 참작하여 재산권을 충분히 보장하는 방향으로 사법심사를 하여야 하는 점, 입법자가 관련 조항에서 광업권의 분할매수제도를 통하여 광업권자의 부담을 특별히 배려하고 있는 점 등에 비추어, 심판대상조항은 광물의 채굴 금지에 따른 광업권의 부담을 합헌적인 범위 내에서 완화·조정하고 있다고 할 것이므로 광업권자의 재산권을 침해하지 않는다.

법률조항 및 시행령조항들이 당해 사건에 적용될 여지가 없어 그 위헌 여부가 재판의 전제가 되지 않으므로, 청구인 허○의 이 사건 심판청구는 재판의 전제성을 갖추지 못하여 부적법하다고 할 것이다.

(4) 청구기간(★★)

헌재법 제68조 제2항에 의한 헌법소원심판청구는 법률에 대한 위헌여부심판의 **제청신청을 기각하는 결정을 통지받은 날로부터 30일** 이내에 제기하여야 한다. 여기의 '기각하는 결정'에는 법원이 기각결정을 해야 함에도 '각하결정'한 경우도 포함된다(1989. 12. 18. 89헌마32; 2001. 4. 26. 99헌바96).

한편, 청구의 추완이 허용되는지 여부와 관련하여, 헌법재판소는 "헌법재판소법 제69조 제2항에 대하여는 불변기간이라고 규정하는 법규정이 없어서 그 기간의 준수에 대하여 **추완이 허용되지 않는다**"고 판시하였다(2001. 4. 26. 99헌바96). 헌재법 제68조 제2항의 위헌심사형 헌법소원의 경우에는 청구기간의 도과가 청구인의 책임질 수 없는 사유로 인한 경우라도 민사소송법이 준용되기 때문에 불변기간이 아닌 이상 소송행위의 추완이 인정되지 않는 것이다. **그러나 헌재법 제68조 제1항의 권리구제형 헌법소원의 경우 헌법재판소는 청구기간의 도과에 정당한 사유가 있는 경우에는 행정소송법 제20조 제2항 단서를 준용하여 헌법소원심판청구가 적법하다**고 판시하고 있다(1993. 7. 29. 89헌마31).

위헌심사형 헌법소원 기간정리

- 기각결정을 통지받은 날로부터[332] 30일 이내에 헌법소원심판을 청구하여야 한다.

초일은 산입하지 아니한다. 다만, 기간의 말일이 토요일 또는 공휴일에 해당한 때에는 기간은 그 익일로 만료된다.(헌재법 제40조 → 민사소송법 제170조 → 민법 제161조)

- 헌재법 제40조 → 민사소송법 준용[333]: 민사소송법 제170조(기간의 계산) 기간의 계산은 민법에

332 '결정이 있은 날로부터'가 아님에 주의하여야 한다.

333 행정소송의 경우도 마찬가지다. 행정소송법 제8조(법적용 예) ② 행정소송에 관하여 이 법에 특별한 규정이 없는 사항에 대하여는 법원조직법과 민사소송법 및 민사집행법의 규정을 준용한다.

따른다.
- 민법 제161조(공휴일 등과 기간의 만료점) 기간의 말일이 토요일 또는 공휴일에 해당한 때에는 기간은 그 익일로 만료한다.
- 관공서의 공휴일에 관한 규정 제2조(공휴일) 관공서의 공휴일은 다음과 같다. 다만, 재외공관의 공휴일은 우리나라의 국경일 중 공휴일과 주재국의 공휴일로 한다.
1. 일요일
2. 국경일 중 3·1절, 광복절, 개천절 및 한글날
3. 1월 1일
4. 설날 전날, 설날, 설날 다음날(음력 12월 말일, 1월 1일, 2일)
5. 삭제
6. 석가탄신일(음력 4월 8일)
7. 5월 5일(어린이날)
8. 6월 6일(현충일)
9. 추석 전날, 추석, 추석 다음날(음력 8월 14일, 15일, 16일)
10. 12월 25일(기독탄신일)
10의2. 「공직선거법」 제34조에 따른 임기만료에 의한 선거의 선거일
11. 기타 정부에서 수시 지정하는 날
제3조(대체공휴일) ① 제2조 제4호 또는 제9호에 따른 공휴일이 다른 공휴일과 겹칠 경우 제2조 제4호 또는 제9호에 따른 공휴일 다음의 첫 번째 비공휴일을 공휴일로 한다.
② 제2조 제7호에 따른 공휴일이 토요일이나 다른 공휴일과 겹칠 경우 제2조 제7호에 따른 공휴일 다음의 첫 번째 비공휴일을 공휴일로 한다.
- 기각결정이 있은 날로부터 30일 이내에 헌법소원심판을 청구하는 경우라면, 언제 통지받았는지는 문제되지 않음에 주의할 필요가 있다.[334, 335, 336] → 예를 들어, 기각 결정이 4. 3.에 있고, 헌법소원을 제기하는 날이 4. 20.이면, 송달된 날짜는 특정할 필요가 없다. 이 경우, 송달증명원을 청구서에 첨부할 필요도 없다.

(5) 기타

그 밖에 변호사강제주의, 국선대리인, 일사부재리 등은 제68조 제1항에 의한 헌법소원의 경우와 같다. 다만, 기본권 침해의 직접성·현재성 및 자기관련성(이른바, 헌재법 제68조 제1항 일반 헌법소원의 청구인 적격)의 유무는 헌재법 제68조 제2항 심판

334 기각 결정이 통지된 날을 제시하지 않는 경우도 있다.
335 이미 성립한 결정에 대하여는 결정이 고지되어 효력을 발생하기 전에도 결정에 불복하여 항고할 수 있다(대법원 2014. 10. 8. 자 2014마667 전원합의체 결정).
336 헌재 2003. 5. 15. 2002헌바93은 기각결정이 송달되기 전에 헌법소원을 제기한 경우를 다루었다.

청구의 적법성과는 직접 관계가 없으며, 제68조 제2항에 의한 헌법소원심판청구의 당사자에는 기본권의 주체가 될 수 있는 자뿐만 아니라 모든 재판의 당사자가 여기에 포함된다.

헌재판례) 헌재법 제68조 제2항에 의한 헌법소원심판청구의 당사자(2008. 4. 24. 2004헌바44)

행정소송의 피고 또는 그 보조참가인인 행정청이 헌법재판소법 제68조 제2항의 헌법소원심판을 청구할 수 있는지 여부에 관하여 본다. 헌법재판소법 제68조 제1항의 헌법소원은 기본권의 주체가 될 수 있는 자만이 청구인이 될 수 있고, 국가나 국가기관 또는 지방자치단체나 공법인은 기본권의 주체가 아니라 국민의 기본권을 보호 내지 실현해야 할 책임과 의무를 지니고 있는 지위에 있을 뿐이어서 그 청구인적격이 인정되지 아니한다. 그러나 헌법재판소법 제68조 제2항에 의한 헌법소원심판은 구체적 규범통제의 헌법소원으로서, 구체적인 사건에 관하여 법률의 위헌 여부가 재판의 전제로 되었을 경우에 헌법재판소법 제41조 제1항의 규정에 의한 법률의 위헌여부심판의 제청을 신청하였다가 기각당한 당사자가 그 법률의 위헌 여부를 심판받기 위하여 청구하는 것이어서 헌법재판소법 제68조 제1항에 규정된 헌법소원과는 그 심판청구의 요건과 대상이 다르다. 헌법재판소법 제68조 제2항은 기본권의 침해가 있을 것을 그 요건으로 하고 있지 않을 뿐만 아니라 청구인적격에 관하여도 '법률의 위헌여부심판의 제청신청이 법원에 의하여 기각된 때에는 그 신청을 한 당사자'라고만 규정하고 있는바, 위 '당사자'는 행정소송을 포함한 모든 재판의 당사자를 의미하는 것으로 새겨야 할 것이고, 행정소송의 피고인 행정청만 위 '당사자'에서 제외하여야 할 합리적인 이유도 없다. 행정청이 행정처분 단계에서 당해 처분의 근거가 되는 법률이 위헌이라고 판단하여 그 적용을 거부하는 것은 권력분립의 원칙상 허용될 수 없지만, 행정처분에 대한 소송절차에서는 행정처분의 적법성·정당성뿐만 아니라 그 근거 법률의 헌법적합성까지도 심판대상으로 되는 것이므로, 행정처분에 불복하는 당사자뿐만 아니라 행정처분의 주체인 행정청도 헌법의 최고규범력에 따른 구체적 규범통제를 위하여 근거 법률의 위헌 여부에 대한 심판의 제청을 신청할 수 있고 헌법재판소법 제68조 제2항의 헌법소원을 제기할 수 있다고 봄이 상당하다. 청구인은 당해 사건의 당사자가 아니라 보조참가인이지만, 헌법재판소법 제40조에 의하여 준용되는 행정소송법 제17조 및 민사소송법 제76조에 따라 피참가인의 소송행위와 저촉되지 아니하는 한 일체의 소송행위를 할 수 있으므로 헌법재판소법 소정의 위헌법률심판제청신청 및 헌법소원의 '당사자'에 해당된다.

헌재판례) 자신의 사건이 아닌 타인의 위증사건에서 단순한 고소인의 지위에 있는 자가 청구한 제68조 제2항에 의한 헌법소원심판청구(2010. 3. 30. 2010헌바102)

헌법재판소법 제41조 제1항은 "법률이 헌법에 위반되는지 여부가 재판의 전제가 된 때에는 당해 사건을 담당하는 법원은 직권 또는 당사자의 신청에 의한 결정으로 헌법재판소에 위헌 여부의 심판을 제청한다."라고 규정하고 있으며, 제68조 제2항 전문에서는 "제41조 제1항의 규정에 의한 법률의 위헌여부심판의 제청신청이 기각된 때에는 그 신청을 한 당사자는 헌법재판소에 헌법소원심판을 청구할 수 있다."라고 규정하고 있다. 위 규정들을 해석하면 위헌제청신청은 당해 사건의 당사자만 할 수 있다고 봄이 상당하고, 형사재판의 경우 피고인이 아닌 고소인은 형사재판의 당사자라고 볼 수 없으므로, 위헌제청신청을 할 수 있는 자에 해당하지 않는다고 할 것이다. 따라서 자신의 사건이 아닌 타인의 위증사건에서 단순한 고소인의 지위에 있는 자가 청구한 이 사건 심판청구는 헌법재판소법 제68조 제2항의 헌법소원심판청구의 요건을 갖추지 못하였으므로 부적법하다고 할 것이다.

2. 재심청구[337](★)

제68조 제2항의 헌법소원의 경우에는 당해 소송사건이 정지되지 않기 때문에 당해 소송사건은 헌법재판소의 위헌결정 이전에 확정될 수 있다. 따라서 헌재법 제75조 제7항은 헌법재판소의 위헌결정이 있을 때에는 이미 확정된 당해 소송사건에 관하여 재심을 청구할 수 있도록 규정하고 있다.

(1) 재심청구권자의 범위

이러한 재심은 당해 헌법소원을 제기한 당사자만이 청구할 수 있는 것인지 아니면 당사자가 아니더라도 재심을 청구할 수 있는지가 문제되는데, 헌법재판소는 "헌법재판소법 제68조 제2항에 의한 헌법소원을 청구하여 인용결정을 받지 않은 사람에게 재심의 기회를 부여하지 않는다고 하여 재판청구권이나 평등권을 침해하였다고 볼 수 없다"고 하여 대법원의 입장과 같이 재심청구권자를 당해 소송사건에서의 당사자만으로 한정하고 있다. 나아가 재심청구권은 법률상 권리일 뿐 헌법상 기본권은 아니라고 보았다.

헌재판례) 헌법재판소법 제75조 제7항 재심청구의 당사자(2000. 6. 29. 99헌바66 등)

이 사건 청구인의 주장취지는 헌법재판소법 제68조 제2항의 헌법소원이 인용된 경우에, 당해 사건의 당사자뿐만 아니라 헌법소원을 제기한 바는 없으나 위헌선언된 법률조항의 적용을 받았던 다른 사건의 당사자도 이미 확정된 관련 사건의 재심을 구할 수 있다는 것으로 심판대상법조항을 해석하지 않으면 헌법에 위반된다는 것으로서 심판대상법조항 자체의 위헌성에 관한 청구로 받

337 헌법재판소법 제68조 제2항 위헌심사형헌법소원심판 자체에 대한 재심을 의미하는 것과 구별할 것.

아들일 것이므로 적법하다. 청구인의 헌법소원이 인용되는 경우, "심판대상법조항을 헌법소원의 전제가 된 당해 사건의 당사자에 한하여서만 재심을 청구할 수 있다는 것으로 해석하는 한 헌법에 위반된다"는 한정위헌결정이 내려질 것이고, 청구인의 재심은 적법한 것이 될 수 있으므로 재판의 전제성을 갖추었다. 재심은 확정판결에 대한 특별한 불복방법이고, 확정판결에 대한 법적 안정성의 요청은 미확정판결에 대한 그것보다 훨씬 크다고 할 것이므로 재심을 청구할 권리가 헌법 제27조에서 규정한 재판을 받을 권리에 당연히 포함된다고 할 수 없고, 심판대상법조항에 의한 재심청구의 혜택은 일정한 적법요건하에 헌법재판소법 제68조 제2항에 의한 헌법소원을 청구하여 인용된 자에게 일반적으로 인정되는 것이고, 헌법소원청구의 기회가 규범적으로 균등하게 보장되어 있기 때문에, 심판대상법조항이 헌법재판소법 제68조 제2항에 의한 헌법소원을 청구하여 인용결정을 받지 않은 사람에게는 재심의 기회를 부여하지 않는다고 하여 청구인의 재판청구권이나 평등권, 재산권과 행복추구권을 침해하였다고는 볼 수 없다.

(2) 재심사유

재심사유로 헌법재판법 제75조 제7항은 "헌법소원이 인용된 경우"라고 규정하고 있는데, 대법원은 일관되게 여기의 "헌법소원이 인용된 경우"라 함은 법원에 대하여 기속력이 있는 위헌결정이 선고된 경우를 말하는 것이지 헌법재판소의 한정위헌결정이 있는 경우는 아니라고 보고 있다(2001. 4. 27. 95재다14 등). 그러나 단순위헌결정뿐만 아니라 헌법불합치결정, 한정위헌·한정합헌결정도 위헌결정으로서 법원에 대한 기속력을 인정해야 하므로 한정위헌결정을 재심대상에서 배제하는 법원의 태도는 타당하지 못하다.

대법판례) 헌재법 제75조 제7항의 '인용'의 의미(2001. 4. 27. 95재다14; 2013. 3. 28. 2012재두299)

헌법재판소가 법률 조항 자체는 그대로 둔 채 그 법률조항에 관한 특정한 내용의 해석·적용만을 위헌으로 선언하는 이른바 한정위헌결정에 관하여는 헌법재판소법 제47조가 규정하는 위헌결정의 효력을 부여할 수 없으며, 그 결과 한정위헌결정은 법원을 기속할 수 없고 재심사유가 될 수 없다.

헌재판례) 헌재법 제68조 제2항 위헌심사형헌법소원에서의 재심(2021. 11. 25. 2020헌바401)

헌법재판소는 2021년 11월 25일 재판관 5:4의 의견으로, 헌법재판소법 제68조 제2항에 따른 헌법소원이 인용된 경우 당해 소송사건에만 재심을 허용하는 헌법재판소법 제75조 제7항, 비형벌조항에 대한 위헌결정의 효력을 장래효 원칙으로 정한 헌법재판소법 제75조 제6항 중 '제68조

제2항에 따른 헌법소원을 인용하는 경우 제47조를 준용'하는 부분은 헌법에 위반되지 않는다는 결정을 선고하였다.[338] 이에 대하여, 위 법률조항들은 과거사정리법 제2조 제1항 제3호, 제4호 사건에서 국가배상청구의 특수성과 헌법의 최고규범력에 의한 국민의 기본권 보장 필요성을 고려하지 아니한 채 재심사유의 범위와 위헌결정의 효력을 불합리하게 제한하므로 재판청구권을 침해한다는 재판관 이선애, 재판관 이석태, 재판관 이은애, 재판관 김기영의 반대의견이 있었다.

Ⅲ. 권리구제형 헌법소원의 요건

헌재법 제68조 제1항 헌법소원심판청구 요건 개관

가. 청구권자

- 기본권 주체인지 여부(헌재법 제68조 제1항, "헌법상 기본권을 침해받은 자")

나. 심판의 대상

- 공권력의 행사 또는 불행사(헌재법 제68조 제1항)
- 입법권·행정권·사법권을 행사하는 모든 국가기관·공공단체 등의 고권적 작용, "법원의 재판"은 제외(단, 예외 있음)

다. 기본권 침해 가능성

- 기본권에 대한 '추상적'인 제한 가능성
- 법적 이익, 반사적 이익의 침해는 제외

라. 법적 관련성(청구인 적격)

- 자기의 기본권이 현재 그리고 직접 침해당한 경우
- 자기관련성: 자기 ↔ 제3자
- 현재성: 현재 ↔ 미래(현재 ↔ 과거는 청구기간, 권리보호이익의 문제)
- 직접성(법령에 대해서만 적용): 직접 ↔ 간접

마. 보충성

- 다른 법률에 있는 구체절차를 모두 거친 후 심판청구를 하여야 함(헌재법 제68조 제1항 단서).
- '법률'은 어떠한 경우에도 보충성요건을 충족함.

바. 청구기간

338 위 사건에서 청구인들은, 비형벌법규에 대한 위헌결정의 효력을 장래효 원칙으로 정한 '장래효 조항'과 헌법재판소법 제68조 제2항에 따른 헌법소원이 인용된 경우 그 헌법소원의 전제가 된 당해 소송사건에 한해서만 재심을 허용하는 '재심사유 조항'에 따라 재심대상판결 사건에 2018년 위헌결정의 효력이 미치지 않아 재심이 허용되지 아니하게 된 것이므로, 사안과 가장 밀접한 관계가 있고 침해의 정도가 큰 주된 기본권은 위헌결정의 효력과 재심사유를 한정함으로써 제한되는 '재심의 재판을 받을 권리', 즉 헌법 제27조 제1항의 재판청구권이다. 재심의 재판을 받을 권리를 어떻게 구체화할 것인가의 문제는 원칙적으로 입법자의 입법형성권에 맡겨져 있지만, 그것이 지나치게 불합리하거나 국민의 재심 재판을 받을 권리를 사실상 불가능하게 만들어서는 아니 된다는 입법형성권의 한계 역시 존재하므로, 재심사유 조항 및 장래효 조항이 입법형성권의 한계를 일탈하여 헌법이 보장한 재판청구권을 침해함으로써 위헌인지 여부가 쟁점이 되었다. [합헌]

- 사유가 있음을 안 날로부터 90일, 그 사유가 있은 날로부터 1년 이내(헌재법 제69조 제1항)

사. 권리보호이익

아. 변호사강제주의

헌법소원심판을 청구하기 위해서는 우선 ① **청구인 능력**이 인정되어야 하고, ② 공권력의 행사 또는 불행사가 있어야 하고, ③ 헌법상 보장된 기본권의 침해 주장 및 침해 가능성이 있어야 하고, ④ **청구인적격(법적 관련성)**으로서 기본권 침해의 자기관련성·현재성·직접성이 인정되어야 하며, ⑤ 다른 법률에 구제절차가 있는 경우에는 그 절차를 모두 마친 후이어야 하고(보충성의 원칙), ⑥ 권리보호의 필요성이 있어야 한다. 다음으로 ⑦ 청구기간을 준수하고, ⑧ 변호사강제주의에 따라 변호사를 대리인으로 선임하여야 한다. 이하에서는 헌재법 제68조 제1항에 의한 헌법소원의 요건에 대해서 살펴보도록 한다.

1. 청구권자(청구인 능력★★)

헌법소원심판은 침해된 기본권의 구제를 위하여 청구하는 것이므로 기본권의 주체가 될 수 있는 자, 즉 기본권 향유능력이 있으면 누구든지 헌법소원심판을 청구할 수 있다. **기본권 향유능력(보유능력)**이란 헌법상 보장된 기본권을 향유할 수 있는 능력을 말하는 것으로 민법상 권리능력과 유사하나 권리능력 없는 사단에 대해서도 기본권을 향유할 수 있는 능력을 말하는 것으로 민법상 권리능력과 유사하나 권리능력 없는 사단에 대해서도 기본권향유능력을 인정하는 점에서 권리능력과 차이가 있다. **기본권 행사능력**이란 기본권을 유효하게 행사할 수 있는 능력으로서, 예를 들어 선거권은 19세 이상으로 기본권 행사능력이 제한된다. 기본권 향유능력만 있으면 헌법소원을 청구할 수 있고, 기본권 행사능력까지 갖추어야 하는 것은 아니다.[339]

339 이동흡, 전게서, 462면.

(1) 자연인

(가) 국민과 외국인

대한민국 국적을 가진 모든 자연인은 원칙적으로 헌법소원을 제기할 수 있는 헌법상 기본권의 주체가 되므로, 대한민국 국적을 가진 국민이면 누구나 헌법소원을 청구할 수 있다. 그에 반해 외국인은 인간의 존엄과 가치, 행복추구권, 평등권 등 **자연권적 성질**을 갖는 기본권처럼 외국인에게도 인정되는 기본권 침해를 받은 경우에 헌법소원을 제기할 수 있다.[340]

헌재판례) 외국인의 기본권 주체성 – 재외동포법 제2조 제2호 헌법소원(2001. 11. 29. 99헌마494)
원칙적으로 외국인의 기본권 주체성을 인정하였다. 청구인들이 침해되었다고 주장하는 인간의 존엄과 가치, 행복추구권은 대체로 '인간의 권리'로서 외국인도 주체가 될 수 있다고 보아야 하고, 평등권도 인간의 권리로서 참정권 등에 대한 성질상의 제한 및 상호주의에 따른 제한이 있을 수 있을 뿐이다. 이 사건에서 청구인들이 주장하는 바는 대한민국 국민과의 관계가 아닌, 외국 국적의 동포들 사이에 재외동포법의 수혜대상에서 차별하는 것이 평등권 침해라는 것으로서 성질상 위와 같은 제한을 받는 것이 아니고 상호주의가 문제되는 것도 아니므로, 청구인들에게 기본권 주체성을 인정함에 아무런 문제가 없다.

헌재판례) 태아의 기본권 주체성(2008. 7. 31. 2004헌바81)	
심판대상	민법 제3조(권리능력의 존속기간) 사람은 생존한 동안 권리와 의무의 주체가 된다. 제762조(손해배상청구권에 있어서의 태아의 지위) 태아는 손해배상의 청구권에 관하여는 이미 출생한 것으로 본다.
대법원	살아서 출생한 태아에 대해서는 태아 상태에서 입은 신체적 손해에 대한 손해배상청구권을 인정하고, 살아서 출생하지 않은 태아에 대해서는 살아서 출생하지 않았다는 이유로 인정하지 않음.
사안	임신 중 양수검사로 인한 태아 사망, 부모의 손해배상청구
판단	모든 인간은 헌법상 생명권의 주체가 되며, 형성 중의 생명인 태아에게도 생명에 대한 권리가 인정되어야 한다. 따라서 태아도 헌법상 생명권의 주체가 되며, 국가는 헌법 제10조에 따라 태아의 생명을 보호할 의무가 있다.

340 성중탁, 출입국 외국인(난민)의 기본권 보장범위에 관한 헌재 결정 및 관련 법제에 대한 검토와 그 개선방안, 행정판례연구 25-1집, 행정판례연구회, 2020, 355면.

헌재판례) 배아의 기본권 주체성(2010. 5. 27. 2005헌마346)	
사안	청구인 배아 (1)('청구인 1'이라고 한다), 배아 (2)('청구인 2'라고 한다)는 2004. 12. 9. ○○○의료재단 부산분원 내에서 임신의 목적으로 청구인 남○민('청구인 3'이라고 한다)으로부터 채취된 정자와 청구인 김○미('청구인 4'라고 한다)로부터 채취된 난자의 체외 인공수정으로 생성된 배아 중 청구인 4의 체내에 이식되지 않고 남아 위 의료재단에 보존되어 있는 배아들이다. 청구인 3, 4는 부부로서 임신의 목적으로 위와 같이 정자 또는 난자를 제공하여 청구인 1, 2를 생성하게 한 배아생성자들이다. 청구인 5 내지 13은 법학자, 윤리학자, 철학자, 의사 등의 직업을 가진 사람들이다. 청구인들은 생명윤리 및 안전에 관한 법률 제16조 제1항, 제2항 등이 임신목적의 배아 생성을 허용하면서 인공수정 배아를 인간이 아닌 세포군으로 규정하여 이에 대한 연구목적의 이용 가능성을 열어두고 있고, 잔여배아의 보존기간과 그 폐기 및 연구에 관해 불충분하게 규율하고 있으며, 생성배아의 수효에 관한 제한 및 인공수정을 할 수 있는 전제와 기준·방법 등에 대하여 규율하지 않고, 체세포핵 이식행위를 통해 생성된 체세포 복제배아의 연구·폐기를 허용함으로써 청구인들의 기본권을 침해한다고 주장하며 2005. 3. 31. 그 위헌확인을 구하는 이 사건 헌법소원심판을 청구하였다.
심판대상	생명윤리 및 안전에 관한 법률 제16조(배아의 보존기간 및 폐기) ① 배아의 보존기간은 5년으로 한다. 다만, 동의권자가 보존기간을 5년 미만으로 정한 경우에는 이를 보존기간으로 한다. ② 배아생성의료기관은 제1항의 규정에 의한 보존기간이 도래한 배아 중 제17조의 규정에 의한 연구의 목적으로 이용하지 아니하고자 하는 배아를 폐기하여야 한다.
판단	청구인 1, 2(초기배아)의 청구가 적법요건을 갖추었는지에 대한 판단 출생 전 형성 중의 생명에 대해서 헌법적 보호의 필요성이 크고 일정한 경우 그 기본권 주체성이 긍정된다고 하더라도, 어느 시점부터 기본권 주체성이 인정되는지, 또 어떤 기본권에 대해 기본권 주체성이 인정되는지는 생명의 근원에 대한 생물학적 인식을 비롯한 자연과학·기술 발전의 성과와 그에 터 잡은 헌법의 해석으로부터 도출되는 규범적 요청을 고려하여 판단하여야 할 것이다. 청구인 1, 2는 생명윤리법상의 '배아'(생명윤리법 제2조 제2호 참조)에 해당하며, 그중에서도 수정 후 14일이 경과하여 원시선이 나타나기 전의 수정란 상태인 초기배아들이다. 청구인 1, 2가 수정이 된 배아라는 점에서 형성 중인 생명의 첫걸음을 떼었다고 볼 여지가 있기는 하나 아직 **모체에 착상되거나 원시선이 나타나지 않은** 이상 현재의 자연과학적 인식 수준에서 독립된 인간과 배아 간의 개체적 연속성을 확정하기 어렵다고 봄이 일반적이라는 점, 배아의 경우 현재의 과학기술 수준에서 모태 속에서 수용될 때 비로소 독립적인 인간으로의 성장 가능성을 기대할 수 있다는 점, 수정 후 착상 전의 배아가 인간으로 인식된다거나 그와 같이 취급하여야 할 필요성이 있다는 사회적 승인이 존재한다고 보기 어려운 점 등을 고려할 때, 초기배아에 대한 국가의 보호 필요성이 있음은 별론으로 하고, 청구인 1, 2의 기본권 주체성을 인정하기 어렵다.

의의	헌법재판소는, 배아 1, 2가 착상되지도 원시선이 형성되지도 않은 수정란 상태의 배아였기 때문에, 생명의 시기(始期)가 착상 시부터인지 원시선이 나타난 시기부터인지 등에 대해서 명시적인 언급을 하지 않았음. 그러나 배아의 기본권 주체성을 부정함으로써 적어도 수정 단계 및 초기배아 단계에서는 이를 인간으로 부를 수 없다고 본 것임(이른바 수정시설의 부정).

(나) 사망의 경우

당사자가 심판 도중에 사망하면 청구인 능력이 상실되어 당사자 본인의 일신전속적 권리의 구제를 위한 경우라면 심판절차는 종료한다(1992. 11. 12. 90헌마33). 또한 일신전속적 권리의 구제를 위한 것이 아니더라도 수계할 당사자가 없거나 수계의사가 없는 경우에는 원칙적으로 심판절차는 종료한다(1994. 12. 29. 90헌바13). 그러나 수계의사표시가 없는 경우에도 이미 결정을 할 수 있을 정도로 사건이 성숙되어 있는 경우에는 예외적으로 종국결정을 할 수 있다.

헌재판례) 불기소처분에 대한 헌법소원(1992. 11. 12. 90헌마33)
청구인 제기의 단순한 해고무효확인의 민사소송에서 증인인 피고소인이 위증하였다는 고소사건에 대하여 검사가 불기소처분을 하자 이에 대하여 청구인이 헌법소원심판을 청구하였는데 헌법소원심판절차 계속 중 청구인이 사망한 경우에, 원래 고용계약상 노무공급의무는 일신전속적인 것이고, 노무자가 사망하면 고용관계는 종료될 권리관계라고 할 것이어서 검사의 불기소처분 때문에 침해되었다 할 고용계약상의 지위는 노무자인 청구인의 사망에 의하여 종료되고 상속인에게 승계될 것이 아니므로 이에 관련된 심판절차 또한 수계될 성질이 못되어 청구인이 사망함과 동시에 당연히 그 심판절차가 종료되었다.

(2) 사법인과 기타 사적 결사

사법인이나 기타 권리능력 없는 결사도 향유할 수 있는 기본권의 침해가 문제된 경우에는 헌법소원을 제기할 수 있다. 법인격 있는 사법상의 사단이나 재단 또는 영리법인·비영리법인을 가리지 않고 성질상 기본권주체가 될 수 있는 범위에서 청구인능력을 가진다는 점은 명백하다. 또한 권리능력 없는 단체라 하더라도 ① 대표자의 정함이 있고 ② 독립된 사회적 조직체로서 활동하는 때에는 성질이 허용하는 한 기본권 주체성이 인정된다.

헌재판례) 2020. 12. 23. 2017헌마416 [특정 문화예술인 지원사업 배제행위 등 위헌확인]
비법인사단은 그 해산 이후에도 청산사무가 완료될 때까지 청산의 목적범위 내에서 권리·의무의 주체가 되나, 이 사건 헌법소원심판청구는 청구인 ○○패의 청산 목적과 관련되어 있다고 보기 어려우므로, 그 당사자능력을 인정할 수 없어 심판절차가 종료되었다. 따라서 청구인 ○○패의 이 사건 심판청구는 2018. 6. 30. 위 청구인의 폐업과 동시에 그 심판절차가 종료되었다.

(가) 정당

정당의 법적 형태에 대하여는 사법상의 법인격 없는 사단으로 보는 것이 대체적인 견해이다. 정당에게 인정되는 기본권으로서 통상 거론되는 것은 선거에 있어서의 평등권, 언론출판의 자유, 집회결사의 자유, 재판청구권 등이다. 헌법재판소도 정당에게 선거에 있어서의 기회균등권을 인정함으로써 선거에 있어서의 평등권을 인정하고 있다(1991. 3. 11. 91헌마21).

(나) 노동조합

노동조합은 법인 아닌 사단으로서 기본권능력이 인정되고, 특히 헌법 제33조가 정하는 바에 따라 근로3권의 주체성이 인정되므로, 그 범위에서는 헌법소원을 청구할 수 있다(1999. 11. 25. 95헌마154).

(다) 사립학교

사립학교법인의 경우에는 기본권 주체성이 인정되나 **사립학교 자체는 교육을 위한 시설에 불과할 뿐**이어서 기본권 주체성이 인정되지 아니하여 헌법소원심판을 청구할 수 없다(1993. 7. 29. 89헌마123; 2016. 10. 27. 2014헌마1037). 즉, 사립학교의 경우는 교육시설에 불과하다. 학교법인은 주체로 될 수 있다.[341]

341 **학교는 법인도 아니고 대표자 있는 법인격 없는 사단 또는 재단도 아닌 교육시설의 명칭에 불과하여 민사소송에 있어 당사자능력을 인정할 수 없는 것**이다.(대법원 1955. 8. 4. 선고 55다64 판결; 1975. 12. 9. 선고 75다1048 판결; 1977. 8. 23. 선고 76다1478 판결; 대법원 2001. 6. 29. 선고 2001다21991 판결 등)

헌재판례) 헌재 1993. 7. 29. 89헌마123(학교)

"청구인 남문중·상업고등학교는 교육을 위한 시설에 불과하여 우리 민법상 권리능력이나 민사소송법상 당사자능력이 없다고 할 것인바, 위 시설에 관한 권리·의무의 주체로서 당사자능력이 있는 청구인 남문학원이 헌법소원을 제기하여 권리구제를 받는 절차를 밟음으로써 족하다고 할 것이고, 위 학교에 대하여 별도로 헌법소원의 당사자능력을 인정하여야 할 필요는 없다고 할 것이므로 동 학교의 이 사건 헌법소원심판청구는 부적법하다."

헌재판례) 사이버대학의 청구인능력 부정(2016. 10. 27. 2014헌마1037)

사이버대학은 사립학교법 및 고등교육법을 근거로 설립된 교육시설에 불과하여 헌법소원심판을 제기할 청구인능력이 없다.

(라) 기타 사적 결사(★)

사단법인 한국영화인협회와 한국영화인협회 감독위원회는 영화를 제작·상영함에 있어서 공연윤리위원회의 사전심의를 반드시 거치도록 하는 영화법 제12조 제1항이 헌법에서 금지하는 사전검열에 해당된다며 헌법소원심판을 청구한 사안에서, 헌법재판소는 **한국영화인협회 감독위원회에 대하여는 청구인능력을 부인**하고, **한국영화인협회에 대하여는 청구인능력은 인정**하지만 기본권 침해의 자기관련성을 부인하여 심판청구를 모두 각하하였다(1991. 6. 3. 90헌마56). 단체 자신의 기본권을 직접 침해당한 경우 그의 이름으로 헌법소원 심판을 청구할 수 있으나, **구성원을 위하여 또는 구성원을 대신하여 심판을 청구할 수는 없다.**[342]

헌재판례) 단체의 기본권 주체성(2007. 7. 26. 2003헌마377)

단체는 특별한 예외적인 경우를 제외하고는 원칙적으로 단체 자신의 기본권을 직접 침해당한 경우에만 그의 이름으로 헌법소원심판을 청구할 수 있을 뿐이고, 그 구성원을 위하여 또는 구성원을 대신하여 헌법소원심판을 청구할 수 없다. 또한 이 사건 법률조항들이 문화재 매매업자 등의 헌법상 기본권을 제한한다고 하여 이로써 ○○미술협회가 직접적으로 회복할 수 없는 손해를 입게 된다는 특별한 사정이 있음을 인정할 자료도 없으며, 나아가 문화재 매매업자들이 스스로 헌법소원심판을 청구하여 그들의 헌법상 보장된 기본권의 침해에 대한 구제를 받을 수 있는 길이 막혀 있다거나, 그 행사가 심히 어려운 것으로 보아야 할 사정도 찾아볼 수 없다. 따라서 사단법인 ○○미술협회의 이 사건 헌법소원심판청구는 자기관련성의 요건을 갖추지 못하여 부적법하다.

342 제3자의 소송담당이 인정되지 않는다는 것을 의미한다.

한편, **한국신문편집인협회**는 신문·통신사의 편집간부 및 방송사의 보도관계 간부들로 구성된 협동단체로서, 선거일공고일부터 선거일까지 여론조사결과공표를 금지하고 있는 대통령선거법 제65조 제1항에 대하여 헌법소원심판을 청구한 사안에서, 헌법재판소는 **청구인능력은 인정**하지만 기본권 침해의 자기관련성을 부인하여 위 협회의 심판청구를 각하하였다(1995. 7. 21. 92헌마177 등). 그러나 중고자동차에 대한 성능점검 및 성능점검부의 발행주체에서 자동차매매사업조합을 배제한 것의 위헌 여부를 다투는 헌법소원 사건에서는 자동차매매사업조합의 청구인능력과 자기관련성을 모두 인정하였다(2006. 1. 26. 2005헌마424).

(3) 공법인 등

(가) 기본권 주체성의 원칙적 부인

공권력의 행사자인 국가나 국가기관 또는 국가사무의 일부의 수행을 위임받아 행하는 **공법인이나 그 기관은 기본권의 '수범자'이지 기본권의 주체로서 '소지자'가 아니므로,** 국회상임위원회·교섭단체·교육위원회의 교육위원·지방자치단체·그 기관인 지방자치단체의 장은 헌법소원청구인으로서의 적격이 없고, 공법인인 지방자치단체의 의결기관인 지방의회 역시 기본권의 주체가 될 수 없다.[343]

헌재판례) 국회상임위원회(1994. 12. 29. 93헌마120)

헌법재판소법 제68조 제1항은 "공권력의 행사 또는 불행사로 인하여 기본권을 침해받은 자는 헌법소원의 심판을 청구할 수 있다"고 규정하고 있다. 여기서 기본권을 침해받은 자만이 헌법소원을 청구할 수 있다는 것은 곧 기본권의 주체라야만 헌법소원을 청구할 수 있고, 기본권의 주체가 아닌 자는 헌법소원을 청구할 수 없다는 것을 의미하는 것이다. 기본권 보장규정인 헌법 제2장의 제목이 "국민의 권리와 의무"이고 그 제10조 내지 제39조에서 "모든 국민은 ……권리를 가진다"고 규정하고 있으므로 국민(또는 국민과 유사한 지위에 있는 외국인과 사법인)만이 기본권의 주체라 할 것이다. 한편 국가나 국가기관 또는 국가조직의 일부나 공법인은 기본권의 '수범자(Adressat)'이지 기본권 주체로서 '소지자(Träger)'가 아니고, 국민의 기본권을 보호 내지 실현해야 할 '책임'과 '의무'를 지니고 있는 지위에 있을 뿐이다. 그런데 청구인은 국회의 노동위원회로 그 일부 조직인 상임위원회 가운데 하나에 해당하는 것으로 국가기관인 국회의 일부 조직이므로 기본권의 주체가 될 수

343 김유향, 전게서, 1600면; 정주백, 전게서, 128면.

없고 따라서 헌법소원을 제기할 수 있는 적격이 없다.

헌재판례) 국회의원(2000. 8. 31. 2000헌마156)

헌재판례) 교육위원회의 교육위원(1995. 9. 28. 92헌마23등)

헌재판례) 지방자치단체(2006. 12. 28. 2006헌마312)

헌재판례) 지방자치단체장(2008. 5. 29. 2005헌마442; 1997. 12. 24. 96헌마365)

헌재판례) 지방의회(1998. 3. 26. 96헌마345)

헌재판례) 농지개량조합(2000. 11. 30. 99헌마190)

헌재판례) 경찰공무원(2009. 3. 24. 2009헌마118)

(나) 기본권 주체성의 예외적 인정

1) 개인의 지위를 겸하는 국가기관 등의 예외

국가기관 등이 기본권의 수범자인 공권력 주체로서의 지위뿐만 아니라 기본권의 소지자로서 개인의 지위를 겸하는 이중적 지위의 경우에는 기본권 주체성이 인정될 여지가 있다. 즉, 일반 국민으로서 국가에 대하여 가지는 헌법상의 기본권을 제약하는 성격이 강한 경우에는 기본권 주체성이 인정될 수 있다.[344]

헌재판례) 국가기관 등의 예외적 기본권 주체성(2008. 1. 17. 2007헌마700)

중앙선거관리위원회 위원장이 노무현 대통령에게 '**대통령의 선거중립의무 준수 요청** 조치' 및 '**대통령의 선거중립의무 준수 재촉구** 조치' 시행에 대해 노무현 대통령이 헌법소원심판청구를 한 사안에서, 헌재는 원칙적으로 국가나 국가기관 또는 국가조직의 일부나 공법인은 공권력 행사의 주체이자 기본권의 '수범자'로서 기본권의 '소지자'인 국민의 기본권을 보호 내지 실현해야 할 책임과 의무를 지니고 있을 뿐이므로, 헌법소원을 제기할 수 있는 청구인적격이 없다. 그러나 국가기관의 직무를 담당하는 자연인이 제기한 헌법소원이 언제나 부적법하다고 볼 수는 없다. 만일 심판대상 조항이나 공권력작용이 넓은 의미의 국가 조직영역 내에서 공적 과제를 수행하는 주체의 권한 내지 직무영역을 제약하는 성격이 강한 경우에는 그 기본권 주체성이 부정될 것이지만, 그것이 **일반 국민으로서 국가에 대하여 가지는 헌법상의 기본권을 제약하는 성격이 강한 경우에는**

344 김하열, 전게서, 442면.

기본권 주체성을 인정할 수 있다. 결국 개인의 지위를 겸하는 국가기관이 기본권의 주체로서 헌법소원의 청구적격을 가지는지 여부는, 심판대상조항이 규율하는 기본권의 성격, 국가기관으로서의 직무와 제한되는 기본권 간의 밀접성과 관련성, 직무상 행위와 사적인 행위 간의 구별 가능성 등을 종합적으로 고려하여 결정되어야 한다.

***비고판례**: 선관위원장의 **'선거운동 중지 촉구'** 공문은 국민에 대하여 직접적인 법률효과를 발생시키지 않는 단순한 권고적, 비권력적 행위(행정지도)로서, '공권력의 행사'에 해당하지 않으므로, '선거법위반행위에 대한 중지 촉구'에 대한 심판청구는 부적법하다.(헌재 2003. 2. 27. 2002헌마106)

헌재판례) 지방자치단체장의 기본권 주체성이 인정되는 경우 – 주민소환 청구 및 4회 연임 제한으로 인해 '공무담임권' 등에 장애가 발생할 우려가 생긴 부분(2009. 3. 26. 2007헌마843)

2) **공법인 등의 예외**(★)

기본권의 수범자에 해당하는 공법인 등도 예외적으로 ① 기본권에 의하여 보호되는 생활영역에 속해 있으며, ② 자연인의 개인적 기본권을 실현하는 데 기여하고 있을 뿐 아니라, ③ 조직법상 국가로부터 독립되어 고유한 업무영역을 가지고 있는 경우에는 기본권 주체성이 인정된다고 할 것이다. 헌법재판소도 영조물에 해당하는 서울대학교, 국립 강원대학교와 공법인에 해당하는 세무대학에 대하여 학문의 자유와 대학의 자율권의 주체성을 인정한 바 있다(1992. 10. 1. 92헌마68 등; 2001. 2. 22. 99헌마613; 2015. 12. 23. 2014헌마1149). 마찬가지로 공영방송인 한국방송공사에 대해서도 언론의 자유의 주체성을 인정한 바 있다(1999. 5. 27. 98헌바70). 공영방송국이 비록 공법인이지만 공영방송국의 방송·보도는 표현의 자유에 의하여 보호되는 영역에 속하는 것으로서 국민의 알 권리를 충족시키는 데에 기여하며, 그 활동이 국가로부터의 독립이 강하게 요구되는 분야이기 때문이다. **정리하면 국·공립대학, 국·공립민영방송사, 국책은행 등 예외적으로 특정한 사항에서는 기본권의 주체로서 기본권을 주장할 수 있는 경우**(학문의 자유, 언론의 자유, 재산권 등) **청구인 능력이 인정된다**.[345]

345 국가 vs. 공법인, 공법인 vs. 국민

헌재판례) 구 국립서울대학교의 기본권 주체성(1992. 10. 1. 92헌마68)

헌법 제31조 제4항은 "교육의 자주성·전문성·정치적중립성 및 대학의 자율성은 법률이 정하는 바에 의하여 보장된다."라고 규정하여 교육의 자주성·대학의 자율성을 보장하고 있는데 이는 대학에 대한 공권력 등 외부세력의 간섭을 배제하고 대학구성원 자신이 대학을 자주적으로 운영할 수 있도록 함으로써 대학인으로 하여금 연구와 교육을 자유롭게 하여 진리탐구와 지도적 인격의 도야(陶冶)라는 대학의 기능을 충분히 발휘할 수 있도록 하기 위한 것이며, 교육의 자주성이나 대학의 자율성은 헌법 제22조 제1항이 보장하고 있는 학문의 자유의 확실한 보장수단으로 꼭 필요한 것으로서 이는 대학에게 부여된 헌법상의 기본권이다. 따라서 국립대학인 서울대학교[346]는 다른 국가기관 내지 행정기관과는 달리 공권력의 행사자의 지위와 함께 기본권의 주체라는 점도 중요하게 다루어져야 한다. 여기서 대학의 자율은 대학시설의 관리·운영만이 아니라 학사관리 등 전반적인 것이라야 하므로 연구와 교육의 내용, 그 방법과 그 대상, 교과과정의 편성, 학생의 선발, 학생의 전형도 자율의 범위에 속해야 하고 따라서 입학시험제도도 자주적으로 마련될 수 있어야 한다.

(4) 공무원, 군인, 경찰, 수형자, 국공립학교 재학생 등 이른바 '특별권력관계'

특별권력관계(특수신분관계)란 특정한 목적을 달성하기 위하여 시민이 국가권력에 대하여 강한 법적 구속을 받게 되는 상태를 의미하는바, 과거에는 이러한 특별권력관계에 있는 사람들은 국가기구 속에 편입되어 기본권 행사를 포기한 것에 해당한다고 보았으나 현재는 관계의 특수성이 있을 뿐, 기본권 주체성이 부인되는 것은 아니라고 보는 것이 통설과 판례의 입장이다. 특히 공무원의 경우 그 직무와 개인(사람)으로 구분하여 판단하고 있다.[347]

2. 공권력의 행사 또는 불행사

(1) 의의

(가) 개념

헌법소원심판은 '공권력의 행사 또는 불행사로 인하여' 기본권을 침해받은 경우에 청구할 수 있는 것이므로 그 취소를 구하는 공권력이나 위헌확인을 구하는 공

346 현재는 공법인으로 전환되어 정확한 의미의 국립대학은 아니지만 그 법적 성질과 작용적 측면에서는 여전히 국립대학과 유사한 지위를 다수 가지고 있다고 할 것이다.

347 '직무'와 '사람'으로 구별하였다.(성중탁, 공무원 신분에 따른 기본권 제한의 문제점과 개선방안, 법학논고 제69집, 경북대학교 법학연구원, 2020, 57면.)

권력의 불행사가 존재하지 아니하면 헌법소원은 부적법하게 된다. 여기의 공권력의 행사 또는 불행사라 함은 공권력을 행사할 수 있는 지위에 있는 기관, 즉 공권력 주체에 의한 작위·부작위로서 그로 인해 **국민의 권리·의무 내지 법적 지위에 직접적인 영향을 가져오는 행위**이어야 한다(1994. 8. 31. 92헌마174).

헌재판례) 이대 로스쿨 남성 입학금지 모집요강(2013. 5. 30. 2009헌마514)

법학전문대학원은 교육기관으로서의 성격과 함께 법조인 양성이라는 국가의 책무를 일부 위임받은 직업교육기관으로서의 성격을 가지고 있기는 하나, 이화여자대학교는 사립대학으로서 국가기관이나 공법인, 국립대학교와 같은 공법상의 영조물에 해당하지 아니하고, 일반적으로 사립대학과 그 학생과의 관계는 **사법상의 계약관계**이므로 학교법인 이화학당을 공권력의 주체라거나 그 모집요강을 **공권력의 행사라고 볼 수 없다.** 따라서 이 사건 모집요강은 헌법소원심판의 대상이 되는 공권력의 행사라고 볼 수 없다. 교육부장관의 이 사건 인가처분은 학교법인 이화학당이 법학전문대학원 설치인가를 받기 위해 제출한 입학전형계획을 그대로 인정함으로써 남성인 청구인의 직업선택의 자유를 제한하고 있다. 그러나 한편으로 학교법인 이화학당은 헌법 제31조 제4항의 대학의 자율성의 주체인바, 학교법인 이화학당의 법학전문대학원 입학전형계획은 학교법인 이화학당이 학생의 선발 및 입학 전형에 관하여 대학의 자율성을 행사한 것이고, 인가처분은 대학의 자율성 행사를 보장하는 것이다. 따라서 이 사건 인가처분에 의하여 청구인의 직업선택의 자유와 사립대학의 자율성이라는 두 기본권이 충돌하게 된다.

헌재판례) 한나라당의 여론조사결과 반영(2007. 10. 30. 2007헌마1128)

권리능력 없는 사단의 성격을 가지는 정당은 공권력 행사의 주체가 될 수 없다.

헌재판례) 교도소장의 이발 지도 행위(2012. 4. 24. 2010헌마751★)

이발 지도 행위는 피청구인이 두발 등을 단정하게 유지할 것을 지도·교육한 것에 불과하고 피청구인의 **우월적 지위에서 일방적으로 청구인에게 이발을 강제한 것이 아니므로,** 헌법소원심판의 대상인 공권력의 행사라고 보기 어렵다. 이발 행위 역시 청구인의 자발적 참여를 전제로 이발을 하도록 한 것으로서 피청구인의 우월적 지위에서 일방적으로 이발을 강제한 것이 아니므로, 헌법소원심판의 대상인 공권력의 행사라고 보기 어려우며, 가사 청구인 주장과 같은 공권력 행사가 있다 하더라도, 그 이발 행위는 종료하여 주관적 권리보호이익은 소멸되었으며, 나아가 이 사건에서와 같은 이발 행위가 반복될 가능성이 있다거나 개별적인 사건의 성격을 넘어서 일반적으로 헌법적 의미를 부여할 사안으로 보기는 어려우므로 심판청구의 이익 또한 인정되지 아니한다. 이 사건 법률조항들은 수용자는 두발을 단정하게 유지하여야 한다는 내용일 뿐이므로, 청구인의 주장과 같은 강제적 두발 규제에 의하여 기본권이 제한되려면, 구체적이고 개별적인 집행 행위가 매개되어야 한다. 따라서 위 조항들은 기본권 침해의 직접성이 인정되지 아니한다.

헌재판례) 정부를 '이명박 정부'로 표현하는 행위는 청구인의 법적 지위에 영향을 미치지 아니하므로 공권력의 행사에 해당하지 않는다.(2008. 7. 1. 2008헌마428)

헌재판례) 한국감정평가협회가 제정한 토지보상평가지침(2006. 7. 27. 2005헌마307)

토지보상평가지침을 만든 한국감정평가협회는 부동산가격공시및감정평가에관한법률 제40조의 규정에 따라 감정평가업자와 감정평가법인 또는 감정평가사사무소의 소속 감정평가사들이 감정평가제도의 개선 및 업무의 효율적인 수행을 위하여 설립한 사적 임의단체로서 동 협회에 관하여는 원칙적으로 민법 중 사단법인에 관한 규정이 준용된다. 따라서 공권력 행사의 주체가 아닌 한국감정평가협회가 제정한 토지보상평가지침은 헌법소원의 대상이 되는 공권력의 행사에 해당하지 아니한다.

헌재판례) 강북구청장의 전국 대학생 토론대회 참가대상 제한(2015. 10. 21. 2015헌마214)

강북구청장이 한 "4·19혁명 국민문화제 2015 전국 대학생 토론대회" 공모는 민법상 우수현상광고 또는 이와 유사한 성격의 법률행위라고 봄이 상당하고, 이 사건 공고가 법률상 근거에 따른 법집행작용의 일환이라고 보기도 어려우며, 국민에게 어떠한 권리나 의무를 부여하는 것으로 볼 수 없는 점 등을 종합하면, 이 사건 공고는 사법상 법률행위에 불과하고 공권력 행사의 주체라는 우월적 지위에서 한 것으로서 헌법재판소법 제68조 제1항에 따른 헌법소원심판의 대상인 '공권력의 행사'라고 볼 수 없다.

헌재판례) 건축물관리대장의 직권말소(2004. 1. 29. 2002헌마235)

건축물대장은 원칙적으로 행정사무집행의 편의와 사실증명의 자료로 삼기 위한 것일 뿐이고 그 등재로 인하여 당해 건축물에 대한 실체상 권리관계에 어떠한 변동을 초래하는 것은 아니므로, 건축물대장에 대한 등재행위 등은 일반적으로 청구인의 권리나 법적 지위에 영향을 미치는 바가 없어서 기본권을 침해할 가능성이 없고, 건축물대장의 말소행위의 경우에도 원칙적으로 건축물 소유자의 권리관계에 영향을 미친다고 보기 어렵기 때문에, 특별한 사정이 없는 이상 이로 인하여 청구인의 기본권이 새로이 제한되는 형성적 효력이 발생한다고 볼 수는 없다.

헌재판례) 서울시민 인권헌장 초안의 발표계획에 대한 서울시장의 무산선언(2015. 3. 31. 2015헌마213)

피청구인이 선포하려던 서울시민 인권헌장은 피청구인이 서울시민의 의견을 수렴하여 서울시민에 대한 인권 보호 및 증진을 위한 기본방침을 밝히고자 한 정책계획안으로서 그 법적 성격은 국민의 권리·의무나 법적 지위에 직접 영향을 미치지 아니하는 비구속적 행정계획안이라 할 것이고, 이 사건 무산 선언은 당초 2014. 12. 10. 세계인권선언의 날에 맞춰 선포하려던 서울시민 인권헌장이 성소수자 차별금지 조항에 대한 이견으로 합의에 실패하여 예정된 날짜에 선포될 수 없었음을 알리는 행위로서 그 자체로는 직접적으로 청구인의 법적 지위에 영향을 미치지 아니하므로, 이 사건 무산 선언은 헌법소원심판의 대상이 되는 공권력 행사에 해당되지 아니한다.

헌재판례) 2021. 상반기 시·자치구 인사교류 계획 위헌확인(2021. 1. 26. 2021헌마1)

인사교류계획은, 지방공무원법 제30조의2 제1항 및 제3항과 '대전광역시 지방공무원 인사교류 규칙'(이하 '인사교류규칙'이라고 한다) 제10조의 규정에 비추어 볼 때, 피청구인이 소속 구청장에게 하는 내부적 권고에 해당하여 일반 국민은 물론 관련 공무원들의 법적 지위를 변경시키는 공권력의 행사라고 보기 어렵다. 따라서 헌법소원의 대상에 해당하지 않는다.

헌재판례) 청원심사결과 통보의 처분성(2000. 10. 25. 99헌마458)

헌법상의 청원권은 공권력과의 관계에서 일어나는 여러 가지 이해관계, 의견, 희망 등에 관하여 적법한 청원을 한 국민에게 국가기관이 이를 수리·심사하여 그 심사결과를 통보하여 줄 것을 요구할 수 있는 권리를 의미한다. 따라서 적법한 청원에 대하여 국가기관이 이를 수리·심사하여 그 결과를 청원인에게 통보하였다면 이로써 당해 국가기관은 헌법 및 청원법상의 의무이행을 다한 것이고, 그 통보 자체에 의하여 청구인의 권리·의무나 법률관계가 직접 무슨 영향을 받는 것도 아니므로 비록 그 통보내용이 청원인이 기대하는 바에는 미치지 못한다고 하더라도 그러한 통보조치가 헌법소원의 대상이 되는 무슨 구체적인 공권력의 행사 내지 불행사라고 볼 수는 없다(헌재 1994. 2. 24. 93헌마213 등).

(나) 공권력 행사·불행사의 특정

헌법재판으로서 헌법소원의 대상이 되는 공권력의 행사·불행사는 **구체적으로 특정하여 청구**하여야만 한다(2002. 12. 18. 2002헌마262). 그렇지 않고 단지 법령에 근거하여 행하여지거나 행하여질 수 있는 집행행위 일반에 대하여 추상적으로 위헌확인을 구하는 것은 원칙적으로 부적법하다(2004. 11. 25. 2002헌마749; 2014. 5. 29. 2013헌마280).

헌재판례) 구체적 당해 연도 시험공고행위를 특정하지 아니한 채 그동안의 사시 2차 시험 시험시간 관행에 대한 헌법소원 – 부적법(2002. 12. 18. 2002헌마262)

헌재판례) 수용자에 대한 도서반입 제한행위에 대한 헌법소원(2014. 5. 29. 2013헌마280)

헌법소원심판을 청구하려면 우선 기본권 침해의 원인이 된 '공권력의 행사 또는 불행사'의 사실이 있어야 하고, 헌법소원의 대상이 되는 공권력의 행사 또는 불행사의 사실이 아예 존재하지 아니하는 경우에는 그 심판청구는 부적법하다. 청구인은 막연히 2012년 이래 수용자에 대한 영치품 반입이 엄격히 제한되면서 마약류 사범에 대하여 도서 반입이 사실상 금지되고 있다고 주장할 뿐, 피청구인이 외부로부터 신청된 청구인에 대한 도서 반입을 거부하였다거나, 청구인 스스로 도서 반입을 신청하였다가 거부되었다는 것과 같이 구체적으로 어떤 기본권 침해사유가 발생하였는지에 대하여 주장하고 있지 않고, 이를 뒷받침할 만한 자료도 제출하지 아니하였다. 따라서 이 부분 심판청구는 헌법소원의 대상이 되는 공권력의 행사 자체를 특정할 수 없으므로 부적법하다.

(다) 간접적 국가행정

일반적으로 공권력 행사의 주체에는 국가나 지방자치단체 등의 공법인과 그 소속 기관들이 포함된다. 이와 관련하여 헌법재판소는 "헌법소원의 대상이 되는 공권력은 입법·행정·사법 등의 모든 기관뿐만 아니라, 간접적인 국가행정, 예를 들어 공법상의 사단, 재단 등의 공법인, 국립대학교와 같은 영조물 등의 작용도 포함된다[348]"고 판시하고 있다. 다만 법원의 재판은 헌재법 제68조 제1항이 명시적으로 헌법소원의 대상에서 제외하고 있다. 그러나 헌법재판소는 위헌으로 결정된 법령을 적용함으로써 국민의 기본권을 침해한 재판에 대해서는 예외적으로 인정된다고 판시하고 있다(1997. 12. 24. 96헌마172 등). 특히 **공고**[349]의 경우가 문제된다.

<table>
<tr><th colspan="2">헌재판례) 2000. 1. 27. 99헌마123</th></tr>
<tr><td colspan="2">공고가 어떠한 법률효과를 가지는지에 대해서는 일률적으로 말할 수 없고 개별 공고의 내용과 관련 법령의 규정에 따라 구체적으로 판단하여야 한다. 지방공무원법 제35조 제1항 및 지방공무원임용령 제62조는 지방공무원의 공개경쟁시험에 있어서 시험실시기관은 응시자격·선발예정인원 등을 시험실시일 20일 전에 신문 또는 방송, 기타 효과적인 방법에 의하여 공고하도록 하고 있는데, 그중 직렬 및 지역별 모집인원과 응시연령의 기준일(최종시험시행일) 등은 시험실시기관이 구체적으로 결정하여 알리는 것으로, 이 공고에 따라 해당 시험의 모집인원과 응시자격의 상한연령 및 하한연령의 세부적인 범위 등이 비로소 확정되고, 이에 따라 응시자의 자격을 제한하는 등의 구체적 효과가 발생하므로 이는 바로 공권력의 행사에 해당하는 것이다.</td></tr>
<tr><th colspan="2">관련 헌재판례) 사법시행 시행일자 공고(2001. 9. 27. 2000헌마159)</th></tr>
<tr><td>사안</td><td>행정자치부장관은 2000. 1. 3. 제42회 사법시험 제1차 시험일자를 2000. 2. 20. 시행한다고 공고함. 위 날짜는 일요일이었음. → 청구인은 법대 4학년 재학 중인 자로서 응시원서를 접수하였으나 기독교의 교리상 일요일에 시행하는 위 사법시험 제1차 시험에 응시할 수 없었음을 이유로 위 공고를 대상으로 헌법소원심판청구</td></tr>
</table>

348 그 밖에 공무수탁사인의 행위도 포함이 된다고 할 것이다. 참고로, 공무수탁사인은 자신의 책임하에 자신의 명의로 권한을 행사하고, 그 법적 효과의 귀속 주체가 되지만, 국가는 공무수탁사인에 대하여 위임사무 처리에 대하여 지휘·감독권을 가지고 있다. 이러한 경우 행정주체는 사인이 아니라 바로 그에게 공권을 수여한 국가 또는 공공단체 자신이라 할 것이며, 공무수탁사인의 공권력 행사는 국가가 행하는 것과 법적 효과 측면에서 전혀 다르지 않다.

349 형성적 의미 vs. 확인적 의미

심판 대상	사법시험령 제9조(시험의 시행 및 공고) ① 시험은 매년 1회 이상 실시하되 연초에 그 실시계획을 공고한다. ② 행정자치부장관은 시험을 실시하고자 할 때에는 그 일시·장소·시험방법 및 과목·응시자격·선발예정인원과 출원절차 등을 모든 응시자가 알 수 있도록 시험기일 30일 전에 공고하여야 한다.
판단	사전안내의 성격을 갖는 통지행위라도 그 내용이 국민의 기본권에 직접 영향을 끼치는 내용이고 앞으로 법령의 뒷받침에 의하여 그대로 실시될 것이 틀림없을 것으로 예상될 수 있는 것일 때에는 그로 인하여 직접적으로 기본권 침해를 받게 되는 사람에게는 사실상 규범작용으로 인한 위험성이 이미 발생하였다고 보아야 할 것이므로 헌법소원의 대상이 될 수 있다. 그런데 (**응시자격 및 시험방법과 과목**은 사법시험령에 이미 규정되어 있으므로 그에 대한 공고는 이미 확정되어 있는 것을 **단순히 알리는 데에 지나지 않는다** 할 것이나) **구체적인 시험일정과 장소는 위 공고에 따라 비로소 확정되는 것이다. 따라서 이 사건 공고는 헌법소원의 대상이 되는 공권력의 행사에 해당한다**고 보아야 할 것이다.

헌재판례) 공선법에 의해 설립된 대통령선거방송토론위원회의 결정·공표 행위(1998. 8. 27. 97헌마372등) ○

헌재판례) 법학전문대학원협의회의 법학적성시험(LEET) 시행계획 공고(2010. 4. 29. 2009헌마399) ○

헌재판례) 외국·국제기관의 공권력작용(1997. 9. 25. 96헌마159) X

(2) 입법작용

(가) 헌법규정

헌법재판소는 개별 헌법규범이 헌법소원의 대상이 되는지에 관하여 "헌법은 그 전체로서 주권자인 국민의 결단 내지 국민적 합의의 결과라고 보아야 할 것으로, 헌법의 개별규정을 헌법재판소법 제68조 제1항 소정의 공권력 행사의 결과라고 볼 수도 없다"고 판시하였다(1996. 6. 13. 94헌바20).

(나) 법률

공권력 가운데는 입법권도 당연히 포함되므로 법률에 대한 헌법소원도 가능하다. 단, 그 법률이 구체적 **집행행위**(처분 등)를 기다리지 아니하고 **직접적으로, 그리고 현재적으로** 기본권을 침해하는 경우에 한정된다. 또한 법률 자체의 효력을 직접 다투는 것을 소송물로 하여 일반법원에 소송(항고소송)을 제기하는 길이 없으므로 다른 구제절차를 거칠 것 없이(보충성 예외) 바로 헌법소원을 제기할 수 있다.[350]

의결 후 공포 전 법률안	헌법재판소는 "법률안이 거부권 행사에 의하여 최종적으로 폐기되었다면 모르되, 그렇지 아니하고 추후 실제로 공포되었다면 법률안은 그 동일성을 유지하여 법률로 확정되는 것이라고 보아야 한다. 나아가 심판청구 후에 유효하게 공포·시행되었고 그 법률로 인하여 평등권 등 기본권을 침해받게 되었다고 주장하는 이상 청구 당시의 공포 여부를 문제삼아 헌법소원의 대상성을 부인할 수는 없다"고 하여 심판청구의 적법성을 인정하고 있다(2001. 11. 29. 99헌마494).
공포 후 시행 전 법률	법률은 현재 시행 중인 유효한 것이어야 함이 원칙이나, 공포되어 있는 경우에는 시행되어 효력을 발생하기 전이라도 "이미 청구인의 권리관계가 침해될 수도 있다고 보이고 현재의 시점에서 청구인이 불이익을 입게 될 수도 있다는 것을 충분히 예측(상황성숙)할 수 있다면" 예외적으로 헌법소원을 제기할 수 있다(1994. 12. 29. 94헌마201).
시행 후 폐지된 법률	폐지된 법률조항이더라도 그 조항에 의해 기본권 침해가 계속되는 경우에는 헌법소원심판의 대상으로 할 수 있다. 나아가 폐지된 법률조항에 의한 기본권 침해가 종료된 경우에도 아직 위헌 여부에 대한 해명이 없고, 청구인의 기본권을 침해하는 것으로 판단되며, 신법에서도 유사한 내용을 규정하고 있는 경우에는 "(폐지된 규정의) 분쟁의 해결은 위 신규정의 개정을 촉진하여 위헌적인 법률에 의한 기본권 침해의 위험을 사전에 제거하는 등 헌법질서의 수호유지를 위하여 긴요한 사항이어서 헌법적으로 그 해명이 중대한 의미를 지닌다고 할 것이므로" 헌법소원심판의 대상으로 할 수 있다(1995. 5. 25. 91헌마67).

헌재판례) 2019년도 제56회 변리사 국가자격시험 시행계획 공고 중 '2. 실무형 문제 출제' 위헌확인(2019. 5. 30. 선고 2018헌마1208·1227)

가. 이 사건 공고의 근거법령의 내용만으로 변리사 제2차 시험에서 '실무형 문제'가 출제되는지 여부가 정해져 있다고 볼 수 없고, 이 사건 공고에 의하여 비로소 2019년 제56회 변리사 제2차 시험에 실무형 문제가 출제되는 것이 확정된다. 이 사건 공고는 법령의 내용을 구체적으로 보충하고 세부적인 사항을 확정함으로써 대외적 구속력을 가지므로, 헌법소원의 대상이 되는 공권력의 행사에 해당한다.

나. 이 사건 공고는 2019년 제56회 변리사 제2차 시험에 관한 것이므로, 기본권 침해의 자기관련성이 인정되기 위해서는 위 제2차 시험에 응시할 자격이 인정되어야 한다. 2019년 변리사 제1차 시험에 불합격하거나 응시하지 아니한 청구인들은 위 제2차 시험에 응시할 자격이 인정되지 않으므로, 기본권 침해의 자기관련성이 인정되지 않는다.

다. 시험과목 및 그 밖에 시험에 관한 사항은 전문적·기술적인 영역에 해당하므로, 이를 법률로 전부 규정하는 것은 입법기술상 적절하지 않아 이러한 사항을 대통령령에 위임할 필요성이 인정된다. 또한, 변리사의 직무범위, 변리사시험 제도의 목적, 변리사법 제4조의3이 정한 변리사시험 일부

350 한수웅, 전게서, 1455면.

면제자의 요건 등을 종합하면, 변리사시험의 시험과목은 변리사 업무에 필요한 지식·소양 및 그 소송대리를 수행하기 위한 능력을 갖추기 위하여 공부하여야 할 과목이 될 것임을 예측할 수 있고, 변리사시험 시행의 세부사항, 합격자결정기준에 관한 사항이 '그 밖에 시험에 필요한 사항'으로서 대통령령에 규정될 것임을 예측할 수 있다. 따라서 변리사법 제4조의2 제5항은 포괄위임금지원칙에 위배되지 않는다.

(다) 법률의 개폐 요구

법률의 개폐는 입법기관의 소관사항이므로 이를 요구하는 것은 헌법소원심판청구의 대상이 될 수 없다(1992. 6. 26. 89헌마132).

헌재판례) 형사소송법의 개정 촉구(2006. 10. 10. 2006헌마1035)

공권력의 행사 또는 불행사로 인하여 헌법상 보장된 기본권을 침해받은 자는 헌법재판소에 헌법소원심판을 청구할 수 있고, 헌법재판소는 기본권 침해의 원인이 된 공권력의 행사를 취소하거나 그 불행사가 위헌임을 확인할 수 있다. 그렇다면, 헌법소원심판의 대상이 되는 것은 '공권력의 행사 또는 불행사가 청구인의 기본권을 침해하는지 여부'라 할 것이므로, '경찰에게도 공소권을 부여하도록 형사소송법 개정을 촉구할 것인지 여부'는 헌법소원심판의 대상이 되지 아니한다.

(라) 법률해석에 관한 구문(질문)

법률에 의한 기본권 침해 주장이 아닌 단지 법률의 해석문제에 관한 구문(求問)은 헌법소원의 대상이 되지 아니한다.

헌재판례) 여권압수 등 위헌확인(1997. 9. 25. 96헌마159)

외국 정부에 의하여 구금된 일수가 형법 제57조 제1항 소정의 판결선고 전 구금일수에 해당하여 본형에 산입되는지 여부를 알아보는 심판청구는 결국 법률의 해석문제에 관한 구문으로서 헌법소원의 대상이 되지 아니하고, 법원에서 올바른 형을 선고할 수 있도록 필요하고 적절한 조치를 취하여 달라는 심판청구 역시 헌법재판소의 권한범위 밖의 청구로서 헌법소원의 대상이 되지 아니한다.

(마) 긴급재정경제명령

우리 헌법재판소는 긴급재정경제명령이 국민의 기본권을 직접 침해할 경우에는 헌법소원의 대상이 됨을 인정하고 있다. 즉, 헌법재판소는 "비록 고도의 정치적 결단에 의하여 행해지는 국가작용이라고 할지라도 그것이 국민의 기본권 침해와 직접 관련되는 경우에는 당연히 헌법재판소의 심판대상이 될 수 있는 것일 뿐만 아니라, 긴급재정경제명령은 법률의 효력을 갖는 것이므로 마땅히 헌법에 기속되어야 할 것이다"(1996. 2. 29. 93헌마186)라고 판시함으로써 긴급재정경제명령이 헌법소원의 대상이 될 수 있음을 인정하고 있다.

(바) 조약

국내적인 효력을 미치는 조약의 경우 그 성질상 헌법소원심판을 청구할 수 있는 경우와 그렇지 않은 경우로 나눌 수 있다. 즉, 성질상 별도의 입법조치 없이 바로 국내에 적용되는 '자기집행적 조약'의 경우는 조약에 대하여 바로 헌법소원의 심판을 청구할 수 있지만, 국내법률로 조약을 구체화하는 것이 필요한 '비자기집행적 조약'의 경우는 원칙적으로 조약을 대상으로 바로 헌법소원심판을 청구할 수 없고, 그 조약의 시행을 위하여 국내법령으로 구체화한 법률 또는 명령에 대하여 헌법소원심판을 청구할 수 있다고 할 것이다.

(3) 행정작용[351]

(가) 법규명령(★)

법규명령이 헌법소원의 대상이 되는지에 관하여 대법원과 헌법재판소의 견해가 서로 대립하고 있는데, 이러한 대립은 대법원규칙인 법무사법시행규칙에 대한 위헌심사권이 헌법재판소에 있는지가 논란되었다. 헌법재판소는 명령·규칙 그 자체에 의한 직접적인 기본권 침해 여부가 문제되었을 경우에는 바로 헌법소원심판을 청구할 수 있다고 판시하였다(1990. 10. 15. 89헌마178). 그동안 헌법재판소는 대법원규칙인 법무사법시행규칙 제3조 제1항(1990. 10. 15. 89헌마178), 법무사법시행규칙 제35조 제4항(1996. 4. 25. 95헌마331), 공탁금의이자에관한규칙 제2조와 제4조

351 한수웅, 전게서, 1463면.

(1995. 2.. 23. 90헌마214), 형사소송규칙 제40조(1995. 12. 28. 91헌마114) 등에 대해 위헌 여부를 판단하였다.

(나) 행정규칙[352](★★★)

1) 헌법소원의 대상성 인정 여부

이른바 행정규칙은 일반적으로 행정조직 내부에서만 효력을 가지는 것이고 대외적인 구속력을 갖는 것이 아니어서 원칙적으로 헌법소원의 대상이 아니다. 그러나 다음과 같은 경우에는 예외적으로 헌법소원의 대상이 될 수 있다.

법령보충적 행정규칙 (행정규칙 형식의 법규명령)	법령의 직접적인 위임에 따라 수임행정기관이 그 법령을 시행하는 데 필요한 구체적 사항을 정한 것이라면, 상위법령과 결합하여 대외적인 구속력을 갖는 법규명령으로서 기능하게 된다고 보아야 할 것인바, 이에 대하여도 헌법소원 심판을 청구할 수 있다(1992. 6. 26. 91헌마25).
재량준칙의 반복시행	재량준칙이 그 정한 바에 따라 되풀이 시행되어 행정관행이 이룩되게 되면 평등의 원칙이나 신뢰보호의 원칙에 따라 행정기관은 그 상대방에 대한 관계에서 그 규칙에 따라야 할 자기구속을 당하게 되는 경우에는 대외적인 구속력을 가지게 되는바, 이러한 경우에는 헌법소원의 대상이 될 수도 있다(1990. 9. 3. 90헌마13).

2) 헌법소원의 대상성이 인정된 행정규칙

헌재판례) 보건복지부장관이 고시한 생계보호 기준(1997. 5. 29. 94헌마33)

헌재판례) 안전·품질표시대상공산품의 안전 기준(2015. 3. 26. 2014헌마372)

헌재판례) 외국인산업기술연수생의 보호 및 관리에 관한 지침(2007. 8. 30. 2004헌마670)

헌재판례) 계호근무 준칙(2005. 5. 26. 2004헌마49)

헌재판례) 국토해양부장관의 '저소득가구 전세자금 지원 기준'(2011. 10. 25. 2009헌마588)

352 제정형식(○○고시 · ○○훈령 · ○○예규 · ○○지침 , ○○기준 등) 불문

헌재판례) 2002. 7. 18. 2001헌마605	
이른바 행정규칙은 일반적으로 행정조직 내부에서만 효력을 가지는 것이고 대외적인 구속력을 갖는 것이 아니다. 다만, ① 행정규칙이 법령의 규정에 의하여 행정관청에 법령의 구체적 내용을 보충할 권한을 부여한 경우, 또는 ② 재량권 행사의 준칙인 규칙이 그 정한 바에 따라 되풀이 시행되어 행정관행이 이룩되게 되면 평등의 원칙이나 신뢰보호의 원칙에 따라 행정기관은 그 상대방에 대한 관계에서 그 규칙에 따라야 할 자기구속을 당하게 되는 경우에는 대외적인 구속력을 가지게 된다.	
관련 헌재판례) 보건복지부 고시 식품접객업소영업행위제한 기준(2000. 7. 20. 99헌마455)	
심판대상	**식품접객업소영업행위제한 기준(1999. 7. 20. 보건복지부 고시 제1999-20호)** 식품위생법 제30조의 규정에 의한 식품접객업소 영업행위 제한대상 및 제한시간은 다음과 같다. 제한대상 영업행위: 식품위생법시행령 제7조 제8호 라목의 유흥주점 영업행위 중 "무도장을 갖추고 손님으로 하여금 춤을 추게 하는 행위" 제한시간: 09:00~17:00 식품위생법 제30조(영업의 제한) 보건복지부장관은 공익상 또는 선량한 풍속을 유지하기 위하여 필요하다고 인정하는 때에는 영업자 중 식품접객업을 하는 자 및 그 종업원에 대하여 영업시간 및 영업행위에 관한 필요한 제한을 할 수 있다.[353]
판단	이 사건 기준은 그 제정형식이 비록 보건복지부장관의 고시라는 행정규칙이지만, 식품위생법 제30조의 위임에 따라 식품접객업소의 영업행위에 대하여 제한대상 및 제한시간을 정한 것으로서 상위법령과 결합하여 대외적인 구속력을 갖는 법규명령의 성격을 가지고 있다.
관련 헌재판례) 외국인산업기술연수생 보호및관리에 관한 지침의 법적성질(2007. 8. 30. 2004헌마670)	
심판대상	**'외국인산업기술연수생의 보호 및 관리에 관한 지침'(노동부 예규)** 제4조(연수생의 지위) 연수생은 출입국관리법령에 의한 연수생 신분의 체류자격을 가지되 연수과정에서(······)

353 참고로, 이 법률조항과 유사한 성격의 법률조항에 대하여 헌재는 포괄위임금지원칙 위배를 이유로 위헌결정을 한 바 있다. "심판대상 식품위생법 조항은 식품접객업자를 제외한 어떠한 영업자가 하위법령에서 수범자로 규정될 것인지에 대하여 아무런 기준을 정하고 있지 않다. 비록 수범자 부분이 다소 광범위하더라도 준수사항이 구체화되어 있다면 준수사항의 내용을 통해 수범자 부분을 예측하는 것이 가능할 수 있는데, '영업의 위생관리와 질서유지', '국민의 보건위생 증진'은 매우 추상적이고 포괄적인 개념이어서 이를 위하여 준수하여야 할 사항이 구체적으로 어떠한 것인지 그 행위태양이나 내용을 예측하기 어렵다. 또한 '영업의 위생관리와 국민의 보건위생 증진'은 식품위생법 전체의 입법목적과 크게 다를 바 없고, '질서유지'는 식품위생법의 입법목적에도 포함되어 있지 않은 일반적이고 추상적인 공익의 전체를 의미함에 불과하므로, 이러한 목적의 나열만으로는 식품 관련 영업자에게 행위기준을 제공해주지 못한다. 결국 심판대상조항은 수범자와 준수사항을 모두 하위법령에 위임하면서도 위임될 내용에 대해 구체화하고 있지 아니하여 그 내용들을 전혀 예측할 수 없게 하고 있으므로, 포괄위임금지원칙에 위반된다."(헌재 2016. 11. 24. 2014헌가6 등)

	근로의 대상을 지급받고 있는 경우에는 이 지침이 정하는 한도 내에서 근로자로서의 권리·의무를 갖는다. 제8조(연수생의 보호) ① 연수생은 근로기준법, 최저임금법, 산업안전보건법, 산업재해보상보험법 및 의료보험법의 기본적 입법정신에 준거하여 다음 각 호의 사항에 관한 보호를 받는다. 1. 폭행 및 강제근로 금지, 2. 연수수당의 정기·직접·전액·통화불 지급 및 금품청산 3. 연수기간, 휴게·휴일, 시간 외·야간 및 휴일 연수 등
판단	지방노동관서의 장은 평등 및 신뢰의 원칙상 모든 사업주에 대하여 이러한 행정관행을 반복할 수밖에 없으므로, 결국 위 예규는 대외적 구속력을 가진 공권력의 행사가 된다. 한편 사업주의 입장에서도 위 예규 제8조 제1항에 규정되지 않은 사항을 위반하더라도 산업연수생 배정에 있어서 불이익을 입지도 않고 보호조치 미이행으로 인하여 노동관서에 의하여 고발되지 않을 뿐 아니라, 현실적으로 범의(犯意)가 인정되기 어려워 형사처벌될 가능성도 없으므로, 사업주는 이 사건 노동부 예규가 정하는 한도 내에서만 산업연수생을 보호하게 되고, 결국 위 예규는 실질적으로 대외적 구속력 있는 공권력의 행사가 된다.

대법판례) 보건복지부 고시(자이프렉사정) 효력정지(2003. 10. 9. 선고 2003무23)

어떠한 고시가 일반적·추상적 성격을 가질 때에는 법규명령 또는 행정규칙에 해당할 것이지만, 다른 집행행위의 매개 없이 그 자체로서 직접 국민의 구체적인 권리·의무나 법률관계를 규율하는 성격을 가질 때에는 행정처분에 해당한다고 할 것이다. '이 사건 고시'가 불특정의 항정신병 치료제 일반을 대상으로 한 것이 아니라 특정 제약회사의 특정 의약품을 규율 대상으로 하는 점 및 의사에 대하여 특정 의약품을 처방함에 있어서 지켜야 할 기준을 제시하면서 만일 그와 같은 처방기준에 따르지 않은 경우에는 국민건강보험공단에 대하여 그 약제비용을 보험급여로 청구할 수 없고 환자 본인에 대하여만 청구할 수 있게 한 점 등에 비추어 볼 때, 이 사건 고시는 다른 집행행위의 매개 없이 그 자체로서 제약회사, 요양기관, 환자 및 국민건강보험공단 사이의 법률관계를 직접 규율하는 성격을 가진다고 할 것이므로, 이는 항고소송의 대상이 되는 행정처분으로서의 성격을 갖는다.

3) 헌법소원의 대상성이 부인된 행정규칙

헌재판례) 검찰보존사무 규칙(2008. 7. 22. 2008헌마496)

이른바 행정규칙은 일반적으로 행정조직 내부에서만 효력을 가지는 것이고 대외적인 구속력을 갖는 것이 아니어서 원칙적으로 헌법소원의 대상이 아니다. 그런데 심판청구의 대상인 이 사건 규칙 제20조의2는 비록 법무부령으로 되어 있으나, 위임근거가 없는 행정기관 내부의 사무처리준칙으로 행정규칙에 불과한 것일 뿐 법규적 효력을 가진 것이 아니므로, 헌법소원심판청구의 대상이 될 수 없다. 더욱이 청구인의 기본권 침해 여부의 문제는 대외적 구속력이 없는 이 사건 규칙 자체에 의하여 직접 발생하는 것이 아니라 검사의 기록 열람·등사신청에 대한 거부처분이라는 구체적 집행행위를 통하여 비로소 발생할 수 있는 것이므로, 이 사건 규칙 조항에 대한 심판청구는 기본권 침해의 직접성이 결여되어 부적법하다.

헌재판례) 교육부장관이 전국의 대학에 대하여 권고하는 부분(1997. 7. 16. 97헌마70) – 행정지도

헌재판례) 공직선거에 관한 사무처리 예규(2000. 6. 29. 2000헌마325)

공직선거에관한사무처리예규는, 각급선거관리위원회와 그 위원 및 직원이 공직선거에 관한 사무를 표준화·정형화하고, 관련법규의 구체적인 운용기준을 마련하는 등 선거사무의 처리에 관한 통일적 기준과 지침을 제공함으로써 공정하고 원활한 선거관리를 기함을 목적으로 하는 것이므로, 개표관리 및 투표용지의 유·무효를 가리는 업무에 종사하는 각급 선거관리위원회 직원 등에 대한 내부 업무처리지침 내지 사무처리준칙에 불과할 뿐 대외적으로 국민이나 법원을 구속하는 효력이 없는 행정규칙이라고 할 것이어서 이 예규부분은 헌법소원 심판대상이 되지 아니한다.

헌재판례) 고용노동부고시 제2017-42호 위헌확인(2019. 12. 27. 2017헌마1366, 2018헌마1072병합)

2018년 적용 최저임금 고시 중 "월 환산액 1,573,770원: 주 소정근로 40시간을 근무할 경우, 월 환산 기준시간 수 209시간(주당 유급주휴 8시간 포함) 기준" 부분 및 2019년 적용 최저임금 고시 중 "월 환산액 1,745,150원: 주 소정근로 40시간을 근무할 경우, 월 환산 기준시간 수 209시간(주당 유급주휴 8시간 포함) 기준" 부분은 시간을 단위로 정해진 각 해당 연도 최저임금액에 법정근로시간과 유급으로 처리되는 주휴시간을 합한 근로시간 수를 곱하여 산정한 것으로 최저임금위원회 및 피청구인의 행정해석 내지 행정지침에 불과할 뿐 국민이나 법원을 구속하는 법규적 효력을 가진 것으로 볼 수 없다. 그렇다면 이 사건 각 고시의 각 월 환산액 부분은 국민의 권리·의무에 직접 영향을 미치는 것이 아니므로 헌법소원의 대상이 되는 '공권력의 행사'에 해당하지 아니한다.[354]

---

354 위 사건에서 헌재는 다음과 같은 본안판단을 하였다. ① 각 최저임금 고시 부분으로 달성하려는 공익은 열악한 근로조건 아래 놓여 있는 저임금 근로자들의 임금에 일부나마 안정성을 부여하는 것으로서 근로자들의 인간다운 생활을 보장하고 나아가 이를 통해 노동력의 질적 향상을 꾀하기 위한 것으로서 제한되는 사익에 비하여 그 중대성이 덜하다고 볼 수는 없다. 따라서 각 최저임금 고시 부분이 과잉금지원칙을 위반하여 청구인들의 계약의 자유와 기업의 자유를 침해하였다고 할 수 없다. ② 헌법상 보장된 재산권은 원래 사적 유용성 및 그에 대한 원칙적인 처분권을 내포하는 재산가치 있는 구체적인 권리이므로 구체적 권리가 아닌 영리획득의 단순한 기회나 기업활동의 사실적·법적 여건은 기업에게는 중요한 의미를 갖는다고 하더라도 재산권 보장의 대상이 아니다. 각 최저임금 고시 부분은 사용자가 최저임금의 적용을 받는 근로자에게 지급하여야 할 임금의 최저액을 정한 것으로 청구인들이 이로 인하여 계약의 자유와 기업의 자유를 제한 받는 결과 근로자에게 지급하여야 할 임금이 늘어나거나 생산성 저하, 이윤 감소 등 불이익을 겪을 우려가 있거나, 그 밖에 사업상 어려움이 발생할 수 있다고 하더라도 이는 기업활동의 사실적·법적 여건에 관한 것으로 재산권 침해는 문제되지 않는다. ③ 헌법 제119조 제1항은 대한민국의 경제질서에 관하여, 제123조 제3항은 국가의 중소기업 보호·육성 의무에 관하여 규정한 조항이고, 제126조는 사영기업의 국·공유화에 대한 제한을 규정한 조항으로서 경제질서에 관한 헌법상의 원리나 제도를 규정한 조항들이다. 헌법재판소법 제68조 제1항에 의한 헌법소원에 있어서 헌법상의 원리나 헌법상 보장된 제도의 내용이 침해되었다는 사정만으로 바로 청구인들의 기본권이 직접 현실적으로 침해된 것이라고 할 수 없다.

(다) 조례(★)

조례는 지방자치단체가 그 자치입법권에 근거하여 자주적으로 지방의회의 의결을 거쳐 제정한 법규이기 때문에 조례 그 자체로 인하여 직접 그리고 현재 자기의 기본권을 침해받은 자는 그 권리구제의 수단으로서 조례에 대한 헌법소원을 제기할 수 있다(1995. 4. 20. 92헌마264 등).

(라) 행정계획(★)

1) 헌법소원의 대상성 인정 여부

일반적으로 국민에 대해 법적인 구속력을 갖는 행정계획(예컨대, 도정법상 사업시행계획, 관리처분계획)은 행정행위에 해당되지만, 구속력을 갖지 않고 행정기관 내부의 행동지침에 지나지 않는 행정계획은 행정행위가 될 수 없다. 따라서 비구속적 행정계획안(예컨대, 도시기본계획, 4대 강 살리기 마스터플랜)이나 행정지침은 원칙적으로 헌법소원의 대상이 되는 공권력 행사라고 볼 수 없으나, 예외적으로 국민의 기본권에 직접적으로 영향을 끼치고, 앞으로 법령의 뒷받침에 의하여 그대로 실시될 것이 틀림없을 것으로 예상될 수 있을 때에는, 공권력 행사로서 헌법소원의 대상이 될 수 있다(2000. 6. 1. 99헌마538 등).[355]

2) 헌법소원의 대상성이 인정된 행정계획

헌재판례) 제43회 사법시험 1차 시험 일요일 시행계획 공고(2001. 9. 27. 2000헌마159)
이 사건 공고는 사법시험 등의 시험실시계획을 일반에게 알리는 것을 내용으로 하는 통지행위로서 일반적으로는 행정심판이나 행정쟁송의 대상이 될 수 있는 행정처분이나 공권력의 행사는 될 수 없지만, 사전안내의 성격을 갖는 통지행위라도 그 내용이 국민의 기본권에 직접 영향을 끼치는 내용이고 앞으로 법령의 뒷받침에 의하여 그대로 실시될 것이 틀림없을 것으로 예상될 수 있는 것일 때에는 그로 인하여 직접적으로 기본권 침해를 받게 되는 사람에게는 사실상의 규범작용으로 인한 위험성이 이미 발생하였다고 보아야 할 것이므로 이러한 것도 헌법소원의 대상이 될 수 있다. 사법시험 응시자격은 구 사법시험령 제4조에, 시험방법과 과목은 구 사법시험령 제5조와 제7조에 이미 규정되어 있으므로 그에 대한 공고는 이미 확정되어 있는 것을 단순히 알리는 데에 지나

355 한수웅, 전게서, 1466면.

지 않는다 할 것이나 **구체적인 시험일정과 장소는 위 공고에 따라 비로소 확정되는 것**이다. 따라서 이 사건 공고는 헌법소원의 대상이 되는 공권력의 행사에 해당한다고 보아야 할 것이다.

헌재판례) 국가정보원의 '2005년도 7급 경쟁시험 채용 공고'(2007. 5. 31. 2006헌마627)

헌재판례) 교사임용시험에서의 '가산점 부여항목' 공고(2004. 3. 25. 2001헌마882)

헌재판례) 서울대학교 1994년도 대학입학고사 주요 요강 공고(1992. 10. 1. 92헌마68)

서울대학교의 "'94학년도 대학입학고사 주요 요강"은 교육부가 마련한 대학입시제도 개선안에 따른 것으로서 대학입학방법을 규정한 교육법시행령 규정이 교육부의 개선안을 뒷받침할 수 있는 내용으로 개정될 것을 전제로 하여 제정된 것이고 위 시행령이 아직 개정되지 아니한 현 시점에서는 법적 효력이 없는 행정계획안이어서 이를 제정한 것은 사실상의 준비행위에 불과하고 이를 발표한 행위는 앞으로 그와 같이 시행될 것이니 미리 그에 대비하라는 일종의 사전안내에 불과하지만, "이러한 사실상의 준비행위나 사전안내라도 그 내용이 국민의 기본권에 직접 영향을 끼치는 내용이고 앞으로 법령의 뒷받침에 의하여 그대로 실시될 것이 틀림없을 것으로 예상될 수 있는 것일 때에는 그로 인하여 직접적으로 기본권 침해를 받게 되는 사람에게는 사실상의 규범작용으로 인한 위험성이 이미 발생하였다고 보아야 할 것이므로 이러한 것도 헌법소원의 대상은 될 수 있다."

3) 헌법소원의 대상성이 부인된 행정계획

헌재판례) 대통령의 재신임 국민투표 발언(2003. 11. 27. 2003헌마694) – 준비행위에 불과

헌재판례) 국토부장관의 한국토지주택공사 이전 방안(2014. 3. 27. 2011헌마291)

국토해양부장관이 2011. 5. 13. 언론을 통해 발표한 '한국토지주택공사 이전 방안'은 한국토지주택공사와 각 광역시·도, 관련 행정부처 사이의 의견 조율 과정에서 행정청으로서 내부 의사를 밝힌 행정계획안에 불과하므로 국민의 권리·의무 또는 법적 지위에 어떠한 변동을 가져온다고 할 수 없어 헌법재판소법 제68조 제1항의 공권력의 행사에 해당하지 않는다.

헌재판례) 법무부 변호사시험 입학정원 대비 75%이상 합격기준 공표(2014. 3. 27. 2013헌마523)

합격기준 공표는 앞으로 실시될 제3회 변호사시험의 합격자 결정에 대하여 최소한의 합격자 수 기준이라는 행정관청 내부지침을 대외적으로 공표하는 것에 불과하고, 그 자체로 청구인들의 법적 지위에 영향을 미친다고 보기 어려우므로, 헌법소원심판의 대상이 되는 공권력의 행사에 해당하지 않는다.

헌재판례) 기획재정부장관의 '공공기관 선진화 추진계획'과 감사원장의 '점검 및 개선방향 제시' 행위(201. 12. 29. 2009헌마330)

이 사건 선진화 계획은 그 법적 성격이 행정계획이라고 할 것인바, 국민의 기본권에 직접적인 영향을 미친다고 볼 수 없고, 장차 법령의 뒷받침에 의하여 그대로 실시될 것이 틀림없을 것으로 예상된다고 보기도 어려우므로, 헌법소원의 대상이 되는 공권력의 행사에 해당한다고 할 수 없다. 이 사건 개선 요구는 이를 따르지 않을 경우의 불이익을 명시적으로 예정하고 있다고 보기 어렵고, 행정지도로서의 한계를 넘어 규제적·구속적 성격을 강하게 갖는다고 할 수 없어 헌법소원의 대상이 되는 공권력의 행사에 해당한다고 볼 수 없다. 이 사건 점검 및 개선 제시 중, 점검행위는 감사원 내부의 자료수집에 불과하고, 개선 제시는 이를 따르지 않을 경우의 불이익을 명시적으로 예정하고 있다고 보기 어려우므로 행정지도로서의 한계를 넘어 규제적·구속적 성격을 강하게 갖는다고 볼 수 없다. 따라서 이 사건 점검 및 개선 제시는 헌법소원의 대상이 되는 공권력의 행사라고 보기 어렵다.

헌재판례) 사법시험 1차시험의 '영어과목대체시험공고' 및 학점인정기준공고'(2007. 4. 26. 2003헌마947) – 기존 관련 법령에 규정된 내용을 확인한 것(사실행위)에 불과

(마) 권력적 사실행위(★★)

1) 헌법소원의 대상성 인정 여부

공권력의 행사로서 법률행위에 해당하는지 여부가 문제되는 권력적 사실행위란 일정한 법률효과의 발생을 목적으로 하는 것이 아니라, 직접적으로 사실상의 효과만을 가져오는 공권력의 행사를 말한다. 헌법재판소는 권력적 사실행위에 대해 행정심판이나 행정소송의 대상이 된다고 단정하기 어렵다거나 또는 행정심판이나 행정소송의 대상이 될 수 있는 경우라고 보더라도 그 권력적 사실행위가 이미 종료되어 행정심판이나 행정소송에서 소의 이익이 없다고 볼 가능성이 있다는 점을 들어 헌법소원의 대상성을 인정한다.[356] 이러한 권력적 사실행위의 등장으로 사실행위에도 법률유보의 원칙이 적용되는지가 문제된다. 사실상의 기본권 침해를 인정하는 입장에서는 법률유보의 원칙을 엄격히 적용해야 한다고 본다. 전통적으로 일반적인 법률유보의 적용영역은 '침해행정'이다. 이러한 침해행정은 고권적 법률행위로서 직접성, 목적성 및 명령성을 가져야 한다고 보았으나, 근래에는 사실상 실체적인 침해를 가져 오는 행정작용도 포함한다고 보고 있다.

헌법재판소는 살수차를 이용한 직사살수가 청구인의 기본권(생명권 및 집회의 자

356 성중탁, 사실행위에 대한 사법적 통제 경향 및 그 개선방안: 권력적 사실행위와 비권력적 사실행위에 대한 헌법재판소 판례검토를 중심으로, 행정판례연구, 행정판례연구회, 2014, 317면.

유)을 침해하여 헌법에 위반된다고 결정하였다.[357] 근래에는 이러한 사실행위에 의해 기본권이 침해되는지, 또는 이러한 사실행위에 대해 헌법소원을 제기할 수 있는지가 문제된다.[358] 국내 문헌에서는 일종의 상위개념으로서 '사실행위'라는 용어가 일반적으로 많이 사용되고 있다. 그러나 독일에서는 이러한 '사실행위' 외에 단순고권적 행정작용(Schlicht-hoheitliches Verwaltungshandeln), 단순행정작용(Schlichtes Verwaltungshandeln), 단순고권작용(Schlicht-hoheitliches Handeln) 등의 개념도 사용되고 있다. 이러한 개념들이 사실행위와 동일한 개념으로 사용되기도 하지만, 양 개념이 반드시 일치하는 것은 아니다. 독일의 문헌에서도 비권력적 성격에 비중을 두고 '단순행정작용'이라는 표현을 사용하는 경우가 적지 않다. 그러나 오늘날에는 이러한 작용에 의한 기본권의 사실상 침해 가능성, 그리고 이에 대해 행정소송이나 헌법소원 등 공법상의 권리구제수단을 적극적으로 고려하기 위해 '단순고권작용' 또는 '단순고권적 행정작용'이라는 용어를 사용하기로 한다. 이러한 단순고권작용은 사실행위나 비공식적 행정작용, 경고·권고 기타 정보작용 등을 망라한다.[359]

사실행위는 원칙적으로 국민의 권리·의무에 영향을 미치지 아니한다는 점에서 비권력적 성질을 가진다. 그러나 우리나라에서는 일본 입법례의 영향으로 '권력적' 사실행위가 인정되고 있으며, 권력적 사실행위의 일부는 행정소송법상 처분 개념에 포함되고 있다. 세무조사결정에 대해 원심은 사실행위에 해당한다고 보아 처분성을 부정하였으나, 대법원은 납세의무자의 권리·의무에 직접 영향을 미치는 공권력의 행사에 따른 행정작용으로 보아 항고소송의 대상이 된다고 판단하였다.[360] 그러나 행정사건에서 처분성 여부만 판단할 뿐, 해당 행정작용의 성질을 권력적 사실행위라고 명확히 인정한 사례는 많지 않다. 대법원은 경남도지사의 진료의료원

357 헌재 2020. 4. 23. 2015헌마1149.

358 국내 학설 중에는 명예훼손적 발언, 전화의 도청, 강제 예방접종 등 사실행위에 의해서도 자유권의 제한이 인정된다는 견해가 있다(한수웅, 헌법학, 2019, 법문사, 464면).

359 정남철, 단순고권작용에 의한 기본권 침해와 헌법소원의 위헌심사기준, 헌법논총, 헌법재판소, 2020, 219면.

360 대법원 1998. 9. 4. 선고 97누19588 판결.

의 폐업결정을 처분으로 판단하였으나, 원심은 해당 폐업명령을 강학상 하명 또는 권력적 사실행위로 보았다.[361] 헌법재판소는 권력적 사실행위를 판단하는 일정한 기준을 제시하고 있지만, 권력적 사실행위와 비권력적 사실행위의 구별은 현실적으로 쉽지 않다.

헌재판례) 권력적 사실행위(2005. 3. 31. 2003헌마87; 2014. 5. 29. 2013헌마280★)
행정상의 사실행위는 경고, 권고, 시사와 같은 정보제공행위나 단순한 행정지도와 같이 대외적 구속력이 없는 '비권력적 사실행위'와 행정청이 우월적 지위에서 일방적으로 강제하는 '권력적 사실행위'로 나눌 수 있고, 이 중에서 권력적 사실행위는 헌법소원의 대상이 되는 공권력의 행사에 해당한다.

헌법재판소가 헌법소원의 대상으로서 권력적 사실행위에 해당되는지 여부의 판단기준은 대체로 다음과 같다.

헌재판례) 1994. 5. 6. 89헌마35
일반적으로 어떤 행정상 사실행위가 권력적 사실행위에 해당하는지 여부는, 당해 행정주체와 상대방과의 관계, 그 사실행위에 대한 상대방의 의사·관여정도·태도, 그 사실행위의 목적·경위, 법령에 의한 명령·강제수단(불이익)의 발동 가부 등 그 행위가 행하여질 당시의 구체적 사정을 종합적으로 고려하여 개별적으로 판단하여야 한다.

헌재판례) 1999. 5. 27. 97헌마137
구치소 안에서 미결수용자에게 사복을 입지 못하게 하는 경우 및 수사 또는 재판을 받기 위해서 구치소 밖으로 나올때 사복을 입지 못하게 하는 경우 이는 권력적 사실행위에 해당한다.

관련 헌재판례) 2006. 7. 27. 2005헌마277	
사안	청구인은 마약류관리법위반(향정) 혐의로 구속기소되어 징역 10월을 선고, 대구교도소 수감. → 2004. 12. 24. 대구교도소에서 각각 마약류반응검사를 받아 음성으로 판정. → 청구인은 대구교도소장이 마약류반응검사를 위하여 소변을 제출하게 한 행위는 헌법에 의하여 보장되는 신체의 자유 등을 침해한다고 주장하며 헌법소원심판청구를 함.

361 부산고등법원 2015. 12. 2. 선고 (창원)2014누11529 판결.

관련 조항	행형법 제17조의2(신체검사 등) ① 교도관은 교도소 등의 안전과 질서유지를 위하여 필요한 경우에는 수용자의 신체·의류·휴대품·거실 및 작업장을 검사할 수 있다.
전제	마약류 수용자에 대한 소변채취는 청구인 등 검사대상자의 협력행위를 통하여 이루어질 수밖에 없는 것이고, 이를 거부하였다고 하여 징벌이나 다른 제재가 이루어지지 않음.
판단	피청구인 대구교도소장은 교정시설의 관리주체로서 청구인에 대하여 형을 집행하는 우월적인 지위에 있음. 수용자들은 외부와 격리된 채 피청구인의 형의 집행에 관한 지시명령에 복종하여야 할 관계에 있음. 소변을 채취하여 제출할 것으로 일방적으로 강제하는 측면이 존재하는 것 또한 사실이며, 소변채취에 응하지 않을 경우 무엇인가 불리한 처우를 받을 수 있다는 심리적 압박이 존재하리라 예상할 수 있음. 실제로 거부하는 경우가 극히 미미함. → 헌법소원심판의 대상이 되는 권력적 사실행위에 해당한다.

2) 헌법소원의 대상성이 인정된 권력적 사실행위

헌재판례) 경찰조사실 피의자에 대한 촬영허용 행위(2014. 3. 27. 2012헌마652)

헌재판례) 교도소장의 외부 법정 출정제한 행위(2012. 3. 29. 2010헌마475)

헌재판례) 재무부장관의 국제그룹 해체 지시(1993. 7. 29. 89헌마31)

헌재판례) 교육인적자원부장관의 학칙 시정 요구(2003. 6. 26. 2002헌마337)

헌재판례) 결혼경위 기재 요구 행위(2005. 3. 31. 2003헌마87)

헌재판례) 검사조사실에서의 계구 사용 행위(2005. 5. 26. 2004헌마49)

헌재판례) 교도소장의 미결수용자의 서신검열·지연발송·지연교부(1995. 7. 21. 92헌마144)

헌재판례) 구치소장의 미결수용자의 재소자용 의류 착용 처분(1999. 5. 27. 97헌마137 등)

헌재판례) 공정거래위원회의 무혐의 조치(처분)(2002. 6. 7. 2001헌마381)

3) 비권력적 사실행위로서 대상성이 부인된 사례

헌재판례) 정당명칭 사용불가 결정·공표 행위 위헌확인(2021. 3. 25. 2020헌마94)

이 사건 결정·공표는 그 자체만으로 청구인의 법적 지위에 어떠한 영향을 미치지 않는다. 창당준비위원회 또는 청구인이 피청구인에게 정당등록을 신청하고 이에 대하여 피청구인이 그 신청을 수리 또는 거부할 때 비로소 청구인의 법적 지위가 변동된다 할 것이다. 이처럼 정당등록 사무를 관장하는 피청구인이 그 사무에 관하여 정당법 제41조 제3항의 구체적인 해석·적용을 어떻게 할 것인지에 관하여 이루어진 내부적인 판단 및 그 공표행위에 불과한 결정·공표는 청구인의 법적 지위에 어떠한 영향을 미친다고 보기 어려우므로, 헌법소원의 대상이 되는 '공권력의 행사'에 해당하지 않는다.

헌재판례) 일본군 위안부 문제 합의 발표 위헌확인(2019. 12. 27. 2016헌마253)

조약과 비구속적 합의를 구분함에 있어서는 합의의 명칭, 합의가 서면으로 이루어졌는지 여부, 국내법상 요구되는 절차를 거쳤는지 여부와 같은 형식적 측면 외에도 합의의 과정과 내용·표현에 비추어 법적 구속력을 부여하려는 당사자의 의도가 인정되는지 여부, 법적 효과를 부여할 수 있는 구체적인 권리·의무를 창설하는지 여부 등 실체적 측면을 종합적으로 고려하여야 한다. 비구속적 합의의 경우, 그로 인하여 국민의 법적 지위가 영향을 받지 않는다고 할 것이므로, 이를 대상으로 한 헌법소원 심판청구는 허용되지 않는다. 이 사건 합의는 양국 외교장관의 공동발표와 정상의 추인을 거친 공식적인 약속이지만, 서면으로 이루어지지 않았고, 통상적으로 조약에 부여되는 명칭이나 주로 쓰이는 조문 형식을 사용하지 않았으며, 헌법이 규정한 조약체결 절차를 거치지 않았다. 또한 합의 내용상 합의의 효력에 관한 양 당사자의 의사가 표시되어 있지 않을 뿐만 아니라, 구체적인 법적 권리·의무를 창설하는 내용을 포함하고 있지도 않다. 이 사건 합의를 통해 일본군 '위안부' 피해자들의 권리가 처분되었다거나 대한민국 정부의 외교적 보호권한이 소멸하였다고 볼 수 없는 이상 이 합의가 일본군 '위안부' 피해자들의 법적 지위에 영향을 미친다고 볼 수 없으므로 위 피해자들의 배상청구권 등 기본권을 침해할 가능성이 있다고 보기 어려워 이 사건 합의를 대상으로 한 헌법소원심판청구는 허용되지 않는다.

헌재판례) 대통령기록물 소관 기록관 이관 행위(2019. 12. 26. 2017헌마359, 853 병합)

이 사건 이관행위는 '대통령기록물관리에 관한 법률'(대통령기록물법)에 따른 대통령기록물 관리업무 수행 기관의 변경행위로서, 법률이 정하는 권한분장에 따라 업무수행을 하기 위한 국가기관 사이의 내부적·절차적 행위에 불과하므로 헌법소원심판의 대상이 되는 공권력의 행사에 해당한다고 볼 수 없다.

이 사건 지정행위는 대통령기록물법에 따라 이루어진 국가기관 사이의 내부적인 기록물의 분류 및 통보행위로서, 개별 기록물에 대하여 이관행위 이전에 이루어지고, 이때 어떤 대통령지정기록물에 대해 보호기간이 지정되는지는 대외적으로 공개·공표되지 않는다. 보호기간 지정행위 자체는 국가기관 사이의 행위로서, 국민을 상대로 행하는 직접적 공권력작용에 해당한다고 보기는 어려우며, 이 사건 지정행위만으로는 청구인들의 기본권 침해의 법적 관련성이 인정된다고 보기 어렵다.

헌재판례) 수용자에게 우송된 소포를 반송한 행위(2014. 5. 29. 2013헌마280)

피청구인은 보내는 사람이 불분명한 우송품을 반송하여야 한다고 규정한 법무부 예규인 '영치금품 관리지침' 제22조 제4항 단서에 따라, 이 사건 택배에 '보내는 사람'이 구치소에 수용되어 있는 청구인의 이름으로 기재되어 있어 외형상 보내는 사람이 누구인지를 알 수 없는 우송품으로 보아 이를 반송한 것이고, 다만 실제로 보내는 사람의 인적 사항 등을 확인할 수 없어 우송품의 내용을 확인하지 아니한 채 바로 이를 택배회사로 반송하고 그 사유를 청구인에게 고지하는 한편, 기관 홈페이지에 이 사실을 게시하였다는 것이므로, 청구인은 우송품을 받을 기회를 잃었다는 사실상의 불이익을 받게 되었을 뿐이다. 결국 이 사건 반송행위는 교도소나 구치소와 같이 다수의 수용자들이 구금되어 있는 곳에서 신속하고 정확하게 우편물을 **관리하기 위한 내부적 업무처리 행위로서 헌법소원의 대상이 되는 공권력의 행사에 해당한다고 보기 어렵다.** 따라서 이 부분 심판청구는 부적법하다.

헌재판례) 방송통신위원회가 MBC에 대해 방송법 제100조 제1항에 따라 향후 관련 규정을 준수할 것을 내용으로 의견제시한 사건(2018. 4. 26. 2016헌마46)

이 사건 의견제시의 근거법률인 이 사건 법률조항은 방송사업자의 방송내용이 방송법 제33조의 심의규정에 위반되나 그 위반정도가 경미하여 구 방송법 제100조 제1항 각 호에 정한 제재조치를 명할 정도에 이르지 아니한 경우에는 방송통신위원회가 아닌 피청구인이 해당방송사업자에 대하여 의견제시를 할 수 있다고 규정하고 있을 뿐, 의견제시를 받은 방송사업자에 대하여 취할 수 있는 후속조치나 그 이행을 확보하기 위한 강제수단에 관하여 전혀 규정하고 있지 않다. 또한 방송법의 다른 규정이나 '방송통신위원회의 설치 및 운영에 관한 법률'에서도 의견제시를 받은 방송사업자가 제시된 의견에 따르지 않을 경우 과태료나 형사처벌 등 제재나 불이익을 부과하는 규정을 두고 있지 않다. 결국 이 사건 의견제시는 청구인의 권리와 의무에 영향을 미치는 것이라고 보기는 어려우므로, 헌법소원의 대상이 되는 '공권력 행사'에 해당한다고 볼 수 없어 이 부분 심판청구는 부적법하다.

헌재판례) 경기 경찰청장이 전기통신사업자에게서 청구인의 주소, 전화번호 등 통신자료를 취득한행위(2012. 8. 23. 2010헌마439)

이 사건 통신자료 취득행위의 근거가 된 이 사건 법률조항은 전기통신사업자에게 이용자에 관한 통신자료를 수사관서의 장의 요청에 응하여 합법적으로 제공할 수 있는 권한을 부여하고 있을 뿐이지 어떠한 의무도 부과하고 있지 않으므로, 전기통신사업자는 수사관서의 장의 요청이 있더라도 이에 응하지 아니할 수 있고, 이 경우 아무런 제재도 받지 아니한다. 그러므로 이 사건 통신자료 취득행위는 강제력이 개입되지 아니한 임의수사에 해당하는 것이어서 헌재법 제68조 제1항에 의한 헌법소원의 대상이 되는 공권력의 행사에 해당하지 아니한다고 할 것이므로 이에 대한 심판청구는 부적법하다.

헌재판례) 용산경찰서장의 국민건강보험공단에 대한 사실조회 행위(2018. 8. 30. 2014헌마368)

헌재판례) 방송통신위원회의 방송사업에 대한 의견제시(2018. 4. 26. 2016헌마46)

헌재판례) 교도관들의 지시행위(2012. 10. 25. 2011헌마429)

헌재판례) 투표지분류기 등을 이용한 개표행위(2016. 3. 31. 2015헌마1056 등)

헌재판례) 2020. 12. 23. 2017헌마416 [특정 문화예술인 지원사업 배제행위 등 위헌확인]

행정상의 사실행위는 경고(警告), 권고(勸告), 시사(示唆)와 같은 정보제공행위나 단순한 지식표시행위인 행정지도와 같이 대외적 구속력이 없는 '비권력적 사실행위'와 행정청이 우월적 지위에서 일방적으로 강제하는 '권력적 사실행위'로 나눌 수 있고, 이 중에서 권력적 사실행위는 헌법소원의 대상이 되는 공권력의 행사에 해당한다. 일반적으로 어떤 행정행위가 헌법소원의 대상이 되는 권력적 사실행위에 해당하는지의 여부는 당해 행정주체와 상대방과의 관계, 그 사실행위에 대한 상대방의 의사·관여정도·태도, 그 사실행위의 목적·경위, 법령에 의한 명령·강제수단의 발동가부 등 그 행위가 행하여질 당시의 구체적 사정을 종합적으로 고려하여 개별적으로 판단하여야 한다. 이 사건 지원배제 지시는 예술위 등으로 하여금 피청구인들의 뜻대로 순응케 하여 그 이름으로 청구인들에 대한 지원을 배제하는 결과를 사실상 실현시킨 행위이며, 그 자체로 청구인들의 법적 지위를 결정짓는 구체화되고 특정된 지시로서, 청구인들에 대한 문화예술 지원배제라는 일정한 사실상의 결과발생을 목적으로 우월한 지위에서 개입한 권력적 사실행위임을 인정할 수 있다. 따라서 이 사건 지원배제 지시는 공권력의 행사에 해당한다.

헌재판례) 수용자에 대한 연예인 사진 교부불허 고지행위(2016. 10. 27. 2014헌마626)

헌재판례) 부실기업인 대한선주주식회사의 제3자 인수 합병(1994. 5. 6. 89헌마35)

헌재판례) 졸업증을 교부하지 않겠다는 통고(2001. 10. 25. 2001헌마113)

헌재판례) 대통령의 선거법위반행위에 대한 중지촉구(2003. 2. 27. 2002헌마106)

피청구인 중앙선관위의 2002. 2. 1. '중지촉구' 공문은 국민에 대하여 직접적인 법률효과를 발생시키지 않는 단순한 권고적, 비권력적 행위로서, 헌법소원의 심판대상이 될 수 있는 '공권력의 행사'에 해당하지 않으므로, '선거법위반행위에 대한 중지 촉구'에 대한 이 사건 심판청구는 부적법하다.

비고판례) 대통령의 선거중립의무 준수 재촉구(2007헌마700)

청구인의 과거 발언이 공직선거법을 위반하였다고 확인한 후 **재발방지를 촉구**하는 내용이 주를 이루고 있으므로 위 조항에 열거된 행위유형 중 '경고'에 해당한다고 봄이 상당하다. 선거관리위원회법 제14조의2의 '경고'는 선거법 위반행위에 대한 제재적 조치의 하나로서 법률에 규정된 것이므로 피경고자는 이러한 경고를 준수하여야 할 의무가 있고, 피경고자가 경고를 불이행하는 경우 선거관리위원회 위원·직원에 의하여 관할 수사기관에 수사의뢰 또는 고발될 수 있으므로(위 조항 후문), 위 '경고'가 청구인의 법적지위에 영향을 주지 않는다고는 할 수 없으므로 이 사건 심판청구는 적법하다.[362]

362 항고소송의 대상이 되는 처분성 여부도 불분명하여 보충성 원칙도 충족된다고 보았다.

(바) 행정청의 거부행위

1) **헌법소원의 대상성 인정 여부**

사인이 행정청에 대해 일정한 행정행위를 해줄 것을 신청하였으나 이를 거부함으로써 관련 기본권이 침해된 경우에, 이와 같은 행정청의 거부행위가 헌법소원의 대상성이 되기 위한 조건으로서 우리 헌법재판소는 "국민이 행정청에 대하여 신청에 따른 행위를 해줄 것을 요구할 수 있는 **법규상 또는 조리상 신청할 권리**가 있어야 한다"고 판시하고 있다. 그런데 이러한 거부행위는 일반법원의 항고소송(취소소송 등)의 대상으로도 인정될 가능성이 많으므로 보충성의 원칙 때문에 헌법소원의 대상이 되기 어려울 수도 있다.[363]

2) **헌법소원의 대상성이 인정된 사례**

헌재판례) 상속세경정청구 거부처분(2000. 2. 24. 97헌마13 등) – 지금은 처분성이 인정되어 보충성 원칙상 헌법소원의 적법요건을 구비하지 못할 가능성이 큼.

3) **헌법소원의 대상성이 부인된 사례**

헌재판례) 공익사항의 감사청구에 대한 감사원장의 거부결정(2014. 4. 8. 2014헌마256)
국민의 신청에 대한 행정청의 거부행위가 헌법소원심판의 대상인 공권력의 행사가 되기 위해서는 국민이 행정청에 대하여 신청에 따른 행위를 해 줄 것을 요구할 수 있는 권리가 있어야 하는데, 헌법이나 법률 어디에도 감사원장에 대하여 공익사항에 관한 감사원 감사청구를 할 수 있는 권리를 규정하고 있지 않고, 달리 조리상 이러한 권리를 인정할 만한 사정도 보이지 않는다. 따라서 이 사건 감사청구 거부결정은 헌법재판소법 제68조 제1항의 공권력 행사에 해당한다고 볼 수 없으므로, 이를 대상으로 한 이 사건 심판청구는 부적법하다.

헌재판례) 검사의 확정재판기록 등사 신청 거부처분(1999. 9. 16. 98헌마246) – 항고소송 대상인 거부처분에 해당함.

헌재판례) 경찰서장의 수사기록사본교부 거부처분(2001. 2. 22. 2000헌마620) – 항고소송 대상

헌재판례) 서울교육대학교총장의 운동장 사용신청의 거부행위(2001. 9. 27. 2000헌마260) – 법률상 조리상 사용신청권이 인정되지 아니함.

---

363 김유향, 전게서, 1615면.

헌재판례) 화양동장의 신분증명서발급요청 거부처분(2003. 7. 24. 2002헌마508)

화양동장이 주민등록표 등본에 사진을 첩부한 증명서를 발급해달라는 청구인의 요청에 대하여 그러한 증명서는 발급근거가 없으므로 발급해줄 수 없다고 답변한 것은 관련 법령을 해석하고 이를 근거로 청구인의 요청에 따른 증명서는 발급근거가 없다는, 현재의 법적 상황에 대한 행정청의 의견을 표명하면서, 청구인이 요청하는 증명서를 발급할 수 없음을 단순히 알려주는 정도의 내용(사실행위로서 통지)에 불과한 것으로서 청구인의 법률관계나 법적 지위에 영향을 미친 바 없으므로 이를 헌법소원의 대상이 되는 공권력의 행사라고 할 수 없다.

헌재판례) 독거실 수용 신청에 대한 교도소장의 거부행위(2013. 8. 29. 2012헌마886) – 법률상, 조리상 사용신청권이 인정되지 아니함.

(사) 행정기관 상호 간의 내부적 의사결정

1) 헌법소원의 대상성 인정 여부

헌법재판소는 행정기관 또는 국가기관 상호 간의 내부적 의사결정은 국민에 대하여 직접적인 법률효과를 발생시키는 행위가 아니므로 원칙적으로 헌법소원의 대상이 되지 않지만, 국민의 권리·의무에 직접 영향을 미치는 경우에는 예외적으로 헌법소원의 대상이 된다고 할 것이다.

2) 헌법소원의 대상성을 인정한 사례

헌재판례) 세무대학장의 조교수 재임용추천 거부행위(1993. 5. 13. 91헌마190) – 추천거부행위가 행정처분이 아니라는 전제하에서 예외적으로 헌법소원 대상성을 인정하였으나, 지금은 법원이 재임용추천 거부행위를 거부처분으로 보므로 보충성 원칙상 부적법하게 될 가능성이 큼.

3) 헌법소원의 대상성을 부인한 사례

헌재판례) 세무사 시험의 출제 및 채점행위(2016. 2. 25. 2014헌마338)

시험 실시기관의 출제 및 채점행위는 응시자들이 개별적으로 받은 점수를 산출하는 과정에 불과하여 그 자체로는 응시자들의 권리·의무에 영향을 미치지 아니하는 공권력작용의 준비행위 또는 부수적 행위에 해당하고, 응시자인 청구인들의 권리·의무에 영향을 미치는 것은 이러한 준비행위의 결과인 세무사 자격시험 합격자 결정이다. 따라서 이 사건 출제 및 채점행위는 헌법소원 심판청구의 대상이 되는 헌법재판소법 제68조 제1항 소정의 공권력의 행사에 해당한다고 보기 어려우므로, 이 사건 출제 및 채점행위에 대한 심판청구도 부적법하다.

헌재판례) 국무회의의 이라크전쟁 파견동의안 의결(2003. 12. 18. 2003헌마225)

국무회의의 이 사건 파병동의안 의결이 …… 공권력의 행사인지의 점에 관하여 살피건대, 국군을 외국에 파견하려면, 대통령이 국무회의의 심의를 거쳐 국회에 파병동의안 제출, 국회의 동의(헌법 제60조 제2항), 대통령의 파병 결정, 국방부장관의 파병 명령, 파견 대상 군 참모총장의 구체적, 개별적 인사명령의 절차를 거쳐야 하는바, 이러한 절차에 비추어 파병은 대통령이 국회의 동의를 얻어 파병 결정을 하고, 이에 따라 국방부장관 및 파견 대상 군 참모총장이 구체적, 개별적인 명령을 발함으로써 비로소 해당 국민, 즉 파견 군인 등에게 직접적인 법률효과를 발생시키는 것이고, 대통령이 국회에 파병동의안을 제출하기 전에 대통령을 보좌하기 위하여 파병 정책을 심의, 의결한 국무회의의 의결은 국가기관의 내부적 의사결정행위에 불과하여 그 자체로 국민에 대하여 직접적인 법률효과를 발생시키는 행위가 아니므로 헌법재판소법 제68조 제1항에서 말하는 공권력의 행사에 해당하지 아니한다.

헌재판례) 기획재정부장관의 세월호 특별조사위원회 예산편성행위(2017. 5. 25. 2016헌마383)

기획재정부장관의 예산편성 행위는 국무회의의 심의, 대통령의 승인 및 국회의 예산안 심의·확정을 위한 전 단계의 행위로서 국가기관 간의 내부적 행위에 불과하고, 국민에 대하여 직접적인 법률효과를 발생시키는 행위라고 볼 수 없다(헌재 1994. 8. 31. 92헌마174).

헌재판례) 대통령의 법률안 제출행위(1994. 8. 31. 92헌마174)

공권력의 행사에 대하여 헌법소원심판을 청구하기 위하여는, 공권력의 주체에 의한 권력의 발동으로서 국민의 권리·의무에 대하여 직접적인 법률효과를 발생시키는 행위가 있어야 한다. 정부의 법률안 제출권의 행사는 그 성격 자체는 공권력성을 갖추었다고 볼 수 있다. 그러나 그와 같이 제출된 법률안이 법률로써 확정되기 위하여서는 국회의 의결과 대통령의 공포 절차를 거쳐야 하므로, 그러한 법률안의 제출은 국가기관간의 내부적 행위에 불과하고 국민에 대하여 직접적인 법률효과를 발생시키는 행위가 아니다.

헌재판례) 이동전화식별번호 통합추진(2013. 7. 25. 2011헌마63)

헌재판례) 변호인의 피의자신문 참여운영(대검찰청) 지침은 대검 내부 사무처리준칙에 불과(2016헌마503)

헌재판례) 보건복지부장관의 장애인차량 보조금 중단 지침(2007. 10. 25. 2006헌마1236)

헌재판례) 중앙항만정책심의회의 항만 명칭 결정(2006. 8. 31. 2006헌마266)

헌재판례) 정부투자기관 예산편성공통지침의 통보 행위(1993. 11. 25. 92헌마293)

헌재판례) 선거구획정위원회의 선거구 획정안 불제출 행위(2004. 2. 26. 2003헌마285)

헌재판례) 수사과정에서의 비공개 지명수배처분(2002. 9. 19. 99헌마181)

헌재판례) 국회의원을 국회상임위원회 위원으로 선임한 행위(1999. 6. 24. 98헌마472)

헌재판례) 정부투자기관의 예산편성지침 작성 행위(2002. 1. 31. 2001헌마228)	
사안	청구인들은 전국공공운수사회서비스노동조합연맹, 한국조폐공사노동조합, 농업기반공사노동조합임. 한국조폐공사, 농업기반공사는 정부투자기관이고, 위 전국공공운수사회서비스노동조합연맹에 일부 정부투자기관노동조합이 소속되어 있음. 기획예산부장관은 정부투자기관들에 대하여 2001년 인건비 예산을 2000년 총 인건비의 6.0% 이내에서 증액하여 편성하고 기본급의 비중을 2000년도 수준으로 유지하는 등을 2001년도 예산편성지침을 통보함. 아울러 관련지침 등의 미이행 기관에 대하여 예산배정을 유보하고 과제 이행 여부에 따라 유보예산을 배정한다는 내용의 예산유보방침을 세움. 청구인들은 위 예산편성지침 및 예산유보방침 통보로 인하여 청구인들의 헌법상 근로자의 단체교섭권을 침해받았다고 주장하며 이 사건 헌법소원심판을 청구함.
판단	정부투자기관의 출자자인 정부가 정부투자기업의 경영합리화와 정부출자의 효율적인 관리를 도모하기 위하여 예산편성에 관한 일반적 기준을 제시하여 출자자로서의 의견을 개진하는 것에 지나지 아니함. 예산배정은 기획예산처장관이 각 중앙행정기관의 장의 배정요구를 받아 예산배정계획을 작성한 후, 국무회의의 심의와 대통령의 승인을 받아 다시 각 중앙행정기관의 장에게 통보하는 것으로 위 예산배정 유보 계획은 예산배정에 관한 행정부 내부의 의사결정과정에서 예산담당부처가 제시한 내부적인 의사표시에 불과함.

헌재판례) 근로시간면제심의위원회는 권한 없는 의결기관에 불과하여 위원회의 근로시간 면제 한도 의결은 행정기관 내부의 절차에 불과(2014. 5. 29. 2010헌마606)

(아) 행정청의 질의회신(★)

1) **헌법소원의 대상성 인정 여부**

행정청이 국민에 대해 행한 **질의회신은 행정청의 단순한 안내행위**(**사실행위로서 통지행위**)에 불과할 뿐 법률관계의 변동을 가져오는 것은 아니므로 원칙적으로 헌법소원의 대상성이 인정되지 않는다. 그러나 질의회신의 형식이더라도 그 실질이 처분의 성격을 갖는 경우에는 헌법소원의 대상인 공권력 행사에 해당한다.[364]

---

364 김유향, 전게서, 1466면.

2) 헌법소원의 대상성을 인정한 사례

헌재판례) 법원행정처 송무국장의 민원(재심소장)에 대한 회신(2007. 2. 22. 2005헌마645)

이 사건에서 피청구인 명의의 '민원에 대한 회신'은 제목이 민원에 대한 단순한 질의회신의 형식을 띠고 있어 공권력 행사성이 부정될 소지가 있으나, 실질적으로는 청구인의 재심청구에 대한 **반려처분**의 성격을 가지며 청구인이 재심을 청구할 수 있는 법적 지위 및 권리관계에 직접적인 영향을 미친다고 보아야 할 것이므로 공권력 행사성이 인정된다고 할 것이다. 한편 헌법소원심판청구에 필요한 **권리보호이익(행정소송법상 협의의 소익 개념과 유사)**은 헌법재판소의 결정 당시에도 존재하여야 하므로 헌법소원심판청구 당시 권리보호이익이 인정되더라도 심판 계속 중에 사실관계 또는 법률관계의 변동으로 말미암아 청구인이 주장하는 기본권의 침해가 종료된 경우에는 원칙적으로 권리보호이익이 없게 되어 심판청구를 각하하여야 하는바, 이 사건 청구인이 기본권을 침해당하였다고 주장하고 있는 피청구인의 재심소장에 대한 반려처분은 대법원의 위 재심사건 접수로 인하여 이미 그 효력이 상실되었다고 할 것이다. 따라서 이 사건 헌법소원심판은 권리보호이익이 인정되지 않으므로 부적법하다.

3) 헌법소원의 대상성을 부인한 사례

헌재판례) 교육부장관의 고충처리결정회신은 단순한 사실행위로서 통지에 불과(1996. 12. 26. 96헌마51)

헌재판례) 청원에 대한 회신 역시 단순한 사실행위로서 통지에 불과(2000. 10. 25. 99헌마458)

(자) 사법상(私法上)의 행위(국고작용)

행정청이 국민의 권리를 제한하거나 의무를 부과하는 공권력의 주체로서의 공행정 작용이 아닌 사경제 주체로서 행하는 일반 사법상의 법률행위에 해당하는 국고작용(國庫作用)은 헌법소원심판의 대상이 되는 공권력의 행사라고 볼 수 없다.[365]

헌재판례) 서울교통공사 정관 일부 개정(안) 중 무기업무직 전면 정규직 전환 관련 등 위헌확인 (2021. 2. 25. 2018헌마174)

서울교통공사는 공익적인 업무를 수행하기 위한 지방공사이나, 서울특별시와 독립적인 공법인으로서 경영의 자율성이 보장되고, 수행 사업도 국가나 지방자치단체의 독점적 성격을 갖는다고 보기 어려우며, 서울교통공사의 직원의 신분도 지방공무원법이 아닌 지방공기업법과 정관에서 정한 바에 따르는 등, 서울교통공사의 직원이라는 직위가 헌법 제25조가 보장하는 공무담임권의 보호

365 이동흡, 전게서, 424면.

영역인 '공무'의 범위에는 해당하지 않는다. 청구인들은 서울교통공사의 재정건전성에 관한 기대권 내지 공무담임권이라는 기본권이 존재함을 전제로 하여 취업, 임금, 승진 등에 있어서 불합리한 차별을 문제로 삼고 있으나, 청구인들의 주장에 따른 기대권이 공무담임권의 보호영역에 포함되지 않는 이상, 이를 법적으로 보호되는 불이익으로 볼 수 없다. 따라서 이 사건 인가가 청구인들의 공무담임권 및 평등권을 침해할 가능성이 인정되지 아니한다. 한편, 이 사건 정관은 서울교통공사 직원의 임면, 근무관계라는 사법(私法) 관계를 규정하고 있고, 개정 이전에 비하여 일반직이 증원되어 있는 정원표로서, 대외적인 구속력을 갖지 못하므로, 헌법소원의 대상이 되는 공권력 행사에 해당하지 아니한다.

헌재판례) 한국방송공사(KBS)의 예비사원 채용 공고(2006. 11. 30. 2005헌마855)

공법인의 행위는 일반적으로 헌법소원의 대상이 될 수 있으나, 그중 대외적 구속력을 갖지 않는 단순한 내부적 행위나 사법적(私法的)인 성질을 지니는 것은 헌법소원의 대상이 되는 공권력의 행사에 해당하지 않는다. 방송법은 "한국방송공사 직원은 정관이 정하는 바에 따라 사장이 임면한다."라고 규정하는 외에는 직원의 채용관계에 관하여 달리 특별한 규정을 두고 있지 않으므로, 한국방송공사의 이 사건 공고 내지 직원 채용은 피청구인의 정관과 내부 인사규정 및 그 시행세칙에 근거하여 이루어질 수밖에 없다. 그렇다면 한국방송공사의 직원 채용관계는 특별한 공법적 규제 없이 한국방송공사의 자율에 맡겨진 셈이 되므로 이는 사법적인 관계에 해당한다고 봄이 상당하다. 또한 직원 채용관계가 사법적인 것이라면, 그러한 채용에 필수적으로 따르는 사전절차로서 채용시험의 응시자격을 정한 이 사건 공고 또한 사법적인 성격을 지닌다고 할 것이다. 이 사건 공고는 헌법소원으로 다툴 수 있는 공권력의 행사에 해당하지 않는다.

헌재판례) 토지보상법상 협의취득의 법적 성질(1992. 12. 24. 90헌마182)

공공용지의취득및손실보상에관한특례법(토지보상법)에 의한 토지 등의 협의취득은 공공사업에 필요한 토지 등을 공용수용의 절차에 의하지 아니하고 협의에 의하여 사업시행자가 취득하는 것으로서, 그 법적 성질은 사법상의 매매계약과 다를 것이 없다.(이는 대법원의 확립된 판례태도이기도 하다. 대법원 83누635 판결). 그렇다면 그 협의취득에 따르는 보상금의 지급 행위는 토지 중에 권리이전에 대한 반대급여의 교부행위에 지나지 아니하므로 그 역시 사법상의 행위라고 볼 수밖에 없다. 따라서 보상금 지급 행위는 헌법소원심판의 대상이 되는 공권력의 행사라고 볼 수 없다.

헌재판례) 정부입찰공사 사전심사단계와 건설산업기본법 시행규칙(2007. 5. 31. 2003헌마579★)

국가가 공법상의 행정처분이 아니라 사경제주체로서 행하는 사법상의 법률행위에 대하여는 헌법소원의 심판대상이 되는 공권력 행사라고 볼 수 없으며, 국가계약법에 따라 행정기관이 낙찰자를 결정하여 공사계약 등을 체결하는 행위는 일응 사경제주체로서의 행위로 볼 수 있고, 또한 개별 발주자들이 시공능력평가액을 고려하여 건설업체와 사이에 도급계약을 체결하는 행위는 국가의 행위와도 관련이 없다. 그러나 **정부입찰공사의 사전심사 단계**에서 국가가 일방적으로 산정한 환산재해율에 의한 불이익을 주는 것과 위 환산재해율을 반영하여 건설업체들에 대한 시공능력

평가액을 산출하여 줌으로써 국가기관이나 개별 발주자들이 이를 입찰시 반영하도록 하고 있는 것은 계약상대방이 될 건설업자들의 법률상의 지위에 영향을 준다는 의미에서 사경제 주체로서의 행위라기보다는 공권력 행사로서의 성질을 갖는다. 결국, **산안법 시행규칙 [별표 1]** 부분은 산업재해발생률을 산정하는 구체적인 방법에 관한 내용으로서 이러한 산정기준 자체가 기본권 침해 가능성이나 직접성이 있는지가 문제되는데 **헌재법 제68조 제1항에서 말하는 공권력이란 입법권, 행정권 등 모든 공권력을 말하는 것으로서 행정부에서 제정한 명령·규칙(행정입법)도 그것이 별도의 집행행위(처분)를 기다리지 않고 직접 기본권을 침해하는 것(=처분적 법령)일 때에는 모두 헌법소원심판의 대상이 될 수 있다**. 그런데 위 산정기준은 산업재해발생률을 산정할 수 있는 구체적인 요소들과 산식을 나타내고 있는 것일 뿐 그 자체는 중립적인 성질의 것으로서 청구인들의 기본권을 직접 제한하는 것이라고 보기 어렵다. 즉, 노동부장관은 매년 이 산정기준에 따라 대상 건설업체들에 대하여 개별적인 산업재해율과 전체 대상기업의 평균재해율을 산정하게 되고 이에 따라 그 평균재해율을 상회하는 업체만이 관련 법령에 의하여 불이익을 받는 것이며 노동부장관의 구체적인 산정행위가 끝나기 전까지는 어떤 업체가 불이익을 받게 될 것인지 확정되는 것은 아니고, 경우에 따라서는 청구인들도 가점을 받는 유리한 지위에 있을 수도 있는 것이므로 산정기준의 일부를 구성하는 위 해당 부분에 어떤 기본권 제한성이나 직접성이 있다고 볼 수 없다(이 산정기준은 그 후에 있게 되는 노동부장관의 구체적인 산정행위나 공표행위의 전제가 되는 것으로서 이 공표행위 등의 행정처분성이나 기본권 제한성이 인정된다면 산정기준 자체는 심판대상성이 있다고 볼 수 없다).

(4) 검사의 처분

(가) 검사의 불기소처분

1) 불기소처분의 개념

검사의 불기소처분이란 특정 형사사건에 대한 수사한 결과 검사가 공소를 제기하지 아니하는 처분을 말한다. 여기에는 종국처분으로서 소추요건 흠결 등의 사유로 인해 소추(기소)가 불가능한 경우 행하는 처분인 '공소권 없음 처분', '죄가 안 됨 처분', '혐의 없음 처분' 등이 있고, 소추가 가능하더라도 사안의 경미성 등으로 인해 소추의 필요가 없다고 판단되는 경우 행하는 '기소유예 처분'이 있다. 그리고 피의자나 참고인(사건 관련자) 등의 소재 불명으로 행하는 중간처분인 기소중지·참고인중지·공소보류 등도 광의의 불기소처분에 포함된다.[366]

366 한수웅, 전게서, 1467면; 김유향, 전게서, 1620면.

2) 형사피해자에 의한 헌법소원

검사의 불기소처분에 대해 형사피해자가 다툴 수 있는 방법으로는 종전에는 검찰청에의 항고·재항고제도와 헌법재판소에의 헌법소원제도가 있었다. 그리고 공무원의 직무 관련 범죄(형법 제123조, 제124조, 제125조, 제126조)에 대해서는 고등법원에 재정신청을 제기할 수 있었으므로, 이 경우에는 검찰청에의 항고·재항고, 헌법재판소의 헌법소원, 법원의 재정신청이 모두 가능했다. 다만 헌법재판소에 헌법소원을 제기하기 위해서는 검찰청에의 항고·재항고를 거쳐야 했다. 그런데 2007. 4. 30. 개정 형사소송법에서는 고등법원에 재정신청을 할 수 있는 범죄를 모든 범죄로 확대했고, 재정신청을 하기 위해서는 검찰청에의 항고를 먼저 거치도록 하였다. 그리고 2007. 4. 30. 개정 검찰청법에서는 재정신청을 할 수 있는 범죄에 대해서는 재항고제도를 폐지했다. 그 결과 형사상 모든 범죄에 대해서 형사피해자인 고소인은 검찰청에의 항고를 거친 후 고등법원에 재정신청을 제기할 수 있을 뿐, 검찰청에의 재항고 내지 헌법재판소에 헌법소원을 제기할 수 없게 되었다. 검사의 불기소처분에 대해 헌법소원을 제기하려면 보충성의 원칙에 따라 법원의 재정신청을 먼저 거쳐야 하고, 법원의 재정신청을 거친 후에는 재판에 대한 헌법소원과 원행정처분에 대한 헌법소원이 원칙적으로 금지되기 때문에 결국 검사의 불기소처분에 대해서는 헌법소원을 제기할 수 없게 되는 것이다(2008. 7. 8. 2008헌마479; 2008. 7. 29. 2008헌마487). 결론적으로 검사의 불기소처분에 대한 고소인의 불복방법은 검찰청에의 항고를 거친 후 고등법원에 재정신청을 제기하는 방법으로 일원화되었다고 말할 수 있다. 다만 '고소하지 아니한 형사피해자'는 검찰청의 항고를 거쳐 법원에 재정신청을 할 수 없으므로 보충성의 예외가 적용되어 헌법재판소에 바로 헌법소원을 제기할 수 있다고 할 것이다(2010. 6. 24. 2008헌마716).[367]

한편, 고등법원에 재정신청을 하려면 지방검찰청검사장 또는 지청장에게 10일 이내에 재정신청서를 제출하여야 하고, 재정신청서는 재정신청 사유를 반드시 기재하여야 한다.

---

367 김유향, 전게서, 1622면.

헌재판례) 재정신청 사유의 필요적 기재 요구는 합헌(2009. 12. 29. 2008헌마414)

헌재판례) 재정신청권자의 대검찰청에의 재항고 제한규정은 합헌(2014. 2. 27. 2012헌마983)

재정신청사건의 심리는 비공개를 원칙으로 한다. 형사소송법은 종래 "재정신청에 대한 법원의 결정에 대하여는 불복할 수 없다"고 규정하였으나(제262조 제4항), 헌법재판소는 재정신청 기각결정에 대하여는 '재항고' 할 수 있는 것으로 판시하였다(2011. 11. 24. 2008헌마578). 이러한 헌법재판소의 한정위헌결정에 따라 국회는 2016. 1. 6. "재정신청 기각결정에 대하여는 제415조에 따른 즉시항고를 할 수 있고, 공소제기결정에 대하여는 불복할 수 없다"고 개정하였다. 그리고 재정신청에 대한 법원의 기각결정이 확정된 경우에는 다른 중요한 증거를 발견한 경우를 제외하고는 소추할 수 없다.

헌재판례) 재정신청 사건의 비공개 심리 및 서류 등 열람·등사 불허는 합헌(2011. 11. 24. 2008헌마578)

헌재판례) 재정신청 기각결정에 대한 재항고 금지는 합헌(2011. 11. 24. 2008헌마578)

재정신청 기각결정에 대하여 형사소송법 제415조의 재항고를 금지하는 것은 대법원에 명령·규칙 또는 처분의 위헌·위법 심사권한을 부여하여 법령해석의 통일성을 기하고자 하는 헌법 제107조 제2항의 취지에 반할 뿐 아니라, 헌법재판소법에 의하여 법원의 재판이 헌법소원의 대상에서 제외되어 있는 상황에서 재정신청인의 재판청구권을 지나치게 제약하는 것이 된다. 이러한 사정들을 고려할 때, 법 제262조 제4항의 "불복할 수 없다"는 부분은, 재정신청 기각결정에 대한 '불복'에 법 제415조의 '재항고'가 포함되는 것으로 해석하는 한, 재정신청인인 청구인들의 재판청구권을 침해하고, 또 법 제415조의 재항고가 허용되는 고등법원의 여타 결정을 받은 사람에 비하여 합리적 이유 없이 재정신청인을 차별취급함으로써 청구인의 평등권을 침해한다.

헌재판례) 재정신청 기각결정에 대한 기소를 제한(불기소처분)하도록 한 것은 합헌(2011. 10. 25. 2010헌마243)

대법판례) 법원의 공소제기 결정에 대한 재항고 금지는 합헌(2012. 10. 29. 2012모1090)

3) 형사피의자(피고소인)에 의한 헌법소원

a) 기소유예처분에 대한 헌법소원

헌법재판소는 범죄혐의가 없음이 명백한 사안을 놓고 자의적이고 타협적으로 기소유예처분을 했다면 이는 그 처분을 받은 형사피의자의 행복추구권 및 평등권, 재판을 받을 권리를 침해한 것이라고 판시함으로써 헌법소원의 대상이 된다고 판시하였다(1989. 10. 27. 89헌마56; 1992. 6. 26. 92헌마7). 그리고 검사의 자의적인 기소유예처분에 대하여 형사피의자가 다툴 수 있는 사전구제절차가 없으므로 보충성의 예외에 해당하여 형사피의자는 직접 헌법소원심판을 청구할 수 있다(2017. 4. 27. 2016헌마160).

b) 기소중지처분에 대한 헌법소원

검사가 기소중지처분을 한 경우 그 피의사건의 피의자에게는 검사가 다시 사건을 재기하여 수사를 한 후 종국처분을 하지 않는 한 "범죄의 혐의자"라는 법적인 불이익 내지 불이익 상태가 그대로 존속된다 할 것이므로, 만약 검사가 자의적으로 기소중지처분을 하였다면 그 사건의 피의자도 헌법상 보장된 자기의 평등권과 행복추구권 등이 침해되었음을 이유로 헌법소원을 제기할 수 있다고 보아야 할 것이다(1997. 2. 20. 95헌마362).

c) 죄가 안 됨 처분에 대한 헌법소원

'죄가 안 됨' 결정이나 **'혐의 없음'** 결정은 모두 피의자에 대하여 소추장애사유가 있어 기소할 수 없다는 내용의 동일한 처분으로서(따라서, 소추장애사유가 없음에도 기소하지 않는다는 내용의 결정인 '기소유예' 결정과는 본질을 달리한다), '혐의 없음' 결정이 피의자가 피의사건과 무관하다는 사실을 확정하는 것도 아니고 '죄가 안 됨' 결정이 피의자에게 범죄혐의가 있음을 확정하는 것도 아니므로, 검사가 형사미성년자인 피의자에 대하여 범죄혐의 유무에 불구하고 '죄가 안 됨' 결정을 하였다고 하여 이를 피의자의 기본권을 침해하는 공권력 행사라고 할 수 없다(1996. 11. 28. 93헌마229).

d) 공소권 없음 처분에 대한 헌법소원

'혐의 없음' 처분을 하여야 함에도 불구하고 '공소권 없음' 처분을 하더라도 형사피의자는 이러한 처분에 대해 헌법소원심판을 청구할 수 없다(2003. 1. 30. 2002헌마323).

4) 고발인에 의한 헌법소원

검사의 불기소처분에 대한 직무관련범죄(형법 제123조~제126조) 고발인을 제외한 고발인은 검찰청에의 항고를 거친 후 검찰총장에게 재항고할 수 있다(검찰청법 제10조). 이러한 불복수단을 거친 후 고발인이 헌법소원을 제기할 수 있는지가 문제된다. 이에 대해 헌법재판소는 범죄피해자가 아닌 고발인에게는 달리 특별한 사정이 없는 한 자기관련성이 없다고 하였다(1989. 12. 22. 89헌마145). 다만, 항고 또는 재항고결정 자체의 고유한 위법성을 이유로 하는 경우 예외적으로 항고 또는 재항고에 대하여 헌법소원을 청구할 수 있다고 판시하였다(2009. 11. 26. 2009헌마47).

5) 재정신청과 헌법소원의 비교[368]

	재정신청	헌법소원
신청인	고소인[단, 형법 제123조~제126조 죄의 고발인 포함](형소법 제260조 ①)	① 고소하지 않은 형사피해자 ② 형사피의자(기소유예, 기소중지의 경우)
공소시효 정지	① 재정신청일로부터 재정결정이 확정될 때까지 공소시효의 진행이 정지됨(제262의4 ①). ② 공소시효에 관하여 공소제기의 결정이 있는 날에 공소가 제기된 것으로 봄(제262의4 ②).	공소시효의 진행이 정지되지 않음.
효과	공소제기의 결정이 있으면 검사는 지체 없이 공소제기(기소) 해야 함(제262조 ⑥).	불기소처분 취소결정이 있으면 검사는 재수사 의무만을 부담함.

(나) 불기소처분 외 검사의 처분(★)

검사의 기소(공소제기)처분, 약식기소명령청구, 공소취소처분, 내사종결처분, 수사재기결정, 검사의 구형은 헌법소원의 대상이 되는 공권력의 행사라고 할 수 없다.

---

368 김유향, 전게서, 1626면.

참고: 불기소처분에 대한 구제방법 정리
- 고소인(단, 형법 제123조~제126조 고발인 포함): 항고 → 재정신청(형사소송법 제260조)
- 고발인(단. 형법 제123조~제126조 고발인 제외): 항고 → 재항고(검찰청법 제10조)
- 고소하지 않은 형사피해자: 헌법소원
- 형사피의자(기소유예, 기소중지의 경우): 헌법소원

(5) 원행정처분(★★)

법원의 행정재판을 모두 거친 뒤에 그 행정재판의 대상이 되었던 행정처분, 즉 원행정처분을 대상으로 하여 헌법소원을 제기할 수 있는지에 대하여 논란이 있는데, 헌법재판소는 원칙적으로 이를 부정하고 예외적으로 인정하고 있다.

(가) 학설[369]

먼저, ① 긍정설은 (a) 원행정처분은 법원의 행정소송을 거쳤으므로 보충성의 원칙을 준수한 것이라는 점, (b) 이와 같이 보충성요건을 갖춘 원행정처분에 대한 헌법소원을 금지하는 명문 규정이 없다는 점, (c) 헌법 제107조 제2항이 처분에 대해 대법원의 최종적인 심판권을 규정한 것은 사법부 내부에서 최종적으로 심사한다는 것이지 헌법재판소와의 관계에서까지 최종적으로 심사한다는 것을 의미하지는 않는다는 점 등을 근거로 하여 원행정처분에 대한 헌법소원을 인정하고 있다. 다음으로, ② 부정설은 (a) 행정처분에 대한 헌법소원을 인정하는 것은 명령·규칙·처분에 대하여 대법원이 최종적으로 심사권한을 가진다는 헌법 제107조 제2항에 위배되는 점, (b) 원행정처분에 대한 헌법소원을 인정하게 되면, 재판소원 금지를 규정한 헌법재판소법 제68조 제1항을 우회적으로 회피하는 탈법이 된다는 점, (c) 인정하더라도 법원의 확정판결의 기판력을 배제할 수 있는 헌법소원심판의 기속력은 인정되지 않으므로 실효성이 없다는 점 등을 근거로 원행정처분에 대한 헌법소원을 부정하고 있다.

(나) 헌법재판소의 태도

헌법재판소는 "패소 판결이 확정된 경우에 당사자는 그 판결의 기판력에 의한 기속을 받게 되므로 별도의 절차에 의해서 기판력이 제거되지 않는 한 행정처분의 위법성을 주장하여 헌법소원을 제기할 수 없다. 단, 원행정처분을 심판의 대상으로 삼았던 법원의 재판이 예외적으로 헌법소원의 심판의 대상이 되어 그 재판이 취

369 한수웅, 전게서, 1465면.

소되는 경우에는 원행정처분에 대한 헌법소원 심판청구를 받아들여 이를 취소할 수 있다”(1997. 12. 24. 96헌마172 등)라고 판시하여 법원이 헌법재판소에 의해 위헌으로 결정된 법률을 적용하여 한 재판이 헌법소원심판의 대상이 되어 그 재판이 취소되는 경우에는 원행정처분에 대한 헌법소원을 청구할 수 있고 이와 달리 법원의 재판이 취소되지 아니하는 경우에는 확정판결의 기판력으로 인하여 원행정처분은 헌법소원심판의 대상이 되지 아니한다고 하였다.

헌재판례) 2001. 2. 22. 99헌마409

행정처분의 취소를 구하는 행정소송을 제기하였으나 청구기각 판결이 확정되어 법원의 소송절차에 의하여서는 더 이상 이를 다툴 수 없게 된 경우, 당해 행정처분(이하 “원행정처분”) 자체의 위헌성 또는 그 근거법규의 위헌성을 주장하면서 그 취소를 구하는 헌법소원심판청구를 받아들여 이를 취소하는 것은, 원행정처분을 심판의 대상으로 삼았던 법원의 재판이 예외적으로 헌법소원심판의 대상이 되어 그 재판 자체가 취소되는 경우에 한하여, 국민의 기본권을 신속하고 효율적으로 구제하기 위하여 가능한 것이고, 이와는 달리 법원의 재판이 취소되지 아니하는 경우에는 확정판결의 기판력으로 인하여 원행정처분은 헌법소원심판의 대상이 되지 아니한다. 뿐만 아니라 원행정처분에 대한 헌법소원심판청구를 허용하는 것은, “명령·규칙 또는 처분이 헌법이나 법률에 위반되는 여부가 재판의 전제가 된 경우에는 대법원은 이를 최종적으로 심사할 권한을 가진다.”라고 규정한 헌법 제107조 제2항이나, 원칙적으로 헌법소원심판의 대상에서 법원의 재판을 제외하고 있는 헌법재판소법 제68조 제1항의 취지에도 어긋나는 것이다.

(6) 사법작용

(가) 법원의 재판

헌법재판소법 제68조 제1항은 “공권력의 행사 또는 불행사로 인하여 헌법상 보장된 기본권을 침해받은 자는 ‘법원의 재판을 제외하고는’ 헌법재판소에 헌법소원심판을 청구할 수 있다”고 규정하여 법원의 재판을 헌법소원의 대상에서 제외하였다. 이와 같이 재판헌법소원이 금지됨으로써 헌법소원제도의 기능은 매우 축소되었고, 헌법소원제도가 그 본래적 기능을 수행하지 못하기 때문에 보충성의 예외, 직접성의 예외 등을 광범위하게 인정하는 등 기형적으로 운용되고 있는 것이다.[370]

370 김유향, 전게서, 1628면.

(나) 헌법소원이 금지되는 '재판'의 범위

1) 광의의 개념

헌법재판소법 제68조 제1항의 '법원의 재판'에 대하여 헌법재판소는 "여기서 '법원의 재판'이라 함은 소송사건을 해결하기 위하여 법원이 행하는 종국적 판단의 표시인 종국판결과 같은 의미로 사용되기도 하나 소송법상으로는 법원이 행하는 공권적 법률판단 또는 의사의 표현을 지칭하는 것이며, 이러한 의미에서는 사건을 종국적으로 해결하기 위한 **종국판결 외에 보안 전 소송판결 및 중간판결이 모두 포함되는 것이고 기타 소송절차의 파생적·부수적인 사항에 대한 공권적 판단도 포함**되는 것으로 일반적으로 보고 있다"(1992. 12. 24. 90헌마158)고 판시하고 있다.

2) 재판장의 소송지휘 또는 재판진행

헌법재판소는 "재판장의 소송지휘 또는 재판진행에 관한 헌법소원심판청구는 결국 법원의 재판을 직접 그 대상으로 하여 청구한 경우에 해당하므로 부적법하다"(1992. 6. 26. 89헌마271)고 판시하고 있다. 재판장의 소송지휘나 재판진행에 관한 명령이나 사실행위는 종국판결을 위한 종국적·부수적 재판 또는 준비행위로서 그 성질상 종국판결에 흡수·포함되어 일체를 이루는 것이고, 그에 대한 상소의 방법으로만 가능하므로, 소송지휘 또는 판결진행에 관한 헌법소원심판청구는 결국 법원의 재판을 대상으로 한 심판청구에 해당한다고 볼 수밖에 없기 때문이다.[371]

3) 법원의 회사정리계획의 인가결정

헌법재판소는 '법원의 회사정리계획의 인가결정'에 대한 헌법소원심판청구도 법원의 재판 자체를 대상으로 한 것이라고 하여 부적법하다고 판시하였다(1992. 10. 1. 91헌마112).

371 김유향, 전게서, 1629면.

4) 법원의 위헌제청신청 기각결정

헌법재판소는 법원이 위헌제청신청을 기각하는 결정을 하고, 당해 사건의 진행을 정지하지 아니하고 진행한 조치도 법원의 재판에 해당하므로 헌법소원으로 허용될 수 없다고 하였다(2008. 9. 25. 2006헌바23).

(다) 재판헌법소원 허용 여부에 대한 헌법재판소 판례

헌법재판소는 재판에 의해 기본권을 침해당한 경우에 원칙적으로 그 재판을 대상으로 한 헌법소원은 인정할 수 없지만, 법원이 헌법재판소에 의해 위헌으로 결정된 법률을 적용한 경우에는 재판헌법소원을 예외적으로 인정할 수 있다고 판시하였다. 따라서 재판헌법소원을 금지하고 있는 헌법재판소법 제68조 제1항 본문에 대하여 "헌법재판소가 위헌으로 결정한 법령을 적용함으로써 국민의 기본권을 침해한 재판도 포함되는 것으로 해석하는 한도 내에서 헌법에 위반된다"(1997. 12. 24. 96헌마172등)고 한정위헌결정을 하였던 것이다.

헌재판례) 재판헌법소원의 원칙적 금지와 예외적 허용(1997. 12. 24. 96헌마172 등)

가. 사건 개요

96헌마173 사건의 피청구인인 동작세무서장은, 청구인이 자기 처의 명의로 서울 관악구 ○○동 산 57의 12 임야 9,917㎡에 대한 2분의1 지분을 1987. 8.에 취득하였다가 1989. 5.에 양도하고, 또 위 임야에 대한 2분의1 지분을 1989. 5.에 취득하였다가 1989. 7.에 양도한 사실 등을 인정한 다음, 청구인이 타인 명의로 자산을 유상으로 취득한 후 양도하고 부동산을 취득하여 1년 이내에 양도하였기 때문에 구 소득세법시행령(1989. 8. 1. 대통령령 제12767호로 개정되기 전의 것) 제170조 제4항 제2호에 해당한다는 이유로, 구 소득세법(1990. 12. 31. 법률 제4281호로 개정되기 전의 것) 제23조 제4항 단서, 제45조 제1항 제1호 단서에 따라 취득가액과 양도가액을 모두 실지거래가액에 의하여 양도차익을 산정하여, 1992. 6. 16. 청구인에게 1989년 귀속분 양도소득세 금 736,254,590원 및 방위세 금 147,250,910원을 부과하는 이 사건 과세처분을 하였다. 청구인은 서울고등법원에 이 사건 과세처분의 취소를 구하는 행정소송을 제기하였으나 1995. 7. 6. 청구인의 청구를 기각하는 판결이 선고되자 그 판결에 대하여 상고를 하여 그 사건이 상고심에 계속 중인 1995. 11. 30.에, 헌법재판소는 "구 소득세법 제23조 제4항 단서, 제45조 제1항 제1호 단서는 실지거래가액에 의할 경우를 그 실지거래가액에 의한 세액이 그 본문의 기준시가에 의한 세액을 초과하는 경우까지를 **포함하여 대통령령에 위임한 것으로 해석하는 한 헌법에 위반된다.**"는 결정(94헌바40, 95헌바13 병합)을 선고하였다. 그런데 대법원은 1996. 4. 9. 헌법재판소의 위 법령조항들에 대한 한정위헌결정에도 불구하고 위 법률조항들이 헌법상의 조세법률주의와 포괄위임금지원칙에 위배되지 아니하는 유효한 규정이라고 본 끝에, 이 사건 과세처분이 위 각 법률조항에 근거한 것이기 때문에 위법한 것이라는 청구인의 주장을 배척하고 위 과세처분이 적법한 것이라고 본 원심의 판단은 정당한 것이라고 판단하여, 청구인의 상고를 기각하는 판결(95누11405)을 선고하였다. 이에 청구인은, 1996. 5. 6. 이 사건 과세처분은 헌법재판소의 위헌결정의 선고로 효력이 상실된 위 법률조항에 근거한 것으로서 청구인은 피청구인의 공권력의 행사인 위 과세처분으로 인하여 헌법상 보장된 기본권을 침해받았다는 이유로 위 과세처분의 취소를 구하는 헌법소원심판을 청구(96헌마173)함과 아울러, 헌법소원의 대상에서 법원의 재판을 제외하고 있는 헌법재판소법 제68조 제1항은 헌법상 보장된 자신의 평등권을 침해한 것이므로 헌법에 위반되는 것이고, 이 사건 과세처분은 헌법에 위반된 것으로 마땅히 취소되어야 할 것인데도 대법원은 헌법재판소의 위헌결정의 기속력을 무시한 채 위 과세처분이 위법한 것이라는 청구인의 주장을 배척하고 청구인의 상고를 기각함으로써 헌법상 보장된 자신의 기본권을 침해하였다는 이유로 헌법재판소법 제68조 제1항과 대법원 1996. 4. 9. 선고, 95누11405 판결의 위헌선언을 구하는 헌법소원심판을 청구하였다.

나. 심판 대상

청구취지와 청구이유를 종합하여 볼 때, 헌법재판소법 제68조 제1항 중 청구인이 위헌선언을 구하는 것은 '법원의 재판'을 헌법소원의 대상에서 제외하고 있는 본문에 한정됨이 분명하므로 위 법률조항의 단서부분은 심판의 대상에 포함되지 아니한다. 그렇다면 이 사건 심판의 대상은 헌법재판소법 제68조 제1항 본문과 대법원 1996. 4. 9. 선고, 95누11405 판결(이하 '이 사건 대법원 판결'이라 함) 및 피청구인 동작세무서장이 1992. 6. 16. 청구인에게 1989년 귀속분 양도소득세 금 736,254,590원과 방위세 금 147,250,910원을 부과한 이 사건 과세처분이 청구인의 기본권을 침해하였는지의 여부인바, 헌법재판소법 제68조 제1항 본문의 내용은 다음과 같다.

- 헌법재판소법 제68조(청구사유) ① 공권력의 행사 또는 불행사로 인하여 헌법상 보장된 기본권을 침해받은 자는 법원의 재판을 제외하고는 헌법재판소에 헌법소원심판을 청구할 수 있다.

【주문】 공법기록 청구취지 작성례

1. 헌법재판소법 제68조 제1항 본문의 '법원의 재판'에 헌법재판소가 위헌으로 결정한 법령을 적용함으로써 국민의 기본권을 침해한 재판도 포함되는 것으로 해석하는 한도 내에서, 헌법재판소법 제68조 제1항은 헌법에 위반된다.

2. 대법원 1996. 4. 9. 선고, 95누11405 판결은 청구인의 재산권을 침해한 것이므로 이를 취소한다.

3. 피청구인 ○○세무서장이 1992. 6. 16. 청구인에게 양도소득세 금 736,254,590원 및 방위세 금 147,250,910원을 부과한 처분은 청구인의 재산권을 침해한 것이므로 이를 취소한다.

【결정요지】

1. 헌법 제107조는 구체적 규범통제절차에서의 법률에 대한 위헌심사권과 명령·규칙·처분에 대한 위헌심사권을 분리하여 각각 헌법재판소와 대법원에 귀속시킴으로써 헌법의 수호 및 기본권의 보호가 오로지 헌법재판소만의 과제가 아니라 헌법재판소와 법원의 공동과제라는 것을 밝히고 있다.

헌법 제111조 제1항 제5호가 '법률이 정하는 헌법소원에 관한 심판'이라고 규정한 뜻은 헌법이 입법자에게 공권력작용으로 인하여 헌법상의 권리를 침해받은 자가 그 권리를 구제받기 위한 주관적 권리구제절차를 우리의 사법체계, 헌법재판의 역사, 법률문화와 정치적·사회적 현황 등을 고려하여 헌법의 이념과 현실에 맞게 구체적인 입법을 통하여 구현하게끔 위임한 것으로 보아야 할 것이므로, 헌법소원은 언제나 '법원의 재판에 대한 소원'을 그 심판의 대상에 포함하여야만 비로소 헌법소원제도의 본질에 부합한다고 단정할 수 없다.

2. 입법작용과 행정작용의 잠재적인 기본권 침해자로서의 기능과 사법작용의 기본권의 보호자로서의 기능이 법원의 재판을 헌법소원심판의 대상에서 제외한 것을 정당화하는 본질적인 요소이므로, 헌법재판소법 제68조 제1항은 평등의 원칙에 위반된 것이라 할 수 없다. 법원은 기본권을 보호하고 관철하는 일차적인 주체이다. 모든 국가권력이 헌법의 구속을 받듯이 사법부도 헌법의 일부인 기본권의 구속을 받고, 따라서 법원은 그의 재판작용에서 기본권을 존중하고 준수해야 한다. 법원이 기본권의 구속을 받기 때문에 법원이 행정청이나 하급심에 의한 기본권의 침해를 제거해야 하는 것은 당연한 것이다. 기본권의 보호는 제도적으로 독립된 헌법재판소만의 전유물이 아니라 모든 법원의 가장 중요한 과제이기도 하다.

3. 헌법재판소법 제68조 제1항은 청구인의 재판청구권을 침해하였다거나 되도록이면 흠결없는 효율적인 권리구제절차의 형성을 요청하는 법치국가원칙에 위반된다고 할 수 없다. 재판청구권은 사실관계와 법률관계에 관하여 최소한 한 번의 재판을 받을 기회가 제공될 것을 국가에게 요구할 수 있는 절차적 기본권을 뜻하므로 기본권의 침해에 대한 구제절차가 반드시 헌법소원의 형태로 독립된 헌법재판기관에 의하여 이루어질 것만을 요구하지는 않는다. 법원의 재판은 법률상 권리의 구제절차이자 동시에 기본권의 구제절차를 의미하므로, 법원의 재판에 의한 기본권의 보호는 이미 기본권의 영역에서의 재판청구권을 충족시키고 있기 때문이다.

4. 법원의 재판을 헌법소원심판의 대상에 포함시켜야 한다는 견해는 기본권 보호의 측면에서는 보다 이상적이지만, 이는 헌법재판소의 위헌결정을 통하여 이루어질 문제라기보다 입법자가 해결해야 할 과제이다. 헌법재판소법 제68조 제1항은 국민의 기본권(평등권 및 재판청구권 등)의 관점에서는 입법형성권의 헌법적 한계를 넘는 위헌적인 법률조항이라고 할 수 없다.

5. 헌법재판소법 제68조 제1항이 원칙적으로 헌법에 위반되지 아니한다고 하더라도, 법원이 헌법재판소가 위헌으로 결정하여 그 효력을 전부 또는 일부 상실하거나 위헌으로 확인된 법률을 적용함으로써 국민의 기본권을 침해한 경우에도 법원의 재판에 대한 헌법소원이 허용되지 않는 것으로 해석한다면, 위 법률조항은 그러한 한도 내에서 헌법에 위반된다. 모든 국가기관은 헌법의 구속을 받고 헌법에의 기속은 헌법재판을 통하여 사법절차적으로 관철되므로, 헌법재판소가 헌법에서 부여받은 위헌심사권을 행사한 결과인 법률에 대한 위헌결정은 법원을 포함한 모든 국가기관과 지방자치단체를 기속한다. 따라서 헌법재판소가 위헌으로 결정하여 그 효력을 상실한 법률을 적용하여 한 법원의 재판은 헌법재판소 결정의 기속력에 반하는 것일 뿐 아니라, 법률에 대한 위헌심사권을 헌법재판소에 부여한 헌법의 결단(헌법 제107조 및 제111조)에 정면으로 위배된다. 헌법이 법률에 대한 위헌심사권을 헌법재판소에 부여하고 있음에도 법원이 헌법재판소의 위헌결정에 따르지 아니하는 것은 실질적으로 법원 스스로가 '입법작용에 대한 규범통제권'을 행사하는 것을 의미하므로, 헌법은 어떠한 경우이든 헌법재판소의 기속력 있는 위헌결정에 반하여 국민의 기본권을 침해하는 법원의 재판에 대하여는 헌법재판소가 다시 최종적으로 심사함으로써 자신의 손상

된 헌법재판권을 회복하고 헌법의 최고규범성을 관철할 것을 요청하고 있다. 명령·규칙에 근거한 집행행위가 존재하지 아니한 경우에는 그에 대한 헌법 위반 여부를 구체적인 재판절차에서 심사할 수 없기 때문에 직접 국민의 기본권을 침해하는 명령·규칙에 대하여는 주관적 권리구제절차로서 헌법소원의 가능성이 열려 있으므로, 헌법재판소에 의하여 명령·규칙이 위헌으로 결정되어 그 효력을 상실한 경우에도 법률의 경우와 그 법리가 다를 바 없다.
6. 헌법소원이 단지 주관적인 권리구제절차일 뿐이 아니라 객관적 헌법질서의 수호와 유지에 기여한다는 이중적 성격을 지니고 있으므로, 헌법재판소는 본안판단에 있어서 모든 헌법규범을 심사기준으로 삼음으로써 청구인이 주장한 기본권의 침해 여부에 관한 심사에 한정하지 아니하고 모든 헌법적 관점에서 심판대상의 위헌성을 심사한다. 따라서 헌법재판소법 제68조 제1항이 비록 청구인이 주장하는 기본권을 침해하지는 않지만, 헌법 제107조 및 제111조에 규정된 헌법재판소의 권한규범에 부분적으로 위반되는 위헌적인 규정이므로, 이 사건 헌법소원은 위에서 밝힌 이유에 따라 한정적으로 인용될 수 있는 것이다.
7. 헌법재판소의 법률에 대한 위헌결정에는 단순위헌결정은 물론, 한정합헌, 한정위헌결정과 헌법불합치결정도 포함되고 이들은 모두 당연히 기속력을 가진다.
8. 이 사건 대법판결은 헌법재판소가 이 사건 법률조항에 대하여 한정위헌결정을 선고함으로써 이미 부분적으로 그 효력이 상실된 법률조항을 적용한 것으로서 위헌결정의 기속력에 반하는 재판임이 분명하므로 이에 대한 헌법소원은 허용된다 할 것이고, 또한 이 사건 대법판결로 말미암아 청구인의 헌법상 보장된 기본권인 재산권 역시 침해되었다 할 것이다. 따라서 이 사건 대법판결은 헌법재판소법 제75조 제3항에 따라 취소되어야 마땅하다. 물론 구체적 사건에서의 법률의 해석·적용권한은 사법권의 본질적 내용을 이루는 것임이 분명하다. 그러나 법률에 대한 위헌심사는 당연히 당해 법률 또는 법률조항에 대한 해석이 전제되는 것이고, 헌법재판소의 한정위헌의 결정은 단순히 법률을 구체적인 사실관계에 적용함에 있어서 그 법률의 의미와 내용을 밝히는 것이 아니라 법률에 대한 위헌성심사의 결과로서 법률조항이 특정의 적용영역에서 제외되는 부분은 위헌이라는 것을 뜻한다. 따라서 헌법재판소의 한정위헌결정은 결코 법률의 해석에 대한 헌법재판소의 단순한 견해가 아니라, 헌법에 정한 권한에 속하는 법률에 대한 위헌심사의 한 유형인 것이다.
9. 행정처분이 헌법에 위반되는 것이라는 이유로 그 취소를 구하는 행정소송을 제기하였으나 법원에 의하여 그 청구가 받아들여지지 아니한 후 다시 원래의 행정처분에 대하여 헌법소원심판을 청구하는 것이 원칙적으로 허용될 수 있는지의 여부에 관계없이, 이 사건의 경우와 같이 행정소송으로 행정처분의 취소를 구한 청구인의 청구를 받아들이지 아니한 법원의 판결에 대한 헌법소원심판의 청구가 예외적으로 허용되어 그 재판이 헌법재판소법 제75조 제3항에 따라 취소되는 경우에는 원래의 행정처분에 대한 헌법소원심판의 청구도 이를 인용하는 것이 상당하다.

(라) 재판헌법소원의 예외적 허용요건

법원이 헌법재판소가 위헌으로 결정한 법률을 적용함으로써 국민의 기본권을 침해한 재판에 대해서는 헌법소원이 허용된다. ① 헌법재판소의 법률에 대한 위헌결정에는 단순위헌결정은 물론, 한정위헌·한정합헌결정, 헌법불합치결정도 포함된다. ② 법원의 재판이 헌법소원의 대상이 되기 위해서는 헌재가 이미 위헌으로 결정한 법률을 법원이 적용하였다는 사실만으로 충분하지 않고 그 적용으로 인하여 국민의 기본권이 실제로 침해될 것이 요구된다(1999. 10. 21. 96헌마61). 따라서 법원이 헌재가 위헌으로 결정한 법률을 적용하더라도 그로 인해 국민의 기본권이 침해될 여지가 없으면 재판헌법소원은 허용되지 않는다. ③ 헌법재판소의 위헌결정의 효력은 원칙적으로 장래효이므로 법원이 헌법재판소의 위헌결정 이전에 그 법령을 적용하여 선고한 판결은 헌법재판소가 위헌으로 결정한 법령을 적용하여 국민의 기본권을 침해한 재판에 해당하지 아니하므로 그 판결을 대상으로 한 헌법소원 심판청구는 부적법하다(1998. 7. 16. 95헌마77). 예컨대 대법판결은 2010. 3. 30. 선고되었고, 그 재판의 전제가 된 법률조항에 대한 헌재의 한정위헌결정이 같은 해 11. 30.에 선고되었다면, 대법원의 위 판결은 헌법소원의 대상이 되지 않는 것이다.

(마) 재판헌법소원에 대한 결정유형

재판에 대한 헌법소원심판의 청구가 부적법한 경우에는 각하결정을 하고, 심판청구가 이유 없을 경우에는 기각결정을 한다. 그리고 법원의 재판에 의해 기본권이 침해되었음을 인정하는 경우에는 심판청구를 인용하였는데, 이때 헌법재판소는 법원의 재판을 취소하고, 그 재판을 한 법원에 원칙적으로 환송하는 결정을 한다. 이와 같이 헌법재판소의 취소결정과 환송결정이 있으면 사건을 환송받은 법원은 다시 재판을 하되 헌법재판소의 결정취지에 따라 새로 재판을 하여야 한다(헌재법 제75조 제4항). 그런데 재판헌법소원에서 헌법재판소가 심판대상인 재판을 취소한 후 환송하지 않고 스스로 자판(自判)할 수 있는가 하는 것이 문제되는데, 자판(自判)이 성질상 허용되고 필요하면 헌법재판소는 스스로 자판(自判)할 수 있다고 할 것이다. **즉, 법원이 헌법재판소의 결정취지에 따르지 않고 종래의 재판을 반복할 가능성이 있거나, 또는 청구인의 이익을 긴급하게 확정하여야 할 필요가 있거나, 재**

판의 이유가 헌법재판소가 판시한 것 이외에 다른 것이어서는 안 되는 것과 같은 특별한 사정이 있는 경우 등에는 환송하지 않고 자판(自判)할 수 있다.

헌재판례) 재판헌법소원의 결정(1997. 12. 24. 96헌마172 등)

이 사건 대법판결은 헌법재판소가 이 사건 법률조항에 대하여 한정위헌결정을 선고함으로써 이미 부분적으로 그 효력이 상실된 법률조항을 적용한 것으로서 위헌결정의 기속력에 반하는 재판임이 분명하므로 이에 대한 헌법소원은 허용된다 할 것이고, 또한 이 사건 대법판결로 말미암아 청구인의 헌법상 보장된 기본권인 재산권 역시 침해되었다 할 것이다. 따라서 이 사건 대법판결은 헌법재판소법 제75조 제3항에 따라 취소되어야 마땅하다. 행정처분이 헌법에 위반되는 것이라는 이유로 그 취소를 구하는 행정소송을 제기하였으나 법원에 의하여 그 청구가 받아들여지지 아니한 후 다시 원래의 행정처분에 대하여 헌법소원심판을 청구하는 것이 원칙적으로 허용될 수 있는지의 여부에 관계없이, 이 사건의 경우와 같이 행정소송으로 행정처분의 취소를 구한 청구인의 청구를 받아들이지 아니한 법원의 판결에 대한 헌법소원심판의 청구가 예외적으로 허용되어 그 재판이 헌법재판소법 제75조 제3항에 따라 취소되는 경우에는 원래의 행정처분에 대한 헌법소원심판의 청구도 이를 인용하는 것이 상당하다.

(7) 입법부작위

(가) 입법부작위의 의의와 유형

입법부작위라 함은 헌법이 입법자에게 입법의무를 부과함에도 불구하고 국회가 법률을 제정하지 아니하거나 불충분한 입법을 하는 것을 말한다. 입법부작위에는 ① 입법자가 헌법상 입법의무가 있는 어떤 사항에 관하여 전혀 입법을 하지 아니함으로써 "입법행위의 흠결이 있는 경우", 즉 입법권의 불행사인 진정입법부작위, ② 입법자가 어떤 사항에 관하여 입법은 하였으나 그 입법의 내용·범위·절차 등이 당해 사항을 불완전, 불충분 또는 불공정하게 규율함으로써 "입법행위에 결함이 있는 경우", 즉 결함이 있는 입법권의 행사인 부진정입법부작위 등이 있다(1996. 10. 30. 94헌마108).[372] 진정입법부작위의 경우에는 입법부작위 헌법소원심판청구가 가능하고, 부진정입법부작위의 경우에는 법률 자체의 위헌성이 문제되므로 헌재법 제41조 소정의 위헌법률심판이나 헌재법 제68조 제1항 법령헌법소원, 헌재법 제68

372 부진정입법부작위를 입법부작위의 범주에 넣을 수 있는가 하는 것은 의문일 수 있다. 입법부작위라 함은 "작

조 제2항의 위헌심사형 헌법소원이 가능하다.[373]

헌재판례) 부진정입법부작위 헌소의 청구기간(1996. 10. 31. 94헌마108)	
'부진정입법부작위'를 대상으로, 즉 입법의 내용·범위·절차 등의 결함을 이유로 헌법소원을 제기하려면 이 경우에는 결함이 있는 당해 입법규정 그 자체를 대상으로 하여 그것이 평등의 원칙에 위배된다는 등 헌법위반을 내세워 적극적인 헌법소원을 제기하여야 하며, 이 경우에는 헌법재판소법 소정의 제소기간(청구기간)을 준수하여야 한다.	
진정입법부작위 - 청구기간의 문제 없음. 부작위의 기간이 길어질수록 위헌으로 결정될 가능성이 높음. 대신 헌법상의 입법의무가 인정될 가능성이 높지 아니함. 부진정입법부작위 - 청구기간의 제한을 받음. 통상의 위헌심사. 부진정입법부작위에 대한 대표적인 주장은 수익적 조항에 대한 평등권 침해 주장임.	
관련 헌재판례) 진정입법부작위와 부진정입법부작위의 구별(2011. 2. 24. 2009헌마94)	
사안	청구인은 일제 강점 시기에 '국내'에서 강제 징집되어 군인으로 복역한 사람인바, 태평양전쟁 전후 강제동원된 자 중 '국외'로 강제동원된 자에 대해서만 의료지원금을 지급하도록 규정하고 있는 구 '태평양전쟁 전후 국외 강제동원희생자 등 지원에 관한 법률'(2010. 3. 22. 법률 제10143호 '대일항쟁기 강제동원 피해조사 및 국외강제동원 희생자 등 지원에 관한 특별법' 제정으로 폐지되기 전의 것) 제2조, 제6조로 인하여 청구인의 헌법상 평등권이 침해되었다고 주장하면서 이 사건 헌법소원심판을 청구하였다.
심판 대상	'태평양전쟁 전후 국외 강제동원희생자 등 지원에 관한 법률'(2010. 3. 22. 법률 제10143호 '대일항쟁기 강제동원 피해조사 및 국외강제동원 희생자 등 지원에 관한 특별법' 제정으로 폐지되기 전의 것) 제2조(정의) 이 법에서 사용하는 용어의 정의는 다음과 같다. 2. "강제동원생환자"란 1938년 4월 1일부터 1945년 8월 15일 사이에 일제에 의하여 군인·군무원 또는 노무자 등으로 국외로 강제동원되었다가 국내로 돌아온 사람 중 강제동원희생자에 해당되지 못한 사람으로서 제8조 제2호에 따라 태평양전쟁 전후 국외 강제동원생환자로 결정을 받은 사람을 말한다. 제6조(의료지원금) ① 국가는 …… 강제동원생환자 중 생존자가 노령·질병 또는 장애 등으로 치료가 필요하거나 보조장구 사용이 필요한 경우에는 치료 또는 보조장구의 구입에 사용되는 비용의 일부를 지원한다.

위"의 "부존재"임. 그런데, '입법자가 어떤 사항에 대하여 입법은 하였으나'라고 하면서, 이를 부작위라 하는 것은 개념상 모순임. 부진정입법부작위는 작위의무의 존부 등, 입법부작위의 심사기준과 무관하다. 부진정입법부작위는 '작위적 입법'과 같이 취급하면 족하다.

373 한수웅, 전게서, 1456면; 김유향, 전게서, 1631면.

판단	입법자가 혜택부여규정에서 일정 인적 집단을 배제한 경우, 그 규정의 인적 대상범위의 확대를 구하는 헌법소원은 비록 외형적으로는 진정입법부작위에 대한 헌법소원과 유사하나, 실질은 그러하지 아니하다. 입법자의 하자 있는 행위는 언제나 올바른 행위의 부작위로 해석될 수 있다는 의미에서 이러한 부작위는 입법자가 혜택부여규정의 제정을 통하여 내린 적극적인 결정의 반사적 효과일 뿐이기 때문이다(헌재 1996. 11. 28. 93헌마258; 헌재 2001. 11. 29. 99헌마494; 헌재 2009. 6. 25. 2008헌마393). // 청구인의 이 사건 청구는 평등원칙의 관점에서 입법자가 구 국외강제동원자지원법의 적용대상에 '국내' 강제동원자도 당연히 '국외' 강제동원자와 같이 포함시켰어야 한다는 주장에 지나지 아니하므로, 이는 헌법적 입법의무에 근거한 진정입법부작위에 해당하는 것이 아니라 단지 혜택부여규정의 인적 범위의 제한에 따른 결과에 지나지 아니하여 이른바 부진정입법부작위에 해당할 뿐이다.(주문은 기각)

[재판관 김종대, 재판관 송두환, 재판관 박한철의 반대의견]

위 법률은 제1조에서 1965년에 체결된 한일협정과 관련하여 국가가 태평양전쟁 전후 '국외' 강제동원희생자와 그 유족 등에게 인도적 차원에서 위로금 등을 지원함으로써 이들의 고통을 치유하고 국민화합에 기여함이 이 법률의 목적임을 선언하고 있다. 즉, 이 법률은 태평양전쟁 관련 강제동원자 일반을 그 적용대상으로 하지 않고 있다. 이 법률은 입법 당시부터 그 적용대상을 '국외'로 강제동원된 자로 한정하고 '국내' 강제동원자는 애초에 그 적용대상에서 제외하고 있는 것이다. // 이 법률의 명칭 또한, '태평양전쟁 전후 국외 강제동원희생자 등 지원에 관한 법률'로서, '국내' 강제동원자는 이 법률의 적용대상이 아님을 밝히고 있다. // 그렇다면 태평양전쟁 전후 국내 강제동원자에 대한 지원에 관하여는 이 법률과 무관하게 아직까지 전혀 그 입법이 이루어지지 않은 것이므로, 이 사건 심판청구는 진정입법부작위를 다투는 헌법소원으로 봄이 상당하다.

검토	법정의견은, 부진정입법부작위라 한 후에(각하하지 아니하고), 본안으로 나아가 기각이라는 결론에 이르렀고, 반대의견은 진정입법부작위라 한 후에 인용이라는 결론에 이르렀다. 진정입법부작위라 하면 청구기간이 문제되지 않으나 인용 가능성이 낮고, 부진정입법부작위라 보면 문제되어 부적법하다는 판단을 받을 개연성이 높으나 본안으로 가면 진정입법부작위의 경우보다는 인용 가능성이 높다는 통례에 비추어 보면 이 사건은 이례적이다. 유사한 성격의 규율대상에 대하여 이미 입법이 있다 하더라도, 평등원칙을 근거로 입법자에게 청구인들에게도 적용될 입법을 하여야 할 헌법상의 의무가 발생한다고 볼 수 없다. 왜냐하면 평등원칙은 원칙적으로 입법자에게 헌법적으로 아무런 구체적인 입법의무를 부과하지 않고, 다만, 입법자가 평등원칙에 반하는 입법을 하게 되면, 이로써 피해를 입게 된 자는 직접 당해 법률조항을 대상으로 하여 평등원칙의 위반 여부를 다툴 수 있을 뿐이기 때문이다.

(나) 입법부작위에 대한 헌법소원의 적법요건

입법부작위에 대한 헌법소원은 일반 헌법소원심판청구의 적법요건뿐만 아니라,

국회에 헌법적 입법의무가 있어야 하고, 진정입법부작위에 대해서만 헌법소원이 가능하다.[374]

1) 헌법적 입법의무

입법부작위에 의해 기본권이 침해되기 위해서는 **명시적인 헌법위임이나 또는 헌법해석을 통하여 입법의무**가 있을 것을 전제로 한다. 이는 권력분립원칙과 민주주의원칙에 따라 입법자에게 입법형성의 자유를 보장하기 위해서이다. 우리 헌법재판소도 "헌법에서 기본권 보장을 위해 법령에 명시적으로 입법위임을 하였음에도 불구하고 입법자가 이를 이행하지 않고 있는 경우 또는 헌법 해석상 특정인의 기본권을 보호하기 위한 국가의 입법의무가 발생하였음이 명백함에도 불구하고 입법자가 전혀 아무런 입법조치를 취하지 않고 있는 경우에 한하여 그 입법부작위가 헌법소원의 대상이 된다"(1996. 10. 31. 94헌마108)고 판시하고 있다.

a) 헌법위임에 의한 입법의무[375](★★)

평등권과 헌법위임	평등원칙 자체는 입법자에게 헌법적으로 아무런 구체적인 입법의무를 부과하지 않는다. 단지 입법자가 일정 내용의 입법을 할 때 본질적으로 같은 것은 같게 다른 것은 다르게 취급할 것을 요구함으로써 입법자를 구속할 뿐이다. 즉, 평등원칙은 입법이 없을 때 어떤 입법을 할 것을 요구하는 것이 아니고, 어떤 입법이 있을 때 그 입법내용이 평등할 것을 요구하는 것이다.
자유권과 헌법위임	자유권적 기본권은 일차적으로 개인의 사적 영역에 대한 국가의 부당한 침해를 금하는 소극적 방어권이므로 자유권의 이러한 소극적 기능이 입법자에게 입법의무를 부과하는 경우는 생각할 수 없다. 물론 자유권을 과잉제한하거나 본질적 내용을 침해하지 않도록 입법해야 할 의무가 있지만, 이는 어떤 입법이 있을 때 그 입법내용의 한계의 문제인 것이지, 입법이 없을 때 어떤 입법을 할 것을 적극적으로 요구하는 것이 아니다.
재산권과 헌법위임	헌법 제23조 제3항에 의하면 재산권에 대한 공용침해가 있는 때에는 법률로 그 보상을 규정하여야 할 입법의무가 발생한다. 그런데 **이 규정을 결부조항으로 해석하는 경우에는 보상규정이 없는 수용법률 전체가 위헌이라는 결과를 가져오므로 부진정입법부작위에 해당하지만, 결부조항으로 보지 않는 경우에는 공용침해 자체는 공공필요에 의한 것이므로 합헌이고 보상규정 미비만이 위헌인 진정입법부작위에 해당한다**.

374 한수웅, 전게서, 1456면.
375 김유향, 전게서, 1632면.

정치적·청구권적 기본권과 헌법위임	정치적 기본권과 청구권적 기본권은 통설에 의하면 헌법규정만으로 직접 효력을 발생하고 그에 관한 법률유보는 단지 기본권을 구체적으로 행사하기 위한 절차를 규정하는 것에 불과하다. 따라서 이들 기본권의 경우에는 이를 구체적으로 행사하기 위한 절차를 규정해야 할 입법의무가 발생한다.
사회적 기본권과 헌법위임	사회적 기본권을 입법방침이나 추상적 권리로 보는 입장에서는 입법의무가 발생하지 않는다. 헌법 규정만으로 직접 효력이 발생하는 것이 아니고 입법이 있을 때 비로소 그 입법의 범위 내에서 구체적 권리가 되기 때문이다. 그러나 사회적 기본권을 구체적 권리로 이해하는 입장에 의하면 헌법규정은 구체적 입법이 없는 경우에도 직접적 효력을 가지므로 누가 어떤 경우에 어떤 내용을 어떤 절차에 따라 요구할 수 있느냐에 관하여 법률로 정할 의무가 발생한다. 생각건대 최소한의 물질적 생활의 유지에 필요한 범위에서 그 구체적인 내용과 절차를 규정할 입법의무가 발생한다고 본다.

b) 헌법해석에 의한 입법의무

헌법상 기본권의 이중적 성격(주관적 공권과 객관적 가치질서성)으로부터 입법자의 보호의무가 도출된다. 즉, 기본권은 일차적으로 소극적 방어권으로서 국가의 공권력이 개인의 기본권을 부당하게 침해하는 것을 금지하고 다른 한편으로는 객관적 질서로서 국가가 제3자에 의한 기본권 침해로부터 기본권을 보호해야 할 의무를 담고 있다. 따라서 국가는 제3자(사인)로부터 기본권이 침해당하지 않도록 할 보호의무를 이행하기 위하여 적절한 입법조치를 하여야 하는 것이다.[376]

c) 헌법재판소가 헌법상 입법의무가 없다고 본 사례

헌재판례) 소년병 징집 및 피해보상 입법의무(2015. 10. 21. 2014헌마456)

헌재판례) 독서실 실내소음 규제기준(2017. 12. 28. 2016헌마45)

헌재판례) 지방자치단체장의 퇴직급여제 입법의무(2014. 6. 26. 2012헌마459)

헌재판례) 선거일을 유급휴일로 정하여야 할 입법의무(2013. 7. 25. 2012헌마815)

헌재판례) 국회의원선거 당일 투표소에 수화통역인을 배치할 입법의무(2013. 8. 29. 2012헌마840)

376 김유향, 전게서, 1633면.

헌재판례) 기소유예처분에 대한 통제의 입법의무(2013. 9. 26. 2012헌마562)

헌재판례) 외국에서 구금된 기간의 형기산입(2006. 4. 27. 2005헌마968)

헌재판례) 교사임용시험에서의 양성평등채용목표제의 실시(2006. 5. 25. 2005헌마362)

헌재판례) 탈북의료인에 대한 한의사자격의 부여(2006. 11. 30. 2006헌마679)

헌재판례) 외국의 대사관저에 대한 강제집행불능에 대한 손실보상(1998. 5. 28. 96헌마44)

2) **진정입법부작위**

a) 의의

헌법규정 내지 헌법해석상 명시적인 입법의무가 존재하더라도, 입법자가 존재하는 헌법적 입법의무에도 불구하고 전혀 아무런 입법행위를 하지 않은 경우(진정입법부작위)에 한하여, 입법부작위에 대한 헌법소원이 허용될 수 있다. 왜냐하면 입법자가 입법의무를 이행하기 위하여 입법활동을 했다면, 그 법률이 설사 청구인에게 부정적이고 불리하다고 하더라도(부진정입법부작위) 입법자는 그가 취해야 할 조치를 부작위한 것이 아니기 때문이다. 그러므로 이때에는 법률을 집행하는 구체적인 처분에 대하여 또는 직접 법률에 대하여 제소기간 내에 행정소송이나 헌법소원을 제기해야지 '잘못된 입법행위'를 '정당한 입법행위의 부작위'로 간주하여 부작위에 대한 헌법소원을 제기해서는 안 된다. 그리고 "입법자가 어떤 사항에 관하여 입법은 하였으나 문언상 명백하지 않고 반대해석으로만 그 규정의 입법취지를 알 수 있도록 함으로써 불완전, 불충분 또는 불공정하게 규율한 경우에 불과하여 이를 "부진정 입법부작위"라고 할 수 있을지언정 "진정 입법부작위"에 해당한다고는 볼 수 없다"(2009. 7. 14. 2009헌마349).

b) 평등원칙 위반의 경우

평등원칙의 위반 문제는 진정입법부작위가 아닌 부진정입법부작위, 즉 법률에 대한 헌법소원심판에서나 생기는 문제이다(1996. 11. 28. 93헌마258).

c) 입법개선 의무의 경우

입법 당시에는 합헌적으로 간주되던 규정이 그 후 시간의 경과에 따라 상황의 변화로 인하여 위헌적으로 되어버린 경우에는 입법자에게 이러한 위헌상태를 제거할 헌법적인 입법개선 의무가 발생한다. 입법자가 입법개선을 전혀 하지 않는다면 이는 개선 의무의 위반으로서 이 경우 입법자의 부작위는 헌법소원의 대상이 될 수 있다. 그러나 이때에는 부진정입법부작위에 해당하기 때문에 입법부작위 헌법소원이 아니라 법률 자체에 대해 헌법소원을 제기하여야 한다.

d) 헌법재판소가 부진정입법부작위로 본 사례

헌재판례) 초중등교과목에 헌법을 필수과목으로 지정하지 않은 입법부작위(2011. 9. 29. 2010헌바66)

헌재판례) 대일 민간청구권에 관한 입법부작위(1996. 10. 4. 94헌마108)

헌재판례) 개발제한구역지정으로 인한 보상에 관한 입법부작위(1999. 1. 28. 97헌마9)

구 도시계획법 제21조에 의하여 개발제한구역이 지정됨으로 인하여 재산권이 제한된 자에 대하여 정당한 보상을 지급하는 법률을 제정하지 아니한 것이 위헌이라는 헌법소원 심판청구는 이른바 부진정입법부작위에 해당하는 것이므로, 헌법소원의 대상으로 할 수 없는 입법부작위를 그 대상으로 한 것으로서 부적법하다.

3) **기본권 침해의 자기관련성·현재성·직접성**(헌법소원의 청구인 적격)

먼저, 청구인이 주장하는 입법부작위가 청구인 '자신의' 기본권을 침해해야 하므로, 일반적으로 청구인은 입법자가 입법의무를 이행하는 경우 혜택을 받을 수 있는 인적 범위에 속해야 한다. 다음으로, 청구인이 주장하는 입법부작위가 청구인의 기본권을 현실적으로, 즉 과거나 미래가 아닌 현재 침해하고 있어야 한다. 그러나 기본권 침해의 직접성은 별도로 심사할 필요 없이 원칙적으로 인정된다. 입법부작위는 입법의 부재를 그 대상으로 하는 것이므로, 존재하는 법률의 시행을 전제로 하는 법률의 집행행위가 존재하지 않기 때문이다.

4) 보충성의 원칙

보충성 원칙과 관련해서는 법원에 의한 입법부작위위헌확인소송이 가능한지가 문제되는데, 행정소송법 제4조 제3호는 항고소송으로서 부작위위법확인소송을 규정하고 있을 뿐이고 입법부작위에 대하여 위헌확인이나 위헌선언을 구하는 항고소송을 명시하고 있지는 않다. 입법부작위위헌확인소송은 권력분립의 원리에 위배된다고 하여 무명항고소송으로도 인정할 수 없다는 것이 다수견해이다. 따라서 입법부작위에 대해서는 다른 구제절차가 없으므로 보충성의 예외에 해당한다.[377]

5) 청구기간

입법부작위에 의한 기본권 침해는 부작위가 계속되는 한 기본권의 침해도 현재 계속되고 있는 것이므로 이 경우에는 청구기간에 제한이 없다. 그러나 부진정입법부작위의 경우에는 제정된 법률에 대하여 헌법소원을 제기해야 하기 때문에, 청구기간의 제한을 받으며 청구기간의 도과 후에 제기된 헌법소원은 부적법한 것으로 각하된다.

(다) 입법부작위의 위헌성 판단 기준

1) 위헌 판단기준

입법자가 입법의무를 지고 있다고 하여서 그 불이행의 모든 경우가 바로 헌법을 위반한 경우라고 단정할 수 없다. 즉, 입법자에게는 형성의 자유 또는 입법재량이 인정되므로 입법의 시기 역시 입법자가 자유로이 결정할 수 있음이 원칙이라 할 것이다. 그러나 입법자는 헌법에서 구체적으로 위임받은 입법을 거부하거나 자의적으로 입법을 지연시킬 수는 없는 것이므로, 가령 입법자가 정당한 사유 없이 입법을 하지 않기로 결의하거나 상당한 기간 내에 입법을 하지 않는 경우에는 입법재량의 한계를 넘는 것이 된다. 따라서 입법부작위는 이와 같이 입법재량의 한계를 넘는 경우에 한하여 위헌으로 인정되는 것이다.[378]

---

377 한수웅, 전게서 1458면.
378 한수웅, 전게서, 1459면.

2) 헌법재판소가 입법부작위에 대하여 위헌확인한 사례

> **헌재판례) 조선철도(주) 주식 수용에 대한 보상 입법부작위 위헌확인(1994. 12. 29. 89헌마2)**
> **– 사실상 유일 판례에 해당함.**

(8) 행정입법부작위(★★)

법률에 위임규정이 있음에도 불구하고 대통령이나 관계장관이 명령·규칙 등의 행정입법을 해태하고 있고, 그로 인해 법률에 의해 보장된 국민의 권리 또는 이익이 침해받고 있는 경우에 이러한 행정입법부작위에 대해서도 헌법소원을 제기할 수 있다. 다만, 아래에서 살펴보는 바와 같이 헌법재판소가 다소 무리한 논거를 사용하여 행정입법 작위의무를 헌법적 의무로 확장하여 행정입법법부작위에 대한 헌법소원을 허용하는 것은, 행정입법 부작위를 행정소송을 통해 다툴 수 있는 길이 없기 때문에 구제절차의 공백을 메우기 위함으로 사료된다.[379] 현행 헌법 제107조 제2항에서 행정입법에 대한 위헌, 위법심사권이 법원에 있는 만큼, 차제에는 행정입법 부작위에 대한 위헌,위법도 법원의 행정소송절차에서 다툴 수 있도록 하여야 할 것이다.

(가) 행정입법부작위에 대한 헌법소원의 적법요건

행정입법부작위에 대한 헙법소원심판의 청구요건에 관하여는 앞의 입법부작위에 대한 헌법소원 부분에서 살펴본 바와 마찬가지이고, 아래에서는 특히 실무상 문제되는 행정입법의 작위의무와 보충성의 원칙에 대해서만 살펴본다.

1) 행정입법의 작위의무

행정입법에 대해서 헌법에 명시적 위임이 없다고 하더라도 과연 행정입법의 작위의무를 헌법상 의무로 볼 수 있는지가 문제되는데, 이에 관해 헌법재판소는 "삼권분립의 원칙, 법치행정의 원칙을 당연한 전제로 하고 있는 우리 헌법하에서 행정

---

379 한수웅, 전게서, 1464면.

권의 행정입법 등 법집행 의무는 헌법적 의무라고 보아야 한다. 왜냐하면 이 사건과 같이 치과전문의제도의 실시를 법률 및 대통령령이 규정하고 있고 그 실시를 위하여 시행규칙의 개정 등이 행해져야 함에도 불구하고 행정권이 법률의 시행에 필요한 행정입법을 하지 아니하는 경우에는 행정권에 의하여 입법권이 침해되는 결과가 되기 때문이다"(1998. 7. 16. 96헌마246)라고 판시하였다. 따라서 입법부가 법률로써 행정부에게 특정한 사항을 위임했음에도 불구하고, 행정부가 정당한 이유 없이 법률에서 위임한 시행령을 제정하지 않은 것은 그 법률에서 인정된 권리를 침해하는 불법행위가 될 수 있다(대법원 2007. 11. 29. 2006다3561).

그리고 헌법재판소는 "현재까지의 행정입법 부작위로 인한 법령의 공백을 대법원 판례가 대신하고 있더라도, 이것은 행정입법 부작위로 인하여 법령의 공백상태가 발생함으로써 이를 메우기 위하여 부득이 법원의 판례가 형성되었던 것에 불과하므로 그러한 사유로는 행정입법 작위의무가 면제된다고 볼 수 없다"고 판시하였다(2002. 7. 18. 2000헌마707). 그러나 상위 법령에서 행정입법을 예정하고 있더라도 행정입법의 제정 없이 상위 법령의 규정만으로 집행이 이루어질 수 있는 경우에는 헌법상 행정입법의무는 인정되지 않는다(2005. 12. 22. 2004헌마66).

2) 보충성의 원칙

행정입법부작위에 대해서 법원에 행정소송법상 부작위위법확인소송을 제기할 수 있는지가 문제되는데, 이에 관해 헌법재판소는 "입법부작위에 대한 행정소송의 적법 여부에 관하여 대법원은 '행정소송은 구체적 사건에 대한 법률상 분쟁을 법에 의하여 해결함으로써 법적 안정을 기하자는 것이므로 부작위위법확인소송의 대상이 될 수 있는 것은 구체적 권리·의무에 관한 분쟁이어야 하고, 추상적인 법령에 관하여 제정의 여부 등은 그 자체로서 국민의 구체적 권리·의무에 직접적인 변동을 초래하는 것이 아니어서 행정소송의 대상이 될 수 없다'고 판시하고 있으므로, 피청구인 보건복지부장관에 대한 청구 중 위 시행규칙에 대한 입법부작위 부분은 다

른 구제절차가 없는 경우에 해당한다"고 판시하고 있다(1998. 7. 16. 96헌마246).[380]

(나) 행정입법부작위의 정당한 사유

행정입법의무가 존재한다고 하여 곧바로 헌법소원이 인용되는 것은 아니다. 즉, 행정입법부작위에 대한 정당한 사유가 있었다면 헌법재판소가 위헌확인을 할 수는 없다.

헌재판례) 행정입법부작위의 정당한 사유(2004. 2. 26. 2001헌마718)

행정부가 위임입법에 따른 시행명령을 제정하지 않거나 개정하지 않은 것에 정당한 이유가 있었다면 그런 경우에는 헌법재판소가 위헌확인을 할 수는 없다. 그러한 정당한 이유가 인정되기 위해서는 그 위임입법 자체가 헌법에 위반된다는 것이 명백하거나, 행정입법 의무의 이행이 오히려 헌법질서를 파괴하는 결과를 가져옴이 명백할 정도는 되어야 할 것이다. 위 조항들은 군법무관의 보수 수준에 관한 것으로서 위헌임이 명백할 만큼 자의적이라고 할 수 없고, 군법무관 직무의 특수성을 고려할 때 위 규정이 입법자의 입법형성의 헌법적 한계를 벗어난 것이라고도 볼 수 없다. 이 사건 입법부작위의 정당한 이유로써 거론된 '타 병과 장교와의 형평성 문제'는 시행령 제정의 근거가 되는 법률의 개정을 추구할 사유는 될 수 있어도, 해당 법률에 따른 시행령 제정을 거부하는 사유는 될 수 없다. 또한 '예산상의 제약'이 있다는 논거도 예산의 심의·확정권을 국회가 지니고 있는 한 이 사건에서 입법부작위에 대한 정당한 사유라고 하기 어렵다.

(다) 헌법재판소가 행정입법부작위에 대하여 위헌확인한 예

헌재판례) 근로3권이 허용되는 '사실상 노무에 종사하는 (기능직)공무원의 범위'에 관한 조례제정의무 불이행(2009. 7. 30. 2006헌마358)

헌재판례) 치과전문의자격시험 불실시(1998. 7. 16. 96헌마246)

헌재판례) 노동부장관의 평균임금의 결정·고시 부작위(2002. 7. 18. 2000헌마707)

헌재판례) 군법무관의 보수에 관한 행정입법부작위(2004. 2. 26. 2001헌마718)

헌재판례) 국군포로 등의 예우에 대한 행정입법부작위(2018. 5. 31. 2016헌마626)

국군포로법 제15조의5 제2항은 같은 조 제1항에 따른 예우의 신청, 기준, 방법 등에 필요한 사항은 대통령령으로 정한다고 규정하고 있으므로, 피청구인은 등록포로, 등록하기 전에 사망한 귀환포로, 귀환하기 전에 사망한 국군포로에 대한 예우의 신청, 기준, 방법 등에 필요한 사항을 대통령령

380 김유향, 전게서, 1639면.

> 으로 제정할 의무가 있다. 국군포로법 제15조의5 제1항이 국방부장관으로 하여금 예우 여부를 재량으로 정할 수 있도록 하고 있으나, 이것은 예우 여부를 재량으로 한다는 의미이지, 대통령령 제정 여부를 재량으로 한다는 의미는 아니다. 이처럼 피청구인에게는 대통령령을 제정할 의무가 있음에도, 그 의무는 상당 기간 동안 불이행되고 있고, 이를 정당화할 이유도 찾아보기 어렵다. 그렇다면 이 사건 행정입법부작위는 등록포로 등의 가족인 청구인의 명예권을 침해하는 것으로서 헌법에 위반된다.

(9) 행정부작위(★)

행정청이 특정한 행정행위를 할 작위의무가 존재함에도 불구하고 이를 행하지 아니한 상태의 행정부작위의 경우에도 작위의무를 전제로 하여 헌법소원의 대상성이 인정된다. 그런데 '거부처분'은 여기의 행정부작위에 해당하지 않는다. 헌법재판소는 "이 사건 피청구인의 거부처분은 공권력의 행사임이 명백하므로 청구인으로서는 그 거부처분의 취소를 구하는 헌법소원심판을 청구함으로 족한 것이며, 이와 병행하여 공권력의 불행사를 이유로 부작위위헌확인심판청구를 하는 것은 허용되지 않는다"고 판시하고 있다(1993. 5. 10. 93헌마92).

(가) 행정부작위에 대한 헌법소원의 적법요건

1) 헌법상 작위의무

a) 헌법에서 유래하는 작위의무

행정청의 행정부작위의 경우에도 입법부작위와 마찬가지로 헌법상 작위의무가 있을 것을 요한다. 헌법재판소는 "행정권력의 부작위에 대한 헌법소원은 공권력의 주체에게 헌법에서 유래하는 작위의무가 특별히 구체적으로 규정되어 이에 의거하여 기본권의 주체가 행정행위 내지 공권력의 행사를 청구할 수 있음에도 공권력의 주체가 그 의무를 해태하는 경우에 한하여 허용된다고 하는 것이 헌법재판소의 확립된 판례이다. 위에서 말하는 "공권력의 주체에게 헌법에서 유래하는 작위의무가 특별히 구체적으로 규정되어"가 의미하는 바는 첫째, 헌법상 명문으로 공권력 주체의 작위의무가 규정되어 있는 경우 둘째, 헌법의 해석상 공권력 주체의 작위의무가 도출되는 경우 셋째, **공권력 주체의 작위의무가 법령에 구체적으로 규정되어 있는 경우 등을**

포괄하고 있는 것으로 볼 수 있다"고 판시하고 있다(2004. 10. 28. 2003헌마898).[381]

b) 구체적 의무

헌법규정으로부터 도출되는 공권력 주체의 작위의무는, 헌법규범을 준수해야 하는 일반적인 의무가 아니라 개별사안에 있어서 이행해야 할 구체적인 작위의무를 말하며, 이에 근거하여 기본권 주체가 구체적인 공권력행위를 청구할 수 있는 권리가 발생해야 한다(1999. 9. 16. 98헌마75).

c) 헌법재판소가 헌법상 작위의무가 없다고 본 판례

헌재판례) 교도소장의 수용자에 대한 법률서적 제공 부작위(2013. 8. 29. 2012헌마886)
헌법 및 법령으로부터 '교도소장이 수용자의 열람신청이 있는 도서에 대하여 반드시 일정한 기간 내에 대여해 주어야 한다거나 분실도서를 구입하여 대여해 주어야 할 작위의무'가 도출된다고 보기는 어렵다. 다만 수용자들의 경우 증거자료 수집, 변호사 선임과 접견, 재판 관련 정보에의 접근, 재판 참석 및 변론 등 재판청구권 실현에 현실적인 어려움이 있을 수밖에 없으므로 교도소장으로서는 '수용자가 재판 준비와 진행에 어려움이 없도록 도움을 주어야 할 의무'가 있고, 이는 헌법 제27조 제1항의 재판청구권으로부터 도출되는 헌법상 작위의무라고 볼 수 있다.

헌재판례) 환경부장관이 자동차제작자에게 자동차교체명령을 해야 할 헌법상 작위의무가 인정되는지 여부(2018. 3. 29. 2016헌마795)
헌법 명문상 피청구인이 ○○주식회사 등에게 청구인 소유 자동차들에 대한 자동차교체명령을 해야 한다는 구체적인 작위의무가 규정되어 있지 않다. 헌법 제35조 제1항은 환경정책에 관한 국가적 규제와 조정을 뒷받침하는 헌법적 근거로서 대기오염으로 인한 국민건강 및 환경에 대한 위해를 방지하여야 할 국가의 추상적인 의무는 도출될 수 있으나, 이로부터 청구인들이 주장하는 바와 같이 피청구인이 위 주식회사 등에게 자동차교체명령을 하여야 할 구체적이고 특정한 작위의무가 도출된다고는 볼 수 없다. 그리고 구 대기환경보전법 제50조 제7항은 부품교체명령과 자동차교체명령을 피청구인의 재량행위로 정하고 있었고, 심판청구 이후 개정된 대기환경보전법은 자동차교체명령은 부품교체명령을 이행하지 아니하거나 부품교체명령으로 그 결함을 시정할 수 없는 때에 한하여 보충적으로 내릴 수 있도록 하고 있다. 따라서 청구인들이 주장하는 바와 같은 공

381 행정입법부작위의 경우와 마찬가지로 헌법재판소가 법령상의 작위의무를 헌법적 의무로 확장하여 행정법부작위 헌법소원을 허용하는 것은, 행정부작위를 행정소송을 통해 다툴 수 있는 길이 현실적으로 쉽지 않기 때문에 구제절차의 공백을 메우기 위함으로 사료된다. 실무상 행정부작위에 대한 부작위위법확인소송의 경우 가사 소송에서 승소하더라도 행정청은 거부처분을 하는 경우가 많아 그 실효성이 떨어지는 경우가 많다.(성중탁, 행정부작위 헌법소원에서의 작위의무와 국가의 기본권보호의무, 저스티스 통권 제140호, 한국법학원, 2014, 127면)

권력 주체의 작위의무가 법령에 구체적으로 규정되어 있다고 볼 수 없다. 결국 피청구인에게 청구인들이 주장하는 바와 같은 내용의 헌법상 작위의무가 있다고 볼 수 없다.

헌재판례) 국회의 탄핵소추의결 부작위(1996. 2. 29. 93헌마186)

헌재판례) 재일 한국인 피징용부상자들의 보상을 위한 국가의 중재부재 부작위(2000. 3. 30. 98헌마206)

헌재판례) 서훈 추천 부작위(2005. 6. 30. 2004헌마859)

헌재판례) 구치소장의 수용자가 원하는 특정 의약품 지급 부작위(2016. 11. 24. 2015헌마11)

헌재판례) 독도 안전시설 설치 등 부작위(2016. 5. 26. 2014헌마1002)

2) 보충성의 원칙(★)

행정청의 부작위의 경우 부작위위법확인소송이 가능한바, 따라서 부작위위법확인소송을 거치지 아니하고 헌법소원을 제기할 경우 보충성의 원칙에 위배될 가능성이 있다. 그러나 우리 헌법재판소는 "전심절차로 권리가 구제될 가능성이 거의 없거나 권리구제절차가 허용되는지 여부가 객관적으로 불확실하여 전심절차 이행의 가능성이 없을 때"에는 보충성의 예외를 인정하고 있다(1995. 7. 21. 94헌마136). 따라서 행정청의 작위의무가 헌법에서 유래하는 의무이고, 보충성의 예외에 해당한다면 행정부작위에 대한 헌법소원은 적법하다고 할 것이다.[382]

헌재판례) 공정거래위원회 고발권불행사(1995. 7. 21. 94헌마136)

공정거래법은 고발에 대한 이해관계인의 신청권을 인정하는 규정을 두고 있지 아니할 뿐만 아니라, 법해석상으로도 공정거래위원회의 고발권행사가 청구인의 신청이나 동의 등의 협력을 요건으로 하는 것이라고 보아야 할 아무런 근거도 없으므로 행정부작위는 행정심판 내지 행정소송의 대상이 되는 부작위로서의 요건을 갖추지 못하였다고 할 것이고, 이러한 경우에도 청구인에게 행정쟁송절차의 사전 경유를 요구한다면 이는 무용한 절차를 강요하는 것으로 되어 부당하다.

382 김유향, 전게서, 1645면.

3) 권리보호이익(★)

헌법소원은 국민의 기본권 침해를 구제하는 제도이므로 행정부작위에 대한 헌법소원심판청구가 적법하려면 심판청구 당시는 물론 결정 당시에도 권리보호이익이 있어야 함이 원칙이다. 권리보호이익은 기본권 침해 구제라는 헌법소원심판제도에 필연적으로 내재하는 요청이며, 헌법재판소의 결정 당시에도 존재하여야 한다. 구체적인 심판의 이익[383]요소로는 주관적 권리구제에는 도움이 되지 않는 경우, 객관적 헌법질서의 보장 기능, 같은 유형의 침해행위가 앞으로도 반복될 위험이 있고(and), 그에 대한 헌법적 해명이 긴요한 사항의 경우 심판의 이익을 인정할 수 있다.(다만, 어떤 판례에서는 선택적[or]인 것으로,[384] 다른 판례에서는 필수적[and]인 것으로[385] 이해) 또한, 기본권 침해의 원인이 된 공권력의 행사가 취소되거나 새로운 공권력의 행사 등 사정변경으로 말미암아 기본권 침해행위가 배제되어 더 이상 기본권을 침해받고 있지 아니하게 된 때에는 권리보호이익이 인정되지 아니한다. 법령의 개정이나 폐지, 청구인의 사망 등을 예로 들 수 있다. 한편, 현재성과 권리보호이익의 관계도 문제될 수 있는데 현재와 과거의 문제를 다루는 것이 권리보호이익 관념이고, 현재와 미래의 관계를 다루는 것이 현재성 관념이라고 보면 되겠다.

참고로, 헌법재판소는 '국회가 임기만료로 퇴임한 재판관의 후임자를 선출하지 아니한 부작위 위헌확인 사건'에서 "국회는 공정한 헌법재판을 받을 권리의 보장을 위하여 공석인 재판관의 후임자를 선출하여야 할 구체적 작위의무를 부담한다"고 하면서도, "결정 당시 퇴임재판관의 후임재판관을 선출함으로써 작위의무

383 논란이 있을 수 있다. 권리보호이익이 독자적인 적법요건이다. 그렇다면 권리보호이익이 인정되지 아니하는 경우 바로 부적법하다고 판단할 수 있다. 그런데, 권리보호이익이 인정되지 않더라도 심판의 이익이 인정되면 적법하다고하는 것은 많은 혼선을 줄 수 있다. 논리적으로는 다음과 같이 설명하는 것이 옳다. 권리보호이익이 아니라 심판의 이익이 적법요건의 하나이다. 심판의 이익이 인정되는 경우는 두 가지 경우가 있다. 첫째, 권리보호이익 인정되는 경우, 둘째, 헌법적 해명의 필요성이 인정되는 경우가 그것이다.

384 헌재 2015. 5. 28. 2012헌사496; 헌재 1992. 1. 28. 91헌마111; 헌재 1992. 4. 14. 90헌마82; 헌재 1995. 7. 21. 92헌마177 등; 헌재 1995. 11. 30. 92헌마44; 헌재 1995. 11. 30. 94헌마97; 헌재 1996. 8. 29. 95헌바108; 헌재 1997. 6. 26. 97헌바4; 헌재 1998. 8. 27. 97헌마372 등.

385 헌재 2002. 7. 18. 99헌마592 등; 헌재 2003. 12. 18. 2001헌마163; 헌재 2001. 8. 30. 99헌바92 등; 헌재 2001. 8. 30. 99헌마496; 헌재 2010. 6. 24. 2009헌마257; 헌재 2009. 3. 26. 2006헌마14 등.

이행지체 상태가 해소되었고, 청구인이 제기한 헌법소원심판청구에 대하여 재판관 9인의 의견으로 각하결정이 선고됨으로써 청구인의 주관적 목적도 달성되었다" 고 보아 권리보호이익이 소멸하였다고 각하하였다(2014. 4. 24. 2012헌마2).[386] 그러나 "재판관의 장기간 공석 상태가 반복될 위험성이 여전히 남아 있고, 피청구인이 장기간 공석인 재판관의 후임자를 선출하지 아니한 부작위가 공정한 재판을 받을 권리를 침해하는지 여부에 대하여서는 아직 그 해명이 이루어진 적이 없으므로, 이 사건 심판청구는 예외적으로 심판의 이익을 인정할 수 있는 경우에 해당한다"고 판시한 반대의견이 논리적으로 더 타당해 보인다.[387]

(나) 헌법재판소가 행정부작위에 대하여 본안판단한 예(★)

헌재판례) 일본군 위안부로서의 배상청구권 분쟁 부작위(2011. 8. 30. 2006헌마788)

청구인들이 일본국에 대하여 가지는 일본군 위안부로서의 배상청구권이 '대한민국과 일본국 간의 재산 및 청구권에 관한 문제의 해결과 경제협력에 관한 협정' 제2조 제1항에 의하여 소멸되었는지 여부에 관한 한·일 양국 간 해석상 분쟁을 위 협정 제3조가 정한 절차에 따라 해결하지 아니하고 있는 피청구인의 부작위가 위헌인지 여부(적극): 헌법 전문, 제2조 제2항, 헌법 제10조와 이 사건 협정 제3조의 문언에 비추어 볼 때, 피청구인이 위 협정 제3조에 따라 분쟁해결의 절차로 나아갈 의무는 일본국에 의해 자행된 조직적이고 지속적인 불법행위에 의하여 인간의 존엄과 가치를 심각하게 훼손당한 자국민들이 배상청구권을 실현하도록 협력하고 보호하여야 할 헌법적 요청에 의한 것으로서, 그 의무의 이행이 없으면 청구인들의 기본권이 중대하게 침해될 가능성이 있으므로, 피청구인의 작위의무는 헌법에서 유래하는 작위의무로서 그것이 법령에 구체적으로 규정되어 있는 경우라고 할 것이다.

헌재판례) 원폭피해자로서의 배상청구권 분쟁 부작위(2011. 8. 30. 2008헌마648)

청구인들이 일본국에 대하여 가지는 원폭피해자로서의 배상청구권이 '대한민국과 일본국 간의 재산 및 청구권에 관한 문제의 해결과 경제협력에 관한 협정'(이하 '이 사건 협정'이라 한다) 제2조 제

386 한편, 위 사건에서 헌재는 후임 재판관 선출 시한 조항들의 법적 성격과 관련하여, "위 조항들의 법적 성격에 대하여는 이를 강행규정으로 보는 견해도 있을 수 있으나, 헌법재판소법이 위 조항들을 위반한 국회의 재판관 선출행위를 무효로 하는 규정을 두고 있지 아니한 점, 국회에 의한 재판관 후보자의 전문성 및 도덕성 등에 대한 충분한 검증은 국가의 근본 질서와 국민의 기본권 수호의 측면에서 필수적인 점 등에 비추어 보면, 위 조항들의 법적 성격은 국회로 하여금 일률적인 기간을 준수하도록 하기 위한 것이라기보다는 법률에 구체적인 기간을 명시하여 가급적 신속하게 재판관의 공석 상태를 해소하도록 하기 위한 훈시규정으로 보는 것이 타당하다."라고 보았다.(헌재 2014. 4. 24. 2012헌마2)

387 김유향, 전게서, 1646면.

1항에 의하여 소멸되었는지 여부에 관한 한·일 양국 간 해석상 분쟁을 위 협정 제3조가 정한 절차에 따라 해결하지 아니하고 있는 피청구인의 부작위가 위헌인지 여부(적극)

헌재판례) 임야조사서 등의 열람·복사 신청에 대한 불응(부작위)(1989. 9. 4. 88헌마22)
알권리와 정보공개청구권을 침해하여 위헌확인함.

헌재판례) 공정거래위원회의 고발권 불행사(1995. 7. 21. 94헌마136)
작위의무는 존재하지만, 고발권 불행사가 명백한 자의적인 조치라고 단정할 수 없어 기각함.

(10) 사법부작위

헌법재판소법 제68조 제1항의 '공권력의 행사 또는 불행사'에는 입법작용과 행정작용뿐만 아니라 원칙적으로 사법작용도 포함된다. 그런데 같은 항에서 재판에 대한 헌법소원을 헌법소원의 심판대상에서 제외하고 있고, 헌법재판소는 "재판장의 소송지휘 또는 재판진행에 대해서는 결국 법원의 재판을 직접 그 대상으로 하여 청구한 경우에 해당하므로 헌법소원심판은 부적법하다"(1992. 6. 26. 89헌마271)고 판시하고 있다. 그렇다면 법원의 재판의 지연이나 재판거부에 대해서는 헌법소원을 제기할 수 있는지가 문제된다.

(가) 판단의 유탈

헌법재판소는 법원이 재판에서 판단을 유탈(遺脫)하거나 탈루(脫漏)한 것에 대해서는 재심을 통해 구제받을 수 있으므로 헌법소원심판을 청구할 수 없다고 판시하고 있다(1996. 4. 25. 92헌바30). 판단유탈이란 청구의 당부를 판단하는 전제인 공격방어방법에 관한 판단을 빠뜨린 것을 말하고, 재판의 탈루란 청구의 일부에 대해서 모르고 재판을 하지 아니한 것을 말한다.

(나) 재판지연

재판의 지연이란 정당한 이유 없이 심리하지 않거나 선고하지 않고 시간을 끄는 행위를 말한다. 헌법재판소는 "법원은 국민의 재판청구권에 근거하여 법령에 정한 국민의 정당한 재판청구행위에 대하여만 재판을 할 의무를 부담한다"고 판시하고 있다(1994. 6. 30. 93헌마161). 그렇다면 실정법에서 재판기간을 정하고 있는 경우에 이러한 재판기간을 도과하면 재판지연을 이유로 헌법소원심판을 청구할 수 있는지가 문제된다. 실정법의 규정을 '훈시규정'이라고 하면 기간 내에 반드시 재판을 해야 할 의무가 존재하지 않으므로 기간 도과만으로 헌법소원을 제기할 수 없다. 그러나 '강제규정'이라고 할 경우에는 재판지연은 재판청구권을 침해하므로 이에 대해서는 헌법소원을 청구할 수 있다. 그런데 헌법재판소는 재판지연행위에 대해서는 헌법상 유래하는 작위의무가 없다고 보거나(1994. 6. 30. 93헌마161; 1999. 9. 16.98헌마75), 재판에 대한 헌법소원의 문제로 보고 각하하기도 하였다(1998. 5. 28. 96헌마46).

3. 헌법상 보장된 기본권

(1) '기본권'의 침해

(가) 의의

헌법소원은 '헌법상 보장된 기본권의 침해를 받은 자'가 그 침해를 구제받기 위해 헌법재판소에 심판을 청구하는 제도이므로 헌법소원심판을 청구하기 위해서는 침해되는 '기본권'이 있을 것을 전제로 한다. 따라서 헌법규범이 개인에게 주관적 공권이 아닌 객관적인 제도만을 보장하는 경우에는 그 침해만을 이유로 그 규범의 침해를 기초로 헌법소원을 제기할 수 없다. 물론 문제된 제도적 보장에 의해 보호되는 주관적 공권으로서의 기본권 침해를 주장하여 헌법소원을 청구할 수는 있다. 또한 헌법소원심판에서 공권력의 행사 또는 불행사가 위헌인지 여부를 판단함에 있어서 헌법의 기본원리를 그 판단기준으로 적용할 수는 있으나, 공권력 행사가 헌법의 기본원리에 위반된다는 주장만으로 헌법상 보장된 기본권의 주체가 아닌 자가 헌법소원을 청구할 수는 없다. 그리고 헌재법 제68조 제1항의 '헌법상 보장된 기본권을 침해받은 자'는 '헌법상 보장된 기본권을 침해받았다고 주장하는 자'로 해석하여야 한다(2005. 2. 3. 2003헌마544 등).[388]

---

388 한수웅, 전게서, 1471면; 이동흡, 전게서, 500면.

헌재판례) 지방자치단체의 폐치·분합과 기본권 관련성(1994. 12. 29. 94헌마201)

지방자치단체의 폐치·분합에 관한 것은 지방자치단체의 자치행정권 중 지역고권의 보장문제임과 동시에 다른 한편으로는 그로 인하여 다음과 같은 기본권의 침해문제가 발생하게 된다. 즉, 이 사건 법률제정으로 인하여 청구인들의 고향인 중원군이 충주시에 편입됨으로써 청구인들은 헌법 제10조의 인간의 존엄과 가치 및 행복추구권에서 파생되는 인간다운 생활공간에서 살 권리(자신이 태어난 고장에 대한 애착을 가지고 전통문화를 기리면서 삶을 영위하는 권리), 헌법 제11조의 평등권(중원군 주민으로서 지방자치단체통합에 있어서 다른 시·군의 주민과 비교하여 균등한 대우를 받을 권리), 헌법 제12조의 적법절차보장에서 파생되는 정당한 청문권(모든 국민은 자신의 이해관계에 관하여 불이익한 결과를 초래할 수 있는 공권력 행사에 있어서 의견을 개진할 권리), 헌법 제14조의 거주 이전의 자유(지역개발이나 국가시책 등에 의하여 고향을 떠나 이주하거나 강요하거나 고향이 상실된다), 헌법 제24조의 선거권, 헌법 제25조의 공무담임권(중원군이 충주시에 편입됨으로써 상대적으로 참정의 기회가 제한된다), 헌법 제34조의 인간다운 생활을 할 권리, 사회보장·사회복지 수급권(도시 위주의 통합으로 농촌지역인 중원군은 상대적으로 행정급부에서 소외된다) 및 헌법 제35조의 환경권(분뇨처리장·쓰레기매립장 등 혐오시설이 설치되고 지역개발의 낙후로 인하여 건강하고 쾌적한 환경에서 살아갈 권리)을 침해받게 될 수도 있다.

헌재판례) 한·중마늘교역에관한합의서에 대한 헌법소원(2004. 12. 16. 2002헌마579)

모든 국가작용의 합리성과 정당성을 갖춘 적정한 것인지를 판단하기 위한 일반적인 헌법원칙의 하나인 적법절차원칙이나 국회와 대통령의 권한의 분배로서 조약의 국회동의 및 대통령의 비준을 규정한 헌법 제60조 제1항과 제70조 또는 권력분립원칙이 그 자체로 청구인들에게 어떠한 주관적인 권리를 보장한다고 보기는 어렵다. 그러므로 이 사건 조항은 청구인들의 재산권 등 기본권을 침해할 여지가 없으므로 이 부분 심판청구는 부적법하다.

헌재판례) 입법권침해 등에 대한 헌법소원(1995. 2. 23. 90헌마125)

헌법소원심판 과정에서 공권력의 행사 또는 불행사가 위헌인지 여부를 판단함에 있어서 국민주권주의, 법치주의, 적법절차의 원리 등 헌법의 기본원리 위배 여부를 그 기준으로 적용할 수는 있으나, 공권력의 행사 또는 불행사로 헌법의 기본원리가 훼손되었다고 하여 그 점만으로 국민의 기본권이 직접 현실적으로 침해된 것이라고 할 수는 없고 또한 공권력 행사가 헌법의 기본원리에 위반된다는 주장만으로 헌법상 보장된 기본권의 주체가 아닌 자가 헌법소원을 청구할 수도 없는 것이므로, 설사 피청구인의 불법적인 의안처리행위로 헌법의 기본원리가 훼손되었다고 하더라도 그로 인하여 헌법상 보장된 구체적 기본권을 침해당한 바 없는 국회의원인 청구인들에게 헌법소원심판청구가 허용된다고 할 수 없다.

(나) 헌법재판소가 기본권성을 부인한 사례(★)

헌재판례) 국회의원의 질의권·토론권·표결권(1995. 2. 23. 90헌마125) – 법률상 권리에 불과함.

헌재판례) 청문권(2005. 11. 24. 2005헌마579등)

헌재판례) 재정지출에 대한 국민의 감시권(2005. 11. 24. 2005헌마 579등)

헌재판례) 지방자치법상 자치권, 주민소환권, 주민투표권(2006. 3. 30. 2003헌마837)

헌재판례) 헌법재판소에 중간결정을 신청할 권리(2007. 7. 30. 2007헌마837)

헌재판례) 국가인권위원회의 공정한 조사를 받을 권리(2012. 8. 23. 2008헌마430)

헌재판례) 변호인 자신의 접견교통권(1991. 7. 8. 89헌마181) – 판례 변경: 헌법재판소 2019. 2. 28. 선고 2015헌마1204 '변호인이 되려는 자'의 피의자 접견교통권이 헌법상 기본권인지 여부(적극)

변호인 선임을 위하여 피의자·피고인(이하 '피의자 등'이라 한다)이 가지는 '변호인이 되려는 자'와의 접견교통권은 헌법상 기본권으로 보호되어야 하고, '변호인이 되려는 자'의 접견교통권은 피의자 등이 변호인을 선임하여 그로부터 조력을 받을 권리를 공고히 하기 위한 것으로서, 그것이 보장되지 않으면 피의자 등이 변호인 선임을 통하여 변호인으로부터 충분한 조력을 받는다는 것이 유명무실하게 될 수밖에 없다. 이와 같이 '변호인이 되려는 자'의 접견교통권은 피의자 등을 조력하기 위한 핵심적인 부분으로서, 피의자 등이 가지는 헌법상의 기본권인 '변호인이 되려는 자'와의 접견교통권과 표리의 관계에 있다. 따라서 피의자 등이 가지는 '변호인이 되려는 자'의 조력을 받을 권리가 실질적으로 확보되기 위해서는 **'변호인이 되려는 자'의 접견교통권 역시 헌법상 기본권으로서 보장**되어야 한다.

헌재판례) 국회구성권(1998. 10. 29. 96헌마186)

사안	1996. 4. 11. 실시된 국회의원선거 결과 신한국당은 139석, 새정치국민회의는 79석, 자유민주연합은 50석, 민주당은 15석의 의석을 획득하였고, 무소속 당선자가 16명이었다. 그런데 자유민주연합 소속 당선자, 민주당 소속 당선자들은 각 그 소속 정당을 탈당, 같은 해 4. 24.부터 5. 20.에 걸쳐 11명의 당선자들이 신한국당에 입당하였다. 청구인들은 1996. 제15대 국회의원선거에 참여하여 투표한 대한민국 국민들로, 제15대 국회의원선거의 결과 집권당인 신한국당이 139석을 획득하는 데 그쳐 소위 여소야대의 상황에 이르자 신한국당의 의석수를 인위적으로 과반수가 넘도록 조작하기 위하여 무소속 11명의 국회의원 당선자를 공권력에 의한 협박과 회유로 신한국당에 입당시키는 한편, 4명의 국회의원 당선자를 각 그 소속정당으로부터 탈당시켰는바, 피청구인의 이러한 행위는 청구인들의 국회구성권을 침해한 것임과 동시에 국민주권주의, 복수정당제도를 침해한 것으로서 위헌이라고 하면서 그 취소를 구하여 1996. 5. 22. 이 사건 헌법소원을 청구하였다.

판단	헌법의 기본원리인 대의제 민주주의하에서 국민의 국회의원 선거권이란 국회의원을 보통·평등·직접·비밀선거에 의하여 국민의 대표자로 선출하는 권리에 그치고 국민과 국회의원은 명령적 위임관계에 있는 것이 아니라 자유위임(무기속위임)관계에 있기 때문에 청구인들 주장의 '국회구성권'이란 유권자가 설정한 국회의석분포에 국회의원들을 기속시키고자 하는 것이고, 이러한 내용의 '국회구성권'이라는 것은 오늘날 이해되고 있는 대의제도의 본질에 반하는 것이므로 헌법상 인정될 여지가 없다. 청구인들 주장과 같은 피청구인의 행위로 국민주권주의라든지 복수정당제도가 훼손될 수 있는지의 여부는 별론으로 하고 그로 인하여 바로 헌법상 보장된 청구인들의 구체적 기본권이 침해당하는 것은 아니다.

(2) 기본권 침해의 가능성

헌법소원심판청구가 적법하기 위해서는 청구인들의 기본권이 침해받을 가능성이 존재해야 하며, 만약 기본권에 대한 침해 가능성조차 없는 경우에는 당해 헌법소원심판청구는 부적법하다.

헌재판례) 기본권 침해 가능성의 존재 여부(2005. 2. 3. 2003헌마544)

헌법소원심판은 헌법상 보장된 기본권을 침해받은 자가 청구할 수 있고(헌법재판소법 제68조 제1항), 여기서 '헌법상 보장된 기본권을 침해받은 자'라는 것은 '헌법상 보장된 기본권을 침해받았다고 주장하는 자'로 해석하여야 하므로 헌법소원 청구인은 자신의 기본권에 대한 공권력 주체의 제한행위가 위헌적인 것임을 구체적으로 명확하게 주장하여야 한다. 그러므로 헌법소원 청구인이 기본권 침해의 가능성을 확인할 수 있을 정도의 구체적 주장을 하지 않고 막연하고, 모호한 주장만을 하는 경우에는 그 소원청구는 부적법한 것이 된다(헌재 2003. 12. 18. 2002헌바91 등).

헌재판례) 건국60년 기념사업 추진 행위(2008. 11. 27. 2008헌마517)

청구인들이 주장하는 것 가운데 통일정신, 국민주권원리 등은 우리나라 헌법의 연혁적·이념적 기초로서 헌법이나 법률해석에서의 해석기준으로 작용한다고 할 수 있지만, 그에 기하여 곧바로 국민의 개별적 기본권성을 도출해 내기는 어렵다. 한편, 헌법전문에 기재된 대한민국임시정부의 법통을 계승하는 부분이 침해되었다는 부분은 청구인들의 법적 지위에 현실적이고 구체적인 영향을 미친다고 볼 수 없으므로 기본권 침해의 가능성이 인정되지 않는다. 따라서 이 사건 위원회의 설치 및 운영, 기념사업 추진행위가 역사정신을 왜곡하여 헌법 전문 및 헌법에 규정된 헌법정신을 훼손한다는 점만으로는 청구인들의 기본권이 현실적으로 침해된 것이라고 할 수 없다.

헌재판례) 2018학년도 수능시행기본계획 위헌확인(2018. 2. 22. 2017헌마691)

가. 고등학교 교사들은 고등학교 교육과정의 내용과 수준에 맞는 교육을 실시하면 되고, 이 사건 계획에 따라 그 이상의 교육 또는 고등학교 교육과정에 포함되지 않는 다른 내용의 교육을 실시하여야 하는 의무를 부담하게 되는 것이 아니다. 고등학교 교사들이 이 사건 계획에 따라 EBS 교재를 참고하여 하는 부담을 질 수는 있지만, 이는 사실상의 부담에 불과할 뿐 EBS 교재를 참고하여야 하는 법적 의무를 부담하는 것도 아니다. 따라서 심판대상계획은 고등학교 교사인 청구인에 대해 기본권 침해 가능성이 인정되지 않는다.

나. 부모는 아직 성숙하지 못하고 인격을 닦고 있는 미성년 자녀를 교육시킬 교육권을 가지지만, 자녀가 성년에 이르면 자녀 스스로 자신의 기본권 침해를 다툴 수 있으므로 이와 별도로 부모에게 자녀교육권 침해를 다툴 수 있도록 허용할 필요가 없어, 심판대상계획이 성년의 자녀를 둔 부모의 자녀교육권을 제한한다고 볼 수 없으므로, 성년의 자녀를 둔 청구인에 대해서는 기본권 침해 가능성이 인정되지 않는다.

헌재판례) 국회선진화법에 대한 헌법소원(2016. 5. 26. 2014헌마795)

청구인들은 변호사들로서, 국회법 제85조 제1항, 제85조의2 제1항, 제86조 제2항 및 제106조의2 제6항이 국회에서의 법안 처리를 사실상 불가능하게 하여 다수결의 원칙 및 의회주의에 위배되고, 국민주권주의 및 선거에 의해 국회에 입법권을 위임한 국민의 정치적 기본권을 침해한다고 주장하면서, 2014. 9. 18. 이 사건 헌법소원심판을 청구하였다. 그런데 청구인들은 심판대상조항들이 의회주의 및 다수결의 원칙을 위반하여 국민주권주의 및 선거를 통해 국회에 입법권을 위임한 국민의 정치적 기본권을 침해한 것이라고 주장할 뿐, 심판대상조항들에 의하여 청구인들 자신의 기본권이 현실적으로 침해되었다거나 침해될 가능성이 있다고 인정할 만한 구체적 사정을 주장하고 있지 않으며, 설령 심판대상조항들에 의하여 결과적으로 일반 국민인 청구인들이 어떠한 불이익을 입게 된다고 하더라도 이를 청구인들 자신의 기본권을 직접, 현실적으로 침해하는 법적 불이익이라고 볼 수는 없다. 따라서 이 사건 심판청구는 기본권 침해의 법적 관련성을 갖추지 못하여 부적법하다.

헌재판례) 원주 혁신도시 선정 사건(2006. 12. 28. 2006헌마312)

사안	강원도지사 원주시를 혁신도시로 선정함. 춘천시 주민들 및 춘천시는 이로써 행복추구권 등을 침해받았다며 헌법소원심판청구를 함.
판단	지방자치단체는 기본권의 주체가 될 수 없음. 강원도지사가 혁신도시 입지로 원주시를 선정한 것으로 인해 해당 지역 주민들이 받는 이익 내지 혜택은 공공정책의 실행으로 인하여 주어지는 사실적·경제적인 것. 청구인들이 그 이익 내지 혜택에서 배제되었다 해서 기본권이 침해되었다 할 수 없음. 청구인들의 심판청구는 기본권 침해의 가능성 내지 자기관련성이 없어 부적법함.

헌재판례) 국회의원의 기본권 주체성과 기본권 침해 가능성(1995. 2. 23. 90헌마125)

국회의 구성원인 지위에서 공권력작용의 주체가 되어 오히려 국민의 기본권을 보호 내지 실현할 책임과 의무를 지는 국회의원이 국회의 의안처리과정에서 위와 같은 권한을 침해당하였다고 하더라도 이는 헌법재판소법 제68조 제1항에서 말하는 '기본권의 침해'에는 해당하지 않으므로, 이러한 경우 국회의원은 개인의 권리구제수단인 헌법소원을 청구할 수 없다고 할 것이다.

헌재판례) 수의사 아닌 자의 진료행위(2008. 2. 28. 2006헌마582)

청구인들은 수의사로서 동물을 진료하는 데에 아무런 법률상 장애를 받고 있지 않을 뿐만 아니라, 국민보건 또는 기타 공익을 위한 법령상의 규제 때문에 종전에 사실상 독점하고 있던 영업행위를 관계법의 개정에 따라 다른 사람들도 할 수 있게 됨으로써 종전에 누리고 있던 독점적 영업이익이 상실된다고 하여도 이는 사실상 기대되던 반사적 이익이 실현되지 않게 된 것에 불과한 것이지 어떠한 헌법상 기본권의 제한 또는 침해의 문제가 생기는 것은 아니다.

헌재판례) 자사고 입학전형요강에 대한 교육감의 승인(2015. 11. 26. 2014헌마145)

피청구인은 모집정원의 70%를 임직원 자녀 전형에 배정하고 일반 전형에는 모집정원의 10%만을 배정한 이 사건 입학전형요강을 승인하였는바, 이러한 일반 전형 비율은 사실상 임직원 자녀 이외의 학생들이 충남○○고에 진학할 수 있는 기회를 배제한 것이나 다름없다. 이러한 불이익은 **충남○○고에 진학하려는 학생들에게 있어 단순한 사실적·간접적 불이익이 아니며 법적 불이익이 발생한 것이라 봄이 상당하므로, 이 사건 승인처분은 2015학년도 중학교 졸업예정자인 청구인 8과 9의 기본권을 침해할 가능성이 있다.** 다만 위 청구인들의 학부모인 청구인 17과 18은 이 사건 승인처분으로 인해 직접적으로 차별을 받는 위치에 있다고 할 수 없고, 이 사건 승인처분과 관련하여서는 평등권 이외에 다른 기본권이 문제된다고 볼 수도 없으므로, 이 사건 승인처분이 청구인의 기본권을 침해할 가능성은 인정되지 아니한다.

헌재판례) 미군기지의 평택이전(2006. 2. 23. 2005헌마268) – 자기결정권, 평화적 생존권[389] 침해 가능성 부존재

389 판례 변경(헌재 2009. 5. 28. 2007헌마369 결정)
한미연합 군사훈련은 1978. 한미연합사령부의 창설 및 1979. 2. 15. 한미연합연습 양해각서의 체결 이후 연례적으로 실시되어 왔고, 특히 이 사건 연습은 대표적인 한미연합 군사훈련으로서, 피청구인이 2007. 3.경에 한 이 사건 연습결정이 국방 관련 고도의 정치적 결단에 해당하여 사법심사를 자제하여야 하는 통치행위에 해당된다고 보기 어렵다.
청구인들이 '평화적 생존권'이란 이름으로 주장하고 있는 평화란 헌법의 이념 내지 목적으로서 추상적인 개념에 지나지 아니하고, 평화적 생존권은 이를 헌법에 열거되지 아니한 기본권으로서 특별히 새롭게 인정할 필요성이 있다거나 그 권리내용이 비교적 명확하여 구체적 권리로서의 실질에 부합한다고 보기 어려워 헌법상 보장된 기본권이라고 할 수 없다. 종전에 헌법재판소가 이 결정과 견해를 달리하여 '평화적 생존권을 헌법 제10조와 제37조 제1항에 의하여 인정된 기본권으로서 침략전쟁에 강제되지 않고 평화적 생존을 할 수 있도록 국가에 요청할 수 있는 권리'라고 판시한 2003. 2. 23. 2005헌마268 결정은 이 결정과 저촉되는 범위 내에서 이를 변경한다.

헌재판례) 전두환·노태우의 훈장치탈 의무 불이행(1998. 9. 30. 97헌마263) – 청구인의 행복추구권 등 기본권 침해 가능성 부존재

헌재판례) 법정시한 내 국회구성 의무 불이행(1996. 11. 28. 96헌마207) – 국민인 청구인의 행복추구권 등 기본권 침해가능성 부존재

헌재판례) 중국산 마늘 수입제한 철폐 사건(2004. 12. 16. 2002헌마579)	
사안	2000. 7.경 정부는 마늘을 일정 시점 이후(2003. 1. 1. 이후) 중국산 마늘에 대한 수입제한을 철폐할 것을 약속했으나, 이를 알리지 않았음. 마늘농가인 청구인들은 이로써 알 권리와 재산권 등을 침해받았다며 헌법소원심판청구를 함.
판단	마늘재배농가는 단지 기존의 수입제한조치를 활용하여 자신의 계획에 따라 경영을 조정하여야 할 뿐이므로 국가가 이러한 제한조치를 연장하지 아니한다고 하여도 마늘재배농가의 재산권이 제한되는 것으로 볼 수 없음. 경영상황의 악화로 마늘재배를 중단해야 하더라도 이로써 직업선택의 자유가 어떠한 영향을 받는다고 볼 수 없음. 알 권리에서 파생되는 정부의 공개의무는 특별한 사정이 없는 한 국민의 적극적인 정보수집행위, 특히 특정의 정보에 대한 공개청구가 있는 경우에야 비로소 존재함. 정보공개청구가 없었던 경우 조약의 위 부분을 사전에 마늘재배농가들에 공개할 정부의 의무는 인정되지 아니함.

특히, 강제가능성(구속력)이 중요하다. 만약, 어떤 부담을 부과하고 있더라도 그 위반에 대하여 어떤 제재가 가하여지지 않는다면, 기본권 침해 가능성은 부인될 것이다. 물론, 급부적 성질의 조항이라면 제재의 문제는 없을 것이다.[390]

헌재판례) 강제 가능성과 기본권 침해 가능성(2008. 1. 17. 2007헌마700)	
사안	대통령인 청구인의 발언에 대해 중앙선거관리위원회위원장이 **선거중립의무를 준수할 것을 요청**하는 조치를 취하자 청구인이 헌법소원심판을 청구함.
심판대상	- 중앙선거관리위원회위원장이 대통령에 대해 선거중립의무를 준수할 것을 요청하는 조치 - 공직선거법 제9조(공무원의 중립의무 등) ① 공무원 기타 정치적 중립을 지켜야 하는 자(기관·단체를 포함한다)는 선거에 대한 부당한 영향력의 행사 기타 선거결과에 영향을 미치는 행위를 하여서는 아니된다.

390 한수웅, 전게서, 1471면.

판단	이 사건 조치로 인한 기본권 침해 가능성 피청구인은, 이 사건 조치의 내용은 대통령의 발언이 이 사건 법률조항의 선거중립의무에 위반하였음을 확인함과 동시에 앞으로 선거법 위반 논란이 없도록 협조해 달라는 법령준수 요청인바, 이는 단순한 권고적·비권력적 행위로서 그 행사로 청구인의 법률관계 내지 법적 지위를 불리하게 변화시키는 것이 아니라고 주장한다. …… 따라서 청구인이 이 사건 조치를 따르지 않음으로써 형사적으로 처벌될 가능성은 없다고 하더라도, 앞에서 본 여러 사정에 비추어 볼 때 이 사건 조치가 그 자체로 청구인에게 그러한 위축효과를 줄 수 있음은 명백하다고 볼 것이다. 나아가 뒤에서 보는 바와 같이 이 사건 조치에 대하여 법원에서 소송으로 구제받기는 어렵다는 점에서 헌법기관인 피청구인이 청구인의 위 발언내용이 위법이라고 판단한 이 사건 조치는 최종적·유권적인 판단으로서 기본권 제한의 효과를 발생시킬 가능성이 높다고 할 것이다.

4. 청구인적격 – 기본권 침해의 자기관련성·직접성·현재성(★★★)

(1) 기본권 침해의 자기관련성

(가) 자기관련성

헌법소원심판청구의 적법요건으로서 '기본권의 침해'란 심판청구인 자신의 기본권이 침해당한 경우를 말한다. 제3자의 기본권 침해에 대해서는 원칙적으로 헌법소원심판을 청구할 수 없다. 따라서 **제3자가 자신의 이름으로 타인의 이익을 위하여 헌법소원을 제기할 수 없다.** 예컨대 단체는 원칙적으로 단체 자신의 기본권을 직접 침해당한 경우에만 그의 이름으로 헌법소원심판을 청구할 수 있을 뿐이고 그 구성원을 위하여 또는 구성원을 대신하여 헌법소원심판을 청구할 수 없다(1991. 6. 3. 90헌마56). 기본적으로는 규범의 경우는 수규자, 처분적 성질의 공권력 행사의 경우는 그 상대방이 청구인으로 되어야 한다.[391]

헌재판례) 경조사 기간 주류 및 음식 접대 금지 사건(1998. 10. 15. 98헌마168)	
사안	청구인 갑은 1998. 10. 17. 15:30 서울 광진구에 있는 ○○웨딩홀에서 혼인식을 거행할 예정이고, 청구인 을은 서울 영등포구에서 ○○갤러리란 예식장을 경영하고, 청구인 병

391 "청구인은 심판대상조항이 일반 국민의 알 권리도 침해한다고 주장하나, 이러한 주장은 위 청구인의 기본권이 침해되었다는 주장이 아니므로 별도로 판단하지 않는다." 청구인의 기본권 침해 주장에 대해서만 판단.(헌재 2015. 6. 25. 2011헌마769 등)

	은 그 예식장 건물 4층에서 ○○회관이란 음식점을 경영하고 있다. 청구인들은 가정의례에관한법률 제4조 제1항 제7호 중 경조사 기간에 관련된 부분 및 제15조 제1항 제1호가 청구인들의 일반적 행동의 자유 내지 직업수행의 자유 등을 침해하는 것이라며 헌법소원심판을 청구하였다.
심판 대상	가정의례에 관한 법률 제4조(허례허식행위의 금지) ① 누구든지 가정의례에 있어서 다음 각호의 행위를 하여서는 아니된다.(단서 생략) 7. 경조기간 중 주류 및 음식물의 접대 제15조(벌칙) ① 제4조의 규정에 위반한 경우에는 다음 각호의 1에 해당하는 자에 대하여 200만 원 이하의 벌금에 처한다. 1. 혼례 또는 회갑연 등에 있어서는 그 당사자
판단	청구인 을은 예식장 경영자이므로 경조기간 중의 주류 및 음식물 접대 금지와 관련된 이 사건 규정의 위헌성을 다툴 지위에 있지 않다. 청구인 병은 예식장이 있는 건물 안에서 음식점을 경영하는 자로서 이 사건 규정의 직접적 적용대상자가 아니며, 이 사건 규정 위반으로 말미암아 처벌을 받게 되는 당사자가 아니다. 즉, 자신들의 기본권을 직접적이고 법적으로 침해당하고 있는 경우가 아니므로 자기관련성을 인정할 수 없다.

헌재판례) 백화점 무료 셔틀버스 이용 사건(2001. 6. 28. 2001헌마132)	
사안	여객자동차운수사업법이 개정되어 2001. 6. 30.부터 백화점 등의 셔틀버스 운행은 금지되고 이를 위반하는 자는 형사처벌하도록 되었음. → 각 백화점 또는 대형 할인매장을 경영하는 주식회사로서 백화점 등을 이용하는 고객들의 편의를 위하여 셔틀버스를 운행하는 자들 및 위 백화점 등을 이용하는 소비자들은 위 규정으로서 영업의 자유, 소비자의 권리, 평등권 등의 기본권을 침해받는다고 주장하며 헌법소원심판청구를 함.
심판 대상	여객자동차운수사업 제73조의 2(자가용자동차의 노선운행금지) ① 자가용자동차는 고객을 유치할 목적으로 노선을 정하여 운행하여서는 아니 된다.
판단	소비자들이 그동안 백화점 등의 셔틀버스를 이용할 수 있었던 것은 백화점 등의 경영자가 셔틀버스를 운행함으로써 누린 반사적인 이익에 불과한 것이므로, 이 사건 법률조항으로 인하여 더 이상 셔틀버스를 이용할 수 없게 되었다 하더라도 이는 백화점 등에의 접근에 대한 편이성이 감소되었을 뿐이고 이로 인하여 소비자의 상품선택권이 제한을 받는 것은 아니라고 할 것이다. 따라서 이 사건 법률조항의 시행으로 인하여 기본권을 침해받는 것이 아니어서 청구인적격이 인정될 수 없음.

헌재판례) 청탁금지법(일명 김영란법)에 대한 한국기자협회의 헌법소원(2016. 7. 28. 2015헌마236)
자연인을 수범자로 하는 법률조항에 대한 민법상 비영리 사단법인의 심판청구가 기본권 침해의 자기관련성 요건을 갖추었는지 여부(소극) 청구인 사단법인 한국기자협회는 전국의 신문·방송·통신사 소속 현직 기자들을 회원으로 두고 있

는 민법상 비영리 사단법인으로서, '언론중재 및 피해구제에 관한 법률' 제2조 제12호에 따른 언론사에는 해당한다. 그런데 심판대상조항은 언론인 등 자연인을 수범자로 하고 있을 뿐이어서 청구인 사단법인 한국기자협회는 심판대상조항으로 인하여 자신의 기본권을 직접 침해당할 가능성이 없다. 또 한국기자협회가 그 구성원인 기자들을 대신하여 헌법소원을 청구할 수도 없으므로, 위 청구인의 심판청구는 기본권 침해의 자기관련성을 인정할 수 없어 부적법하다.
한편, '부정청탁'이라는 용어는 형법 등 여러 법령에서 사용되고 있고, 대법원은 부정청탁의 의미에 관하여 많은 판례를 축적하고 있으며, 입법과정에서 부정청탁의 개념을 직접 정의하는 대신 14개 분야의 부정청탁 행위유형을 구체적으로 열거하는 등 구성요건을 상세하게 규정하고 있다. 한편, 부정청탁금지조항은 통상적 의미의 법령뿐만 아니라 조례와 규칙도 법령에 포함된다고 명시적으로 규정하고 있다. '사회상규'라는 개념도 형법 제20조에서 사용되고 있으며, 대법원이 그 의미에 관해 일관되게 판시해 오고 있으므로, 부정청탁금지조항의 사회상규도 이와 달리 해석할 아무런 이유가 없다. 이와 같이 부정청탁금지조항이 규정하고 있는 '부정청탁', '법령', '사회상규'라는 용어는 그 의미내용이 명백하므로, 죄형법정주의의 명확성원칙에 위배된다고 보기 어렵다.

헌재판례) 불공정거래행위의 직접 당사자가 아닌 제3자의 헌법소원(2012. 2. 23. 2010헌마750)

헌재판례) 한국영화인협회(1991. 6. 3. 90헌마56)

헌재판례) 공무원노동조합총연맹(2012. 5. 31. 2009헌마705)

헌재판례) 부산광역시청소년단체협의회(2011. 12. 29. 2010헌마293)

헌재판례) 한국급식협회(2008. 2. 28. 2006헌마1028)

헌재판례) 법무법인(법인세법 제60조 제9항 제3호 등 위헌확인(2018. 4. 26. 2016헌마116)

심판대상조항은 세무조정계산서의 작성주체를 세무사법에 따른 세무사등록부에 등록한 변호사로 제한하고 있을 뿐, 법무법인에 대해서는 아무런 내용도 규율하고 있지 않으므로, 법무법인은 심판대상조항의 수범자가 아닌 제3자에 불과하다. 법무법인은 변호사의 직무와 법무법인의 구성원이나 구성원 아닌 소속 변호사가 다른 법률에 정한 자격에 의하여 수행할 수 있는 직무를 그 법인의 업무로 할 수 있으므로(변호사법 제49조), 법무법인의 구성원이나 구성원 아닌 소속 변호사가 세무사법에 따라 세무대리를 할 수 있는 경우에는 이를 법무법인의 업무로 할 수 있다. 결국 법무법인은 심판대상조항에 의해 세무조정업무를 수행할 수 없는 것이 아니라, 법무법인의 구성원이나 구성원 아닌 소속 변호사가 세무사등록부에 등록할 수 없는 경우 이들이 심판대상조항에 의해 세무조정업무를 수행할 수 없게 됨에 따라 결과적으로 법무법인도 세무조정업무를 수행할 수 없게 되는 것에 불과하다. 따라서 청구인 법무법인 ○○은 심판대상조항으로 인한 기본권 침해의 자기관련성이 인정되지 아니한다.

헌재판례) 부가가치세 사건(2012. 5. 31. 2010헌마631)	
사안	청구인은 소비자로서, 부가가치세법상 간이과세를 적용받는 개인사업자(이하 '간이과세자'라 한다)로부터도 일반과세자와 마찬가지로 10%의 부가가치세를 거래징수 당하는데, 간이과세자의 납부세액은 공급대가에 각 업종별 부가가치율을 기준으로 결정되어 간이과세자는 소비자로부터 징수한 부가가치세와 간이과세 납부세액의 차액만큼 부당한 이익을 취하게 되고 반대로 간이과세자로부터 부가가치세를 징수당한 소비자는 그 차액만큼의 재산상 손해를 입게 되므로, 간이과세에 대하여 규정하고 있는 부가가치세법 제25조 내지 제30조가 청구인의 평등권, 행복추구권, 재산권 등을 침해한다고 주장하며 2010. 10. 8. 이 사건 헌법소원심판을 청구하였다.
판단	부가가치세법상 부가가치세 납부의무자는 사업상 독립적으로 재화 또는 용역을 공급하는 자이므로, 청구인과 같이 재화 또는 용역을 공급받는 소비자는 재정학상 사실상의 담세자로서의 지위를 가지고 있을 뿐 조세법상의 납세의무자로서의 지위에 있지 않아 이 사건 법률조항들의 직접적인 수규자가 아닌 제3자에 불과한바, 이 사건 법률조항은 직전 연도의 공급대가가 일정한 범위 내인 간이과세자에 대한 부가가치세를 부과·징수함을 규율하는 것으로 소비자인 청구인의 자기관련성을 인정할 만한 특별한 사정이 없고, 가사 청구인이 부가가치세의 전가로 경제적 부담이 증가된다고 하더라도 이는 간접적, 사실적 또는 경제적인 이해관계에 불과할 뿐 법적인 불이익이라고 할 수 없으므로 기본권 침해의 자기관련성이 인정되지 아니한다.

헌재판례) 자가유래 세포치료제 안전성·유효성 심사(2013. 5. 30. 2010헌마136)
청구인들이 자가유래 세포치료제에 의한 치료를 받을 길이 완전히 봉쇄되어 있는 것도 아닌 점, 임상시험을 거치지 아니한 의약품의 사용으로 오히려 생명과 신체의 건강이 침해될 수 있는 위험성 등을 종합적으로 고려하면, 위 청구인들이 이 사건 심판대상조항들로 인하여 입는 불이익은 임상시험 중인 의약품의 치료목적 사용을 보다 손쉽게 하지 못하는 사실상의 불이익에 해당한다고 할 것이다. 결국 이 사건 심판대상조항들로 인한 청구인 박○숙, 이○희의 기본권 침해 가능성 내지 기본권 침해의 자기관련성이 인정되지 아니하는 이상, 청구인 박○숙, 이○희의 각 청구는 부적법하다.

(나) 자기관련성의 예외

기본권 침해의 자기관련성이 인정되기 위해서는 원칙적으로 공권력작용의 직접 상대방이어야 하지만, 공권력작용의 직접 상대방이 아닌 제3자라도 공권력작용으로 인해 직접적이고 법적인 이해관계를 가지고 있으면 예외적으로 자기관련성이 인정된다.[392] 그러나 공권력의 작용에 단지 간접적·사실적 또는 경제적인 이해관계가 있을 뿐인 제3자인 경우에는 자기관련성은 인정되지 않는다.[393] 헌법재판소는 "어떠한 경우에는 제3자의 자기관련성을 인정할 수 있는가의 문제는 무엇보다도 법의 목적 및 실질적인 규율대상, 법규정에서의 제한이나 금지가 제3자에게 미치는 효과나 진지성의 정도, 규범의 직접적인 수규자에 의한 헌법소원제기의 기대가능성 등을 종합적으로 고려하여 판단해야 한다"고 판시하였다(1997. 9. 25. 96헌마133; 2017. 5. 25. 2014헌마844). 다음과 같이 특별한 경우에는 제3자의 자기관련성이 인정될 수 있다.

헌재판례) 방송광고 사전심의제와 광고주(2008. 6. 26. 2005헌마506)

이 사건 규정들은 방송광고의 사전심의 주체로 방송위원회만을, 이러한 절차를 거친 방송광고물에 대한 방송의 주체로 방송사업자만을 정하여 이 사건 청구인과 같은 광고주를 그 법규 수범자 범위에서 제외하고 있다. 이러한 규정 형식과 관련하여 이 사건 규정들에 대한 청구인의 자기관련성에 의문이 제기될 수 있으나, 청구인과 같이 방송을 통해 광고를 하고자 하는 자는 이 사건 규정들 때문에 반드시 사전에 심의를 거쳐야 하고, 그렇지 않을 경우 자신이 원하는 방송광고를 할 수 없게 되므로 청구인과 같은 광고주의 경우도 이 사건 규정들에 의해 자신의 기본권을 제한받고 있다.

헌재판례) 재판 증인을 재판 중 검사실로 수시로 소환한 사안(2001. 8. 30. 99헌마496)

청구인의 재판에 증인으로 채택된 자를 검사가 수시로 소환하여 증거조사의 공정성, 신속성을 해침으로써 청구인의 기본권인 공정한 재판을 받을 권리 및 신속한 재판을 받을 권리 등을 침해하였다는 것이므로, 청구인은 검사의 증인 소환 및 검사실 유치라는 공권력작용에 대하여 자기관련성을 가지고 있다.

헌재판례) 이대 로스쿨 남성입학금지 인가처분(2013. 5. 30. 2009헌마514)

교육부장관의 이 사건 인가처분은 학교법인 이화학당에 대한 것으로서 청구인들은 이 사건 인가처분의 직접적인 상대방이 아니다. 그런데 '법학전문대학원의 설치·운영에 관한 법률'은 일반대학의 입학정원과 달리 국민에 대한 법률서비스의 원활한 제공 및 법조인의 수급상황 등 제반사정을 고려하여 교육부장관이 법학전문대학원의 총 입학정원을 정하도록 하는 이른바 '총 정원주의'를 규정하고 있다(제7조 제1항). 이와 같이 전체 법학전문대학원의 총 입학정원이 한정되어 있는 상태에

392 황도수, 헌법소원심판청구의 적법요건으로서의 '자기관련성'의 판단기준, 헌법논총 2집, 헌법재판소, 1991, 533면.

393 정주백, 전게서, 130면.

서 이 사건 인가처분이 여성만이 진학할 수 있는 여자대학에 법학전문대학원 설치를 인가한 것은, 결국 청구인들과 같은 남성들이 진학할 수 있는 법학전문대학원의 정원이 여성에 비하여 적어지는 결과를 초래하여 청구인들의 직업선택의 자유, 평등권을 침해할 가능성이 있으므로, 이 사건 인가처분의 직접적인 상대방이 아닌 제3자인 청구인들에게도 기본권 침해의 자기관련성이 인정된다.

헌재판례) 정보통신서비스 제공자의 정보접근 임시차단조치(2012. 5. 31. 2010헌마88)

이 사건 법률조항의 문언상 직접적인 수범자는 '정보통신서비스 제공자'이고, 정보게재자인 청구인은 제3자에 해당하나, 사생활이나 명예 등 자기의 권리가 침해되었다고 주장하는 자로부터 침해사실의 소명과 더불어 그 정보의 삭제 등을 요청받으면 정보통신서비스 제공자는 지체 없이 임시조치를 하도록 규정하고 있는 이상, 위 임시조치로 청구인이 게재한 정보는 접근이 차단되는 불이익을 받게 되었으므로, 이 사건 법률조항의 입법목적, 실질적인 규율대상, 제한이나 금지가 제3자에게 미치는 효과나 진지성의 정도를 종합적으로 고려할 때, 이 사건 법률조항으로 인한 표현의 자유 등 기본권 침해와 관련하여 청구인의 자기관련성을 인정할 수 있다.

헌재판례) 이동통신단말장치(휴대폰) 지원금 상한제와 이동통신 이용 소비자(2017. 5. 25. 2014헌마844) – 소비자의 선택권, 재산권, 평등권 등 자기관련성 인정됨.

헌재판례) 국회 교섭단체의 정책연구위원 배정에서 소수정당이 배제된 경우 소수 정당의 이해관계는 법률상 이해관계에 해당함.(2008. 3. 27. 2004헌마654)

(다) 시혜적 법률에서의 자기관련성(행정법상 경업자/경원자소송에서 주로 문제★★)

국민들에게 이익이나 혜택을 주는 시혜적 법률의 경우에는 수혜의 범위에서 제외된 자가 평등원칙 위배를 이유로 위헌을 주장할 경우, 이에 대해 헌법재판소가 평등원칙 위배를 확인한다면 그 결과로서 청구인도 혜택규정에 의하여 배제되었던 혜택에 참여할 가능성이 있으므로 자기관련성이 인정될 수 있다(2005. 6. 30. 2003헌마841). 또한 비교집단에 혜택을 부여하는 법규정이 위헌으로 선고되어 그러한 혜택이 제거된다면 비교집단과의 관계에서 청구인들의 법적 지위가 상대적으로 향상된다고 볼 여지가 있는 때에도 자기관련성을 인정할 수 있다(2001. 11. 29. 2000헌마84).

1) 자기관련성이 인정된 예

헌재판례) 수혜적 조치에서 제외된 자(2002. 12. 18. 2001헌마546)

국민의 기본권을 제한하고 부담을 부과하는 '침해적 법률'의 경우 규범의 수범자가 당사자로서 자신의 기본권 침해를 주장하게 되지만, '수혜적 법률'의 경우에는 반대로 수혜범위에서 제외된 자가 그 법률에 의하여 평등권이 침해되었다고 주장하는 당사자에 해당되고, 당해 법률에 대한 위헌 또는 헌법불합치결정에 따라 수혜집단과의 관계에서 평등권 침해 상태가 회복될 가능성이 있다면 기본권 침해성이 인정된다.

헌재판례) 정부가 연합뉴스를 국가기간뉴스통신사로 지정한 것에 대해 YTN이 평등원칙에 위배된다며 헌소 제기한 사례(2005. 6. 30. 2003헌마841)

헌재판례) 경력직공무원에 대한 법무사자격 자동부여 조항에 대해 시험으로 합격한 자의 평등원칙 위반 제기 사례(2001. 11. 29. 2000헌마84)

2) 자기관련성이 부인된 예

헌재판례) 공직선거법 제150조 제3항 위헌확인(2020. 2. 27. 2018헌마454)

투표용지의 후보자 게재순위를 국회에서의 다수의석순에 의하여 정하도록 규정한 공직선거법 제150조 제3항 전단 및 공직선거법 제150조 제5항 제1호 본문('이 사건 순위조항'이라 한다)과 투표용지의 후보자 기호를 위 순위에 따라 "1, 2, 3" 등의 아라비아 숫자로 표시하도록 규정한 공직선거법 제150조 제2항 본문 전단('이 사건 기호조항'이라 한다)에 대하여 정당의 지역위원장이 청구한 헌법소원심판이 기본권 침해의 자기관련성이 인정되는지 여부(소극)

헌재판례) 행정지원업무를 행하는 공익근무요원의 자기관련성(2010. 4. 29. 2009헌마340)

일반적으로 침해적 법령에 있어서는 법령의 수규자가 당사자로서 자신의 기본권 침해를 주장하게 되지만, 예술·체육 분야 특기자들에게 병역 혜택을 주는 이 사건 법령조항과 같은 수혜적 법령의 경우에는, 수혜범위에서 제외된 자가 자신이 평등원칙에 반하여 수혜대상에서 제외되었다는 주장을 하거나, 비교집단에게 혜택을 부여하는 법령이 위헌이라고 선고되어 그러한 혜택이 제거된다면 비교집단과의 관계에서 청구인의 법적 지위가 상대적으로 향상된다고 볼 여지가 있는 때에 비로소 청구인이 그 법령의 직접적인 적용을 받는 자가 아니라고 할지라도 자기관련성을 인정할 수 있다. 사안의 경우 해당 법률이 위헌선언되더라도 이미 복무 중인 청구인과는 자기관련성이 인정되지 아니한다.

헌재판례) 국립대학지원에 대한 사립대학 학생 및 교수의 자기관련성(2003. 6. 26. 2002헌마312)

국가의 국립대학에 대한 재정지원행위는 당해 국립대학을 수급자로 하여 행해지는 것이지 사립대학에 대한 것이 아니지만, 이와 같이 혜택을 주는 법규정 또는 공권력 행사의 경우에는 수혜범위에서 제외된 청구인이 국가가 다른 집단에게 부여한 혜택으로부터 자신이 속한 집단을 평등원칙에 위배되게 배제하였다는 주장을 하여 헌법재판소가 심판대상의 평등권 위반을 확인한다면 그 결과로 혜택규정에 의하여 배제되었던 혜택에 참여할 가능성이 있는 경우에는 청구인의 자기관련성을 인정할 수 있다. 위와 같은 자기관련성은 **사립대학의 경영주체인 학교법인에 대하여는 인정될 수 있지만**, 청구인들은 사립대학을 운영하는 학교법인과의 계약관계에 의하여 대학에 재학하거나 근무하는 재학생 또는 교수일 뿐 학교법인의 구성원도 아니고 학교법인에 대한 법률적 규율에 의하여 청구인들의 법적 지위나 권리·의무관계에 직접 영향이 미칠 만큼 밀접한 관계에 있지도 않으며 단지 간접적·반사적 이해관계를 가질 뿐이므로 청구인들에게는 자기관련성이 없어 이 사건 심판청구는 부적법하다.

헌재판례) 소득세법 시행령 제12조 제18호 등 위헌확인(2020. 7. 16. 2018헌마319)

가. 종교인소득 중 일부에 대하여 소득세를 비과세하고, 종교인소득과 관련하여 세무 공무원의 질문·조사권의 범위를 제한하거나 질문·조사 전 수정신고를 안내하도록 규정한 소득세법 시행령 조항에 대한 종교인인 청구인들의 심판청구가 기본권 침해 가능성이 인정되는지 여부(소극)
나. 종교인소득 중 일부에 대하여 소득세를 비과세하고, 종교인소득과 관련하여 세무 공무원의 질문·조사권의 범위를 제한하거나 질문·조사 전 수정신고를 안내하도록 규정한 소득세법 및 소득세법 시행령 조항에 관하여 일반 국민인 청구인들의 자기관련성이 인정되는지 여부(소극)

헌재판례) 여객자동차 운수사업법 제34조 제2항 제1호 바목 위헌확인(2021. 6. 24. 2020헌마651)

청구인 직원들 및 운전자들은 심판대상조항으로 인하여 업무영역이 달라지거나 더 이상 ○○서비스(제주도 렌트카 업체)의 운전자로 근무할 수 없게 되었으나, 이는 대상조항이 청구인 회사의 영업방식을 규율하는 과정에서 발생한 간접적이고 사실적인 불이익에 해당한다. 또한 청구인 이용자들 역시 대상조항으로 인하여 더 이상 운전자 알선 포함 승합자동차 대여 서비스를 이용할 수 없게 되었으나, 심판대상조항 이전에 서비스를 이용할 수 있었던 것은 자동차대여사업자의 영업 방식을 규율하는 법적 여건에 따른 반사적 이익 내지 사실상 혜택에 따른 것이므로 법적 여건의 변화로 그 서비스를 이용하지 못하게 되는 불이익을 입었다고 하더라도 이는 반사적 이익의 축소 내지 사실적인 불편에 해당한다. 그렇다면 청구인 직원들, 운전자들 및 이용자들의 심판청구는 기본권 침해의 자기관련성이 인정되지 아니하여 부적법하다.

헌재판례) 개성공단 전면중단조치 위헌확인(2022. 1. 27. 2016헌마364)

• 협력기업인 청구인들의 심판청구에 대한 판단 - 각하
협력기업인 청구인들은 개성공단 투자기업 등과 거래하던 국내기업으로 이 사건 중단조치의 직접적인 상대방이 아니고, 이 사건 중단조치로 개성공단 투자기업 등이 받은 영향으로 말미암아 영업이익이 감소되는 피해를 보았다고 하더라도, 그것은 간접적·경제적 이해관계에 불과하다. 따라서 위 청구인들은 이 사건 중단조치에 관한 자기관련성이 인정되지 않으므로, 위 청구인들의 이 사건 헌법소원 심판청구는 부적법하다.
• 투자기업인 청구인들의 심판청구에 대한 판단 - 기각

이 사건 중단조치가 북한의 핵무기 개발로 인한 위기에 대처하기 위한 조치로서 국가안보와 관련된 대통령의 의사 결정을 포함하고 그러한 의사 결정이 고도의 정치적 결단을 요하는 문제이기는 하나, 그 의사 결정에 따른 조치 결과 투자기업인 청구인들의 영업의 자유 등 기본권에 제한이 발생하였다. 그리고 국민의 기본권 제한과 직접 관련된 공권력의 행사는 고도의 정치적 고려가 필요한 대통령의 행위라도 헌법과 법률에 따라 정책을 결정하고 집행하도록 함으로써 국민의 기본권이 침해되지 않도록 견제하는 것이 국민의 기본권 보장을 사명으로 하는 헌법재판소 본연의 임무이므로, 그 한도에서 헌법소원심판의 대상이 될 수 있다. 따라서 이 사건 헌법소원심판이 사법심사가 배제되는 행위를 대상으로 한 것이어서 부적법하다고는 볼 수 없다. 이 사건 중단조치가 대통령의 정치적 결단에 따른 조치라도 국민의 기본권 제한과 관련된 이상 반드시 헌법과 법률에 근거를 두어야 하고, 그 근거가 없을 경우 위헌적 조치로 보아야 하나 결과적으로 헌법과 법률에 근거가 있으며(피청구인 통일부장관의 세부조치는 개성공단의 운영 중단 결정으로 인한 현지 체류 국민의 생명, 신체의 위험을 최소화하기 위한 조치이므로, 남북교류협력법 제18조 제1항 제2호 외에, 같은 법 제9조 제1항, 국가의 기본권 보호 의무에 관한 헌법 제10조, '개성공업지구 지원에 관한 법률' 제15조의3이 각각 근거가 될 수 있다.), 적법절차원리와 과잉금지원칙을 위반하여 청구인들의 영업의 자유와 재산권을 침해하였다고 보기 어렵다.

헌재판례) 대학생의 예비군 훈련 보류에 대한 학생이 아닌 자의 자기관련성(2013. 12. 26. 2010헌마789)

(라) 자기관련성의 구비여부 판단 방법

헌법소원심판 청구권자의 자기관련성이 있는지 여부를 어떠한 방법으로 판단하는지가 문제되는데, 이와 관련하여 헌법재판소는 "헌법재판소는 일반법원과는 달리 일반법률의 해석이나 사실인정의 문제를 다루는 기관이 아니라 헌법재판소가 사실문제 판단에 깊이 관여할 수 없는 헌법해석기관이며 헌법소원의 기능이 주관적 기본권 보장과 객관적 헌법 보장 기능을 함께 가지고 있으므로 권리귀속에 대한 소명만으로써 자기관련성을 구비한 여부를 판단할 수 있다"고 판시한 바 있다(1994. 12. 29. 89헌마2).

(마) 자기관련성이 부인된 사례

헌재판례) 담배사업법 헌법소원심판 중 청구인의 사망(2015. 4. 30. 2012헌마38)

청구인 김○정, 전○영은 이 사건 심판청구 당시 임산부였던 자로서 간접흡연으로 인하여 자신들의 기본권이 침해되었다고 주장하나, 간접흡연으로 인한 폐해는 담배의 제조 및 판매와는 간접적이고 사실적인 이해관계를 형성할 뿐, 직접적 혹은 법적인 이해관계를 형성하지는 못한다. 또한, 청구인 박○갑, 명○권은 의료인으로서 담배로 인한 질병을 치료하면서 그 폐해의 심각성을 인지하게 되었다고만 할 뿐 구체적인 기본권 침해 주장은 하지 않고 있고, 담배의 제조 및 판매가 허용되어 흡연이 가능하게 되었다는 것만으로 위 청구인들에게 어떠한 기본권 침해가 있다고 보기도 어렵다. 따라서 청구인 김○정, 전○영, 박○갑, 명○권의 심판청구는 기본권 침해의 자기관련성을 인정할 수 없다. 담배사업법은 담배의 제조 및 판매 자체는 금지하고 있지 않지만, 현재로서는 흡연과 폐암 등의 질병 사이에 필연적인 관계가 있다거나 흡연자 스스로 흡연 여부를 결정할 수 없을 정도로 의존성이 높아서 국가가 개입하여 담배의 제조 및 판매 자체를 금지하여야만 한다고 보기는 어렵다. 또한, 담배사업법은 담배성분의 표시나 경고문구의 표시, 담배광고의 제한 등 여러 규제들을 통하여 직접흡연으로부터 국민의 생명·신체의 안전을 보호하려고 노력하고 있다. 따라서 담배사업법이 국가의 보호의무에 관한 과소보호금지 원칙을 위반하여 청구인의 생명·신체의 안전에 관한 권리를 침해하였다고 볼 수 없다.

헌재판례) 론스타에 대한 한도초과 보유주주 승인에 대한 일반 주주들(2015. 4. 30. 2012헌마634)

헌재판례) 연명치료 중단 등에 관한 법률의 입법부작위에 대한 환자 자녀들(2009. 11. 26. 2008헌마385)

헌재판례) 대학지원대상 제외한 조치에 대한 교수·교수회(2016. 10. 27. 2013헌마576)

헌재판례) 법학전문대학원 설치 예비인가 배제결정에 대한 법과대학 교수들(2008. 11. 27. 2008헌마372)

헌재판례) 간호조무학과 졸업자의 간호조무사 국가시험 응시제한에 대한 학교법인(2016. 10. 27. 2016헌마262)

헌재판례) 요양병원입원료 가산기준에 대한 산부인과 전문의(2016. 3. 31. 2013헌마386)

헌재판례) 무면허의료행위 금지에 대한 의료소비자(2014. 8. 28. 2013헌마359)

헌재판례) 간이과세에 관하여 규정한 부가가치세법에 대한 소비자(2012. 5. 31. 2010헌바631)

헌재판례) 기부금 손금산입 특례규정에 대한 기부상대방(2009. 4. 30. 2006헌마1261)

헌재판례) 행정사법 개정법률안의 입법부작위에 대한 행정사 자격시험 학원장(2009. 2. 10. 2009헌마65)

헌재판례) 혁신도시 입지선정에 대한 춘천시 시민들(2006. 12. 28. 2006헌마312)

헌재판례) 후보자추천 취소·변경 금지 규정에 대한 정당원(2007. 10. 9. 2007헌마1032)

헌재판례) 당내 경선 탈락자의 후보자 등록금지 규정에 대한 유권자(2007. 9. 18. 2007헌마989)

헌재판례) 중·저준위방사성폐기물 처분시설의 유치지역 지원에 관한 특별법에 대한 지역주민(2005. 10. 4. 2005헌마848)

헌재판례) 검찰총장의 퇴직 후 공직취임 금지에 있어서의 고등검사장(1997. 7. 16. 97헌마26)

헌재판례) 회사법인의 기본권 침해에 대한 회사의 대표자(2000. 12. 14. 2000헌마308)

헌재판례) 대학 신입생 자격 제한조치에 대한 대학교 재학생(1997. 3. 27. 94헌마277)

헌재판례) 전두환·노태우에 대한 특별사면에 있어서 일반 국민(1998. 9. 30. 97헌마404)

헌재판례) 대통령의 이라크전쟁 파견결정(통치행위)에 대한 일반 국민(2003. 12. 18. 2003헌마255 등)

헌재판례) 백화점 셔틀버스를 이용해온 소비자(2001. 6. 28. 2001헌마132)

헌재판례) 교육인적자원부장관의 학칙시정에 있어서의 교수회(2003. 6. 26. 2002헌마337)

헌재판례) 신문발행업자의 무가지와 경품제공 제한에 대한 일반 신문구독자(2002. 7. 18. 2001헌마605)

(2) 기본권 침해의 직접성(★★)

(가) 의의

헌법소원심판청구에서 가장 핵심주장이라고 할 수 있는 기본권 침해는 그 침해를 야기한 공권력 행사 그 자체로 인해 바로 청구인에게 발생되는 침해이어야 한다. 심판대상인 공권력작용 외의 행정처분 등 다른 공권력작용이 매개되어야만 기본권 침해가 발생한다면 기본권 침해의 직접성이 인정되지 않는다. 따라서 '공권력의 행사 또는 불행사로 인하여 간접적 또는 반사적으로 불이익을 받은 자'는 기본권의 침해를 받는 자가 아니다. 이 직접성 요건은 법령헌법소원에서 특히 중요한 의미를 가진다. 이러한 직접성 원칙은 원칙적으로 법령에 대한 헌법소원에서만 문제가 된다.[394] 다른 구체적인 집행행위[395]를 기다리지 않고 법령 자체에 의해 기본

394 헌재 2010. 10. 28. 2008헌마638[불온문서 사건]에서 법령이 아닌 공권력 행사에 대하여 직접성을 검토하였으나, 비판의 여지가 있다. 헌재 1993. 7. 29. 89헌마31; 헌재 1998. 9. 30. 97헌마404; 헌재 2006. 1. 26. 2005헌마98도 같은 사례에 해당한다.(김하열, 헌법소송법, 박영사, 2014, 446면)

395 행정처분 등 '권리관계를 변동시키는 구성요건적 의사행위'를 말함. 이미 법규범에 의해 변동된 권리·의무관

권을 침해받아야 한다.

(나) 법령헌법소원에서 직접성

특정 법률 또는 법률조항 그 자체가 헌법소원의 대상이 될 수 있으려면 그 법률 또는 법률조항에 의하여 처분 등의 구체적인 집행행위를 기다리지 않고, 법률 그 자체에 의하여 자유의 제한·의무의 부과·권리 또는 법적 지위의 박탈이 생긴 경우이어야 하는 것을 요건으로 한다. 따라서 행정처분 등 구체적인 집행행위를 요하지 않는 처분적 법령은 그 자체에 의하여 국민의 권리·의무가 제한을 받게 되므로 직접성이 인정되지만, 처분적 법령이 아니고 따로 실체적인 처분을 위한 집행행위를 예정하고 있다면 원칙적으로 법령 그 자체가 아니라 그 집행행위에 의하여 기본권이 침해받는 경우이므로 직접성이 인정되지 않는다. 그리고 여기서 말하는 집행행위에는 입법행위도 포함되므로 법률규정이 그 규정의 구체화를 위하여 하위규범의 시행을 예정하고 있는 경우에는 당해 법률의 직접성은 부인된다(1996. 2. 29. 94헌마213). 그러나 하위규범의 시행을 예정하고 있더라도 권리제한·의무부과가 법률 자체에서 직접 이루어지는 경우에는 기본권 침해의 직접성이 인정된다(2004. 1 .29. 2001헌마894).

1) 직접성이 인정된 예

헌재판례) 한일어업협정(2001. 3. 21. 99헌마139)

헌재판례) 훈시규정으로서 헌법재판기간 조항(2009. 7. 30. 2007헌마732)

헌재판례) 정보통신망이용촉진및정보보호등에관한법률 제42조(2004. 1. 29. 2001헌마894)
이 조항은 청소년유해매체물의 표시의무를 부과하면서 다만 그 구체적인 방법을 대통령령에게 위임하고 있는 것이므로, '표시의무의 부과'라는 금지의무의 설정이 동 법률조항에서 직접 이루어지고 있다는 관점에서 볼 때, 동 조항은 직접 기본권(표현의 자유)을 제한하고 있는 것이므로 '직접성'이 인정된다.

계를 통지하는 경우에는 이것을 집행행위로 보지 아니한다.(당연퇴직 사건 89헌마220 사건)

2) 직접성이 부인된 예

헌재판례) 변호사법 제98조의5 제1항 위헌확인(2018. 7. 26. 2016헌마1029)

법률 또는 법률조항 자체가 헌법소원의 대상이 될 수 있으려면 그 법률 또는 법률조항에 의하여 구체적인 집행행위를 기다리지 아니하고 직접·현재·자기의 기본권을 침해받아야 한다. 여기서 말하는 기본권 침해의 직접성이란 집행행위에 의하지 아니하고 법률 그 자체에 의하여 자유의 제한, 의무의 부과, 권리 또는 법적 지위의 박탈이 생긴 경우를 말하므로, 당해 법률에 근거한 구체적인 집행행위를 통하여 비로소 기본권 침해의 법률효과가 발생하는 경우에는 직접성이 없다(헌재 2017. 12. 28. 2015헌마1000). 변호사법 제90조 제4호는 변호사에 대한 징계의 한 종류로 3천만 원 이하의 과태료를, 제91조 제2항은 그 징계사유로 '이 법 위반', '회칙 위반', '품위 손상행위'를 각 규정한 조항으로서, 청구인에 대한 현실적이고 구체적인 기본권 침해의 효과는 위 조항들에 따른 과태료 결정이라는 구체적인 집행행위를 통해 비로소 발생하는 것이지 위 조항들 그 자체로 인하여 직접 발생하는 것이 아니다. 따라서 이 부분 심판청구는 기본권 침해의 직접성을 갖추지 못하여 부적법하다.

헌재판례) 담배사업법 제11조 제1항 등 위헌확인(2018. 2. 22. 2017헌마438)

가. 담배제조업의 허가기준을 대통령령에 위임한다고 규정한 담배사업법 제11조 제1항(이하 '허가조항'이라 한다)의 기본권 침해의 직접성이 인정되는지 여부(소극)

허가조항은 담배제조업 허가기준을 대통령령으로 정하도록 하는 위임규정으로서 하위규범의 시행을 예정하고 있으므로, 기본권 침해의 직접성이 인정되지 아니한다.

나. 담배제조업 허가요건으로 자본금 및 시설기준의 하한을 규정한 담배사업법 시행령 제4조 제1항 제1호 및 제2호가 청구인의 직업선택의 자유를 침해하는지 여부(소극)

헌재판례) 수형자와 헌법소원대리인 접견 시 녹음, 녹화행위 근거조항(2013. 11. 28. 2011헌마529)

헌재판례) 군인사법 제47조의2(2010. 10. 28. 2008헌마638)

헌재판례) 대형마트 영업시간 제한 및 의무휴업일 지정 근거조항(2013. 12. 26. 2013헌마269; 2012헌마308)

유통법 제12조의2 제1항 및 및 제2항에 따르면, 특별자치시장·시장·군수·구청장은 건전한 유통질서 확립, 근로자의 건강권 및 대규모 점포 등과 중소유통업의 상생발전을 위하여 필요하다고 인정하는 경우 대형마트와 준대규모 점포에 대하여 영업시간 제한을 명하거나 의무휴업일을 지정하여 의무휴업을 명할 수 있다고 규정하면서, 영업시간 제한의 경우 오전 0시부터 오전 10시까지의 범위에서 영업시간을 제한할 수 있도록 하고 있다. 그러므로 특별자치시장 등은 대형마트 등의 영업시간 제한 및 의무휴업일 지정과 관련하여 그러한 조치가 필요한지 여부 및 이를 시행할지 여부에 관한 판단에 재량권을 가지고 있고, 구체적인 시행과 관련하여서도 영업시간 제한의 경우 오전 0시부터 오전 10시까지의 범위에서 특정시간대를 지정하여 시행할 수 있는 재량권도 가지고 있다. 따라서 청구인들이 주장하는 기본권 침해의 법률효과는 특별자치시장 등 지방자치단체의 장이 해당 지방자치단체의 실정에 따라 영업시간 제한 및 의무휴업일 지정에 관한 구체적인 처분을 하였을 때 그 처분에 의하여 비로소 발생하는 것이지, 위 조항들에 의하여 곧바로 발생하는 것이 아니므로 기본권 침해의 직접성을 인정할 수 없다.

헌재판례) 세월호피해자지원법상 심의위원회의 심의·의결의 근거조항(2017. 6. 29. 2015헌마654)

세월호피해지원법 제6조 제3항 후문과 제8조는 심의위원회의 배상금 등 지급결정이라는 집행행위를 예정하고 있고, 세월호피해지원법 제15조 제2항은 대통령령 제정이라는 집행행위를 예정하고 있으므로, 위 조항들은 그 자체로 직접 청구인들의 자유를 제한하거나 의무를 부과한다고 볼 수 없다. 따라서 위 조항들에 대한 심판청구는 기본권 침해의 직접성 요건을 갖추지 못하였다.

헌재판례) 구성요건조항과 벌칙조항(2014. 4. 24. 2011헌마659★)

벌칙조항의 전제가 되는 구성요건조항이 별도로 규정되어 있는 경우에 벌칙조항에 대하여는 청구인들이 그 법정형이 체계정당성에 어긋난다거나 과다하다는 등 그 자체가 위헌임을 주장하지 않는 한 직접성을 인정할 수 없다. 청구인들은 이 사건 처벌조항인 구법 제51조 제6의2호 및 법 제59조 제5호에서 정한 법정형이 체계정당성에 어긋난다거나 과다하다는 등 그 자체의 고유한 위헌성을 다투는 것이 아니라, 전제되는 이 사건 금지조항이 위헌이어서 그 제재조항인 이 사건 처벌조항도 당연히 위헌이라는 취지로 주장하고 있으므로, 이러한 경우 구성요건조항과 별도로 규정된 벌칙조항에 대해서는 기본권 침해의 직접성이 인정되지 아니한다.

헌재판례) 의무부과조항과 과태료조항(2013. 6. 27. 2011헌마315★)

벌칙·과태료조항의 전제가 되는 구성요건조항이 별도로 규정되어 있는 경우에, 벌칙·과태료조항에 대하여는 청구인들이 그 법정형 또는 행정질서벌이 체계정당성에 어긋난다거나 과다하다는 등 그 자체가 위헌임을 주장하지 않는 한 직접성을 인정할 수 없다. 이 사건 과태료조항은 그 전제인 의무부과조항(이 사건 금연구역조항)이 따로 있고 이를 위반하는 경우에 과태료를 부과하는 제재조항으로서, 청구인들이 과태료라는 제재가 체계정당성에 어긋난다거나 과다하다는 등 그 자체의 고유한 위헌성을 다투는 것이 아니며, 다만 전제되는 의무부과조항이 위헌이어서 그 제재조항도 당연히 위헌이라는 취지로 주장하는 것에 불과하다. 따라서 이 사건 과태료조항은 기본권 침해의 직접성을 인정할 수 없다.

헌재판례) 누범 가중처벌 조항(2014. 3. 27. 2013헌마189)

헌재판례) 교육부장관의 감리행위의 근거조항(2016. 2. 25. 2013헌마692)

헌재판례) 공직자윤리법상 재산의무등록 조항 위헌확인(2010. 10. 28. 2009헌마544)

사안	청구인은 2009. 6. 9. 경장에서 경사로 임용되어 제주 동부경찰서 ○○파출소에서 근무하고 있는 자이다. 공직자윤리법 제3조 제1항 제13호와 그에 따른 공직자윤리법 시행령 제3조 제4항 제6호는 국가경찰공무원 중 경사 이상의 계급에 해당하는 자를 재산등록 의무자로 규정하고 있는바, 청구인은 위 조항이 청구인의 사생활의 비밀과 자유, 평등권 및 행복추구권을 침해한다고 주장하면서 2009. 9. 21. 이 사건 헌법소원심판을 청구하였다.
심판 대상	공직자윤리법(2009. 2. 3. 법률 제9402호로 개정된 것) 제3조(등록의무자) ① 다음 각 호의 어느 하나에 해당하는 공직자(이하 "등록의무자"라 한다)는 이 법에서 정하는 바에 따라 재산을 등록하여야 한다. 13. 그 밖에 국회규칙, 대법원규칙 및 대통령령으로 정하는 특정 분야의 공무원과 공직유관단체의 직원 공직자윤리법 시행령(2009. 2. 3. 대통령령 제21289호로 개정된 것) 제3조(등록의무자) ④ 법 제3조 제1항 제13호에서 "대통령령으로 정하는 특정 분야의 공무원과 공직유관단체의 직원"이란 다음 각 호의 사람을 말한다. 6. 국가경찰공무원 중 경정, 경감, 경위, 경사와 자치경찰공무원 중 자치경정, 자치경감, 자치경위, 자치경사
판단	이 사건 법률 조항 자체에 의해서는 경찰공무원 중 경사 계급인 청구인의 기본권 관련 여부조차 확정되지 아니하는 것이고, 그 위임에 따라 제정된 공직자윤리법 시행령 제3조 제4항 제6호가 등록의무자의 범위에 경사를 규정함으로써 비로소 청구인의 기본권은 직접·현실적으로 침해되는 것이므로, 이 사건 법률 조항은 이 사건 시행령 조항의 근거가 되는 법률에 해당할 뿐 그 자체로 직접 청구인의 기본권을 침해한다고 볼 수 없어 직접성 요건이 흠결되어 부적법하다.

(다) 직접성의 예외

행정처분 등 구체적인 집행행위가 예정되어 있는 경우라도 헌법재판소는 다음과 같은 경우에는 예외적으로 기본권 침해의 직접성을 인정한다.

1) 집행행위를 대상으로 한 구제절차의 부재 등

예정된 집행행위를 대상으로 하는 구제절차가 없거나 구제절차가 있다고 하더라도 권리구제의 기대 가능성이 없고, 다만 청구인에게 불필요한 우회절차를 강요하는 것밖에 되지 않는 경우에는 법률을 헌법소원의 직접 대상으로 삼을 수 있다.(2003. 12. 18. 2002헌마593)

2) 집행행위에 대한 권리구제절차를 밟을 것을 요구할 수 없는 경우

형벌조항과 같이 구체적인 집행행위를 기다렸다가 그 집행행위(형벌의 부과/교도소 수용 등)에 대한 권리구제절차를 밟을 것을 국민에게 요구할 수 없는 경우에도 예외적으로 기본권 침해의 직접성이 인정된다.

헌재판례) 형법조항에 대한 헌법소원(2003. 7. 24. 2003헌마3)

헌재판례) 기소 후 형벌조항에 대한 헌법소원(2016. 11. 24. 2013헌마403★)
형벌조항의 경우 국민이 그 형벌조항을 위반하기 전이라면 그 형벌조항을 실제로 위반하여 재판을 통한 형벌의 부과를 받게 되는 위험을 감수할 것을 국민에게 요구할 수 없다는 점에서, 그 형벌조항을 위반하였으나 기소되기 전이라면 재판과정에서 그 형벌조항의 위헌 여부에 관한 판단을 구할 수 없다는 점에서 각 구제절차가 없거나 있다고 하더라도 권리구제의 기대가능성이 없는 경우에 해당한다고 볼 여지가 있지만, 그 형벌조항을 위반하여 기소된 후에는 재판과정에서 그 형벌조항이 법률인 경우에는 위헌법률심판제청신청을 통하여 헌법재판소에 그 위헌 여부에 관한 판단을 구할 수 있고(헌법재판소법 제41조, 제68조 제2항), 명령·규칙인 경우에는 곧바로 법원에 그 위헌 여부에 관한 판단을 구할 수 있다는 점에서(헌법 제107조 제2항) 구제절차가 없거나 있다고 하더라도 권리구제의 기대가능성이 없는 경우에 해당한다고 볼 수가 없다. **그런데 이 사건의 경우 청구인이 대통령령인 이 사건 시행령조항을 위반하여 기소된 이상, 법원의 재판과정에서 곧바로 법원에 이 사건 시행령조항의 위헌 여부에 관한 판단을 구할 수 있었다. 따라서 이 사건 시행령조항은 그 집행행위인 형벌부과를 대상으로 한 구제절차가 없거나 있다고 하더라도 권리구제의 기대가능성이 없는 경우에 해당하지 않는다.**

3) 집행기관이 재량 여지없이 일정한 집행행위를 하여야 할 경우

기속행위나 의무조항으로 되어 있는 법규 등 특정 법령의 내용이 일의적이고 명백해서 집행기관이 재량의 여지없이 그 법령에 따라 일정한 집행행위를 하여야 하는 경우에는 당해 법령을 헌법소원의 대상으로 삼을 수 있다. 즉, 집행행위가 재량행위인 경우에는 직접성이 인정되지 않지만 집행행위가 기속행위인 경우에는 직접성이 인정된다고 본다. 헌법재판소도 "법령에 근거한 구체적인 집행행위가 재량행위인 경우에는 법령은 집행관청에게 기본권 침해의 가능성만을 부여할 뿐 법령 스스로가 기본권의 침해행위를 규정하고 행정청이 이에 따르도록 구속하는 것이 아

니고, 이때의 기본권의 침해는 집행기관의 의사에 따른 집행행위, 즉 재량권의 행사에 의하여 비로소 이루어지고 현실화되므로 이러한 경우에는 법령에 의한 기본권 침해의 직접성이 인정될 여지가 없다"고 판시하고 있다(1998. 4. 30. 97헌마141; 2016. 5. 26. 2014헌마374).

a) 직접성이 인정된 사례

헌재판례) 변호사의 결격사유(2006. 4. 27. 2005헌마997)

변호사법 제7조는 '자격등록'이라는 제하에 "변호사로서 개업을 하고자 하는 때에는 대한변호사협회에 등록을 하여야 한다."(제1항), "제1항의 등록을 하고자 하는 자는 입회하고자 하는 지방변호사회를 거쳐 등록신청을 하여야 한다."(제2항)라고 규정하고, 제8조는 '등록거부'라는 제하에 "대한변호사협회는 제7조 제2항의 규정에 의하여 등록을 신청한 자가 다음 각 호의 1에 해당하는 때에는 제9조의 규정에 의한 등록심사위원회의 의결을 거쳐 등록을 거부할 수 있다."(제1항)라고 하고 제2호에 "제5조의 규정에 의한 결격사유에 해당하는 자"를 규정하고 있다. 따라서 변호사의 결격사유를 규정하고 있을 뿐인 이 사건 법률조항은 변호사가 되려고 하는 자의 등록신청에 대한 대한변호사협회의 등록거부라고 하는 구체적인 집행행위를 매개로 하여 기본권을 침해하는 것으로 볼 여지가 있다. 그러나 규정 문언이 '…… 수 있다'라고 하더라도 당해 행위가 속하는 행정분야의 주된 목적과 특성, 당해 행위 자체의 개별적 성질과 유형 등을 모두 고려하여 판단하여 행정청에 재량의 여지가 없다고 한다면 이는 기속행위라고 보는 것이 행정법계의 일반적 견해이며, 대한변호사협회도 이 사건 법률조항에 대하여 재량권이 없는 기속행위로 보고 금고 이상의 형을 선고받은 모든 변호사에 대하여 일정 기간 변호사 자격등록을 취소하고 있다. 따라서 청구인으로 하여금 등록신청을 한 후 등록거부를 기다려 이를 일반 쟁송의 방법으로 다투라고 하는 것은 불필요한 우회절차를 강요하는 셈이 되는데, 이와 같이 구체적 집행행위가 존재하는 경우라도 권리구제의 기대가능성이 없고 다만 기본권 침해를 당한 청구인에게 불필요한 우회절차를 강요하는 것밖에 되지 않는 경우 당해 법률을 직접 헌법소원 대상으로 삼을 수 있으므로, 이러한 점에서도 기본권 침해의 직접성을 인정할 수 있다고 할 것이다.

헌재판례) 금치수형자에 대한 접견·서신수발 금지(2004. 12. 16. 2002헌마478)

행형법시행령 제145조 제2항 단서에 의할 때 소장이 교화 또는 처우상 특히 필요하다고 인정하는 때에는 접견·서신수발 또는 도서열람을 허가할 수 있으며, 피청구인이 접견 신청에 대한 허부(許否)의 의사표시를 함에 있어서 재량권이 있음이 인정되나, 위와 같은 접견·서신수발 금지의 통지를 받은 가족이나 금치 처분을 받은 수형자 본인, 혹은 제3자가 접견신청을 하는 것은 예외적인 경우이고, 그 외에는 금치 처분을 받은 수형자에게 접견·서신수발이 금지된다고 보는 것이 일반적이므로, 제도적으로 금치 처분을 받은 자에 대해서는 별도의 집행행위 없이 행형법시행령 제145조 제2항에 의하여 접견·서신수발이 금지되는 것으로 보는 것이 타당하다. 따라서 행형법시행령 제145조 제2항 중 접견·서신수발 부분은 기본권 침해의 직접성이 인정된다.

헌재판례) 수형자에 대한 집필금지(2005. 2. 24. 2003헌마289)

가. 구 수용자규율및징벌등에관한규칙 제7조 제2항은, 교도소 내 규율위반을 이유로 조사수용된 수형자에 대하여 교도소장이 조사기간 중 집필을 금지할 수 있도록 규정하고 있으나, 조사수용 기간 중에 있는 수용자라고 하여 직접 집필이 금지되는 것이 아니라 교도소장이 필요하다고 판단하여 집필을 금지한 경우에 비로소 집필이 금지되는 것이므로, 위 조항은 교도소장에 의한 집필의 금지라는 구체적 집행행위를 통하여 비로소 집필에 대한 제한을 가하는 것이어서 기본권 침해의 직접성이 인정되지 않는다.

나. 행형법상 징벌의 일종인 금치처분을 받은 자에 대하여 금치기간 중 집필을 전면 금지한 행형법 시행령 제145조 제2항 본문 부분은, 금치대상자의 자유와 권리에 관한 사항을 규율하는 것이므로 모법의 근거 및 위임이 필요하다. 행형법 제46조 제2항 제5호는 징벌의 일종으로 '2월 이내의 금치'를 규정하고 있으나, 금치의 개념 자체로부터는 그 사전적 의미가 제시하는 징벌실 수용이라는 특수한 구금형태만을 추단할 수 있을 뿐이고 거기에 집필의 전면적 금지와 같은 일정한 처우의 제한 내지 박탈이라는 금치의 효과 내지 집행방법까지 포함되어 있다거나 동 조항으로부터 곧바로 제한되는 처우의 내용이 확정된다고 볼 수 없고, 행형법 제46조 제4항은 징벌을 부과함에 있어 필요한 기준을 법무부장관이 정하도록 규정하고 있으나, 그 위임사항이 '징벌의 부과 기준'이지 '징벌의 효과나 대상자의 처우'가 아님은 문언상 명백하므로, 모두 이 사건 시행령조항의 법률적 근거가 된다고 할 수 없다. 다만 행형법 제33조의3 제1항은 수용자에 대하여 원칙적으로 집필을 금지하고 있다고 볼 수 있으나, 이 사건 시행령조항은 같은 조항에서 규정하고 있는 접견이나 서신수발 등과 달리 교도소장이 예외적으로라도 이를 허용할 가능성마저 봉쇄하고 있고, 위 행형법 제33조의3 제1항보다 가중된 제한을, 그것도 모법과 상이한 사유를 원인으로 집필의 자유를 박탈하고 있으므로 이 역시 이 사건 시행령조항의 법률적 근거가 된다고 할 수 없어 이 사건 시행령조항은 금치처분을 받은 수형자의 집필에 관한 권리를 법률의 근거나 위임 없이 제한하는 것으로서 법률유보의 원칙에 위반된다.

다. 이 사건 시행령조항은 규율 위반자에 대해 불이익을 가한다는 면만을 강조하여 금치처분을 받은 자에 대하여 집필의 목적과 내용 등을 묻지 않고, 또 대상자에 대한 교화 또는 처우상 필요한 경우까지도 예외 없이 일체의 집필행위를 금지하고 있음은 입법목적 달성을 위한 필요최소한의 제한이라는 한계를 벗어난 것으로서 과잉금지의 원칙에 위반된다.

헌재판례) 1994년 생계보호기준 위헌확인(1997. 5. 29. 94헌마33★)

이 사건 생계보호기준은 생활보호법 제5조 제2항의 위임에 따라 보건복지부장관이 보호의 종류별로 정한 보호의 기준으로서 일단 보호대상자로 지정이 되면 그 구분(거택보호대상자, 시설보호대상자 및 자활보호대상자)에 따른 각 그 보호기준에 따라 일정한 생계보호를 받게 된다는 점에서 직접 대외적 효력을 가지며, 공무원의 생계보호급여 지급이라는 집행행위는 위 생계보호기준에 따른 단순한 사실적 집행행위에 불과하므로, 위 생계보호기준은 그 지급대상자인 청구인들에 대하여 직접적인 효력을 갖는 규정이다.

또한, 심판의 대상은 보건복지부장관 또는 그 산하 행정기관의 어떤 구체적인 보호급여처분

(생계보호급여처분) 그 자체가 아니고 보건복지부장관이 법령의 위임에 따라 정한 그 보호급여(생계보호급여)의 기준으로서, 현행 행정소송법상 이를 다툴 방법이 있다고 볼 수 없으므로 이 사건은 다른 법적 구제수단이 없는 경우에 해당하여 보충성요건을 갖춘 것이라 볼 수 있다.

헌재판례) 2004. 1. 29. 2001헌마894

법규범이 집행행위를 예정하고 있더라도 법규범의 내용이 집행행위 이전에 이미 국민의 권리관계를 직접 변동시키거나 국민의 법적 지위를 결정적으로 정하는 것이어서 국민의 권리관계가 집행행위의 유무나 내용에 의하여 좌우될 수 없을 정도로 확정된 상태라면 그 법규범의 권리 침해의 직접성이 인정된다.(헌재 1991. 3. 11. 91헌마21 등) 이 조항은 "…… 청소년유해매체물을 제공하고자 하는 자는 대통령령이 정하는 표시방법에 따라 당해 정보가 청소년유해매체물임을 표시하여야 한다."라고 규정하는데, 청소년유해매체물의 표시방법을 하위규범인 대통령령에 위임하고 있어 직접성 요건이 흠결된 것이 아닌가 하는 의문이 제기될 수 있다(헌재 1996. 2. 29. 94헌마213; 2001. 1. 18. 2000헌마66). 그러나 이 조항은 청소년유해매체물의 표시의무를 부과하면서 다만 그 구체적인 방법을 대통령령에게 위임하고 있는 것이므로, '표시의무의 부과'라는 금지의무의 설정이 동 법률조항에서 직접 이루어지고 있다는 관점에서 볼 때, 동 조항은 직접 기본권(표현의 자유)을 제한하고 있는 것이므로 '직접성'이 인정된다.

b) 직접성이 부인된 사례

헌재판례) 학원의 심야 교습시간 제한의 근거규정(2016. 5. 26. 2014헌마374)

학원법 조항은 학원 등의 교습시간 지정에 관하여 조례의 시행을 예정하면서 교습시간 지정이 필요한지 여부부터 지정할 경우 교습시간의 범위 등에 이르기까지 교육감에게 재량권을 부여하고 있다. 청구인들이 주장하는 기본권 침해의 법률효과는 조례 또는 교육감의 교습시간 지정행위에 의하여 비로소 발생하는 것이지, 학원법 조항에 의하여 곧바로 발생하는 것이 아니므로 학원법 조항에 대한 기본권 침해의 직접성이 인정되지 않는다.

4) 집행행위 이전에 법규범에 의한 권리관계가 확정상태에 있는 경우

구체적인 집행행위(행정처분) 이전에 이미 국민의 권리관계를 직접 변동시키거나 국민의 법적 지위를 결정적으로 정하는 것이어서 행정청에게 재량의 여지가 없이 국민의 권리관계가 집행행위의 유무나 내용에 의하여 좌우될 수 없을 정도로 확정된 상태라면 그 법규범의 직접성이 인정된다.

> **헌재판례) 사법시험법 시행규칙 제7조 제3항 제7호(2008. 10. 30. 2007헌마1281)**
>
> 청구인이 행정법 과목의 제1문과 제2문의 답안지를 바꾸어 기재하였더라도 사법시험 불합격까지는 사법시험법령에 따른 사법시험 합격결정이라는 집행행위가 예정되어 있다. 그러나 사법시험 제2차 시험에 있어서 해당 문제번호의 답안지에 답안을 작성하지 아니한 자는 이 사건 규칙에 따라 영점처리를 받을 수밖에 없고, 이는 집행행위자에게 재량의 여지가 없는 기속적 규정이다. 한편 어느 과목이든 4할 이상을 득점하지 못하면 사법시험에 합격될 수 없으므로, 이 사건 규칙에 따라 영점처리된 청구인은 사후 집행행위의 유무나 내용에 상관없이 불합격처분을 면할 수 없다. 결국 청구인의 권리관계는 합격결정이라는 구체적 집행행위 이전에 이미 이 사건 규칙에 의하여 일의적이고 명백하게 확정된 상태가 되었으므로, 권리 침해의 직접성이 인정된다. 나아가, 동종의 침해행위가 앞으로도 반복될 위험이 있거나 헌법질서의 수호·유지를 위하여 긴요한 사항이어서 그 해명이 중대한 의미를 지니고 있는 때에는 예외적으로 권리 보호의 이익이 인정되는 것인바, 사법시험은 매년 반복하여 시행되어 이 사건 규칙에 의한 기본권 침해가 반복될 가능성이 있으므로, 이 사건 심판청구에는 권리보호이익이 인정된다.

5) 직접성을 가지는 규정과 내적인 연관관계에 있는 경우

직접성 요건을 충족시키는 규정들과 직접성 요건이 결여된 규정들이 그 내용상 상호 내적 연관관계에 있으면서 통일적인 청구취지를 구성하고 있어 직접성 요건 결여 규정들 내용을 고려하지 않고서는 위헌 여부를 판단할 수 없는 경우에는 직접성 요건을 충족시키는지 여부에 상관없이 본안판단할 수 있다.

> **헌재판례) 국민건강보험법 제33조 제2항 등 위헌확인(2000. 6. 29. 99헌마289)**
>
> 심판대상 규정 중 법 제33조 제2항(재정통합), 제67조(보험료의 부담), 법 부칙 제6조(법인의 해산), 제7조(권리의 포괄승계)의 경우, 기본권의 침해가 법의 집행행위란 매개행위 없이 직접 심판대상규정들에 의하여 이루어지기 때문에, 직접성 요건이 충족된다는 것에 대하여 의심의 여지가 없다. 그러나 보험료의 산정방법을 규정한 법 제62조 제3항 및 제4항, 제63조, 제64조의 경우에는, 청구인들이 주장하는 기본권의 침해가 위 조항들에 의하여 직접 발생하는 것이 아니라, 위 규정들을 근거로 하여 이루어진 별도의 집행행위인 보험료부과처분에 의하여 비로소 현실적으로 나타나는 것이므로, 위 규정들을 직접 심판대상으로 하는 헌법소원은 기본권 침해의 직접성 요건을 결여하고 있다. 그러나 이 사건의 경우에 직접성 요건을 충족시키는 규정들인 법 제33조 제2항(재정통합), 제67조(보험료의 부담)와 직접성 요건이 결여된 규정들인 법 제62조 제3항 및 제4항, 제63조, 제64조(보험료산정규정)가 그 내용상 서로 내적인 연관관계에 있으면서 '재정통합은 직장·지역가입자 사이의 보험료 부담의 평등원칙에 위반된다'는 하나의 통일적인 청구취지를 구성하고 있다. 보험료산정규정의 내용을 고려하지 않고서는 재정통합의 위헌 여부를 부담평등의 관점에서 판단

할 수 없기 때문에, 이러한 경우에 직접성 요건의 결여를 이유로 심판대상규정 중 보험료산정규정만을 분리하여 실체적 판단으로부터 배제하는 것은 적절치 않다.

(라) 기타 직접성이 부인된 사례(행정청의 재량행위 내지 구체적인 집행작용으로서 별개의 처분이 예정되어 있거나 요구되는 경우★★)

헌재판례) 한국의료분쟁조정중재원장의 분담금부과의 근거 법령(2014. 3. 27. 2012헌마590)

개별 보건의료기관개설자인 청구인들이 구체적인 액수의 이 사건 분담금을 납부할 의무를 지는 것은 조정중재원장의 분담금 부과행위에 의한 것이고, 이 사건 법령조항들의 내용이 일의적이고 명백하여 조정중재원장의 부과행위라는 집행행위 이전에 청구인들의 권리관계가 직접 변동되거나 그 유무나 내용에 좌우될 수 없을 정도로 확정된다고 볼 수 없다. 또한 조정중재원장의 분담금 부과행위는 독자적인 행정주체가 행하는 행정처분으로서 항고소송의 대상이 될 수 있고, 보건복지부장관이 정한 방법에 따라 계산된 구체적인 분담액의 적정성도 이를 통해 다툴 수 있으므로 집행행위에 대한 구제절차가 없거나 그 구제절차에서는 권리구제의 기대가능성이 없어 청구인들에게 불필요한 우회절차를 강요한다고 보기도 어렵다. 따라서 이 사건 법령조항들로 인하여 청구인들의 기본권이 직접 침해된다고 할 수는 없다.

헌재판례) 응시자준수사항 위반자 처리에 관한 사법시험법 시행규칙(2014. 4. 24. 2013헌마341)

가. 시행규칙에 대한 청구
이 사건 시행규칙은 추후 법무부장관의 공고와 같은 구체적인 하위규범의 시행을 예정하고 있을 뿐만 아니라, 지정된 시간을 구체적으로 정하고 있지 않아서 그 자체로 직접 사법시험 응시자의 기본권을 제한하고 있지 않고, 이 사건 공고가 지정된 시간을 구체적으로 확정함으로써 비로소 시험 시작 5분 전까지 시험실에 입실하지 못한 응시자는 그 과목 및 나머지 과목의 시험에 응시할 수 없는 제한을 받게 된다. 결국, 이 사건 시행규칙은 이 사건 공고의 간접적인 근거가 되는 법령에 해당할 뿐 그 자체로 직접 사법시험에 응시하는 사람인 청구인의 기본권을 제한한다고 볼 수 없으므로, 이 사건 시행규칙에 대하여 기본권 침해의 직접성을 인정할 수 없다.
나. 시험 공고에 대한 청구
청구인은 2013. 2. 23. 시행되었던 제55회 사법시험 제1차시험의 일정이 종료된 후인 2013. 5. 13. 이 사건 공고에 대하여 헌법소원심판을 청구하였다. 따라서 청구인이 이 사건 심판청구에서 인용결정을 받더라도 이미 종료된 시험에 다시 응시하는 것은 불가능하므로, 청구인에게는 권리보호이익이 없다고 할 것이다. 그런데 이 사건 공고는 오랫동안 관행으로 되어 있던 시험 시작 5분 전이라는 시험실 입실제한시간을 2012년 사법시험에 관해서도 공고한 것으로, 앞으로 2017년까지 시행될 예정인 사법시험에서도 이 사건 공고의 내용과 같은 시험실 입실시간이 공고될 것으로 보이고, 실제로 2014. 2. 3. 자 제56회 사법시험 제1차 시험 실시계획 공고(법무부공고 제2014-12호)의 내용도 시험시작 5분 전의 시험실 입실시간이 유지되고 있다. 따라서 비록 이 사건 공고에 의한 시험이 종료되었다고 하여도 장래에 이 사건 공고의 내용과 같은 시험실 입실시간 제한에 의한 기본권 침해가 반복될 가능성이 있으므로, 이 부분 심판청구에 관해서는 예외적으로 심판의 이익을 인정할 수 있다.

(3) 기본권 침해의 현재성

(가) 현재성의 원칙

헌법소원심판청구가 적법하기 위해서는 청구인의 기본권이 청구 당시 현재 계속해서 침해되고 있음을 그 요건으로 한다. 따라서 과거에 기본권의 침해가 있었지만 헌법소원심판을 청구할 당시에는 이미 그 침해가 종료되었거나, 장차 미래에 기본권의 침해가 예상되는 잠재적인 경우에는 원칙적으로 기본권의 침해를 이유로 헌법소원심판을 청구할 수 없다. 만약 장래의 잠재적 관련성만으로 헌법소원을 인정한다면 결과적으로 민중소송을 인정하는 결과가 되고 만다. 그러나 과거에 기본권의 침해가 있었다고 하더라도 그 침해가 청구 당시에도 계속 유지되고 있으면 현재성이 인정된다.[396]

(나) 현재성의 예외

현재 이미 기본권 침해가 발생한 경우에 한하여만 헌법소원을 허용할 경우 권리구제의 실효성이 문제가 될 수 있으므로 우리 헌법재판소는 다음과 같이 일정한 경우 현재성의 요건을 완화하여 현재성의 예외를 인정한다.

1) 상황성숙이론(★)

아직 기본권의 침해가 발생하지는 않았으나 장래 불이익을 입게 될 수도 있다는 것을 현재 시점에서 충분히 예측할 수 있는 경우에는 기본권 침해의 현재성이 인정된다(상황성숙이론). 헌법재판소는 이를 '현재성의 예외'라고 하기도 하였다. 따라서 법률이 일반적 효력을 발생하기 전이라도 공포되어 있거나 심판청구 후에 유효하게 공포·시행되었고, 그로 인하여 사실상의 위험성이 이미 발생한 경우에는 예외적으로 침해의 현재성이 인정된다(1994. 12. 29. 94헌마201; 2001. 11. 29. 99헌마494).

---

396 김유향, 전게서, 1672면.

헌재판례) 공포 후 시행 전 단계에서의 위헌심사(1994. 12. 29. 94헌마201, 2000. 6. 1. 99헌마553)
법률이 헌법소원의 대상이 되려면 현재 시행 중인 유효한 법률이어야 함이 원칙이나, 법률이 효력을 발생하기 전이라도 공포되어 있고, 그로 인하여 사실상의 위험성이 이미 발생한 경우에는 예외적으로 침해의 현재성을 인정하여, 이에 대하여 곧 헌법소원을 제기할 수 있다고 보아야 할 것이다. 그렇게 보지 않고 법률이 시행된 다음에야 비로소 헌법소원을 제기할 수 있다고 한다면, 장기간의 구제절차 등으로 인하여 기본권을 침해받는 자에게 회복불능이거나 중대한 손해를 강요하는 결과가 될 수도 있기 때문이다.

헌재판례 사례) 결혼식 하객 주류, 음식물 접대 불허 사건(1998. 10. 15. 98헌마168)	
사안	- 청구인은 1998. 10. 17. 혼인식 예정인 예비신랑임.[397] - 청구인은 음식물 접대를 금지하고 있는 가정의례에관한법률 제4조에 의하여 일반적 행동의 자유 등을 침해받았다며 1998. 5. 29. 헌법소원심판청구를 함.
심판대상	가정의례에 관한 법률 제4조(허례허식행위의 금지) ① 누구든지 가정의례에 있어서 다음 각호의 행위를 하여서는 아니된다. 다만, 가정의례의 참뜻에 비추어 합리적인 범위 안에서 대통령령이 정하는 행위는 그러하지 아니하다. 7. 경조기간 중 주류 및 음식물의 접대 제15조(벌칙) ① 제4조의 규정에 위반한 경우에는 다음 각호의 1에 해당하는 자에 대하여 200만원 이하의 벌금에 처한다. 1. 혼례 또는 회갑연 등에 있어서는 그 당사자
판단	청구인은 혼인을 앞둔 예비신랑으로서 비록 이 사건 규정으로 인하여 현재 기본권을 침해받고 있지는 않으나, 이 사건 규정으로 인하여 1998. 10. 17. 결혼식 때에는 하객들에게 주류 및 음식물을 접대할 수 없는 불이익을 받게 되는 것이 현재 시점에서 충분히 예측할 수 있는 경우이므로 현재성의 예외인 경우로 인정된다. 따라서 같은 청구인의 이 사건 심판청구는 적법하다.

한편 헌법재판소는 "그 자신이 고소 또는 고발을 한 사실이 없는 청구인이 장차 언젠가는 형사소송법의 규정으로 인하여 권리 침해를 받을 우려가 있다고 하더라도 그러한 권리 침해의 우려는 단순히 장래 잠재적으로 나타날 수도 있는 것에 불과하여 권리 침해의 현재성을 구비하였다고 할 수 없다"고 판시하였다(1989. 7. 21. 89헌마12).

---

397 결혼식 이틀 전에 선고기일을 잡아 위헌결정한 사건이다.

2) 권리보호이익과의 관계(★)

기본권의 침해행위가 이미 종료되었지만 침해행위의 반복위험이 있고, 헌법적으로 긴요한 사항이어서 심판이익이 인정되는 경우에도 현재성의 예외를 적용해야 하는지 문제된다. 이를 권리보호이익의 예외로 볼 수도 있으므로, 결국 현재성과 권리보호이익의 관계를 어떻게 볼 것인지와 관련된 문제라 할 것이다.[398]

a) 학설

먼저, ① 적용범위 중복설은 현재성 구비 여부의 판단시점을 헌법재판소의 결정 시까지로 본다. 즉, 헌법소원청구 시 현재성을 구비하였더라도 결정 시 기본권 침해가 종료되었다면 현재성을 갖추지 못한 것으로 본다. 다만, 이런 경우 침해행위의 반복위험이 있고 헌법적으로 긴요한 사항이어서 심판이익이 인정되는 경우에도 현재성의 예외를 인정하는바, 결국 현재성의 예외와 권리보호이익의 예외가 중복적으로 구성하게 된다. 다음으로, ② 적용범위 분할설은 현재성 구비 여부의 판단시점을 헌법소원의 청구 시로 본다. 그 후로부터 결정 시까지 일어나는 기본권 침해의 종료의 문제는 현재성의 영역이 아니라 권리보호이익의 영역으로 본다. 따라서 현재성과 권리보호이익의 적용범위의 분할을 인정하게 된다.

b) 헌법재판소의 판례

헌법재판소는 명시적 입장을 밝힌 판시는 없지만, 계속하여 "장래 불이익을 입게 될 수도 있다는 것을 현재의 시점에서 충분히 예측할 수 있는 경우"에는 기본권 침해의 현재성 예외를 인정하고, "기본권의 침해행위가 이미 종료되었지만 침해행위의 반복위험이 있고 헌법적으로 긴요한 사항이어서 심판이익이 인정되는 경우"에는 권리보호이익의 예외로 인정하고 있다(2001. 6. 28. 2000헌마111).

---

398 김유향, 전게서, 1674면.

c) 검토

기본권의 침해행위가 이미 종료되었지만 침해행위의 반복위험이 있고 헌법적으로 긴요한 사항이어서 심판이익이 인정되는 경우에도 현재성의 예외를 적용하고 중복적으로 권리보호이익의 예외를 적용하는 방식이나, 아니면 이를 권리보호이익의 예외로만 적용하는 방식이나 모두 헌법소원청구가 적법하다는 결론에는 차이가 없다. 그러나 헌법소원심판의 적법요건의 체계를 구성함에 있어서 가급적이면 요건이 중복 적용되는 것을 방지하고 두 요건 간의 주소나 역할분담을 명확히 한다는 측면에서 적용범위 분할설이 타당하다고 생각한다. 따라서 헌법소원 청구시를 기준으로 장래의 기본권 침해 문제는 현재성으로, 그 후부터 결정 시까지 일어나는 기본권 침해의 종료의 문제나 헌법소원 청구시 이미 종료된 기본권 침해의 문제는 현재성의 영역이 아니라 권리보호이익의 영역으로 판단하여야 할 것이다.

5. 보충성(★)

(1) 보충성의 원칙

(가) 의의

헌법재판소법 제68조 제1항 후단에서 '다른 법률에 구제절차가 있는 경우에는 그 절차를 모두 거친 후가 아니면 청구할 수 없다'라고 규정하고 있는데, 이 규정의 의미는 헌법소원이 그 본질상 헌법상 보장된 기본권 침해에 대한 예비적이고 보충적인 최후의 구제수단이므로 먼저 다른 법률이 정한 절차에 따라 침해된 기본권의 구제를 받지 못한 경우에 비로소 헌법소원심판을 청구할 수 있다는 것을 밝힌 것이다.

헌재판례) 수사기관의 피의사실 보도자료 배포행위는 형사고소 대상이므로 보충성 예외 아님 (2014. 3. 27. 2012헌마652)

헌재판례) 피의자접견 금지결정은 형소법상 준항고 대상이므로 보충성예외 아님(2007. 5. 31. 2006헌마1131)

헌재판례) 행정부작위는 의무이행심판이나 부작위위법확인소송 제기 가능하므로 헌법소원 대상 아님(2004. 7. 15. 2002헌마676)

헌재판례) 근로시간면제 한도 고시(2014. 5. 29. 2010헌마606) – 법령보충적 행정규칙(★)

이 사건 고시는 별도의 집행행위를 요하지 아니하고 곧바로 근로시간 면제 한도 등에 관하여 근로자 및 노동조합에 구체적이고 직접적으로 적용되는 것으로 그 처분성이 인정되고(처분적 고시), 청구인 이○배는 이 사건 고시에 대하여 법원에 무효확인 등의 소송을 제기하여 구제절차를 밟을 수 있음에도 이를 거치지 않고 이 사건 심판청구를 하였으므로, 청구인 이○배의 이 사건 고시에 대한 심판청구는 헌법소원의 보충성요건을 충족하지 못하여 부적법하다.

헌재판례) 고용노동부장관의 전교조에 대한 시정요구(2015. 5. 28. 2013헌마671) – 행정지도의 처분성(★)

가. '교원의 노동조합 설립 및 운영 등에 관한 법률 시행령' 제9조 제1항 중 '노동조합 및 노동관계조정법 시행령' 제9조 제2항에 관한 부분은 시정요구 및 법외노조통보라는 별도의 집행행위를 예정하고 있으므로, 법외노조통보 조항에 대한 헌법소원은 기본권 침해의 직접성이 인정되지 아니한다.

나. 고용노동부장관의 청구인 전국교직원노동조합에 대한 2013. 9. 23. 시정요구는 청구인 전국교직원노동조합의 권리·의무에 변동을 일으키는 행정행위에 해당하나, 청구인 전교조는 이 사건 시정요구에 대하여 다른 불복절차를 거치지 아니하고 곧바로 헌법소원심판을 청구하였으므로, 이에 대한 헌법소원은 보충성요건을 결하였다.

헌재판례) 고용노동부 고시 제2017-42호 위헌확인(2019. 12. 27. 2017헌마1366, 2018헌마1072 병합)

최저임금 고시 부분은 최저임금법 제8조 제1항에 따라 고용노동부장관이 2018년 및 2019년에 적용할 최저임금액을 정한 것이다. 최저임금 고시 부분의 처분성을 인정하여 행정소송법에 의한 행정소송 등 다른 권리구제절차를 허용할 수 있는지 여부가 객관적으로 불확실하고, 각 최저임금 고시 부분에 대하여 법원이 항고소송의 대상으로 인정한 적도 없으므로, 청구인들에게 항고소송에 의한 권리구제절차를 거치도록 요구하거나 기대할 수 없다.

대법판례) 요양급여에 관한 보건복지부 고시(2003. 10. 9. 2003무23) – 법령보충적 행정규칙(★)

어떠한 고시가 일반적·추상적 성격을 가질 때에는 법규명령 또는 행정규칙에 해당할 것이지만, 다른 집행행위의 매개 없이 그 자체로서 직접 국민의 구체적인 권리·의무나 법률관계를 규율하는 성격을 가질 때에는 항고소송의 대상이 되는 행정처분(처분적 고시)에 해당하는바, 항정신병 치료제의 요양급여 인정기준에 관한 보건복지부 고시가 다른 집행행위의 매개 없이 그 자체로서 제약회사, 요양기관, 환자 및 국민건강보험공단 사이의 법률관계를 직접 규율한다는 이유로 항고소송의 대상이 되는 행정처분에 해당한다.

항정신병 치료제를 공급하는 제약회사는 국민건강보험 관련 법규 등에 의하여 보호되는 직접적이고 구체적인 이익을 향유한다는 이유로 그 치료제의 요양급여 인정기준에 관한 보건복지부 고시를 다툴 신청인적격이 인정된다. 행정소송법 제23조 제2항에 정하고 있는 행정처분 등의 집행정지 요건인 '회복하기 어려운 손해'라 함은 특별한 사정이 없는 한 금전으로 보상할 수 없는 손해로서 이는 금전보상이 불능인 경우 내지는 금전보상으로는 사회관념상 행정처분을 받은 당사자가 참고 견딜 수 없거나 또는 참고 견디기가 현저히 곤란한 경우의 유형, 무형의 손해를 일컫는다 할 것인바, 당사자가 처분 등이나 그 집행 또는 절차의 속행으로 인하여 재산상의 손해를 입거나 기업 이미지 및 신용이 훼손당하였다고 주장하는 경우에 그 손해가 금전으로 보상될 수 없어 '회복하기 어려운 손해'에 해당한다고 하기 위해서는 그 경제적 손실이나 기업 이미지 및 신용의 훼손으로 인하여 사업자의 자금사정이나 경영전반에 미치는 파급효과가 매우 중대하여 사업 자체를 계속할 수 없거나 중대한 경영상의 위기를 맞게 될 것으로 보이는 등의 사정이 존재하여야 한다. 항정신병 치료제의 요양급여 인정기준에 관한 보건복지부 고시의 효력이 계속 유지됨으로 인한 제약회사의 경제적 손실, 기업 이미지 및 신용의 훼손은 행정소송법 제23조 제2항 소정의 집행정지의 요건인 '회복하기 어려운 손해'에 해당하지 않는다.

(나) '다른 법률에 구제절차'의 의미(★)

1) 손해배상청구, 손실보상청구

그런데 여기의 '다른 법률에 의한 구제절차'라 함은 공권력의 행사 또는 불행사를 직접 대상으로 하여 그 효력을 다툴 수 있는 적법한 권리구제절차를 의미하는 것이지 공권력의 행사 또는 불행사의 결과 생긴 효과를 원상복귀시키거나 사후적·보충적 구제수단인 손해배상청구나 손실보상청구를 의미하는 것은 아니다(1993. 5. 13. 92헌마297).

2) 청원제도

청원제도도 사전권리구제절차에 해당되지 않는다. 청원제도도 기본권구제수단이기는 하나 그 성격이나 기능을 고려할 때 보충성원칙에서 요구하는 사전절차에 해당되지 아니하고, 따라서 어느 공권력 행사에 청원을 할 수 있다는 명시규정이 있다고 하더라도 청원을 거치지 않고 바로 헌법소원을 제기할 수 있는 것이다(1998. 10. 29. 98헌마4).

3) 진정서·탄원서의 제출

"형사피의자로 입건되었던 자는 검찰청에 진정서나 탄원서를 제출하거나 수사재기를 신청함으로써 자신의 억울함을 호소할 수도 있겠으나, 그것은 검사의 직권발동을 촉구하는 하나의 방법일 뿐이므로 헌법재판소법 제68조 제1항 단서 소정의 구제절차에 해당하는 것이라고 할 수 없다"(1992. 11. 12. 91헌마146).

4) 적법한 구제절차일 것

또한 헌법재판소법 제68조 제1항 단서의 '다른 법률에 의한 구제절차를 거친 후'란 다른 법률에 의한 구제절차를 '적법하게' 거친 경우를 말한다(1994. 6. 30. 90헌마107). 만약 그렇게 보지 아니하면 청구인이 일부러 부적법한 구제절차를 거침으로써 부당하게 청구기간을 연장할 수 있게 되어 청구기간 한정의 취지를 몰각시켜 버릴 염려가 있기 때문이다. 예컨대 사전구제절차에 신청기간(제소기간)이 정해져 있음에도 그 기간을 넘겨 신청하였다면 그 구제절차를 적법하게 거친 것이 아니므로 보충성요건을 갖추지 못하여 헌법소원심판청구는 부적법하게 된다.(1993. 7. 29. 91헌마47)

헌재판례) 소송취하 및 취하간주와 보충성(1999. 9. 16. 98헌마265)
심판대상 판결인 대법원 판결 중 파기환송부분은 청구인이 헌법소원심판을 청구한 후 그 사건이 원심에 계속 중 취하 간주됨으로써 실효되었으므로, 그 부분의 취소를 구하는 심판청구는 권리보호의 이익이 없게 되어 부적법하다. 과세처분의 취소를 구하는 행정소송을 제기하였다가 그 소송을 취하하였거나 취하간주된 경우 그 과세처분의 취소를 구하는 헌법소원심판청구는 다른 법률에 의한 적법한 구제절차를 거쳤다고 볼 수 없어 부적법하다.

헌재판례) 1993. 2. 19. 93헌마13
부당해고를 주장하는 청구인이 노동위원회에 구제신청 기간 내에 구제신청을 하지 않아 구제신청이 각하되었다면 이는 적법한 구제절차를 밟은 것이라 할 수 없고, 따라서 헌법재판소법 제68조 제1항 단서에 정한 적법한 구제절차를 거치지 아니하고 청구되었다고 할 것이므로 부적법하다.

헌재판례) 변호사법 제98조의5 제1항 위헌확인(2018. 7. 26. 선고 2016헌마1029)
변협징계위원회의 징계결정에 불복하는 징계혐의자는 통지를 받은 날로부터 30일 이내에 법무부징계위원회에 이의신청을 할 수 있고[변호사법 제100조 제1항], 법무부 징계위원회의 결정에

불복하는 경우 행정소송법으로 정하는 바에 따라 그 통지를 받은 날로부터 90일 이내, 징계결정이 있었던 날부터 1년 이내에 행정법원에 소를 제기할 수 있다(법 제100조 제4항). 따라서 청구인으로서는 이 사건 징계결정에 대해서 법률에 규정된 구제절차를 모두 거친 후에야 헌법소원심판을 청구할 수 있고, 예외적으로 전심절차로 권리가 구제될 가능성이 거의 없거나 권리구제철차가 허용되는지 여부가 객관적으로 불확실하여 전심절차의 이행의 기대가능성이 없는 경우에 해당하지도 아니한다. 그런데 청구인은 이 사건 징계결정에 관하여 법무부징계위원회에 이의신청을 한 후 법무부징계위원회의 이의신청에 대한 결정이 있기 이전에 이 사건 헌법소원심판을 청구하였고, 헌법소원심판의 심리 중에 내려진 법무부징계위원회의 이의신청에 대한 기각결정에 대하여 행정소송을 제기하였으나 그 소송절차가 종결되지 아니하였으므로, 이 부분 심판청구는 보충성을 갖추지 못하여 부적법하다.

(다) 법원에 의한 사전구제절차와 보충성의 원칙의 적용

헌법재판소법 제68조 제1항 단서는 헌법소원심판을 청구하기 전에 사전권리구제절차를 거치도록 하여 보충성의 원칙을 규정하고 있지만, 같은 법 제68조 제1항 본문은 재판헌법소원금지를 규정하고 있어 법원에 의한 사전권리구제절차를 거친다고 하더라도 헌법소원을 제기할 수 있는 방법이 없게 된다. 그렇다면 헌법소원이 금지되는 법원의 재판에 의한 사전구제절차의 경우에도 보충성원칙을 적용할 수 있는지가 문제된다. 헌법재판소는 보충성요건의 흠결이라고 하여 부적법각하 결정하기도 하였고, 법원의 재판관할에 있는 사건으로서 헌법소원의 대상이 되지 않는다고 각하결정하기도 하였다.

(라) 보충성요건 흠결의 치유

헌법재판소의 심리종결 시까지 사전구제절차를 거칠 것을 충족시키면 심판청구는 보충성의 요건을 갖추었다고 할 것이므로, 심판청구 시에 보충성요건이 흠결된 경우에도 사후에 치유가 인정된다(1991. 4. 1. 90헌마194).

(2) 보충성의 예외(★★★)

그런데 이러한 보충성의 원칙을 지나치게 엄격히 적용할 경우에는 헌법소원의

대상이 극히 협소해지고 그 결과 헌법이 헌법소원제도를 규정하고 있는 취지가 거의 상실되기 때문에 우리 헌법재판소는 법률의 명문의 규정이 없음에도 보충성의 원칙에 대한 예외를 인정하고 있다. 따라서 ① 다른 권리구제절차가 없는 경우, ② 청구인의 귀책사유로 돌릴 수 없는 정당한 이유로 전심절차를 밟지 않은 경우, ③ 통상의 권리구제절차로 권리가 구제될 가능성이 희박한 경우, ④ 특정한 경우에는 통상의 권리구제절차가 허용되는지가 객관적으로 분명하지 않은 경우, ⑤ 기타 전심절차를 거칠 것을 기대하기 어려운 경우 등에는 보충성의 예외가 인정된다 (1989. 9. 4. 88헌마22; 1995. 12. 28. 91헌마80; 2008. 5. 29. 2007헌마712 등).

헌재판례) 체포 후 장시간 유치장구금에 대한 헌법소원(2010. 9. 30. 2008헌마628)

체포에 대하여는 헌법과 형사소송법이 정한 체포적부심사라는 구제절차가 존재함에도 불구하고, 체포적부심사절차를 거치지 않고 제기된 헌법소원심판청구는 법률이 정한 구제절차를 거치지 않고 제기된 것으로서 보충성의 원칙에 반하여 부적법하다. 한편 헌법과 형사소송법이 정하고 있는 체포적부심사절차의 존재를 몰랐다는 점은 보충성의 예외로 인정될 만큼 정당한 이유 있는 착오라고 볼 수 없으며, 헌법과 형사소송법이 규정하고 있는 체포적부심사의 입법목적, 청구권자의 범위, 처리기관, 처리절차 및 석방결정의 효력 등을 고려하여 볼 때, 자신이 부당하게 현행범인으로 체포되었다거나 더 이상 구금의 필요가 없음에도 계속 구금되고 있다고 생각하는 피의자에게 있어 체포적부심사절차는 강력하고 실효성 있는 권리구제수단으로서 피의자에게 체포적부심사절차를 이행하도록 하는 것이 그 절차로 권리가 구제될 가능성이 거의 없거나 우회적인 절차를 요구하는 것밖에 되지 않는 경우에 해당한다고 볼 수 없다.

헌재판례) 변호인접견불허 처분에 대한 헌법소원(2011. 5. 26. 2009헌마341)

형사소송법 제417조의 준항고는 형사절차에서 이루어지는 검사 또는 사법경찰관의 처분에 대한 불복절차로서 구치소장의 접견불허 처분에 대해서는 적용될 수 없고, '형의 집행 및 수용자의 처우에 관한 법률' 제117조가 규정하고 있는 청원은 처리기관이나 절차 및 효력 면에서 권리구제절차로는 불충분하고 우회적인 제도로서 헌법소원에 앞서 반드시 거쳐야 하는 사전구제절차로 보기 어려우므로(헌재 2007헌마738), 청구인이 이 사건 접견불허 처분에 대하여 준항고 또는 청원의 절차를 거치지 않았다 하더라도 법률이 정한 구제절차를 거치지 않았다고 볼 수 없다. 한편, 구치소장의 접견불허 처분은 행정심판이나 행정소송을 통해 다툴 수 있으나, 이 사건 접견불허 처분의 대상이 된 6. 6. 접견은 그 시간이 경과함으로써 확정적으로 불가능하게 되었고, 이 사건 접견불허처분의 취소를 구하는 행정심판이나 행정소송은 이로써 소의 이익이 없어 부적법한 것으로 판단될 것이 예상되므로, 이 사건 심판청구에 대해서는 보충성원칙의 예외를 인정하는 것이 타당하다.

헌재판례) 경찰서장의 정보비공개결정에 대한 헌법소원(2003. 3. 27. 2000헌마474)

고소장과 피의자신문조서에 대한 열람은 기소 전의 절차인 구속적부심사에서 피구속자를 변호하기 위하여 필요한 것인데, 그 열람불허를 구제받기 위하여 행정소송을 제기하더라도 그 심판에 소요되는 통상의 기간에 비추어 볼 때 이에 의한 구제가 기소 전에 이루어질 가능성이 거의 없고 오히려 기소된 후에 이르러 권리보호이익의 흠결을 이유로 행정소송이 각하될 것이 분명한 만큼, 변호인인 청구인에게 이러한 구제절차의 이행을 요구하는 것은 불필요한 우회절차를 강요하는 셈이 되어 부당하다.

헌재판례) 강원대 법학전문대학원 신입생모집정지(2015. 12. 23. 2014헌마1149)

청구인은 이 사건 모집정지에 대하여 행정소송을 제기하지 아니한 채 바로 헌법소원심판을 청구하였으므로 보충성요건을 갖추었는지 여부가 문제되지만, 법인화되지 않은 국립대학은 영조물에 불과하고, 그 총장은 국립대학의 대표자일 뿐이어서 행정소송의 당사자능력이 인정되지 않는다는 것이 법원의 확립된 판례이므로, 설사 청구인이 이 사건 모집정지에 대하여 행정소송을 제기한다고 할지라도 부적법 각하될 가능성이 많아 행정소송에 의하여 권리구제를 받을 가능성이 없는 경우에 해당되고, 따라서 보충성의 예외를 인정함이 상당하다.

헌재판례) 인천공항송환대기실 변호인접견 불허처분(2018. 5. 31. 2014헌마346★)

가. 송환대기실의 설치·운영에 관하여 피청구인의 권한을 정하는 법령상의 근거가 없다. 피청구인은 이와 같이 자신에게 송환대기실에 수용된 사람의 변호인 접견을 허가할 권한이나 의무가 없다는 이유를 들어 변호인 접견신청을 거부하였다. 따라서 청구인이 피청구인을 상대로 이 사건 변호인 접견신청 거부의 취소를 구하는 행정심판이나 행정소송을 제기한다 하더라도 이 사건 변호인 접견신청 거부가 구체적 사실에 관한 "법집행"이 아니어서 행정소송법상 "처분"에 해당되지 않는다는 이유로 각하될 가능성이 크다. 따라서 이 사건 심판청구는 행정심판이나 행정소송이라는 권리구제절차가 허용되는지 여부가 객관적으로 불확실하여 전심절차이행의 기대가능성이 없는 경우에 해당한다. 이 사건 심판청구는 보충성의 예외가 인정된다.

나. 헌법 제12조 제4항 본문의 문언 및 헌법 제12조의 조문 체계, 변호인 조력권의 속성, 헌법이 신체의 자유를 보장하는 취지를 종합하여 보면 헌법 제12조 제4항 본문에 규정된 "구속"은 사법절차에서 이루어진 구속뿐 아니라, 행정절차에서 이루어진 구속까지 포함하는 개념이다. 따라서 헌법 제12조 제4항 본문에 규정된 변호인의 조력을 받을 권리는 행정절차에서 구속을 당한 사람에게도 즉시 보장된다. 종래 이와 견해를 달리하여 헌법 제12조 제4항 본문에 규정된 변호인의 조력을 받을 권리는 형사절차에서 피의자 또는 피고인의 방어권을 보장하기 위한 것으로서 출입국관리법상 보호 또는 강제퇴거의 절차에도 적용된다고 보기 어렵다고 판시한 우리 재판소 결정(헌재 2012. 8. 23. 2008헌마430)은, 이 결정 취지와 저촉되는 범위 안에서 변경한다.

(가) 다른 권리구제절차가 없는 경우

1) **법령헌법소원**(★)

법률·명령·규칙·조례 등 법령 자체에 의한 직접적인 기본권 침해가 문제될 때에는 그 법령 자체의 효력을 직접 다투는 것을 소송물로 하여 일반법원에 항고소송 등 소송을 제기하는 길이 없어 구제절차가 있는 경우가 아니므로 바로 헌법소원을 청구할 수 있다.

헌재판례) 보건복지부고시에 대한 헌법소원(2010. 9. 30. 2008헌마758★)
보충성과 관련하여 법령보충적 행정규칙인 이 사건 고시에 대한 항고소송이 허용되는지 문제된다. 만약 이 사건 고시의 처분성이 인정된다면 행정소송법 제2조 제1항 제1호에 의하여 행정법원에 항고소송을 제기하여야 하는 것이고, 이에 대하여 헌법소원을 제기한다면 다른 법률에 구제절차가 있는 경우에 해당되어 보충성원칙 위반으로 각하될 것이기 때문이다. 이 사건 고시는 처분의 성격을 지닌 것이라기보다는 행정규칙 형식의 법규명령으로서 일반적·추상적인 규정의 성격을 지닌 것이라 봄이 상당하다. 이처럼 이 사건 고시는 처분성이 결여된 법규명령인바, 법령 자체에 의한 직접적인 기본권 침해가 문제될 때에는 그 법령 자체의 효력을 직접 다투는 것을 소송물로 하여 일반법원에 그 소송을 제기하는 길이 없어 구제절차가 있는 경우가 아니므로, 다른 구제절차를 거치지 아니한 채 바로 이 사건 고시에 대하여 헌법소원심판을 청구할 수 있다.

2) **진정입법부작위**

입법부작위 그 자체에 대한 행정심판이나 항고소송 등이 인정되지 않는 이상 진정입법부작위에 대해서도 법률상 다른 구제절차가 없다고 할 것이므로 보충성원칙의 예외에 해당한다.

3) **권력적 사실행위**[399](★)

행정법상 법률행위로서 처분과 사실행위의 중간적 위치에 해당한다고 볼 수 있는 권력적 사실행위는 항고소송의 대상으로 처분에 해당하여 보충성원칙이 적용될 여지가 있다. 다만, 이와 관련하여 헌법재판소는 권력적 사실행위에 대하여 가

399 주로 교도소, 군대, 경찰 등 특수관계에서 문제된다.

능한 헌법소원의 대상에 포섭하여 그 심판 범위를 확장하여 왔는바, "행정심판이나 행정소송의 대상이 된다고 단정하기도 어려울 뿐 아니라 설사 그 대상이 된다고 하더라도 이미 종료된 행위로서 소의 이익이 부정될 가능성이 많아 헌법소원심판을 청구하는 외에 달리 효과적인 구제방법이 있다고 보기 어려우므로 보충성의 원칙에 대한 예외에 해당한다"고 판시한 바 있다. 헌법재판소가 보충성의 예외로 인정한 권력적 사실행위로는 국제그룹 해체(1993. 7. 29. 89헌마31), 교도소장의 미결수용자의 서신에 대한 검열·지연발송·지연교부행위(1995. 7. 21. 92헌마144), 구치소장이 미결수용자에게 재소자용 의류를 입게 한 행위(1999. 5. 27. 97헌마137 등) 등이 있다. 그러나 행정처분성을 가지는 교도소장의 서신발송 거부행위나 이송처분에 대하여는 "구제절차로서 행정심판 내지 행정소송으로 다툴 수 있으므로 위 구제절차를 거치지 아니한 헌법소원심판청구는 부적법하다"(1995. 7. 21. 92헌마144; 2009. 9. 22. 2009헌마500; 1992. 6. 19. 92헌마110)고 판시하였다.

헌재판례) 경찰조사실 피의자에 대한 촬영허용 행위(2014. 3. 27. 2012헌마652)
피청구인이 청구인의 의사에 관계없이 언론사의 취재 요청에 응하여 청구인의 모습을 촬영할 수 있도록 허용한 이상, 이미 청구인으로서는 수갑을 차고 얼굴을 드러낸 상태에서 조사받는 모습을 언론사에 공개당하는 불이익을 입게 된 것이다. 이러한 행위들은 권력적 사실행위로서 헌법소원심판청구의 대상이 되는 공권력의 행사에 해당한다. 촬영 허용 부분은 이미 종료된 행위로서 소의 이익이 없어 각하될 가능성이 크므로, 헌법소원심판을 청구하는 외에 다른 효과적인 구제방법이 있다고 보기 어렵다.

4) 지목변경신청서 반려처분(★★)

행정청의 지목변경신청서 반려행위에 대해서 대법원은 종전의 판례를 변경하여 행정소송의 대상인 행정처분에 해당한다고 판시하였다(2004. 4. 22. 2003두9015). 따라서 지목변경신청서 반려행위에 대해서 행정소송을 거치지 않고 바로 헌법소원심판을 청구하게 되면 보충성원칙에 위배된다. 그러나 대법원의 판례 변경 전에 제기된 지목변경신청서 반려행위에 대한 헌법소원심판청구는 보충성원칙에 위배되지 않는다는 것이 헌법재판소의 입장이다(2004. 6. 24. 2003헌마723).

헌재판례) 법원의 사건기록 열람·등사 허용 결정에 대한 기록을 보관하는 검사의 열람·등사신청 거부행위(2010. 6. 24. 2009헌마257)

피청구인의 이 사건 거부행위는 이 사건 허용 결정상의 열람·등사 의무를 사실상 이행하지 않음으로써 수사서류에 대한 열람·등사권의 실현을 방해하는 권력적 사실행위로서의 공권력 행사에 해당할 뿐, 종전의 피청구인의 거부처분과는 별도로 어떤 권리의 설정 또는 의무의 부담을 명하거나 기타 법률상 효과를 발생하게 하는 등 국민의 구체적인 권리·의무에 직접적 변동을 초래하는 행위라고 보기는 어려워 항고소송의 대상이 되는 행정처분이라고 볼 수 없다. 이와 달리 피청구인의 이 사건 거부행위를 항고소송의 대상이 되는 행정처분으로 보더라도, 신설된 형사소송법 제266조의4 소정의 구제절차를 거쳐 법원으로부터 열람·등사 허용 결정을 받았음에도 피청구인이 이를 이행하지 아니한 채 다시 이 사건 거부행위를 하고 있는 상황에서, 이 사건 거부행위에 대하여 재차 행정쟁송 절차를 거치게 한들 권리구제의 실익이 없는 반복적인 절차의 이행을 요구하는 것에 지나지 않고, 권리보호이익이 소멸하여 이제는 더 이상 행정쟁송 절차에 의해서는 권리구제의 가능성이 없으므로, 청구인들에게 행정쟁송 절차를 이행할 것을 요구하는 것은 불필요한 우회절차를 강요하는 것이 된다. 따라서 청구인들이 행정쟁송 절차를 거치지 아니하고 바로 이 사건 헌법소원심판을 청구하였다고 하더라도 이는 보충성원칙의 예외로서 허용된다.

헌재판례) 지목변경신청서반려처분에 대한 헌법소원(2004. 6. 24. 2003헌마723)

대법원이 지목변경신청서 반려행위는 항고소송의 대상이 되지 않는다는 종전의 판례를 변경[400]하여 지목변경신청반려행위가 처분행위에 해당한다고 보게 되었으므로, 지목변경신청서 반려행위에 대하여 행정소송을 거치지 않고 제기된 헌법소원심판청구는 보충성의 요건을 흠결하여 각하되어야 한다.

---

400 종래 대법원이 토지대장 등 지적공부에 일정한 사항을 등록하거나 등록된 사항을 변경하는 행위는 당해 토지의 실체상의 권리관계에 어떤 변동을 가져오는 것은 아니라는 이유로, 소관청이 그 등록사항을 직권으로 정정하는 행위나, 등록사항에 대한 변경신청을 거부(반려)하는 행위는 행정소송의 대상이 되는 행정처분이 아니라는 견해를 취하고 있었으므로, 지목변경신청 반려 내지 거부처분에 대하여는 달리 다른 법률에 구제절차가 있다고 볼 수 없어 바로 헌법소원심판청구를 하더라도 보충성의 요건에 반하지 않는다는 것이 헌법재판소의 판례였다(헌재 1999. 6. 24. 97헌마315; 2002. 1. 31. 99헌마563). 그런데 대법원은 2004. 4. 22. “지적법 제20조, 제38조 제2항의 규정은 토지소유자에게 지목변경신청권과 지목정정신청권을 부여한 것이고, 한편 지목은 토지에 대한 공법상의 규제, 개발부담금의 부과대상, 지방세의 과세대상, 공시지가의 산정, 손실보상가액의 산정 등 토지행정의 기초로서 공법상의 법률관계에 영향을 미치고, 토지소유자는 지목을 토대로 토지의 사용·수익·처분에 일정한 제한을 받게 되는 점 등을 고려하면, 지목은 토지소유권을 제대로 행사하기 위한 전제요건으로서 토지소유자의 실체적 권리관계에 밀접하게 관련되어 있으므로 지적공부 소관청의 지목변경신청 반려행위는 국민의 권리관계에 영향을 미치는 것으로서 항고소송의 대상이 되는 행정처분에 해당한다”고 판시하여 종전의 판례를 변경하였다.

5) 법률상 작위의무 없는 행정부작위

헌법재판소는 "공정거래위원회의 고발권불행사"에 대하여 "공정거래법은 고발에 대한 이해관계인의 신청권을 인정하는 규정을 두고 있지 아니할 뿐만 아니라, 법해석상으로도 공정거래위원회의 고발권 행사가 청구인의 신청이나 동의 등의 협력을 요건으로 하는 것이라고 보아야 할 아무런 근거도 없어 행정심판 내지 **행정소송의 대상이 되는 '부작위'로서의 요건을 갖추지 못하였다**고 할 것이므로, 청구인이 행정쟁송절차의 경유 없이 곧바로 헌법소원심판청구를 한 것은 보충성의 예외로서 적법하다"(1995. 7. 21. 94헌마136)고 판시하였다.

(나) 정당한 이유 있는 착오로 전심절차를 밟지 않은 경우

헌법재판소는 "헌법소원심판 청구인이 그의 불이익으로 돌릴 수 없는 정당한 이유있는 착오로 전심절차를 밟지 않은 경우 … 보충성의 예외를 인정하는 것이 청구인에게 시간과 노력과 비용의 부담을 지우지 않고 헌법소원심판제도의 창설취지를 살리는 방법이라고 할 것"이라고 판시하였다(1989. 9. 4. 88헌마22; 2008. 5. 29. 2007헌마712).

(다) 전심절차로 권리구제의 기대가능성이 없는 경우

헌재판례) 선거방송 대담토론 초청대상 후보자 배제 결정(2006. 6. 29. 2005헌마415)

이 사건 배제 결정은 선거방송토론을 주관·진행하는 행정관청인 피청구인이 이 사건 법률조항과 선거방송토론위원회의구성및운영에관한규칙 제23조에 근거하여 청구인을 선거방송토론의 초청대상 후보자에서 제외하는 개별·구체적인 행정처분으로서의 법적 성격을 가진다. 그런데, 후보자등록 마감일의 다음 날부터 선거일 전일까지의 십여 일 남짓한 선거운동기간에 선거방송토론이 개최되어야 하고, 게다가 이 사건 결정의 처분일자와 선거방송토론일과의 기간이 사흘 정도에 불과한 점을 감안할 때, 이 기간 내에 청구인이 행정소송을 제기하고 법원이 그에 대하여 종국판결을 선고할 수 있으리라 기대하기는 사실상 어렵다. 그리고 이 사건 결정과 같이 일회적 선거방송토론에의 참여를 배제하는 결정의 경우 청구인에게 사실상 선거방송토론에 참여할 기회를 부여하는 집행정지절차나 초청대상 후보자로서의 임시지위를 정하는 가처분절차로도 충분히 행정소송에서의 종국판결과 실질적으로 동일한 효과를 가질 수 있지만, 집행정지결정으로 당연히 선거방송토론에 참여할 수 있는 법적 지위가 부여된다고 단정할 수 없고, 실무관행상 취소소송 등 행정소송에 민사소송법상의 가처분절차가 준용된다고 보기도 어려워, 이들 절차 역시 직접적이고 실효적인 권리구제수단이라고 볼 수 없다. 따라서 이 사건 결정에 대하여는 구제절차가 있다고 하더라도 권리구제의 기대가능성이 없고 기본권 침해를 당한 자에게 불필요한 우회절차를 강요하는 것밖에 되지 않아 보충성의 예외를 인정한다.

헌재판례) 안기부 수사관의 변호인접견 방해행위(1992. 1. 28. 91헌마111)

접견방해행위에 대하여 형사소송법 제417조 소정의 불복방법이 가능하다고 하더라도 그 접견방해행위는 이미 종료된 사실행위여서 법원으로서는 재판할 이익이 없다고 하여 청구를 각하할 수밖에 없을 것이므로 헌법소원 이외에 달리 효과 있는 구제방법을 발견할 수 없다.

헌재판례) 현수막철거 이행명령(2002. 7. 18. 99헌마592 등)

이 사건 헌법소원은 구제절차가 있다고 하더라도 그로 인하여 권리가 구제될 가능성이 없어 청구인에게 그 절차의 선이행을 요구할 기대가능성이 없는 경우에 해당한다 할 것이므로, 헌법재판소법 제68조 제1항 단서에 불구하고 구제절차를 거치지 아니하고 직접 헌법소원을 제기할 수 있는 예외적인 경우의 하나로 보아야 할 것이다.(보충성 예외 인정)

청구인은 이 사건 헌법소원심판청구를 통하여 사전선거운동을 제한하는 국가행위의 위헌성을 문제삼는 것이 아니라, 단지 청구인들의 현수막 게시행위가 사전선거운동에 해당하는지의 여부를 다투고 있는 것이다. 이에 관한 판단은 사전선거운동의 개념과 범위를 정하는 문제, 즉 법률의 해석과 적용의 문제로서 헌법재판소의 관할이 아니라 일차적으로 법원의 과제에 속하는 것이다. 따라서 이 사건은 헌법질서의 수호·유지를 위하여 긴요한 사항이어서 위헌 여부의 해명이 헌법적으로 중요한 의미를 지니고 있는 경우라고 볼 수 없다.(권리보호이익 불인정)

헌재판례) 전심절차에서의 패소 가능성(1998. 10. 29. 97헌마285)

청구인은 이 사건 과세처분에 대하여 행정심판, 행정소송 등을 제기하더라도 대법원의 확립된 판례에 비추어 청구기각될 것이 명백히 예견되어 곧바로 헌법소원에 이르렀다고 주장하나, 조세법령의 해석과 적용에 관한 대법원의 확립된 판례에 비추어 패소할 것이 예견된다는 점만으로는 전심절차로 권리가 구제될 가능성이 거의 없어 전심절차 이행의 기대가능성이 없는 경우에 해당한다고 볼 수 없으므로, 청구인으로서는 이 사건 헌법소원심판을 청구하기에 앞서 국세기본법에 따른 이의신청 등의 구제절차와 행정소송에 의한 구제절차를 모두 거쳤어야 할 것이었다.

헌재판례) 구치소장의 기사 삭제 행위(1998. 10. 29. 98헌마4)

수용소에서의 구치소장의 기사 삭제행위가 행형법상(제6조)의 청원의 대상이 될 수 있음은 명백해 보이나, 그러한 청원제도를 헌법소원에 앞서 필요한 사전권리구제절차라고는 보기 어려울 뿐 아니라, 일반국민이 위와 같은 기사 삭제행위가 행정심판이나 행정소송의 대상이 될 수 있을 것이라고 쉽게 판단하기는 어렵다고 할 것이고, 청구인이 당시 구금자로서 활동의 제약을 받고 있었던 점을 아울러 고려할 때, 청구인의 입장에서는 위와 같은 절차 이행의 기대가능성이 없었다고 할 것이므로 이러한 경우는 보충성의 예외에 해당한다.

헌재판례) 계구 착용 강제의 처분성(2003. 12. 18. 2001헌마163)	
사안	청구인은 향정신성의약품관리법 위반혐의 등으로 구속, 기소 → 재판을 받던 중 미리 준비한 흉기로 법정계호 근무 중인 교도관을 찌르고 도주, 체포 후 재수감 → 2000. 3. 7. 금속수갑 착용, 같은 달 11. 가죽수갑 착용 → 2001. 3. 7. 헌법소원심판청구 → 2001. 6. 18. 해제
관련 조문	계구의제식과사용절차에관한규칙 제2조(계구의 구분) ① 계구는 그 종류별로 다음 각 호와 같이 구분한다. 2. 수갑은 금속수갑과 가죽수갑으로 구분한다. 제5조(계구의 사용요건) ② 수갑은 다음 각호의 1과 같은 사유가 있을 때에 사용할 수 있다. 2. 가죽수갑은 정신이상자·중범자 등 충동적·우발적 교정사고의 위험성이 큰 수용자에게 장시간 계속하여 계구를 사용할 필요가 있을 때
심판 대상	이 사건 계구사용행위는 수용자의 도주·폭행·소요 또는 자살의 방지 기타 교도소 등의 안전과 질서유지를 위하여 실시된 것으로 교도소 측이 그 우월적 지위에서 수용자에게 일방적으로 강제하는 성격을 가진 권력적 사실행위로서 헌법재판소법 제68조 제1항의 공권력 행사에 해당한다.
보충성	이 사건 계구사용행위는 이미 종료된 권력적 사실행위로서 행정심판이나 행정소송의 대상으로 인정되기 어려울 뿐만 아니라 설사 그 대상이 된다고 하더라도 소의 이익이 부정될 가능성이 많음. 행형법 제6조 제1항에 의한 청원제도 역시 처리기관이나 절차 및 효력면에서 권리구제절차로서는 불충분하고 우회적인 제도여서 헌법소원에 앞서 반드시 거쳐야 하는 사전구제절차라고 보기 어렵다. 청구인으로서는 헌법소원심판을 청구하는 외에 달리 효과적인 구제방법이 있다고 보기 어려우므로 보충성원칙의 예외에 해당함.
심판 이익 (권리 보호 이익)	피청구인의 청구인에 대한 이 사건 계구사용행위는 이미 종료되었으므로 이에 관하여 심판을 구할 청구인의 주관적인 권리보호이익은 이미 소멸함. 이 사건 계구사용행위와 같은 종류의 조치는 많은 수용자들에게 계속하여 반복될 가능성이 크고 청구인의 경우에도 계속하여 구금되어 있으므로 앞으로 다시 계구사용이 행해질 가능성이 있다. 그리고 이미 수용시설 내에 구금되어 기본권이 제한되고 있는 수용자들에게 계구의 사용으로 신체의 자유 등 기본권을 부가적으로 제한하는 것은 기본적 처우와 관련된 매우 중요한 문제로서 그 한계에 대한 헌법적 해명은 헌법질서 수호를 위하여 중대한 의미를 가진다. 따라서 이 사건 계구사용행위에 대한 헌법소원심판청구는 심판의 이익이 인정된다.

(라) 권리구제절차가 허용되는지 여부가 객관적으로 불확실한 경우

헌재판례) 수용자 서신 반송처분 위헌확인(2019. 12. 27. 2017헌마413·1161 병합)
이 사건 반송행위와 같은 공권력 행사에 대하여 아직 처분성 인정 여부에 대한 법원의 판단이 없고, 행정소송법에 의한 행정소송 등 다른 권리구제절차가 허용되는지 여부가 객관적으로 불확실하므로 보충성의 예외가 인정된다. 형집행법상 수용자에 대한 서신수수는 원칙적으로 허가

가 필요하지 않고, 수용자에 대한 금품교부는 원칙적으로 허가가 필요하다. 수용자에 대한 금품교부와 서신수수는 법령상 다른 제도로 운용되고 있으므로 양자를 달리 보는 것에 합리성이 있다. 반대의견에서 언급된 하급심판결 및 헌법재판소의 결정들은 형집행법 제27조에 따라 교정시설의 교도소장이 수용장에 대한 물품반입을 거부하고 반송한 행위를 처분으로 보고, 물품반입을 거부당한 수용자가 자신이 수용된 교정시설을 관할하는 교도소장을 상대로 물품반입 거부처분 취소 등 항고소송을 제기할 수 있다고 본 사례들이다. 이것은 '수용자가 자신이 보낸 서신을 반송한 다른 교정시설의 소장을 상대로 이 사건 반송행위의 위헌성을 주장'하는 이 사건과는 전혀 다른 사안들이다.

헌재판례) 대통령선거방송토론회의 결정 및 공표행위(1998. 8. 27. 97헌마372)

법률상 구제절차가 없는 경우에 해당하거나 사전에 구제절차를 거칠 것을 기대하기가 곤란한 경우에는 보충성의 요건을 충족한 것이다. 토론위원회의 결정이 행정쟁송의 대상인 처분인 여부는 객관적으로 불확실하며, 처분에 해당한다고 하더라도 짧은 법정 선거운동기간에 행정쟁송절차가 완료되어 구제될 가능성은 기대하기 어려우므로, 토론위원회의 결정을 다툼에 있어 행정쟁송을 거칠 것을 요구하는 것은 적절치 않다.

헌재판례) 경찰서장의 옥외집회신고서 반려행위(2008. 5. 29. 2007헌마712)

청구인들 중 일부가 이 사건 반려행위 중 별지 목록 (1) 내지 (3)의 반려행위에 대해 그 처분무효 취소를 구하는 행정소송을 서울행정법원에 제기하면서 위 본안의 확정 시까지 이 사건 반려처분의 효력을 정지시켜 달라는 집행정지신청을 하였으나, 법원은 집시법의 어느 규정에 의하더라도 이와 같은 반려행위는 그 근거를 찾아볼 수 없다는 이유 등으로 각하결정을 하였으므로 서울행정법원에 행정소송이 제기된 민원서류 반려행위는 물론, 서울행정법원에 행정소송이 제기되지 않은 민원서류 반려행위에 대해서도 보충성의 예외로서 헌법소원심판청구가 인정되어야 한다. 한편 청구인들이 집회하고자 하던 날들은 이미 지나버렸지만, 위와 같은 반려행위는 관행적으로 계속해서 이루어지고 있으므로 반복가능성이 있어 헌법적 해명의 필요성이 인정된다.

헌재판례) 감사원 국민감사청구 기각결정(2006. 2. 23. 2004헌마414)

감사원의 국민감사청구 기각결정에 대하여 처분성이 인정된다면 행정심판이나 행정소송 등의 사전 구제절차를 경료해야 하고 이를 거치지 아니한 심판청구는 보충성요건에 의하여 부적법하게 될 것이다. 그런데 감사원의 국민감사청구 기각결정의 처분성 인정 여부에 대한 대법원판례는 물론 하급심판례도 아직 없으며, 부패방지법상 구체적인 구제절차가 마련되어 있는 것도 아니므로, 청구인들에게 행정심판이나 행정소송 등의 사전 구제절차를 모두 경료하고 나서 헌법소원을 청구할 것을 기대할 수는 없다고 할 것이다. 따라서, 청구인들이 행정소송을 거치지 않았다고 하여 보충성요건에 어긋난다고 볼 수는 없다.

헌재판례) 국가인권위 진정 기각결정의 처분성(2015. 3. 26. 2013헌마214) [판례 변경]

국가인권위원회는 법률상의 독립된 국가기관이고, 앞서 본 국가인권위원회법의 여러 규정을 종합하면, 국가인권위원회의 진정에 대한 결정은 진정권이라는 피해자 등의 법률상의 권리 행사에 따른 진정의 수리·검토, 조사 등 일련의 법률상 권한을 행사한 결과이고, 피해자인 진정인에게는 국가인권위원회법이 정하고 있는 구제조치를 신청할 법률상 신청권이 있는데, 진정을 각하 또는 기각할 경우 피해자로서는 자신의 인격권 등을 침해하는 인권침해 또는 차별행위 등이 시정되고 그에 따른 구제조치를 받을 권리를 박탈당하게 되므로, 각하 또는 기각결정을 받지 아니하였다면 국가인권위원회의 권고조치 등을 통해 침해된 권리에 대해 구제받을 가능성이 있었을 것이라는 이익은 단순한 간접적인 이익이 아니라 국가인권위원회법이 정한 절차 및 그에 따른 효과를 향유할 수 있는 법률상 이익이다. 그러므로 진정에 대한 국가인권위원회의 각하 및 기각결정은 피해자인 진정인의 권리행사에 중대한 지장을 초래하는 것으로서 항고소송의 대상이 되는 행정처분에 해당하므로, 그에 대한 다툼은 우선 행정심판이나 행정소송에 의하여야 할 것이다. 결국 이 건 심판청구는 사전 구제절차를 모두 거친 후 청구된 것이 아니므로 보충성요건을 충족하지 못하였다.

종전 결정	헌법재판소는 종래 국가인권위원회의 진정에 대한 각하 또는 기각결정에 대해 행정처분성이 인정되는지 여부가 불명확하다는 이유로, 국가인권위원회에 대한 진정에 대한 각하 또는 기각결정에 대한 헌법소원이 보충성을 충족한다고 판단하였다(헌재 2012. 7. 26. 2011헌마829).

6. 권리보호의 이익[401]

(1) 의의

헌법소원은 국민의 침해된 기본권을 구제하는 제도이므로 그 제도의 목적상 당연히 권리보호의 이익(소의 이익)이 있는 경우라야 제기할 수 있다. 따라서 권리보호의 이익이 소멸 또는 제거된 경우에는 원칙적으로 심판청구는 부적법하게 된다. 이와 같이 권리보호이익은 주관적 권리구제를 목적으로 하는 소송제도에 필연적으로 내재하는 것이므로 권리보호이익을 요구한다고 하여 재판을 받을 권리를 침해하는 것은 아니다.[402]

헌재판례) 권리보호이익 요구의 위헌여부(2001. 9. 27. 2001헌마152)

권리보호이익 내지 소의 이익은, 국가적·공익적 입장에서는 무익한 소송제도의 이용을 통제하는

401 행정소송법에서의 '협의의 소의 이익(소익)' 개념과 유사한 개념징표라고 보면 된다.
402 이동흡, 전게서, 619면.

원리이고, 당사자의 입장에서는 소송제도를 이용할 정당한 이익 또는 필요성을 말하는 것으로, '이익 없으면 소 없다'라는 법언이 지적하듯이 소송제도에 필연적으로 내재하는 요청이다. 따라서 권리보호이익이라는 헌법소원심판의 적법요건은 헌법재판소법 제40조 제1항에 의하여 준용되는 민사소송법 내지 행정소송법 규정들에 대한 해석상 인정되는 일반적인 소송원리이지 헌법재판소법 제68조 제1항 소정의 '기본권의 침해를 받은'이라는 부분의 해석에서 직접 도출되는 것은 아니다. 권리보호이익은 소송제도에 필연적으로 내재하는 요청으로 헌법소원제도의 필수적 요건이라고 할 것이어서 이로 인하여 본안판단을 받지 못한다고 하여도 재판을 받을 권리의 본질적인 부분에 대한 침해가 있다고 보기 어렵다.

(2) 권리보호이익의 존속

권리보호이익은 헌법소원 제기당시뿐만 아니라 헌법재판소가 결정할 시점에서도 존재하여야 함이 원칙이다(2014. 4. 24. 2012헌마2). 그러므로 기본권의 침해를 받은 자가 그 구제를 받기 위한 헌법소원심판을 청구한 뒤 ① 기본권 침해의 원인이 된 공권력의 행사가 취소되거나 새로운 공권력의 행사 등 사정변경으로 말미암아 기본권 침해행위가 배제되어 청구인이 더 이상 기본권을 침해받고 있지 아니하게 된 때, ② 또는 침해행위가 이미 종료하여 이를 취소할 여지가 없기 때문에 헌법소원이 주관적 권리구제에 별 도움이 안 되는 경우 등에는 권리보호이익이 없게 되어 헌법소원심판청구는 원칙적으로 부적법하다.

헌재판례) 투표장소 종교시설 내 설치 사건(2010. 11. 25. 2008헌마207)	
사안	청구인 안○수는 불교도. 피청구인 수원시 선거관리위원회가 2007. 12. 9. '제17대 대통령선거를 위한 관할 제3투표소'를 기독교종교시설인 교회에 설치한다고 공고함에 따라 2007. 12. 19. 위 교회에서 투표. 청구인은 피청구인이 각 투표소를 기독교종교시설인 교회 내에 설치하기로 결정, 공고한 행위 및 피청구인 중앙선거관리위원회가 나머지 피청구인들의 부당한 투표소 설치 결정을 취소 또는 변경하지 아니한 부작위가 비개신교도들인 청구인의 종교의 자유, 선거권, 일반적 행동자유권, 평등권 등을 침해하였다고 주장하면서 2008. 2. 27. 헌법소원심판을 청구함.
심판대상	이 사건 심판대상은 피청구인 수원시 장안구 파장동선거관리위원회가 2007. 12. 9. 제17대 대통령선거 투표소를 교회에 설치한다고 공고한 행위와 피청구인 중앙선거관리위원회가 나머지 피청구인들의 이 사건 각 투표소 설치 공고 행위를 취소 또는 변경하지 아니한 부작위'가 청구인들의 기본권을 침해하여 위헌인지 여부.

판단	헌법소원은 원래 국민의 기본권 침해를 구제하기 위한 제도이므로, 헌법소원심판청구가 적법하다고 하려면 제도의 목적상 청구인에 대한 권리보호의 이익이 있어야 한다(헌재 1994. 7. 29. 91헌마137). 공권력 행사로 인한 기본권 침해가 이미 종료되고 그 기본권 침해 상태가 현재까지 계속되고 있지 않다면, 헌법소원심판청구를 인용하더라도 청구인의 기본권에 대한 침해를 종료시키거나 침해상태를 원상회복시킬 여지가 없으므로, 이러한 경우의 헌법소원심판청구는 청구인에 대한 관계에서 권리보호의 이익이 없다. 이 사건의 경우, 이 사건 각 투표소 설치 공고에 따른 제17대 대통령선거는 2007. 12. 19. 실시되어 이미 종료하였고, 위 공고에 의한 청구인들의 기본권 침해 상태가 현재까지 계속된다고 할 수도 없으므로, 이 사건 심판청구는 청구인에 대한 관계에서 권리보호의 이익이 없다. 한편, 헌법소원은 청구인들에 대한 주관적 기본권 침해를 구제하는 것뿐만 아니라 객관적 헌법질서를 수호·유지하는 것도 목적으로 하는 제도이므로, 가사 헌법소원심판청구에 의한 결정이 청구인들의 주관적 권리를 구제하는 데 도움이 되지 아니하더라도, 그러한 침해행위가 앞으로도 반복될 위험이 있거나 헌법질서의 수호·유지를 위하여 그에 대한 헌법적 해명이 긴요한 경우에는 예외적으로 심판청구이익을 인정하여 이미 종료된 침해행위가 위헌이었음을 확인할 필요가 있다(헌재 2009. 3. 26. 2006헌마240·371 병합). 그런데, 이 사건 각 투표소 설치 공고의 근거규정인 공직선거법 제147조 제4항은 2010. 1. 25. “종교시설 안에는 투표소를 설치하지 못한다. 다만, 종교시설의 경우 투표소를 설치할 적합한 장소가 없는 부득이한 경우에는 그러하지 아니하다.”라는 내용으로 개정되었다. 그리고, 이와 같은 개정법률에 따라 피청구인들은 2010. 6. 2. 실시된 전국동시지방선거에서 종전에 교회에 설치하였던 투표소를 모두 종교시설이 아닌 곳에 설치한 바 있다. 이 점에 비추어 보면, 향후 피청구인들의 공권력 행사에 의하여 청구인들의 기본권이 반복적으로 침해될 위험성은 없어졌다고 할 것이고, 그 밖에 달리 이 사건 투표소 설치공고가 청구인들의 기본권을 침해하여 위헌인지 여부를 해명하는 것이 헌법질서의 수호·유지를 위하여 긴요하다고 볼 사정도 없다. 따라서, 이 사건 청구는 심판청구의 이익을 예외적으로 인정할 사안도 아니다. 제17대 대통령선거가 이미 종료되어 청구인들을 위한 주관적 권리보호이익이 더 이상 존재하지 아니하고, 심판청구의 이익을 예외적으로 인정할 수도 없으므로, 청구인들의 이 사건 심판청구는 부적법하다.

헌재판례) 공직선거법 제15조 등 위헌확인, 공직선거법 제15조 제1항 등 위헌확인, 공직선거법 제15조 제2 항 위헌확인, 지방교육자치에 관한 법률 제49조 제 1항 위헌확인(2020. 8. 28. 선고 2017헌마187, 2017헌마393, 2017헌마1340, 2018헌마141, 2017헌마1341 병합)

공직선거법상 선거권연령 조항은 2020. 1. 14. 법률 제16864호로 개정되어 대통령, 국회의원, 지방자치단체의 장 및 의회의원의 선거권연령 하한이 19세에서 18세로 낮아졌고, 위 개정된 조항은 교육자치법 제49조 제1항에 의해 교육감선거에도 준용된다. 또한 공직선거법 부칙(2020. 1. 14. 법률 제16864호) 제2조는 위와 같이 개정된 규정을 2020. 4. 15. 실시하는 임기만료에 따른 국회의원선거부터 적용하도록 하고 있다. 따라서 심판대상조항은 더 이상 청구인들에게 적용될 여지가 없으므로 이 사건 심판청구의 주관적 권리보호이익은 소멸하였다.

헌재판례) 기장군 의회 임시회 방청불허 처분취소(2017. 7. 27. 2016헌마53)

이 사건 방청불허행위에서 문제된 운영행정위원회 제209회 제1차, 제3차 임시회는 모두 종료되었으므로 권리보호이익이 소멸하였다. 지방의회 위원회 위원장은 특정 방청신청에 대하여 구체적 사정을 고려하여 허가 여부를 결정하고, 위원회 회의는 논의가 속행되지 않는 이상 개별 회의마다 성격이 다르므로 이 사건 방청불허행위와 동일한 행위가 반복될 위험성은 없다. 설령 반복 위험성이 있더라도 이 사건에서는 이 사건 방청불허행위가 지방자치법 제60조 제1항의 적법한 요건을 갖추고 있는가에 관한 위법성이 문제될 뿐이므로, 헌법적으로 해명이 중대한 의미를 지니는 경우로 보기 어렵다. 따라서 이 사건 방청불허행위에 대한 심판청구는 권리보호이익이 없고, 심판청구의 이익도 인정되지 않는다.

헌재판례) 물포발사행위 종료와 권리보호이익(2014. 6. 26. 2011헌마815) [403]

---

403 **비교판례) 직사살수행위 위헌확인 등(2020. 4. 23. 2015헌마1149)**

가. 기존 청구인들의 이 사건 직사살수행위에 대한 심판청구

이 사건 직사살수행위의 상대방은 청구인 백○○이고, 그 **배우자와 자녀들인 기존 청구인**들은 이 사건 직사살수행위의 직접 상대방이 아닌 제3자에 해당한다. 또한 이 사건 직사살수행위가 청구인 백○○의 기본권을 침해함으로써 기존 청구인들이 받은 정신적 고통 등은 간접적, 사실적 이해관계에 불과하다. 따라서 기존 청구인들의 이 사건 직사살수행위에 대한 심판청구는 기본권 침해의 자기관련성이 인정되지 아니하여 부적법하다.

나. 청구인들의 이 사건 근거조항들에 대한 심판청구

이 사건 근거조항들은 살수차의 사용요건 등을 정한 것으로서 집회·시위 현장에서 경찰의 살수행위라는 구체적 집행행위를 예정하고 있다. 경찰관은 이 사건 근거조항들에 의하여 직사살수를 할 것인지 여부를 개별적·구체적 집회 또는 시위 현장에서 재량적 판단에 따라 결정하므로, 기본권에 대한 침해는 이 사건 근거조항들이 아니라 구체적 집행행위인 '직사살수행위'에 의하여 비로소 발생하는 것이다(헌재 2018.5. 31. 2015헌마476). 따라서 청구인들의 이 사건 근거조항들에 대한 심판청구는 기본권 침해의 직접성을 인정할 수 없으므로 부적법하다.

다. 청구인 백○○의 이 사건 직사살수행위에 대한 심판청구

(1) 심판의 이익 인정 여부

이 사건 직사살수행위는 이미 종료되었고, 청구인 백○○는 2016. 9. 25. 사망하였으므로, 청구인 백○○의 이 사건 직사살수행위에 대한 심판청구가 인용된다고 하더라도 청구인 백○○의 권리구제에는 도움이 되지 않는다. 그러나 기본권 침해행위가 장차 반복될 위험이 있거나 그 심판대상에 대한 위헌 여부의 해명이 헌법질서의 수호·유지를 위하여 긴요한 사항이어서 헌법적으로 중요한 의미를 가지고 있는 경우에는 예외적으로 심판의 이익을 인정할 수 있다(헌재 2011. 12. 29. 2010헌마285). 이 사건 근거조항들은 살수차를 경찰장비의 하나로 규정하고 있고, 직사살수행위는 사람의 생명이나 신체에 중대한 위험을 초래할 수 있는 공권력 행사에 해당하며, 헌법재판소는 직사살수행위가 헌법에 합치하는지 여부에 대한 해명을 한 바 없다(헌재 2018. 5. 31. 2015헌마476). 그렇다면 청구인 백○○의 이 사건 직사살수행위에 대한 심판청구는 주관적 권리보호이익은 소멸하였으나, 기본권 침해행위의 반복가능성과 헌법적 해명의 필요성이 있으므로 심판의 이익을 인정할 수 있다.

(2) 청구인 백○○의 사망과 심판절차의 종료 여부

청구인 백○○는 심판절차가 계속 중이던 2016. 9. 25. 사망하였다. 청구인 백○○가 침해받았다고 주장하는 기본권인 생명권, 신체의 자유, 표현의 자유, 인격권, 행복추구권, 인간으로서의 존엄과 가치, 집회의 자유 등은 일신전속적인 성질을 가지므로 기본권의 주체가 사망한 경우 승계되거나 상속될 수 있는 것이 아니

이 사건 물포발사행위는 이미 종료되어 청구인들의 기본권 침해상황이 종료되었으므로, 이 사건 심판청구가 인용된다고 하더라도 청구인들의 권리구제에 도움이 되지 않아, 권리보호이익이 없다. 또한, 구 경찰관직무집행법 제10조, 경찰장비의 사용기준 등에 관한 규정 제2조 제4호, 구 경찰장비관리규칙 제97조 제2항 제3호, 물포운용지침 등 관련규정과 대법원 판례에 의하면, 물포발사행위는 타인의 법익이나 공공의 안녕질서에 대하여 직접적이고 명백한 위험을 초래하는 집회나 시위에 대하여 구체적인 해산사유를 고지하고 최소한의 범위 내에서 이루어져야 하므로, 집회 및 시위 현장에서 청구인들이 주장하는 것과 같은 유형의 근거리에서의 물포 직사살수라는 기본권 침해가 반복될 가능성이 있다고 보기 어렵고, 설령 물포발사행위가 그러한 법령상의 한계를 위반하면 위법함이 분명하므로, 헌법재판소가 헌법적으로 해명할 필요가 있는 사안이라고 보기도 어렵다.

헌재판례) 제1, 2회 변호사시험의 합격자명단 공고와 심판의 이익(2015. 2. 26. 2012헌마251 등)

헌법소원심판청구가 주관적 권리구제에는 도움이 되지 아니한다 하더라도 헌법질서의 수호·유지를 위하여 그에 대한 헌법적 해명이 긴요하거나 그러한 침해행위가 앞으로도 반복될 위험이 있는 경우에는 예외적으로 심판청구의 이익을 인정할 수 있다. 그러나 청구인들은 '개인정보 보호법'에 따라 변호사시험 합격자명단의 익명처리가 이루어져야 한다고 주장하는데, 법무부에서는 합격자 공고로 인하여 불합격자의 사생활의 비밀과 자유 등 기본권이 침해될 수 있다는 지적을 수용하여 제3회 변호사시험의 합격자공고부터 합격자의 성명을 공개하지 않고 있고 이러한 법무부의 조치가 변경되리라는 사정도 없으므로, 청구인들이 주장하는 기본권 침해는 앞으로도 반복하여 발생할 것이라고 보기 어렵고, 이에 대한 헌법적 해명의 필요성이 높다고 보기도 어렵다.

헌재판례) 대통령 선거종료와 선거권 행사 관련 수감자 호송조치 부작위(2015. 3. 26. 2013헌마152)

헌재판례) 신청인에 대한 형사절차 및 손배청구가 모두 종료된 상황에서의 체포영장 열람·등사 신청 거부처분(2015. 7. 30. 2012헌마610)

헌재판례) 수용자가 임의로 염색한 러닝셔츠 폐기행위(2016. 10. 27. 2014헌마626)

이 사건 폐기행위는 2014. 7. 14. 이미 종료되었으므로, 그에 대한 심판청구가 인용된다고 하더라도 청구인의 권리구제에는 도움이 되지 아니한다. 한편 청구인이 이 사건 심판청구를 통하여 다투

다. 이처럼 청구인 백○○의 이 사건 직사살수행위에 대한 심판청구는 청구인 백○○의 상속인들이 수계할 성질의 것이 아니므로, 청구인 백○○의 사망으로 그 심판절차가 종료되는 것이 원칙이다(헌재 2016. 9. 29. 2014헌마341). 그러나 헌법소원제도는 개인의 권리구제뿐만 아니라 객관적인 헌법질서의 보장기능도 가지므로, 기본권 침해행위가 장차 반복될 위험이 있거나 그 심판대상에 대한 위헌 여부 해명이 헌법적으로 중요한 의미를 가지고 있고, 헌법소원심판청구인이 심판대상인 기본권 침해행위로 인하여 사망한 경우 예외적으로 심판의 이익이 인정되어 심판절차가 종료되지 않는다. 직사살수행위의 반복가능성과 그 위헌 여부에 대한 헌법적 해명의 필요성이 인정되고, 청구인 백○○는 이 사건 직사살수행위로 인하여 이 사건 심판절차의 계속 중 사망에 이르렀으므로, 청구인 백○○의 이 사건 직사살수행위에 대한 심판청구는 예외적으로 심판의 이익이 인정되어 종료된 것으로 볼 수 없다.

고자 하는 바는, 청구인이 임의로 흰색에서 다른 색으로 물들여 소지하고 있던 러닝셔츠가 형집행법 제92조 제2호에서 정한 '그 밖에 시설의 안전 또는 질서를 해칠 우려가 있는 물품'에 해당하는지, 해당한다면 피청구인이 형집행법 제93조 제5항 본문을 적용하여 이를 폐기한 행위가 피청구인의 권한을 남용한 것인지에 관한 문제인데, 이러한 문제를 판단하기 위해서는 구체적인 사실관계의 확정이 선행되어야 하고, 설령 확정된 사실관계를 기초로 판단한다고 하더라도 이 문제에 대한 판단은 개개의 사건에 대한 개별적·구체적 판단이 될 수밖에 없는바, 이러한 판단은 피청구인의 공권력 행사에 대한 위헌성 판단의 문제가 아니라, 법률에 의하여 부여받은 피청구인 권한의 범위와 한계를 정하는 것으로서 단순히 법률의 해석과 적용의 문제, 즉 위법성의 문제에 불과하므로, 설사 이 사건 폐기행위와 같은 기본권 침해가 앞으로 반복될 가능성이 있다고 하더라도, 그 위헌여부를 확인할 실익이 없어 심판청구의 이익이 인정되지 않는다.

헌재판례) 지방의회 내부 위원회 회의에 대한 시민 방청불허(2017. 7. 27. 2016헌마53)

헌재판례) 역사교과서 국정화 고시(2018. 3. 29. 2015헌마1060 등)

헌재판례) 밀양송전탑 건설공사현장 통행제지 행위(2016. 5. 26. 2013헌마879)

헌재판례) 국회의원선거구 입법부작위(2016. 4. 28. 2015헌마1177 등) – 계속 중 입법된 경우 이익소멸

헌재판례) 북한인권법 입법부작위(2016. 4. 28. 2013헌마266) – 계속 중 입법된 경우로 이익소멸

헌재판례) 성범죄자 신상정보 20년간 보존·관리조항(2016. 3. 31. 2014헌마457; 2014헌마785; 2017. 5. 25. 2016헌마786; 2017. 10. 26. 2016헌마656)

헌법재판소는 2015. 7. 30. 등록정보를 최초 등록일부터 20년간 보존·관리하도록 한 구 '성폭력범죄의 처벌 등에 관한 특례법' 제45조 제1항이 헌법에 합치되지 아니하며, 2016. 12. 31.을 시한으로 입법자가 개정할 때까지 계속적용된다는 헌법불합치결정을 선고하였다(헌재 2015. 7. 30. 2014헌마340 등). 헌법불합치결정도 위헌결정의 일종이므로 위 조항은 이미 위헌으로 결정된 것이다. 따라서 위 조항의 위헌 여부는 더 이상 헌법소원심판의 대상이 될 수 없다.

(3) 요건의 완화(★예외★)

헌법소원의 본질은 개인의 주관적 권리구제뿐만 아니라 객관적인 헌법질서의 보장도 겸하고 있으므로('헌법소원의 이중적 기능'), 헌법소원에 있어서의 권리보호이익은 일반법원의 소송사건에서처럼 엄격하게 해석할 것은 아니다. 따라서 헌법소원이 청구인의 주관적인 권리구제에 별 도움이 안 되는 경우라도 그러한 침해행위가 앞으로도 반복될 위험이 있거나 당해 분쟁의 해결이 헌법질서의 수호유지를 위하여 긴요한 사항이어서 헌법적으로 그 해명이 중대한 의미를 지니고 있는 경우에는 심판청구의 이익을 인정한다(1992. 1. 28. 91헌마111). 일회적이고 특정한 상황에서 벌어진 권력적 사실행위에 대한 평가일지라도 그에 대하여 일반적인 헌법적 의미를 부여할 수 있는 경우라면 헌법적 해명의 필요성을 인정할 수 있을 것이다(2006. 6. 29. 2005헌마703; 2016. 5. 26. 2013헌마879). 반면 공권력 행사의 위헌성이 아니라 단지 위법성이 문제되는 경우에는 설사 유사한 침해행위가 앞으로도 반복될 위험이 있다고 하더라도, 공권력 행사의 위헌 여부를 확인할 실익이 없어 심판청구의 이익이 부인된다(2016. 10. 27. 2014헌마626; 2017. 7. 27. 2016헌마53). 그런데 여기서 말하는 "침해의 반복 위험성"이란 단순히 추상적·이론적인 가능성이 아닌 구체적·실제적인 것이어야 하고 청구인이 입증할 책임이 있다. 따라서 권리침해의 반복위험성에 관하여 청구인 측에서 아무런 주장 입증을 하지 않는다면 권리침해의 위험성은 부정될 수밖에 없다(1997. 6. 26. 97헌바4).

헌재판례) 유치장 개방화장실 사건(2001. 7. 19. 2000헌마546)	
사안	청구인들 집시법 위반으로 약 2일간 영등포경찰서 유치장에 수용 → 차폐시설(74cm)이 불충분하여 신체부위가 노출되는 개방적 구조를 가진 유치장 내 화장실 사용 강요 → 인격권 등 침해를 이유로 헌법소원심판청구
심판대상	영등포 경찰서장의 유치장 내 화장실 사용 강제 행위
판단	전국의 다수 유치장 화장실의 구조와 사용실태가 이 사건에서의 그것과 유사하여(이러한 구조의 유사성은 유치실 내 화장실이 유치장설계표준에 관한 경찰청예규에 "대변소의 문은 간수의 감시에 지장이 없도록 하반 부분으로 하여야 한다"라고 규정되어 있는데 기인하는 것으로 보인다) 청구인들에 대한 이 사건 심판대상행위와 동종의 조치로 인한 기본권 침해행위는 여러 사람에 대하여, 그리고 반복하여 일어날 위험이 있다고 보이므로, 심판청구의 이익이 인정된다.

헌재판례) 경찰조사실 피의자에 대한 촬영허용행위(2014. 3. 27. 2012헌마652)

헌재판례) 피의자신문에 참여한 변호인에 대한 후방착석 요구행위(2017. 11. 30. 2016헌마503)

헌재판례) 인천공항송환대기실 변호인접견 불허처분(2018. 5. 31. 2014헌마346)

헌재판례) 최루액 혼합살수행위(2018. 5. 31. 2015헌마476)

헌재판례) 불법체류자 보호 및 강제퇴거명령 집행행위(2012. 8. 23. 2008헌마430)

헌재판례) 주민소환투표 조항(2009. 3. 26. 2007헌마843)

헌재판례) 변호사시험 시험장 선정행위(2013. 9. 26. 2011헌마782)

(4) 불기소처분에 대한 헌법소원에서 공소시효와 권리보호이익

고소하지 아니한 형사피해자가 검사의 '혐의 없음' 불기소처분에 대해 헌법소원을 청구한 사건에서, 심판청구 당시 공소시효가 이미 완성되었거나 심판청구 후에 공소시효가 완성된 경우에는 권리보호이익이 없어 부적법하다(1989. 4. 17. 88헌마3; 1997. 7. 16. 97헌마40). 다만 헌법재판소 "공소시효의 완성을 이유로 내사종결 처분을 한 사건에서 고소인인 청구인은 공소시효가 완성되지 않았다고 주장하면서 범죄의 성립 여부를 판단하지 아니한 채 공소시효가 완성되었다고 판단한 피청구인의 처분을 다투고 있는" 헌법소원 사건에서는 권리보호이익을 인정하기도 하였다(2014. 9. 25. 2012헌마175).

그러나 형사피의자(피고소인)가 검사의 '기소유예처분'에 대하여 헌법소원을 제기했고 그 피의사실에 대한 공소시효가 완성된 경우에는 형사피해자와 달리 권리보호이익이 인정된다. 즉, 기소유예처분은 그 피의자에 대하여 피의사실을 인정하는 것이지만 '공소권 없음' 처분은 범죄혐의의 유무에 관한 실체적 판단을 하는 것이 아니고 단지 공소권 없다는 형식적 판단을 하는 것으로서 기소유예처분보다는 피의자에게 유리하기 때문이다(1997. 5. 29. 95헌마188). 이와 유사하게, 기소유예처분에 대한 헌법소원에 있어서 기소유예처분의 피의사실에 대하여 일반사면이 있는 경우에도 권리보호이익이 인정된다(1996. 10. 4. 95헌마318).

(5) 법률개정과 권리보호이익

법령헌법소원 제기 후 심판 계속 중에 법령이 개정되어 심판대상 법률조항이 더 이상 적용될 여지가 없게 되었다면 원칙적으로 권리보호이익이 인정되지 않는다. 그러나 예외적으로 개정 법률조항이 당초 구법과 유사한 내용을 담고 있고, 개정 법률조항의 재개정 여부에 영향을 미칠 수 있는 경우에는 권리보호이익이 인정된다(2003. 5. 15. 2001헌마565; 2006. 7. 27. 2004헌마655).

7. 청구기간(★★★)

(1) 의의

청구기간제도의 목적은 청구기간 이후에는 공권력작용을 더 이상 다툴 수 없도록 함으로써 공권력의 행사로 인한 법률관계를 신속히 확정하여 법적 안정성을 확보하기 위한 것이다.[404] 이와 관련하여, 2003. 3. 13. 개정·공포된 헌법재판소법 제69조 제1항은 헌법소원의 청구기간을 "사유가 있음을 안 날부터 90일 이내에, 그 사유가 있는 날부터 1년 이내"로 개정됨으로써, 종전의 각 "60일", "180일"보다 더 연장하였다. 이에 대해 헌법재판소는 개정법의 청구기간 연장규정이 구법 시행 당시 청구된 사건에도 적용됨을 인정하였다(2003. 7. 24. 2003헌마97). 다만 다른 법률에 의한 구제절차를 거친 헌법소원의 심판은 그 최종 결정을 통지받은 날로부터 30일 이내에 청구하여야 한다. 그리고 헌법소원심판의 청구기간 준수는 도달주의 원칙에 의하므로, 심판청구서가 헌법재판소에 도달한 시점이 청구기간을 도과한 후라면 부적법한 청구가 된다(1990. 4. 10. 90헌마50). 헌법재판소는 헌법재판소법 제69조 제1항의 청구기간에 대해 합헌결정하였다(2007. 10. 25. 2006헌마904).

(2) 다른 법률에 의한 구제절차를 거친 경우

다른 법률에 의한 구제절차를 거친 경우 헌법소원심판의 청구는 그 최종결정을

404 한수웅, 전게서, 1480면.

통지받은 날로부터 30일 이내에 청구하여야 한다(헌재법 제69조 제1항 단서).[405] 여기서 '통지받은 날'은 당해 구제절차에서 결정문 등을 송달받은 날을 의미한다(헌재 1992. 2. 24. 90헌마149). 요컨대, 다른 법률에 의한 구제절차를 거친 경우에는, 그 사유가 있음을 안 날부터 90일이 지났거나 그 사유가 있은 날부터 1년이 지났더라도 '최종 결정문을 송달받은 날로부터 30일 이내'에 청구하면 청구기간을 준수한 것이다. 나아가 '다른 법률에 의한 구제절차를 거친 경우'의 정확한 해석이 문제되는데, 헌재법 제69조 제1항 단서에 의해 청구기간이 연장되는 것은 '적법한 구제절차를 거친 경우에 한한다'는 것이 헌법재판소의 확립된 판례이다. 부적법한 구제절차까지 포함하면 청구인이 부적법한 방법으로 청구기간을 무한정 연장시킬 수 있게 되기 때문이라고 헌재는 그 이유를 설명한다.

한편, 부적법한 구제절차를 거친 경우에는 법 제69조 제1항 단서가 아니라 같은 항 본문에 의하여 청구기간을 계산한다. 즉, 그 경우는 '그 최종결정을 통지받은 날로부터 30일 이내'가 아니라, '그 사유가 있음을 안 날로부터 90일 이내에, 그 사유가 있은 날로부터 1년 이내'에 청구해야 한다. 예를 들어 청구인이 거친 구제절차가 부적법하여 각하된 경우에는, '각하결정을 송달받은 날로부터 30일'이 아니라 원래 청구기간('그 사유가 있음을 안 날'로부터 90일 및 '그 사유가 있은 날'로부터 1년)에 의하여 청구기간 준수 여부를 판단한다(헌재 1993. 7. 29. 91헌마47).

(3) 다른 법률에 의한 구제절차가 없는 경우

다른 법률에 의한 구제절차가 없거나 보충성요건에 대한 예외가 인정되어 다른 법률에 의한 구제절차를 거칠 필요가 없는 경우에는 그 사유가 있음을 안 날로부터 90일 이내에, 그 사유가 있는 날로부터 1년 이내에 청구하여야 한다(헌재법 제69조 제1항 본문).

---

405 다만, 위 다른 법률에 의한 구제절차란 2008년 형사소송법 개정 전 불기소처분에 대한 검찰청법상의 항고, 재항고를 거친 경우를 말하는데, 2008년 형사소송법 개정으로 불기소처분에 대한 재정신청 대상이 모든 범죄로 확대됨에 따라 법원에서 다툴 수 있게 되어 현재 위 조문은 사실상 사문화된 규정에 해당한다.

(가) 사유가 '있는 날'의 의미

헌법재판소법 제69조 제1항 소정의 '그 사유가 있는 날부터 1년 이내'에서 말하는 '사유가 있는 날'이란 헌법소원의 사유가 있은 날을 의미하므로 공권력의 행사로 인하여 기본권이 침해되는 사실이 발생한 객관적 시점을 말한다.[406] 즉, '그 사유가 있은 날'은 공권력의 행사 또는 불행사로 인하여 '현실적으로 기본권이 침해된 날'을 의미한다. 단지 그 침해가 확실히 예상되는 등 실체적 제 요건이 성숙했다는 것만으로는 여기에 해당하지 않는다. 즉, 상황성숙성이론은 청구기간의 기산에는 적용되지 않는다(헌재 1996.03.28. 93헌마198).

(나) 사유가 있음을 '안 날'의 의미

그리고 '그 사유가 있음을 안 날'은, 적어도 공권력의 행사에 의한 기본권 침해의 사실관계를 특정할 수 있을 정도로 현실적으로 인식하여 심판청구가 가능해진 때를 뜻한다는 것이 판례이다(헌재 1993. 7. 29. 89헌마31). 여기서 두 가지 점을 유의해야 한다. 첫째, 기본권 침해의 원인이 된 공권력의 행사/불행사를 특정하기에 충분할 정도로 사실관계가 밝혀졌어야 한다(헌재 1993. 7. 29. 89헌마31). 둘째, 공권력에 의하여 기본권이 침해된 '사실관계'를 안 것으로 족하며, 그 사실관계를 법률적으로 평가하여 그것이 헌법소원의 대상이 됨을 알 필요까지는 없다(헌재 1993. 11. 25. 89헌마36). 헌법재판소는 외국인 산업연수생이 노동부 예규에 의해 기본권을 침해받고 있다는 사실을 외국인노동자상담소에서 상담을 받은 때 비로소 알게 되었다고 본 사례가 있다(헌재 2007. 8. 30. 2004헌마670). 한편 이른바 '국제그룹 사건'에서는 1985년 2월경에 행하여진 기본권 침해행위를 청구인이 1988년 12월 21일에 비로소 알게 되었다고 인정하였다(헌재 1993. 7. 29. 89헌마31).

(다) 두 기간을 모두 충족할 것

나아가, 헌재법 제69조 제1항 본문에서 규정하고 있는 헌법소원의 사유가 있음

---

406 김유향, 전게서, 1693면.

을 '안 날'로부터 90일이라는 기간과 그 사유가 있는 날로부터 1년이라는 두 기간은 모두 지켜져야 하므로 어느 한 기간이라도 도과하게 되면 심판청구는 부적법하게 된다(2004. 4. 29. 2004헌마93).

(라) 청구기간 도과의 정당한 사유 - 소송행위의 추완 허용[407]

한편, 헌법재판소법 제40조 제1항에 의하면 행정소송법이 헌법소원심판에 준용되므로, 정당한 사유가 있는 경우 제소기간을 도과한 행정소송을 허용하는 행정소송법 제20조 제2항 단서가 헌법소원심판에도 준용된다고 할 것이고, 따라서 정당한 사유가 있는 경우에는 청구기간의 도과에도 불구하고 헌법소원심판청구는 적법하다고 해석하여야 할 것이다.[408] 그런데 여기의 정당한 사유라 함은 청구기간 도과의 원인 등 여러 가지 사정을 종합하여 지연된 심판청구를 허용하는 것이 사회통념상으로 보아 상당한 경우를 뜻한다(1993. 7. 29. 89헌마31).

헌재판례) 문화예술계 블랙리스트 사건(2020. 12. 23. 2017헌마416)

청구인에 관한 이 사건 정보수집 등 행위는 늦어도 위 청구인들에 대한 지원배제가 확정된 일자에 일어났다고 볼 수 있으므로, 청구인의 경우 늦어도 2015. 3. 31. 이 사건 정보수집 등 행위가 발생한 것으로 볼 수 있다. 그런데 청구인은 위 일자로부터 1년이 경과한 이후인 2017. 4. 19. 이 사건 헌법소원심판을 청구하였다. 심판청구가 비록 청구기간을 경과하여서 한 것이라 하더라도 정당한 사유가 있는 경우에는 이를 허용하는 것이 헌법소원제도의 취지와 헌법재판소법 제40조에 의하여 준용되는 행정소송법 제20조 제2항 단서에 부합하는 해석이라 할 것이다. 여기서 정당한 사유라 함은 청구기간 도과의 원인 등 여러 가지 사정을 종합하여 지연된 심판청구를 허용하는 것이 사회통념상으로 보아 상당한 경우를 뜻하는 것으로, 일반적으로 천재, 기타 피할 수 없는 사정과 같은 객관적 불능의 사유와 이에 준할 수 있는 사유뿐만 아니라 일반적 주의를 다하여도 그 기간을 준수할 수 없는 사유를 포함한다고 할 것이다(헌재 2001. 12. 20. 2001헌마39). 이 사건 정보수집 등 행위는 대통령의 지시를 받은 대통령비서실 및 문체부에서 비밀리에 행해진 것으로, '박근혜 정부의 최순실 등 민간인에 의한 국정농단 의혹 사건 규명을 위한 특별검사의 임명 등에 관한 법률'에 따라 임명된 특별검사의 수사를 통해 공소제기가 된 이후 비로소 그 사실관계의 일부가 공식적인 과정을 통해 일반에게 알려졌으므로, 청구인 자신에 관한 개인정보가 수집되어 보유 및 이용되었을 가능성이 매우 높다는 것을 특별검사의 공소장 내용이 언론에 알려진 2017. 1. 30. 이후에야 알

407 단, 헌재법 제68조 제2항 위헌심사형 헌법소원의 경우 소송행위 추완은 허용되지 않음에 주의할 것.
408 이동흡, 전게서, 607면; 한수웅, 전게서, 1484면.

게 되었다고 볼 것이다. 청구인이 그 이전에 이러한 사실을 알지 못하는 것에 아무 과실 내지 책임이 없는 점을 고려할 때, 청구기간을 준수할 수 없었던 정당한 사유가 있다.

(마) 현재성요건의 완화와 청구기간

헌법소원심판청구에서 기본권 침해가 장래에 확실히 발생할 것이 예측되어 현재성이 인정되는 경우에는 아직 기본권 침해가 발생한 것이 아니므로 청구기간의 준수 여부는 문제되지 않는다.

헌재판례) 현재성의 예외와 청구기간의 문제(2001. 11. 29. 2000헌마84)

청구인들은 2000. 7. 9. 실시되는 제6회 법무사시험을 보려고 준비하던 사람들로서 2000. 2. 2. 이 사건 헌법소원을 제기할 당시 이 법무사시험이 아직 시행되지 않은 상황이었다. 그런데 이 사건에서, 시험을 보지 않고 법무사자격을 취득하는 경력공무원들과의 상관관계에서 장차 청구인들의 합격 여부가 결정될 가능성이 존재하기 때문에 이 법률조항에 의한 청구인의 기본권 침해 여부가 문제되는 상황, 즉 합격 여부의 결정이 장래에 발생할 것이 확실히 예측되고 따라서 기본권 침해를 예방하기 위하여 청구인들이 미리 헌법소원을 제기하는 것을 허용할 필요가 있어 이러한 경우에는 청구기간의 준수 여부는 문제되지 않는다. 청구기간 준수 여부에 대한 심사는 기본권 침해 여부가 문제되는 상황이 과거에 이미 발생한 경우를 전제로 하는 것이므로 기본권 침해 여부가 문제되는 상황이 장래에 발생할 것이 확실하여 미리 앞당겨 헌법소원 제기를 허용하는 경우 청구기간은 아직 그 진행이 개시조차 된 것이 아니기 때문이다.
한편, 법률에 대한 헌법소원심판청구는 당해 법률에 의하여 청구인 자신의 기본권이 침해될 가능성이 없는 경우, 즉 자기관련성이 없는 경우에는 허용되지 않는 것이지만 평등권의 침해를 주장하는 헌법소원사건에서는 비교집단에게 혜택을 부여하는 법규정이 위헌이라고 선고되어 그러한 혜택이 제거된다면 비교집단과의 관계에서 청구인들의 법적 지위가 상대적으로 향상된다고 볼 여지가 있는 때에는 청구인들이 그 법규정의 직접적인 적용을 받는 자가 아니라고 할지라도 그들의 자기관련성을 인정할 수 있다.

(4) 법령헌법소원의 경우(★★)

(가) 법령의 시행과 동시에 기본권 침해가 발생하는 경우(★)

법령헌법소원의 경우에는 원칙적으로 그 법령이 제정·시행됨과 동시에 기본권을 침해받게 된다고 할 것이므로 그 법령이 시행된 사실을 안 날로부터 90일 이내에, 법령이 시행된 날로부터 1년 이내에 헌법소원을 청구하여야 한다.

헌재판례) 교육공무원의 정년단축(2002. 1. 31. 2000헌마274)

이 사건 법률조항은 1999. 1. 29. 공포되어 같은 날 시행되었고 청구인은 그로부터 180일이 경과한 2000. 4. 24. 이 사건 헌법소원심판을 청구하였으므로, 이 사건 법률조항의 시행일로부터 기산하면, 청구기간이 이미 도과되었다. 청구인은 이 사건 법률의 시행으로 인하여 그 즉시 정년이 62세로 단축된 중등교원의 지위를 갖게 되는 효과를 받게 된 것이지, 이후 62세에 달하여 실제 정년퇴직에 이르러서야 비로소 기본권 제한을 받게 된 것은 아니므로, 청구기간 기산점은 이 사건 법률조항의 공포일(시행일)로 보는 것이 타당하다.

(나) 법령의 시행 후 기본권 침해가 발생하는 경우(★)

법령이 시행된 뒤에 비로소 그 법령에 해당하는 사유가 발생하여 기본권의 침해를 받게 된 자는 그 사유가 발생하였음을 안 날로부터 90일 이내에, 그 사유가 발생한 날로부터 1년 이내에 헌법소원을 청구하여야 한다. 여기서 '법령에 해당하는 사유가 발생한 날'이란 법령의 규율을 구체적이고 현실적으로 적용받게 된 최초의 날을 의미한다(2006. 7. 27. 2004헌마655).

헌재판례) 공소장변경과 청구기간(2007. 10. 4. 2005헌마1148)

청구기간 산정의 기산점이 되는 '법령에 해당하는 사유가 발생한 날'이란 '법령의 규율을 구체적이고 현실적으로 적용받게 된 날'을 의미한다. 그런데 청구인은 유료직업소개사업을 하면서 관할 관청에 등록을 하지 않은 경우 처벌하는 이 사건 규정이 위헌이라고 주장한다. 검사는 청구인에 대한 직업안정법 제46조 제1항 제2호 위반 사건이 대법원에서 파기환송되자 원심법원인 서울고등법원에서 그 적용법조를 직업안정법 제47조 제1호, 제19조 제1항으로, 범죄사실을 관할 관청에 등록을 하지 않고 유료직업소개사업을 하였다는 것으로 공소장변경신청을 하였다. 법원은 공판기일인 2005. 7. 6. 청구인이 출석한 가운데 이를 허가하였는바, 청구인은 적어도 위 허가가 있은 때는 이 사건 규정이 현실적으로 자신에게 적용되고 있음을 알았다고 봄이 상당하다. 그렇다면, 위 공소장변경신청이 허가된 2005. 7. 6.에는 청구인이 이 사건 규정으로 인해 자신의 기본권이 침해당하고 있다는 사실을 알게 되었다고 볼 수 있을 것이고, 청구인은 이때로부터 90일 이내에는 이 사건 헌법소원심판을 청구하였어야 할 것이다. 그러나 이 사건 청구는 그로부터 90일이 훨씬 지난 2005. 11. 25.에서야 비로소 청구되었다. 따라서 이 사건 심판청구는 청구기간을 도과한 것으로서 부적법하다.

헌재판례) 법령에 해당하는 사유의 발생(2004. 4. 29. 2003헌마484★)

법령에 대한 헌법소원심판은 법령의 시행과 동시에 기본권의 침해를 받은 자는 그 법령이 시행된 사실을 안 날로부터 90일 이내에, 그 법령이 시행된 날로부터 1년 이내에 청구하여야 하고, **법령이 시행된 후에 비로소 그 '법령에 해당하는 사유'가 발생하여 기본권의 침해를 받게 된 경우에는 그 사유가 발생하였음을 안 날로부터 90일 이내에, 그 사유가 발생한 날로부터 1년 이내에 청구하여야 한다.** 여기서 청구기간 산정의 기산점이 되는 **'법령에 해당하는 사유가 발생한 날'이란 법령의 규율을 구체적이고 현실적으로 적용받게 된 최초의 날을 의미**하는 것으로 보는 것이 상당하다. 즉, 일단 '법령에 해당하는 사유가 발생'하면 그때로부터 당해 법령에 대한 헌법소원의 청구기간의 진행이 개시되며, 그 이후에 새로이 '법령에 해당하는 사유가 발생'한다고 하여서 일단 개시된 청구기간의 진행이 정지되고 새로운 청구기간의 진행이 개시된다고 볼 수는 없다.[409] 더 나아가 '법령에 해당하는 사유가 발생'한 이후 당해 법령의 규율을 적용받게 되는 사유가 발생하는 때마다 새로이 청구기간이 진행된다고 본다면 사실상 법령에 대한 헌법소원에 대하여는 청구기간의 제한이 적용되지 아니하는 것으로 보는 결과를 초래하게 될 것이고, 이는 법령소원의 경우에도 헌법재판소법 제69조 제1항의 청구기간 요건이 적용되어야 함을 일관되게 판시하고 있는 우리 헌법재판소의 입장에 반한다.

헌재판례) 형사법조항에 의한 기본권 침해(2011. 7. 28. 2010헌마432★)

가. 형사법조항에 의한 기본권 침해 사유가 발생한 시점은 청구인의 행위가 당해 법령의 위반행위에 해당한다는 이유로 형사처벌을 받을 가능성이 발생하는 시점, 즉 당해 법령의 위반을 이유로 검사가 공소제기한 시점이고, '공소장 부본을 송달받은 날'이 당해 법령에 의하여 기본권 침해 사유가 발생하였음을 안 날이라고 보아야 한다. 그렇다면 이 사건 공소장 부본이 송달된 날로부터 90일이 경과된 날에 국선대리인선임신청을 한 이 사건 형사법조항에 대한 심판청구는 청구기간을 도과하였다.

나. 헌법재판소법 제69조 제1항의 "그 사유가 있음을 안 날"은 공권력의 행사에 의한 기본권 침해의 사실관계를 안 날을 뜻하는 것이므로 청구인은 제1회 공판기일에 국민참여재판의 대상사건에 사기죄가 포함되지 않는다는 것도 알았다고 보아야 한다. 그렇다면 제1회 공판기일로부터 90일이 경과된 날에 국선대리인선임신청을 한 이 사건 재판참여 법률조항에 대한 심판청구는 청구기간을 도과하였다.

---

409 실제 사례

여기서 청구기간 산정의 기산점이 되는 '법령에 해당하는 사유가 발생한 날'이란 '법령의 규율을 구체적이고 현실적으로 적용받게 된 날'을 가리킨다 할 것이다. 따라서 이 사건의 경우에는 청구인이 이 사건 법률조항에 기하여 건축주로부터 공사감리자로 지정된 날을 기산점으로 보는 것이 상당하다. 그런데 청구인은 1978. 4. 17. 건축사무소 '예지'라는 상호로 사업자등록(개업)을 하고 1981. 1. 9.로 건축사면허를 받아 영업을 하여온 자이고, 더욱이 헌법재판소 2003헌마400 사건에서 청구인이 스스로 주장한 바와 같이 2002. 11. 4. 건축주 겸 공사시공자인 청구 외 엄태봉과 인천 남구 도화동 98의 10 소재 도화동 다세대주택신축공사와 관련하여 공사감리계약을 체결한 사실이 있으므로, 청구인으로서는 늦어도 위 계약체결 시에는 이 사건 법률조항에 의한 기본권 침해를 알았다고 보아야 할 것인데, 그로부터 90일이 경과한 이후인 2003. 7. 22.에 이르러 이 사건 헌법소원심판을 청구하였다. 따라서 청구인의 이 사건 심판청구는 청구기간을 도과하여 제기한 것으로서 부적법하다고 할 것이다.

헌재판례) 지방자치단체장의 임기제한규정에 의한 기본권 침해(2006. 2. 23. 2005헌마403)

지방자치단체장의 계속 재임을 3기로 제한한 지방자치법 조항은 그 시행과 동시에 지방자치단체장들의 기본권을 침해하는 것이 아니다. 법률 시행 후 지방자치단체장들이 3기 초과 연임을 하고자 하는 경우에 비로소 기본권 침해가 구체적으로 현실화된다.

(다) 청구기간의 기산점

1) **상황성숙이론과 청구기간의 기산점**(★)

헌법재판소는 상황성숙이론에 입각하여 청구인이 법령에 의하여 아직 구체적으로 그 기본권을 현실적으로 침해받지 아니한 경우에도 그 침해가 확실히 예상되는 등 실체적 요건이 성숙하여 헌법판단에 적합하게 된 때에는 현재성요건이 충족된 것으로 보고 있다. 이러한 상황성숙이론이 청구기간에도 적용되는지에 관하여 헌법재판소는 초기에 상황성숙의 시점이 마치 청구기간의 기산점이 되는 것으로 보는 듯한 결정을 내린 바 있다.[410] 그러나 이러한 판례에 의하면 청구기간의 기산점이 앞당겨짐으로써 청구기간이 단축되는 부작용이 발생한다. 이에 헌법재판소는 상황성숙이론과 청구기간의 기산점을 분리시키는 방향으로 그 판례를 변경하였다. 즉, 청구기간은 "기본권의 침해가 확실히 예상되는 때"로부터 기산할 것이 아니라 당해 법률이 청구인의 "기본권을 명백히 구체적으로, 또한 현실적으로 침해한 때"부터 청구기간을 기산한다는 것이다(1996. 3. 28. 93헌마198).

헌재판례) 주거급여법 및 주거급여실시고시에 의한 기본권 침해(2021. 11. 16. 2021헌마1263★)

심판대상조항은 2020. 8. 11. 제정되었고 2021. 1. 1.부터 시행되었는데, 송파구청장의 2021. 10. 27. 사실조회 회신에 따르면 청구인은 2018. 4. 30.부터 현재까지 기초주거급여를 수령하고 있고, 주거급여 지급일은 매월마다 이루어지므로, 가사 청구인 주장에 따라 청구인의 기본권이 제한된다 하더라도 적어도 **2021년에 처음으로 주거급여를 수령했던 2021년 1월 이후**로는 2021. 1. 1.부터 시행된 심판대상조항으로 인한 기본권 제한사유가 있음을 청구인이 알았던 것으로 보인다. 그렇다면, 이로부터 90일을 도과하여 이루어진 이 사건 심판청구는 청구기간을 도과하였다.

---

410 한수웅, 전게서, 1482면.

2) **경과규정**(유예기간)**과 청구기간의 기산점**(★★)

법령의 시행과 동시에 그 법령에 의해서 기본권을 침해받았을 경우 청구기간의 기산점은 법령의 시행시점이다. 그런데 법률의 시행에 유예기간을 둔 경우에는 유예기간 경과 시를 기산점으로 볼 것인지가 문제이다. 이에 관하여 헌법재판소는 유예기간과 관계없이 기본권의 침해를 받은 것으로 보아야 한다고 판시하여 오다가 최근 판례를 변경하여 유예기간이 경과한 이후 비로소 기본권 침해를 받은 것으로 보아야 하고 이때부터 청구기간을 기산하여야 한다고 판시하였다.

변경전 헌재판례) 2003. 1. 30. 2002헌마516

종래 합법적으로 영위하여 오던 직업의 행사를 유예기간 이후 금지하는 법규정의 경우, 이미 이 법규정의 시행에 의하여 청구인의 종래 법적 지위가 유예기간의 종료 후에는 소멸되는 권리로 청구인에게 불리하게 구체적으로 형성되는 것이기 때문에, 유예기간이 경과한 후에 비로소 기본권에 대한 침해가 발생하는 것이 아니라, 이미 법규정의 시행 당시에 청구인의 기본권이 현실적·구체적으로 침해되는 것이다. 경과규정의 경우 이미 법령의 시행 당시 구체적으로 확정된 기본권의 제한을 수규자의 입장에서 완화하고, 수규자에게 변화한 법적 상황에 대처할 수 있는 적절한 기간을 부여하기 위한 것이므로 기본권에 대한 침해가 법령의 시행 당시에 이미 존재하는 것이지 장래에 발생하는 것이 아니다. 헌법소원심판절차에서 청구기간에 관한 규정은 '개인의 권리구제'라는 측면과 '법적 안정성'이라는 측면이 적절한 조화가 이루어지도록 해석·적용되어야 하는 것인데, 일정한 유예기간을 두는 경과규정에 있어서 청구기간의 기산점을 '기본권 침해의 사유가 있은 날', 즉 '기본권의 침해를 받은 때'가 아니라 '유예기간의 종료시점'으로 파악하는 것은 헌법재판소법 제69조 제1항의 법문에 반하는 법률해석이자 개인의 권리구제에 일방적으로 집착하여 법적 안정성을 해치는 결과를 가져오는 법률해석으로서, 그 타당성을 인정하기 어렵다.

변경된 헌재판례) 2020. 4. 23. 2017 헌마479(★★)

시행유예기간이 아니라 시행일을 청구기간의 기산점으로 본다면 시행유예기간이 경과하여 정작 기본권 침해가 실제로 발생한 때에는 이미 청구기간이 지나버려 위헌성을 다툴 기회가 부여되지 않는 불합리한 결과가 초래될 위험이 있는 점, 일반국민에 대해 법규정의 개폐에 적시에 대처할 것을 기대하기가 사실상 어렵고, 헌법소원의 본질은 국민의 기본권을 충실히 보장하는 데에 있으므로 법적 안정성을 해하지 않는 범위 내에서 청구기간에 관한 규정을 기본권 보장이 강화되는 방향으로 해석하는 것이 바람직한 점을 종합해 보면, 시행유예기간의 적용 대상인 청구인들에 대해서도 청구기간의 기산점은 시행일인 것으로 해석하는 것은 헌법소원심판청구권을 보장하는 취지에 어긋난다. 뿐만 아니라, 시행유예기간 경과일을 청구기간의 기산점으로 보더라도 청구기간이 무한히 확장되는 것이 아니라 시행유예기간 경과일로부터 1년이 지나면 헌법소원심판을 청구할 수 없으므로 법적 안정성을 확보할 수 있는 점, 시행유예기간 동안에도 현재성요건의 예외에 따라 적법하게 헌법소원심판을 청구할 수 있고, 이와 같이 시행유예기간 동안에 헌법소원심판청구를 허용하더라도 아직까지 법령의 효력이 발생하기 전인 이상 그로 인하여 헌법소원심판 청구의 대상이 된 법령의 법적 안정성이 곧바로 저해되지는 않는 점을 아울러 고려하면, 시행유예기간 경과일을 청구기간의 기산점으로 해석함으로써 헌법소원심판청구권 보장과 법적 안정성 확보 사이의 균형을 달성할 수 있다. 결국 유예기간을 경과하기 전까지 청구인들은 이 사건 보호자동승조항에 의한 보호자동승의무를 부담하지 않고, **이 사건 보호자동승조항이 구체적이고 현실적으로 청구인들에게 적용된 것은 유예기간을 경과한 때부터라 할 것이므로, 이때부터 청구기간을 기산함이 상당하다. 종래 이와 견해를 달리하여, 법령의 시행일 이후 일정한 유예기간을 둔 경우 이에 대한 헌법소원심판 청구기간의 기산점을 법령의 시행일이라고 판시한 우리 재판소 결정들은, 이 결정의 취지와 저촉되는 범위 안에서 변경한다.**[411]

3) 청구취지의 변경과 청구기간의 기산점(★)

헌법소원심판청구에서 청구취지의 변경이나 추가가 이루어진 경우 청구기간의 준수 여부는 헌법재판소법 제40조 제1항의 준용규정에 따라 민사소송법 제265조[412]에 의하여 그 청구취지를 변경하는 청구서가 제출된 시점을 기준으로 새로 기산 한다(2003. 9. 25. 2001헌마93 등). 예컨대 법률의 시행과 동시에 기본권 침해가 발생한 경우, 그 법률에 대한 헌법소원을 제기한 후 법률시행일로부터 1년이 경과한 시점에서 청구취지를 추가하였다면 추가된 부분은 청구기간을 도과한 것이 된다. 다만, 청구취지 변경 등 청구서의 내용이 기존 청구를 유지하면서 내용을 보충하는 것이라면 당초 청구 시가 기산점이 된다.[413]

---

411 사례 예시
사안의 경우, 2022. 4. 16. 거부를 당하였으므로 이날을 기준으로 90일 이내인 2022. 6. 14. 제기한 이 사건 청구는 정당하다. 즉, 청구인이 도서관법 제51조에 의하여 기본권을 침해당했음을 이유로 법령 헌법소원심판을 청구하는 경우, 청구기간의 만료일은 위 법률조항이 적용되는 2년의 유예기간이 경과한 2022. 4. 1.부터 90일 내지 1년이 지난 일자이며, 이 사건 헌법소원심판청구는 위 일자를 도과하지 아니하였음이 역수상 명백하므로 이 점에서도 청구기간 요건도 유효하게 준수하였다.

412 민사소송법 265조(소제기에 따른 시효중단의 시기) 시효의 중단 또는 법률상 기간을 지킴에 필요한 재판상 청구는 소를 제기한 때 또는 제260조 제2항·제262조 제2항 또는 제264조 제2항의 규정에 따라 서면을 법원에 제출한 때에 그 효력이 생긴다.

413 전게 헌법재판실무제요, 325면; 이동흡, 전게서, 606면.

헌재판례) 2018. 5. 31. 2017헌마167

법령에 대한 헌법소원은 그 법령의 시행과 동시에 기본권을 침해받게 되는 경우에는 그 법령이 시행된 사실을 안 날부터 90일 이내에, 법령이 시행된 날부터 1년 이내에 청구하여야 하고, 법령이 시행된 뒤에 비로소 그 법령에 해당하는 사유가 발생하여 기본권의 침해를 받게 된 경우에는 그 사유가 발생하였음을 안 날부터 90일 이내에, 그 사유가 발생한 날부터 1년 이내에 청구하여야 한다. 판매금지조항, 벌칙조항, 시행령조항은 모두 2016. 1. 7.부터 시행되었다. 이 사건 기소유예처분 기록에 의하면, 광주서부경찰서 경찰관이 2016. 9. 20. 청구인이 운영하는 사격장에 임하였을 때, 청구인은 채○종에게 글록18C를 판매한 사실을 인정하면서, 칼라파트를 부착하지 않은 경우 불법이라는 것을 알고 있다는 내용의 진술서를 작성·제출하였다. 따라서 청구인은 적어도 2016. 9. 20.에는 심판대상조항에 따라 모의총포의 판매가 금지되고 형사처벌될 수 있음을 알았다고 볼 수 있다. 한편 청구인이 최초에 2016. 12. 21. 국선대리인선임신청을 할 당시에는 이 사건 기소유예처분의 취소만을 구하였으나, 선임된 국선대리인은 2017. 2. 23. 이 사건 헌법소원심판청구서를 제출하면서 청구취지에 심판대상조항의 위헌확인을 포함하였다. 따라서 이 시점에서 청구취지 변경이 이루어졌다고 할 것이다. 국선대리인이 헌법소원심판청구를 한 경우 청구기간은 심판청구일이 아니라 국선대리인의 선임신청이 있는 날을 기준으로 정하는 것이지만(헌법재판소법 제70조 제1항 후문), 헌법소원심판청구에 대한 청구취지 변경이 이루어진 경우 청구기간의 준수 여부는 헌법재판소법 제40조 제1항 및 민사소송법 제265조에 의하여 변경된 청구서가 제출된 시점을 기준으로 판단하여야 하므로(헌재 2013. 9. 26. 2011헌마398), 심판대상조항에 대하여 청구기간을 판단하는 기준일은 국선대리인이 심판청구서를 제출한 2017. 2. 23.이 된다. 따라서 청구인이 기본권 침해 사유가 발생한 것을 안 날인 2016. 9. 20.로부터 90일이 지난 후인 2017. 2. 23. 제기된 심판대상조항에 대한 헌법소원심판청구는 모두 청구기간을 도과하여 부적법하다.

4) 소결

정리하면, 통지, 고지, 공포 등의 방법에 의하여 기본권을 침해하는 공권력작용이 있었다는 사실을 알았다는 의미(법적으로 평가하여 그 위헌성 때문에 헌법소원의 대상으로 됨을 안 날이 아니다.[414])이며, 어느 하나에 저촉되면 청구기간을 도과한 것이다. 즉, 기본권 침해가 있은 날로부터 1년 이내이고(AND), 안 날로부터 90일 이내에 헌법소원심판을 청구한 경우에만 적법하다.[415] 또한 헌법소원심판청구의 청구취지

414 헌재 2000. 11. 30. 99헌마624.

415 그러므로, 기본권 침해 사실을 안 때로부터 90일이 지났다는 사실, 또는(or) 기본권 침해가 있은 때로부터 1년이 지났다는 사실을 밝힘으로써 청구기간이 도과하였다고 판단할 수 있다. 그러나, 청구기간이 도과하지 않았다고 판단하기 위하여는 위 두 가지 기간을 모두 충족하여야 한다. 즉, 기본권 침해 사실을 안 때로부터 90일이 지나지 아니하였고(and), 기본권 침해가 있은 때로부터 1년이 지나지 아니하였어야 한다. 주의가 필요하다. 다만, 기본권 침해 사실이 발생한 때로부터 90일 이내에 심판을 청구하였다면, 청구기간은 준수한

변경이 이루어진 경우 청구기간의 준수 여부는 헌법재판소법 제40조 제1항 및 민사소송법 제265조에 의하여 변경된 청구서가 제출된 시점을 기준으로 (다시) 판단하여야 한다.[416]

(5) 계속되는 공권력 행사에 대한 헌법소원의 경우

공권력 행사가 헌법소원심판청구의 시점까지 계속되는 경우, 청구기간 기산점을 '최초 기본권 침해가 발생한 때'를 기준으로 할 것인지, '기본권 침해 사유가 종료된 때'를 기준으로 할 것인지 문제된다. 후자를 기준으로 한다면 계속되는 공권력 행사에 대한 헌법소원에서의 청구기간의 준수 여부는 문제되지 않는다. 공권력의 행사로 인해 곧바로 기본권 침해가 발생하고 그 후에는 그 행위의 결과인 침해상태가 계속되는 것에 불과하다고 보는 경우에는 최초 기본권 침해 시를 기준으로 청구기간을 계산하여야 하지만, 기본권 침해행위가 계속되는 것으로 보는 경우에는 기본권 침해 사유가 종료된 때를 기준으로 청구기간을 계산하여야 한다.[417] 이에 대해 헌법재판소는 일반적으로 기본권 침해 상태가 계속되는 경우 '최초 기본권 침해가 발생한 때'를 청구 기간의 기산점으로 삼고 있다(1996. 4. 25. 93헌마280; 2007. 11. 29. 2005헌마616; 2010. 10. 28. 2009헌마438). 다만 헌법소원심판 청구시점까지 기본권 침해가 계속되고 있다고 보아 청구기간 도과의 문제가 발생하지 않는다고 한 바 있다(2005. 5. 26. 99헌마513).

것으로 된다.(행정소송법상의 제소기간에 관하여 양자를 모두 충족하여야 한다는 판례는, 대법원 1964. 9. 8. 63누196 판결.)

416 따라서 이 사건 공고 조항에 대한 심판청구가 청구기간을 준수하였는지를 판단하는 기준시점은 청구인이 심판원인변경보충서를 제출한 2007. 12. 20.이 된다. 그런데 이 사건 공고 조항은 이 사건 선의취득 배제 조항이 정하는 공고에 필요한 사항을 하위법규에 위임하는 조항으로서 이 사건 법률조항들은 모두 2007. 7. 27. 시행되었으므로, 청구인은 적어도 위 조항에 대하여 헌법소원심판청구를 한 2007. 7. 31. 이 사건 공고 조항이 시행된 사실을 알았다고 봄이 상당하다. 그러므로 그로부터 90일이 지났음이 역수상 명백한 2007. 12. 20. 제기된 이 사건 공고 조항에 대한 헌법소원심판청구는 그 청구기간을 준수하지 아니하였다.(헌재 2009. 7. 30. 2007헌마870)

417 전게 헌법재판실무제요, 328면.

헌재판례) 징벌혐의자 조사 중 수용행위와 청구기간(2007. 11. 29. 2005헌마616)

2005. 1. 21.부터 1. 28.까지 청구인을 조사실에 수용한 행위, 그 기간 동안 운동, 종교집회 참석, 라디오 청취, 텔레비전 시청, 자비 구입 물품 사용 등을 일괄적으로 금지한 행위의 경우, 처음 조사실에 수용당한 날인 2005. 1. 21.경 청구인이 그러한 사유가 있음을 알았다 할 것이므로, 그로부터 90일이 지나 2005. 6. 24. 이루어진 이 부분 심판청구는 그 청구기간이 경과되었다.

헌재판례) CCTV를 설치한 호실에 수용행위를 한 경우 최초 수용 당시에 자신의 기본권 침해를 알았다고 보아 그로부터 1년이 지나 청구한 경우 청구기간 도과로 부적법 각하(2010. 10. 28. 2009헌마438)

헌재판례) 경찰청장의 지문정보 보관의 경우 침해가 헌법소원 청구시점까지 계속되고 있다고 보아 청구기간이 도과되지 않아 이에 대한 헌법소원은 적법(2005. 5. 26. 99헌마513)

(6) 부작위에 대한 헌법소원의 경우

공권력의 불행사(부작위)로 인한 기본권 침해는 그 불행사가 계속되는 한 기본권 침해의 부작위가 계속된다. 그러므로 진정입법부작위에 대한 헌법소원심판은 그 불행사가 계속되는 한 기간의 제약 없이 적법하게 청구할 수 있다. 그러나 부진정입법부작위의 경우에는 그 불완전한 입법규정 자체가 헌법위반이라는 적극적인 헌법소원을 제기하여야 할 것이므로 헌재법 제69조 제1항 소정의 청구기간의 적용을 받는다.

(7) 대리인과 청구기간(★★)

(가) 본인 명의로 청구 후 대리인을 선임한 경우

이 경우에는 본인이 청구한 당초 청구 시점이 기준점이 된다. 예컨대 청구인이 헌법소원심판 청구기간 내에 청구인 본인의 명의로 심판청구를 하였고, 대리인을 선임하라는 헌법재판소의 보정명령을 받고 청구기간 경과 후의 일자에 비로소 대리인을 선임함과 동시에 그 대리인 명의로 된 심판청구서를 다시 제출한 경우에도 그 사건 심판청구는 청구기간 내에 제기되었다고 보아야 할 것이다(1992. 12. 24. 92헌마186).

(나) 국선대리인 선임신청이 있는 경우(★★)

헌법소원심판을 청구하고자 하는 자가 변호사를 대리인으로 선임할 자력이 없어 헌법재판소에 국선대리인을 선임하여 줄 것을 신청하는 경우에는 헌재법 제69조에 의한 청구기간은 국선대리인의 선임신청이 있는 날을 기준으로 정한다(헌재법 제70조 제1항 후문). 즉, **선임된 국선대리인이 심판청구서를 제출한 날이 아니라 본인이 국선대리인 선임신청을 한 날에 헌법소원심판을 청구한 것으로 하여 청구기간의 경과를 계산한다.** 그리고 헌법재판소는 공익상 필요하다고 인정할 때에는 직권으로 국선대리인을 선임할 수 있는데, 청구인의 선임신청이나 헌법재판소의 직권에 의해 선정된 국선대리인은 선정된 날부터 60일 이내에 심판청구서를 헌법재판소에 제출하여야 한다(헌재법 제70조 제5항).[418] 한편, 헌법재판소가 국선대리인을 선정하지 아니한다는 결정을 한 때에는 신청인이 선임신청을 한 날부터 그 통지를 받은 날까지의 기간은 제69조의 청구기간에 산입하지 아니한다.[419](헌재법 제70조 제4항)

헌재판례) 수형자의 서신검열(1998. 8. 27. 96헌마398)
피청구인은 1996. 4. 20. 청구인에게 이 사건 서신의 발송불허사실을 고지하였다. 이는 이 법률조항이 시행된 1995. 1. 5.보다 뒤에 그 법률조항에 해당하는 사유가 발생한 경우이므로, 청구인은 위 날짜(1996. 4. 20.)에 이 사건 서신검열행위 및 법률조항에 의한 기본권 침해 사유가 발생하였음을 알았다고 할 것이다. 청구인은 1996. 6. 14. 국선대리인 선임신청(96헌사81)을 하였고, 헌법재판소에서는 같은 달 19. 변호사 김광년을 국선대리인으로 선정하였다가 같은 해 9. 3. 위 김광년에 대한 국선대리인 선정결정을 취소하고 변호사 김종춘을 국선대리인으로 선정하였다. 그런데 헌법재판소법 제70조 제1항에 따르면, 국선대리인 선임신청이 인용되어 헌법소원심판청구가 제기된 경우에는 **국선대리인 선임신청일을 헌법소원심판청구시**로 보고 있다. 따라서 이 헌법소원심판청구서는 1996. 12. 5. 제출되었다고 할지라도 국선대리인 선임신청일인 1996. 6. 14.에 제기된 것으로 보아야 하므로, 기본권 침해 사유가 발생한 것을 안 때인 1996. 4. 20.부터 기산하여 60일(지금은 90일) 내에 청구된 것이다.

418 제10회 변호사시험 공법기록형 쟁점으로 출제되었다.

419 사례 예시

사안의 경우, 청구인이 위헌제청기각결정을 통지받은 날은 2022. 5. 15.이므로 그로부터 30일이 되는 같은 해 6. 15.까지 헌법소원심판을 청구하여야 한다. 그런데 청구인은 2022. 5. 16. 국선대리인 선임신청을 하였다가 같은 달 25. 기각결정을 통지받았으므로, 심판청구 만료일은 위 국선대리인 선임 신청기한인 10일을 더한 2022. 6. 25.이 되고, 이날 청구하는 이 사건 헌법소원은 청구기간을 준수하였다.

청구기간 최종정리

- 공포되고 시행되었다면 그 시행일로부터 청구기간이 기산된다는 것이다. 공포되었으나 시행 자체가 뒤로 늦춰진 경우에는 유예기간의 문제가 안 생긴다. 즉, 공포일로부터 청구기간이 기산되는 것은 아니다. 법률 자체는 시행하고, 일부 조항이나 집단에 대해 시행을 유예하는 경우에만 문제된다.
- 헌법재판소법 제68조 제1항 소정의 헌법소원심판청구를 추가적으로 변경하였다면 변경에 의한 신청구는 그 청구변경서를 제출한 때에 제기한 것이라 볼 것이므로, 이 시점을 기준으로 하여 청구기간의 준수 여부를 가려야 한다.[420]
- 법률의 시행에 유예기간을 둔 경우에는 유예기간이 경과한 이후 비로소 기본권 침해를 받은 것으로 보아야 하고 이때부터 청구기간을 기산하여야 한다.
- 국선대리인 선임신청을 하는 경우에는 법 제69조에 의한 청구기간은 국선대리인의 선임신청이 있는 날을 기준으로 한다(헌재법 제70조 제1항 후문).
- 심판청구서를 제출하기 전에 먼저 국선대리인 선임신청을 한 경우에 헌법재판소가 국선대리인을 선정하지 아니한다는 결정을 한 때에는, 신청인이 선임신청을 한 날로부터 위 결정통지를 받은 날까지의 기간은 위 청구기간에 이를 산입하지 아니한다(법 제70조 제4항).
- 대리인의 선임 없이 심판청구서가 먼저 제출되거나 국선대리인신청서와 함께 제출된 경우에는 청구기간은 심판청구서가 접수된 날을 기준으로 정한다.

8. 변호사강제주의

헌법재판소법

제70조(국선대리인) ① 헌법소원심판을 청구하려는 자가 변호사를 대리인으로 선임할 자력(資力)이 없는 경우에는 헌법재판소에 국선대리인을 선임하여 줄 것을 신청할 수 있다. 이 경우 제69조에 따른 청구기간은 국선대리인의 선임신청이 있는 날을 기준으로 정한다.

② 제1항에도 불구하고 헌법재판소가 공익상 필요하다고 인정할 때에는 국선대리인을 선임할 수 있다.

③ 헌법재판소는 제1항의 신청이 있는 경우 또는 제2항의 경우에는 헌법재판소규칙으로 정하는 바에 따라 변호사 중에서 국선대리인을 선정한다. 다만, 그 심판청구가 명백히 부적법하거나 이유 없는 경우 또는 권리의 남용이라고 인정되는 경우에는 국선대리인을 선정하지 아니할 수 있다.

④ 헌법재판소가 국선대리인을 선정하지 아니한다는 결정을 한 때에는 지체 없이 그 사실을 신청인에게 통지하여야 한다. 이 경우 신청인이 선임신청을 한 날부터 그 통지를 받은 날까지의 기간은 제69조의 청구기간에 산입하지 아니한다.

---

420 헌재 1998. 9. 30. 96헌바88.

헌법소원심판절차에 있어서 당사자인 사인은 변호사를 대리인으로 선임하지 아니하면 심판청구를 하지 못한다(헌재법 제25조 제3항). 이에 대해 헌법재판소는 변호사강제주의를 규정한 위 헌법재판소법 조항에 대하여 재판청구권을 침해하지 않는다며 수차례 합헌결정을 내린 바 있다(헌재 2010. 3. 25. 2008헌마439 등). 한편 헌법소원을 청구하려는 자가 변호사를 대리인으로 선임할 자력이 없어 헌법재판소에 국선대리인 선임을 신청하는 경우뿐만 아니라 헌법재판소가 공익상 필요하다고 인정할 경우 직권으로 국선대리인을 선정하기도 한다. 다만, 그 심판청구가 명백히 부적법하거나 이유 없는 경우 또는 권리의 남용이라고 인정되는 경우에는 국선대리인을 선정하지 아니할 수 있다. 한편 선정된 국선대리인은 선정된 날부터 60일 이내에 심판청구서를 제출해야 한다. 한편, 대리인 선임 후 헌법재판을 대리인을 통해 제기하였다가 추후 대리인이 사임한 경우에는 당해 심판청구는 여전히 적법하는 것이 판례이다(1996. 10. 4. 95헌마70).

IV. 헌법소원심판의 심리

1. 직권심리주의

헌법소원심판은 민사재판과 같이 변론주의에 입각하여 청구인의 주장만을 판단하면 되는 것이 아니라 청구인의 침해된 권리와 침해의 원인이 되는 공권력의 행사 또는 불행사에 대하여 직권으로 조사·판단하는 것을 원칙으로 하고 있다(1993. 5. 13. 91헌마190).

헌재판례) 교통사고처리특례법 제4조 등에 대한 헌법소원 등(1997. 1. 16. 90헌마110 등)
헌법재판소법 제71조 제1항 제2호가 규정하는 헌법소원심판청구서상 침해된 권리의 기재는 헌법재판소법 제68조 제1항에 비추어 헌법재판소로 하여금 헌법상 보장된 기본권의 침해가 있다는 주장인 것으로 인식할 수 있는 정도의 표시로 족하고, 헌법재판소의 심판에 있어서는 반드시 그 표시된 권리에 구애되는 것이 아니라 청구인이 주장하는 침해된 기본권과 침해의 원인이 되는 공권력의 행사를 직권으로 조사하여 판단할 수 있는 것이다.

2. 서면심리주의

헌법재판소법 제30조 제2항에 따라 헌법소원심판은 원칙적으로 서면심리에 의한다. 다만, 재판부는 필요하다고 인정하는 경우에는 구두 변론을 열어 당사자·이해관계인, 기타 참고인의 진술을 들을 수 있도록 규정하고 있다. 한편 서면심리는 공개하지 않는다(헌재법 제34조 제1항 단서).

V. 헌법소원심판의 종국결정

1. 결정정족수

헌법재판소 전원재판부가 심리를 마친 때에는 종국결정을 한다. 종국결정은 종국심리에 관여한 재판관의 과반수의 찬성으로 하는바, 다만 인용결정을 하는 경우와 종전에 헌법재판소가 판시한 헌법 또는 법률의 해석적용에 관한 의견을 변경하는 경우에는 재판관 6인 이상의 찬성이 있어야 한다(헌재법 제23조 제2항). 그동안 판례변경이 이루어진 예가 있었는데, 법령소원에서의 청구기간의 계산에 있어서 상황성숙이론을 폐기한 것이 그 예이다.

2. 결정유형

일반적인 헌법소원심판청구 사건의 종국결정에는 ① 심판청구가 부적법한 경우에 하는 각하결정, ② 심판청구가 이유 없는 경우에 하는 기각결정, ③ 심판청구가 이유 있는 경우에 하는 인용결정, 그리고 ④ 심판절차종료선언 등의 4가지가 있다. 그 중 헌재법 제68조 제1항의 법령헌법소원이 이유 없는 경우에는 "심판청구를 기각한다"라는 주문을 내고 있는 데 비하여, 헌재법 제68조 제2항의 헌법소원이 그 이유 없는 경우 헌법재판소는 당해 법률(조항)에 대하여 합헌임을 선언(헌법에 위반되지 않는다)하는 주문을 내고 있다.[421]

---

421 이동흡, 전게서, 748면.

(1) 각하결정

각하결정은 헌법소원의 형식적·절차적 요건에 흠결이 있는 경우, 다시 말하면 심판청구가 부적법한 경우에 내리는 결정형식이다. 즉, 각하결정은 ① 청구인능력이 인정되지 않거나, ② 공권력의 행사 또는 불행사로 인정되기 어렵거나, ③ 침해되었다고 주장하는 것이 헌법상 보장된 기본권이 아니거나, ④ 기본권 침해의 자기관련성·현재성·직접성이 인정되지 않거나, ⑤ 보충성의 요건을 충족하지 못하거나, ⑥ 권리보호의 이익이 없거나, ⑦ 청구기간을 도과하여 청구하였거나, ⑧ 변호사를 선임하지 아니한 경우 등에 하게 된다.

그리고 "위헌결정이 선고된 법률에 대한 헌법소원심판청구는, 비록 위헌결정이 선고되기 이전에 심판청구된 것일지라도 더 이상 심판의 대상이 될 수 없으므로 부적법하다"(1994. 4. 28. 92헌마280).

헌재판례) 국가유공자 및 그 가족에 대한 가산점 부여(2006. 6. 29. 2005헌마44)
헌법재판소는 이미 2006. 2. 23. 2004헌마675 등 사건에서 이 사건 가산점부여조항에 관하여 헌법불합치결정을 하면서, 이 가산점부여조항은 2007. 6. 30.을 시한으로 입법자가 개정할 때까지 계속 적용된다는 결정을 선고하였다. 헌법불합치결정도 위헌결정의 일종이므로 이 사건 가산점부여조항은 이미 위헌으로 결정된 것으로 보아야 하고, 따라서 이 사건 가산점부여조항에 대한 헌법소원심판청구 부분은 이미 위헌으로 결정된 법률조항에 대한 헌법소원심판청구로서 권리보호의 이익이 없어 부적법하다.

(2) 심판절차종료선언

헌법소원심판에서의 심판절차종료선언은 본안판단에 들어가지 않는 점에서는 각하결정과 같지만 각하결정과는 다른 성격의 결정으로서 청구인의 사망 또는 심판청구의 취하 등으로 심판절차의 종료 여부에 관한 다툼이 있는 경우에 절차관계의 종료를 명백히 확인하는 의미에서 하는 결정이다.

(가) 청구인의 사망

헌법소원심판 절차 계속 중 청구인이 사망하게 되면 첫째, 일신전속적 권리인 경우 수계될 성질이 아니므로 청구인의 사망과 동시에 심판절차가 당연히 종료되고, 둘째, 일신전속적 권리가 아닌 경우에는 수계가 가능하지만 만약 수계할 당사자가 없거나 수계의사가 없을 때에는 마찬가지로 심판절차가 종료된다. 이와 관련하여 헌법재판소도 "고용계약상의 지위는 노무자인 청구인의 사망에 의하여 종료되고 상속인에게 승계될 것이 아니므로 이에 관련된 심판절차 또는 수계될 성질이 못되어 청구인이 사망함과 동시에 당연히 그 심판절차가 종료되었다고 할 것이다"라고 판시하였다(1992. 11. 12. 90헌마33).

헌재판례) 담배사업법 헌법소원심판 중 청구인의 사망(2015. 4. 30. 2012헌마38)
1. 청구인 조○행은 이 사건 심판청구 이후인 2013. 1. 9. 사망한 사실이 인정되므로 위 청구인에 대한 심판절차는 청구인의 사망과 동시에 종료되었다.

(나) 청구인의 심판청구 취하

청구인이 헌법소원심판청구를 취하한 경우에 헌법재판소는 민사소송법 제266조의 소취하규정을 준용하여 심판절차종료를 선언해야 한다고 판시하고 있다(1995. 12. 15. 95헌마221 등).

(3) 기각결정

기각결정은 헌법소원심판청구가 "이유 없다"고 하는 경우, 다시 말하면 공권력의 행사 또는 불행사로 말미암아 헌법상 보장된 청구인의 기본권 침해가 인정되지 아니하여 청구인의 주장을 배척하는 경우에 하게 되는 결정형식이다. 일반적인 주문으로는 "이 사건 심판청구를 기각한다"라는 형식으로 낸다.

(4) 인용결정

(가) 인용결정의 의의

헌법소원심판청구를 인용하는 결정은 공권력의 행사 또는 불행사로 말미암아 헌법상 보장된 기본권이 침해되었음을 인정하는 결정형식이다. 인용결정의 주문에는 침해된 기본권과 침해의 원인이 된 공권력의 행사 또는 불행사를 특정하고, 그 공권력의 행사를 취소하거나 불행사가 위헌임을 확인하는 결정을 선고한다(헌재법 제75조 제2항, 제3항).

(나) 인용결정의 유형

1) **취소결정**

헌법소원심판 대상 공권력 행사가 청구인의 기본권을 침해한 것이 인정되는 경우에 헌법재판소는 당해 공권력 행사를 취소한다. 그 주문은 "…은 청구인의 [기본권]을 침해한 것이므로 이를 취소한다"는 형식을 취한다.

2) **위헌확인결정**

침해행위의 종료	기본권 침해행위가 종료된 경우에는 취소할 공권력 행사가 존재하지 않기 때문에 헌법재판소는 헌법질서의 수호·유지를 위하여 당해 행위가 위헌이었음을 선언적 의미에서 확인할 수 있다. 그 주문은 "…은 청구인의 [기본권]을 침해한 것으로서 위헌임을 확인한다"라는 형식을 취한다.
공권력의 불행사	공권력의 불행사로 인해 청구인의 기본권 침해가 인정되는 경우에 헌법재판소는 당해 공권력 불행사가 위헌임을 확인한다. 그 주문은 "…은 청구인의 [기본권]을 침해한 것이므로 위헌임을 확인한다"라는 형식을 취한다.

3) **근거법률의 위헌결정**

헌법재판소는 공권력의 행사 또는 불행사가 위헌인 법률 또는 법률조항에 기인한 것이라고 인정될 때에는 인용결정에서 당해 법률 또는 법률조항이 위헌임을 선언할 수 있다(헌재법 제75조 제5항).

4) **법령헌법소원의 경우**

법령헌법소원의 경우에는 다른 일반 공권력 행사에 대한 권리구제형 헌법소원 청구의 경우와 달리 그 본질이 규범통제의 성질이 강하므로 위헌법률심판에서의 위헌결정과 마찬가지로 "…(조항)은 헌법에 위반된다"라고 하는 위헌선언 형식을 취한다. 그 유형으로는 단순위헌결정, 헌법불합치결정, 한정위헌결정, 한정합헌결정 등이 있다. 법령헌법소원의 경우 인용결정에 의하여 위헌으로 선언된 명령·규칙이나 법률(조항)은 그 효력을 상실한다.

(다) 인용결정의 효력

1) 기속력

헌법소원심판청구의 인용결정은 모든 국가기관과 지방자치단체를 기속한다(헌재법 제75조 제1항). 따라서 헌법재판소가 헌법소원의 인용결정으로 취소한 공권력 작용을 다시 반복해서는 안 되고, 헌법재판소가 공권력의 불행사에 대한 헌법소원을 인용하는 결정을 한 때에는 피청구인은 결정취지에 따라 새로운 처분을 하여야 한다(헌재법 제75조 제4항).

2) 불기소처분에 대한 인용결정의 기속력

헌법재판소가 공권력 행사에 대하여 취소결정을 하면 당해 공권력의 행사는 원칙적으로 무효가 된다. 이와 관련하여 검사의 불기소처분에 대한 헌법재판소의 취소결정이 기소강제를 의미하는지(기소강제설), 아니면 재수사명령을 의미하는지(재수사명령설), 아니면 사건별로 개별적으로 판단할 것인지(개별적 판단설)가 문제된다. 이에 관하여 우리 헌법재판소는 "헌법재판소가 검사의 불기소처분에 대하여 취소결정을 하는 때에는 재기조사(再起調査)하는 검사로서는 헌법재판소가 그 취소결정에서의 검사의 수사상의 잘못에 관하여 설시한 제반 판단을 존중하여 그 취지에 맞도록 성실히 수사하여 결정을 하여야 하는데도"라고 하여 재수사명령설의 입장을 취한다고 볼 수 있다. 따라서 재기수사에서 인용결정의 취지대로 수사가 충분히 이루어지지 않는다면 이는 기속력의 위반이 된다.[422]

---

422 김유향, 전게서, 1702면.

(5) 부수적 위헌결정

헌법재판소는 공권력의 행사 또는 불행사가 위헌인 법률(조항)에 기인한 것이라고 인정될 때에는 인용결정에서 당해 법률(조항)이 위헌임을 선고할 수 있다(헌재법 제75조 제5항). 이 경우의 위헌심사는 심판대상인 공권력 행사 또는 불행사에 대한 심판에 부수하여 이루어지는 규범통제라고 할 수 있다.

헌재판례) 미결수용자 변호인접견 시 교도관 참여행위와 그 근거규정의 위헌성(1992. 1. 28. 91헌마111)

청구인의 기본권(변호인의 조력을 받을 권리)을 침해한 피청구인의 위헌적인 공권력 행사는 취소되어야 할 것이나 취소되어야 할 공권력 행사는 이미 종료되었으니 이를 취소하는 대신, 위헌적인 공권력 행사가 또다시 반복될 수 있는 위험성을 제거하기 위하여, 그리고 헌법 제12조 제4항에 규정된 변호인의 조력을 받을 권리와 내용(변호인과의 자유로운 접견을 포함한다는 것)을 명백히 하기 위하여 피청구인의 공권력 행사가 위헌인 것임을 선언적 의미에서 확인하고, 나아가서 행형법 제18조 제3항에는 "수형자의 접견과 서신수발은 교도관의 참여 또는 검열을 요한다."라고 규정되어 있는데 같은 법 제62조는 "미결수용자에 대하여 본법 또는 본법의 규정에 의하여 발하는 명령에 특별한 규정이 없는 때에는 수형자에 관한 규정을 준용한다."라고 규정하여 미결수용자(피의자, 피고인)의 변호인접견에도 행형법 제18조 제3항에 따라서 교도관이 참여할 수 있게 하였는바 이는 신체구속을 당한 미결수용자에게 보장된 변호인의 조력을 받을 권리를 침해하는 것이어서 헌법에 위반되는 법률이고 피청구인의 위헌적인 공권력 행사는 바로 위와 같은 위헌법률에 기인한 것이라고 인정되므로 헌법재판소법 제75조 제5항에 의하여 행형법 제62조의 준용규정 중 행형법 제18조 제3항을 미결수용자의 변호인접견에도 준용하도록 한 부분에 대하여 위헌선언하기로 하여 주문과 같이 결정한다.

헌재판례) 미결수용자의 서신 검열행위와 그 근거규정의 위헌성(1995. 7. 21. 92헌마144)

구 행형법 제62조는 형이 확정된 수형자에 대하여 서신검열을 규정한 같은 법 제18조 제3항 및 시행령 제62조를 미결수용자에 대하여도 준용하도록 규정하고 있고, 피청구인의 위 검열행위도 위 규정에 따른 것이므로, 위 검열행위가 위헌임을 확인함에 있어서, 구 행형법 제62조의 규정 중 앞서 본 변호인과의 서신검열이 허용되는 조건을 갖추지 아니한 경우에도 검열을 할 수 있도록 준용하는 부분에 대하여는 피청구인의 위헌적인 공권력 행사가 위와 같은 위헌법률에 기인한 것이라고 인정되므로 헌법재판소법 제75조 제5항에 따라 위헌을 선언한다.

또한 헌법재판소는 "헌법소원심판의 대상이 된 법률조항 중 일정한 법률조항이 위헌선언되는 경우 같은 법률의 그렇지 아니한 다른 법률조항들은 효력을 그대로 유지하는 것이 원칙이나, 합헌으로 남아 있는 어떤 법률조항이 위헌선언되는 법률조항과 밀접한 관계에 있어 그 조항만으로는 법적으로 독립된 의미를 가지지 못하는 경우에는 예외적으로 그 법률 전체에 대하여 위헌선언을 할 수 있다"라고 한다(2001. 7. 19. 2000헌마91 등).

헌 법 재 판 법 강 의

7

권한쟁의심판제도

제7장 권한쟁의심판제도

I. 권한쟁의심판제도 개관

1. 의의

현행 헌법은 "국가기관의 상호 간, 국가기관과 지방자치단체 간 및 지방자치단체 상호 간의 권한쟁의에 관한 심판"을 헌법재판소로 하여금 관장하게 하고 있다(제111조 제1항 제4호). 권한쟁의심판이란 국가기관 또는 지방자치단체 등 간에 권한의 존부 또는 범위에 관하여 다툼이 발생한 경우 독립적 지위를 가진 제3의 기관이 그 권한의 존부·내용·범위 등을 명백히 함으로써 기관 간의 분쟁을 해결하는 제도를 말한다. 이때의 권한이란, 국가나 지방자치단체 등 공법인 또는 그 기관이 헌법 또는 법률에 의하여 부여되어 법적으로 유효한 행위를 할 수 있는 능력 또는 범위를 말한다.[423] 위 권한은 주관적 권리가 아니므로 권한 귀속주체가 임의로 처분하거나 포기할 수 없다. 여기서의 권한은 헌법상의 권한에 한정되지 아니한바, 법률에 의해 주어진 권한이 침해된 경우에도 권한쟁의심판을 청구할 수 있다.[424]

2. 법적 성격

(1) 주관적 쟁송절차로서의 성격

헌법재판소법 제61조 제2항에 의거 권한쟁의심판은 청구인의 권한침해가 존재

423 [민법적 개념]
권리: (권리법력설) 일정한 이익을 향유하기 위하여 법이 인정한 힘
권한: 타인을 위하여 그에 대하여 일정한 법률효과를 발생케 하는 행위를 할 수 있는 법률상의 자격(예를 들어 대리인의 대리권, 사단법인 사원의 결의권, 법인 이사의 대표권)
권능: 권리의 내용을 이루는 개개의 법률상의 힘(예컨대 소유권이라는 권리는 그 소유물을 사용, 수익, 처분할 수 있는 것을 그 내용으로 하는데 이때의 사용권, 수익권, 처분권)
권원: 일정한 법률상 또는 사실상의 행위를 하는 것을 정당화시키는 원인(예를 들어 A 임대인, B 임차인. A가 B에게 내 집에서 나가라고 한다면 B는 임차권을 주장하여 그를 거절하고 계속 집을 사용할 수 있다. 이때 B가 A의 집에서 살 수 있는 근거, 즉 임차권이 B의 권원)
→ 권리는 힘이고 권한은 자격, 권능은 권리를 이루는 개개의 힘, 권원은 근거

424 김유향, 전게서, 1705면.

하거나 권한을 침해할 현저한 위험이 있어야만 청구할 수 있다. 이 청구요건은 권한쟁의절차가 주관적 권한(권리 및 의무)의 보호를 목적으로 한다는 것을 말해준다. 그리고 헌법재판소법 제66조 제2항에 따라서 이미 청구인의 권한을 침해한 때에는 피청구인의 처분 또는 부작위를 취소하거나 그 무효를 확인할 수 있다. 이러한 결정의 내용도 청구인의 주관적 권한의 구제에 기여한다고 볼 수 있다. 따라서 한국에서의 권한쟁의심판은 대립하는 청구인 및 피청구인 간의 주관적 쟁송으로서의 성격을 가지고 있다고 본다.

(2) 객관적 쟁송절차로서의 성격

위와 같이 주관적 쟁송의 성격을 가지는 한국에서의 권한쟁의심판제도는 다른 한편으로는 다음과 같은 다른 내용을 가지고 있다. 권한쟁의심판은 헌법재판소법 제61조 제1항의 규정에 따라 관계 기관의 권한의 존부 또는 범위에 관한 다툼을 대상으로 한다. 그리고 동법 제66조 제1항에 의거한 결정에서는 국가기관 또는 지방자치단체의 권한의 존부 또는 범위에 관하여 결정한다. 여기서는 관련된 헌법 또는 법률에 대한 해석을 통해서 당사자에게 특정한 권한을 부여하고 있는지 여부를 판단한다. 이와 같은 권한쟁의심판의 대상과 결정내용은 결국 객관적 헌법 및 법률의 보호 및 유지·발전에 기여한다. 그리고 이는 수직적 및 수평적 권력분립주의에 기초하여 헌법과 법률이 설정한 객관적 권한질서의 유지·보호에도 기여한다. 따라서 권한쟁의심판제도는 객관적 쟁송절차로서의 성격도 가진다고 보인다.[425]

(3) 검토

권한쟁의심판제도는 관련 국가기관의 주관적 권한(권리 및 의무)의 보호를 통해서, 객관적인 헌법 및 법률행위의 보장과 객관적 헌법 및 법률의 보호를 달성하고자 한다. 이를 통해 본 권한쟁의심판제도의 궁극적 목적은 수직적 및 수평적 권력분립의 유지 발전과 개인의 자유보호를 달성하는 데 있다. 따라서 한국에서의 권

425 명재진, 권한쟁의심판제도의 문제점, 헌법논총 제18집, 헌법재판소, 2007, 88면 이하.

한쟁의심판절차는 독일의 경우와 마찬가지로 주관적 쟁송과 객관적 쟁송의 양면적 성격을 동시에 가진다고 볼 수 있다.

3. 기능

(1) 국가작용과 기능의 정상화

권한쟁의심판제도는 각 국가기관이나 지방자치단체의 권한을 둘러싼 분쟁이 발생할 때 이를 해결하여줌으로써 헌법에서 배분한 국가권력의 작용과 기능이 원래 정한 대로 정상적으로 작동하도록 한다.

(2) 권력분립의 실현

권한쟁의심판제도는 국가작용이 헌법에서 정한 대로 정상적으로 기능하도록 할 뿐만 아니라 국가기관 또는 지방자치단체 간의 수평적 또는 수직적 권력통제가 이루어지게 하여 권력분립원리를 실현시킨다. 그런데 권한쟁의심판제도는 그 연혁에 비추어보면 원래 정부 및 의회 간의 다툼을 중립적 헌법수호자인 헌법재판소가 헌법상 권력분립제도의 취지에 따라 해결하는 장치를 의미하였다. 그러나 의회와 정부가 다수당에 의해 통합되는 정당국가적 경향이 진전됨에 따라 의회의 정부에 대한 통제기능이 약화되고 권력의 통제 및 견제의 메커니즘이 여당과 야당의 구도로 변하게 되자, 권한쟁의제도는 정치과정에서 소수파와 다수파의 월권적 행위를 헌법적 원리에 의해 통제할 수 있는 장치로서의 기능도 갖게 되었다.[426]

(3) 민주주의의 실질화

권한쟁의심판은 특히 국회 내에서 발생하는 다수파의 횡포에 대해 소수파가 다툴 수 있게 하여 소수의 보호를 통한 민주주의를 실질화하는 데 기여한다.

---

426 최갑선, 독일과 한국에서의 권한쟁의심판절차, 헌법논총 7집, 헌법재판소, 1996, 413면.

Ⅱ. 권한쟁의심판제도의 연혁과 특징

1. 연혁[427]

우리 헌법은 제2공화국 헌법(1960년 헌법)에서 권한쟁의심판을 두었으나 당시에는 국가기관 간의 권한쟁의심판만을 두었다. 그 후 현행 9차 개헌헌법하에서는 국가기관 간의 권한쟁의뿐만 아니라 국가기관과 지방자치단체 간, 지방자치단체 상호 간의 권한쟁의도 심판을 할 수 있도록 확대하였다.

2. 특징(★)

헌법상 권한쟁의심판제도는 다음과 같은 주요 특징을 갖는다. ① 권한쟁의심판에는 동일한 법주체인 국가기관, 예컨대 정부, 국회, 법원 상호 간에 발생하는 권한분쟁뿐만 아니라, 상이한 법주체인 국가기관과 지방자치단체 간 및 지방자치단체 상호 간의 권한분쟁도 포함된다. ② 헌재법 제61조 제2항에는 '헌법 또는 법률에 의하여 부여받은 권한침해'가 있는 경우에 권한쟁의심판을 청구할 수 있다고 하여 헌법상 분쟁뿐만 아니라 법률상의 공법적인 분쟁도 포함한다. ③ 권한쟁의심판에서 다투어지는 권한은 직무상의 권한이므로 개인이 가지는 주권적 권리와 구별된다. 여기서 권한이란 국가기관이나 지방자치단체가 그에게 주어진 직무상의 업무를 수행하는 능력이나 권능을 의미하고, 직무상의 권한은 다른 한편으로 의무를 수반한다. 그리고 이러한 국가기관 또는 지방자치단체의 권한 및 그 행사는 그 자신의 이익을 위한 것이 아니라 국가 전체의 기능과 활동을 위한 것이다. 이런 점에서 권한

427 참고로, 독일의 경우 권한쟁의심판제도는 크게 국가기관 상호 간의 권한쟁의에 유사한 기관쟁송(Organstreitigkeiten)과 연방쟁송으로 나누어지는데 연방쟁송이란 연방과 주간의 쟁송(Streitigkeiten zwischen Bund und Landern), 연방과 주간의 공법적 분쟁으로서 비헌법적 성질의 쟁송 및 주 내부의 헌법상 쟁송 등을 포함하는 것이다. 이와는 별도로 "기관 상호 간의 비헌법적 성질의 공법상 쟁송"이 우리나라 행정소송법상의 기관소송과 유사한 것으로 판례상 인정되고 있다. 특히 기관쟁송은 헌법쟁송의 핵심적인 문제로서 1831년의 Sachsen주 헌법 제153조와 1849년의 Paulskirchen 헌법 제126b조에 그 기원을 두며, 현행 기본법 제93조 제1항 제1호와 연방헌법재판소법 제63조 이하에서 그 법적 근거를 규정하고 있다. 독일에서는 주로 연방국가구조의 균형적 체계 유지를 위하여 전통적 3권력으로부터 독립된 제4권력(Die Vierte Gewalt)으로서의 헌법재판기관에서 이를 담당하도록 하고 있는 것으로 사료된다.(유지태, 국가기관과 지방자치단체 간의 권한쟁의에 관한 연구, 헌법재판연구 9권, 헌법재판소, 1997, 128면)

쟁의심판은 기본적으로 '객관소송'으로서의 성격을 가진다. ④ 권한쟁의심판은 헌법재판소의 원칙적 관할로 하고 있다. 행정소송법 제3조 제4호는 국가 또는 공공단체의 기관 상호 간에 권한의 존부 또는 그 행사에 다툼이 있을 때의 기관소송에 관하여 행정법원의 관할로 하고 있으나, 헌법과 헌법재판소법상 헌법재판소의 관장사항으로 되는 권한쟁의심판은 행정법원의 기관소송의 대상에서 제외하고 있는 것이다.[428]

Ⅲ. 권한쟁의심판의 유형

1. 적극적 권한쟁의와 소극적 권한쟁의

(1) 적극적 권한쟁의

적극적 권한쟁의는 국가기관 또는 지방자치단체 등이 특정 사안에 대해서 서로 자기가 권한을 가진다고 주장하여 생기는 분쟁으로서, 권한쟁의라 함은 적극적 권한쟁의의 형태로 발생하는 것이 보통이다. 헌법재판소법 제61조 제2항은 "피청구인의 처분 또는 부작위가 헌법 또는 법률에 의하여 부여받은 청구인의 권한을 침해하였거나 침해할 현저한 위험이 있는 경우에만 할 수 있다"고 규정하여 적극적 권한쟁의를 인정하고 있다.

(2) 소극적 권한쟁의

소극적 권한쟁의라 함은 특정 사안에 대해서 서로 자기에게 권한이 없다고 주장하는 형태의 권한쟁의로서, 현행법상 인정되는지가 문제된다.

(가) 학설

긍정설	이 입장에서는 우선, 헌법 제111조 제1항 제4호 취지는 모든 권한쟁의를 헌법재판소의 원칙적 관할로 규정하고 있으며, 헌법재판소법 제61조 제1항에서 정하고 있는 "권한의 유무 또는 범위에 관한 다툼"에는 소극적 권한쟁의도 당연히 포함된다고 한다. 다음으

428 전게 헌법재판실무제요, 397면.

	로, 소극적 권한쟁의를 인정하지 않게 되면 당사자가 특정 사안에 대해서 서로 자신이 권한 내지 의무가 없음을 주장하며 특정 권한(직무)의 행사를 거부하게 되므로 특정 사안에 대한 국가업무가 해태되거나 마비될 우려가 있고, 또한 일반 사인이 제기한 민원에 대해서 관할이 있다고 생각되는 국가기관들이 서로 자기에게 권한이 없다고 미루며 민원을 해결하지 않는 경우에는 민원인을 위한 권리구제가 어려워지는 상황이 발생한다고 말한다. 따라서 객관적 권한질서의 유지와 국가업무의 지속적 수행이라는 권한쟁의심판의 목적을 위해서 소극적 권한쟁의도 헌법소송의 한 형태로 인정되어야 한다고 주장한다.
부정설	이 입장은 헌법재판소법 제61조 제2항이 권한쟁의심판의 청구요건으로서 "피청구인의 처분 또는 부작위"가 "청구인의 권한"을 침해하거나 침해할 현저한 위험이 있어야 한다고 규정하고 있어서 소극적 권한쟁의는 이 요건들을 모두 충족할 수 없기 때문에 권한쟁의심판대상이 될 수 없다고 주장한다. 즉, 헌재법 제61조 제2항은 적극적 권한쟁의만을 염두에 둔 규정이라는 것이다.

(나) 헌법재판소의 판례

'시흥시와 정부 간의 권한쟁의'(1998. 8. 27. 96헌라1)에서 시흥시는 "시화공단 내 공공시설에 대한 관리권한이 정부에게 있음에도 불구하고 정부가 이 공공시설을 관리하지 아니하는 부작위로 인하여 시흥시가 공공시설을 부담하게 됨으로써 심각한 재정적 부담을 지게 될 위험에 처하게 되고, 그로 인하여 시흥시의 지방자치권 또는 자치재정권과 재산권 등을 침해받았거나 침해받을 위험에 처했다"고 주장하며 권한쟁의심판을 청구하였다. 이에 대하여 헌법재판소는 "가사 청구인의 주장과 같이 이 사건 공공시설의 관리권한이 피청구인에게 있음에도 불구하고 피청구인이 이를 관리하지 않고 있다고 하더라도, 그로 인하여 청구인에게 이 사건 공공시설을 관리할 책임이 발생하거나 그러한 위험이 발생하는 것은 아니다. 결국 이 사건 공공시설의 관리권한이 누구에게 있는가에 관계없이 피청구인의 부작위에 의하여 청구인의 권한이 침해되었거나 침해될 현저한 위험이 있다고 할 수 없으므로, 이 사건 심판청구는 헌법재판소법 제61조 제2항 소정의 요건을 갖추지 못하였고, 청구인의 권한이 침해된 바 없어서 이를 기각한다"고 판시하고 있다. 그런데 위 사건은 전형적인 소극적 권한쟁의에 관한 문제로서 헌법재판소는 이를 소극적 권한쟁의로 받아들여 판단하지 아니하고 부작위에 의한 적극적 권한쟁의의 문제로 보고 청구를 기각하였던 것이다. 또한 헌법재판소는 어업면허 연장불허가에 관한 보상금 지급의무에 대하여 영일군이 자신에게 보상금 지급의무가 없음을 이유로 정부를 상대로 한 권한쟁의심판 사건(1998. 6. 25. 94헌라1)에서 소극적 권한쟁의가 아닌 단순한 채권채무관계의 분쟁으로 해결하였다.[429]

2. 당사자에 따른 분류

현행 헌법재판소법 제62조 제1항이 규정하는 있는 심판청구 당사자별 권한쟁의 심판의 종류를 나열하면 다음과 같다.

국가기관 상호 간	▪ 국회, 정부, 법원 및 중앙선거관리위원회 상호 간의 권한쟁의심판
국가기간과 지방자치단체 간	▪ 정부와 특별시·광역시·도 또는 특별자치도 간의 권한쟁의심판 ▪ 정부와 시·군 또는 자치구 간의 권한쟁의심판
지방자치단체 상호 간	▪ 특별시·광역시·도 또는 특별자치도 상호 간의 권한쟁의심판 ▪ 시·군 또는 자치구 상호 간의 권한쟁의심판 ▪ 특별시·광역시·도 또는 특별자치도와 시·군 또는 자치구 간의 권한쟁의심판

한편, 지방자치단체 내 기관들 상호 간의 권한분쟁은 행정소송으로서 기관소송의 대상이 되어 대법원의 관할로 하고 있다. 여기에는 ① 지방자치단체장이 지방의회를 상대로 대법원에 제기하는 소송(**지방자치법 제120조 제3항, 제192조 제4항**)과 ② 교육감이 시·도의회 또는 교육위원회를 상대로 대법원에 제기하는 소송(지방교육자치에 관한 법률 제28조 제3항) 등이 있다.(★)

3. 권한쟁의심판과 법원 기관소송의 관계

▪ 행정소송법 제3조(행정소송의 종류) 행정소송은 다음의 네 가지로 구분한다.
4. 기관소송: 국가 또는 공공단체의 기관 상호 간에 있어서의 권한의 존부 또는 그 행사에 관한 다툼

429 김유향, 전게서, 1709면.

이 있을 때에 이에 대하여 제기하는 소송. 다만, 헌법재판소법 제2조의 규정에 의하여 헌법재판소의 관장사항으로 되는 소송은 제외한다.

▪ 단서로 인하여 충돌문제가 생기지 아니함.

4. 입법절차하자 관련 권한쟁의심판의 특수성

입법절차에 대한 통제는 위헌법률, 헌법소원, 권한쟁의심판 등 세 가지 심판절차에서 모두 가능하다고 보지만, 각 심판별로 제도의 취지와 그에 따른 적법요건이 상이하게 설정되어 있으므로 심사의 구체적 방식과 범위에는 차이가 있다. 특히 권한쟁의심판에만 있는 독특한 특성들도 존재한다. 법률적 분쟁에 대한 심사가능성(헌법재판소법 제61조 제2항)이나 심판정족수(제23조)도 그렇지만, 또한 대표적인 것으로서 다른 두 심판과 비교해 권한쟁의심판은 침해로 판명된 행위의 효과가 상이함을 지적할 수 있다.[430] 위헌법률심판에서 입법이 헌법에 위반된다고 판단되거나, 헌법소원심판에서 입법이 기본권을 침해한다고 판단되면 해당 입법은 곧바로 무효가 된다. 반면에 권한쟁의심판에서는 입법행위가 권한을 침해한다고 판단되어도 해당 입법행위가 곧바로 무효가 되지 않는다.[431] 권한쟁의심판에서는 심판대상이 된 처분으로 인한 권한침해가 확인되더라도, 그것을 취소하거나 혹은 그 무효를 확인하는 별도의 결정이 존재하지 않는 한 그 처분은 그 반대해석상 유효한 것으로 남게 된다. 헌법재판소법은 권한을 침해한 처분을 취소하거나 그 무효를 확인할 것인지 여부를 헌법재판소의 재량적 판단에 맡기고 있기 때문이다(제66조 제2항).[432] 따라서 입법절차상 하자가 문제된 사안에서 그로 인해 일부 국회구성원의 권한이 침해되었음을 확인하면서도 재판소가 그에 덧붙여 해당 입법행위가 무효

---

430 이황희, 전게 논문, 100면 이하.

431 권한쟁의심판에서는 위헌법률심판이나 헌법소원심판처럼 법률의 효력 상실에 관한 명문규정이 없기 때문에, 이론상 입법행위에 대한 무효확인결정이 선고되는 경우에도 법률폐지적인 효력이 인정되지 않는다는 입장 또한 있을 수 있다. 이에 관한 소개는 김하열, 전게서, 683-684면.

432 무효확인결정이 재량적이라는 입장으로, 김하열, 권한쟁의심판의 발전과 과제, 헌법논총 제19집, 헌법재판소, 2008, 468면 이하; 한수웅, 전게서, 1543면; 헌법재판소(편), 헌법재판실무제요(제2개정판), 440면. 반면, 예외적인 경우를 제외하면 기속적으로 이해함이 옳다는 입장으로, 박경철, 전게 논문, 245면.

임을 확인하는 결정을[433] 부가하지 않는다면, 해당 입법행위는 무효가 되지 않으며 결과적으로 다른 입법들과 다를 바 없는 효력을 가질 수 있게 된다.[434] 국회는 헌법재판소의 권한침해확인결정의 기속력에 따라 위헌·위법상태를 제거해 합헌·합법상태를 복원할 의무를 지므로, 해당 입법을 폐지하거나 새로운 입법으로 대체하는 등의 별도 조치를 취할 의무가 있다고 볼 수도 있다.[435] 그러나 그렇게 하지 않는다 해서 해당 입법이 반드시 효력을 상실하는 것은 아니다. 또한 헌법재판소는 국회의 입법절차상 하자로 인해 국회의원의 법률안 심의·표결권이 침해되었음을 확인하는 권한침해확인결정이 있었더라도 그 기속력으로 인해 국회 측이 구체적인 특정한 조치를 취할 작위의무를 부담한다고 볼 수는 없다는 입장이다.[436] 이에 따르면 헌법재판소의 권한침해확인결정을 고려하여, 해당 입법을 폐지할 것인지, 아니면 그것을 새로운 입법으로 대체할 것인지, 그리고 그러한 폐지 혹은 대체를 언제 어떤 내용으로 행할 것인지 등에 관한 판단은 결국 국회의 몫이 된다. 재판소의 논리와 다른 입장을 취하는 견해들도 있으나,[437] 어떤 입장에 서든, 그 입법행위에 대한 무효확인결정이 선고되지 않는 이상 일단 입법으로서 효력을 가진다는

---

433 헌법재판소법은 권한침해의 원인이 된 처분의 취소 혹은 무효확인을 모두 인정하고 있으나, 그간 권한쟁의심판 사건에서 주로 무효확인 여부가 문제로 되었던 점을 고려해 본문에서는 무효확인 문제를 중심으로 서술했다. 한편, 이러한 취소 혹은 무효확인 같은 형성적 결정은 권한쟁의심판의 제도적 취지와 맞지 않는다는 지적으로는 한수웅, 전게서, 1545면.

434 입법절차상 하자를 입법의 무효 사유에 해당하는 하자와 그렇지 않은 하자로 구분하는 견해로는, 김하열, 전게서, 682면. 이러한 관점은 해외의 헌법재판소로부터도 확인되는데, 가령 스페인 헌법재판소는 모든 입법절차상 하자가 해당 법률의 무효라는 결과로 이어지는 것은 아니며, 그 하자가 "의회 내에서의 의지형성 과정을 실질적으로 교란시켰을 때"에만 해당 법률이 위헌무효가 된다는 입장을 취한 바 있다(STC 99/1987). 한편, 독일의 경우 연방헌법재판소가 권한침해만을 확인할 수 있을 뿐 그 침해의 원인이 된 행위를 무효로 선언할 수 없도록 제도가 설계되어 있다(독일 연방헌법재판소법 제67조).

435 헌법재판소(편), 전게서, 443면; 김하열, 전게서, 681면; 한수웅, 전게서, 1548면. 반면, 무효확인이 없는 권한침해확인결정만으로는 위헌·위법상태 제거의무가 발생하지 않는다는 입장으로, 박경철, 전게 논문, 244면 이하.

436 헌재 2010. 11. 25. 2009헌라12. 이 결정에서 5인의 재판관은 권한침해확인결정이 일반적으로 그 위헌·위법을 제거하기 위한 작위의무를 부여한다는 데에 뜻을 같이했으나, 그중 1인의 재판관이 입법절차상 하자 문제의 특수성을 들어 그러한 작위의무가 입법절차상 하자로 인한 권한침해확인결정에는 해당하지 않는다고 봄으로써 심판정족수인 과반수를 채우지 못했다.

437 이황희, 전게 논문, 101면 이하; 김하열, 전게서, 680면 이하; 허완중, 헌법소송법, 박영사, 2019, 668면 이하.

해석이 일반적이다.[438, 439]

Ⅳ. 권한쟁의심판의 일반 요건

헌법

제111조 ① 헌법재판소는 다음 사항을 관장한다.

4. 국가기관 상호 간, 국가기관과 지방자치단체 간 및 지방자치단체 상호 간의 권한쟁의에 관한 심판

행정소송법

제3조(행정소송의 종류) 행정소송은 다음의 네 가지로 구분한다.

1. 항고소송: 행정청의 처분 등이나 부작위에 대하여 제기하는 소송
2. 당사자소송: 행정청의 처분등을 원인으로 하는 법률관계에 관한 소송, 그 밖에 공법상의 법률관계에 관한 소송으로서 그 법률관계의 한쪽 당사자를 피고로 하는 소송
3. 민중소송: 국가 또는 공공단체의 기관이 법률에 위반되는 행위를 한 때에 직접 자기의 법률상 이익과 관계없이 그 시정을 구하기 위하여 제기하는 소송
4. 기관소송: 국가 또는 공공단체의 기관 상호 간에 있어서의 권한의 존부 또는 그 행사에 관한 다툼이 있을 때에 이에 대하여 제기하는 소송. 다만, 헌법재판소법 제2조의 규정에 의하여 헌법재판소의 관장사항으로 되는 소송은 제외한다.

헌법재판소법

제61조(청구 사유) ① 국가기관 상호 간, 국가기관과 지방자치단체 간 및 지방자치단체 상호 간에 권한의 유무 또는 범위에 관하여 다툼이 있을 때에는 해당 국가기관 또는 지방자치단체는 헌법재판소에 권한쟁의심판을 청구할 수 있다.

② 제1항의 심판청구는 피청구인의 처분 또는 부작위(不作爲)가 헌법 또는 법률에 의하여 부여받은 청구인의 권한을 침해하였거나 침해할 현저한 위험이 있는 경우에만 할 수 있다.

제62조(권한쟁의심판의 종류) ① 권한쟁의심판의 종류는 다음 각 호와 같다.

1. 국가기관 상호 간의 권한쟁의심판
   국회, 정부, 법원 및 중앙선거관리위원회 상호 간의 권한쟁의심판

438 법률이 유효함을 인정하면서도 국회의 재입법 전까지는 가급적 법률의 적용을 자제하는 것이 바람직하다는 견해로 김하열, 전게서, 682면. 물론 권한침해 확인결정만으로도 법률 폐지적인 효력이 생긴다는 견해도 있을 수 있다.(김하열, 전게서, 683면)

439 이에 관한 대표적인 사례로, 이른바 '미디어법 사건'으로 불리는 헌재 2009. 10. 29. 2009헌라8등 결정을 둘러싼 법률관계를 들 수 있다. 이 사건에서 헌법재판소는 입법절차상 하자가 있었고 그로 인해 국회의원의 심의·표결권이 침해되었음을 확인하는 결정을 선고하면서도, 그러한 침해를 이유로 법률안의 가결선포행위를 무효화하는 결정으로까지 나아가지는 않았다. 재판부는 입법기관인 국회의 정치적 형성권한에 대한 존중이나 입법행위의 특수성, 혹은 하자의 성격 등을 판단의 근거로 제시했다. 이에 따라 그 결정 이후 '신문 등의 자유와 기능보장에 관한 법률' 및 '방송법'은 결과적으로 유효한 법률로서 효력을 발휘해 왔다. 이러한 측면은 헌법에 위반되는 법률(위헌법률심판)이나 기본권을 침해하는 법률(헌법소원심판)이 예외 없이 무효가 되는 결과와 대비되는 권한쟁의심판의 독특한 특징을 보여준다.(헌재 2009. 10. 29. 2009헌라8 등)

2. 국가기관과 지방자치단체 간의 권한쟁의심판
   가. 정부와 특별시·광역시·특별자치시·도 또는 특별자치도 간의 권한쟁의심판
   나. 정부와 시·군 또는 지방자치단체인 구(이하 "자치구"라 한다) 간의 권한쟁의심판
3. 지방자치단체 상호 간의 권한쟁의심판
   가. 특별시·광역시·특별자치시·도 또는 특별자치도 상호 간의 권한쟁의심판
   나. 시·군 또는 자치구 상호 간의 권한쟁의심판
   다. 특별시·광역시·특별자치시·도 또는 특별자치도와 시·군 또는 자치구 간의 권한쟁의심판

② 권한쟁의가 「지방교육자치에 관한 법률」 제2조에 따른 교육·학예에 관한 지방자치단체의 사무에 관한 것인 경우에는 교육감이 제1항 제2호 및 제3호의 당사자가 된다.

제63조(청구기간) ① 권한쟁의의 심판은 그 사유가 있음을 안 날부터 60일 이내에, 그 사유가 있은 날부터 180일 이내에 청구하여야 한다.

② 제1항의 기간은 불변기간으로 한다.

헌법재판소법 제61조 제1항은 "국가기관 상호 간, 국가기관과 지방자치단체 간 및 지방자치단체 상호 간에 권한의 유무 또는 범위에 관하여 다툼이 있을 때에는 당해 국가기관 또는 지방자치단체는 헌법재판소에 권한쟁의심판을 청구할 수 있다"고 규정하고 있고, 같은 조 제2항은 "제1항은 심판청구는 피청구인의 처분 또는 부작위가 헌법 또는 법률에 의하여 부여받은 청구인의 권한을 침해하였거나 침해할 현저한 위험이 있는 경우에만 할 수 있다."고 규정하고 있다. 이러한 규정에 비추어 권한쟁의심판을 청구하기 위하여 ① 당사자요건으로서 당사자능력과 당사자적격을 갖추어야 하고, ② 피청구인의 처분 또는 부작위가 있어야 하며, ③ 그로 인해 헌법 또는 법률에 의하여 부여받은 권한의 침해 또는 침해위험이 있어야 한다. 다음으로 ④ 청구기간을 준수하여야 한다.

1. 당사자능력

(1) 국가기관 상호 간의 권한쟁의심판

(가) 의의

헌법재판소법 제62조 제1항 제1호는 국가기관 상호 간의 권한쟁의심판을 "국회, 정부, 법원 및 중앙선거관리위원회 상호 간의 권한쟁의"라고 규정하고 있다. 이것

은 본래적 의미에서 기관소송의 한 유형에 해당하는 것인데, 국가의 기능을 상이한 기관에 분장시켜 기능을 분배함으로써 생길 수 있는 기관 간의 부조화를 해소하여 국가의 행위능력과 기능질서를 확보하는 측면과 함께 주권자인 국민으로부터 나온 국가권력의 견제와 균형에 의해 기본권을 보장한다는 헌법상 권력분립원칙을 실현하는 의미를 갖는다(헌재 1997. 7. 16. 96헌라2).

(나) 당사자 범위의 확장

권한쟁의심판 청구에서의 당사자능력이란 일반적으로 누가 심판청구의 당사자가 될 수 있는가의 문제이다. 이와 관련하여 헌법은 "국가기관 상호 간, 국가기관과 지방자치단체 간, 지방자치단체 상호 간"으로 규정하고 있고(제111조 제1항 제4호), 헌법재판소법은 국가기관 상호 간의 권한쟁의심판을 '국회, 정부, 법원 및 중앙선거관리위원회 상호 간의 권한쟁의심판'이라고 규정함으로써 '당사자의 범위'를 제한하고 있다. 그렇다면 헌법재판소법의 이 규정을 열거규정이 아닌 예시규정으로 보아 기타의 국가기관에게도 권한쟁의심판의 당사자능력을 인정할 수 있는지가 문제이다. 헌법은 "국가기관 상호 간의 권한쟁의심판"을 헌법재판소의 관할로 인정하는데(제111조 제1항 제4호), 헌법재판소법은 이 의미를 "국회, 정부, 법원 및 중앙선거관리위원회 상호 간의 권한쟁의심판"으로 풀이하고 있다(제62조 제1항 제1호). 이처럼 헌법재판소법은 헌법이 정한 '국가기관 상호 간'의 의미를 보다 구체적으로 서술하지만, 그럼에도 헌법재판소법에서 포괄되지 않은 다양한 국가기관들이 존재하는 것 역시 사실이다. 그로 인해 이처럼 나열된 4곳만이 권한쟁의심판의 당사자능력을 가지는 국가기관인지가 문제되는데, 헌법재판소는 초기에 이를 열거적인 성격으로 이해했으나 그 후에는 예시적인 성격으로 해석해 더 많은 기관이 권한쟁의심판의 당사자가 될 수 있는 가능성을 마련했다.[440]

---

440 헌법재판소법 제62조 제1항 제1호를 열거적인 조항으로 해석한 결정은 헌재 1997. 7. 16. 96헌라2, 예시적인 조항으로 해석하면서 위 결정을 변경한 결정은 헌재 1997. 7. 16. 96헌라2.

1) 헌법재판소의 판례

이에 관하여 우리 헌법재판소는 처음에 '1995. 2. 23. 90헌라1 결정'에서 헌법재판소법 제62조 제1항을 열거조항으로 파악함으로써 국회의 구성원이나 국회 내의 일부 기관인 국회의원 및 교섭단체 등이 국회 내의 다른 기관인 국회의장을 상대로 권한쟁의심판을 청구할 수 없다고 판시하였다. 그러나 그 후 헌법재판소는 '1997. 7. 16. 96헌라2 결정'에서는 종전의 판례를 변경하여 헌재법 제62조 제1항 제1호를 예시규정으로 보고, 당사자범위를 확대하였다.

관련 헌재판례) 야당 국회의원과 국회의장 간 권한쟁의(1997. 7. 16. 96헌라2)	
사안	- 국회부의장[441]이 국회의장을 대리하여 신한국당 소속 국회의원 155인이 출석한 가운데 임시회 본회의를 개의하고 법률안을 상정, 표결을 하여 가결되었음을 선포함. - 야당의원들은 헌법 및 국회법이 정한 절차를 위반하여 위 법률안을 가결시킴으로써 독립된 헌법기관인 청구인들의 법률안 심의·표결권을 침해하였다고 주장하면서 그 권한 침해의 확인 및 가결선포행위에 대한 위헌확인 청구를 함.
판단	[국회의원과 국회의장이 권한쟁의심판의 당사자가 될 수 있는지 여부] 헌법 제111조 제1항 제4호에서 헌법재판소의 관장사항의 하나로 "국가기관 상호 간, 국가기관과 지방자치단체 간 및 지방자치단체 상호 간의 권한쟁의에 관한 심판"이라고 규정하고 있을 뿐 권한쟁의심판의 당사자가 될 수 있는 국가기관의 종류나 범위에 관하여는 아무 규정을 두고 있지 않고, 이에 관하여 특별히 법률로 정하도록 위임하고 있지도 않다. 따라서 입법자인 국회는 권한쟁의심판의 종류나 당사자를 제한할 입법형성의 자유가 있다고 할 수 없고, 헌법 제111조 제1항 제4호에서 말하는 국가기관의 의미와 권한쟁의심판의 당사자가 될 수 있는 국가기관의 범위는 헌법해석을 통하여 확정하여야 할 문제이다. 그렇다면 헌법재판소법 제62조 제1항 제1호가 비록 국가기관 상호 간의 권한쟁의심판을 "국회, 정부, 법원 및 중앙선거관리위원회 상호 간의 권한쟁의심판"이라고 규정하고 있다고 할지라도 이 법률조항의 문언에 얽매여 곧바로 이들 기관 외에는 권한쟁의심판의 당사자가 될 수 없다고 단정할 수 없다. 국가기관 상호 간에는 그 권한의 존부와 행사를 둘러싸고 항시 다툼과 대립이 생길 수 있고, 그러한 분쟁이 자체적으로 조정, 해결되지 아니하는 한 제3의 국가기관에 의한 해결을 도모할 수밖에 없다. 우리나라에서는 이를 위한 제도로서 헌법 제111조 제1항 제4호에 의하여 헌법재판소가 관장하는 권한쟁의심판제도와 행

441 국회부의장은 국회의장의 위임에 따라 그 직무를 대리하여 법률안 가결선포행위를 할 수 있을 뿐(국회법 제12조 제1항 참조), 법률안 가결선포행위에 따른 법적 책임을 지는 주체가 될 수 없으므로 권한쟁의심판 청구의 피청구인 적격이 인정되지 아니한다(헌재 1997. 7. 16. 96헌라2; 헌재 2000. 2. 24. 99헌라1; 헌재 2009. 10. 29. 2009헌라8 등).

	정소송법 제3조 제4호에 의하여 법원이 관할하는 기관소송제도를 마련하고 있다. 그런데 헌법이 특별히 권한쟁의심판의 권한을 법원의 권한에 속하는 기관소송과 달리 헌법의 최고 해석·판단기관인 헌법재판소에 맡기고 있는 취지에 비추어 보면, 헌법 제111조 제1항 제4호가 규정하고 있는 '국가기관 상호 간'의 권한쟁의심판은 헌법상의 국가기관 상호 간에 권한의 존부나 범위에 관한 다툼이 있고 이를 해결할 수 있는 적당한 기관이나 방법이 없는 경우에 헌법재판소가 헌법해석을 통하여 그 분쟁을 해결함으로써 국가기능의 원활한 수행을 도모하고 국가권력 간의 균형을 유지하여 헌법질서를 수호·유지하고자 하는 제도이다. 따라서 헌법 제111조 제1항 제4호 소정의 '국가기관'에 해당하는지 아닌지를 판별함에 있어서는 그 국가기관이 헌법에 의하여 설치되고 헌법과 법률에 의하여 독자적인 권한을 부여받고 있는지 여부, 헌법에 의하여 설치된 국가기관 상호 간의 권한쟁의를 해결할 수 있는 적당한 기관이나 방법이 있는지 여부 등을 종합적으로 고려하여야 할 것이다. 청구인인 국회의원은 헌법 제41조 제1항에 따라 국민의 선거에 의하여 선출된 헌법상의 국가기관으로서 헌법과 법률에 의하여 법률안 제출권, 법률안 심의·표결권 등 여러 가지 독자적인 권한을 부여받고 있으며, 피청구인인 국회의장도 헌법 제48조에 따라 국회에서 선출되는 헌법상의 국가기관으로서 헌법과 법률에 의하여 국회를 대표하고 의사를 정리하며, 질서를 유지하고 사무를 감독할 지위에 있고, 이러한 지위에서 본회의 개의 시의 변경, 의사일정의 작성과 변경, 의안의 상정, 의안의 가결선포 등의 권한을 행사하게 되어 있다. 따라서 국회의원과 국회의장 사이에 위와 같은 각자 권한의 존부 및 범위와 행사를 둘러싸고 언제나 다툼이 생길 수 있고, 이와 같은 분쟁은 단순히 국회의 구성원인 국회의원과 국회의장 간의 국가기관 내부의 분쟁이 아니라 각각 별개의 헌법상의 국가기관으로서의 권한을 둘러싸고 발생하는 분쟁이라고 할 것인데, 이와 같은 분쟁을 행정소송법상의 기관소송으로 해결할 수 없고 권한쟁의심판 이외에 달리 해결할 적당한 기관이나 방법이 없으므로(행정소송법 제3조 제4호 단서는 헌법재판소의 관장사항으로 되는 소송을 기관소송의 대상에서 제외하고 있으며, 같은 법 제45조는 기관소송을 법률이 정한 경우에 법률이 정한 자에 한하여 제기할 수 있도록 규정하고 있다) 국회의원과 국회의장은 헌법 제111조 제1항 제4호 소정의 권한쟁의심판의 당사자가 될 수 있다고 보아야 할 것이다. 한편 복수정당제도하에서 여당과 야당의 대립과 타협에 의하여 국회가 운영되는 정당국가적 현실에 비추어 보거나 우리와 유사한 권한쟁의심판제도를 두고 있는 다른 나라의 예(예컨대 독일의 경우 국회의원이나 국회의장을 당사자로 하는 권한쟁의심판이 허용되고 있다)에 견주어 보더라도 국회의원과 국회의장은 권한쟁의심판의 당사자가 될 수 있다. 그리고 위와 같이 국회의원과 국회의장을 헌법 제111조 제1항 제4호의 '국가기관'에 해당하는 것으로 해석하는 이상 국회의원과 국회의장을 권한쟁의심판을 할 수 있는 국가기관으로 열거하지 아니한 헌법재판소법 제62조 제1항 제1호의 규정도 한정적, 열거적인 조항이 아니라 예시적인 조항으로 해석하는 것이 헌법에 합치된다.
주문	1. 피청구인(국회의장)이 1996. 12. 26. 06:00경 제182회 임시회 제1차 본회의를 개의하고 국가안전기획부법중개정법률안……을 상정하여 가결선포한 것은 청구인들의 법률안 심의·표결의 권한을 침해한 것이다. 2. 청구인들의 나머지 청구를 기각한다.

검토	⇒ 국회의원의 당사자능력 인정. 당사자능력을 부인하였던 종전 판례(헌재 1995. 2. 23. 90헌라1 결정)를 변경. ⇒ 권한침해의 확인은 인용 / 무효확인 부분은 기각.[442]

2) **당사자능력의 인정기준**

헌법재판소의 판례에 의하면 국가기관 상호 간의 권한쟁의심판에서 당사자가 되기 위해서는, (a) 그 국가기관이 헌법에 의하여 설치되고, (b) 헌법과 법률[443]에 의하여 독자적인 권한을 부여받고, (c) 국가기관 상호 간의 권한쟁의를 해결할 수 있는 적당한 기관이나 방법이 없어야 한다. 특히 헌법재판소는 '법률안 변칙처리 사건'(1997. 7. 16. 96헌라2)에서 "국회의원과 국회의장 사이의 분쟁은 각각 별개의 헌법상의 국가기관으로서의 권한을 둘러싸고 발생하는 분쟁이라고 할 것인데, 이와 같은 분쟁을 행정소송법상의 기관소송으로 해결할 수 없고 권한쟁의심판 이외에 달리 해결할 적당한 기관이나 방법이 없으므로 국회의원과 국회의장은 헌법 제111조 제1항 제4호 소정의 권한쟁의심판의 당사자가 될 수 있다"고 판시하였다. 그러나 원하는 모든 국가기관이 권한쟁의심판의 당사자가 될 수 있는 것도 아니다.[444]

(다) 당사자능력 존부의 구체적 판단

1) **국회의 부분기관**

a) 당사자능력 인정의 근거

권한쟁의심판은 오늘날 정당국가적 현실에서 국회의 다수파가 소수파의 이익

442 피청구인의 이 사건 법률안의 가결선포행위에는 위에서 본 바와 같은 국회법 위반의 하자는 있을지언정 입법절차에 관한 헌법의 규정을 명백히 위반한 흠이 있다고 볼 수 없으므로, 이를 무효라고 할 수는 없다.(정주백, 전게서, 200면)

443 헌법재판소법 제61조 제2항에 의거하여 헌법뿐만 아니라 법률이 부여한 청구인의 권한의 침해가 심판대상이 된다. 독일에서와는 달리 법률이 부여한 권한의 침해도 여기에 해당된다. 헌법 및 법률이 부여한 국가기관 또는 지방자치단체의 권한은 상대적인 권리 및 의무의 형태로뿐만 아니라 절대적인 권리 또는 의무의 형태로도 존재한다.

444 국가기관의 범위를 헌법기관으로 한정하고 있는 헌법재판소의 입장에 대한 비판적인 견해도 있다. 예컨대 김하열, 전게서, 623면.

을 일방적으로 무시하면서 의안을 처리하는 일이 없도록 국회 내 소수파의 권한과 역할을 보호함으로써 의회민주주의가 제대로 기능할 수 있도록 한다. 따라서 국회의원이나 원내교섭단체 등 국회의 주요 부분기관에 권한쟁의심판의 당사자능력을 부인한다면 헌법이 예정한 국가기관 상호 간의 권한쟁의심판은 그 의미가 반감되거나 유명무실해질 우려가 높은 것이다.

b) 당사자능력 인정의 범위

국회의 부분기관은 국회의원, 각 위원회, 국회의장, 상임위원회위원장, 원내교섭단체가 당사자로서 고려되는데, '헌법상 권한'만을 살펴본다면, 국회의원은 심의·표결권(제40조, 제41조 제1항), 불체포특권(제44조), 면책특권(제45조), 임기의 원칙적 보장(제42조), 국회에서의 발언·표결권(제45조) 등 자신의 고유한 헌법적 지위에 관하여 당사자가 될 수 있고, 위원회의 경우에는 헌법 제62조 제2항에 의하여 '국무총리와 국무위원의 출석·답변 요구권'이 있으며, 국회의장의 경우에는 헌법 제53조 제6항에 대통령이 법률의 공포를 지체하는 경우에 유보된 국회의장의 '법률공포권'이 있다. 또한 상임위원회위원장 역시 헌법에 의하여 부여된 자신의 권한을 주장할 수 있다. 이와 관련하여 헌법재판소도 "피청구인 외통위 위원장은 외통위 의사절차의 주재자로서 질서유지권(국회법 제49조 제1항, 제145조), 의사정리권(국회법 제49조 제1항, 제2항, 제52조, 제53조 제4항 등)의 귀속주체이므로 이 사건 심판청구의 피청구인적격이 인정될 것"(2010. 12. 28. 2008헌라7)이라고 판시하였다.

한편, 원내교섭단체를 헌법기관으로 볼 수 있는지 의문이 있으나, 교섭단체는 국회의 구성과 정당조항(제41조와 제8조) 및 국회의원의 지위를 포괄적으로 규율하는 조항(제46조) 등에 근거한 헌법기관 내지 헌법적 위상을 가진 기관으로서 당사자능력을 가질 수 있다고 본다. 그러나, 최근 헌법재판소 판례는 이에 대해 부정적이다.(다만, 과거 헌법재판소 1995. 2. 23. 90헌라1 결정에서는 교섭단체의 권한쟁의심판청구 당사자능력을 긍정하는 취지로 판시[445]한 사례가 있어 전원합의체 결정으로 정리가 필요한 사안이다.)

445 권한쟁의심판의 성질상 같은 국가기관 내에서도 헌법상 독자적인 권리와 의무를 전제로 어떤 헌법적인 법률

헌재판례) 2020. 5. 27. 선고 2019헌라6, 2020헌라1병합 전원재판부 결정 [국회의원과 국회의장 간의 권한쟁의, 국회의원 등과 국회의장 등 간의 권한쟁의]

정당은 국민의 자발적 조직으로, 그 법적 성격은 일반적으로 사적·정치적 결사 내지는 법인격 없는 사단이다. 비록 헌법이 특별히 정당설립의 자유와 복수정당제를 보장하고, 정당의 해산을 엄격한 요건하에 인정하는 등 정당을 특별히 보호하고 있으나, 이는 정당이 공권력의 행사 주체로서 국가기관의 지위를 갖는다는 의미가 아니고 사인에 의해서 자유로이 설립될 수 있다. 따라서 정당은 특별한 사정이 없는 한 권한쟁의심판절차의 당사자가 될 수는 없다. 즉, 국회법 제33조 제1항 본문은 정당이 교섭단체가 될 수 있다고 규정하고, 교섭단체는 국회의 원활한 운영을 위하여 소속의원의 의사를 수렴·집약하여 의견을 조정하는 교섭창구의 역할을 하는 조직으로서 교섭단체의 대표의원은 국회 내부의 기관 구성에 참여하거나, 의사와 관련하여 합의권이나 협의권 등 각종 권한을 부여받는바, 이는 교섭단체의 권한을 대표의원을 통해서 행사하는 것으로 볼 수 있다. 그러나 헌법은 권한쟁의심판청구의 당사자로 국회의원들의 모임인 교섭단체에 대해서 규정하고 있지 않다. 국회는 교섭단체와 같이 국회의 내부 조직을 자율적으로 구성하고 그에 일정한 권한을 부여할 수 있으나, 헌법은 국회의원들이 교섭단체를 구성하여 활동하는 것까지 예정하고 있지 아니하다. 교섭단체가 갖는 권한은 원활한 국회 의사진행을 위하여 국회법에서 인정하고 있는 권한일 뿐이다. 또한 교섭단체의 권한침해는 교섭단체에 속한 국회의원 개개인의 심의·표결권 등 권한침해로 이어질 가능성이 높은바, 교섭단체와 국회의장 등 사이에 분쟁이 발생하더라도 국회의원과 국회의장 등 사이의 권한쟁의심판으로 해결할 수 있다. 따라서 위와 같은 분쟁을 해결할 적당한 기관이나 방법이 없다고 할 수 없다. 결국, 정당은 사적 결사와 국회 교섭단체로서의 이중적 지위를 가지나, 어떠한 지위에서든 헌법 제111조 제1항 제4호 및 헌법재판소법 제62조 제1항 제1호의 '국가기관'에 해당한다고 볼 수 없으므로, 권한쟁의심판의 당사자능력이 인정되지 아니한다.

한편, 국회부의장(제48조)이 당사자능력을 가질 수 있는지가 문제되는데, 헌법재판소는 국회부의장의 당사자적격을 부정한 바 있다.(2009. 10. 29. 2009헌라8).

2) 정부의 부분기관

행정부 내 부분기관인 대통령, 국무총리, 국무위원, 각부 장관이 독립한 헌법기

관계가 존재하고 있다면 그러한 권리·의무의 주체를 헌법기관으로 인정하고 그 기관 내에서의 주체 간의 권한쟁의도 허용하여야 한다. 그런데 국회의장은 헌법과 국회법에 의하여 일정한 권리·의무의 주체가 되고 교섭단체는 대의민주국가의 의회활동에 불가결한 요소로서 헌법상 독자적인 권한을 부여받아 국회의 의사결정과정에서 중요한 통제기능을 수행하고 있으며 국회의원은 국회의 구성원인 동시에 헌법과 국회법에 의하여 그 권리와 의무의 내용이 분명히 정해져 있으므로 이들은 모두 독립한 헌법기관으로서 각각 권한쟁의심판의 당사자능력이 있다.(1995. 2. 23. 90헌라1 결정)

관으로서 주로 국회와의 관계에서 당사자능력을 가질 수 있는데, 헌법 제62조 제1항, 제81조는 국무총리와 국무위원, 대통령의 국회 및 위원회의 출석·진술권을 규정하고 있다. 감사원(제97조) 역시 독립한 헌법기관으로서 당사자능력을 가질 수 있다. 그러나 정부 내부기관 사이에 권한에 관한 분쟁이 발생하는 경우에는 위계적 행정조직의 상명하복 관계에 따라 상급기관에 의해 조정되게 되고, 최종적으로 국무회의의 조정(헌법 제88조 제1항, 제89조 제10호 내지 제13호)에 의하거나 대통령에 의해 자체적으로 해결될 수 있으므로 권한쟁의가 허용될 수 없다고 할 것이다. 따라서 정부 내 부분기관 상호 간에 권한쟁의를 제기할 수 있는 경우란 대립적 이해관계를 가질 수 있고, 상호 간 독자적 지위가 인정되는 경우에 한한다고 할 것이다.[446]

헌재판례) 국가인권위원회의 당사자능력(2010. 10. 28. 2009헌라9)

권한쟁의심판은 국회의 입법행위 등을 포함하여 권한쟁의 상대방의 처분 또는 부작위가 헌법 또는 법률에 의하여 부여받은 청구인의 권한을 침해하였거나 침해할 현저한 위험이 있는 때 제기할 수 있는 것인데, 헌법상 국가에게 부여된 임무 또는 의무를 수행하고 그 독립성이 보장된 국가기관이라고 하더라도 오로지 법률에 설치근거를 둔 국가기관이라면 국회의 입법행위에 의하여 존폐 및 권한범위가 결정될 수 있으므로 이러한 국가기관은 '헌법에 의하여 설치되고 헌법과 법률에 의하여 독자적인 권한을 부여받은 국가기관'이라고 할 수 없다. 즉, 청구인이 수행하는 업무의 헌법적 중요성, 기관의 독립성 등을 고려한다고 하더라도, 국회가 제정한 국가인권위원회법에 의하여 비로소 설립된 청구인은 국회의 위 법률 개정행위에 의하여 존폐 및 권한범위 등이 좌우되므로 헌법 제111조 제1항 제4호 소정의 헌법에 의하여 설치된 국가기관에 해당한다고 할 수 없다. 결국, 권한쟁의심판의 당사자능력은 헌법에 의하여 설치된 국가기관에 한정하여 인정하는 것이 타당하므로, 법률에 의하여 설치된 청구인에게는 권한쟁의심판의 당사자능력이 인정되지 아니한다.

헌재판례) 국가경찰위원회와 행정안전부 간의 권한쟁의(2022. 12. 22. 2022헌라5)

2022. 7. 26. 국무회의에서 의결된 '행정안전부장관의 소속청장 지휘에 관한 규칙안'은 '경찰 관련 법령 제정·개정이 필요한 기본계획의 수립과 그 변경에 관한 사항 등'에 대하여 경찰청장이 미리 피청구인(행정안전부장관)의 승인을 받도록 하는 것을 주요 내용으로 하고 있다. 행정안전부에 설치된 청구인(국가경찰위원회)은 위 지휘규칙 제정행위가 청구인의 국가경찰 관련 주요정책에 대한 심의·의결권을 침해하고, 위 지휘규칙안은 그 자체가 '국가경찰사무에 관한 주요정책'에 해당하므로 청구인의 심의·의결 절차를 거쳐야 함에도 이를 거치지 않아 절차적으로 중대한 하자가 있다고 주장하면서, 2022. 9. 30. 그 권한침해 확인 및 위 지휘규칙 제정행위의 무효 확인을 구하는 이 사건

446 김유향, 전게서, 1712면.

권한쟁의심판을 청구하였다. 이에 대해 헌재는 헌법상 국가에 부여된 임무 또는 의무를 수행하고 그 독립성이 보장된 국가기관이라고 하더라도, 오로지 법률에 설치근거를 둔 국가기관이라면 국회의 입법행위에 의하여 존폐 및 권한범위가 결정될 수 있으므로, 이러한 국가기관은 '헌법에 의하여 설치되고 헌법과 법률에 의하여 독자적인 권한을 부여받은 국가기관'이라고 할 수 없다. 국회가 제정한 경찰법에 의하여 비로소 설립된 청구인은 국회의 경찰법 개정행위에 의하여 존폐 및 권한범위 등이 좌우되므로, 헌법 제111조 제1항 제4호 소정의 헌법에 의하여 설치된 국가기관에 해당한다고 할 수 없다. 국가경찰위원회 제도를 채택하느냐의 문제는 우리나라 치안여건의 실정이나 경찰권에 대한 민주적 통제의 필요성 등과 관련하여 입법정책적으로 결정되어야 할 사항이다. 권한쟁의심판의 당사자능력은 헌법에 의하여 설치된 국가기관에 한정하여 인정하는 것이 타당하므로, 법률에 의하여 설치된 청구인에게는 권한쟁의심판의 당사자능력이 인정되지 아니한다.[각하]

3) 법원·중앙선거관리위원회의 부분기관

헌법재판소법은 제62조 제1항에서 법원과 중앙선거관리위원회를 권한쟁의의 당사자로서 들고 있다. 법관은 독립하여 심판하는 헌법기관으로서(제103조), 이론적으로는 대법원을 비롯한 각급 법원뿐만 아니라 법원으로서의 개별 법관(단독판사)도 모두 당사자가 될 수 있다. 그러나 법원조직 내부의 권한분쟁으로 심급제도라든가 사법행정적 위계질서에 의하여 해결될 수 있는 경우에는 권한쟁의심판을 청구할 수 없을 것이다. 헌법재판소는 '국회의원이 서울남부지방법원 제51민사부를 피청구인으로 하여 권한쟁의심판을 청구한 사건'에서 당사자능력에 대한 판단을 하지 아니한 채 국회의원의 권한이 침해될 가능성이 없음을 이유로 각하결정한 바 있다(2010. 7. 29. 2010헌라1).

헌재판례) 국회의원과 법원(민사부) 간의 권한쟁의(2010. 7. 29. 2010헌라1)

권한쟁의심판에서 다툼의 대상이 되는 권한이란 헌법 또는 법률이 특정한 국가기관에 대하여 부여한 독자적인 권능을 의미하므로, 국가기관의 모든 행위가 권한쟁의심판에서 의미하는 권한의 행사가 될 수는 없으며, 국가기관의 행위라 할지라도 헌법과 법률에 의해 그 국가기관에게 부여된 독자적인 권능을 행사하는 경우가 아닌 때에는 비록 그 행위가 제한을 받더라도 권한쟁의심판에서 말하는 권한이 침해될 가능성은 없는바, 특정 정보를 인터넷 홈페이지에 게시하거나 언론에 알리는 것과 같은 행위는 헌법과 법률이 특별히 국회의원에게 부여한 국회의원의 독자적인 권능이라고 할 수 없고 국회의원 이외의 다른 국가기관은 물론 일반 개인들도 누구든지 할 수 있는 행위로서,

그러한 행위가 제한된다고 해서 국회의원의 권한이 침해될 가능성은 없다. 청구인은 이 사건 가처분재판과 이 사건 간접강제재판으로 인해 입법에 관한 국회의원의 권한과 국정감사 또는 조사에 관한 국회의원의 권한이 침해되었다는 취지로 주장하나, 이 사건 가처분재판이나 이 사건 간접강제재판에도 불구하고 청구인으로서는 얼마든지 법률안을 만들어 국회에 제출할 수 있고 국회에 제출된 법률안을 심의하고 표결할 수 있어 입법에 관한 국회의원의 권한인 법률안 제출권이나 심의·표결권이 침해될 가능성이 없으며, 이 사건 가처분재판과 이 사건 간접강제재판은 국정감사 또는 조사와 관련된 국회의원의 권한에 대해서도 아무런 제한을 가하지 않고 있어, 국정감사 또는 조사와 관련된 국회의원으로서의 권한이 침해될 가능성 또한 없다. 따라서 이 사건 권한쟁의심판청구는 청구인의 권한을 침해할 가능성이 없어 부적법하다.

한편 이와 더불어, 각급 선거관리위원회 역시 독자적인 권한을 부여받은 헌법기관으로서(제114조 제6항, 제115조 등), 이론적으로는 중앙선거관리위원회를 비롯한 각급 선거관리위원회도 모두 당사자가 될 수 있다. 이와 관련하여 헌법재판소 역시 '강남구와 강남구선관위 간의 원한쟁의 사건'에서 "중앙선거관리위원회 외에 각급 구·시·군 선거관리위원회도 헌법에 의하여 설치된 기관으로서 헌법과 법률에 의하여 독자적인 권한을 부여받은 기관에 해당하고, 따라서 피청구인 강남구선거관리위원회도 당사자능력이 인정된다"고 판시하였다(2008. 6. 26. 2005헌라7).

헌재판례) 강남구와 강남구 선관위 간의 권한쟁의(2008. 6. 26. 2005헌라7)

우리 헌법은 제114조 제1항에서 선거와 국민투표의 공정한 관리 및 정당에 관한 사무를 처리하기 위하여 선거관리위원회를 둔다고 하면서, 제2항에서 제5항까지 중앙선거관리위원회에 대해 규정하고 있는 외에 제6항에서 각급 선거관리위원회의 조직·직무범위 기타 필요한 사항은 법률로 정한다고 규정하여 각급 선거관리위원회의 헌법적 근거 규정을 마련하고 있다. 또한 헌법 제115조 제1항은 각급 선거관리위원회는 선거인명부의 작성 등 선거사무와 국민투표사무에 관하여 관계 행정기관에 필요한 지시를 할 수 있다고 규정하고 있으며, 제2항은 제1항의 지시를 받은 당해 행정기관은 이에 응하여야 한다고 규정하고, 제116조 제1항은 선거운동은 각급 선거관리위원회의 관리하에 법률이 정하는 범위 안에서 하되 균등한 기회가 보장되어야 한다고 규정하여 각급 선거관리위원회의 직무 등을 정하고 있다. 우리 헌법은 중앙선거관리위원회와 각급 선거관리위원회를 통치구조의 당위적인 기구로 전제하고, 각급 선거관리위원회의 조직, 직무범위 기타 필요한 사항을 법률로 정하도록 하고 있는 것이다. 그렇다면 중앙선거관리위원회 외에 각급 구·시·군 선거관리위원회도 헌법에 의하여 설치된 기관으로서 헌법과 법률에 의하여 독자적인 권한을 부여받은 기관에 해당하고, 따라서 피청구인 강남구선거관리위원회도 당사자능력이 인정된다.

그런데 실무상으로 국가기관 간의 권한에 관한 분쟁은 그 기관들이 국가의 의사형성과 국정에 적극적으로 참여하는 경우에 발생하기 때문에 법원이나 선거관리위원회와 같이 주도적·능동적으로 국가의사를 형성하는 역할이 아니라 소극적·통제적인 역할을 헌법으로부터 부여받은 기관에 있어서는 다른 국가기관과의 관계에서 분쟁이 발생할 여지가 거의 없다고 보아야 할 것이다. 또한 법원이나 중앙선관위의 경우 독립성과 정치적 중립성이 절대적으로 요구되므로 이들 기관을 권한쟁의의 당사자로 인정하는 것은 부적절한 면이 있다. 이와 같이 이들 기관이 권한쟁의의 주체로서 부적합하다는 것을 감안하면 적극적 당사자의 지위(청구인능력)는 법원이나 중앙선관위 그 자체에 국한되어야지 그 부분기관이나 하위조직에까지 확대할 필요는 없다. 다만 다른 국가기관의 권한쟁의청구를 위해서 법원이나 중앙선관위 부분기관이나 하위조직에도 소극적 당사자의 지위(피청구인능력)는 인정할 필요성이 있다.

4) 헌법재판소

헌법재판소는 자신이 관련된 분쟁을 심판자로서 스스로 결정할 수 없기 때문에 권한쟁의의 당사자가 될 수 없다고 보는 것이 통설이다.[447]

5) 정당

오늘날 대의제 민주주의 정치의 핵심 구성요소를 이루고 있는 정당의 경우 헌법에 명시적 규정이 없을 뿐 아니라 정당은 국가기관이 아닌 사회의 단체(권리능력 없는 사단)로서 기회균등원칙 위반 등을 이유로 헌법소원이 가능하고, 더욱이 정당은 일반적인 원내교섭단체[448] 및 소속 국회의원을 통하여 의회 내에서 자신의 권리를 충분히 대변케 할 수 있으므로 굳이 당사자의 범위에 포함시킬 필요가 없다. 독일

447 김유향, 전게서, 1714면.

448 헌법재판소는 최근 원내교섭단체 역시 권한쟁의심판청구 주체가 될 수 없다고 판시하였다.(2020. 5. 27. 선고 2019헌라6, 2020헌라1)

의 경우 독일연방헌법재판소는 설립 초기부터 정당국가이론의 영향을 받아 정당이 헌법적 기능과 역할을 수행하는 범위 내에서 그의 권한쟁의 당사자능력을 인정하여 왔다. 다만 인정하는 경우에도 정당은 적극적 당사자로서 권한쟁의심판을 제기할 수 있을 뿐, 권한쟁의의 상대방(피청구인)이 될 수는 없다.

(2) 국가기관과 지방자치단체 간 권한쟁의심판

(가) 의의

우리 헌법은 권한쟁의의 한 종류로서 국가기관과 지방자치단체 간의 권한분쟁을 들고 있는데, 이것은 상호 독립된 법인격체로서 국가기관과 지방자치단체 간의 수직적 권력분립관계에서 헌법상 제도적으로 보장되는 지방자치권을 보호한다는 측면 이외에 통일적 국가사무 수행에 있어서 국가기관과 지방자치단체 간의 권한의 분배에 관한 다툼을 조정하는 의미를 갖는다.[449]

(나) 당사자 범위의 확대(★)

현행 헌법은 제111조 제1항 제4호에서 "국가기관과 지방자치단체 간"이라고 규정하고 있고, 헌법재판소법은 제62조 제1항 제2호에서 "가. 정부와 특별시·광역시·도 또는 특별자치도 간의 권한쟁의, 나. 정부와 시·군 또는 지방자치단체인 구간의 권한쟁의"로 규정하고 있다. 즉, 헌법재판소법은 '국가기관'을 '정부'라고만 한정하고 있는 것이다. 그렇다면 여기서 '정부'란 무엇을 의미하는지, 여타 국가기관은 당사자가 될 수 없는지 하는 문제가 제기된다. 만약 당사자가 될 수 있는 국가기관을 '정부'로 표기한 것은 예시적인 것에 불과하다는 입장을 취한다면 행정부 및 그 부분기관과 국회, 법원 등 여타 국가기관도 여기서의 당사자가 될 수 있다고 해석하여야 할 것이다. 그러나 헌법재판소가 국가기관 간의 권한쟁의심판에서 헌재법 제62조 제1항 제1호의 규정을 예시규정으로 보는 취지에 따른다면 위 규정도 예시규정으로 봄이 타당할 것이다. 헌법재판소도 이 규정을 예시규정으로 보고, 정부

---

449 김유향, 전게서, 1714면.

의 부분기관이나 국회, 법원 등 여타 국가기관에 대해서도 당사자능력을 인정한다 (2008. 3. 27. 2006헌라1).

헌재판례) 지방선거비용의 지방자치단체 부담(2008. 6. 26. 2005헌라7)
"헌법재판소법 제62조 제1항 제2호는 국가기관과 지방자치단체 간의 권한쟁의심판에 대한 국가기관 측 당사자로 '정부'만을 규정하고 있지만, 이 규정의 '정부'는 예시적인 것이므로 대통령이나 행정각부의 장 등과 같은 정부의 부분기관뿐 아니라 국회도 국가기관과 지방자치단체 간 권한쟁의심판의 당사자가 될 수 있다.(헌재 2005. 12. 22. 2004헌라3) 따라서 피청구인 국회는 당사자능력이 인정된다."

헌재판례) KTX 천안아산역 명칭 사건(2006. 3. 30. 2003헌라2)	
사안	- 건설교통부장관 "KTX 천안아산역(온양온천)" 이름 지정 - 아산시의 권한쟁의 심판 청구
당사자	청구인: 아산시 피청구인: 건설교통부장관
청구인 주장	이 사건 역사건물 부지는 모두 아산시의 행정구역 내에 위치하고 있고 역사구조물(철도교각 등)까지 포함하더라도 이 사건 역사 전체 부지 중 아산시의 행정구역에 속하는 면적은 약 96%인 데 반해, 천안시의 행정구역에 속하는 면적은 약 4%에 불과한 점, 이 사건 고속철도역 주변의 철도노선을 보더라도 아산시 행정구역구간은 약 15km인 반면 천안시 행정구역구간은 약 2km에 불과한 점 등에 비추어 볼 때, 이 사건 역사의 명칭을 "천안아산역(온양온천)"으로 정한 피청구인의 이 사건 결정은 재량권을 일탈, 남용하여 청구인에게 헌법상 보장된 지방자치권의 한 내용인 영토고권을 침해하였다.
판시	청구인의 권한에 부정적인 영향을 주어서 법적으로 문제되는 경우에는 사실행위나 내부적인 행위도 권한쟁의심판의 대상이 되는 처분에 해당한다고 할 것이므로, 피청구인의 이 사건 결정은, 그것이 행정소송의 대상이 되는 처분인지 여부는 별론으로 하고, 권한쟁의심판의 대상이 되는 처분에 해당한다고 할 것이다. 권한쟁의심판은 피청구인의 처분 또는 부작위가 헌법 또는 법률에 의하여 부여받은 청구인의 권한을 침해하였거나 침해할 현저한 위험이 있는 때에 한하여 허용되는 것이므로, 피청구인의 처분 또는 부작위로 인하여 헌법 또는 법률에 의하여 부여받은 청구인의 권한이 침해될 개연성이 전혀 없는 경우에는 권한쟁의심판청구가 부적법하다고 할 것이다. 구 지방자치법 제11조 제6호는 지방자치단체가 처리할 수 없는 국가사무로 "우편, 철도 등 전국적 규모 또는 이와 비슷한 규모의 사무"를 열거하고 있으므로, 고속철도의 건설이나 고속철도역의 명칭 결정과 같은 일은 국가의 사무이고 지방자치단체인 청구인의 사무가 아님이 명백하다. 따라서 이 사건에서 청구인 권한이 침해될 개연성이 있는지 여부는 우

	선 청구인이 주장하는 바와 같은 영토고권이라는 자치권이 헌법 또는 법률에 의하여 청구인에게 부여되어 있는지 여부에 따라 결정된다고 할 것이다. 지방자치제도라 함은 일정한 지역을 단위로 일정한 지역의 주민이 그 지방주민의 복리에 관한 사무·재산관리에 관한 사무·기타 법령이 정하는 사무(헌법 제117조 제1항)를 그들 자신의 책임 하에서 자신들이 선출한 기관을 통하여 직접 처리하게 함으로써 지방자치행정의 민주성과 능률성을 제고하고 지방의 균형 있는 발전과 아울러 국가의 민주적 발전을 도모하는 제도이다. 헌법 제117조, 제118조가 제도적으로 보장하고 있는 지방자치의 본질적 내용은 '자치단체의 보장, 자치기능의 보장 및 자치사무의 보장'이라고 할 것이다(헌재 1994. 12. 29. 94헌마201; 2001. 6. 28. 2000헌마735). 그러나 지방자치제도의 보장은 지방자치단체에 의한 자치행정을 일반적으로 보장한다는 것뿐이고, 마치 국가가 영토고권을 가지는 것과 마찬가지로 지방자치단체에게 자신의 관할구역 내에 속하는 영토·영해·영공을 자유로이 관리하고 관할구역 내의 사람과 물건을 독점적·배타적으로 지배할 수 있는 권리가 부여되어 있다고 할 수는 없다. **청구인이 주장하는 지방자치단체의 영토고권은 우리 헌법과 법률상 인정되지 아니한다.**
검토	침해의 개연성이 없어 **각하**. 다만, 건설교통부장관을 피청구인으로 하여 권한쟁의심판을 청구하는 것이 적법하다는 적극적인 판단은 없음.

(3) 지방자치단체 상호 간의 권한쟁의심판

(가) 의의

헌법재판소법 제62조 제1항 제3호는 지방자치단체 상호 간의 권한쟁의심판으로서, 특별시·광역시·도 또는 특별자치도 상호 간의 권한쟁의심판, 시·군 또는 자치구 상호 간의 권한쟁의심판, 특별시·광역시·도 또는 특별자치도와 시·군 또는 자치구 간의 권한쟁의심판을 규정하고 있다. 이것은 공권력을 행사하는 공법인인 지방자치단체 상호 간의 법적분쟁으로서 각 지방자치단체 간에 관할의 유무 및 범위에 관한 다툼이 헌법재판소에 의해 관장됨을 의미한다.

헌재판례) 지방의회 의원과 지방의회 의장 간의 권한쟁의(2010. 4. 29. 2009헌라11)
헌법 제111조 제1항 제4호는 지방자치단체 상호 간의 권한쟁의에 관한 심판을 헌법재판소가 관장하도록 규정하고 있고, 헌법재판소법 제62조 제1항 제3호는 이를 구체화하여 헌법재판소가 관장하는 지방자치단체 상호 간의 권한쟁의심판의 종류를 ① 특별시·광역시 또는 도 상호 간의 권한쟁의심판, ② 시·군 또는 자치구 상호 간의 권한쟁의심판, ③ 특별시·광역시 또는 도와 시·군 또는 자치구 간의 권한쟁의심판 등으로 규정하고 있는바, 지방자치단체의 의결기관인 지방의회를 구성하

는 지방의회 의원과 그 지방의회의 대표자인 지방의회 의장 간의 권한쟁의심판은 헌법 및 헌법재판소법에 의하여 헌법재판소가 관장하는 지방자치단체 상호 간의 권한쟁의심판의 범위에 속한다고 볼 수 없으므로 부적법하다.[450, 451]

헌재판례) 거제시의회와 거제시장 간의 권한쟁의(2018. 7. 26. 2018헌라1)

지방자치단체의 의결기관인 지방의회와 지방자치단체의 집행기관인 지방자치단체장 간의 **내부적 분쟁은** 헌법재판소법에 의하여 헌법재판소가 관장하는 지방자치단체 상호 간의 권한쟁의심판의 범위에 속하지 아니하고, 달리 헌법재판소법 제62조 제1항 제1호의 국가기관 상호 간의 권한쟁의심판이나 같은 법 제62조 제1항 2호의 국가기관과 지방자치단체 상호 간의 권한쟁의심판에 해당한다고 볼 수도 없다.

그리고 지방자치단체 상호 간의 권한쟁의가 「지방교육자치에 관한 법률」 제2조의 규정에 의한 교육·학예에 관한 지방자치단체의 사무에 관한 것인 때에는 교육감이 당사자가 된다(헌법재판소법 제62조 제2항). 그런데 '지방교육자치에 관한 법률'은 교육감을 명시적으로 시·도의 교육·학예에 관한 사무의 '집행기관'으로 규정하고 있으므로(제18조 제1항), 교육감을 지방자치단체 그 자체라거나 지방자치단체와

450 **국가기관의 종류는 예시적 열거라 하면서, 지자체의 경우는 한정적 열거라고 하는 이유**: "헌법 자체에 의하여 국가기관의 종류나 그 범위를 확정할 수 없고 달리 헌법이 이를 법률로 정하도록 위임하지도 않은 상황에서, 헌법재판소가 헌법재판소법 제62조 제1항 제1호가 규정하는 '국회, 정부, 법원 및 중앙선거관리위원회 등'은 국가기관의 예시에 불과한 것이라고 해석할 필요가 있었던 것과는 달리, "헌법은 '국가기관'과는 달리 '지방자치단체'의 경우에는 그 종류를 법률로 정하도록 규정하고 있고(제117조 제2항), 지방자치법은 위와 같은 헌법의 위임에 따라 지방자치단체의 종류를 특별시, 광역시, 도, 특별자치도와 시, 군, 구로 정하고 있으며(지방자치법 제2조 제1항), 헌법재판소법은 지방자치법이 규정하고 있는 지방자치단체의 종류를 감안하여 권한쟁의심판의 종류를 정하고 있다. **즉, 지방자치법은 헌법의 위임을 받아 지방자치단체의 종류를 규정하고 있으므로 헌법재판소가 헌법해석을 통하여 권한쟁의심판의 당사자가 될 지방자치단체의 범위를 새로이 확정하여야 할 필요가 없다.**"

451 참고로, 지방의회의원에 대한 징계처분 취소소송, 불신임결의 무효확인, 취소소송 등 일반 항고소송은 가능하며, 지방의회는 지방자치단체 내부의 의결기관이지 지방자치단체의 의사를 외부에 표시하는 기관이 아니므로 항고소송의 피고가 될 수 없음이 원칙이나, 예외적으로, 지방의회의원에 대한 징계의결의 취소나 무효확인을 구하는 소, 지방의회 의장에 대한 의장선출이나 불신임 결의의 피고는 지방의회이다.

원고: 부산시 북구 ○○○의원
피고: 부산광역시 북구의회
주문
1. 피고가 2014. 12. 13. 원고에 대하여 한 제명의결처분을 취소한다.
2. 소송비용은 피고가 부담한다.
3. 제1항의 처분은 이 사건 판결 확정 시까지 그 효력을 정지한다.

독립한 권리주체로 볼 수 없다. 따라서 헌법재판소법 제62조 제2항의 의미는 교육감이 지방자치단체를 대표한다는 취지라고 할 것이다. 헌법재판소도 '경상남도 교육감과 경상남도 간의 권한쟁의 사건'에서 "교육감과 지방자치단체 상호 간의 권한쟁의심판은 '서로 상이한 권리주체 간'의 권한쟁의심판청구로 볼 수 없다"고 보아 각하결정하였다(2016. 6. 30. 2014헌라1).

헌재판례) 서울특별시와 국회의원 간의 권한쟁의(2005. 12. 22. 2004헌라3)

피청구인들은 이 사건이 교육·학예에 관한 지방자치단체의 사무를 둘러싼 권한쟁의이므로 서울특별시가 아닌 서울특별시 교육감이 권한쟁의심판의 당사자가 되어야 한다고 주장하나, 이 사건 권한쟁의의 본질은 국가와 지방자치단체의 관계에서 **교육·학예에 관한 재정부담을 어떻게 분배**하느냐 하는 데에 있고, 청구인의 심판청구 취지도 피청구인들의 행위로 지방자치단체인 **서울특별시 자신의 예산편성권이 침해되었다**는 데에 있으므로 이 사건 권한쟁의는 헌법재판소법 제62조 제2항에 규정된 "권한쟁의가 지방교육자치에관한법률 제2조의 규정에 의한 교육·학예에 관한 지방자치단체의 사무에 관한 것인 때"에 해당한다고 할 수 없다. 따라서 피청구인들의 주장은 이유 없다. 헌법재판소법 제61조 제1항은 "권한의 존부 또는 범위에 관하여 다툼이 있을 때에는 당해 국가기관 또는 지방자치단체는 헌법재판소에 권한쟁의심판을 청구할 수 있다."고 규정하고 있지만, 제2항은 " 제1항의 심판청구는 피청구인의 처분 또는 부작위가 헌법 또는 법률에 의하여 부여받은 청구인의 권한을 침해하였거나 침해할 현저한 위험이 있는 때에 한하여 이를 할 수 있다."고 규정하고 있으므로 권한쟁의심판을 청구하려면 피청구인의 처분 또는 부작위가 존재하여야 한다. 여기서 '처분'이란 법적 중요성을 지닌 것에 한하므로, 청구인의 법적 지위에 구체적으로 영향을 미칠 가능성이 없는 행위는 '처분'이라 할 수 없어 이를 대상으로 하는 권한쟁의심판청구는 허용되지 않는다.

헌재판례) 교육감 소속 교육공무원 징계에 관한 다툼(2013. 12. 26. 2013헌라3)

국가공무원법 관계 법령에 의하면 교육감 소속 교육장 등은 모두 국가공무원이고, 그 임용권자는 대통령 내지 교육부장관인 점 등에 비추어 보면, 국가공무원인 교육장 등에 대한 징계사무는 국가사무라고 보아야 한다. 또한 교육감 소속 교육장 등에 대한 징계의결요구 내지 그 신청사무 또한 징계사무의 일부로서 대통령, 교육부장관으로부터 교육감에게 위임된 국가위임사무이다. 그렇다면 국가사무인 교육장 등에 대한 징계사무에 관하여 지방자치단체가 청구한 이 사건 권한쟁의심판청구는, 지방자치단체의 권한에 속하지 아니하는 사무에 관한 심판청구로서 청구인들의 권한이 침해되거나 침해될 현저한 위험이 있다고 볼 수 없으므로 부적법하다.(청구인 교육감, 피청구인 교육부장관)

(나) 당사자 범위의 확대

헌법과 헌법재판소법은 권한쟁의심판의 당사자로 「지방자치단체」로만 표시하고 있는데, 여기의 지방자치단체가 법적으로 '지방자치단체'만을 의미하는지 아니면 '예시적 조항'으로 보아 지방자치단체의 장이나 지방의회(의원, 의장)와 같은 지방자치단체의 기관도 포함하는지가 문제된다. 권한쟁의심판제도가 가지는 제도적 취지와 성질에서 볼 때 지방자치단체의 기관도 권한쟁의심판의 당사자로서 인정해야 한다는 견해가 있다. 그러나 국가의 경우 '국가기관'이라고 명시하면서도 지방자치단체의 경우 '지방자치단체'라고 규정하고 있는 헌법의 분명한 문언상 지방자치단체의 (소속/부분)기관은 권한쟁의심판의 당사자가 될 수 없다. 헌법재판소는 이에 대해 부정적 입장을 취하고 있다(2006. 8. 31. 2003헌라1; 2010. 4. 29. 2009헌라11; 2016. 6. 30. 2014헌라1).

헌재판례) 지방자치단체장의 당사자능력(2006. 8. 31. 2003헌라1)
권한쟁의 심판청구는 헌법과 법률에 의하여 권한을 부여받은 자가 그 권한의 침해를 다투는 헌법소송이다. 이러한 권한쟁의심판을 청구할 수 있는 자는 헌법과 헌법재판소법이 정하고 있는바, 헌법 제111조 제1항 제4호는 국가기관 상호 간, 국가기관과 지방자치단체 간 및 지방자치단체 상호 간의 권한쟁의심판에 관하여 정하고 있으며, 헌법재판소법 제62조 제1항 제3호는 지방자치단체 상호 간의 권한쟁의심판 종류로 가. 특별시·광역시 또는 도 상호 간의 권한쟁의심판, 나. 시·군 또는 자치구 상호 간의 권한쟁의심판, 다. 특별시·광역시 또는 도와 시·군 또는 자치구 간의 권한쟁의심판만을 정하고 있다. 따라서 이 사건 순천시와 광양시 등 지방자치단체가 아닌 순천시장, 광양시장 등 지방자치단체의 장이 청구한 부분은 원칙적으로 권한쟁의 심판청구의 당사자가 될 수 없어 부적법하다.

헌재판례) 해상경계에 관한 지자체 상호 간 다툼(2015. 7. 30. 2010헌라2)	
사안	홍성군과 태안군 등 간의 해상경계에 관한 권한쟁의
당사자	청구인: 홍성군 대표자 군수 김석환 피청구인: 태안군 대표자 군수 한상기

판시	국가기본도상의 해상경계선은 국토지리정보원이 국가기본도상 도서 등의 소속을 명시할 필요가 있는 경우 해당 행정구역과 관련하여 표시한 선으로서, 여러 도서 사이의 적당한 위치에 각 소속이 인지될 수 있도록 실지측량 없이 표시한 것에 불과하므로, 이 해상경계선을 공유수면에 대한 불문법상 행정구역에 경계로 인정해 온 종전의 결정은 이 결정의 견해와 저촉되는 범위 내에서 이를 변경하기로 한다. 지방자치법 제4조 제1항은 지방자치단체의 관할구역 경계를 결정함에 있어서 '종전'에 의하도록 하고 있고, 지방자치법의 개정연혁에 비추어 보면 위 '종전'이라는 기준은 최초로 제정된 법률조항까지 순차 거슬러 올라가게 되므로 1948. 8. 15. 당시 존재하던 관할구역의 경계가 원천적인 기준이 된다. 그런데 지금까지 우리 법체계에서는 공유수면의 행정구역 경계에 관한 명시적인 법령상의 규정이 존재한 바 없으므로, 공유수면에 대한 행정구역 경계가 불문법상으로 존재한다면 그에 따라야 한다. 그리고 만약 해상경계에 관한 불문법도 존재하지 않으면, 주민, 구역과 자치권을 구성요소로 하는 지방자치단체의 본질에 비추어 지방자치단체의 관할구역에 경계가 없는 부분이 있다는 것을 상정할 수 없으므로, 헌법재판소가 지리상의 자연적 조건, 관련 법령의 현황, 연혁적인 상황, 행정권한 행사 내용, 사무 처리의 실상, 주민의 사회·경제적 편익 등을 종합하여 형평의 원칙에 따라 합리적이고 공평하게 해상경계선을 획정할 수밖에 없다.
주문	1. 이 사건 심판청구 중 태안양식 제192호 및 제193호의 어업면허처분에 대한 심판청구 부분을 각하한다. 2. 충청남도 천수만 해역 중 [별지 1] 도면 표시 가, 나 사이의 각 점을 순차적으로 연결한 선의 우측(남동쪽) 부분에 대한 관할권한은 청구인에게 있고, 위 선의 좌측(북서쪽) 부분에 대한 관할권한은 피청구인에게 있음을 확인한다. 3. 태안마을 제136호 및 제137호의 어업면허처분 중 위 제2항 기재 청구인의 관할권한에 속하는 영역에 대한 부분은 무효임을 확인한다. 4. 청구인의 나머지 청구를 기각한다.

헌재판례) 공유수면 관리권한에 관한 다툼(2019. 4. 11. 2015헌라2)
권한쟁의심판권을 가지고 있는 헌법재판소로서는 공유수면의 매립 목적, 그 사업목적의 효과적 달성, 매립지와 인근 지방자치단체의 교통관계나 외부로부터의 접근성 등 지리상의 조건, 행정권한의 행사 내용, 사무 처리의 실상, 매립 전 공유수면에 대한 행정권한의 행사 연혁이나, 주민들의 사회적·경제적 편익 등을 모두 종합하여 형평의 원칙에 따라 합리적이고 공평하게 그 경계를 획정할 수밖에 없다(헌재 2015. 7. 30. 2010헌라2 참조). 매립지의 귀속 주체 내지 행정관할 등을 획정함에 있어서도 사업목적의 효과적 달성이 우선적으로 고려되어야 한다. 인접 지방자치단체가 매립 전 해상에서 누렸던 관할권한과 관련하여서는 매립절차를 진행하는 과정에서 충분히 보상될 필요가 있지만, 매립 전 공유수면을 청구인이 관할하였다 하여 매립지에 대한 관할권한을 인정하여야 한다고 볼 수는 없다. 따라서 이미 소멸되어 사라진 종전 공유수면의 해상경계선을 매립지의 관할경계선으로 인정해 온 헌재 2011. 9. 29. 2009헌라3 결정 등은 이 결정의 견해와 저촉되는 범위 내에서 이를 변경하기로 한다.

2. 당사자적격

(1) 의의

당사자적격이란 정당한 당사자로서 소송을 수행하고, 그 결과로서 헌법재판소의 본안판단을 받기에 적합한 자격을 말한다. 권한쟁의심판절차에서 당사자적격이 인정되기 위해서는 우선 당사자능력을 갖추어야 하고, 다음으로 다른 국가기관이나 지방자치단체의 처분이나 부작위로 인하여 자신의 권한이 침해당하였음(또는 현저한 침해위험이 있음)을 주장하는 자이거나 그 상대방이어야 한다.[452] 정리하면, 침해당하였다고 주장하는 권한과의 적절한 관련성이 있는 기관만이 청구인적격을 가지고, 처분 또는 부작위를 야기한 기관으로서 법적 책임을 지는 기관만이 피청구인적격을 가진다(2010. 12. 28. 2008헌라7).

헌재판례) 법률의 제·개정 행위를 다투는 권한쟁의에서의 피청구인적격(2016. 5. 26. 2015헌라1)

법률의 제·개정 행위를 다투는 권한쟁의심판의 경우에는 국회가 피청구인적격을 가지므로, 청구인들이 국회의장 및 기재위 위원장에 대하여 제기한 이 사건 국회법 개정행위에 대한 심판청구는 피청구인적격이 없는 자를 상대로 한 청구로서 부적법하다.

헌재판례) 기관위임사무에 관한 지자체 상호 간의 다툼(2004. 9. 23, 2000헌라2★)

지방자치법 제9조 제1항은 "지방자치단체는 그 관할구역의 자치사무와 법령에 의하여 지방자치단체에 속하는 사무를 처리한다."고 규정하였다. 즉, 지방자치단체의 사무는 자치사무(고유사무)와 법령에 의하여 그 단체에 소속된 위임사무이다. 위임사무에는 단체위임사무와 기관위임사무가 있는바, 기관위임사무란 국가 등이 지방자치단체의 장, 기타의 기관에 대하여 위임한 사무이다. 기관위임사무는 국가의 사무가 지방자치단체의 장 등에게 위임된 것이므로 그 처리의 효과가 국가에 귀속되는 국가의 사무이다. 지방자치단체의 장, 기타의 기관은 기관위임사무를 처리하는 범위 안에서는 지방자치단체의 기관이 아니고, 그 사무를 위임한 국가 등의 기관의 지위에 서게 된다. 권한쟁의심판이 적법하기 위해서는 헌법 또는 법률에 의하여 부여받은 청구인의 권한이 존재하여야 한다. 지방자치단체가 권한쟁의심판을 청구하기 위해서는 헌법 또는 법률에 의하여 부여받은 그의 권한, 즉 지방자치단체의 사무에 관한 권한이 침해되거나 침해될 우려가 있는 때에 한하여 권한쟁의심판을 청구할 수 있다. 그런데 앞서 살펴본 바와 같이 기관위임사무는 지방자치단체의 사무라고 할 수 없고, 지방자치단체의 장은 기관위임사무의 집행권한과 관련된 범위에서는 그 사무를 위임한 국가기관의 지위에 서게 될 뿐 지방자치단체의 기관이 아니다. 따라서 지방자치단체는

452 전게 헌법재판실무, 426면.

> 기관위임사무의 집행에 관한 권한의 존부 및 범위에 관한 권한분쟁을 이유로 기관위임사무를 집행하는 국가기관 또는 다른 지방자치단체의 장을 상대로 권한쟁의심판청구를 할 수 없다. 결국 국가사무로서의 성격을 가지고 있는 기관위임사무의 집행권한의 존부 및 범위에 관하여 지방자치단체가 청구한 권한쟁의심판청구는 지방자치단체의 권한에 속하지 아니하는 사무에 관한 심판청구로서 그 청구가 부적법하다고 할 것이다(헌재 1999. 7. 22. 98헌라4).

(2) 제3자 소송담당

(가) 제3자 소송담당의 개념

당사자적격이란 구체적인 권한쟁의사건에서 정당한 당사자가 되어 본안판결을 받기에 적합한 자격을 갖는 자가 누구인가의 문제이다. 제3자 소송담당은 일반적으로 권리관계 주체 이외의 제3자가 자신의 고유한 법적 이익이 있는 경우 당사자적격을 갖는 경우를 말하는데, 독일과 달리 우리 헌법재판소법에는 명문의 규정이 없어 과연 어느 기관의 부분기관이 그 기관의 권한침해를 주장하며 권한쟁의심판을 청구할 수 있는지가 문제된다. 독일은 연방헌법재판소법 제64조에서 어느 기관에 속하는 그 기관의 부분이 피청구인의 작위 또는 부작위에 의해 그가 속한 기관의 권리·의무가 침해되거나 직접적인 침해위험이 있을 때 권한쟁의심판을 제기할 수 있도록 규정하고 있다.[453]

(나) 제3자 소송담당의 기능

일반적으로 제3자 소송담당제도를 두는 목적은 소수자 보호를 위한 제도적 보장에 있다. 오늘날 정당제 민주주의하에서 정부의 독주나 다수세력의 횡포를 막고, 의회의 정부 통제 기능과 의회의 고유권한을 지키는 몫은 이제 야당 교섭단체의 권리이자 의무로 남게 되었다. 야당 교섭단체에게 주어지는 제3자 소송담당의 기회는 이를 통해 소수를 보호하는 수단이 되지만 결국 이를 통해 궁극적으로는 객관적인 헌법의 권한구조를 보장하는 데 기여한다.

---

453 박진영, 입법절차의 하자를 이유로 하는 권한침해확인결정의 기속력, 경희법학 49권 3호, 경희대 법학연구소, 2014, 77면 이하.

(다) 헌법재판소의 판례

헌법재판소는 "제3자 소송담당은 법률에 명시적으로 규정하고 있지 않을 뿐더러, 다수결의 원리와 의회주의 본질에 어긋난다"는 이유로 제3자 소송담당을 인정하지 않고 있다(2007. 7. 26. 2005헌라8 등).

헌재판례) 국회의원과 대통령의 권한쟁의(2007. 7. 26. 2005헌라8)	
사안	- 정부는 WTO 쌀협상 타결, 양허표 개정안 작성 - 이와 별도로 개별 국가와 합의문 작성 - 정부는 국회에 위 양허표 개정안에 대한 비준동의안을 제출하면서 이 사건 합의문을 포함시키지 아니함. - 국회의원인 청구인들 이 사건 합의문을 포함하여 비준동의안을 제출할 것을 요구하였고, 정부는 이를 거부. - 피청구인 대통령이 이 사건 합의문을 국회의 동의 없이 체결·비준한 행위로 인하여 국회의 조약 체결·비준 동의권 및 청구인들의 조약안 심의·표결권이 침해되었다고 주장하면서 권한쟁의심판을 청구하였다.
당사자	청구인: 국회의원 피청구인: 대 통 령
판시	① 국회의 구성원인 청구인들이 국회를 위하여 국회의 권한침해를 주장하여 권한쟁의심판을 청구할 수 있는지, 즉 권한쟁의심판에 있어 이른바 '제3자 소송담당'이 허용되는지 여부(소극) 권리는 원칙적으로 권리주체가 주장하여 소송수행을 하도록 하는 것이 자기책임의 원칙에 부합하므로, '제3자 소송담당'은 예외적으로 법률의 규정이 있는 경우에만 인정. 국가기관의 부분기관이 자신의 이름으로 소속기관의 권한을 주장할 수 있는 '제3자 소송담당'의 가능성을 명시적으로 규정하고 있지 않음. 정부에 의한 국회의 권한 침해가 이루어지더라도 다수정당이 이를 묵인할 위험성이 있어 소수정당으로 하여금 권한쟁의심판을 통하여 침해된 국회의 권한을 회복시킬 수 있도록 이를 인정할 필요성은 인정. 국회의 의사가 다수결에 의하여 결정되었음에도 다수결의 결과에 반대하는 소수의 국회의원에게 권한쟁의심판을 청구할 수 있게 하는 것은 다수결의 원리와 의회주의의 본질에 어긋남. **② 국회의원의 심의·표결권이 국회의장이나 다른 국회의원이 아닌 국회 외부의 국가기관에 의하여 침해될 수 있는지 여부**[454] 국회의 동의권과 국회의원의 심의·표결권은 권한의 귀속주체가 다름. 심의·표결권

454 제3자의 소송담당과는 무관. 자신의 권한을 자신이 주장. 여기서는 그 권한이 침해될 가능성이 없다고 보았음.

	의 행사는 국회의 의사를 형성하기 위한 국회 내부의 행위로서 구체적인 의안 처리와 관련하여 각 국회의원에게 부여되는 데 비하여, 동의권의 행사는 국회가 그 의결을 통하여 다른 국가기관에 대한 의사표시로서 행해지며 대외적인 법적 효과가 발생. 국회의 동의권이 침해되었다고 하여 동시에 국회의원의 심의·표결권이 침해된다고 할 수 없고, 또 국회의원의 심의·표결권은 국회의 대내적인 관계에서 행사되고 침해될 수 있을 뿐 다른 국가기관과의 대외적인 관계에서는 침해될 수 없음. 피청구인 대통령이 국회의 동의 없이 조약을 체결·비준하였다 하더라도 국회의 체결·비준 동의권이 침해될 수는 있어도 국회의원인 청구인들의 심의·표결권이 침해될 가능성은 없다고 할 것이므로, 청구인들의 이 부분 심판청구 역시 부적법하다.
검토	국회의 권한침해에 대하여, 국회의원이 자신의 이름으로 권한쟁의가 가능한가? 즉, 타 주체의 권한침해를 내가 내 이름으로 다툴 수 있는가? 이것이 제3자의 소송담당의 문제임. 대리의 문제가 아님. 즉, 자신의 권한침해가 아니라, 법적으로 별개의 국가기관의 권한침해를 다툴 수 있는 주체, 즉 청구인이 될 수 있는가 하는 문제로, 만약 관련법률 조항이 있다면, 아무 문제가 없을 것임.(예를 들면, 청구인은 청구인 또는 그가 속한 기관의 권한을 침해하였다면 당연히 인정될 것임) 해석으로 인정하기에는 위의 법문 중의 '만'이 장애로 작용될 것임.

3. 피청구인의 처분 또는 부작위의 존재

헌법재판소법은 권한쟁의심판을 청구함에는 '피청구인의 처분 또는 부작위'에 의하여 청구인의 권한이 침해되었거나 현저한 침해위험이 있어야 한다고 규정하고 있다(헌재법 제61조 제2항). 그렇다면 여기의 처분 또는 부작위는 구체적으로 무엇을 의미하는지가 문제된다. 처분 또는 부작위는 청구인의 권리행사나 의무이행과 관련하여 취해진 피청구인의 행동을 말한다. 우선 처분의 개념은 행정소송에 있어서의 행정청의 처분보다 넓게 인정되고 있다. '처분'은 입법영역에서의 행정청의 처분보다 넓게 인정되고 있다. '처분'은 입법영역에서는 법률의 제정행위 및 법률자체를, 그리고 행정영역에서는 법규명령 및 모든 개별적 행정행위를 포함하는 것으로 해석해야 한다. 여기서는 독일 연방헌법재판소가 광범위한 처분을, 피청구인의 처분이 청구인의 권리를 구체적으로 접촉하였을 경우에 존재한다는 "법적으로 문제되는 처분"으로 한정한 것을 참고할 수가 있다. 다음으로 '부작위'는 관련 국가기관이 특정한 행위를 해야 할 헌법상 또는 법률상의 의무가 존재함에도 불구하

고 이를 이행하지 아니하는 경우로서, 법적으로 문제되는 부작위로 한정된다.[455]

(1) 구체적인 처분의 개념(양태) (★)

첫째, 여기의 '처분'은 모든 법적 행위뿐만 아니라 법적으로 문제되는 사실행위, 대외적인 행위뿐만 아니라 대내적인 행위, 그리고 개별적 결정뿐만 아니라 일반적 규범의 정립까지지도 포함한다(2006. 3. 30. 2003헌라2).[456] 입법영역에서의 처분은 법률의 제정행위(예컨대, 국회의장의 법률안 가결선포행위)와 관련된 권한의 존부 및 행사상의 다툼도 포함된다. 행정영역에서 처분은 행정소송에서 정하고 있는 행정청의 처분보다 넓게 인정되어 법규명령, 조례 및 규칙, 개별적 행정행위를 포함함은 물론이다. 헌법재판소도 "적법요건으로서의 '처분'에는 개별적 행위뿐만 아니라 규범을 제정하는 행위도 포함되며, 입법영역에서는 법률의 제정행위 및 법률 자체를, 행정영역에서는 법규명령 및 모든 개별적인 행정적 행위를 포함한다"고 판시하였다(2006. 8. 31. 2004헌라2). 이와 같이 규범 또는 입법행위가 권한쟁의심판의 대상으로 되는 경우에 이 권한쟁의심판은 규범통제(위헌법률심판)로서의 기능도 가진다.

헌재판례) 종합부동산세법을 둘러싼 서울시 강남구와 국회 간 권한쟁의(2006. 5. 25. 2005헌라4)
헌법재판소법 제61조 제2항에 따라 권한쟁의심판을 청구하려면 피청구인의 처분 또는 부작위가 존재하여야 한다. 여기서의 처분은 입법행위와 같은 법률의 제정과 관련된 권한의 존부 및 행사상의 다툼, 행정처분은 물론 행정입법과 같은 모든 행정작용 그리고 법원의 재판 및 사법행정작용 등을 포함하는 넓은 의미의 공권력 처분을 의미하는 것으로 보아야 할 것이므로, 법률에 대한 권한쟁의심판도 허용된다고 봄이 일반적이나 다만, '법률 그 자체'가 아니라 '법률제정행위'를 그 심판대상으로 하여야 할 것이다.

둘째, 여기의 '처분'이란 법적 중요성을 지닌 것에 한하므로, 청구인의 법적 지위에 구체적으로 영향을 미칠 가능성이 없는 행위는 '처분'이라 할 수 없다.(★)

455 최갑선, 전게 논문, 416면.

456 **청구인의 권한에 부정적인 영향을 주어서 법적으로 문제되는 경우에는 사실행위나 내부적인 행위도 권한쟁의심판의 대상이 되는 처분에 해당한다**고 할 것이므로, 피청구인의 이 사건 결정은, 그것이 행정소송의 대상이 되는 처분인지 여부는 별론으로 하고, 권한쟁의심판의 대상이 되는 처분에 해당한다고 할 것이다.

헌재판례) 지방자치단체의 자치사무에 대한 감사원의 감사(2008. 5. 29. 2005헌라3) – 처분 ○

헌재판례) 정부의 법률안제출행위에 대한 권한쟁의심판(2005. 12. 22. 2004헌라3) – 법률제정을 위한 사전 준비행위에 불과하여 법적 중요성 있는 행위가 아니다.

헌재판례) 보건복지부장관의 정비계획 제출 통보행위(2018. 7. 26. 2015헌라4)

헌법재판소법 제61조 제2항에 따라 권한쟁의심판을 청구하려면 먼저 청구인의 권한을 침해하거나 침해할 위험이 있는 피청구인의 '처분' 또는 '부작위'가 존재하여야 한다. 여기서의 '처분'은 입법행위와 같은 법률의 제정과 관련된 권한의 존부 및 행사상의 다툼, 행정처분은 물론 행정입법과 같은 모든 행정작용 그리고 법원의 재판 및 사법행정작용 등을 포함하는 넓은 의미의 공권력처분을 의미한다. 또한 '처분'은 법적 중요성을 지닌 것에 한하므로, 청구인의 법적 지위에 구체적으로 영향을 미칠 가능성이 없는 행위는 '처분'이라 할 수 없어 이를 대상으로 하는 권한쟁의심판청구는 허용되지 않는다. 따라서 단순한 업무협조 요청이나 견해의 표명, 상호 협력 차원에서 조언·권고한 것은 법적 구속력이 없으므로 권한쟁의심판의 대상이 되는 '처분'이라 할 수 없다. 이상의 내용을 종합하면, 보건복지부장관이 이 사건 통보행위를 한 것은 유사·중복 사회보장사업 정비라는 행정목적 달성을 위해 지방자치단체의 임의적·자발적 협력을 기대하고 한 행위로서, 각 지방자치단체의 실정이나 여건이 허락하는 한 이 사건 정비지침에 따라 선정된 지방자치단체 사업을 정비하는 것이 좋겠다는 보건복지부의 업무협조 요청에 불과하다. 따라서 청구인들은 이 사건 통보행위로 인하여 헌법상·법률상 보장된 권한들이 박탈되거나 권한행사에 제약을 받는다고 볼 수 없으므로, 이 사건 통보행위는 권한쟁의심판의 대상이 되는 '처분'이라고 볼 수 없다.

헌재판례) 권한쟁의심판 처분의 개념(2008. 6. 26. 2005헌라7)

헌법재판소법 제61조 제2항에 의하면, 권한쟁의심판청구는 피청구인 국회의 처분 또는 부작위가 헌법 또는 법률에 의하여 부여받은 청구인 지자체의 권한을 침해하였거나 침해할 현저한 위험이 있는 때에 한하여 이를 할 수 있다. 여기서 '처분'이란 법적 중요성을 지닌 것에 한하는 것으로, 청구인의 법적 지위에 구체적으로 영향을 미칠 가능성이 있는 행위여야 한다. 헌법재판소는 위 처분과 관련하여, 처분은 입법행위와 같은 법률의 제정 또는 개정과 관련된 권한의 존부 및 행사상의 다툼, 행정처분은 물론 행정입법과 같은 모든 행정작용 그리고 법원의 재판 및 사법행정작용 등을 포함하는 넓은 의미의 공권력처분을 의미하는 것으로 보아야 한다(헌재 2006. 5. 25. 2005헌라4)고 판시하고 있다. 그런데 피청구인 국회는 이 사건 공직선거법의 개정을 통해 지방선거의 선거비용을 원칙적으로는 지방자치단체가 부담하도록 하고 있는바, 이와 같은 지방세 법률개정 행위는 청구인들 지방자치단체의 지방재정권에 중대한 영향을 미친다고 할 것이므로 헌법재판소법 제61조 제2항에서 규정하고 있는 '처분'에 해당된다고 할 것이다.

셋째, 장래처분에 대해서도 권한쟁의심판을 청구할 수 있는지가 문제되는데, 헌

법재판소는 원칙적으로 부정하고 예외적으로 인정한다.[457]

헌재판례) 장래처분에 대한 권한쟁의심판(2004. 9. 23. 2000헌라2)

헌법재판소법 제61조 제1항에 의한 권한쟁의심판은 피청구인의 처분 또는 부작위가 존재하지 아니하는 경우에는 이를 허용하지 않는 것이 원칙이다. 피청구인의 장래처분에 의해서 청구인의 권한 침해가 예상되는 경우에 청구인은 원칙적으로 이러한 장래처분이 행사되기를 기다린 이후에 이에 대한 권한쟁의심판청구를 통해서 침해된 권한의 구제를 받을 수 있으므로, 피청구인의 장래처분을 대상으로 하는 심판청구는 원칙적으로 허용되지 아니한다. 그러나, 피청구인의 장래처분이 확실하게 예정되어 있고, 피청구인의 장래처분에 의해서 청구인의 권한이 침해될 위험성이 있어서 청구인의 권한을 사전에 보호해 주어야 할 필요성이 매우 큰 예외적인 경우에는 피청구인의 장래처분에 대해서도 헌법재판소법 제61조 제2항에 의거하여 권한쟁의심판을 청구할 수 있다.

(2) 부작위의 개념

여기서의 부작위는 단순한 사실상의 부작위가 아니고, 관련 국가기관이 특정한 행위를 해야 할 헌법상 또는 법률상의 작위의무가 존재함에도 불구하고 이를 이행하지 아니하는 경우에 존재한다.

헌재판례) 부산시 강서구와 진해시 간 권한쟁의(2006. 8. 31. 2004헌라2)

지방자치단체의 지방자치사무에 관해 단체장이 행한 처분은 지방자치단체의 대표이자 집행기관인 단체장이 지방자치법 제9조 소정의 지방자치단체의 사무처리의 일환으로 당해 지방자치단체의 이름과 책임으로 행한 것이므로 지방자치단체를 피청구인으로 한 권한쟁의심판절차에서 단체장의 처분을 취소할 수 있다. 당정협의내용, 추진지침, 의견서, 지방의회의 의결 등 법률조항 입법경위를 살펴볼 때 중점적으로 거론된 내용이 그대로 입법되지 아니하였다 하더라도 그러한 사정이 취지가 분명하고 명시적인 법률조항의 해석에 영향을 미칠 수 없다. 당시의 제반 사정을 고려하여 어떠한 법률을 제정할 것인가 하는 것은 입법자의 광범위한 형성의 자유에 속하는 것이기 때문이다. 서울특별시광진구등9개자치구설치및특별시·광역시·도간관할구역변경등에관한법률(이 사건 법률)이 1994. 12. 22. 법률 제4802호로 제정되어 1995. 3. 1.부터 시행되었는데, 이 사건 법률 제8조에 따라 이 사건 계쟁토지가 청구인인 부산광역시 강서구의 관할구역으로 변경되었다. 피청구인은 지방자치법 제5조에 따라 위 토지들에 대한 사무와 재산을 청구인에게 인계할 의무가 있음에도 이를 이행하지 않고 있는 부작위는 위법하다. 청구인의 관할구역으로 변경된 위 토지에 대하여 피청구인이 점용료부과처분을 한 것은 처분권한 없는 자가 한 처분으로서 위법한 것이므로 취소되어야 한다.

457 김유향, 전게서, 1722면.

헌재판례) 사천시와 고성군 사이의 매립지 지방세 관련 장래처분에 대한 권한쟁의심판(2019. 4. 11. 2015헌라2)

권한의 유무 또는 범위에 대한 다툼이 이미 발생한 경우에는 피청구인의 장래처분이 내려지기를 기다렸다가 권한쟁의심판을 청구하게 하는 것보다는 사전에 권한쟁의심판을 통하여 권한다툼을 사전에 해결하는 것이 권한쟁의심판제도의 목적에 더 부합되기 때문이다. 그렇다면 피청구인의 장래처분도 위와 같은 예외적인 경우에는 헌법재판소법 제61조 제2항에서 규정하는 피청구인의 처분으로 인정된다고 할 것이다. 피청구인은 이 사건 쟁송매립지 중 제1회사장 토지가 피청구인의 관할로 지적등록된 1984년 무렵부터 현재에 이르기까지 매년 재산세 등 지방세를 부과하고 있고, 별다른 사정이 없는 한 앞으로도 위 토지에 대한 지방세 부과 처분의 권한을 행사할 가능성이 높다. 따라서 이 사건에서 청구인이 이 사건 쟁송매립지에 대한 헌법상 및 법률상 자치권한을 가지고 있다고 인정할 가능성이 있다면 앞으로 피청구인이 행사할 장래처분으로 인해 이 사건 쟁송매립지에 대한 청구인의 자치권한이 침해될 현저한 위험성이 존재한다고 할 수 있다.

헌재판례) 국무총리임명동의안 처리(1998. 7. 14. 98헌라3) – 피청구인 국회의장에게 헌법상, 법률상 의무가 아니다.

4. 권한의 침해 또는 현저한 침해위험의 가능성(★)

(1) 권한

(가) 권한의 개념

권한쟁의심판 청구는 권한의 침해 또는 현저한 침해위험 가능성이 존재하여야 하는바, 먼저 이 요건을 충족하려면 피청구인의 처분 또는 부작위로 인해서 침해되는 청구인의 권한이 법적으로 존재하여야 한다. 여기서 말하는 '권한'이란 국가나 지방자치단체 등 공법인 또는 그 기관이 헌법 또는 법률에 의해 법적으로 유효한 행위를 할 수 있는 능력 또는 그 범위를 말한다. 그리고 직무상의 권한에는 다른 면에서 볼 때 성질상 직무상의 의무도 포함하고 있으므로 의무도 '권한'에 당연히 포함된다. 또한 여기의 '권한'에는 헌법뿐만 아니라 법률이 부여한 청구인의 권한도 해당된다(헌재법 제61조 제2항). 그런데 권한의 존부 자체는 본안결정에서 확정되는 것이므로 적법요건 단계에서는 청구인의 권한이 법적으로 존재할 가능성이 있는 것만으로 충분하다.[458]

---

458 이동흡, 전게서, 795면.

나아가, 국가기관의 모든 행위가 권한쟁의심판에서 의미하는 권한의 행사가 될 수는 없으며, 국가기관의 행위라 할지라도 헌법과 법률에 의해 그 국가기관에 부여된 고유의 독자적인 권능을 행사하는 경우가 아닌 때에는 비록 국가기관의 행위가 제한을 받더라도 권한쟁의심판에서 말하는 권한이 침해될 가능성은 없는 것이다 (헌재 2010. 7. 29. 2010헌라1).[459]

헌재판례) 낙동강 사업을 둘러싼 경상남도와 정부(국토교통부) 간의 권한쟁의(2011. 8. 30. 2011헌라1)

경상남도지사는 청구인인 경상남도의 지방자치단체장으로서 전체적으로 하나의 국가사무인 낙동강 사업에 대한 시행권을 이 사건 대행계약에 의하여 피청구인으로부터 위임받아 수행하고 있다가 피청구인이 이 사건 대행계약을 해제하고 사업시행권을 회수해 감으로써 더 이상 위 사업을 시행할 수 없는 지위에 처하게 된 것이고, 청구인은 이러한 피청구인의 처분이 자신에게 헌법과 법률에 의하여 부여된 권한을 침해한 것이라고 주장하면서 이 사건 권한쟁의심판을 청구하였다. 청구인이 이 사건 청구에서 다투는 사유는 피청구인이 국가사무의 일부인 낙동강 사업에 대한 시행권을 이 사건 대행계약을 통하여 청구인에게 대행시켰다가 위 계약을 해제하고 사업시행권을 회수해 간 것이 부당하다는 취지에 불과하므로, 이와 같은 문제는 **공법상 계약에 의하여 당사자인 청구인과 피청구인에게 귀속된 권리·의무가 이 사건 대행계약에 의하여 유효하게 해제되었는지를 둘러싼 공법상 법률관계에 관한 다툼에 불과할 뿐*(공법상 당사자소송으로서 계약해지취소 내지 무효확인 등을 구해야 함)***, 헌법과 법률이 설정한 객관적 권한질서를 유지하기 위한 법적 수단으로서 권한쟁의심판이 대상으로 하는 '권한의 존부 또는 범위'에 관한 다툼은 아니라 할 것이다. 따라서 이 사건 청구 중 낙동강 유지·보수 권한침해 주장은, '청구인의 권한이 침해될 가능성'도 없고 '권한의 존부 또는 범위에 관한 다툼'으로 볼 수도 없어, 부적법하다.

헌재판례) 국유지 관리비용 부담을 둘러싼 권한쟁의(2010. 12. 28. 2009헌라2★)

국유지에 대한 관리권한이 수임관청인 청구인 서울시 은평구에 있음은 법률상 명백하다. 그리고 이 사건 분쟁의 본질은, 국가사무인 기관위임사무에 해당하는 국유지를 관리하면서 발생한 비용의 최종 부담자가 직접 관리행위를 한 청구인인지 아니면 그 권한을 위임한 피청구인 기재부장관인지의 문제인데, 이와 같은 문제는 주관적인 권리·의무에 관한 다툼, 즉 관리비용 부담을 둘러싼 청구인과 피청구인 사이의 단순한 채권채무관계에 관한 다툼에 불과하다. 따라서 이 사건 심판청

459 특정 정보를 인터넷 홈페이지에 게시하거나 언론에 알리는 것과 같은 행위는 헌법과 법률이 특별히 국회의원에게 부여한 국회의원의 독자적인 권능이라고 할 수 없고 국회의원 이외의 다른 국가기관은 물론 일반 개인들도 누구든지 할 수 있는 행위로서, 그러한 행위가 제한된다고 해서 국회의원의 권한이 침해될 가능성은 없다.(헌재 2010. 7. 29. 2010헌라1)

구는 이 사건 토지에 대한 관리권한이나 자치재정권 등 권한의 존부 또는 범위에 관한 다툼이라고 할 수 없다. 또한, 기관위임사무에 관한 경비는 이를 위임한 국가가 부담하고, 그 소요되는 경비 전부를 당해 지방자치단체에 교부하여야 하므로(지방재정법 제21조 제2항, 지방자치법 제141조 단서), 청구인이 자신의 비용으로 기관위임사무인 이 사건 공사를 하였다면, 국가는 청구인에게 그 비용 상당의 교부금을 지급할 의무가 있고, 청구인은 **공법상 당사자소송으로서 비용상환청구소송** 등 소정의 권리구제절차를 통하여 국가로부터 이를 보전받을 수 있으므로 청구인이 그 비용을 최종적으로 부담하게 되는 것도 아니다. 따라서 이 거부처분으로 말미암아 청구인의 자치재정권 등 헌법 또는 법률이 부여한 권한이 침해될 가능성도 인정되지 아니한다.

헌재판례) 화성시와 국방부 간의 권한쟁의(2017. 12. 28. 선고 2017헌라2)

국방과 같이 국가의 존립에 필요한 사무는 국가사무에 해당하는데, 이 사건 공항의 예비이전후보지 선정사업(혹은 더 나아가 군 공항 이전사업)도 국방에 관한 사무이므로 그 성격상 국가사무임이 분명하다. 군공항이전법도 피청구인에게 군 공항 예비이전후보지를 선정할 수 있는 권한을 부여하여(군공항이전법 제4조 제2항) 그 사무의 권한과 책임을 피청구인에게 귀속시키고 있으므로, 이 사건 공항의 예비이전후보지 선정사업(혹은 군 공항 이전사업)이 국가사무임을 전제로 하고 있다. 따라서 국가사무인 군 공항 이전사업이 청구인의 의사를 고려하지 않고 진행된다고 하더라도 이로써 지방자치단체인 청구인의 자치권한을 침해하였다거나 침해할 현저한 위험이 있다고 보기 어렵다.

(나) 주관적 권리의 포함 여부

헌법상 국가기관은 사경제 주체로서 인정되는 예외적인 경우 이외에는 원칙적으로 국민과 같은 지위에서 권리를 가지는 것이 아니지만, 지위의 박탈이나 침해 등이 발생한 때에는 그 기관의 주관적 권리가 문제될 수 있다. 예컨대 국무총리, 국무위원, 국회의원 등이 다른 기관의 처분에 의하여 그 지위가 박탈되거나 침해되는 경우에는 공무담임권 등의 주관적 권리가 문제될 수 있다. 그렇다면 이러한 경우에도 권한쟁의심판으로 다툴 수 있는지가 문제된다. 여기에는 학설로 '권한한정설'과 '권리포함설'이 대립한다.[460]

먼저, ① 권한한정설은 권한쟁의심판절차에서의 '권한'이 직무상 권한에 한정되기 때문에 위와 같은 권리의 침해가 발생한 때에는 헌법소원심판으로 다툴 것이지 권한쟁의심판으로 다툴 수 없다고 한다. 다음으로, ② 권리포함설은 '권한'에 그 기

460 김유향, 전게서, 1725면.

관이 가지는 주관적 권리도 포함된다고 보고 이러한 경우에도 권한쟁의심판으로 다툴 수 있다고 한다. 권한한정설이 타당한바, 이 설은 우리 헌법과 헌법재판소법이 권한쟁의심판제도와 헌법소원심판제도를 동시에 두고 있고, 권한쟁의심판제도는 명시적으로 권한에 대한 다툼으로 정하고 있다는 점에 근거한다. 권한한정설에 따를 경우 예컨대 다른 국가기관의 처분에 의하여 국회의원직 자체가 상실된 경우 국회의원은 국회의원직에 부여된 직무상의 권한이 침해되었다는 이유로 권한쟁의심판을 청구할 수 없고, 단지 공무담임권의 침해를 이유로 헌법소원심판을 청구할 수 있을 뿐이다. 결국, 권한의 존부와 범위에 관한 다툼을 대상으로 하는 권한쟁의심판에서의 '권한'이란 주관적 권리·의무가 아니라 국가나 지방자치단체 등 공법인 또는 그 기관이 헌법 또는 법률에 의하여 부과되어 법적으로 유효한 행위를 할 수 있는 능력 또는 그 범위를 의미한다고 하겠다.[461]

(다) 지방자치단체의 위임권한의 포함 여부

지방자치단체의 경우는 지방자치단체 자신의 사무에 관한 권한이 침해되거나 침해될 우려가 있는 때에 한하여 권한쟁의심판을 청구할 수 있다. 그러므로 기관위임사무는 지방자치단체의 사무가 아니므로 기관위임사무에 관하여는 그 침해를 이유로 권한쟁의심판을 청구할 수 없다(1999. 7. 22. 98헌라4). 그러나 단체위임사무는 지방자치단체 자체의 권한으로 위임된 것이기 때문에 이에 관한 권한쟁의심판청구는 적법하다.

헌재판례) 북제주군과 완도군수 간의 권한쟁의(2008. 12. 26. 2005헌라11)
임야대장 말소행위는 기관위임사무에 해당함.

461 국토해양부장관이 국가사무의 일부인 낙동강 사업에 대한 시행권을 대행계약을 통하여 경상남도에 대행시켰다가 그 계약을 해제하고 사업시행권을 회수해 간 것이 부당한지 여부의 문제는 공법상 계약에 의하여 당사자인 국토해양부장관과 경상남도에 귀속한 권리·의무가 유효하게 해제되었는지를 둘러싼 '공법상 법률관계에 관한 다툼'에 불과할 뿐, 권한쟁의심판이 대상으로 하는 '권한의 존부 또는 범위'에 관한 다툼이라고 볼 수 없다(헌재 2011. 8. 30. 2011헌라1; 헌재 2010. 12. 28. 2009헌라2).

헌재판례) 아산시와 건설교통부장관 간의 권한쟁의(2006. 3. 30. 2003헌라2)

지방자치단체의 권한에 부정적인 영향을 주어서 법적으로 문제되는 경우에는 사실행위나 내부적인 행위도 권한쟁의심판의 대상이 되는 처분에 해당한다고 할 것이므로, 건설교통부장관의 이 사건 역명 결정은 권한쟁의심판의 대상이 되는 처분에 해당한다. 헌법 제117조, 제118조가 제도적으로 보장하고 있는 지방자치의 본질적 내용은 '자치단체의 보장, 자치기능의 보장 및 자치사무의 보장'이라고 할 것이나, 지방자치제도의 보장은 지방자치단체에 의한 자치행정을 일반적으로 보장한다는 것뿐이고 특정 자치단체의 존속을 보장한다는 것은 아니므로, 마치 국가가 영토고권을 가지는 것과 마찬가지로, 지방자치단체에 자신의 관할구역 내에 속하는 영토, 영해, 영공을 자유로이 관리하고 관할구역 내의 사람과 물건을 독점적, 배타적으로 지배할 수 있는 권리가 부여되어 있다고 할 수는 없다.(지방자치단체의 영토고권은 헌법과 법률상 인정되지 아니한다.)

헌재판례) 경기도와 교육과학기술부장관 간의 권한쟁의(2012. 7. 26. 2010헌라3)

대학설립, 입학정원 증원 사무는 국가사무에 해당함.

헌재판례) 전라북도교육감과 교육과학기술부장관 간의 권한쟁의(2013. 12. 26. 2012헌라3)

교육공무원 징계사무는 교육부장관이 교육감에게 위임한 기관위임사무

대법판례) 학교생활기록부 작성사무 및 이에 관한 지도·감독 사무도 기관위임사무(2014. 2. 27. 2012추183)

(2) 침해 또는 현저한 침해위험

'침해'는 과거에 발생하였거나 현재까지 지속되는 침해를 말한다. '현저한 침해위험'은 급박하게 조만간 권한침해에 이르게 될 개연성이 현저히 높은 상황을 의미한다. 그리고 침해의 형태는 다양하지만 대체로 특정 기관의 권한영역을 침범하는 경우, 특정 기관의 정당한 권한의 행사를 저지하는 경우, 특정 기관의 권한을 박탈하거나 폐지하는 경우 등을 들 수 있다(2006. 5. 25. 2005헌라4). **적법요건에서의 '침해'요건은 침해 또는 현저한 침해위험의 가능성만을 말한다**. 권한의 침해가 실체적으로 존재하는지 여부는 본안결정에서 판단하게 된다.

헌재판례) 남양주시와 경기도 간의 권한쟁의(2022. 12. 22. 2020헌라3)

청구인은 자신도 피청구인의 권고에 따라 재난기본소득을 지원하였다는 이유로 2020. 5. 25. 피청

구인에게 특별조정교부금 총 70억 원을 신청하였다. 그러나 피청구인은 청구인을 2020. 6. 4. 특별조정교부금 배분 대상에서 제외하였다. 청구인은 피청구인이 2020. 6. 4. 청구인에게 특별조정교부금을 배분하지 않은 행위가 청구인의 권한을 침해한 것이라고 주장하며 2020. 7. 28. 이 사건 권한쟁의심판을 청구하였다. 이에 대해 헌재는, 피청구인이 지역화폐의 경기부양 효과 등을 고려하여 지역화폐 형태의 재난기본소득 지급을 유도하기 위하여 이를 특별조정교부금 우선 배분의 기준으로 정한 것이 객관적으로 명백히 부당하거나 현저하게 자의적이라고 볼 수 없다. 또한, 이 사건 배분 제외행위로 인하여 청구인의 재정자주도가 큰 타격을 입었다고 보기도 어려우며, 청구인도 지역화폐 형태의 재난기본소득 지급이 이 사건 특별조정교부금 배분의 요건임을 인식하고 있었다고 볼 수 있다. 따라서, 피청구인이 청구인을 이 사건 특별조정교부금 배분에서 제외한 행위가 청구인의 지방재정권을 침해한 것이라고 볼 수 없다.

헌재판례) 국회 외부기관에 의한 국회의원 심의·표결권(2007. 7. 26. 2005헌라8) – 권한 침해가능성이 없다.

헌재판례) 행자부장관의 국민안전처 세종시 이전고시에 대한 국회의원의 권한쟁의(2016. 4. 28. 2015헌라5) – 권한 침해가능성이 없다.

헌재판례) 군공항의 예비이전후보지 선정 행위에 대한 권한쟁의(2017. 12. 28. 2017헌라2)

이 사건 공항의 예비이전후보지 선정사업(혹은 더 나아가 군 공항 이전 사업)도 국방에 관한 사무이므로 그 성격상 국가사무임이 분명하다. 군공항이전법도 피청구인 국방부장관에게 군 공항 예비이전후보지를 선정할 수 있는 권한을 부여하여(군공항이전법 제4조 제2항 참조) 그 사무의 권한과 책임을 피청구인에게 귀속시키고 있으므로, 이 사건 공항의 예비이전후보지 선정사업(혹은 더 나아가 군 공항 이전사업)이 국가사무임을 전제로 하고 있다. 따라서 국가사무인 군 공항 이전사업이 청구인 지자체의 의사를 고려하지 않고 진행된다고 하더라도 이로써 지방자치단체인 청구인의 자치권한을 침해하였다거나 침해할 현저한 위험이 있다고 보기 어렵다.

헌재판례) 제주시 등과 행정자치부장관의 권한쟁의(2005. 12. 22. 2005헌라5)

주민투표법 제8조는 국가정책의 수립에 참고하기 위한 주민투표에 대해 규정하고 있는데 규정의 문언으로 볼 때 중앙행정기관의 장은 실시 여부 및 구체적 실시구역에 관해 상당한 범위의 재량을 가진다고 볼 수 있다. 이를 감안할 때 중앙행정기관의 장으로부터 실시요구를 받은 지방자치단체 내지 지방자치단체장으로서는 주민투표 발의에 관한 결정권한, 의회의 의견표명을 비롯하여 투표시행에 관련되는 권한을 가지게 된다고 하더라도, 나아가 지방자치단체가 중앙행정기관장으로부터 제8조의 주민투표 실시요구를 받지 않은 상태에서 일정한 경우 중앙행정기관에게 실시요구를 해 줄 것을 요구할 수 있는 권한까지 가지고 있다고 보기는 어렵다. 그렇다면 피청구인 행정자치부장관이 청구인들에게 주민투표 실시요구를 하지 않은 상태에서 청구인들에게 실시권한이 발생하였다고 볼 수는 없으므로 그 권한의 발생을 전제로 하는 침해 여지도 없어서 이를 다투는 청구는 부적법하다. 결국 지방자치단체의 폐치는 국회의 입법에 의해 이루어지므로 앞으로 기초지방자치단체인 청구인들인 시, 군이 필연적으로 폐치됨을 전제로 자치권한 침해를 다투는 청구는 아직 존재하지 않고, 입법자가 아닌 피청구인들에 의해 이루어질 수도 없는 행위를 대상으로 하므로 부적법하다.

헌재판례) 국회선진화법 권한쟁의(2016. 5. 26. 2015헌라1)

국회법 제85조 제1항의 직권상정권한은 국회의 수장이 국회의 비상적인 헌법적 장애상태를 회복하기 위하여 가지는 권한으로 국회의장의 의사정리권에 속하고, 의안 심사에 관하여 위원회 중심주의를 채택하고 있는 우리 국회에서는 비상적·예외적 의사절차에 해당한다. 국회법 제85조 제1항 각 호의 심사기간 지정사유는 국회의장의 직권상정권한을 제한하는 역할을 할 뿐 국회의원의 법안에 대한 심의·표결권을 제한하는 내용을 담고 있지는 않다. 국회법 제85조 제1항의 지정사유가 있다 하더라도 국회의장은 직권상정권한을 행사하지 않을 수 있으므로, 청구인들의 법안 심의·표결권에 대한 침해위험성은 해당 안건이 본회의에 상정되어야만 비로소 현실화된다. 따라서 이 사건 심사기간 지정 거부행위로 말미암아 청구인들의 법률안 심의·표결권이 직접 침해당할 가능성은 없다. '의장이 각 교섭단체대표의원과 합의하는 경우'를 심사기간 지정사유로 규정한 국회법 제85조 제1항 제3호가 헌법에 위반된다고 하더라도, 법률안에 대한 심사기간 지정 여부에 관하여는 여전히 국회의장에게 재량이 인정되는 것이지 법률안에 대한 심사기간 지정 의무가 곧바로 발생하는 것은 아니다. 따라서 국회법 제85조 제1항 제3호의 위헌 여부는 이 사건 심사기간 지정 거부행위의 효력에 아무런 영향도 미칠 수 없다. 국회법 제85조 제1항에 국회 재적의원 과반수가 의안에 대하여 심사기간 지정을 요청하는 경우 국회의장이 그 의안에 대하여 의무적으로 심사기간을 지정하도록 규정하지 아니한 입법부작위는 입법자가 재적의원 과반수의 요구에 의해 위원회의 심사를 배제할 수 있는 비상입법절차와 관련하여 아무런 입법을 하지 않음으로써 입법의 공백이 발생한 '진정입법부작위'에 해당한다. 따라서 이 사건 입법부작위의 위헌 여부와 국회법 제85조 제1항은 아무런 관련이 없고, 그 위헌 여부가 이 사건 심사기간 지정 거부행위에 어떠한 영향도 미칠 수 없다. 나아가 헌법실현에 관한 1차적 형성권을 갖고 있는 정치적·민주적 기관인 국회와의 관계에서 헌법재판소가 가지는 기능적 한계에 비추어 보더라도, 헌법재판소가 근거규범도 아닌 이 사건 입법부작위의 위헌 여부에 대한 심사에까지 나아가는 것은 부적절하므로 그 심사를 최대한 자제하여 의사절차에 관한 국회의 자율성을 존중하는 것이 바람직하다. 만일 이 사건 입법부작위의 위헌 여부를 선결문제로 판단하더라도, 헌법의 명문규정이나 해석상 국회 재적의원 과반수의 요구가 있는 경우 **국회의장이 심사기간을 지정하고 본회의에 부의해야 한다는 의무는 도출되지 않으므로**, 국회법 제85조 제1항에서 이러한 내용을 규정하지 않은 것이 다수결의 원리, 나아가 의회민주주의에 반한다고도 볼 수 없다. 이와 같이 이 사건 심사기간 지정 거부행위는 국회의원인 청구인들의 법률안 심의·표결권을 침해하거나 침해할 위험성이 없으며, 그 근거조항인 국회법 제85조 제1항 제3호나 이 사건 입법부작위의 위헌성을 이유로 이 사건 심사기간 지정 거부행위가 청구인들의 법률안 심의·표결권을 침해할 가능성 또한 인정되지 아니하므로 이 사건 심사기간 지정 거부행위에 대한 심판청구는 부적법하다.

헌재판례) 경상남도·진해시와 해양수산부장관 간의 권한쟁의(2008. 3. 27. 2006헌라1)

가. 지정항만이면서 무역항인 부산항의 일부 항만구역에 건설된 신항만의 명칭 결정은 국가 고유사무이므로 이와 관련하여 부산지방해양수산청장이 권한쟁의심판청구의 당사자로서 능력과 적격을 갖추고 있는지 여부(소극)
나. 해양수산부장관이 부산광역시와 경상남도 일대에 건설되는 신항만의 명칭을 '신항'이라고 결정한 것이 경상남도와 경상남도 진해시의 자치권한을 침해하였거나 침해할 가능성이 있는지 여부(소극)

헌재판례) 충청남도 등과 행정자치부장관 등 간의 권한쟁의(2020. 7. 16. 2015헌라3)

개정 지방자치법의 취지와 공유수면과 매립지의 성질상 차이 등을 종합하여 볼 때, 신생 매립지는 개정 지방자치법 제4조 제3항에 따라 같은 조 제1항이 처음부터 배제되어 종전의 관할구역과의 연관성이 단절되고, 행정안전부장관의 결정이 확정됨으로써 비로소 관할 지방자치단체가 정해지며, 그 전까지 해당 매립지는 어느 지방자치단체에도 속하지 않는다 할 것이다. 그렇다면 이 사건 매립지의 매립 전 공유수면에 대한 관할권을 가졌을 뿐인 청구인들이, 그 후 새로이 형성된 이 사건 매립지에 대해서까지 어떠한 권한을 보유하고 있다고 볼 수 없으므로, 이 사건에서 청구인들의 자치권한이 침해되거나 침해될 현저한 위험이 있다고 보기는 어렵다.

헌재판례) 서울특별시 강남구와 관악구 간의 삼성동 명칭사용 관련 권한쟁의(2009. 11. 26. 2008헌라4) – 행정동 명칭은 특정 지자체에 독점적·배타적 사용권한이 있는 것이 아니므로 권한침해 가능성이 없다.

5. 청구기간(★)

권한쟁의심판은 권한을 침해하는 사유가 있음을 안 날로부터 60일 이내에, 그 사유가 있은 날로부터 180일 이내에 하여야 한다(헌재법 제63조 제1항). 그러나 부작위로 인한 권한침해의 경우에는 부작위에 대한 헌법소원에서처럼 청구기간의 제약이 없다고 보아야 할 것이다. 부작위인 상태가 계속되는 한 권한의 침해가 계속된다고 보아야 하기 때문이다. 또한 장래 처분에 의한 권한침해의 경우에도 장래 처분이 내려지지 않은 상태로서 청구기간의 제한이 없다(2008. 12. 26. 2005헌라11). 그리고 권한쟁의심판청구기간은 불변기간으로 명시하고 있기 때문에(헌재법 제63조 제2항), 당사자의 책임 없는 사유로 청구기간을 도과한 경우에는 추완(추후

보완)할 수 있다.[462]

헌재판례) 청구기간의 기산점(2006. 5. 25. 2005헌라4)

헌법재판소법 제63조 제1항에 따라 권한쟁의심판은 그 사유가 있음을 안 날로부터 60일 이내에, 그 사유가 있은 날로부터 180일 이내에 청구하여야 한다. 법률의 제정에 대한 권한쟁의심판의 경우, 청구기간은 법률이 공포되거나 이와 유사한 방법으로 일반에게 알려진 것으로 간주된 때부터 기산되는 것이 일반적이다. 일정한 법률안이 법률로 성립하기 위해서는 국회의 의결을 거쳐 관보에 게재·공포되어야 하고, 이로써 이해당사자 및 국민에게 널리 알려지는 것이기 때문이다. 이 사건 법률은 2005. 1. 5. 관보에 게재되었으며 부칙 제1조에 따라 같은 날 시행되었다. 그러므로 이 사건의 경우에 2005. 1. 5. 청구인들은 자신들의 권한침해 내지 권한침해의 가능성을 충분히 예상했다고 보아야 할 것이다.

권한쟁의심판청구에 대한 청구취지 변경이 이루어진 경우, 청구기간 준수 여부는 헌법재판소법 제40조 제1항이 준용하는 민사소송법 제265조에 의하여 추가 또는 변경된 청구서가 제출된 시점을 기준으로 새로 판단하여야 한다(2010. 12. 28. 2008헌라6 등).[463]

6. 권리보호이익(★)

권한쟁의심판에서 권리보호이익의 존재가 청구요건으로 요구되는지가 문제되는데, 이에 대해서는 권리보호이익이 요구된다는 견해와 이를 부정하는 견해가 있다.[464]

(1) 학설

먼저, 긍정설은 헌법재판소법은 피청구인의 처분 또는 부작위에 의하여 청구인의 권한이 구체적으로 침해를 당하였거나 현저한 침해위험이 있을 때, 즉 권리보호이익이 있을 경우에 권한쟁의심판청구를 인정할 수 있다고 한다. 권한쟁의가 객

462 헌재법 제68조 제1항 헌법소원의 경우 불변기간이 아니므로 행소법 제20조 제2항이 준용되어 추완이 가능하다. 그러나, 제68조 제2항 위헌심사형 헌법소원은 추완이 안 된다.

463 헌법소원의 경우와 같은바, 청구인에게 불리하여 판례가 변경될 필요가 있다.

464 김유향, 전게서, 1728면.

관적 권한의 보호뿐만 아니라 청구인의 주관적 권리도 보호하기 때문에 권한쟁의에 있어서도 당연히 권리보호이익의 존재는 중요한 요건이 된다고 하며, 따라서 청구인이 스스로 일정한 조치를 취하는 데 제약이 없고 그 조치를 통하여 권한침해를 배제할 수 있었을 경우에는 권리보호이익은 인정되지 않는다고 말한다. 다음으로, 부정설은 권한쟁의심판은 주관적 소송이 아니라 객관소송이기 때문에 사법상의 권리를 다투는 소송에서 말하는 권리보호이익은 요구되지 않는다고 한다. 권한쟁의심판은 권한을 침해받은 기관을 보호하고자 하는 것이 아니라 국가의 기능과 그에 따른 기관들 간의 결정체계를 정상화하고자 하는 데에 그 의의가 있기 때문이라고 한다. 따라서 권한쟁의심판 중에 권한침해행위가 소멸한 경우에도 헌법재판소는 권한의 존부나 범위를 확인해둘 필요가 있는 때에는 권한의 존부나 범위에 대하여 심판을 할 수 있다.

(2) 헌법재판소의 판례

헌법재판소는 권리보호이익을 권한쟁의심판의 청구요건으로 인정하고 있다. 따라서 권리보호이익이 없는 경우에는 심판청구를 각하하는 것이 원칙이지만, 예외적으로 같은 유형의 침해행위가 앞으로도 반복될 위험이 있고, 헌법질서의 수호유지를 위하여 그에 대한 헌법적 해명이 긴요한 사항에 대해서는 심판청구의 이익을 인정할 수 있다고 한다(2003. 10. 30. 2002헌라1).

헌재판례)	**자사고 취소권한에 대한 전라북도교육감과 교육부장관 간 다툼(2011. 8. 30. 2010헌라4)**
사안	(1) 2010. 6. 7. 당시의 전라북도교육감은 학교법인 ○○학원 산하의 ○○고등학교와 학교법인 □□ 학원 산하의 △△고등학교를 자율형 사립고등학교로 지정·고시하고, 2010. 6. 24. 위 학교들의 2011학년도 신입생 입학전형 모집요강을 승인. (2) 2010. 7. 1. 새로 취임한 교육감은 2010. 8. 9. 전임자가 한 위 자율형 사립고등학교 지정·고시 처분을 취소하고(이하 '이 사건 각 취소처분'이라 한다), 2010. 8. 10. 위 2011학년도 신입생 입학전형 모집요강 승인 또한 취소. (3) 그러자 피청구인은 2010. 8. 23. 전라북도교육감에 대하여 이 사건 각 취소처분은 재량권을 현저히 일탈·남용한 것이므로 2010. 9. 7.까지 이를 취소하라는 취지의 시정명

	령을 하였으나(이하 '이 사건 제1차 시정명령'이라 한다), 이에 응하지 않자 2010. 9. 12. 시정기한을 2010. 10. 6.까지로 하여 다시 같은 내용의 시정명령을 함. (4) 청구인은 피청구인이 전라북도교육감에 대하여 한 이 사건 각 시정명령은 헌법상 지방자치단체의 자치권, 헌법상 자주적·전문적 교육을 실현하기 위한 교육감의 권한, '지방교육자치에 관한 법률'이 정한 교육감의 사무집행 권한, 초·중등교육법에 의한 자율형 사립고등학교 지정 권한을 침해하는 것으로 무효라며 권한쟁의심판을 청구. (5) 전라북도교육감은 이 사건 제1차 시정명령에 응하지 않은 채, 2010. 9. 7. 구 지방자치법 제169조 제2항에 따라 대법원에 이에 대한 이의의 소를 제기하였으나(2010추42), 시정명령에 대한 소제기의 규정이 없다는 이유로 2011. 1. 27. 각하. 그리고 자율형 사립고등학교로 지정된 각 학교법인이 전라북도교육감을 상대로 이 사건 각 취소처분 및 2011학년도 신입생 입학전형 모집요강 승인 취소처분의 취소를 구한 소에서, 2010. 11. 23. 이 사건 각 취소처분을 취소하는 판결이 선고되고(전주지방법원 2010구합2231), 2011. 1. 24. 이에 대한 전라북도교육감의 항소가 기각된 후[광주고등법원(전주) 2010누1632] 상고하지 않아 2011. 2. 9. 확정.
당사자	청구인: 전라북도 대표자 교육감 김승환[465] 피청구인: 교육과학기술부장관
심판 대상	피청구인이 전라북도교육감에 대하여 한 이 사건 각 시정명령이 청구인의 자치권, 교육·과학·기술·체육 그 밖의 학예에 관한 사무 권한, 전라북도 내에 자율형 사립고등학교를 지정·고시할 권한을 침해하는지 여부 및 피청구인의 이 사건 각 시정명령이 무효인지 여부
판단	**권리보호의 이익과 헌법적 해명의 필요성** 권한쟁의심판은 비록 객관소송이라 하더라도 국가기관과 지방자치단체 간의 권한쟁의로써 해결해야 할 구체적인 보호이익이 있어야 하고, 그 청구인에 대한 권한침해의 상태가 이미 종료된 경우에는 권리보호의 이익이 없으므로, 이에 관한 권한쟁의심판 청구는 부적법하다. 피청구인의 이 사건 각 시정명령으로 청구인의 권한행사에 진지한 장애가 초래되거나 법적 지위가 불리하게 되었다고 볼 수는 있으나, 앞서 본 바와 같이 **각 학교법인이 제기한 이 사건 각 취소처분의 취소 등을 구하는 소에서 전라북도교육감이 한 이 사건 각 취소처분의 취소를 명하는 판결이 확정되었으므로,** 이로써 이 사건 각 취소처분의 효력이 소멸되었고, 따라서 이를 시정 대상으로 하던 이 사건 각 시정명령 또한 그 효력을 상실하였다고 보아야 한다. 그렇다면, 청구인은 더 이상 이 사건 각 시정명령에 따를 법적인 의무, 즉 이 사건 각 취소처분을 시정할 의무나 각 시정명령에 불응할 경우 이 사건 각 취소처분이 취소·정지될 위험을 부담하지 않게 되었으므로, **이 사건 심판청구는 청구인에 대한 권한침해의 상태가 이미 종료된 경우에 해당하여 권리보호의 이익을 인정할 수 없다.** 다만, 청구인에 대한 권한침해의 상태가 이미 종료하여 권리보호의 이익을 인정할 수 없다 하더라도, 같은 유형의 침해행위가 앞으로도 계속 반복될 위험이 있고, 헌법질서의 수호·유지를 위해 그에 대한 헌법적 해명이 긴요한 사항에 대해서는 심판청구의 이익을 인정할 수는 있다(헌재 2003. 10. 30. 2002헌라1).

465 헌재법 제62조 제2항의 문면에 어긋나나, 판례는 당사자능력을 부정하는 취지이다.

그러나 이 사건과 같이 지방자치단체가 이미 이루어진 자율형 사립고등학교 지정·고시 처분을 취소하고, 이에 대하여 국가기관이 재량권의 일탈·남용을 이유로 시정명령을 하는 경우가 반복될 것이라고 예상하기는 어려울 뿐 아니라, 그런 경우가 다시 발생한다 하더라도 구체적인 사안마다 국가기관과 지방자치단체 간의 권한침해의 사실관계, 즉 각 자율형 사립고등학교의 지정·고시 및 그 취소의 경위와 사유 등이 달라 재량권의 일탈·남용 여부에 대한 판단 역시 동일하게 이루어질 수 없으므로, 청구인에게뿐만 아니라 일반적으로도 다시 반복될 수 있는 사안으로서 헌법적 해명이 필요한 경우라고 볼 수 없다. 또한, 청구인은 '재량권의 일탈·남용'은 구 지방자치법 제169조 소정의 '법령위반'에 해당되지 않으므로, 이를 이유로 국가기관이 지방자치단체장에 대하여 시정명령을 하는 것은 청구인의 권한을 침해하는 것이라고 주장하나, 대법원은 지방자치법 제169조 소정의 '법령위반'에 '재량권의 일탈·남용'이 포함된다고 판시한 바 있어(대법원 2007. 3. 22. 선고 2005추62 전원합의체), 결국 청구인의 그와 같은 주장은 이에 불복하여 헌법재판소에 대법원의 위와 같은 법령해석의 당부나 위헌성의 판단을 구한다는 취지라 할 것인데, 이는 기관 상호 간의 분쟁해결을 목적으로 하는 권한쟁의심판에서 헌법적으로 해명할 필요가 긴요한 사항이라 할 수도 없다. 따라서 청구인의 이 사건 심판청구는 권리보호의 이익을 인정할 수 없을 뿐만 아니라, 같은 유형의 침해행위가 반복될 위험이 있는 사안으로서 헌법적 해명의 필요가 긴요한 경우라 할 수도 없으므로, 심판청구의 이익을 인정할 수 없다.

V. 헌법재판소의 권한쟁의심판 결정

헌법재판소법

제23조(심판정족수) ② 재판부는 종국심리(終局審理)에 관여한 재판관 과반수의 찬성으로 사건에 관한 결정을 한다. 다만, 다음 각 호의 어느 하나에 해당하는 경우에는 재판관 6명 이상의 찬성이 있어야 한다.

1. 법률의 위헌결정, 탄핵의 결정, 정당해산의 결정 또는 헌법소원에 관한 인용결정(認容決定)을 하는 경우
2. 종전에 헌법재판소가 판시한 헌법 또는 법률의 해석 적용에 관한 의견을 변경하는 경우

제66조(결정의 내용) ① 헌법재판소는 심판의 대상이 된 국가기관 또는 지방자치단체의 권한의 유무 또는 범위에 관하여 판단한다.

② 제1항의 경우에 헌법재판소는 권한침해의 원인이 된 피청구인의 처분을 취소하거나 그 무효를 확인할 수 있고, 헌법재판소가 부작위에 대한 심판청구를 인용하는 결정을 한 때에는 피청구인은 결정 취지에 따른 처분을 하여야 한다.

제67조(결정의 효력) ① 헌법재판소의 권한쟁의심판의 결정은 모든 국가기관과 지방자치단체를 기속한다.

② 국가기관 또는 지방자치단체의 처분을 취소하는 결정은 그 처분의 상대방에 대하여 이미 생긴 효력에 영향을 미치지 아니한다.

1. 결정 심판정족수

헌법재판소는 권한쟁의심판 사건을 9인의 재판관으로 구성되는 재판부에서 재판관 7인 이상의 출석으로 심리하며, 재판부는 '종전에 헌법재판소가 판시한 헌법 또는 법률의 해석·적용에 관한 의견을 변경하는 경우'(헌재법 제23조 제2항 제2호)를 제외하고는 종국심리에 관여한 재판관의 과반수의 찬성으로 권한쟁의심판사건에 관한 결정을 한다. 그런데 국회의 법률제정행위의 절차상 하자가 인정되어 이에 대해 무효확인결정을 할 경우에도 **재판관 과반수의 찬성으로 가능한가가 문제**된다. 재판관 과반수의 찬성만으로 법률제정행위에 대해 무효확인결정이 내려지는 경우 그 법률제정행위와 그 결과물인 법률의 효력이 상실되고, 이것은 법률에 대한 위헌결정은 재판관 6인 이상의 찬성이 있어야 한다는 헌법 제113조 제1항과 헌재법 제23조 제2항 제1호와 충돌되기 때문이다.

이와 관련해서는 학설이 다음과 같이 서로 대립하며 관련 판례는 아직 존재하지 아니한다.[466] 먼저, ① 부정설은 권한쟁의심판절차에서 법률제정행위에 대한 무효확인결정은 허용되지 않는다는 견해이다. 법률제정행위에 대한 무효확인결정은 법률의 위헌결정에 필요한 정족수 6인에 못 미치는 재판관의 의견으로써 실질적으로 법률에 대한 위헌결정을 하는 셈이 되기 때문이다. 무효나 취소소송의 대상이 될 수 있는 행정처분의 성격을 갖는 경우라면 모르되, 법률제정행위에 대해서는 침해만 확인할 수 있을 뿐 무효선언을 할 수 없다는 것이다. 다음으로 ② 긍정설은, 재판관 과반수만으로도 무효확인결정이 가능하다는 견해이다. 권한쟁의심판에 있어서 헌법재판소 결정의 실효성을 확보하기 위해서는 무효선언할 수 있어야 하고, 헌법재판소 결정이 직접 대상으로 삼는 것은 법률이 아니라 피청구인의 처분일 뿐이므로, 법률제정행위에 대한 무효확인결정이 비록 규범통제의 효과를 나타내기는 하지만 이는 어쩔 수 없다고 한다. 다음으로, ③ 절충설은 재판관 6인 이상의 찬성이 있어야만 무효확인결정을 할 수 있다는 견해이다. 권한쟁의심판에서 법률제정행위에 대한 무효확인

466 이성환, 권한쟁의심판에서의 당사자능력과 당사자적격, 공법연구, 한국공법학회, 2005. 2, 122면 이하; 김유향, 전게서, 1732면; 이동흡, 전게서, 808면.

결정은 실질적으로 위헌법률심판에서의 위헌결정과 다르지 않기 때문에 법률제정행위에 대한 무효확인결정을 내릴 때에는 위헌법률심판과 마찬가지로 재판관 6인 이상의 찬성을 요하는 것으로 해석하여야 한다고 주장한다.

2. 권한쟁의심판청구 결정의 유형과 결정주문

(1) 각하결정

권한쟁의심판의 청구요건을 갖추지 못한 경우에는 각하결정을 한다. 권한쟁의심판의 당사자능력이나 당사자적격이 인정되지 않거나 헌법과 법률이 부여한 권한이 아니거나 권한의 침해 또는 침해위험이 없는 경우, 그리고 청구기간을 도과한 경우 등에는 각하결정을 하게 된다.

(2) 심판절차종료선언

헌법재판소는 권한쟁의심판 도중에 청구인의 청구취하를 한 경우나 청구인이 사망한 경우 민사소송법의 소취하규정을 준용하여 심판절차종료를 선언한다(2001. 6. 28. 2000헌라1).

(3) 인용결정

청구인의 청구가 이유 있다고 받아들이는 때에는 인용결정을 한다. 헌법재판소법은 제66조 제1항에서 "헌법재판소는 심판의 대상이 된 국가기관 또는 지방자치단체의 권한의 유무 또는 범위에 관하여 판단한다"고 하고, 또한 제66조 제2항에서는 "권한침해의 원인이 된 피청구인의 처분을 취소하거나 그 무효를 확인할 수 있고, 헌법재판소가 부작위에 대한 심판청구를 인용하는 결정을 한 때에는 피청구인은 결정취지에 따른 처분을 하여야 한다"고 규정하고 있다.

(가) 권한존부(유무)확인결정

적극적 권한쟁의에서의 권한존부(유무)의 결정은 청구인의 권한침해나 침해위험을 판단함에 있어 선행하여 행해진다. 그러나 적극적 권한쟁의라도 장래처분에 대한 권한쟁의 또는 소극적 권한쟁의에서는 독자적으로 선고할 수 있다.

권한존부(유무)확인결정의 주문례

헌재판례) 당진군과 평택시 간의 권한쟁의(2004. 9. 23. 2000헌라2)
"별지도면 표시 "가, 나, 다, 라, 마, 바, 사, 아, 자, 차, 카, 타, 가" 각 점을 순차적으로 연결한 선내 부분에 해당하는 면적 32,834.8㎡의 제방에 대한 관할 권한은 청구인에게 있음을 확인한다."

(나) 침해확인결정

현행 헌법재판소법 제66조 제1항에 의해 헌법재판소는 심판의 대상이 된 국가기관 또는 지방자치단체의 권한의 존부 또는 범위에 관하여 판단한다. 여기서 헌법재판소는 관련된 헌법 또는 법률을 해석하여 관련기관에 권한이 존재하는지 여부와 그 권한의 범위를 확정한다. "권한의 존부(유무)와 범위에 관한 판단"은 '권한의 존부'와 '권한의 범위'에 관한 판단으로 나누어볼 수 있는데, ① '권한의 존부' 문제는 침해되었다고 주장하는 권한이 청구인에게 귀속되는가의 여부에 관한 판단이며, ② '권한의 범위'에 관한 문제는 피청구인의 행위로 인하여 청구인에게 귀속된 권한이 침해되었는가에 관한 판단이다. 따라서 권한의 존부와 범위에 관하여 판단한다는 의미는 피청구인의 처분 또는 부작위로 인하여 청구인의 권한이 침해되었음을 확인한다는 의미이다. 피청구인의 행위가 헌법이나 법률에 위반된 경우에 비로소 그로 인하여 청구인의 권한이 침해될 수 있기 때문에 헌재법 제66조 제1항의 의미는 피청구인의 행위가 청구인의 권한을 침해했다는 확인과 함께 그 전제로서 피청구인 행위가 헌법이나 법률에 위반된다는 것을 확인하는 이중적 의미의 '확인결정'이다.[467]

467 이성환, 상게 논문, 129면.

침해확인결정의 주문례

헌재판례) 법률안 변칙처리 사건(1997. 7. 16. 96헌라2)
"피청구인이 1996. 12. 26. 06시경 제182회 임시회 제1차 본회의를 개의하고 국가안전기획부법중개정법률안, 노동조합및노동관계조정법안, 근로기준법중개정법률안, 노동위원회법중개정법률안, 노사협의회법중개정법률안을 상정하여 가결선포한 것은 청구인들의 법률안 심의·표결의 권한을 침해한 것이다."

(다) 무효확인결정

헌법재판소법 제66조 제2항은 권한의 존부 및 범위에 대한 확인을 넘어서 피청구인의 처분에 대하여 무효확인을 할 수 있는 가능성을 규정하고 있다. 동법 제66조 제1항의 '권한의 존부 및 범위'에 관한 판단은 필수적 판단이지만, 동조 제2항은 헌법재판소에 재량을 부여하고 있다.

그런데 어느 경우에 헌법재판소가 무효확인결정을 할 수 있는가에 대해서는 다음과 같이 학설의 견해가 서로 대립한다.[468] 먼저, ① 예외적 무효확인설로, 이 견해는 원칙적으로 유효선언을 하여야 하며, 예외적으로만 무효선언을 할 수 있다는 견해로, 예외사유로는 피청구기관의 정치적 형성권에 대한 침해의 우려가 없거나, 헌법규정에 명백히 위반한 흠이 있는 예외적인 경우에만 가능하다. 피청구기관의 정치적 형성권을 존중하고 피청구기관에 여러 가지 형성가능성이 존재할 경우에 헌법재판소가 무효선언을 하는 것은 헌법재판소 스스로 정치적 형성행위를 하는 것이 되어 피청구기관의 정치적 형성권을 침해한다고 본다. 다음으로 ② 원칙적 무효확인설이 있는데, 이 견해는 말 그대로 원칙적으로 무효선언을 해야 한다는 견해로, 권한침해행위의 효과를 제거하기 위해서는 무효선언을 해야 하고, 헌법재판소가 무효선언을 회피하는 것은 모든 국가작용이 합헌적으로 행사되도록 통제하여야 할 헌법재판소의 사명을 포기하는 것이다. 다만 예외적으로 침해의 방법이 사소한 법률위반에 해당하여 그 권한침해의 정도가 경미하거나, 다른 중요한 헌법적 가치의 훼손을 막기 위하여 부득이한 사유가 있는 등 예외적인 경우 침해확인만으

468 이동흡, 전게서, 811면.

로 족하다고 본다.

한편, 이와 관련하여 그동안 헌법재판소는 '성남시와 경기도지사 간의 권한쟁의심판'(1999. 7. 22. 98헌라4)에서 경기도지사가 행정심판에 대하여 한 인용재결의 내용을 넘어서 성남시에 처분을 한 것은 중대하고 명백한 흠이 있는 경우로서 무효로 하여야 한다고 판시했으며, '법률안 변칙처리 사건'(1997. 7. 16. 96헌라2)에서는 "국회의 입법과 관련하여 일부 국회의원들의 권한이 침해되었다고 하더라도 그것이 입법절차에 관한 헌법의 규정을 명백히 위반한 흠에 해당하는 것이 아니라면 그 법률안의 가결선포행위를 무효로 볼 것은 아니다"라고 판시하였다. 국가기관 간의 권한배분과 헌법재판소의 사명을 고려할 때, 사법기능을 담당하는 헌법재판소는 ① '입법절차의 하자' 등 국가기관의 정치적 의사형성권의 존중 여부가 문제되는 경우, 원칙적으로 권한침해만 확인하고 헌법의 규정이나 원리를 명백히 위반한 흠이 있는 경우에 한하여 그 권한침해행위의 무효확인을 할 수 있다고 보아야 한다. 그러나 ② '행정처분의 성격을 갖는 행위' 등 국가기관의 정치적 의사형성권의 존중 여부가 문제되지 않는 경우, 일반적인 행정행위의 하자 이론에 의거하여 권한침해행위에 중대·명백한 흠이 있는지 여부에 따라 무효확인이나 취소결정을 할 수 있을 것이다.[469]

무효확인결정의 주문례

헌재판례) 홍성군과 태안군 간의 해상경계 확정 권한쟁의(2015. 7. 30. 2010헌라2)
1. 충청남도 천수만 해역 중 [별지 1] 도면 표시 가, 나 사이의 각 점을 순차적으로 연결한 선의 우측(남동쪽) 부분에 대한 관할권한은 청구인에게 있고, 위 선의 좌측(북서쪽) 부분에 대한 관할 권한은 피청구인에게 있음을 확인한다. 2. 태안마을 제136호 및 제137호의 어업면허처분 중 위 제1항 기재 청구인의 관할권한에 속하는 영역에 대한 부분은 무효임을 확인한다.

469 김유향, 전게서, 1734면.

(라) 취소결정

헌법재판소법 제66조 제2항은 피청구기관의 처분이 이미 청구인의 권한을 침해한 때에는 이를 취소할 수 있다고 규정하고 있다. 헌법재판소는 처분이 중대하고 명백한 흠을 가진다고 판단하는 때에 무효확인결정을 하고 있으므로, 취소결정은 중대·명백하지 않은 침해, 즉 중대하나 명백하지 않거나, 명백하나 중대하지 않은 등의 침해가 있는 경우에 하게 될 것이다.

헌재판례) 성남시와 경기도지사 간의 권한쟁의(1999. 7. 22. 98헌라4)
1. 피청구인이 … 도시계획사업시행자지정처분은 도시계획법 제23조 제5항에 의한 청구인의 권한을 침해한 것이다. 2. 피청구인은 위 처분은 무효임을 확인한다.

취소결정의 주문례

헌재판례) 부산시 강서구와 진해시 간의 권한쟁의(2006. 8. 31. 2004헌라2)
1. 진해시 용원동 1307 도로 32,094.3㎡ 중 별지 도면 … 임야 198㎡는 청구인의 관할구역에 속함을 확인한다. 2. 피청구인이 … 행한 각 점용료부과처분은 이를 취소한다.

(마) 부작위의 경우

부작위의 경우에는 아무런 처분이 없는 상태이나 취소나 무효의 대상이 될 수는 없고, 단지 위법 내지 위헌임을 확인하게 될 것이다. 헌법재판소도 "이 사건 부작위는 지방자치법 제5조를 위반한 위법이 있고, 이러한 위법한 부작위는 위 토지들을 관할구역으로 하는 청구인의 자치권한을 침해하는 것이다. 그러므로 피청구인의 이 사건 부작위는 위법함을 확인한다"(2006. 8. 31. 2004헌라2)고 판시했다. 그리고 부작위의 위헌 또는 위법 확인이 있게 되면 피청구인은 결정취지에 따른 처분을 하여야 한다(헌재법 제66조 제2항).

부작위 위법확인결정의 주문례

헌재판례) 부산시 강서구와 진해시 간의 권한쟁의(2006. 8. 31. 2004헌라2)
"1. 진해시 용원동 1307 도로 32,094.3㎡ 중 별지 도면 … 임야 198㎡는 청구인의 관할구역에 속함을 확인한다. 2. 피청구인이 … 청구인에게 행하지 아니하는 부작위는 위법함을 확인한다."

(4) 기각결정

청구인의 청구가 이유 없다고 인정할 때에는 기각결정을 한다. 권한침해가 없다고 판단하는 경우, 무효확인청구에 대해 무효사유가 없다고 보는 경우에는 청구를 기각하는 결정을 하게 된다. 또한 처분에 대한 취소사유가 없다고 보거나 부작위가 위헌, 위법이 아니라고 판단할 때에도 기각결정을 한다.

3. 결정의 효력

(1) 기속력

(가) 기속력의 범위

헌재법 제67조 제1항은 "헌법재판소의 **권한쟁의심판의 결정은** 모든 국가기관과 지방자치단체를 기속한다"라고 하여 기속력을 명시하고 있는데, 이는 위헌법률심판의 경우 '위헌결정', 헌법소원심판의 경우 '인용결정'에 대해서만 기속력을 명시하고 있는 것과 차이가 있다. 따라서 권한침해의 결정만이 아니라 모든 권한쟁의심판결정이 기속력을 가지게 된다.[470]

(나) 기속력의 내용

헌법재판소가 권한침해를 인정하는 결정을 하면 피청구인은 헌법재판소의 결정을 존중하여 스스로 집행할 의무를 부과한다. 즉, 피청구인은 기존의 위헌·위법상태를 제거하여 합헌·합법적 상태를 회복할 의무를 부담하고 더 이상 문제된 청구인의

---

470 조재현, 권한쟁의심판에서 결정의 범위와 기속력에 관한 연구, 헌법학연구 18권 1호, 한국헌법학회, 2012, 54면 이하.

권한을 침해하는 행위를 하여서는 아니 된다. 그리고 무효확인결정이 있는 경우에는 청구인의 권한을 침해하는 피청구인의 행위는 당연히 효력을 상실하게 되고, 취소결정이 있으면 그 처분은 원칙적으로 소급하여 효력을 상실한다. 그리고 부작위에 대한 위법·위헌확인이 있는 경우에 피청구인은 처분으로 나아가야 할 것이다.[471]

헌재판례) 2010. 11. 25. 2009헌라12	
사안	- 청구인들은 국회의원들로서, 헌법재판소에 국회의장을 피청구인으로 하여, 피청구인의 신문법안 등에 대한 가결선포행위가 청구인들의 위 각 법률안 심의·표결권을 침해하는지 여부 및 위 각 법률안에 대한 가결선포행위가 무효인지 여부에 관한 권한쟁의심판을 청구(2009헌라8등 사건). - 헌재는 신문법안 등의 가결선포행위는 청구인들의 위 각 법률안 심의·표결권을 침해한 것임을 확인하고, 위 각 법률안 가결선포행위의 무효확인청구를 기각하는 결정을 선고. - 이후 각 법률은 시행됨. - 청구인들은 헌법재판소가 2009헌라8 등 사건의 결정주문 제2항에서 피청구인의 신문법안 등에 대한 가결선포행위가 청구인들의 이 사건 각 법률안 심의·표결권을 침해한 것이라고 인정한 이상, 위 주문의 기속력에 따라 피청구인은 청구인들에게 위 법률안에 대한 심의·표결권을 행사할 수 있는 조치를 취하여야 함에도 불구하고 피청구인이 아무런 조치를 취하지 않고 있고, 피청구인의 위와 같은 부작위는 청구인들의 이 사건 각 법률안 심의·표결권을 침해하는 것이라고 주장하며 권한쟁의심판을 청구.
당사자	청구인: 정세균 등 국회의원 피청구인: 국회의장
대상	헌법재판소가 2009. 10. 29. 2009헌라8 사건에서 피청구인이 이 사건 법률안의 가결을 선포한 행위는 청구인의 법률안 심의·표결권을 침해한 것이라는 결정을 선고한 이후에도, 피청구인이 청구인들에게 침해된 이 사건 각 법률안 심의·표결권을 회복할 수 있는 조치를 취하지 아니하는 부작위가 청구인들의 이 사건 각 법률안 심의·표결권을 침해하는지 여부이다.
판단	- 재판관 이공현, 재판관 민형기, 재판관 이동흡, 재판관 목영준의 각하의견 헌법재판소의 권한쟁의심판의 결정은 모든 국가기관과 지방자치단체를 기속하는바, 권한침해의 확인결정에도 기속력이 인정된다. 그러나 그 내용은 장래에 어떤 처분을 행할 때 그 결정의 내용을 존중하고 동일한 사정하에서 동일한 내용의 행위를 하여서는 아니 되는 의무를 부과하는 것에 그치고, 적극적인 재처분 의무나 결과제거 의무를 포함

471 이동흡, 전게서, 815면.

하는 것은 아니다. 재처분 의무나 결과제거 의무는 처분 자체가 위헌·위법하여 그 효력을 상실하는 것을 전제하는데, 이는 처분의 취소결정이나 무효확인 결정에 달린 것이기 때문이다. 헌법재판소법은 헌법재판소가 피청구인이나 제3자에 대하여 적극적으로 의무를 부과할 권한을 부여하고 있지 않고, 부작위에 대한 심판청구를 인용하는 결정을 한 때에 피청구인에게 결정의 취지에 따른 처분의무가 있음을 규정할 뿐이다. 따라서 헌법재판소가 권한의 존부 및 범위에 관한 판단을 하면서 피청구인이나 제3자인 국회에게 직접 어떠한 작위의무를 부과할 수는 없고, 권한의 존부 및 범위에 관한 판단 자체의 효력으로 권한침해행위에 내재하는 위헌·위법상태를 적극적으로 제거할 의무가 발생한다고 보기도 어렵다. 그러므로 **2009헌라8 등 사건에서 헌법재판소가 권한침해만을 확인하고 권한침해의 원인이 된 처분의 무효확인이나 취소를 선언하지 아니한 이상, 종전 권한침해확인결정의 기속력으로 피청구인에게 종전 권한침해행위에 내재하는 위헌·위법성을 제거할 적극적 조치를 취할 법적 의무가 발생한다고 볼 수 없으므로, 이 사건 심판청구는 부적법하다**.

- 재판관 김종대의 기각의견(법정의견)

모든 국가기관과 지방자치단체는 헌법재판소의 권한쟁의심판에 관한 결정에 기속되는 바, 헌법재판소가 국가기관 상호 간의 권한쟁의심판을 관장하는 점, 권한쟁의심판의 제도적 취지, 국가작용의 합헌적 행사를 통제하는 헌법재판소의 기능을 종합하면, 권한침해확인결정의 기속력을 직접 받는 피청구인은 그 결정을 존중하고 헌법재판소가 그 결정에서 명시한 위헌·위법성을 제거할 헌법상의 의무를 부담한다. 그러나 권한쟁의심판은 본래 청구인의 '권한의 존부 또는 범위'에 관하여 판단하는 것이므로, 입법절차상의 하자에 대한 종전 권한침해확인결정이 갖는 기속력의 본래적 효력은 피청구인의 이 사건 각 법률안 가결선포행위가 청구인들의 법률안 심의·표결권을 위헌·위법하게 침해하였음을 확인하는 데 그친다. 그 결정의 기속력에 의하여 법률안 가결선포행위에 내재하는 위헌·위법성을 어떤 방법으로 제거할 것인지는 전적으로 국회의 자율에 맡겨져 있다. 따라서 헌법재판소가 '권한의 존부 또는 범위'의 확인을 넘어 그 구체적 실현방법까지 임의로 선택하여 가결선포행위의 효력을 무효확인 또는 취소하거나 부작위의 위법을 확인하는 등 기속력의 구체적 실현을 직접 도모할 수는 없다. **일반적인 권한쟁의심판과는 달리, 국회나 국회의장을 상대로 국회의 입법과정에서의 의사절차의 하자를 다투는 이 사건과 같은 특수한 유형의 권한쟁의심판에 있어서는, '처분'이 본래 행정행위의 범주에 속하는 개념으로 입법행위를 포함하지 아니하는 점, 권한침해확인결정의 구체적 실현방법에 관하여 국회법이나 국회규칙에 국회의 자율권을 제한하는 규정이 없는 점, 법률안 가결선포행위를 무효확인하거나 취소하는 것은 해당 법률 전체를 무효화하여 헌법 제113조 제1항의 취지에도 반하는 점 때문에 헌법재판소법 제66조 제2항을 적용할 수 없다. 이러한 권한침해확인결정의 기속력의 한계로 인하여 이 사건 심판청구는 이를 기각함이 상당하다**.

- 재판관 조대현, 재판관 김희옥, 재판관 송두환의 인용의견

2009헌라8 등 권한침해확인결정의 기속력에 의하여 국회는 이 사건 각 법률안에 대한 심의·표결절차 중 위법한 사항을 시정하여 청구인들의 침해된 심의·표결권한을 회복

	시켜줄 의무를 부담한다. 따라서 국회는 이 사건 각 법률안을 다시 적법하게 심의·표결하여야 한다. 이를 위하여 필요한 경우에는 이 사건 각 법률안에 대한 종전 가결선포행위를 스스로 취소하거나 무효확인할 수도 있고, 신문법과 방송법의 폐지법률안이나 개정법률안을 상정하여 적법하게 심의할 수도 있고, 적법한 재심의·표결의 결과에 따라 종전의 심의·표결절차나 가결선포행위를 추인할 수도 있을 것이다. 2009헌라8 등 결정이 신문법안과 방송법안에 대한 가결선포행위의 무효확인청구를 기각하였지만, 그것이 권한침해확인결정의 기속력을 실효시키거나 배제하는 것은 아니고, 위법한 심의·표결절차를 시정하는 구체적인 절차와 방법은 국회의 자율에 맡기는 것이 바람직하다고 본 것일 뿐이다. 결국 2009헌라8 등 권한침해확인결정에도 불구하고, 국회가 이 사건 각 법률안에 대한 심의·표결절차의 위법성을 바로잡고 침해된 청구인들의 심의·표결권을 회복시켜줄 의무를 이행하지 않는 것은 헌법재판소의 종전 결정의 기속력을 무시하고 청구인들의 심의·표결권 침해상태를 계속 존속시키는 것이므로, 이 사건 심판청구를 받아들여야 한다. - 재판관 이강국의 인용의견 헌법재판소법 66조 제1항에 의한 권한침해확인결정의 기속력은 모든 국가기관으로 하여금 헌법재판소의 판단에 저촉되는 다른 판단이나 행위를 할 수 없게 하고, 헌법재판소의 결정 내용을 자신의 판단 및 조치의 기초로 삼도록 하는 것이며, 특히 피청구인에게는 위헌·위법성이 확인된 행위를 반복하여서는 안 될 뿐만 아니라 나아가 헌법재판소가 별도로 취소 또는 무효확인 결정을 하지 않더라도 법적·사실적으로 가능한 범위 내에서 자신이 야기한 위헌·위법 상태를 제거하여 합헌·합법 상태를 회복하여야 할 의무를 부여하는 것으로 보아야 한다. 국회의 헌법적 위상과 지위, 자율권을 고려하여 헌법재판소는 국회의 입법과정에서 발생하는 구성원 간의 권한침해에 관하여는 원칙적으로 피청구인의 처분이나 부작위가 헌법과 법률에 위반되는지 여부만을 밝혀서 그 결정의 기속력 자체에 의하여 피청구인으로 하여금 스스로 합헌적인 상태를 구현하도록 함으로써 손상된 헌법상의 권한질서를 다시 회복시키는 데에 그쳐야 하고, 이를 넘어 법 제66조 제2항 전문에 의한 취소나 무효확인의 방법으로 처분의 효력에 관한 형성적 결정을 함으로써 국가의 정치적 과정에 적극적으로 개입하는 것은 바람직하지 않다. 2009헌라8 등 사건의 주문 제2항에서 피청구인이 청구인들의 위 법률안에 대한 심의·표결권을 침해하였음이 확인된 이상, 주문 제4항에서 위 법률안 가결선포행위에 대한 무효확인 청구가 기각되었다고 하더라도, 피청구인은 위 권한침해확인 결정의 기속력에 의하여 권한침해처분의 위헌·위법 상태를 제거할 법적 작위의무를 부담하고, 그 위헌·위법 상태를 제거하는 구체적 방법은 국회나 국회를 대표하는 피청구인의 자율적 처리에 맡겨져야 한다. 그런데 피청구인은 위 주문 제2항의 기속력에 따른 법적 작위의무를 이행하지 아니할 뿐만 아니라 위 주문 제4항에서 무효확인 청구가 기각되었음을 이유로 법적 작위의무가 없다는 취지로 적극적으로 다투고 있으므로, 이 사건 청구는 인용되어야 한다.
정리	- 일반적으로는 위헌·위법 상태를 제거할 의무가 발생한다. 이 점에 찬성한 재판관은 5인(재판관 이강국, 조대현, 김희옥, 송두환, 김종대). - 다만, 4인의 인용의견을 제외한 나머지 관여 재판관의 의견으로 주문 기각결정.

(2) 취소결정에서의 소급효 제한

헌법재판소법 제67조 제2항에 따르면 국가기관 또는 지방자치단체의 처분을 취소하는 결정은 그 처분의 상대방(제3자)에 대하여 이미 생긴 효력에 영향을 미치지 아니한다. 권한쟁의심판에서 헌법재판소가 행하는 처분의 취소는 기관 간에 있는 당초 처분의 효력을 상실시키는 것이고, 이런 효력은 그 처분의 상대방에 대하여 이미 생긴 효력에 영향을 미치지 않는다는 것이다. 이 조항은 처분의 유효성을 믿은 제3자의 법적 안정성 내지 법적 지위를 보호하기 위한 것이다. 즉, 청구인, 피청구인, 제3자의 삼각관계가 형성된 경우에 청구인과 피청구인 간의 권한분쟁으로 인하여 선의의 제3자에게 피해를 끼치게 할 수 없다는 점을 고려한 것이다. 따라서 처분의 상대방이 곧 청구인이어서 제3자의 법적 지위에 대한 영향이 있을 수 없는 경우에는 이 조항이 적용되지 않는다.[472]

472 김유향, 전게서, 1737면; 이동흡, 전게서, 816-817면.

헌법재판법 강의

8

탄핵심판제도

제8장 탄핵심판제도

헌법

제65조 ① 대통령·국무총리·국무위원·행정각부의 장·헌법재판소 재판관·법관·중앙선거관리위원회 위원·감사원장·감사위원 기타 법률이 정한 공무원이 그 직무집행에 있어서 헌법이나 법률을 위배한 때에는 국회는 탄핵의 소추를 의결할 수 있다.

② 제1항의 탄핵소추는 국회재적의원 3분의 1 이상의 발의가 있어야 하며, 그 의결은 국회재적의원 과반수의 찬성이 있어야 한다. 다만, 대통령에 대한 탄핵소추는 국회재적의원 과반수의 발의와 국회재적의원 3분의 2 이상의 찬성이 있어야 한다.

③ 탄핵소추의 의결을 받은 자는 탄핵심판이 있을 때까지 그 권한행사가 정지된다.

④ 탄핵결정은 공직으로부터 파면함에 그친다. 그러나, 이에 의하여 민사상이나 형사상의 책임이 면제되지는 아니한다.

Ⅰ. 탄핵제도의 의의와 특징

1. 의의

탄핵심판제도(impeachment, Anklage)는 일반 사법절차에 따라 소추하거나 징계절차로써 징계하기가 곤란한 대통령 등 고위직 행정공무원이나 법관 등 신분이 보장된 공무원이 직무상 중대한 비위(非違)를 범한 경우에 이들을 의회가 소추하여 처벌하거나 파면하는 제도를 말한다. 탄핵제도는 탄핵소추와 탄핵심판 두 절차로 구성되어 있지만, 현행 헌법은 탄핵소추는 국회의 권한으로 하고(제65조), 탄핵심판은 헌법재판소의 권한으로 하고 있다(제111조 제1항). 탄핵제도는 제헌헌법부터 계속 존속되어 온 제도이다. 현행 헌법은 제65조에서 탄핵소추의 사유를 '헌법이나 법률에 대한 위배'로 명시하고 헌법재판소가 탄핵심판을 관장하게 함으로써 탄핵절차를 정치적 심판절차가 아니라 규범적 심판절차로 규정하였다(2004. 5. 14. 2004헌나1). 그리고 공직자를 그 직에 파면함에 그치므로 형사처벌이 아니라 징계적 제재의 성격을 가진다.

2. 본질과 기능 및 도입 배경

탄핵심판제도의 본질과 기능이 무엇인가에 대해서는 각 나라의 헌정의 실제와 전통에 따라 다르게 나타날 수 있다. 그러나 탄핵심판제도는 그것이 오늘날 헌법보호의 수단 또는 특수한 형사소추 수단이라는 주장도 있기도 하지만 권력통제의 수단으로 발생하였음은 의심의 여지가 없다. 즉, 탄핵심판제도는 발생연혁을 살펴볼 때 권력통제의 메카니즘으로 시작되었음을 알 수 있다. 근대적 의미의 탄핵심판제도가 영국에서 시작되었다고 보는 데에는 이의가 없다. 영국의 경우 근대적 의미의 의회제도가 처음으로 정착되었고, 그 의회가 고위공직자들의 비위와 부정을 통제하기 위하여 탄핵심판제도를 발전시킨 것이라고 볼 수 있기 때문이다. 영국에서 탄핵심판제도가 처음 도입될 당시를 살펴보면, 의회에 대해 정치적 책임을 지지 않는 헌법기관에 대해 책임을 지울 필요성에서 제기되고 있음을 알 수 있기 때문이다. 특히 의원내각제 정부형태를 채택하고 있던 영국의 경우 거의 모든 고위공직자가 의회에 대해 책임을 지고 있었기 때문에 그들에 대한 권력통제의 문제는 대부분 해결되고 있었다. 즉, 내각은 의회해산권과 법률안 거부권을 가지고 의회를 통제하며, 의회는 내각불신임권과 주요 내각구성원에 대한 임명동의권을 통하여 행정부를 통제할 수 있었다. 권력분립원리에서 요구되는 '견제와 균형의 원리'가 적용되고 있음은 물론이고 '무기평등의 원칙'이 실현되고 있었다. 아무튼 이렇게 거의 모든 공직자에 대한 권력통제가 가능함에도 불구하고 탄핵심판제도가 도입된 배경에는 권력통제의 예외영역이 있었기 때문이다. 즉, 국왕과 법관의 경우 의회에 대해서는 물론이고 어느 헌법기관에 대해서도 책임을 지는 방법이 없었던 것이고, 따라서 국왕의 보호를 받는 고위공직자(신하)와 법관에 대한 권력통제의 필요성에서 탄핵심판제도가 창안된 것이다.[473]

한편, 우리나라는 1948년 건국헌법 이래로 탄핵제도를 계속 규정하여 왔다. 정치적 상황의 변화에 따라 그리고 이에 따른 여러 차례의 헌법개정으로 말미암아 탄핵의 대상, 소추기관 및 심판기관이 변천을 겪게 되었지만 탄핵의 사유는 여전히

473 이승우, 탄핵심판제도에 관한 연구, 헌법재판연구 12권, 헌법재판소, 2001, 2면.

동일하게 유지되었다. 대통령중심제인 우리나라에서 대통령에 대한 탄핵과 그 외의 공직자를 대상으로 하는 탄핵은 구별해서 이해할 필요가 있다. 국민에 의한 직선으로 임기가 보장된 대통령을 국회의 소추와 헌법재판소의 결정으로 임기 중에 파면하는 것은 선거를 통한 국민의 심판을 미리 국회와 헌법재판소가 대신하는 셈이라는 점에서, 또한 국회의 소추가 국민 다수의 여론을 따라 이뤄지는 것을 전제로 한다면 대통령에 대한 탄핵은 사실상 아래로부터의 국민적 저항을 의미한다는 점에서 탄핵제도는 최후의 보충적인 권력통제 수단인 것이지 자주 활용될 수 있는 것은 결코 아니라고 하겠다.

3. 특징과 효과

이러한 탄핵심판제도는 국민의 대의기관에 의한 법적책임 추구제도인 점에서 일반적인 형사재판제도 및 공무원징계제도와 다른 다음과 같은 특징이 있게 된다. 먼저 국민의 대의기관에 의한 법적 책임 추구제도인 탄핵심판제도는 형사재판제도와 달리 국민의 대의기관인 국회가 탄핵소추기관이 되고 독립한 헌법기관인 헌법재판소(미국이나 영국의 경우 상원)가 탄핵심판기관이 되는 점에서 다르다. 즉, 국민의 대의기관인 의회가 가지는 국정통제기능을 수행하는 하나의 제도로서 대통령을 비롯한 고위공직자나 법관의 헌법과 법률위반행위에 대한 헌법보호수단인 점에서 그 특징을 찾을 수 있다. 또한 탄핵심판제도는 헌법 제84조에 의해 '내란 또는 외환의 죄를 범한 경우를 제외하고 재직중 형사상의 소추를 받지 아니한다'는 규정에서 살펴볼 수 있듯이 신분보장이 철저하게 이뤄진 대통령과 법관 등을 주된 탄핵소추의 대상으로 하는 점에서도 차이점이 나타난다. 그리고 탄핵소추의 사유에 있어서도 '직무집행에 있어서 헌법이나 법률을 위반한 때'라고 하여 대통령을 비롯한 고위공직자에 의한 헌법침해행위를 주로 막기 위한 제도임을 알 수 있다.[474]

한편 탄핵결정의 효과와 관련하여 탄핵심판제도의 성질이 형사재판적 성질의 것인가 아니면 징계처분의 성질을 가지는 것인가의 문제가 제기된다. 탄핵심판제

---

474 이승우, 전게 보고서, 3면.

도의 본질과 기능이 권력통제의 수단으로 출발하였지만 헌법보호수단으로서의 본질과 기능을 가지는 것으로 오늘날 평가되는 것을 고려한다면 그 성질이 중요한 것은 아니다. 영국과 프랑스의 경우처럼 탄핵의 대상자를 파면시킴은 물론이고 그에 덧붙여 징역·금고 또는 벌금과 같은 형벌까지 선고할 수 있는 나라가 있는 반면에, 미국·독일 및 우리나라와 같이 탄핵결정의 효과로 파면함과 동시에 일정한 기간 동안 공직취임을 금지시키는 것에 그치는 경우도 있다. 따라서 탄핵심판제도의 기본적 틀을 유지하면서 그 탄핵결정의 효과를 얼마든지 달리 정할 수 있는 것이기 때문에 그 효과를 중심으로 하는 성질에 관한 논의는 의미가 크지 않다.

Ⅱ. 탄핵의 대상자

1. 헌법 제65조 제1항

헌법 제65조 제1항은 탄핵대상자로서 ① 대통령, 국무총리, 국무위원, 행정각부의 장, ② 헌법재판관, 법관, ③ 중앙선거관리위원회 위원, 감사원장, 감사위원, ④ 기타 법률이 정한 공무원으로 규정하고 있다. 여기서 '기타 법률이 정한 공무원'의 범위에 관하여 견해가 대립되나, 현행 검찰청법 제37조는 "검사는 탄핵이나 금고 이상의 형을 선고받은 경우를 제외하고는 파면되지 아니하며, 징계처분이나 적격심사에 의하지 아니하고는 해임·면직·정직·감봉·견책 또는 퇴직의 처분을 받지 아니한다"고 하여 검사를 탄핵대상에 포함시키고 있고, 경찰법 제11조 제6항은 "경찰청장이 직무를 집행하면서 헌법이나 법률을 위배한 때에는 국회는 탄핵의 소추를 의결할 수 있다"고 하여 경찰청장도 탄핵대상에 포함시키고 있다. 또한 '방송통신위원회의 설치 및 운영에 관한 법률' 제6조 제5항에서는 "국회는 위원장이 그 직무집행에 있어서 헌법이나 법률을 위배한 때에는 탄핵의 소추를 의결할 수 있다"고 규정함으로써 방송통신위원회 위원장도, '원자력안전위원회의 설치 및 운영에 관한 법률' 제6조 제5항에서는 "국회는 위원장이 그 직무를 집행함에 있어 헌법이나 법률을 위반한 때에는 탄핵의 소추를 의결할 수 있다"고 규정함으로써 원자력안정위원회 위원장도 각 탄핵대상에 포함한다. 그리고 선거관리위원회법 제9조는

“각급선거관리위원회의 위원은 다음 각호의 1에 해당할 때가 아니면 해임·해촉 또는 파면되지 아니한다. 2. 탄핵결정으로 파면된 때”라고 규정하여 각급 선거관리위원회의 위원에 대한 탄핵소추가 가능함을 인정하고 있다.

그러나 국회의원은 탄핵대상에서 제외되어 있다. 국회가 그 구성원인 국회의원에 대하여 탄핵한다면, 이는 자기가 자기를 탄핵하는 모순에 해당하기 때문이다. 이런 점에 비추어 볼 때 헌법재판소 재판관을 탄핵대상에 포함시킨 것은 특이하다고 할 것이다.

2. 권한대행자

탄핵대상자로 정해진 자의 권한을 대행하는 자가 대행자로서의 직무집행 중 법위반이 있는 경우 탄핵대상이 된다고 할 것이다. 권한대행자의 직무가 원래의 탄핵대상자의 직무와 동일하기 때문이다. 그런데 대통령 권한대행자의 직무집행에 대한 탄핵의 경우, 이들은 대통령 권한대행자로서의 지위를 가지기 때문에 탄핵소추발의 및 의결의 정족수는 대통령의 경우에 준하여 판단하여야 할 것이다. 한편, 권한대행자 자신의 본래 직무집행 중 법위반에 대해서는 본래 신분으로서 탄핵의 대상이 된다.

3. 전직(前職)의 자

현재 탄핵대상의 직에 있지 않고 전에 탄핵대상이 되는 직에 있으면서 그 직무수행과정에서 헌법이나 법률에 위배되는 행위를 한 자도 탄핵대상자에 포함되는지가 문제된다. 첫째, 현재 공직에 있는 경우에는 탄핵을 할 수 있다고 보아야 할 것이다. 이런 경우에도 공직을 박탈하고 일정 기간 공직취임을 제한할 필요가 있기 때문이다. 또한 탄핵 직전에 탄핵을 면탈하기 위하여 다른 공직으로 옮긴 후 다시 탄핵대상이 되는 중요한 직에 취임하는 길을 막을 수가 있기 때문이다. 둘째, 탄핵대상의 직에서 사직 또는 해임되어 현재 공직에 있지 아니한 경우에는 탄핵의 대상

자가 되지 못한다. 탄핵심판의 공직의 박탈을 목적으로 하기 때문이다.[475]

Ⅲ. 탄핵의 사유(★)

현행 헌법은 제65조 제1항에서 탄핵의 사유로 "직무집행에 있어서 헌법이나 법률을 위배한 때"라고 규정하고 있다.

1. 직무집행

(1) 직무 관련 행위

여기서 '직무'란, 법제상 소관 직무에 속하는 고유 업무 및 통념상 이와 관련된 업무를 말한다. 따라서 직무상의 행위란, 법령·조례 또는 행정관행·관례에 의하여 그 지위의 성질상 필요로 하거나 수반되는 모든 행위나 활동을 의미한다. 이와 같이 탄핵소추의 사유는 '직무집행과 관련된 것'이어야 하기 때문에 직무집행과 관련이 없는 사생활에 관한 사항은 탄핵대상이 될 수 없다.[476] 한편, 겸직의 지위에서 행한 행위가 위 직무에 해당하는지가 문제되는바, 우리 헌법과 국회법에 의하면, 국무총리나 국무위원은 국회의원의 직을 겸할 수 있다(헌법 제43조, 국회법 제29조 제1항, 국회법 제39조 제4항 참조). 국무총리나 국무위원이 국회의원직을 겸하고 있는 경우, 국회의원으로서 행한 직무행위를 이유로 국무총리나 국무위원직에서 파면할 것을 목적으로 이들에 대하여 탄핵소추를 할 수 없다고 보아야 할 것이다.[477]

헌재판례) 대통령의 직무상 행위의 범위(2004. 5. 14. 2004헌나1; 2017. 3. 10. 2016헌나1)
헌법 제65조에 규정된 탄핵사유를 구체적으로 살펴보면, '직무집행에 있어서'의 '직무'란, 법제상 소관 직무에 속하는 고유 업무 및 통념상 이와 관련된 업무를 말한다. 따라서 직무상의 행위란, 법령·

475 탄핵을 징계처분의 하나로 보는 입장에서는, 전직시의 행위에 대해서는 그 자가 전직으로부터 사퇴함과 동시에 그 탄핵소추사유가 소멸된 것으로 보아 부정설을 주장하고 있다. 우리 헌법은 「탄핵결정은 공직으로부터 파면함에 그친다」라고 하여 탄핵의 징계처분적 성격을 명백히 밝히고 있으므로 부정설이 타당하다.(이승우, 전게 보고서, 150면)
476 이동흡, 전게서, 843면.
477 이승우, 전게서, 149면.

조례 또는 행정관행·관례에 의하여 그 지위의 성질상 필요로 하거나 수반되는 모든 행위나 활동을 의미한다. 이에 따라 대통령의 직무상 행위는 법령에 근거한 행위뿐만 아니라, '대통령의 지위에서 국정수행과 관련하여 행하는 모든 행위'를 포괄하는 개념으로서, 예컨대 각종 단체·산업현장 등 방문행위, 준공식·공식만찬 등 각종 행사에 참석하는 행위, 대통령이 국민의 이해를 구하고 국가정책을 효율적으로 수행하기 위하여 방송에 출연하여 정부의 정책을 설명하는 행위, 기자회견에 응하는 행위 등을 모두 포함한다.

(2) 재직 중 행위

직무 관련 행위는 원칙적으로 재직 중 행위에 한정된다. 따라서 취임 전이나 퇴직 후의 행위는 원칙적으로 탄핵의 사유가 되지 아니한다(2004. 5. 14. 2004헌나1). 그런데 현재 탄핵대상자의 지위에 있는 자가 행한 전직(前職)의 행위도 '재직 중 행위'에 해당하는지가 문제되는데, 이에 대해서는 학설은 부정설과 긍정설이 대립한다.[478] 먼저, ① 부정설은 전직 시의 위법행위는 전직에서 사퇴함과 동시에 탄핵의 사유가 소멸했으므로 취임 전이나 퇴직 이후의 행위는 이에 해당하지 않는다고 하고, 다음으로, ② 긍정설은 현직이거나 전직이거나 불문하고 직무집행상의 위법행위는 탄핵사유가 된다고 한다. 생각건대 전직(前職)이 탄핵소추 대상의 직이고 그 직에 있을 때 위법행위를 한 경우에는 전직 시의 위법행위도 탄핵사유에 포함된다고 할 것이다. 공직으로부터 배제를 의미하는 탄핵제도의 취지에 부합하기 때문이다.

한편, 임명에 있어서 국회의 동의가 필요한 공직자가 동의를 받기 전 서리의 직임으로 한 직무집행행위도 탄핵대상에 포함된다고 본다.

2. 헌법이나 법률에 위배하는 행위

(1) 위법성

탄핵사유는 헌법이나 법률을 위배한 경우라야 한다. 따라서 단순한 부도덕 또는 정치적 무능력이나 정책결정상의 과오는 탄핵사유가 될 수 없다. 이 점에서 탄핵의

478 이에 대한 명시적인 판례는 없음.

사유와 국무위원 등에 대한 해임 건의[479]의 사유는 구별된다고 본다.

헌재판례) 헌법이나 법률에 위배(2004. 5. 14. 2004헌나1; 2017. 3. 10. 2016헌나1)
헌법은 탄핵사유를 "헌법이나 법률에 위배한 때"로 규정하고 있는데, '헌법'에는 명문의 헌법규정뿐만 아니라 헌법재판소의 결정에 의하여 형성되어 확립된 불문헌법도 포함된다. '법률'이란 단지 형식적 의미의 법률 및 그와 등등한 효력을 가지는 국제조약, 일반적으로 승인된 국제법규 등을 의미한다. 헌법 제69조는 대통령의 취임선서의무를 규정하면서, 대통령으로서 '직책을 성실히 수행할 의무'를 언급하고 있다. 비록 대통령의 '성실한 직책수행의무'는 헌법적 의무에 해당하나, '헌법을 수호해야 할 의무'와는 달리, 규범적으로 그 이행이 관철될 수 있는 것이 아니므로, 원칙적으로 사법적 판단의 대상이 될 수 없다고 할 것이다. 헌법 제65조 제1항은 탄핵사유를 '헌법이나 법률에 위배한 때'로 제한하고 있고, 헌법재판소의 탄핵심판절차는 법적인 관점에서 단지 탄핵사유의 존부만을 판단하는 것이므로, 이 사건에서 청구인이 주장하는 바와 같은 정치적 무능력이나 정책결정상의 잘못 등 직책수행의 성실성 여부는 그 자체로서 소추사유가 될 수 없어, 탄핵심판절차의 판단대상이 되지 아니한다.

(2) 중대성

한편, 탄핵재판에서의 가장 핵심 판단대상인 탄핵사유가 되는 '헌법이나 법률에 위배한 때'를 어떻게 볼 것인지(위헌·위법성의 강도)에 관하여 학설의 견해가 대립한다.[480]

---

479 헌법 제63조 제1항에서는 "국회는 국무총리 또는 국무위원의 해임을 대통령에게 건의할 수 있다."고 규정하고 제2항에서는 "제1항의 해임건의는 국회재적의원 3분의 1 이상의 발의에 의하여 국회재적의원 과반수의 찬성이 있어야 한다."고 규정하고 있다. 헌법은 국회가 장관(국무위원)의 해임을 건의할 수 있는 사유에 대해서는 명시적으로 규정하고 있지 않아, 해임건의 사유에 대한 의견이 대립된다. 즉 헌법 제65조에서 규정하고 있는 탄핵 사유와 동일하게 장관이 '그 직무집행에 있어서 헌법이나 법률을 위배한 때' 장관의 해임건의안을 발의할 수 있다는 견해와 법적책임에서 더 나아가 장관의 정치적 책임 혹은 대통령의 간접적 정치적 책임을 묻기 위하여 장관의 해임건의안을 발의할 수 있다는 견해가 대립한다. 다만, 1952년 헌법에서 '국회의 국무원 불신임권'이 도입되어 국회가 장관 해임을 의결한 경우 대통령은 그 장관을 해임했어야 하는 반면 현행 헌법상 '국회의 해임 건의권'은 법적인 구속력이 없지만 정치적 구속력이 있다고 보이는 점, 헌법재판소도 "우리 헌법 내에서 '해임건의권'의 의미는, 임기 중 아무런 정치적 책임을 물을 수 없는 대통령 대신에 그를 보좌하는 국무총리·국무위원에 대하여 정치적 책임을 추궁함으로써 대통령을 간접적이나마 견제하고자 하는 것에 지나지 않는다(2004. 5. 14.선고 2004헌나1 참조)."고 보는 점, 국회의 해임건의권은 삼권분립 원칙상 행정부 견제 수단인 점 등을 고려할 때 장관의 정치적 책임 역시 해임건의 사유에 포함된다고 보는 것이 타당하다.
출처: 굿모닝충청(http://www.goodmorningcc.com)

480 김유향, 전게서, 1268면; 이동흡, 전게서, 842면.

제1설 (단순위법설)	이 견해는 헌법이나 법률을 위배하는 행위를 한 경우 그 위법행위가 존재하는 것으로 충분하고, 이런 위법행위가 중대성을 가져야 하는 것은 아니라고 주장한다. 탄핵으로 인한 파면여부를 결정할 때 핵심적인 사항은 위법행위의 중대성이 아니라 직무의 계속가능성이기 때문이다.
제2설 (중대설)	이 견해는 탄핵제도의 성질로 보아 그 위법행위가 중대함을 요한다고 보는 입장이다. 위법행위가 중대하지 않을 시에는 정부나 법원내부에서 징계사유가 될 수 있고, 탄핵사유가 인정되는 때에는 선택의 여지없이 파면결정을 하도록 규정하고 있기 때문이다. 이 견해 중에는 대통령의 경우에는 더욱 중대한 법위반이 존재해야 한다는 입장이 있다.
제3설 (절충설)	이 견해는 대통령과 그 외의 공직자에 대한 탄핵사유를 구별하여 대통령에 대한 탄핵의 경우에 한해서 중대한 위법행위가 있음을 요한다고 보는 입장이다. 국민에 의한 직선으로 임기가 보장된 대통령을 임기 전에 파면하는 것은 민주적 정당성과 충돌할 수 있다는 점에서, 탄핵제도는 최후의 보충적인 권력통제수단이기 때문이다. 또한 대통령에 대한 탄핵소추에서 가중된 정족수가 요구되고 있다는 사실도 이를 보여준다.
제4설 (소추·심판사유 분리론)	이 견해는 '헌법이나 법률을 위배한 때'라는 탄핵사유 자체는 좁히지 않으면서, 헌재법 제53조 제1항에 규정된 '탄핵심판청구가 이유 있는 때'를 파면을 정당화할 정도로 중대한 법위반이 있는 때로 좁혀서 해석한다. 즉 탄핵소추사유와 탄핵결정사유를 구별하여 후자의 경우에는 공지자의 법위반 행위의 중대성과 파면결정으로 인한 효과 사이의 법익형량을 통해 결정할 수 있다는 견해이다.
제5설 (소추·심판사유 통합론)	이 견해는 '헌법이나 법률에 위배한 때'는 파면할 만한 헌법이나 법률의 위반이 있는 경우로 제한하여 해석해야 한다는 입장이다. 탄핵사유는 국회가 탄핵소추를 발의·의결함에 필요한 사유든, 헌법재판소가 파면결정을 함에 필요한 사유든, '파면할 만한 헌법이나 법률 위배'로 통일적으로 해석해야 한다는 것이다.

헌법재판소는 여기서 '탄핵심판청구가 이유 있는 때'란 공직자의 **파면을 정당화할 정도의 '중대한' 법위반이 있는 경우**를 말하며, '법위반의 중대성'이란 한편으로는 법위반이 어느 정도로 헌법질서에 부정적 영향이나 해악을 미치는지의 관점과 다른 한편으로는 피청구인을 파면하는 경우 초래되는 효과를 서로 형량하여 결정하게 된다고 판시하였다.

헌재판례) 탄핵사유(2004. 5. 14. 2004헌나1; 2017. 3. 10. 2016헌나1)
대통령을 탄핵하기 위해서는 **대통령의 법 위배 행위가 헌법질서에 미치는 부정적 영향과 해악이 중대하여** 대통령을 파면함으로써 얻는 헌법수호의 이익이 대통령 파면에 따르는 국가적 손실을 압도할 정도로 커야 한다. 즉, '탄핵심판청구가 이유 있는 경우'란 대통령의 파면을 정당화할 수 있을 정도로 중대한 헌법이나 법률 위배가 있는 때를 말한다. 대통령의 파면을 정당화할 수 있는 헌법

이나 법률 위배의 중대성을 판단하는 기준은 탄핵심판절차가 헌법을 수호하기 위한 제도라는 관점과 파면결정이 대통령에게 부여한 국민의 신임을 박탈한다는 관점에서 찾을 수 있다. 탄핵심판절차가 궁극적으로 헌법의 수호에 기여하는 절차라는 관점에서 보면, 파면결정을 통하여 손상된 헌법질서를 회복하는 것이 요청될 정도로 대통령의 법 위배 행위가 헌법수호의 관점에서 중대한 의미를 가지는 경우에 비로소 파면결정이 정당화된다. 또 대통령이 국민으로부터 직접 민주적 정당성을 부여받은 대의기관이라는 관점에서 보면, 대통령에게 부여한 국민의 신임을 임기 중 박탈하여야 할 정도로 대통령이 법 위배행위를 통하여 국민의 신임을 배반한 경우에 한하여 대통령에 대한 탄핵사유가 존재한다고 보아야 한다.

(3) 고의성

헌법이나 법률에 위배하는 행위는 고의에 의해서 행해진 것에 한하지 않고, 과실에 의해 행해진 경우도 포함된다. 뿐만 아니라 다수설에 의할 때 법의 무지로 인한 경우도 포함된다. 탄핵심판은 개인의 주관적 책임을 묻는 범죄행위와는 달리 공무집행과 관련한 국가의 이익을 고려할 수밖에 없고, 법문은 단순히 '위배한 때'라고만 하고 있기 때문이다.[481] 이로써 우리 헌법상 탄핵소추사유를 고의적인 위배행위에 국한시켜 이해하기에는 문리해석의 원칙상 무리가 있고, 우리 헌법상 탄핵은 형사처분이 아니라 징계처분의 성격을 가지고 있기 때문에 더욱 그러하다.

Ⅳ. 국회의 탄핵소추

국회법

제130조(탄핵소추의 발의) ① 탄핵소추가 발의되었을 때에는 의장은 발의된 후 처음 개의하는 본회의에 보고하고, 본회의는 의결로 법제사법위원회에 회부하여 조사하게 할 수 있다.

② 본회의가 제1항에 따라 탄핵소추안을 법제사법위원회에 회부하기로 의결하지 아니한 경우에는 본회의에 보고된 때부터 24시간 이후 72시간 이내에 탄핵소추 여부를 무기명투표로 표결한다. 이 기간 내에 표결하지 아니한 탄핵소추안은 폐기된 것으로 본다.

제134조(소추의결서의 송달과 효과) ① 탄핵소추가 의결되었을 때에는 의장은 지체 없이 소추의결서 정본(正本)을 법제사법위원장인 소추위원에게 송달하고, 그 등본(謄本)을 헌법재판소, 소

481 이에 반해 독일의 경우, 고의나 과실에 의한 헌법이나 법률의 침해를 탄핵사유로 정하였던 바이마르헌법과는 달리 기본법에서는 연방대통령의 탄핵소추사유를 「기본법 또는 그 밖의 연방법률의 고의적 침해」로 명시하고 있다(기본법 제61조, 연방헌법재판소법 제49조 제1항).

추된 사람과 그 소속 기관의 장에게 송달한다.
② 소추의결서가 송달되었을 때에는 소추된 사람의 권한 행사는 정지되며, 임명권자는 소추된 사람의 사직원을 접수하거나 소추된 사람을 해임할 수 없다.

1. 탄핵소추의 발의

탄핵소추는 국회가 행하는데, 국회재적의원 1/3 이상의 발의가 있어야 한다. 다만 대통령에 대한 탄핵소추 발의만은 국회재적의원 과반수의 발의가 있어야 한다(헌법 제62조 제2항). 탄핵소추의 발의가 있는 때에는 국회의장은 즉시 본회의에 보고하고 본회의는 의결로 법제사법위원회에 회부하여 조사하게 할 수 있다(국회법 제130조 제1항).

헌재판례) 법제사법위원회에의 회부·조사는 재량사항이므로 이를 하지 않았더라도 헌법이나 법률 위배가 아니다.(2004. 5. 14. 2004헌나1; 2017. 3. 10. 2016헌나1)

2. 탄핵소추의 의결

탄핵소추의 의결은 국회재적의원 과반수의 찬성이 있어야 한다. 다만 대통령에 대한 탄핵소추 의결만은 국회재적의원 2/3 이상의 찬성이 있어야 한다(헌법 제62조 제2항). 국회 본회의가 조사를 위하여 법제 사법위원회에 회부하기로 의결하지 아니한 때에는 본회의에 보고된 때로부터 24시간 이후 72시간 이내에 탄핵소추의 여부를 무기명투표로 표결한다(국회법 제130조 제2항).

헌재판례) 탄핵소추 의결과정에서 질의·토론 없이 바로 표결하더라도 이는 국회 자율권 범위 내에 있다.(2004. 5. 14. 2004헌나1; 2017. 3. 10. 2016헌나1)

헌재판례) 탄핵소추절차에서 적법절차원칙의 적용여부(2004. 5. 14. 2004헌나1; 2017. 3. 10. 2016헌나1)

국가기관이 국민에 대하여 공권력 행사할 때 준수해야 하는 법원칙인 적법절차원칙은 국가기관에 대하여 헌법을 수호하고자 하는 탄핵소추절차에 직접 적용할 수 없다.

그리고 국회의 탄핵소추 의결은 재량행위에 해당하기 때문에, 대통령의 위헌행위가 있더라도 국회가 탄핵소추를 의결해야 할 헌법상 의무가 있는 것은 아니다.

헌재판례) 금융실명제 사건(1996. 2. 29. 93헌마186)

부작위위헌확인소원은 기본권 보장을 위하여 헌법 명문 또는 헌법해석상 특별히 공권력 주체에게 작위의무가 규정되어 있어 청구인에게 그와 같은 작위를 청구할 헌법상 기본권이 인정되는 경우에 한하여 인정되는 것인바, 헌법 제65조 제1항은 국회의 탄핵소추 의결이 국회의 재량행위임을 명문으로 밝히고 있고 헌법해석상으로도 국정통제를 위하여 헌법상 국회에게 인정된 다양한 권한 중 어떠한 것을 행사하는 것이 적절한 것인가에 대한 판단권은 오로지 국회에 있다고 보아야 할 것이며, 나아가 청구인에게 국회의 탄핵소추 의결을 청구할 권리에 관하여도 아무런 규정이 없고 헌법해석상으로도 그와 같은 권리를 인정할 수 없으므로, 국회에게 대통령의 헌법 등 위배행위가 있을 경우에 탄핵소추 의결을 하여야 할 헌법상 작위의무가 있다 할 수 없어 국회의 탄핵소추 의결 부작위에 대한 위헌확인소원은 부적법하다.

헌재판례) 탄핵소추사유 특정의 정도 및 의결방법(2017. 3. 10. 2016헌나1)

탄핵심판은 고위공직자가 권한을 남용하여 헌법이나 법률을 위반하는 경우 그 권한을 박탈함으로써 헌법질서를 지키는 헌법재판이고, 탄핵결정은 대상자를 공직으로부터 파면함에 그치고 형사상 책임을 면제하지 아니한다(헌법 제65조 제4항)는 점에서 탄핵심판절차는 형사절차나 일반 징계절차와는 성격을 달리한다. 헌법 제65조 제1항이 정하고 있는 탄핵소추사유는 '공무원이 그 직무집행에 있어서 헌법이나 법률을 위배한' 사실이고, 여기에서 법률은 형사법에 한정되지 아니한다. 그런데 헌법은 물론 형사법이 아닌 법률의 규정이 형사법과 같은 구체성과 명확성을 가지지 않은 경우가 많으므로 탄핵소추사유를 형사소송법상 공소사실과 같이 특정하도록 요구할 수는 없고, 소추의결서에는 피청구인이 방어권을 행사할 수 있고 헌법재판소가 심판대상을 확정할 수 있을 정도로 사실관계를 구체적으로 기재하면 된다고 보아야 한다. 공무원 징계의 경우 징계사유의 특정은 그 대상이 되는 비위사실을 다른 사실과 구별될 정도로 기재하면 충분하므로, 탄핵소추사유도 그 대상 사실을 다른 사실과 명백하게 구분할 수 있을 정도의 구체적 사정이 기재되면 충분하다.

탄핵소추의 의결이 있는 때에는 국회의장은 지체 없이 소추의결서의 정본을 소추위원인 법제사법위원장에게 송달하고, 소추위원은 헌법재판소에 소추의결서의 정본을 제출함으로써 그 심판을 청구한다.

3. 탄핵사유의 시효

우리 현행법은 탄핵사유의 시효를 규정하지 않고 있으므로 탄핵대상자의 직무집행에 있어서 탄핵사유가 발생한 경우에 국회는 원칙적으로 그가 공직에 있는 한 언제든지 탄핵소추를 발의할 수 있다. 그러나 이것은 탄핵소추로 말미암아 생겨날 수 있는 여러 정치적·행정적·사법적 공백 내지 혼란을 고려해 볼 때 요청되는 법적 안정성의 원칙에서 바람직하지 않다고 본다. 대통령에게 탄핵사유가 있음을 소추기관이 안 때로부터 3월 이내에 탄핵소추를 하여야 한다는 독일의 입법례(독일연방헌재법 제50조)뿐만 아니라 법관이나 공무원의 징계사유에 일정한 시효를 규정하고 있는 우리의 법률을 생각하더라도 탄핵사유의 시효를 명문으로 규정하는 것이 바람직하다.[482]

4. 탄핵소추(탄핵심판청구)의 철회

헌법재판소에서 탄핵심판절차가 개시된 이후에 국회가 정치적 상황 등을 고려해서 자신의 의결로 탄핵소추를 철회할 수 있는지가 문제되는데, 이에 대해서는 명문규정이 없어 해석상 논란이 있다. 그러나 탄핵심판의 경우에는 형사소송에 관한 법령을 준용할 수 있기 때문에(헌재법 제40조 제1항). 제1심판결의 선고 전까지 선고를 취소할 수 있다는 형사소송법 제255조를 준용해서 헌법재판소의 결정선고 전까지 국회는 탄핵소추(탄핵심판청구)를 철회할 수 있다고 볼 것이다. 이때의 의결정족수가 문제되는데, 탄핵소추 의결을 좌절시키는 데 필요한 정족수 이상의 정족수가 최소한으로 요구된다고 하겠다. 따라서 대통령의 경우에 과반수의 의결이 필요하다고 본다. 한편 그 외의 탄핵대상자의 경우에는 통상의 의결방식에 따라 역시 과반수의 의결이 요한다고 하겠다. 추후 이에 관하여 명문의 입법이 요구된다.[483]

V. 탄핵소추의 효과

헌법 제65조 제3항과 국회법 제134조 제2항에 의하면 탄핵소추의 의결을 받은 자는 소추의결서가 본인에게 송달된 때부터 헌법재판소에 의한 탄핵심판이 있을

482 이승우, 전게 보고서, 170면.
483 이승우, 전게 보고서, 173면.

때까지 그 권한행사가 정지된다. 따라서 권한행사의 정지 시점이 국회의 탄핵소추 의결 시가 아니라 소추의결서가 피소추자에게 송달되는 시점이다. 그리고 소추의결서가 송달되면 임명권자는 피소추자의 사직원을 접수하거나 해임할 수 없다(국회법 제134조 제2항). 이에 위반한 사직원의 접수 또는 해임은 무효이다. 이는 당사자의 사임이나 임명권자의 해임으로 탄핵제도가 유명무실해지는 것을 막기 위함이다.[484]

VI. 헌법재판소의 탄핵심판

헌법재판소법

제30조(심리의 방식) ① 탄핵의 심판, 정당해산의 심판 및 권한쟁의의 심판은 구두변론에 의한다.
③ 재판부가 변론을 열 때에는 기일을 정하여 당사자와 관계인을 소환하여야 한다.

제49조(소추위원) ① 탄핵심판에서는 국회 법제사법위원회의 위원장이 소추위원이 된다.
② 소추위원은 헌법재판소에 소추의결서의 정본을 제출하여 탄핵심판을 청구하며, 심판의 변론에서 피청구인을 신문할 수 있다.

제51조(심판절차의 정지) 피청구인에 대한 탄핵심판청구와 동일한 사유로 형사소송이 진행되고 있는 경우에는 재판부는 심판절차를 정지할 수 있다.

제53조(결정의 내용) ① 탄핵심판청구가 이유 있는 경우에는 헌법재판소는 피청구인을 해당 공직에서 파면하는 결정을 선고한다.
② 피청구인이 결정 선고 전에 해당 공직에서 파면되었을 때에는 헌법재판소는 심판청구를 기각하여야 한다.

제54조(결정의 효력) ① 탄핵결정은 피청구인의 민사상 또는 형사상의 책임을 면제하지 아니한다.
② 탄핵결정에 의하여 파면된 사람은 결정 선고가 있은 날부터 5년이 지나지 아니하면 공무원이 될 수 없다.

1. 탄핵심판의 절차

탄핵심판의 절차는 국회 법제사법위원장이 소추위원(청구인 자격)이 되어 소추의결서의 정본을 헌법재판소에 제출함으로써 개시된다(헌재법 제49조). 따라서 당사자로서의 대석구조(對席構造)는 국회 법제사법위원장이 청구인이 되고 피소추자가 피청구인이 되는 것이다. 탄핵사건의 심판은 구두변론에 의하고(헌재법 제30조 제1

484 김하열, 전게서, 722면; 이동흡, 전게서, 831면.

항). 피청구인에 대한 탄핵심판청구와 동일한 사유로 형사소송이 진행되고 있는 때에는 재판부는 심판절차를 정지할 수 있다(헌재법 제51조).

2. 탄핵심판의 대상(★)

탄핵심판사건의 심판대상은 피소추자가 직무집행에 있어서 헌법이나 법률에 위반했다는 탄핵소추사유들이 이유 있는지 여부 및 이유 있다고 인정되는 탄핵소추사유들을 종합해 볼 때 피소추자에 대한 파면결정을 할 것인지의 여부이다.[485] 한편 헌법재판소는 사법기관으로서 원칙적으로 탄핵소추기관인 국회의 탄핵소추의결서에 기재된 소추사유에 의하여 구속을 받는다. 따라서 헌법재판소는 탄핵소추의결서에 기재되지 아니한 소추사유를 판단의 대상으로 삼을 수 없다(2004. 5. 14. 2004헌나1; 2017. 3. 10. 2016헌나1). 소추위원 역시 국회의 탄핵소추의결서에 기재되지 아니한 새로운 사실을 소추사유로 임의로 추가할 수 없다(2017. 3. 10. 2016헌나1).

헌재판례) 탄핵심판의 대상(2004. 5. 14. 2004헌나1; 2017. 3. 10. 2016헌나1)

헌법재판소는 원칙적으로 국회의 소추의결서에 기재된 소추사유에 의하여 구속을 받고, 소추의결서에 기재되지 아니한 소추사유를 판단의 대상으로 삼을 수 없다. 그러나 소추의결서에서 그 위반을 주장하는 '법규정의 판단'에 관하여 헌법재판소는 원칙적으로 구속을 받지 않으므로, 청구인이 그 위반을 주장한 법규정 외에 다른 관련 법규정에 근거하여 탄핵의 원인이 된 사실관계를 판단할 수 있다. 또 헌법재판소는 소추사유를 판단할 때 국회의 소추의결서에서 분류된 소추사유의 체계에 구속되지 않으므로, 소추사유를 어떤 연관관계에서 법적으로 고려할 것인가 하는 것은 전적으로 헌법재판소의 판단에 달려 있다. 따라서 이 부분 피청구인의 주장도 받아들일 수 없다.

헌재판례) 탄핵소추사유 추가·변경의 허용 여부(2017. 3. 10. 2016헌나1) – 안 됨.

헌재판례) 성실한 직책수행의무가 탄핵심판의 대상인지 여부(2017. 3. 10. 2016헌나1) – 안 됨.

485 이동흡, 전게서, 837면.

3. 탄핵심판과 심판의 이익

한편, 헌법재판소는 탄핵심판의 경우에도 심판의 이익을 적법요건으로 요구하고 있으며, 만약 심판의 이익이 인정되지 않는 경우에는 탄핵심판청구 자체가 부적법하다는 입장이다.

> **헌재판례) 탄핵소추절차에서 심판의 이익 인정 여부(2021. 10. 28. 선고 2021헌나1 [법관(임성근) 탄핵])**
>
> 탄핵심판의 이익이란 탄핵심판청구가 이유 있는 경우에 피청구인을 해당 공직에서 파면하는 결정을 선고하기 위해 탄핵심판의 본안심리에 들어가 그 심리를 계속할 이익이며, 심판의 이익은 본안판단에 나아가는 것이 탄핵심판절차의 제도적 목적에 기여할 수 있는지 여부에 관한 문제로서 헌법재판의 적법요건이며, 무익한 탄핵심판절차의 진행을 통제하고 탄핵심판권 행사의 범위와 한계를 설정하는 기능을 수행한다. 탄핵심판은 탄핵심판청구가 이유 있는 경우에는 '파면 결정을 선고'함으로써 헌법의 규범력을 확보하는 것을 목적으로 하고, 탄핵심판절차는 그 목적 달성을 위한 수단에 해당되므로 만약 파면을 할 수 없어 목적 달성이 불가능하게 된다면 탄핵심판의 이익은 소멸하게 된다. 탄핵심판의 이익이 없는 경우 헌법재판소로서는 탄핵심판의 본안심리를 할 수 없고 탄핵심판청구를 각하하는 결정을 선고해야 한다. 피청구인(임 전 부장판사)이 임기만료 퇴직으로 법관직을 상실함에 따라 이 사건에서 본안심리를 마친다 해도 공직을 박탈하는 파면결정 자체가 불가능한 상태가 되었음이 분명하므로 탄핵심판절차의 헌법수호기능으로서 손상된 헌법질서의 회복 수단인 공직 박탈의 관점에서 볼 때 탄핵심판의 이익을 인정할 수 없다며 임기만료 퇴직으로 피청구인에 대한 법관으로서의 민주적 정당성이 사법의 책임을 달성하기 위한 법관 임기제라는 일상적인 수단을 통해 이미 소멸된 이상, 국회와 헌법재판소의 관여를 통해 민주적 정당성을 박탈하는 비상적인 수단인 탄핵제도가 더 이상 기능할 여지도 없게 됐다. 헌법과 헌법재판소법 등 규정의 문언과 취지 및 탄핵심판절차의 헌법수호기능을 종합적으로 감안하더라도 이 사건 심판청구는 탄핵심판의 이익이 인정되지 아니하여 부적법하므로 각하해야 한다. 또한 파면 여부와 상관없이 오로지 탄핵사유의 유무를 확인하기 위한 심판의 이익은 인정되지 않는다. 헌법 제65조 제4항 전문은 탄핵결정은 공직으로부터 파면함에 그친다고 규정하고, 헌법재판소법 제53조 제1항은 탄핵심판 청구가 이유 있는 경우에는 헌법재판소는 피청구인을 해당 공직에서 파면하는 결정을 선고한다고 규정함으로써, 탄핵심판이 피청구인을 해당 공직에서 파면할 것인지 여부를 판단하는 절차임을 명확히 하고 있다.

4. 탄핵심판의 결정

(1) 탄핵결정의 정족수

헌법재판소는 탄핵소추가 이유 있는 때에는 재판관 6인 이상의 찬성으로 탄핵결정을 선고한다(헌법 제113조 제1항). 한편, 헌법재판소는 탄핵소추가 부적법한 경우 각하결정을 하고, 탄핵소추가 이유 없는 때에는 기각결정을 한다.

헌재판례) 8인 재판관에 의한 탄핵심판결정의 허용 여부(2017. 3. 10. 2016헌나1)
헌법재판소의 구성방식에 비추어 볼 때, 헌법재판은 9인의 재판관으로 구성된 재판부에 의하여 이루어지는 것이 원칙임은 분명하다. 그러나 현실적으로는 재판관의 공무상 출장이나 질병 또는 재판관 퇴직 이후 후임 재판관 임명까지 사이의 공백 등 다양한 사유로 일부 재판관이 재판에 참여할 수 없는 경우가 발생할 수밖에 없다. 이럴 때마다 헌법재판을 할 수 없다고 한다면 헌법재판소의 헌법수호기능에 심각한 제약이 따르게 된다. 이에 헌법과 헌법재판소법은 재판관 중 결원이 발생한 경우에도 헌법재판소의 헌법수호기능이 중단되지 않도록 7명 이상의 재판관이 출석하면 사건을 심리하고 결정할 수 있음을 분명히 하고 있다.

(2) 파면결정

탄핵심판청구가 이유 있는 때에는 헌법재판소는 피청구인을 당해 공직에서 파면하는 탄핵결정을 선고한다. 앞에서 본 바와 같이 '탄핵심판청구가 이유 있는 때'란, 모든 법위반의 경우가 아니라, 단지 공직자의 파면을 정당화할 정도로 '중대한' 법위반의 경우를 말하고, 대통령의 경우에는 파면결정의 효과가 지대하기 때문에 파면결정을 하기 위해서는 이를 압도할 수 있는 중대한 법위반이 존재해야 한다(2017. 3. 10. 2016헌나1). 그러나 탄핵심판결정 선고 이전에 피소추자가 당해 공직에서 파면된 때에는 탄핵심판청구를 기각하여야 한다(헌법재판소법 제53조 제2항). 파면의 경우에는 이로 말미암아 탄핵의 목적이 달성된 것으로 볼 수 있기 때문이다.

5. 탄핵결정의 효력

(1) 공직으로부터의 파면과 민·형사상 책임 불면제

헌법재판소의 탄핵심판에 의하여 탄핵심판이 결정되면 당사자는 공직으로부터 파면된다(헌법 제65조 제4항). 그러나 이에 의하여 민사상이나 형사상의 책임이 면제되지는 않는다. 따라서 탄핵결정이 있은 후에도 민사소송이나 형사상의 소추가 별도로 가능하다. 즉, 탄핵의 결정은 징계적 처벌이므로 탄핵결정과 민·형사재판 간에는 일사부재리의 원칙이 적용되지 아니한다(헌재법 제54조 제1항).

(2) 공직취임 제한

헌법재판소법 제54조 제2항은 "탄핵결정을 받은 자는 탄핵결정의 선고를 받은 날로부터 5년간 공무원이 될 수 없다"라고 하여 일정 기간의 공직취임을 금지하고 있다. 이는 탄핵결정으로 파면된 자가 즉시 공무원에 재임용될 수 있다면 탄핵결정의 실효성을 상실하기 때문이다.

(3) 탄핵결정에 대한 사면 금지

탄핵결정을 받은 자에 대하여 대통령의 사면이 가능한지가 문제되는데, 미국의 경우처럼 헌법이 명문으로 이를 금지하고 있는 경우도 있지만, 명문의 규정이 없는 현행 헌법의 경우에는 다수설은 탄핵결정에 사면이 인정되지 않는다고 본다.[486]

Ⅶ. 탄핵심판에 대한 재심 허용 여부

1. 의의

헌법재판소법 제39조에서 '헌법재판소는 이미 심판을 거친 동일한 사건에 대해서는 다시 심판할 수 없다'고 규정하고 있지만 이는 일사부재리의 원칙을 규정한 것일 뿐이다. 그렇다면 헌법재판에 재심이 허용되는 것일까? 헌법재판소법은 '헌법재판소의 심판절차에 관하여는 이 법에 특별한 규정이 있는 경우를 제외하고는 헌법재판의 성질에 반하지 아니하는 한도에서 민사소송에 관한 법령을 준용한다. 이 경우 탄핵심판의 경우에는 형사소송에 관한 법령을 준용하고, 권한쟁의심판 및 헌법소원심판의 경우에는 「행정소송법」을 함께 준용한다'(제40조 제1항)고 규정하므로 헌법재판의 재심 또한 민사소송법이나 형사소송법에서 정하고 있는 절차에 따라서 허용된다고 본다.[487]

486 이동흡, 전게서 845면; 전게 헌법재판실무제요, 456면; 김하열, 전게서, 740면; 성낙인, 전게서 364면; 정종섭, 전게서 456면.

487 김하열, 탄핵심판에 관한 연구, 고려대학교 박사학위 논문, 2005, 140면 이하.

2. 헌법재판소의 태도

헌법재판소도 마찬가지의 견해를 보인다. '헌법재판은 그 심판의 종류에 따라 그 절차의 내용과 결정의 효과가 한결같지 아니하기 때문에 재심의 허용 여부 내지 허용 정도는 심판절차의 종류에 따라 개별적으로 판단되어야 한다. 헌법재판소법 제68조 제1항에 의한 헌법소원 중 행정작용에 속하는 공권력작용을 대상으로 하는 권리구제형 헌법소원에 있어서는, 사안의 성질상 헌법재판소의 결정에 대한 재심은 재판부의 구성이 위법한 경우 등 절차상 중대하고도 명백한 위법이 있어서 재심을 허용하지 아니하면 현저히 정의에 반하는 경우에 한하여 제한적으로 허용될 수 있을 뿐이다'(1995. 1. 20. 93헌아1)는 원칙을 수립한다. 또한 통합진보당 정당해산 심판에 대한 재심사건에서도 '정당해산심판절차에서는 재심을 허용하지 아니함으로써 얻을 수 있는 법적 안정성의 이익보다 재심을 허용함으로써 얻을 수 있는 구체적 타당성의 이익이 더 크므로 재심을 허용하여야 한다. 한편, 이 재심절차에서는 원칙적으로 민사소송법의 재심에 관한 규정이 준용된다'(2016. 5. 26. 2015헌아20)고 판시하고 있다.

위와 같은 헌재 판시 사항으로 미루어 보건대, 탄핵심판의 경우 단심으로 끝나고, 탄핵(파면)으로 인해서 공직 취임의 제한을 비롯한 권리의 제약이 뒤따르므로 제한된 범위 내에서 허용된다고 해석된다.[488] 다만, 대통령에 대한 탄핵심판결정의 경우 대통령 파면결정이 지닌 헌법적 의미의 중대성, 재심절차로 인한 사회적, 정치적 파장, 새로 선출된 대통령이 가지는 새로운 민주적 정당성과의 충돌 문제 등 여러 이유로 재심이 허용되지 않는다고 본다. 참고로, 독일연방헌재 역시 대통령에 대해서는 재심을 인정하지 않고 법관에 대한 탄핵에서만 재심을 허용하는 입장이다.[489]

한편, 현재 탄핵심판의 재심 허용 여부에 대한 헌재의 명시적 판단은 없는 상황이다. 참고로, 헌재는 탄핵의 법적 성격과 관련해서는 '기관탄핵설'의 입장을 취한 것으로 보인다.

---

488 이동흡, 전게서, 846면.
489 김하열, 전게서, 741면.

헌재판례) 박근혜 대통령 탄핵(헌재 2017. 3. 10. 2016헌나1)

가. 탄핵소추사유는 그 대상 사실을 다른 사실과 명백하게 구분할 수 있을 정도의 구체적 사실이 기재되면 충분하다. 이 사건 소추의결서의 헌법 위배행위 부분은 소추사유가 분명하게 유형별로 구분되지 않은 측면이 있지만, 소추사유로 기재된 사실관계는 법률 위배행위 부분과 함께 보면 다른 소추사유와 명백하게 구분할 수 있을 정도로 충분히 구체적으로 기재되어 있다.

나. 국회의 의사절차에 헌법이나 법률을 명백히 위반한 흠이 있는 경우가 아니면 국회 의사절차의 자율권은 권력분립의 원칙상 존중되어야 하고, 국회법 제130조 제1항은 탄핵소추의 발의가 있을 때 그 사유 등에 대한 조사 여부를 국회의 재량으로 규정하고 있으므로, 국회가 탄핵소추사유에 대하여 별도의 조사를 하지 않았다거나 국정조사결과나 특별검사의 수사결과를 기다리지 않고 탄핵소추안을 의결하였다고 하여 그 의결이 헌법이나 법률을 위반한 것이라고 볼 수 없다. 국회법에 탄핵소추안에 대하여 표결 전에 반드시 토론을 거쳐야 한다는 명문 규정은 없다. 또 이 사건 소추의결 당시 토론을 희망한 의원이 없었기 때문에 탄핵소추안에 대한 제안 설명만 듣고 토론 없이 표결이 이루어졌을 뿐, 의장이 토론을 희망하는 의원이 있었는데도 토론을 못하게 하거나 방해한 사실은 없다. 탄핵소추안을 각 소추사유별로 나누어 발의할 것인지, 아니면 여러 소추사유를 포함하여 하나의 안으로 발의할 것인지는 소추안을 발의하는 의원들의 자유로운 의사에 달린 것이고, 표결방법에 관한 어떠한 명문규정도 없다. **탄핵소추절차는 국회와 대통령이라는 헌법기관 사이의 문제이고, 국회의 탄핵소추의결에 따라 사인으로서 대통령 개인의 기본권이 침해되는 것이 아니다. 국가기관이 국민에 대하여 공권력을 행사할 때 준수하여야 하는 법원칙으로 형성된 적법절차의 원칙을 국가기관에 대하여 헌법을 수호하고자 하는 탄핵소추절차에 직접 적용할 수 없다**.

다. 헌법재판은 9인의 재판관으로 구성된 재판부에 의하여 이루어지는 것이 원칙이다. 그러나 현실적으로는 일부 재판관이 재판에 참여할 수 없는 경우가 발생할 수밖에 없다. 이에 헌법과 헌법재판소법은 재판관 중 결원이 발생한 경우에도 헌법재판소의 헌법수호기능이 중단되지 않도록 7명 이상의 재판관이 출석하면 사건을 심리하고 결정할 수 있음을 분명히 하고 있다. 그렇다면 헌법재판관 1인이 결원이 되어 8인의 재판관으로 재판부가 구성되더라도 탄핵심판을 심리하고 결정하는 데 헌법과 법률상 아무런 문제가 없다.

라. 헌법 제65조는 대통령이 '그 직무집행에 있어서 헌법이나 법률을 위배한 때'를 탄핵사유로 규정하고 있다. 여기에서 '직무'란 법제상 소관 직무에 속하는 고유 업무와 사회통념상 이와 관련된 업무를 말하고, 법령에 근거한 행위뿐만 아니라 대통령의 지위에서 국정수행과 관련하여 행하는 모든 행위를 포괄하는 개념이다. 또 '헌법'에는 명문의 헌법규정뿐만 아니라 헌법재판소의 결정에 따라 형성되어 확립된 불문헌법도 포함되고, '법률'에는 형식적 의미의 법률과 이와 동등한 효력을 가지는 국제조약 및 일반적으로 승인된 국제법규 등이 포함된다. 헌법재판소법 제53조 제1항은 '탄핵심판 청구가 이유 있는 경우' 피청구인을 파면하는 결정을 선고하도록 규정하고 있다. 대통령을 탄핵하기 위해서는 대통령의 법 위배 행위가 헌법질서에 미치는 부정적 영향과 해악이 중대하여 대통령을 파면함으로써 얻는 헌법수호의 이익이 대통령 파면에 따르는 국가적 손실을 압도할 정도로 커야 한다. 즉, '탄핵심판청구가 이유 있는 경우'란 대통령의 파면을 정당화할 수 있을 정도로 중대한 헌법이나 법률 위배가 있는 때를 말한다.

마. 헌법 제7조 제1항은 국민주권주의와 대의민주주의를 바탕으로 공무원을 '국민 전체에 대한 봉사자'로 규정하고 공무원의 공익실현의무를 천명하고 있고, 헌법 제69조는 대통령의 공익실현의무를 다시 한 번 강조하고 있다. 대통령은 '국민 전체'에 대한 봉사자이므로 특정 정당, 자신이 속한 계급·종교·지역·사회단체, 자신과 친분 있는 세력의 특수한 이익 등으로부터 독립하여 국민 전체를 위하여 공정하고 균형 있게 업무를 수행할 의무가 있다. 대통령의 공익실현의무는 국가공무원법 제59조, 공직자윤리법 제2조의2 제3항, 부패방지 및 국민권익위원회의 설치와 운영에 관한 법률 제2조 제4호 가목, 제7조 등 법률을 통해 구체화되고 있다.

바. 피청구인은 직접 또는 경제수석비서관을 통하여 대기업 임원 등에게 미르와 케이스포츠에 출연할 것을 요구하였다. 대통령의 재정·경제 분야에 대한 광범위한 권한과 영향력, 비정상적 재단 설립 과정과 운영 상황 등을 종합하여 보면, 피청구인의 요구는 임의적 협력을 기대하는 단순한 의견제시나 권고가 아니라 사실상 구속력 있는 행위라고 보아야 한다. 공권력 개입을 정당화할 수 있는 기준과 요건을 법률로 정하지 않고 대통령의 지위를 이용하여 기업으로 하여금 재단법인에 출연하도록 한 피청구인의 행위는 해당 기업의 재산권 및 기업경영의 자유를 침해한 것이다. 피청구인의 이와 같은 일련의 행위들은 기업의 임의적 협력을 기대하는 단순한 의견제시나 권고가 아니라 구속적 성격을 지닌 것으로 평가된다. 아무런 법적 근거 없이 대통령의 지위를 이용하여 기업의 사적 자치 영역에 간섭한 피청구인의 행위는 해당 기업의 재산권 및 기업경영의 자유를 침해한 것이다.

사. 피청구인의 지시와 묵인에 따라 최○원에게 많은 문건이 유출되었고, 여기에는 대통령의 일정·외교·인사·정책 등에 관한 내용이 포함되어 있다. 이런 정보는 대통령의 직무와 관련된 것으로, 일반에 알려질 경우 행정 목적을 해할 우려가 있고 실질적으로 비밀로 보호할 가치가 있으므로 직무상 비밀에 해당한다. 피청구인이 최○원에게 위와 같은 문건이 유출되도록 지시 또는 방치한 행위는 국가공무원법 제60조의 비밀엄수의무를 위반한 것이다.

아. 피청구인은 행정부의 수반으로서 국가가 국민의 생명과 신체의 안전 보호의무를 충실하게 이행할 수 있도록 권한을 행사하고 직책을 수행하여야 하는 의무를 부담한다. 하지만 국민의 생명이 위협받는 재난상황이 발생하였다고 하여 피청구인이 직접 구조 활동에 참여하여야 하는 등 구체적이고 특정한 행위의무까지 바로 발생한다고 보기는 어렵다. 세월호 참사에 대한 피청구인의 대응조치에 미흡하고 부적절한 면이 있었다고 하여 곧바로 피청구인이 생명권 보호의무를 위반하였다고 인정하기는 어렵다.

카. 대통령의 '직책을 성실히 수행할 의무'는 헌법적 의무에 해당하지만, '헌법을 수호해야 할 의무'와는 달리 규범적으로 그 이행이 관철될 수 있는 성격의 의무가 아니므로 원칙적으로 사법적 판단의 대상이 되기는 어렵다. 세월호 참사 당일 피청구인이 직책을 성실히 수행하였는지 여부는 그 자체로 소추사유가 될 수 없어, 탄핵심판절차의 판단대상이 되지 아니한다.

결국 피청구인의 이 사건 헌법과 법률 위배행위는 국민의 신임을 배반한 행위로서 헌법 수호의 관점에서 용납될 수 없는 중대한 법 위배행위라고 보아야 한다. 그렇다면 피청구인의 법 위배행위가 헌법질서에 미치게 된 부정적 영향과 파급 효과가 중대하므로, 피청구인을 파면함으로써 얻는 헌법 수호의 이익이 대통령 파면에 따르는 국가적 손실을 압도할 정도로 크다고 인정된다.

재판관 김이수, 재판관 이진성의 보충의견

피청구인은 생명권 보호의무를 위반하지는 않았지만, 헌법상 성실한 직책수행의무 및 국가공무원법상 성실의무를 위반하였다. 다만 그러한 사실만으로는 파면 사유를 구성하기 어렵다.

재판관 안창호의 보충의견

이 사건 탄핵심판은 보수와 진보라는 이념의 문제가 아니라 헌법질서를 수호하는 문제로, 정치적 폐습을 청산하기 위하여 파면결정을 할 수밖에 없다.

3. 탄핵심판에 대한 재심의 허용요건

한편, 탄핵심판에서 재심이 허용되기 위해서는 무엇보다 적법한 재심사유가 존재해야 한다. 일반적으로 재심사유는 '판결의 기초가 된 민사나 형사의 판결, 그 밖의 재판 또는 행정처분이 다른 재판이나 행정처분에 따라 바뀐 때'를 말한다. 재심대상 판결에 법률적으로 구속력을 미치거나 재심대상 판결에서 사실인정의 자료가 된 재판이나 행정처분이 다른 재판이나 행정처분에 따라 확정적이고 소급적으로 바뀐 경우를 뜻한다. 여기서 사실인정의 자료가 되었다고 하는 것은 그 재판이나 행정처분이 재심대상 판결의 사실인정에 있어서 증거자료로 채택되었고 그 재판이나 행정처분의 변경이 재심대상 판결의 사실인정에 영향을 미칠 가능성이 있는 경우를 말한다(대법원 2001. 12. 14. 2000다12679). 따라서 이미 헌법재판소에서 명백히 판단하고 있는 절차적 하자 또는 사실관계를 다시 한번 다툴 목적에서 재심을 청구할 경우에는 더 이상 심리할 이익이 없다고 할 것이다.

헌 법 재 판 법 강 의

9

정당해산심판제도

제9장 | 정당해산심판제도

Ⅰ. 의의

1. 개념

우리 헌법은 방어적 민주주의를 받아들여 헌법 제8조 제4항에서 '그 목적이나 활동이 민주적 기본질서에 위배되는 정당을 헌법재판소의 심판에 의해 해산' 시키는 위헌정당해산제도를 규정하고 있다.[490] 다만, 우리 헌법은 독일 헌법과는 달리 기본권 상실제도는 규정하고 있지 않다. 결국 정당해산심판은 어떤 정당의 목적이나 활동이 헌법이 정하는 민주적 기본질서, 예컨대 기본권의 존중, 권력분립, 의회제도, 복수정당제, 선거제도, 사유재산제도 등을 인정하지 아니하는 경우 정부의 청구에 의하여 그 정당을 해산할 것인지 여부를 심판하는 것이다. 오늘날의 정치는 정당정치이므로 올바른 정당을 보호·육성하는 것은 참된 의회민주주의를 뿌리내리게 하는 지름길이지만, 자유민주주의 체제를 파괴하려는 정당까지 국가가 보호할 수는 없으므로, 즉 정당을 보호하면서 동시에 이러한 위헌정당으로부터 자유민주주의를 지키기 위하여 정당을 오직 헌법재판에 의해서만 해산시킬 수 있도록 한 것이 정당해산심판제도이다.[491]

이러한 정당해산심판제도는 정부의 일방적인 행정처분에 의해 진보적 야당이 등록취소되어 사라지고 말았던 우리 현대사에 대한 반성의 산물로서 제3차 헌법개정을 통해 헌법에 도입된 것이다. 한편, 정당해산규정의 규범적 의의에 관하여

---

490 근대의 입헌적 민주주의체제는 사회의 공적 자율성에 기한 정치적 의사결정을 추구하는 민주주의원리와, 국가권력이나 다수의 정치적 의사로부터 개인의 권리, 즉 개인의 사적 자율성을 보호해 줄 수 있는 법치주의 원리라는 두 가지 주요한 원리에 따라 구성되고 운영된다. 또한, 다원주의적 가치관을 전제로 개인의 자율적 이성을 존중하고 자율적인 정치적 절차를 보장하는 것이 공동체의 올바른 정치적 의사형성으로 이어진다는 신뢰가 우리 헌법상 민주주의원리의 근본바탕이 된다. "자율과 조화를 바탕으로 자유민주적 기본질서를 더욱 확고히" 한다고 규정한 헌법 전문은 우리의 민주주의가 지향하는 방향을 단적으로 보여주는 것이다.(헌재 2014. 12. 19. 2013헌다1)

491 이동흡, 전게서, 848면.

는 정당존립의 특권을 보장한 것이면서 정당활동의 자유에 한계를 설정한 조항[492] 내지 민주적 기본질서와 국가의 긍정과 같은 정당의 의무에 관한 규정[493]이라고 해석하는 것이 일반적인 견해이다. 정당은 한편으로는 오늘날의 정당제민주주의에 있어 없어서는 아니 될 존재이지만, 다른 한편으로는 민주주의에 대한 잠재적 파괴자로 나타날 수도 있는 것[494]이기 때문에 그 '보호'와 '한계'에 관한 규정을 함께 마련하여 두는 것이 헌법실현과 헌법보호를 위하여 필요한 것이다.

2. 목적

위헌정당해산제도는 우리 헌법이 민주주의의 성격을 방어적인 것으로 이해하고 민주주의 그 자체를 투쟁의 대상으로 삼는 민주주의의 적들에게 더 이상 관용을 베풀 수 없다는 방어적 민주주의를 채택하고 있음을 보여주는 조항으로 이해된다.[495] 이와 관련하여 독일의 G. Leibholz 교수도 "독일 본기본법의 자유개념은 이미 바이마르헌법의 그것과는 동일한 것이 아니다. 바이마르헌법에서는 자유란 가치중립적 회의주의와 상대주의의 의미로 이해되었다. 이에 대해 본기본법의 자유개념은 다른 말로 표현한다면 보다 투쟁적인 성격을 띠는 것이며, 또 그 때문에 기본법에 의한 자유는 이제 절대적 무구속성이나 무책임한 자의(恣意)와 동일시될 수 없다. 이러한 결론은 명백히 기본법 제18조와 제21조 제2항에서 나온다. 이 두 조항에 의하면 누구든지 그 기본권을 박탈당할 수 있고 정당은 일정한 요건하에서 연방헌법재판소에 의해 위헌으로 선언될 수 있다. 이러한 조항의 바탕이 되는 것은 자유란 — 정치적 영역에서도 — 의무를 그 전제로 하며 또한 자유민주주의를 비로소 작동시키는 실존적 기반에의 구속을 그 전제로 한다는 관념이다."라고 하여

492 권영성, 헌법학원론, 법문사, 2010, 198면.

493 김철수, 헌법학신론, 박영사, 2013, 178면.

494 G. Leibholz, Die Strukturwandel der modernen Demokratie, in: ders., Strukturprobleme der modernen Demokratie, 1958, S. 123f.(이성환, 정당해산심판제도의 관한 연구, 헌법재판연구 15권, 헌법재판소, 2004, 18면에서 재인용)

495 최희수, 위헌정당해산제도에 관한 연구, 정당과 헌법질서(심천 계희열 박사 화갑기념논문집), 박영사, 1995, 445면.

우리나라 헌법상의 정당해산규정의 모델이 되었던 독일 기본법상의 정당해산제도가 방어적·투쟁적 민주주의에 기초하고 있음을 설명한 바 있다.[496]

다만 우리나라의 경우 이 제도는 발생사적 측면에서 독일과 달리 정당을 보호하기 위한 절차로서의 성격이 부각된다. 따라서 모든 정당의 존립과 활동은 최대한 보장되며, 설령 어떤 정당이 민주적 기본질서를 부정하고 이를 적극적으로 공격하는 것으로 보인다 하더라도 국민의 정치적 의사형성에 참여하는 정당으로서 존재하는 한 헌법에 의해 최대한 두텁게 보호되므로, 단순히 행정부의 통상적인 처분에 의해서는 해산될 수 없고, 오직 헌법재판소가 그 정당의 위헌성을 확인하고 해산의 필요성을 인정한 경우에만 정당정치의 영역에서 배제된다. 그러나 한편 이 제도로 인해서, 정당활동의 자유가 인정된다 하더라도 민주적 기본질서를 침해해서는 안 된다는 헌법적 한계 역시 설정된다.[497]

3. 연혁

정당해산심판은 헌법 제8조에 근거를 둔다. 제1공화국 진보당이 정부의 처분으로 해산되는 경험을 겪고서 정당의 헌법적 보장을 위해 한국은 제2공화국헌법에서 처음으로 정당의 해산제도를 도입하여 헌법재판소의 판결에 의해서만 해산되도록 규정하였다. 이후 제3공화국헌법에서는 대법원에 의한 정당해산조항을 두었으며, 제4·5공화국헌법에서는 헌법위원회에 의한 정당해산조항을 두었으며, 제6공화국헌법은 헌법재판소를 두어 정당해산을 심판하게 하고 있다. 2013년 대한민국 법무부는 이 법률에 따라 헌정사상 최초로 원내 6석의 의석을 가진 통합진보당에 대한 해산심판을 청구하였고, 해당 정당은 헌법재판소에 의해 해산되었다.

우리 헌법에 정당해산에 관한 조항이 최초로 규정된 것은 1960년의 제2공화국

---

496 독일의 경우 바이마르 공화국(1919-1933) 시대에 정당을 통해 나치가 출현하자, 이에 대한 반성으로 본기본법(헌법)을 제정하면서 정당해산심판제도를 도입하였으며, 1952년 사회주의당(SRP), 1956년 독일공산당(KPD)이 해산된 사례가 있다.(G. 라이프홀츠 저, 권영성 역, 헌법국가와 헌법, 박영사, 1976, 139면)

497 헌재 2014. 12. 19. 2013헌다1.

헌법 제13조 제2항에서였지만 우리 헌법이 위헌정당해산제도를 도입하게 된 배경은 독일과는 사뭇 다르다. 요컨대, 독일의 경우 가치상대적 민주주의관 내지 자유민주적 낙관주의에 따른 민주주의의 몰락이라는 역사적 배경을 바탕으로 하고 있지만, 우리나라의 경우에는 정부에 의한 부당한 '야당 탄압'이라는 왜곡된 헌정사적 경험이 그 주된 배경을 이루고 있는 것이다. 즉, 우리의 건국헌법(제헌헌법)은 정당에 대해 아무런 규정을 두지 않음으로써 정당과 일반결사를 동일하게 취급하였는데, 그 결과 1958년 민주적 혁신정당이었던 '진보당'이 공보실장의 등록취소라는 일반행정처분에 의해 강제해산되었고 이것이 결국 자유당정권의 붕괴로 성립된 제2공화국 헌법으로 하여금 정당에 관한 명문규정을 두게 한 직접적인 계기가 되었던 것이다.[498]

따라서 우리 헌법상의 정당해산 규정은 도입 당시의 역사적 상황을 염두에 둔다면 방어적 민주주의를 위한, 다시 말해 자유민주주의 헌법을 보호하기 위한 것이라기보다는 오히려 방어적 민주주의의 남용, 즉 정부의 자의적인 판단에 의하거나 은폐된 정치적 목적 달성을 위해 행해지는 정당해산제도의 남용, 즉 정부에 의한 야당탄압을 방지하는 데 그 일차적인 목적을 두고 일반결사에 비해 우월한 보호작용을 하는 정당특권(Parteienprivileg)[499]을 규정한 것이라고 해야 할 것이다. 다만 이러한 도입배경 때문에 우리 헌법상의 위헌정당해산제도가 민주주의의 방어적 측면과 전혀 무관한 것이라는 결론이 도출되는 것은 아니라는 점을 주의하여야 할 것이다.[500] 결국 우리 헌법이 제8조 제4항을 도입한 것은 우리 헌

498 최희수, 위의 논문, 452면.

499 즉, 정당은 일반결사와는 달리 기본권에 대한 일반적 법률유보조항(헌법 제37조 제2항)에 규정된 국가안전보장, 질서유지 또는 공공복리를 위하여는 해산될 수 없으며, 오직 민주적 기본질서에 위배될 때에 한하여 헌법재판소의 심판에 의해서만 해산되는 것으로서, 이는 헌법 제21조의 적용을 받는 일반결사가 국가안전보장, 질서유지 또는 공공복리를 위하여 해산될 수 있고 그 해산에 있어서도 행정처분(또는 법원의 판결)의 대상이 되는 것과 구별되는 것이다(장명봉, 헌법재판소의 위헌정당해산심판, 헌법재판의 이론과 실제 [금랑 김철수 교수 화갑기념], 박영사, 1993, 584면).

500 방어적 민주주의의 남용방지와 정당특권 보장이 반드시 개념 필연적인 관계에 있는 것은 아니다. 정당특권이란 정당에 대한 입법권과 행정권의 간섭을 막고 위헌성의 확인을 헌법재판소에 독점시킴으로써 일반결사에 비해 그 해산요건을 엄격히 하는 것에 불과하다.(콘라드헤세 저, 계희열 역, 서독헌법원론, 1985, 406면 이하) 그러므로 정부가 자의적 해석에 기해 정당해산을 제소하고 이를 헌법재판소가 받아들이는 경우 정당

법에 전제되어 있었던 민주주의의 방어적 성격을 헌법상의 명문규정으로 재확인함과 동시에 그 요건을 분명하게 규정함으로써 방어적 민주주의의 남용을 막고 방어의 한계를 확정한 것이라고 평가할 수 있다.[501]

헌재결정) 통합진보당 해산 사건(2014. 2. 27. 2014헌마7)
정당해산심판제도는 헌법재판소의 심판을 통하여 정당을 해산하는 제도로서 강제해산의 일종이라고 할 수 있다. 헌법 제8조 제4항은 민주주의에 필수적인 기능을 하는 정당의 중요성을 인정하는 전제 아래, 그러한 정당이 오히려 민주주의를 파괴하는 도구로 활용되는 것을 방지하기 위해 정당해산제도를 두면서도 동시에 헌법재판에 의해서만 정당의 해산이 가능하도록 하고 있다. 즉, 정당해산제도는 정당에 대하여 일반결사와 달리 엄격한 요건과 절차에 의해서만 해산되도록 한다는 정당보호라는 의미와, 정당이 정당 활동의 자유라는 미명으로 헌법을 공격하여 파괴하는 것을 방지한다는 헌법보호라는 의미를 가진다. 따라서 정당해산제도는 정당 존립의 특권을 보장함(정당의 보호)과 동시에, 정당 활동의 자유에 관한 한계를 설정한다(헌법의 보호)는 이중적 성격을 가진다.

Ⅱ. 절차

1. 개요

정부는 정당의 목적이나 활동이 민주적 기본질서에 위배되는 경우에는 국무회의의 심의를 거쳐 헌법재판소에 그 정당의 해산심판을 청구할 수 있는데, 정당해산심판은 정부를 대표하는 법무부장관이 헌법재판소에 이러한 정당을 해산시켜 줄 것을 청구함으로써 시작된다. 청구를 받은 헌법재판소는 그 정당의 목적이나 활동에 비추어 헌법재판소의 심리기간 동안 그 정당이 활동하도록 놓아두는 것이 적당하지 않다고 판단하는 경우에는 청구인(정부)의 신청에 의하거나 스스로 종국결정이 선고될 때까지 그 정당의 활동을 정지하는 결정을 할 수 있다. 전원재판부에서 사건을 심리하며, 심리 결과 청구가 이유 있다고 판단되면 헌법재판소는 정당의 해산을 명하는 결정을 선고하고 이에 따라 그 정당은 해산되며, 중앙선거관리위원회

특권에도 불구하고 방어적 민주주의는 남용되는 셈이 된다. 그러나 정당특권의 보장은 — 헌법재판소가 헌법수호자로서의 임무를 다하는 한 — 적어도 정부 또는 다수당에 의한 방어적 민주주의의 남용을 막을 수 있는 유력한 수단이 된다(최희수, 전게 논문, 452면 주30).

501 최희수, 위의 논문, 453면.

는 그 정당의 등록을 말소하고 이를 공고하는 등 구체적인 집행을 하게 된다. 위와 같이 해산된 정당의 대표자와 간부는 강령이나 기본정책이 해산된 정당과 같거나 비슷한 다른 정당을 만들 수 없으며, 해산된 정당의 재산은 국가의 소유로 된다.[502]

2. 세부 절차

(1) 청구

(가) 정부의 전속적 권한

정부만이 정당의 해산을 제소할 수 있다(헌법 제8조 제4항, 헌법재판소법 제55조). 청구권자에 관한 법적 규율은 법규정의 문구에 비추어 볼 때 완결적 성격을 띤다. 헌법재판소에 정당의 해산을 제소할 수 있는 다른 가능성은 존재하지 않는다.[503] 한편 정부가 헌법재판소에 정당해산심판을 청구하는 경우에는 헌법재판소법 제25조 제1항의 규정에 따라 법무부장관이 이를 대표한다.

(나) "정부"의 의미

여기서 정부라 함은 헌법에 의하여 조직된 통치기구로서의 국가(Staat; government)를 의미하는 것이 아니라, 입법부·사법부와 대등한 지위에 있는 행정부를 의미한다. 정당해산심판 청구권자인 정부는 헌법 제4장의 '정부'인가, 아니면 대통령인가? 논증의 방법에 있어서 부분적인 차이가 있으나 여기서의 "정부"는 실질적으로 대통령을 의미한다는 데 견해가 일치되고 있다.[504] 다만, 종래 통설적 견해는 대통령의 지위 그 자체에서 대통령의 정당해산제소권의 근거를 찾았는데 이

---

502 정종섭, 헌법소송법, 박영사, 2020, 493면.

503 그러나 독일연방헌법재판소법 제43조는 "① 연방의회, 연방참사원 또는 연방정부는 정당의 위헌 여부에 대한 재판을 청구(기본법 제21조 제2항)할 수 있다. ② 지방(支邦)정부는 정당의 조직이 지방의 영역에 한정되어 있는 정당만을 상대로 신청할 수 있다"라고 규정하여 연방차원에서는 연방정부 외에 연방의회, 연방참사원도 정당해산을 청구할 수 있게 규정하고 있다.

504 권영성, 전게서, 201면, 1000면(정부의 수반이 대통령이므로 대통령의 권한); 김철수, 전게서, 1198면(대통령의 국가의 존립보장과 헌법수호자의 지위에서 나오는 권한); 허영, 전게서, 930면(대통령이 국정의 최고책임자인 동시에 기본권보호기관과 행정부의 수반으로서 가지는 사법에 관한 정책적 권한의 하나); 정종섭, 전게서, 421면(정당해산의 제소는 국무회의의 심의사항이라는 헌법 제8조 제4항의 규정).

는 개념법학의 오류를 범하고 있을 뿐 아니라, 대통령의 지위는 헌법이 대통령에게 부여하는 권한들로부터 추론된다는 점에서도 순환론적 논증의 오류를 범하고 있다는 지적이 있다. 따라서 정당해산의 제소를 국무회의의 필요적 심의사항으로 명시하고 있는 헌법 제89조 제14호 및 국무회의가 심의기관성을 갖는다는 것이 여기서의 정부를 실질적으로 '대통령'으로 해석하는 것을 뒷받침하는 결정적인 근거라고 보아야 한다.[505]

(다) 피청구인

정당해산심판절차에서 피청구인은 헌법적 의미의 정당이다. 다만, 현행 실정법 해석상으로는 정당법상 등록된 정당에 한정되며 창당준비위원회 등은 제외된다고 볼 수밖에 없다.

(2) 국무회의 심의

정부가 정당해산심판을 헌법재판소에 청구하려면 사전에 국무회의의 심의를 거쳐야 한다(헌법 제89조 제14호, 헌법재판소법 제55조). 이는 필요적 심의사항이다. 국무회의에서 정당해산심판청구를 뒷받침하는 기본적 사실관계에 대한 심의가 이루어진 경우에는 심판절차의 진행과정에서 청구를 뒷받침하는 새로운 사실을 추가적으로 제시하기 위하여 다시 국무회의의 심의를 거칠 필요는 없다. 따라서 국무회의의 심의의결서가 첨부되지 아니한 정당해산심판청구는 부적법하다. 다만, 그와 같은 청구는 국무회의의 심의를 통한 보정이 가능하다고 보아야 할 것이다. 따라서 재판장은 청구인인 정부에 대하여 상당한 기간을 정하여 절차의 흠결을 보정할 것을 요구할 수 있다(동법 제28조).

(3) 청구기간

청구사유가 존재하는 한 언제든지 심판청구가 가능하다. 정당해산심판절차에는

---

505 장명봉, 전게 논문, 588면.

청구기간의 제도가 존재하지 않는다.

(4) 가처분

(가) 의의

헌법재판소법은 제57조에서 정당해산심판의 청구를 받은 때에 헌법재판소는 청구인의 신청 또는 직권으로 종국결정의 선고 시까지 피청구인의 활동을 정지하는 결정을 할 수 있다고 정하고 있다. 정부는 다양한 요인들을 복합적으로 고려하여 정당해산심판청구를 한다. 따라서 정부의 정당해산심판청구는 정상적인 민주주의적 과정을 통해서는 헌법적대적인 정당을 무력화시키기 어렵다는 판단에 토대를 두었을 가능성이 높다. 그렇다면 헌법재판소의 종국재판이 있을 때까지 문제의 정당이 활동하는 것을 방치하는 것은 헌법질서에 중대한 위험을 야기할 수 있다. 이 경우 헌법재판소의 종국재판이 있을 때까지 피청구인 정당의 활동을 정지시킬 수 있는 제도가 피청구인 정당의 정당활동을 정지시키는 가처분제도이다. 가처분결정은 7명 이상의 재판관이 참여하여 과반수의 찬성으로 결정한다(헌재법 제23조).

헌재판례) 헌재 2014. 2. 27. 2014헌마7

가처분조항은 정당해산심판이 갖는 헌법보호라는 측면에 비추어 그 필요성이 인정되므로 입법목적의 정당성 및 수단의 적절성이 인정된다. 또한 가처분결정이 인용되려면 인용요건이 충족되어야 하고, 그 인용범위도 종국결정의 실효성을 확보하고 헌법질서를 보호하기 위해 필요한 범위 내로 한정되며, 인용 시 종국결정 선고 시까지만 정당의 활동을 정지시키므로 기본권 제한 범위가 광범위하다고 볼 수 없다. 나아가 가처분과 동등하거나 유사한 효과가 있는 보다 덜 침해적인 사후적 수단이 존재한다고 볼 수도 없으므로 침해최소성의 요건도 충족한다. 아울러 정당해산심판의 실효성 확보 및 헌법질서의 유지 및 수호라는 공익은 정당해산심판의 종국결정 시까지 잠정적으로 제한되는 정당활동의 자유에 비하여 결코 작다고 볼 수 없으므로 법익균형성요건도 충족하였다. 따라서 **가처분조항은 정당활동의 자유를 침해한다고 볼 수 없다**.

(나) 가처분의 실체적 요건

1) 심판청구의 인용가능성

피청구인 정당의 활동과 목적이 민주적 기본질서에 위배되었는지 여부는 원칙적으로 고려의 대상이 되지 않는다. 정당해산심판절차에서는 사실관계를 쉽게 확인·평가하기 어려운 경우가 많아 이를 고려할 경우 신속히 내려져야 할 가처분제도의 본질에 부합하지 않기 때문이다. 그러나 본안에서의 기각 가능성은 고려되지 않을 수 없다. 즉, 정당해산심판이 명백히 부적법하거나 명백히 이유 없는 경우에는 가처분을 명할 수 없다.

2) 가처분을 정당화하는 사유

헌법재판소는 헌법소원심판절차에서의 가처분의 실체적 요건과 관련하여 다음과 같이 판시한 바 있다. 즉, "헌법재판소법 제40조 제1항에 따라 준용되는 행정소송법 제23조 제2항의 집행정지규정과 민사소송법 제714조의 가처분규정에 비추어 볼 때 가처분결정은 헌법소원심판에서 다투어지는 '공권력 행사 또는 불행사'의 현상을 그대로 유지시킴으로 인하여 생길 회복하기 어려운 손해를 예방할 필요가 있어야 하고 그 효력을 정지시켜야 할 긴급한 필요가 있어야 한다는 것 등이 그 요건이 된다".[506] 정당해산심판절차에서는 공권력 행사로 인한 기본권 침해의 구제가 문제되는 것이 아니라 정당의 위헌적 활동으로부터 헌법을 수호하는 것이 문제된다는 점에서 근본적인 차이가 있다. 가처분제도의 취지에는 차이가 없고 정당활동의 자유 및 정당특권을 고려할 때 가처분을 통해 정당활동을 정지하는 것은 예외적인 조치라고 보아야 할 것이다. 따라서 민사집행법 제300조에 담긴 가처분의 요건은 헌법재판소법 제57조를 해석할 때 존중되어야 한다. 그러므로 정당해산심판청구와 관련한 가처분이 정당화되려면 마찬가지로 '중대한 불이익의 방지', '긴급성의 존재' 요건이 충족되어야 한다고 본다.

a) 중대한 불이익의 방지

여기서 중대한 불이익은 피청구인인 정당의 위헌성이 확인될 경우 발생하게 될 민주적 기본질서에 대한 회복하기 어려운 현저한 손해 또는 회복 가능하지만 중대

506 헌재 2000. 12. 8. 2000헌사471; 1999. 3. 25. 98헌사98.

한 손해를 포함한다.

b) 긴급성의 존재

가처분신청은 정당해산심판결정이 민주적 기본질서에 대한 위험을 방지하기에 적절한 시간 내에 내려질 것을 기대할 수 없을 때에만 인용될 수 있다. 다시 말한다면 가처분으로 규율하고자 하는 현상이 이미 발생하였거나 시간적으로 매우 근접해 있음을 요한다.

3) 가처분의 필요성(이익형량)

일반적으로 헌법재판절차에서 가처분결정을 내리기 위해서는 이중가설이론에 의한 이익형량을 통해 가처분의 필요성이 인정되어야 한다는 주장이 받아들여지고 있다.[507] 헌법재판소법 제57조는 이 문제에 관하여 아무런 직접적인 지침을 포함하고 있지 않다. 가처분결정은 어디까지나 잠정적이고 예외적인 조치이기 때문에 이익형량에 있어 가처분사유에 대하여 엄격하고 제한적으로 해석·적용하여야 한다는 엄격기준의 원칙은 정당의 설립과 활동의 자유가 민주주의에 대하여 갖는 의미 및 정당의 특권에 비추어 볼 때 정당해산심판절차에서도 적용된다고 보아야 한다. 그러므로 가처분신청을 인용한 후에 정당해산심판청구가 기각되었을 때 발생하게 될 불이익(무엇보다도 피청구인 정당의 정당활동의 자유에 미치는 불이익)과 가처분신청을 기각한 후에 정당해산심판이 인용되었을 때 불이익(무엇보다도 헌법질서의 수호와 관련하여 발생하게 될 불이익)을 형량하여 불이익이 적은 쪽을 선택하여야 한다.

(5) 심리

정당해산의 심판은 구두변론에 의한다(헌법재판소법 제30조 제1항). 이는 강행규정이다. 재판부가 변론을 열 때에는 기일을 정하고 당사자와 관계인을 소환하여야 한다(동법 제30조 제3항). 변론은 공개한다(동법 제34조 제1항). 심판의 변론은 헌법재

507 헌재 2002. 4. 25. 2002헌사129; 2000. 12. 8. 2000헌사471; 1999. 3. 25. 98헌사98.

판소의 심판정에서 하는 것이 원칙이다. 다만, 헌법재판소장이 필요하다고 인정하는 경우에는 심판정 이외의 장소에서도 이를 할 수 있다(동법 제33조).

헌재판례) 2014. 2. 27. 2014헌마7
준용조항은 헌법재판에서의 불충분한 절차진행규정을 보완하고, 원활한 심판절차진행을 도모하기 위한 조항으로, 그 절차보완적 기능에 비추어 볼 때, 소송절차 일반에 준용되는 절차법으로서의 민사소송에 관한 법령을 준용하도록 한 것이 현저히 불합리하다고 볼 수 없다. 또한 '헌법재판의 성질에 반하지 아니하는 한도'에서 민사소송에 관한 법령을 준용하도록 규정하여 정당해산심판의 고유한 성질에 반하지 않도록 적용범위를 한정하고 있는바, 여기서 '헌법재판의 성질에 반하지 않는' 경우란, 다른 절차법의 준용이 헌법재판의 고유한 성질을 훼손하지 않는 경우로 해석할 수 있고, 이는 헌법재판소가 당해 헌법재판이 갖는 고유의 성질·헌법재판과 일반재판의 목적 및 성격의 차이·준용 절차와 대상의 성격 등을 종합적으로 고려하여 구체적·개별적으로 판단할 수 있다. 따라서 준용조항은 **청구인의 공정한 재판을 받을 권리를 침해한다고 볼 수 없다**.

Ⅲ. 해산 사유(★)

1. 쟁점

우리 헌법은 제8조 제4항에서 목적이나 활동이 민주적 기본질서에 위배되는 위헌정당해산제도를 규정하고 있는데 이때 그 기준이 되는 "민주적 기본질서"의 의미에 대해 학설이 대립하고 있다.

2. 학설[508]

(1) 자유민주적 기본질서 한정설

헌법 제8조 제4항에서의 "민주적 기본질서"란, 자유민주적 기본질서만을 의미한다는 견해이다. 이에 따르면 당헌이나 당규에서 사회주의나 공산주의를 지지하지 않는 한 민주적 기본질서에 위배되지 않는 정당에 해당한다. 그 근거로는 헌법 제8조 제1항에서 정당설립의 자유를 보장하고 있는 만큼 그 유지에 있어서도 정당해산사유를 가급적 좁게 봐서 정당해산의 구실을 극소화해야 한다는 것이

508 정재황, 헌법재판요론, 박영사, 2022, 446-448면; 김하열, 헌법소송법, 박영사, 2021, 754면.

다. 제2설의 견해에 의할 경우 당헌이나 당규에 사회복지, 복지국가의 이념을 지지한다고 규정하지 않으면 위헌정당이 되어 많은 수의 정당이 해산될 우려가 있다고 비판한다. 현재의 다수설이며, 헌법재판소에서도 제1설을 지지함을 나타낸 바 있다.[509]

(2) 사회민주적 기본질서 포함설

정당해산 사유인 헌법 제8조 제4항의 "민주적 기본질서"에는 자유민주적 기본질서뿐만 아니라 사회민주적 기본질서도 포함된다는 견해이다. 그 근거로는 명시적으로 정당해산의 사유로 "자유민주적 기본질서"에 위배될 것을 규정하고 있는 독일헌법과는 달리 우리 헌법은 이를 "민주적 기본질서"로 규정하고 있으므로 독일헌법의 해석례를 그대로 적용하는 것은 타당하지 않다는 점과 현대 민주주의의 이념에 있어서 사회국가, 복지국가의 원리가 가지는 중요성을 들고 있다. 또한 현재 우리나라 정당들의 대부분은 당헌이나 당규에서 사회국가, 복지국가의 이념을 지지한다고 표방하고 있으므로 제1설의 우려와 비판은 타당하지 않다고 주장한다.

3. 헌법재판소 판례

헌재판례) 2014. 12. 19. 2013헌다1

'정당의 목적'이란, 어떤 정당이 추구하는 정치적 방향이나 지향점 혹은 현실 속에서 구현하고자 하는 정치적 계획 등을 통칭한다. 이는 주로 정당의 공식적인 강령이나 당헌의 내용을 통해 드러나겠지만, 그 밖에 정당대표나 주요 당직자 등의 공식적 발언, 정당의 기관지나 선전자료와 같은 간행물, 정당의 의사결정과정에서 일정한 영향력을 가지거나 정당의 이념으로부터 영향을 받은 당원들의 행위 등도 정당의 목적을 파악하는 데에 도움이 될 수 있다. 만약 정당의 진정한 목적이 숨겨진 상태라면 이 경우에는 강령 이외의 자료를 통해 진정한 목적을 파악해야 한다. 한편 '정당의 활동'이란, 정당 기관의 행위나 주요 정당관계자, 당원 등의 행위로서 그 정당에 귀속시킬 수 있는 활동 일반을 의미한다. 헌법 제8조 제4항이 의미하는 '민주적 기본질서'는, 개인의 자율적 이성을 신뢰하고 모든 정치적 견해들이 각각 상대적 진리성과 합리성을 지닌다고 전제하는 **다원적 세계관에 입각**한 것으로서, 모든 **폭력적·자의적 지배를 배제**하고, **다수를 존중**하면서도 **소수를 배려**

509 전게 헌법재판실무제요, 463면.

하는 **민주적 의사결정**과 **자유·평등을 기본원리**로 하여 구성되고 운영되는 정치적 질서를 말하며, 구체적으로는 **국민주권의 원리, 기본적 인권의 존중, 권력분립제도, 복수정당제도 등이 현행 헌법상 주요한 요소**라고 볼 수 있다. 헌법 제8조 제4항은 정당해산심판의 사유를 "정당의 목적이나 활동이 민주적 기본질서에 위배될 때"로 규정하고 있는데, 여기서 말하는 **민주적 기본질서의 '위배'란, 민주적 기본질서에 대한 단순한 위반이나 저촉을 의미하는 것이 아니라, 민주사회의 불가결한 요소인 정당의 존립을 제약해야 할 만큼 그 정당의 목적이나 활동이 우리 사회의 민주적 기본질서에 대하여 실질적인 해악을 끼칠 수 있는 구체적 위험성을 초래하는 경우를 가리킨다**. 강제적 정당해산은 헌법상 핵심적인 정치적 기본권인 정당활동의 자유에 대한 근본적 제한이므로, 헌법재판소는 이에 관한 결정을 할 때 헌법 제37조 제2항이 규정하고 있는 비례원칙을 준수해야만 한다. 따라서 헌법 제8조 제4항의 명문규정상 요건이 구비된 경우에도 해당 정당의 위헌적 문제성을 해결할 수 있는 다른 대안적 수단이 없고, 정당해산결정을 통하여 얻을 수 있는 사회적 이익이 정당해산결정으로 인해 초래되는 정당활동 자유 제한으로 인한 불이익과 민주주의 사회에 대한 중대한 제약이라는 사회적 불이익을 초과할 수 있을 정도로 큰 경우에 한하여 정당해산결정이 헌법적으로 정당화될 수 있다.

4. 정당해산의 보충성과 비례원칙 준수

헌법재판소는 정당해산심판에 있어서도 보충성과 비례원칙을 준수하여야 한다고 본다. 즉, 헌법 제8조 제4항의 요건이 구비된 경우에도 정당해산제도의 최후수단적 성격과 보충적 성격을 감안하면, 해당 정당의 위헌적 문제성을 해결할 수 있는 다른 대안적 수단이 없고 정당해산결정으로 인해 초래되는 정당의 정당활동 자유 제한으로 인한 불이익과 민주주의 사회에 대한 중대한 제약이라는 사회적 불이익을 상쇄하거나 이를 초과할 수 있을 정도로 정당해산결정을 통하여 얻을 수 있는 사회적 이익이 큰 경우에 한하여 정당해산결정이 정당화될 수 있음을 확인하고 있다(헌재 2014. 12. 19. 2013헌다1).

Ⅳ. 결정

1. 각하와 기각

(1) 각하

각하결정은 정당해산심판 청구가 형식적·절차적 요건을 구비하지 못하였을 경우에 하는 결정이다. 예를 들어 정당이 아닌 사회적 단체를 상대로 정당해산심판을 청구하였거나 혹은 정부의 제소 자체가 절차적 요건을 갖추지 못한 경우에 하는 결정이다. 국무회의의 심의를 거치지 못하였다거나 청구서에 국무총리나 관계 국무위원의 부서가 없는 경우 등이다. 주문의 형식은 "이 사건 청구를 각하한다"라고 표기한다. 해산 신청된 정당이 자진 해산한 경우에도 각하하여서는 아니되고 심판을 계속 진행시켜 본안에 관하여 판단하여야 한다. 임의 해산 후 다시 재창당을 하거나 대체정당을 창당하는 경우에 해산을 다시 청구하여야 한다면 헌법수호에 시간적으로 문제점이 있을 수 있고 또다시 무익한 절차를 반복하여야 하는 결과가 되기 때문이다.

(2) 기각

정당해산심판의 기각결정은 헌법재판소가 정당해산심판청구가 이유없을 때 하는 결정이다. 주문의 형식은 "이 사건 청구를 기각한다"라고 표기한다. 형식적 요건은 갖추었으나 피청구인 정당의 목적이나 활동이 민주적 기본질서에 반하지 않을 때에 하는 결정이다. 또한 피청구인 정당의 활동이 민주적 기본질서를 전체적으로 사실상 위태롭게 하지 않을 경우에도 기각결정을 한다. 기각결정에도 기판력이 있으므로 정부는 동일한 사유를 들어 다시 정당해산심판을 제기할 수 없다.

2. 해산결정 및 그 효과

(1) 인용결정

정당해산심판의 인용결정은 피청구인 정당의 목적이나 활동이 민주적 기본질서에 위반됨이 인정되어 해산을 명하는 결정이다(헌법재판소법 제59조). 해산결정을 할 때에는 재판관 6인 이상의 찬성이 있어야 한다. 정당해산결정의 소송법적 성격은 이행결정이 아니고 형성결정이므로 주문은 "피청구인 ○○○정당을 해산한다"라는 형식을 취하게 된다.[510] "피청구인 ○○○정당의 해산을 명한다"고 표시하는 것은 마치 이행결정으로 오인되어 임의로 해산할 것을 명하고 이에 불응할 때에 강

510 전게 헌법재판실무제요, 243면.

제집행되는 것과 같이 오해될 소지가 있으므로 주문형태로는 바람직한 형태가 아니라 하겠다.

(2) 효과

(가) 정당해산 및 대체정당 창당 금지

헌법 제8조에서 "정당은 헌법재판소의 심판에 의하여 해산된다"고 규정하고 있고 또 헌법재판소법 제59조도 "결정이 선고된 때에는 그 정당은 해산된다"고 규정하여 해산결정의 선고와 동시에 그 정당은 해산된다고 보아야 하고,[511] 중앙선거관리위원회의 등록말소나 해산공고는 모두 사후적인 행정처리에 지나지 않는다고 할 것이므로,[512] 결국 정당해산심판 결정은 형성적 결정으로서 결정의 선고와 동시에 당연히 정당은 해산된다. 피신청인에게 결정문이 송달되거나 고지될 필요도 없다. 한편, 국내 다수설은 정당의 위헌성이 확인되어 해산되는 것은 위헌정당임이 헌법재판소에서 결정된 시점부터로서 결정은 헌법재판소 결정에 의하여 비로소 위헌정당이 될 뿐 그 전까지는 합법적인 정당으로 간주된다는 것이다.[513] 독일 헌법재판소는 독일 정당이 위헌결정이 내려지면 간부 등이 형사적으로 처벌받게 되어 정당의 행위능력을 박탈할 뿐만 아니라 정당에게 허용된 헌법적 관용을 공동화시키기 때문이라고 한다. 법질서가 정당의 설립과 그를 위해 활동할 자유를 허용하고서도 사후에 이를 위법하게 만드는 것은 법치주의원칙에 반하는 것이라 한다.[514]독일 헌법재판소법과 우리 헌법재판소는 조문 형식이 다를 뿐만 아니라, 만약 확인결정을 하게 된다면 소급하여 정당 활동이 무효임을 구하게 되어 기존의 활동이 위법한 것으로 해석하여야 한다. 이는 기존의 법률관계를 해치고 법적 안정성을 위협하게 되므로 법치주의원칙상 허용될 수 없다. 따라서 우리나라에서는 순

---

511 권영성, 전게서, 975면; 김철수, 전게서, 1068면은 모두 정당해산결정이 창설적 효력을 가진다고 한다.(장명봉, 전게 논문, 595면)

512 다만 해산공고는 이미 헌법재판소결정이 관보에 공고되는데 또다시 중앙선거관리위원회가 정당해산의 공고를 하여야 함은 이중의 공고로서 불필요한 절차중복이 되므로 입법의 잘못으로 보인다.

513 이성환, 전게 보고서, 255면.

514 BVerfGE 12, 296ff; 13, 46; 17, 155.

수 창설적 효력설, 즉 형성적 효력설이 타당하다.[515] 헌법재판소 결정이 있더라도 원칙적으로 정당의 위헌성은 소급하지 않고 결정이 있은 후에 비로소 위헌정당이 된다. 다만 예외적으로 헌법재판소가 피청구인 정당이 위헌인 시점을 결정이유에서 소급적으로 확인한 경우에는 소급하여 그 시점부터 위헌정당이 된다고 보아야 한다.

한편, 헌법재판소의 정당해산결정이 내려지면 정당법 제42조에 의하여 해산된 정당의 대표자 및 간부는 해산된 정당의 강령(또는 기본정책)과 동일하거나 유사한 목적을 가진 정당 이른바 '대체정당'의 창설이 금지된다. 또한 정당법 제43조 제2항에 의하여 해산된 정당의 명칭과 같은 명칭은 다시는 정당의 이름으로 사용하지 못하게 된다. 해산된 정당의 명칭과 완전 동일한 명칭은 영구히 정당명칭으로 사용될 수 없는 것은 명백하지만 유사명칭은 사용할 수 있는지 여부가 문제로 될 수 있다. '같은 명칭'이라고 명문으로 명확히 규정하고 있고, 또 정당법 제43조 제3항에서는 유사명칭의 사용금지를 위하여 '뚜렷이 구별이 되어야 한다'라는 용어를 사용하는 것에 비추어 볼 때 이때의 '같은'은 완전 동일한 경우만을 말한다고 보아야 한다.

(나) 정당재산의 국고귀속

정당법 제41조 제2항에 의하면 헌법재판소의 결정에 의하여 해산된 정당의 잔여재산은 국고에 귀속되도록 규정하고 있다. 그런데 이러한 규정은 재산권의 몰수라는 점에서 기본권으로서의 재산권 보장이라는 취지에 위배될 수도 있다. 이 경우 정당을 범죄단체로 본다면 형법상 몰수와 유사한 개념으로 이를 정당화할 수도 있다. 하지만 정당해산의 경우에는 정당의 활동이 민주적 기본질서에 위반할 경우뿐만 아니라 목적이 위반될 때에도 해산되는 것이기 때문에 이는 목적이 아닌 행위에 대하여서만 처벌할 수 있는 일반 형법원칙과 범죄행위에 제공한 물건이나 범죄행위에 제공하려고 한 물건만을 몰수 있도록 한 형법 제48조의 몰수규정에도 반한다. 물론 위헌정당인 경우에 그 재산을 범죄행위에 제공하려고 한 물건에 속한다고 해석할 여지는 있으나 이는 무리한 해석이라고 아니할 수 없다. 우리나라의 정당해산심

515 전게 헌법재판실무제요, 243면; 정종섭, 전게서, 441면.

판은 독일의 정당해산 규정과는 달리 위헌정당을 범죄조직으로 보는 규정은 없다. 독일에서는 위헌으로 선언된 정당 및 해산된 정당의 대체조직임이 확인된 정당의 조직적 결합을 수괴 또는 배후조종자로서 유지한 자 또는 여기의 구성원으로 활동한 자, 그 조직적 결합을 원조한 자를 형법상 처벌하고 있다(독일 형법 제84조 제1항·제2항 참조).[516] 또한 독일의 경우에는 필요적 몰수가 아니고 임의적 몰수로 규정하고 있다.[517] 원칙적으로 몰수 여부는 임의 몰수로 하여 정당이 범죄단체로 볼 수 있는 경우에만 헌법재판소 결정으로 몰수할 수 있도록 명문화하는 것이 바람직하다고 하겠다. 다만 단순히 민주적 기본질서에 반하는 목적을 가진 정당은 해산되지 않고 실체적으로 민주적 기본질서에 위협을 야기하여야 해산된다고 해석한다면 몰수 규정도 합헌이라고 할 수도 있다. 왜냐하면 이는 이미 법질서적으로 용납될 수 없는 위험성을 야기하였기 때문이다. 형법의 예비나 음모죄의 경우에 몰수할 수 있는 것과 같은 법리이다.[518] 구체적인 국고귀속의 방법은 정당법의 시행령에서 규정하고 있다. 국고귀속은 국고금관리법시행규칙에 의한다(정치자금사무관리규칙 제21조).

(다) 해산 정당 국회의원의 자격상실(비례대표 포함)

헌법재판소의 정당해산결정에 따라 정당이 해산된 경우 해산된 정당에 소속되어 있던 국회의원의 자격이 유지되는지 여부가 문제가 된다. 이에 관한 직접적인 명문의 규정은 없다. 학설은 국회의원의 지위를 유지한다는 견해와 상실한다는 견해로 나뉘고 있다. 먼저 지위를 유지한다는 견해는 국회의원의 자격유지의 문제가 국회의 자율적 결정사항이므로 국회의 자격심사나 제명처분에 의해서만 국회의원의 자격을 상실하고, 그렇지 아니하면 종전과 같이 유지된다고 주장하거나[519] 혹은 국회

516 독일 형법 제84조는 위헌선언된 정당의 유지죄라는 제목하에 "① 이 법률의 공간적 적용영역에서 수괴 또는 배후조종자로서 연방헌법재판소에 의하여 위헌으로 선언된 정당 또는 연방헌법재판소가 금지된 정당의 대체조직임을 확인한 정당의 조직적 결합을 유지한 자는 3월 이상 5년 이하의 자유형에 처한다. 미수도 처벌할 수 있다. ② 제1항의 정당에서 당원으로 활동하거나 그 정당의 조직적 결합을 지원한 자는 5년 이하의 자유형 또는 벌금형에 처한다."라고 규정하고 있다.

517 독일연방헌법재판소법 제46조 제3항 참조.

518 이성환, 전게 보고서, 256-257면.

519 헌법재판소, 실무제요, 245면.

의원의 국민대표성을 중시하고 헌법상 무소속입후보 금지규정이 없고 무소속 입후보가 선거법상 허용되므로 정당이 해산되더라도 국회의원의 자격은 유지된다고 주장한다.[520] 이에 반하여 지위를 상실한다는 견해는 정당해산심판제도가 가지고 있는 예방적 헌법보호의 취지나 방어적 민주주의의 이념과 원리상 정당이 위헌으로 해산되면 그 정당에 소속되어 있던 국회의원의 자격은 당연히 상실된다고 주장한다.[521] 헌법재판소와 대법원 판례는 상실설을 취한다. 그에 비해 해산정당의 지방의회 지역구/비례대표 의원 경우 국회의원과 달리 그 지위가 유지된다고 본다.

헌재판례) 2014. 12. 19. 2013헌다1

헌법재판소의 해산결정으로 정당이 해산되는 경우에 그 정당 소속 국회의원이 의원직을 상실하는지에 대하여 명문의 규정은 없으나, 정당해산심판제도의 본질은 민주적 기본질서에 위배되는 정당을 정치적 의사형성과정에서 배제함으로써 국민을 보호하는 데에 있는데 해산정당 소속 국회의원의 의원직을 상실시키지 않는 경우 정당해산결정의 실효성을 확보할 수 없게 되므로, 이러한 정당해산제도의 취지 등에 비추어 볼 때 헌법재판소의 정당해산결정이 있는 경우 그 정당 소속 국회의원의 의원직은 당선 방식을 불문하고 모두 상실되어야 한다.

비교 대법판례) 지방의회 지역구/비례대표 의원의 지위 유지 – 당연퇴직 안 됨(2021. 4. 29. 선고 2016두39856[522]★)

헌법이나 법률에 명문의 규정이 없더라도 헌법재판소에서 위헌정당 해산결정이 내려지면 그 효과로 해당 위헌정당 소속 국회의원들은 그 국회의원직을 상실하는 것으로 봐야 하며 위헌정당

520 김철수, 전게서, 178면.

521 허영, 전게서, 816면; 권영성, 전게서, 201면; 정종섭, 전게서, 400면.

522 이○○ 지방의회 의원은 2014년 6월 4일 실시된 제6회 전국동시지방선거에서 통진당 추천을 받아 비례대표 전라북도의회의원으로 당선됐다. 헌재는 같은 해 12월 19일 통진당의 목적이나 활동이 민주적 기본질서에 위배된다는 이유로 통진당을 해산한다는 결정을 내렸다. 중앙선거관리위원회는 헌재 결정 사흘 후인 12월 22일 "헌재의 위헌정당 해산결정에 따라 해산된 정당 소속 비례대표 지방의회의원은 헌재 결정이 선고된 때부터 공직선거법 제192조 4항에 따라 퇴직된다"고 의결한 다음 이 사실을 전라북도의회 등에 통보했다. 이에 전라북도의회의장은 이 전 의원에게 공직선거법 제192조 4항에 의해 비례대표 전라북도의회의원에서 퇴직 처리됐다고 통보했고, 이에 반발한 의원은 소송을 냈다. 1심은 "전라북도의회의장이 이 전 의원에 대해 한 퇴직 통보는 항고소송의 대상이 되는 처분으로 보기 어려우므로, 해당 통보의 취소를 구하는 소는 부적법하다"며 각하했다. 그러나 "공직선거법 제192조 4항이 정한 비례대표 지방의회의원의 당연퇴직 사유인 '당적의 이탈'에 헌재의 결정에 따른 위헌정당 해산이 포함된다고 해석할 수 없다"며 전라북도를 상대로 낸 의원 지위 확인소송은 인용했다. 2심도 "지방의회의원은 국회의원과 그 역할에 있어 본질적인 차이가 있고, 헌법과 법률이 지위를 보장하는 정도도 다르며, 정당에 대한 기속성의 정도 또한 다르다"며 "비례대표 지방의회의원의 의원직 상실이 헌재 정당해산 결정 취지에서 곧바로 도출된다고 할 수 없다"고 밝혔다.

소속 의원들의 의원직 상실 등 헌재 위헌정당 해산결정에 따른 법적 효과에 관한 사법상 판단 권한은 법원에 있다. 헌재 결정으로 정당이 해산되면 중앙선거관리위원회는 정당법에 따라 그 결정을 집행해야 하고(헌법재판소법 제60조), 그 밖에도 기존에 존속·활동했던 정당이 해산됨에 따른 여러 법적 효과가 발생한다. 구체적 사건에서의 헌법과 법률의 해석·적용은 사법권의 본질적 내용으로서 그 권한은 대법원을 최고법원으로 하는 법원에 있으므로, 헌재의 위헌정당 해산 결정에 의해 해산된 정당 소속 국회의원이 의원직을 상실하는지 여부에 관해 법적 분쟁이 발생했다면 법원은 헌법 규정과 헌법재판소법, 정당법 등 관련 법률 규정의 의미를 체계적·종합적으로 살펴본 다음 그 결과를 적용해 위헌정당 해산결정에 따른 법적 효과에 대해 판단해야 한다. 정당해산심판의 엄격한 요건과 절차를 충족해 해산결정을 받은 위헌적인 정당을 국민의 정치적 의사결정과정에서 배제하는 것은, 민주적 기본질서를 수호하고자 하는 정당해산심판제도의 본질에 내재된 법적 효과로 이해할 수 있다. 정당의 목적이나 활동이 민주적 기본질서에 위배된다고 판단돼 해산되었음에도 불구하고 그 정당 소속 국회의원이 그 직을 유지한다면 해산된 정당의 이념을 따르는 국회의원이 계속 국회에서 이뤄지는 국민의 정치적 의사형성 과정에 참여하는 것을 허용하는 결과가 되어 실질적으로 그 정당이 계속 존속해 활동하는 것과 마찬가지의 결과를 가져오게 된다. 민주적 기본질서의 수호를 위해 위헌적인 정당을 국민의 정치적 의사형성 과정에서 배제시키기 위해서는 그 소속 국회의원의 직위를 상실시키는 것이 필수불가결하며 이는 국회의원의 국민 대표자로서의 지위 또는 자유위임 원칙의 한계에 속한다.

그에 반해 지방의회의원은 국회의원과 그 역할, 헌법·법률상 지위 등에 있어 본질적인 차이가 있어 비례대표 지방의회의원의 의원직 상실이 헌재 정당해산결정 취지에서 곧바로 도출된다고 할 수는 없다. 특히 공직선거법 제192조 4항의 입법연혁과 이 조항에서의 '해산'의 문언적 의미 등에 비춰볼 때 이 조항은 소속 정당이 헌재 위헌정당 해산 결정에 따라 해산된 경우 비례대표지방의회의원의 퇴직을 규정하는 조항이라고 할 수 없으므로, 원고가 비례대표 전라북도 의회의원의 지위를 상실했다고 볼 수 없다고 본 원심 판단에는 법리오해의 위법이 없다.

V. 정당해산심판과 재심

1. 쟁점

정당해산과 관련하여 특히 문제가 되는 것은 재심의 허용 문제이다. 정당해산심판절차에서 확정된 종국결정, 특히 정당해산결정에 있어 중대한 절차적 하자가 있는 경우에 재심이 허용되는가? 현행법은 이 문제에 관한 아무런 규정을 두고 있지 않아, 이 문제는 전적으로 해석에 맡겨져 있다.

2. 헌법재판소의 입장

헌법재판소는 헌법재판은 그 심판의 종류에 따라 그 절차의 내용과 결정의 효과가 한결같지 아니하기 때문에 재심의 허용 여부 내지 허용 정도 등은 심판절차의 종류에 따라서 개별적으로 재심의 허용 여부를 판단하여야 한다는 입장을 취하고 있다.[523] 지금까지 헌법재판소는 헌법재판소법 제68조 제2항의 절차에서는 "위헌법률심판을 구하는 헌법소원에 대한 헌법재판소의 결정에 대하여는 재심을 허용하지 아니함으로써 얻을 수 있는 법적 안정성의 이익이 재심을 허용함으로써 얻을 수 있는 구체적 타당성의 이익보다 훨씬 높을 것으로 쉽사리 예상할 수 있고, 따라서 헌법재판소의 이러한 결정에는 재심에 의한 불복방법이 그 성질상 허용될 수 없다"는 입장을 취하였고,[524] 헌법재판소법 제68조 제1항에 의한 헌법소원 중 "행정작용에 속하는 공권력작용을 대상으로 하는 권리구제형 헌법소원에 있어서는 사안의 성질상 헌법재판소의 결정에 대한 재심은 재판부의 구성이 위법한 경우 등 절차상 중대하고도 명백한 위법이 있어서 재심을 허용하지 아니하면 현저히 정의에 반하는 경우에 한하여 제한적으로 허용될 수 있을 뿐"이라고 하면서 구 민사소송법 제422조 제1항 제9호(현행 민사소송법 제451조) 소정의 판단유탈은 재심사유가 되지 아니한다고 판시하다가[525] 그 후 판단유탈도 재심사유가 될 수 있다는 취지로 판례를 변경하였다.[526]

헌법재판소의 입장은, 재심을 허용하지 아니함으로써 얻을 수 있는 법적 안정성의 이익과 재심을 허용함으로써 얻을 수 있는 구체적 타당성의 이익을 상호 형량할 때 후자의 이익이 훨씬 커서 재심을 허용하지 않는 것이 현저히 정의에 반하는 경우에는 재심을 허용할 수 있다는 것이라고 분석된다. 헌법재판소법은 제40조 제1항을 통하여 정당해산심판절차의 성질에 반하지 않는 한 민사소송 관련 법령을 준용하도록 하였고, 상술한 헌법재판소의 재심의 허용범위에 관한 논리는 정당해산심판절차에도 적용될 수 있다. 그렇다면 재심청구는 정당해산결정에 중대한 위법사유가 존재하는 경우 허용된다고 보아야 할 것이다. 정당해산결정은 법규범과

523 헌재 1995. 1. 20. 93헌아1 등.
524 헌재 1992. 6. 26. 90헌아1.
525 헌재 1995. 1. 20. 93헌아1; 헌재 1998. 3. 26. 98헌아2.
526 헌재 2001. 9. 27. 2001헌아3.

같은 일반적 효력을 갖는 규범에 대한 결정의 효력을 부인하는 것이 아니라 하나의 정당에 대한 해산결정을 취소하는 것이어서 민사소송법 제451조 제1항이 명시하고 있는 것과 같은 중대한 오류에 의하여 정당해산결정에 이른 경우 위법한 결정을 유지하여야 할 법적 안정성의 이익보다는 그 법적 오류를 시정하여야 할 정의의 요청이 훨씬 클 것이기 때문이다.

3. 독일에서의 논의

한편, 독일 연방헌법재판소법은 법관에 대한 탄핵심판절차에서만 재심의 가능성을 명시하고 있다(제61조).[527] 이 절차에서의 재심은 탄핵결정을 받은 자의 이익을 위해서만 허용된다. 이와 같이 법적 상태에서 해석상 다른 절차에서까지 재심을 확장할 수 있는지 여부와 관련하여, 독일 학계는 ① 입법자의 특별한 의사이므로 이를 임의로 확장할 수 없다라는 부정설[528]과 ② 기본권 보호 내지 국가적으로 매우 중요한 연방대통령에 대한 탄핵심판절차, 정당해산절차, 기본권실효절차에서는 재심을 허용하지 않을 경우 매우 우려스런 상황이 발생할 수 있다는 것을 이유로 예외적으로 재심을 허용하여야 한다는 긍정설이 대립하고 있다.[529]

부정설은 연방헌법재판소법이 탄핵심판절차에서만 재심의 가능성을 인정하고 있다는 점, 입법과정에서 연방대통령에 대한 탄핵심판절차에서의 재심 가능성에 대한 논의가 있었으나 이를 인정하지 않은 성립사에 비추어 볼 때 일부 절차에서 재심 가능성을 인정하지 않은 것이 입법정책적으로 볼 때 바람직하지 않

527 제61조 (재심절차) ① 재심절차는 유죄선고를 받은 자의 이익을 위하여서만, 그리고 그의 청구 또는 그의 사후에는 그 배우자나 직계비속의 청구에 의하여서만 형사소송법 제359조 및 제364조의 요건하에 행하여진다. 청구에는 재심의 법률적 근거 및 증거방법이 제시되어야 한다. 판결의 효력은 재심청구에 의하여 방해받지 아니한다. ② 연방헌법재판소는 변론 없이 청구의 인용에 관하여 결정한다. (이 경우에는) 형사소송법 제368조, 제369조 제1, 2, 4항, 제370조 및 제371조 제1항 내지 제3항의 규정을 준용한다. ③ 새로운 본안심리에는 원판결을 유지하든가 더 경한 처분 또는 무죄를 선고하여야 한다.

528 Benda/Klein, Verfassungsprozeßrecht, Rn 1220; Pestalozza, § 20 V 2 a) cc); Maunz/Schmitt-Bleibtreu, § 46, Rn 53.

529 M. Sachs, Die Bindung des BVerfG an seine Entscheidungen, 1977, S. 140ff.; W. Geiger, § 33 Anm. 8; Vogel, in: BVerfGG und GG 1, S. 622f.

은 것이라 할지라도 그것을 이유로 재심에 대한 법적 규율에 흠결이 존재한다고 볼 수 없다는 것, 헌법재판절차에서 연방헌법재판소가 그 결정에 대하여 고도의 책임의식을 가지고 재판하며, 이것이 그 재판의 정확성과 정당성에 대한 고도의 보장을 할 수 있다는 것을 논거로 내세우고 있다.

4. 소결

정당해산심판은 헌법이 보장하는 정당설립의 자유를 본질적으로 제한한다는 점에서 사실관계에 관한 판단을 전제로 하는 정당해산심판과정에서 사실인정과 판단의 치명적인 오류가 있는 것으로 밝혀진 경우 이를 시정하기 위해서라도 재심이 허용되어야 한다고 봄이 상당하다.[530]

헌재판례) 정당해산심판에 대한 재심청구(2016. 5. 26. 2015헌아20)[531]

헌법재판은 심판의 종류에 따라 그 절차와 결정의 효과에 차이가 있으므로 재심의 허용 여부 내지 허용 정도 등은 심판절차의 종류에 따라 개별적으로 판단할 수밖에 없다(1995. 1. 20. 93헌아1). 먼저, 헌법재판소법 제68조에 따른 헌법소원 중 법령에 대한 헌법소원 심판절차에서는 그 인용결정이 위헌법률심판의 경우와 마찬가지로 일반적 기속력과 대세적·법규적 효력을 가지기 때문에 원칙적으로 재심을 허용하지 아니함으로써 얻을 수 있는 법적 안정성의 이익이 재심을 허용함으로써 얻을 수 있는 구체적 타당성의 이익보다 높으므로 그 성질상 재심을 허용할 수 없다(2002. 9. 19. 2002헌아5). 반면, 헌법재판소법 제68조 제1항에 따른 헌법소원 중 행정작용에 속하는 공권력작용을 대상으로 하는 심판절차에서는, 그 결정의 효력이 원칙적으로 소송당사자 사이에서만 미치기 때문에 재심을 허용함이 상당하다(1995. 1. 20. 93헌아1). 한편, 정당해산심판은 일반적 기속력과 대세적·법규적 효력을 가지는 법령에 대한 헌법재판소의 결정과 달리 원칙적으로 해당 정당에만 그 효력이 미친다. 또 정당해산결정은 해당 정당의 해산에 그치지 않고 대체정당이나 유사정당의 설립까지 금지하는 효력을 가지므로, 오류가 드러난 결정을 바로잡지 못한다면 현 시점의 민주주의가 훼손되는 것에 그치지 않고 장래 세대의 정치적 의사결정에까지 부당한 제약을 초래할 수 있다. 따라서 정당해산심판절차에서는 재심을 허용하지 아니함으로써 얻을 수 있는 법적 안정성의 이익보다 재심을 허용함으로써 얻을 수 있는 구체적 타당성의 이익이 더 크므로 재

---

530 이성환, 전게 보고서, 239면.

531 옛 통합진보당이 헌법재판소의 정당해산결정이 위법하다며 재심을 청구했지만 각하됐다. 정당해산결정에 대한 재심청구는 원칙적으로 허용되지만 옛 통진당이 낸 재심청구사유는 적법한 것이 아니라는 취지다. 헌재는 2014년 12월 통진당 해산결정과 함께 소속 국회의원에 대한 의원직 상실을 결정했고, 통진당 측은 2015년 2월 이에 불복해 재심을 청구했다.

심을 허용하여야 한다. 한편, 이 재심절차에서는 원칙적으로 민사소송법의 재심에 관한 규정이 준용된다. 그런데, 이 사건에서 옛 통진당 측은 재심대상결정이 이석기 전 통진당 의원 등에 대한 내란음모 등 형사사건에서 지하혁명조직 및 내란음모행위의 존재를 전제로 하고 있는데 대법원이 지하혁명조직의 존재와 내란음모죄의 성립을 모두 부정했기 때문에 민사소송법 제451조 제1항 제8호가 재심사유로 규정하고 있는 '판결의 기초된 재판이 다른 재판에 따라 바뀐 경우'에 해당한다고 주장하지만, 재심대상결정의 심판대상은 재심청구인의 목적이나 활동이 민주적 기본질서에 위배되는지, 재심청구인에 대한 해산결정을 선고할 것인지, 해산결정을 할 경우 그 소속 국회의원에 대하여 의원직 상실을 선고할 것인지 여부였다. 재심대상결정은 옛 통진당 소속 국회의원과 당원이 남북 대치상황에서 국내 주요시설을 파괴해 유사시 북한을 돕는다는 등의 논의가 민주적 기본질서에 위배되는 행위 유형의 하나로 보았던 것이지 이런 행위가 형법상 내란음모에 해당하는지 여부에 대해서는 판단하지 않았다. 따라서 내란음모 혐의에 대한 유·무죄 여부는 재심대상결정의 심판대상도 아니었고 논리적 선결문제도 아니기 때문에 민사소송법 제451조 제1항 제8호의 재심사유에 해당하지 않는다. 나아가, 옛 통진당 측은 또 정당해산결정을 하더라도 소속 국회의원의 의원직을 상실시킨 것은 위법하다거나 재심대상결정 중 경정 대상이 아닌 내용을 경정한 것은 위법하다고 주장하고 있지만, 이는 재심대상결정이 사실을 잘못 인정했거나 법리를 오해한 위법이 있다는 것에 불과해 역시 재심사유에 해당하지 않는다. 한편, 이에 대해 안창호·서기석·조용호 재판관은 정당해산결정에 대한 재심 청구는 허용되지 않아 옛 통진당의 청구는 각하되어야 한다는 별개 의견을 냈다. 이들은 정치·사회적인 측면에서 큰 파급력을 가지는 정당해산결정에 대해 재심을 허용하면 법적 안정성을 위태롭게 할 수 있다며 정당해산결정에 대한 재심은 허용되지 않는다고 봐야 한다고 보았다.

부록: 헌법재판 유형별 쟁송물/주문/효과

재판 유형	쟁송물	주문	법이 정한 효과
위헌법률심판/헌재법 제68조 제2항 헌법소원	"법률이 헌법에 위반되는지 여부"(제41조 제1항)	"○○법 제○조는 헌법에 위반된다."[532]	- 제47조 제2항 장래효 - 제47조 제3항 소급효
헌재법 제68조 제1항 헌법소원	"공권력의 행사 또는 불행사(不行使)로 인하여 헌법상 보장된 기본권을 침해"받았는지 여부(제68조 제1항)	1. 피청구인의 ○○ 공권력의 행사는 청구인의 ○○ 기본권을 침해한다.(제75조 제2항) 2. 피청구인의 위 공권력의 행사를 취소한다.(or 무효임을 확인한다)(제75조 제3항)	없음
		피청구인의 ○○ 부작위는 청구인의 ○○ 기본권을 침해한다.	처분 의무(제75조 제4항)
		"○○법 제○조는 헌법에 위반된다"[533]	제47조 제2항/제3항
권한쟁의심판	"국가기관 상호 간, 국가기관과 지방자치단체 간 및 지방자치단체 상호 간에 권한의 유무 또는 범위"(제61조 제1항)	1. 피청구인의 ○○ 공권력의 행사는 청구인의 ○○ 권한을 침해한다.(제66조 제1항)[534] 2. 피청구인의 위 공권력의 행사를 취소한다.(or 무효임을 확인한다)(제66조 제2항 전단)[535]	없음
		피청구인의 ○○ 부작위는 청구인의 ○○ 권한을 침해한다.	처분 의무(제66조 제2항 후문)[536]
		1. 피청구인(국회의장)이 ○○법 개정법률안을 가결선포한 행위는 청구인(국회의원)의 법률안 심의·표결권을 침해한다. 2. 청구인(국회의원)의 피청구인(국회의장)에 대한 ○○법 개정법률안 가결선포행위에 관한 무효확인 청구를 기각한다.	피청구인의 재처분 의무 판례는 부정(2009헌라12)[537]

532 비위헌 주문: "○○법 제○조는 헌법에 위반되지 아니한다."

533 비기본권 침해 주문: "청구인의 심판청구를 기각한다."

534 ① 헌법재판소는 심판의 대상이 된 국가기관 또는 지방자치단체의 권한의 유무 또는 범위에 관하여 판단한다.

535 ② 제1항의 경우에 헌법재판소는 권한침해의 원인이 된 피청구인의 처분을 취소하거나 그 무효를 확인할 수 있고 ….

536 헌법재판소가 부작위에 대한 심판청구를 인용하는 결정을 한 때에 피청구인은 결정 취지에 따른 처분을 하여야 한다.

537 다만, 법률안의 가결선포행위에 대해서만 재처분 의무를 부정함. 그 외의 경우에는 재처분 의무가 있다는 것이 과반수 의견.

재판 유형	쟁송물	주문	법이 정한 효과
탄핵심판	"피청구인을 해당 공직에서 파면"(제53조 제1항)할 것인지 여부	피청구인을 파면한다.[538, 539]	5년간 공직취임 제한(제54조 제2항)
정당해산심판	"정당해산"(제59조) 여부	피청구인을 해산한다.[540, 541]	- 대체정당 창당 금지 (정당법 제40조) - 동일 당명 사용 금지 (정당법 제41조 제2항) - 잔여 재산의 국고 귀속 (정당법 제48조 제2항) - 해산정당 국회의원의 자격상실(비례대표 포함)?

538 박근혜 탄핵 사건(2016헌나1)의 경우, "피청구인 대통령 박근혜를 파면한다."

539 기각결정의 주문 "이 사건 심판청구를 기각한다."(2014헌나1)

540 통합진보당 사건(2013헌다1)의 주문 "피청구인 통합진보당을 해산한다."

541 통합진보당 사건에서는, "피청구인 소속 국회의원 김○희, 김○연, 오○윤, 이○규, 이○기는 의원직을 상실한다."라는 2항 주문이 있었음. 그러나, 각 의원직 상실 여부에 대한 판단은 없었고, 정당이 해산되면 필연적으로 그 소속 국회의원이 의원직을 상실하는가 여부에 대한 판단만 하였음.

참고문헌

단행본

곽원석 외, 주석 헌법재판소법, 헌법재판소 헌법연구원, 2015.

김광재, 실무가를 위한 헌법소송 - 이론과 작성례 -, 윌비스, 2017.

김광재, 헌법재판소 위헌결정 30년 "인권과 정의를 세우다", 윌비스, 2019.

권영성, 헌법학원론, 법문사, 2010.

김래영, 헌법소송법, 법문사, 2021.

김유향, 기본강의헌법, 도서출판 윌비스, 2020.

김철수, 헌법학신론, 박영사, 2013.

김하열, 헌법소송법, 박영사, 2021.

김현철, 판례 헌법소송법, 전남대학교 출판부, 2019.

박균성, 행정법강의, 박영사, 2020.

성낙인, 헌법학, 법문사, 2022.

성낙인 외 6, 헌법소송론, 법문사, 2021.

신 평, 헌법재판법, 법문사, 2011.

양 건, 헌법강의, 법문사, 2020.

이시윤, 신민사집행법, 박영사, 2020.

이준일, 헌법학강의, 홍문사, 2018.

이동흡, 헌법소송법, 박영사, 2022.

이효원, 헌법재판강의, 박영사, 2022.

장영수, 헌법학, 홍문사, 2017.

정재황, 신헌법입문, 박영사, 2016.

정재황, 헌법재판요론, 박영사, 2022.

정종섭, 헌법소송법, 박영사, 2020.

정주백, 헌법재판론, 충남대학교출판문화원(충남대학교출판부), 2017.

정주백, 헌법재판순명론, 충남대학교출판문화원(충남대학교출판부), 2021.

정하중, 행정법개론, 법문사, 2018.

민일영 외, 주석 신민사소송법(III), 한국사법행정학회, 2018.

콘라드 헤세(계희열 역), 서독헌법원론, 1985.

한수웅, 헌법학, 법문사, 2019.

허 영, 헌법소송법론, 박영사, 2021.

허완중, 헌법소송법, 박영사, 2019.

헌법재판소, 헌법재판실무제요 제2개정판, 2015.
헌법재판소, 주요 국가별 헌법재판제도의 비교분석과 시사점, 헌법재판연구 21권, 헌법재판소, 2010.
G. 라이프홀츠(권영성 역), 헌법국가와 헌법, 박영사, 1976.

학술논문

김래형, 헌법재판소는 법원 재판의 당부를 심사할 수 있는가?, 법과사회, 법과사회이론학회, 2012.
김시철, 헌법재판소결정의 효력과 넓은 의미의 구체적 규범통제의 법적 성격, 헌법논총 18집, 헌법재판소, 2007.
김지형, 헌법재판소결정의 기판력 - 특히 독일에서의 논의를 중심으로, 헌법논총 3집, 헌법재판소, 1992.
김종철, 정치의 사법화의 의의와 한계, 공법연구 33-1, 한국공법학회, 2005.
김하열, 탄핵심판에 관한 연구, 고려대학교 박사학위 논문, 2005.
김하열, 권한쟁의심판의 발전과 과제, 헌법논총 제19집, 헌법재판소, 2008.
김하열, 입법절차의 하자를 다투는 헌법소원, 고려법학 제55호, 2009.
명재진, 권한쟁의심판제도의 문제점, 헌법논총 제18집, 헌법재판소, 2007.
김환학, 독일 연방헌법재판소의 추상적 규범통제, 비교헌법 연구보고서, 헌법재판소 헌법재판연구원, 2018.
김해원, 헌법재판에서의 사법적극주의와 사법소극주의, 영남법학 32, 영남대학교 법학연구소, 2011.
남복현, 법률의 위헌결정의 효력에 관한 연구, 박사학위논문, 한양대학교 대학원, 1994
남복현, 헌법제판소와 법원 간 갈등해결, 헌법학연구 27-1, 한국헌법학회, 2021.
박경철, 입법절차의 하자를 이유로 하는 권한침해확인결정의 심판대상과 기속력의 내용, 공법학연구 제13권 제2호, 2012.
박은정, 정치의 사법화와 민주주의, 서울대학교 법학 51-1, 서울대학교 법학연구소, 2010.
박종현, 헌법재판소의 전략적 헌법담론 - 헌법재판소 2008헌가25결정과 2009헌라8 결정에서의 헌법적 논증에 대한 비판 -, 법과 사회 39권, 법과사회이론학회, 2012.
박진영, 입법절차의 하자를 이유로 하는 권한침해확인결정의 기속력, 경희법학 49권 3호, 경희대 법학연구소, 2014.
박한철, 한국정치와 헌법재판, 헌법논총 31집, 헌법재판소, 2020.
성중탁, 사전예방적 입법통제의 필요성, 법조신문, 2014. 10. 13. 기고문.
성중탁, 선행과세처분의 근거 법률이 위헌선고된 경우, 과세채권의 집행을 위한 체납처분의 효력, 저스티스, 한국법학원, 2013. 6.

성중탁, 행정부작위 헌법소원에서의 작위의무와 국가의 기본권보호의무, 저스티스 통권 제140호, 한국법학원, 2014.
성중탁, 사실행위에 대한 사법적 통제 경향 및 그 개선방안: 권력적 사실행위와 비권력적 사실행위에 대한 헌법재판소 판례검토를 중심으로, 행정판례연구, 행정판례연구회, 2014.
성중탁, 출입국 외국인(난민)의 기본권 보장범위에 관한 헌재 결정 및 관련 법제에 대한 검토와 그 개선방안, 행정판례연구 25-1집, 행정판례연구회, 2020.
성중탁, 공무원 신분에 따른 기본권 제한의 문제점과 개선방안, 법학논고 제69집, 경북대학교 법학연구원, 2020.
성중탁, 변형결정을 둘러싼 헌법재판소와 대법원의 갈등문제 해결방안, 법무연구 6권, 대한법무사협회, 2016.
성중탁, 잠정적용 헌법불합치결정 효력, 판례연구 35-1, 서울지방변호사회, 2021. 11.
소순무, 18년이 지나서야 원점으로 돌아온 조세소송, 이제는 끝내야, 법률신문, 2022. 8. 4. 기고문.
손인혁, 한정위헌청구의 허용 여부를 둘러싼 법률해석권한의 배분, 연세법학 21호, 연세대 법학연구소, 2013.
유지태, 국가기관과 지방자치단체 간의 권한쟁의에 관한 연구, 헌법재판연구 9권, 헌법재판소, 1997.
이명웅, 정치와 사법(司法) - 이론적 고찰, 헌법실무연구 19권, 헌법실무연구회, 2019.
이명웅, 민주주의와 헌법재판, 헌법논총 18집, 헌법재판소, 2007.
이성환, 권한쟁의심판에서의 당사자능력과 당사자적격, 공법연구, 한국공법학회, 2005. 2.
이성환, 정당해산심판제도의 관한 연구, 헌법재판연구 15권, 헌법재판소, 2004.
이세주, 독일 연방헌법재판소의 헌법재판실무상의 시사점에 관한 고찰, 공법연구 47-1, 한국공법학회, 2013.
이승우, 탄핵심판제도에 관한 연구, 헌법재판연구 12권, 헌법재판소, 2001.
이승희, 오스트리아 행정재판의 개혁과 난민재판, 세계헌법재판동향, 헌법재판연구원, 2014.
이황희, 수사권 제한 입법에 대한 검사의 권한쟁의심판청구의 적법성, 공법학연구, 한국비교공법학회, 2022. 12.
장명봉, 헌법재판소의 위헌정당해산심판, 헌법재판의 이론과 실제(금랑 김철수 교수 화갑기념), 박영사, 1993.
전상현, 위헌법률심사의 본질과 한정위헌, 헌법학연구, 헌법학회, 2013.
전학선, 프랑스에 있어서의 입법절차에 대한 위헌심사, 공법연구 제27집 제3호, 1999.
정남철, 단순고권작용에 의한 기본권 침해와 헌법소원의 위헌심사기준, 헌법논총, 헌법재판소, 2020.

정호경, 헌법재판소 결정의 효력 - 기속력의 주관적·객관적 범위를 중심으로 -, 헌법논총 26집, 헌법재판소, 2015.
조재현, 권한쟁의심판에서 결정의 범위와 기속력에 관한 연구, 헌법학연구 18권 1호, 한국헌법학회, 2012.
최갑선, 독일과 한국에서의 권한쟁의심판절차, 헌법논총 7집, 헌법재판소, 1996.
최호동·정주백, 진정소급입법 금지원칙의 예외, 법학연구 제24집 제1호, 충남대 법학연구소, 2013.
최희수, 위헌정당해산제도에 관한 연구, 정당과 헌법질서(심천 계희열 박사 화갑기념논문집), 박영사, 1995.
최희수, 규범통제결정의 기판력, 헌법논총 14집, 헌법재판소, 2003.
최희수, 헌법재판소 결정의 중요이유의 기속력에 관한 연구, 공법연구 33집 1호, 한국공법학회, 2004.
황도수, 헌법소원심판청구의 적법요건으로서의 '자기관련성'의 판단기준, 헌법논총 2집, 헌법재판소, 1991.
허완중, 헌법재판소결정의 기속력, 헌법판례연구 13권, 헌법재판소, 2012.
허완중, 위헌법률에 근거한 행정처분의 효력, 헌법재판연구원, 2016.
홍완식, 헌법재판소에 의한 입법절차 통제, 공법학연구 제12권 제2호, 2011.

외국 문헌

新正幸, 憲法訴訟論, 法律学の林, 2008.
参議院憲法調査会, 参議院憲法調査会調査報告書(2005. 4).
Benda/Klein, Verfassungsprozeßrecht, 2020.
Maunz/Schmitt-Bleibtreu, Bundesverfassungsgerichtsgesetz, 2016.
Gerhart Holzinger/Benedikt Kommenda/Stefan Leo Frank, a. a. O., S. 363.
Kaare Strom, Delegation and Accountability in Parliamentary Democracies, 2000.
Lawrence Baum, The Supreme Court, 8. Ed. 2004.
M. Sachs, Die Bindung des BVerfG an seine Entscheidungen, 1977.
Tom Ginsburg, Judicial Review in New Democracies: Constitutional Courts in Asian Cases, 1985.